Zum Spektakel und Abscheu

Strafrecht und Rechtsphilosophie in Geschichte und Gegenwart

Herausgegeben von Wolfgang Schild

Band 4

PETER LANG

Frankfurt am Main · Berlin · Bern · Bruxelles · New York · Oxford · Wien

Satu Lidman

Zum Spektakel und Abscheu

Schand- und Ehrenstrafen als Mittel öffentlicher Disziplinierung in München um 1600

PETER LANG
Internationaler Verlag der Wissenschaften

Bibliografische Information der Deutschen Nationalbibliothek
Die Deutsche Nationalbibliothek verzeichnet diese Publikation in der Deutschen Nationalbibliografie; detaillierte bibliografische Daten sind im Internet über <http://www.d-nb.de> abrufbar.

ISSN 1614-399X
ISBN 978-3-631-58123-0

www.peterlang.de

Inhaltsverzeichnis

II. GRUNDLAGEN DES EHRVERLUSTS UND DER EHRMINDERUNG

1. Der frühmoderne Ehrcode in der historischen und modernen Forschung

2. Dimensionen der obrigkeitlichen Disziplinierung

3. Die Entwicklung der ehrmindernden Sanktionen

IV. KRIMINALFÄLLE

1. Alkohol und Gewalt

2. Unehrlicher Lebensunterhalt

3. Sexualdelikte

Vorwort

Die vorliegende Arbeit beleuchtet einen wichtigen Teil der frühneuzeitlichen Rechtswirklichkeit, nämlich die Praxis um Schand- und Ehrenstrafen. Während das moderne europäische Strafsystem davon ausgeht, dass der Verurteilte die Möglichkeit haben sollte, sich zu ändern, sahen die Schand- und Ehrenstrafen ihre Aufgabe in der Abschreckung und in der öffentlichen Erniedrigung. Heute hat der Strafvollzug zum Ziel, den Straftäter wieder in die Gesellschaft einzugliedern, in der Frühneuzeit wurde die Resozialisierung des Kriminellen primär nicht beabsichtigt. Diese Studie soll einen Beitrag zur Kriminalitätsforschung der Frühneuzeit leisten. Für mich war sie eine faszinierende Herausforderung, die ich allerdings nicht ohne wissenschaftliche Betreuung und Unterstützung von deutschen und finnischen Kollegen hätte zustande bringen können.

Während meiner Aufenthalte in München habe ich eine inspirierende und freundliche Arbeitsatmosphäre erleben dürfen, deren Nachwirken mich immer wieder in meiner Arbeit zu Hause in Helsinki beflügelt hat. Ich bedanke mich herzlich bei dem Stadtdirektor Dr. Richard Bauer und dem Archivoberrat Dr. Ingo Schwab am Stadtarchiv München, dem Münchner Historiker Dr. Stefan Breit, Prof. Dr. Dr. Reinhard Heydenreuter vom Bayerischen Hauptstaatsarchiv sowie Prof. Dr. Gerhard Fritz von der Pädagogischen Hochschule Schwäbisch Gmünd für die sachkundige Betreuung und für die interessanten Diskussionen über das Thema meiner Arbeit. Herrn Prof. Dr. Gerd Schwerhoff an der Technischen Universität Dresden und die Mitglieder des Arbeitskreises „Kriminalitätsforschung in der Vormoderne" in Hohenheim, möchte ich auch herzlich grüßen.

Besonderer Dank gehört meinem Doktorvater Prof. Dr. Jukka Korpela an der Universität Joensuu für seine Flexibilität, Ermutigung und sein Vertrauen in meine Arbeitsweise. Meine Dankbarkeit gilt auch all den Historiker(inne)n und Doktorand(inn)en von diversen finnischen Universitäten, die sich im Laufe der Jahre in den verschiedensten Seminaren und Workshops bemühten, meine Arbeit zu diskutieren und zu kommentieren, u. a. Herrn Prof. Dr. Christian Krötzl (Universität Tampere) und Dr. Sebastian Seyferth (Universität Joensuu).

Für das gewissenhafte und wohlwollende Gutachten der Dissertation seien Prof. Dr. Matti Klinge (Universität Helsinki) und Prof. Dr. jur. Hans Schlosser (Universität Augsburg) herzlichen Dank ausgesprochen. Für die guten Ratschläge während der Lizenziatsarbeitsphase danke ich ferner meinen zwei Vorgutachtern Dr. Ulinka Rublack (University of Cambridge) und Dr. Mia Korpiola (Universität Helsinki). Für die Aufnahme in die Reihe „Strafrecht und Rechtsphilosophie in Geschichte und Gegenwart" möchte ich Herrn Prof. Dr. Wolfgang Schild danken.

Für die gute Zusammenarbeit im Bereich von Sonderfragen über Rechtsaltertümer möchte ich mich bei Dr. Ingolf Bauer (†2006) vom Bayerischen Nationalmuseum, beim Archivleiter des Stadtarchivs Nördlingen, Dr. Wilfried Sponsel, beim Museumsdirektor Erich Viehhöfer am Strafrechtsmuseum Ludwigsburg und beim Museumsleiter Dr. Karl-Heinz Schneider am Kriminalmuseum Rothenburg ob der Tauber bedanken.

Mein herzlicher Dank gilt der Akademischen Oberrätin Dr. Gertrud Thoma an der Ludwig-Maximilians-Universität in München für ihre immer freundliche Hilfe mit diversen praktischen Problemen während meiner München-Aufenthalte. Herrn Prof. Dr. Walter Jaroschka danke ich für die detailreiche und intensive Einweihung in die frühneuzeitliche deutsche Schrift. Hervorzuheben ist auch die Arbeit aller Angestellten und Mitarbeiter in den Archiven und Bibliotheken, die auf meine Anfrage hin geduldig nach Antworten und Lösungen suchten. Herrn Peter Eiselt, dem ehemaligen Buchrestaurator am Stadtarchiv München, danke ich für die Einführung in die Welt der Buchbinderei. Es freute mich sehr, meine Quellen auch auf diese Weise näher kennenzulernen.

Meine Dankbarkeit möchte ich hiermit auch gegenüber all den Einrichtungen ausdrücken, die mir durch ihre finanzielle Unterstützung mein tägliches Arbeiten und meine Deutschland-Reisen überhaupt erst ermöglicht haben, und zwar die Finnische Graduiertenschule für Geschichtswissenschaften an der Universität Tampere (Historiatieteiden tutkijakoulu), die Finnische Akademie der Wissenschaften (Suomen Akatemia), der Finnische Kulturfonds (Suomen Kulttuurirahasto), die Humanistische Fakultät an der Universität Joensuu (Joensuun yliopiston humanistinen tiedekunta) und die Emil-Öhman-Stiftung.

Ein großer Dank gilt meinen Deutschlehrern M. A. Lektor Peter Wagner, M. A. Lektor Ilpo Halonen und Dr. Stefan Werner. Meinem Mann Olli Suutela und unserem Freund Olli-Pekka Savela danke ich für die technische Hilfe bei der Verarbeitung von Dateien und Digitalphotos, meinen Eltern, nächsten Angehörigen und Freund(inn)en für das Verständnis und ihre Unterstützung während des langen Prozesses.

Helsinki, im Februar 2008 Satu Lidman

I. EINLEITUNG

1. Zweck und Quellen der Erforschung

1.1 Fragestellung

In den frühen Jahren des 17. Jahrhunderts stand eine 20-jährige Münchnerin vor dem Rat und wurde verhört. Man sagte, sie habe sich „unzüchtig" und unmoralisch verhalten, u. a. ledige Gesellen öffentlich geküsst und sogar Kuppelei getrieben. Offensichtlich war ihr die Art und Weise ihrer drohenden Verurteilung bewusst, denn sie bat den Ratsherren *„vmb gottes willen, jr mit der offentlichen schandtstraf zuuerschenen"*. Tatsächlich war das 16. Jahrhundert eine Phase der intensivierenden obrigkeitlichen Disziplinierungsmaßnahmen gewesen, die u. a. in der Zunahme der öffentlichen Strafe zum Ausdruck kamen. Die Untertanen sollten ordentlich leben, wenn sie nicht wollten, dass *„jnen ein offentlicher spott mechte begegnen"*. Sowohl die öffentliche erniedrigende Bestrafung wie auch schon allein eine schändliche Handlung konnten einen stigmatisieren, zumindest in Verruf bringen. So versuchte man etwa das Tun des Ehebrechers zu vertuschen, *„damit nur der mann nicht zu schanden gemacht werde"*. Gefolterte baten die Gerichtsherren manchmal *„vmb ein begnadigs vrttl"*, da ihnen in der Regel eine infamierende peinliche Sanktion drohte.[1] Was bedeutete aber eine solche „Schande" in der Wirklichkeit und wie kam es zu dieser Entwicklung der Strafpraxis?

Wie überall in Europa brachte die wirtschaftliche und politische Entwicklung des 16. Jahrhunderts auch im Herzogtum Bayern zahlreiche soziale Probleme mit sich. Die von der Gegenreformation angestoßenen Bestrebungen nach einer neuen Moral bewirkten ihrerseits auch unrealistische Sittlichkeitsforderungen, die zu einem scheinbaren Wachstum an Kriminalität führten. Bei den obrigkeitlichen Disziplinierungsversuchen spielten Schand- und Ehrenstrafen eine immer wichtigere Rolle. Aus der Perspektive der Strafgeschichte geht es einerseits um die aus realer Not erwachsende Kriminalität, andererseits aber auch um die im Gefolge der disziplinierenden Ordnungspolitik sich akzentuierende Kriminalisierung und Regulierung des Alltagslebens. Da die Obrigkeit laufend neue Schreckbilder beschwor, schien das Leben in vielerlei Hinsicht gefährlicher zu werden, als es wirklich war – ein Phänomen, das man heute in veränderter Form mit den Nachrichten über Terrorismus und Pädophilie beobachten kann.

---

1 StadtA: RP 221 (1606), Fol. 189 v, SG MP 866/6 (1607-1609), Fol. 342 r-342 v, 866/11 (1618), Fol.66 v-67 v und Albertinus: Haußpolicey 1602, 3. Teil, 137 r-139 r.

Zweifellos gehört das Thema Kriminalität zu den Obsessionen der modernen Gesellschaft – sei es das persönliche Gefühl der Unsicherheit von Menschen, welches nicht unbedingt mit den eigentlichen Verbrechen zusammenhängt, sei es das allgemeine Interesse für Kriminalgeschichten in Boulevardzeitungen und Detektivromanen. So ist auch die Erforschung historischer Kriminalität keine Randerscheinung der Geschichtswissenschaften mehr.[2] Die Aufgabe der historischen Kriminalitätsforschung ist laut Radbruch und Gwinner zu zeigen, „wie Zeitgeist und Zeitumstände die Kriminalität einer bestimmten Zeit beeinflussen".[3] Dabei ist es wichtig, nicht nur die Gesetze und Verurteilungen, sondern auch die dahinter steckenden zeitgenössischen Einstellungen, mithin also das Weltbild zu erforschen. In der hier vorgelegten Arbeit sind u. a. die Einsichten hinsichtlich Ehre, Unehrlichkeit, Schande und Infamie von besonderer Bedeutung. Die Erforschung von historischer Kriminalität, Kriminalisierung und Rechtspflege bietet die Möglichkeit, das Klima des einstigen Verhaltens gegenüber Normenabweichungen zu betrachten.

Am Anfang der 1990er Jahre wurde die historische Kriminalitätsforschung von Gerd Schwerhoff als Teilbereich der allgemeinen Sozialgeschichte definiert, der „abweichendes Verhalten in der Vergangenheit im Spannungsfeld von Normen, Instanzen und Medien sozialer Kontrolle einerseits, von gesellschaftlichen Handlungsdeterminanten und sozialen Lagen andererseits" untersucht. In der Frühen Neuzeit war die Kluft zwischen angestrebten Normen und tatsächlichem sozialen Handeln besonders groß und kann sogar als ein signifikantes Charakteristikum der Epoche beschrieben werden. Die Möglichkeiten der Beamten für eine effektive Durchsetzung der gesetzlichen Normen waren gering.[4] In der vorliegenden Studie wird versucht, diese Kluft zwischen Norm und Wirklichkeit – sowohl soziale wie auch Rechtswirklichkeit – hinsichtlich der frühneuzeitlichen Strafpraxis in München so weit als möglich zu schließen. Insofern schließt sich die vorliegende Studie den Fragestellungen historischer Kriminalitätsforschung an.

Während die Rechtsgeschichte sich meistens auf die Normen konzentrierte, war die historische Kriminologie bis in die jüngste Zeit sehr täterorientiert, schrieb Schwerhoff vor über 15 Jahren.[5] Seitdem haben sich die verschiedenen Forschungsrichtungen immer vielseitiger auf vergangenes Rechtsleben orientiert.

---

2 Schwerhoff: Aktenkundig 1999, 9-10.

3 Radbruch & Gwinner: Geschichte des Verbrechens, 6. Siehe auch Schwerhoff: Aktenkundig 1999, 10.

4 Schwerhoff: Devianz 1992, 385-389 & 394. Siehe auch Schwerhoff: Aktenkundig 1999, 84-85, Schwerhoff: Köln 1991, 18-22 und Schlosser: Rechtsetzung 1987, 43.

5 Schwerhoff: Köln 1991, 24. Siehe auch Schwerhoff: Aktenkundig 1999, 15-23 und Behringer: Mörder, Diebe, Ehebrecher 1990, 87.

Sowohl die Praxis als auch die sozialgesellschaftlichen Aspekte werden heute zunehmend berücksichtigt. So ergibt die historische Kriminalitätsforschung neben und mit der Sozial- und Rechtsgeschichte sicherlich eine brauchbare Perspektive für die Geschichte der Kriminalität. Meine Perspektive ist diejenige der Bestrafung, wobei die öffentliche Disziplinierung des 16. Jahrhunderts als natürlicher Standpunkt der Strafmethodenanalyse dient. In dieser Arbeit wird allerdings nicht versucht, die gesamte Kriminalität Münchens zu beschreiben, sondern es geht um Schand- und Ehrenstrafen, die nur einen Teil der damaligen Rechtswirklichkeit bildeten. Man sollte eine Strafgruppe nicht über das allgemeine Bild einer Zeit dominieren lassen, auch wenn sie in ihrer Fremdheit und Schrillheit fasziniert.[6]

Diese Studie stellt die Mechanismen zwischen Ehre und Schande im Spannungsfeld der frühneuzeitlichen Strafmaßnahmen in den Mittelpunkt ihrer Betrachtung. Ehre in ihrer sozialen Gewichtung und öffentliche Strafe in ihrer Auswirkung auf die Rechtsstellung der Betroffenen werden thematisiert. Die grundsätzliche Fragestellung kann in zwei Gruppen aufgeteilt werden: Erstens die Bedeutung von Ehre in der Gesellschaft und zweitens die Bestrafung im Hinblick auf die Ehre. Behandelt werden die Fragen: Was war Ehre, was war Schande? Was bedeutete es, wenn die Ehre der Menschen verletzt, ja zerstört wurde? Was bedeuteten die Schand- und Ehrenstrafen in dieser Zeit zwischen Spätmittelalter und Aufklärung und was stellten sie dar? Welche Unterschiede gab es zwischen den beiden Strafarten? Aus diesem Bündel folgen Einzelfragen, die in den folgenden Kapiteln unter thematisch ausgewiesenen und gegliederten Titeln behandelt werden. Um das Thema einzugrenzen, mussten einige Teilgebiete herausfallen, obwohl auch diese sicherlich für die Ehrenforschung und Strafgeschichte gewinnbringend zu untersuchen wären. So werden Hexen und Häretiker, Ehrenstrafen für Soldaten

6 Würde man das ganze Spektrum der vergangenen Delikte betrachten, müssten auch die vielen Fälle hervorgehoben werden, die nicht öffentlich und/oder peinlich bestraft wurden. In der Perspektive dieser Arbeit spielen sie aber keine wichtige Rolle, da es primär um inquisitorische Prozesse geht, in denen die Anklage von der Rechtsobrigkeit erhoben wurde und die öffentliche Strafe zweckmäßig war.
Es ist allerdings daran zu erinnern, dass das Verhandeln in zivilrechtlichen Gewaltfällen und Ehrkränkungen in ganz Europa üblich war. So konnte der Angeklagte oft die schon ausgesprochene Strafe vermeiden und stattdessen Bußgeld als Ersatz für den Geschädigten bezahlen. (Österberg & Lindström: Crime and Social Control 1988, 25-29 & 131-135 und Naess & Österberg: Sanctions, Agreements, Sufferings 2000, 146-147).
Auch Ylikangas und Karonen betonen die Bedeutung der Geldbuße und des Verhandelns hinsichtlich der Strafpraxis im Schweden und Finnland des 16. Jahrhunderts. Sogar Tötungen und Leichtfertigkeit konnten mit Geldbuße bestraft werden. (Ylikangas: What happened to Violence 1998, 25-42 & 55-56 und Karonen: Pohjolan vaarallisimmat asuinpaikat 1996, 74-77).
Wenngleich Geldbuße auch in München die gängige Praxis war, sind Verurteilungen zu Schand- und Ehrenstrafen nicht zu übersehen.

sowie ländliche, kaiserliche, königliche, fürstliche und kirchliche Gerichte samt die Adelsehre mit ihren Tugenden hier nicht ausführlicher behandelt.

Die Schaubühne der in dieser Arbeit geschilderten Kriminalfälle ist die Stadt München. Die Akteure sind einerseits die Personen, die in München in das Stadtgericht gerieten bzw. über die in den Ratssitzungsprotokollen diskutiert wurde, und andererseits die Ratsherren, Herzöge und Beamte, die über das Schicksal dieser Angeklagten entschieden. Mit den Schand- und Ehrenstrafen wurden in erster Linie das „gewöhnliche Volk" und die schon von vornherein am Rande der Gesellschaft stehenden mittellosen Menschen, die ohne soziales Sicherheitsnetz und politisch-ökonomischen Einfluss waren, bestraft. Als Residenzstadt der bayerischen Herzöge ist München ein interessantes Forum für die Untersuchung von Ehrcode und Strafpraxis. Der Einfluss der bayerischen Herzöge auf die städtische Rechtspflege konnte damals und kann auch in der vorliegenden Studie nicht vernachlässigt werden. Der eigentliche Mittelpunkt der Ereignisse sind allerdings die Verhöre und Verurteilungen, die von dem städtischen Unterrichter protokolliert wurden und die meistens auf dem Marktplatz bzw. vor dem Rathaus vollzogenen Ratsstrafen.

Die hier untersuchte Zeitspanne reicht von der Wiedervereinigung Ober- und Niederbayerns am Anfang des 16. Jahrhunderts bis in die Zeit vor dem 30-jährigen Krieg bzw. bis zur Kurfürstenzeit Herzog Maximilians. Die landesherrliche Gesetzgebung, welche die Grundlage der Ratsbeschlüsse und den Hintergrund für die Entwicklung der Strafpraxis bildete, wurde für das ganze 16. Jahrhundert behandelt. Zusätzlich wurden u. a. einige juristische Werke und Manierschriften des 16. und 17. Jahrhunderts miteinbezogen. Die untersuchten Kriminalfälle verteilen sich auf die Jahre 1596 bis 1618.[7] Bei der vorliegenden Arbeit handelt es sich damit um eine Fallstudie, die eine regional geprägte Rechtswirklichkeit beschreibt und also einen exemplarischen Einblick in die Vergangenheit liefert. Am Beispiel der städtischen Gesellschaft Münchens wird mit kommunaler und landesherrlicher Überlieferung eine Darstellung gewagt, die im Spannungsfeld zwischen Kriminalitätsforschung und Alltagsgeschichte einprägsame Beispiele vor dem Hintergrund der zeitgenössischen Ehrvorstellungen und Lehrdogmatik vorstellt. Mit dieser Studie hoffe ich etwas Licht auf den komplexen Ehrcode und besonders auf die eigentliche Rechtspflege der Frühen Neuzeit werfen zu können.

7 Die nähere Betrachtung von landesherrlicher Gesetzgebung und städtischer Protokolle stellte sicher, dass gerade die Wende des 16. und 17. Jahrhunderts sich am besten für die Fragestellung dieser Studie eignet.

In der Einleitung wird eine Einführung in die Eigenart der Forschungsumgebung gegeben und ihre sozialen, politischen sowie räumlichen Umstände geschildert. Wegen ihrer Vieldeutigkeit und Wichtigkeit werden anschließend sowohl die theoretischen Grundlagen und Begriffe als auch die Entwicklung der ehrmindernden Sanktionen erörtert (II. Kapitel). Ebenso sind die konkreten Umstände der Rechtspflege in München eine möglichst ausführliche Erklärung wert (III. Kapitel). Die ersten drei Kapitel führen damit sowohl in das alltägliche Leben der Stadt als auch in die moralisch-rechtliche Vorstellungswelt der damaligen Menschen ein und stellen zugleich auch die unterschiedlichen Strafmethoden vor. Im Kapitel IV fokussiert sich die Aufmerksamkeit dann auf Verbrechen, Verbrecher, Verurteilungen und Strafvollzug. Da werden kriminalistische Einzelfälle beschrieben, die entweder typisch oder exzeptionell waren. Dadurch ist es erst möglich, weiteres Verständnis für das Gesamtthema und die historischen Objekte, die angeklagten und bestraften Menschen, zu entwickeln.

Als roter Faden zieht sich durch diese Studie der Gedanke, dass es sich bei den Schand- und Ehrenstrafen um zwei unterschiedlich ehrmindernde Straftypen handelt. Alle öffentlich vollzogenen Strafen waren ehrenkränkend, aber sie stigmatisierten den straffällig Gewordenen nicht unbedingt dauerhaft. Ehrenstrafen waren infamierend und sie nahmen den Betroffenen die juristische Ehre. Schandstrafen schädigten nur seine soziale Ehre. Diese zwei Straftypen sind von einander zu trennen. Dies ist einer von den wichtigsten Punkten, die ich in dieser Arbeit zur Sprache bringen möchte. So wird abschließend auch versucht, eine Kategorisierung des abgestuften Strafsystems zu entwerfen und das Phänomen der Schand- und Ehrenstrafen am Beispiel des frühneuzeitlichen Münchens zusammenzufassen (Kapitel V). Überdies bieten mir die für diese Arbeit eingesehenen Quellen die Gelegenheit, Neues zum Thema städtischer Rechtspflege Münchens in der Frühen Neuzeit vorzustellen, worüber bis jetzt relativ wenig publiziert ist.

1.2 Literatur und Quellen

Literatur

Das im Jahr 1980 von dem ehemaligen Leiter des Kriminalmuseums Rothenburg ob der Tauber, Christian Hinckeldey, herausgegebene Werk *Strafjustiz in alter Zeit* war der erste literarische Impuls, der mich in Richtung dieser Studie führte. Es enthält Aufsätze u. a. von Hinckeldey selbst, Friedrich Merzbacher und Wolfgang Schild. Im Hinckeldeys Werk wie auch in Wolfgang Schilds *Alte Gerichtsbarkeit* aus demselben Jahr wird die „Grausamkeit" der vormodernen Rechtspflege in vielen Beispielen geschildert. Das acht Jahre später erschienene *Theater des Schreckens* von Richard van Dülmen bewegt sich auf dergleichen Basis.

Das frühneuzeitliche Strafsystem wurde und wird gelegentlich immer noch als „grausames Theater" beschrieben, in dem oft auch völlig Unschuldige hart bestraft und gemartert worden seien. Dabei wird aber leicht übersehen, dass die Frühe Neuzeit eigentlich eine zuvor nie gesehene Verwissenschaftlichung und Professionalisierung des Rechts zeigt. Die vermeinte Grausamkeit der vergangenen Justiz erfordert so einen kritischen Ausgangspunkt. Was bei der Bestrafung und dem Verhör für heutige Menschen unrechtmäßig und gefühllos erscheint, war Folge eines juristisch geregelten Systems, dessen Ziel nicht Grausamkeit, sondern Gerechtigkeit und Ordnung waren. Diese Einstellung sowie der Glaube an die vermeintliche Zunahme der Kriminalität sind von den späteren Historikern, u. a. von van Dülmen selber in dem 1999 erschienenen Buch *Der ehrlose Mensch*, relativiert worden. Die ältere Forschungsliteratur ist in dieser Hinsicht nicht problemlos zu übernehmen, andererseits aber auch nicht ohne weiteres auf die Seite zu schieben.

In dem im Jahr 1940 erschienenen Werk *Alte deutsche Rechtsdenkmale* von Wilhelm Funke werden verschiedene Geräte und Strafwerkzeuge auf eine solche Weise beschrieben und mit Bildern veranschaulicht, dass sie eine gewisse Entwicklungslinie bildeten. Es werden z. B. „einfache" Schandkronen als Vorstufe der „mehr komplizierten" Schandmasken vorgestellt. Dieses Buch soll angeblich das Vorbild Hinckeldeys gewesen sein, da einige Vereinfachungen deutlich auf Funke zurückzuführen sind. Funkes Werk kann jedoch als ein Beispiel für die Vielfalt der verschiedenen Strafformen dienen und zeigt die Schwierigkeit, eine genaue Rangordnung der Strafen festzulegen. Die neuere Forschung hat meines Erachtens bis jetzt weder versucht die Schand- und Ehrenstrafen deutlich von einander zu differenzieren, noch sie nach dem Grad der Schändlichkeit zu ordnen.

Die Einschätzungen hinsichtlich einer Theorie der Ehre sowie der Schand- und Ehrenstrafen stimmen in der Literatur nicht überein, sondern sind überaus unterschiedlicher Natur. Ältere juristische Werke können in dieser Hinsicht ergiebig sein, weil sie zum Teil deutlich zwischen Schand- und Ehrenstrafen unterscheiden. Nennenswert ist u. a. Christian Gottfried Hübner, der in seinem im Jahr 1800 erschienenen Buch *Über Ehre, Ehrloßigkeit, Ehrenstrafen und Iniurien* den Begriff Ehre gründlich zu definieren versucht. Er stammte selber aus einer Welt, welche sich an die Vollziehung der öffentlichen und schändlichen Strafen erinnerte oder zum Teil noch erlebte. In dem im Jahr 1901 erschienenen Buch *Die Schand- und Ehrenstrafen in der deutschen Rechtspflege* unterscheidet Rudolf Quanter ebenfalls deutlich zwischen diesen zwei Straftypen. Bei Quanter fällt jedoch die Allgemeinheit seiner Perspektive auf: Es werden die spätmittelalterliche, frühneuzeitliche und moderne Strafrechtspflege nicht deutlich voneinander unterschieden. So bleiben u. a. viele Fragen über Datierungen von gewissen Strafen offen. Zu den moderneren grundlegenden Werken gehört *Die Ehrenstrafe* von Albert Esser aus dem Jahr 1956.

In der heutigen Geschichtsschreibung ist im Gegensatz zu den früheren Versuchen der Ansatz, meist chronologische Entwicklungslinien zu zeichnen, differenzierter geworden. Seit der Rezeption der Mitte der 1970er Jahre verbreiteten Gedanken des französischen Soziologen Pierre Bourdieu wurde bei vielen Historikern eine soziologisch orientierte Blickrichtung immer wichtiger. Statt die gesamte Vergangenheit eines Volkes beschreiben zu wollen, wurde in Fallstudien zunehmend die mikrohistorische Perspektive gewählt. Die Grundlinien der heutigen kriminalhistorischen Diskussion bestehen wohl im Verstehen der Gründe und Folgen von Kriminalität und Bestrafung – einerseits aus der obrigkeitlichen, gesetzgeberischen und vollziehenden Perspektive und andererseits aus der Sicht des Volkes und der Kriminellen bzw. der Verurteilten selber. Gerichtsakten dienen als Fenster, wodurch man in die soziale Wirklichkeit und das alltägliche Leben der historischen Objekte blicken kann. Dabei wurde auch die Ehre sowohl in der kriminal- und rechtshistorischen als auch in der sozial- und kulturhistorischen Diskussion ein beliebtes Thema. In den Jahren nach 1990 erschienen in Deutschland mehrere wichtige kriminalhistorische Werke, deren Leitthema zunehmend das Verhältnis zwischen Norm und sozialer Wirklichkeit, also die Wichtigkeit des gesellschaftslichgeschichtlichen Kontextes im Hinblick auf die Rechtspflege war.

In seiner viel zitierten Dissertation *Köln in Kreuzverhör* aus dem Jahr 1991 schreibt Gerd Schwerhoff über die verschiedenen Formen des abweichenden Verhaltens in einer vormodernen Gesellschaft und analysiert die strafrechtlichen Ausprägungen sozialer Kontrolle. Innerhalb dieses Ansatzes der neuen Forschungen um die Ehre und Kriminalität ist zunächst der von Andreas Blauert und Gerd Schwerhoff im Jahr 1993 herausgegebene Band *Mit den Waffen der Justiz* zu erwähnen. Darin befinden sich u. a. Aufsätze von Walter Rummel, Peter Schuster, Lyndal Roper und Martin Dinges. Im Jahr 1995 folgte das von Klaus Schreiner und Gerd Schwerhoff herausgegebene Buch *Verletzte Ehre*, in dem u. a. Ulinka Rublack, Jutta Nowosadtko, Valentin Groebner, Jörg Rogge, Norbert Schnitzler und Susanna Burghartz Beiträge vorstellten. Um eine scharfsinnige Analyse von Auswirkungen und Erscheinungen des frühneuzeitlichen Ehrcodes handelt es sich bei dem von Ralf-Peter Fuchs im Jahr 1999 erschienenen Werk *Um die Ehre*.

Mit den Untersuchungen zur Marginalität hat die moderne Geschichtsforschung sich ein inzwischen fest etabliertes Thema geschaffen. Diese Orientierung auf Probleme der Randgruppen problematisiert ihrerseits zwangsläufig auch die Ehre. Als Standardwerke über die wirtschaftliche und gesellschaftliche Differenzierung der spätmittelalterlichen und frühneuzeitlichen Gesellschaft gelten das von Bernd-Ulrich Hergemöller im Jahr 1994 herausgegebene Band *Randgruppen der spätmittelalterlichen Gesellschaft*, die *Geschichte der Armut* von Bronislaw Geremek (1988 auf Deutsch), *Fahrendes Folk im Mittelalter* von Ernst Schubert (1995) sowie *Bettler und Gaukler, Dirnen und Henker* von Franz Irsigler und Arnold Lassotta (2001). Fragen um die gesellschaftliche und soziale Stellung des Henkers behandelt Jutta Nowosadtko in ihrem immer wieder als Vorbild für andere Arbeiten dienenden Buch *Scharfrichter und Abdecker* aus dem Jahr 1994. Sie stellt das traditionelle Bild von der Unehrlichkeit des Henkers, das jedoch in der Forschung weiterlebt, deutlich in Frage.

Da die weibliche Ehre traditionell stark sexualisiert wurde, bildet die Ehre auch einen wichtigen Teil der Geschlechtergeschichte. Im Jahr 1999 erschienen *Das Fromme Haus* von Lyndal Roper und *The Crimes of Women in Early Modern Germany* von Ulinka Rublack. Sie schildern das Leben der frühneuzeitlichen Frau, wobei auch die weibliche Ehre thematisiert wird. In ihrem im Jahr 2004 erschienenen *State of Virginity* konzentriert sich Ulrike Strasser auf bayerische Beispiele staatlicher Kontrolle über das Sexualleben und dadurch auch über die Frau. Die sexuell geprägte weibliche Ehre bildet einen wichtigen Ausgangspunkt hinsichtlich der öffentlichen Bestrafung, da sowohl die Verbrechen als auch die Strafen der Frauen sich von denen der männlichen Verbrechern unterschieden.

So mangelt es nicht an Büchern, die Ehre, Ehrverlust und Ehrverletzung gründlich und mit vielen Beispielen aus der Vergangenheit behandeln. Jedoch scheint die deutliche Zweiteilung zwischen Schand- und Ehrenstrafen oft verloren gegangen zu sein. Das Wissen über die eigentlichen Schandstrafen, ihre Praktiken und Bedeutungen ist heute gering und schwankend, weil die zeitgenössischen schriftlichen und bildlichen Quellen sowie die Forschungsliteratur sie, wenn überhaupt, nur vage dokumentiert. Die Ehrenstrafen dagegen werden häufiger geschildert, aber der Unterschied zwischen diesen zwei Strafgruppen wurde bislang nicht systematisch bearbeitet, ja seine Existenz wird bestritten oder für unwichtig gehalten. Diesem Gedanken soll in der nachfolgenden Arbeit entgegengetreten werden. Während die Begriffe Schand- und Ehrenstrafe sich in der Sprache etabliert haben, werden ihre Inhalte und Bedeutungen öfters nachlässig präsentiert. Darüber mehr im zweiten Kapitel, besonders im Abschnitt „Die Entwicklung der ehrmindernden Sanktionen".

Ehre in der Gesellschaft und Ehre in der Rechtspflege können kaum mehr ohne die Einsichten der historischen Kriminalitätsforschung berücksichtigt werden. Die 1999 erschienene *Einführung in die Historische Kriminalitätsforschung* von Gerd Schwerhoff zeigt die Wege der Erforschung vergangener Illegalität. Traditionen, Methoden und Ergebnisse der Rechts- und Kriminalitätsgeschichte werden problematisiert, u. a. das wichtige Problem statistischer Analyse der frühneuzeitlichen Gerichtsakten. Ob die quantitative Annäherung an eine Zeit, die sich sehr unsystematisch in Quellen niederschlug, überhaupt sinnvoll und möglich ist, bleibt eine letztlich offene Frage. Jedenfalls wird auch in der vorliegenden Arbeit versucht, die Häufigkeit bestimmter Verurteilungen zu berücksichtigen. Mit den Überlegungen hinsichtlich der Ehre in der frühmodernen Gesellschaft betritt man unvermeidlich das Gebiet öffentlicher, obrigkeitlicher Disziplinierung. In seinem Aufsatz *Soziale Disziplinierung durch Strafe* (1999) beschreibt Karl Härter die Wirkungen und Bestrebungen staatlicher Kontrolle, die besonders in den Polizeiordnungen zum Ausdruck kamen. In dem von Gerhard Ammerer, Falk Bretschneider und Stefan Alfred Weiß herausgegebenem Buch *Gefängnis und Gesellschaft* (2003) schreiben u. a. Karl Härter und Thomas Krause über das Thema.

Für meine Kenntnisse der Geschichte von Bayern und München waren die Aufsätze von Archivaren des Stadtarchiv Münchens, u. a. von Ingo Schwab, Hans-Joachim Hecker und Helmuth Stahleder in dem von Richard Bauer, dem Leiter des Stadtarchivs, 1992 herausgegebenen Buch *Geschichte der Stadt München* sowie das 2003 erschienene Buch von Richard Bauer, *Geschichte Münchens*, grundlegend. Das 1956 geschriebene, aber erst 1997 unter dem Titel *Herzogsdienst und Bürgerfreiheit* erschienene Buch von Roswitha von Bary ist ein informationsreiches Werk zur Münchner Verwaltungsgeschichte. Ferner hat sich das Buch von Maria Rita Sagstetter aus dem Jahr 2000 mit dem Titel *Hoch- und Niedergerichtsbarkeit im spätmittelalterlichen Herzogtum Bayern* als hilfsreich erwiesen. *Das alte Rathaus in München*, im Jahr 1972 vom damaligen Leiter des Stadtarchivs Michael Schattenhofer publiziert, ist trotz seiner für den wissenschaftlichen Gebrauch mangelhaften Fußnoten und seiner nicht zu übersehenden Unordnung unersetzbar. Ohne seine Untersuchungen würde man wenig über die praktischen Fragen der frühneuzeitlichen Rechtswirklichkeit und der einstigen Räumlichkeiten der Stadt wissen.

Von großer Bedeutung für diese Arbeit sind die Forschungen von Reinhard Heydenreuter. Er ist einer der wenigen Autoren, die sich in den letzten Jahren um ein Gesamtbild frühneuzeitlicher bayerischer Rechtsgeschichte und Kriminalität bemüht haben (u. a. *Kriminalitätsgeschichte Bayerns von Anfängen bis ins 20. Jahrhundert* im Jahr 2003, *Rechtspflege im Herzogtum Bayern in der Mitte des 16. Jahrhunderts* im Jahr 1991 und *Der Magistrat als Befehlsempfänger* im Jahr 1992). Er repräsentiert zwar eine etwas traditionellere rechtsgeschichtliche Linie und steht eher für die landesherrlichgesetzgeberische Perspektive, differenziert aber deutlich zwischen Schand- und Ehrenstrafen – ein Ausgangspunkt, der auch in der vorliegenden Studie als fundamental gilt.

Zeitgenössische Werke und Archivalien

Der Humanismus des 16. Jahrhunderts produzierte Schwanksammlungen, Manierschriften und Erziehungsbücher, in denen die Vorstellungen von Ehre, Unehrlichkeit, Zucht, Unzucht und Schande den roten Faden bilden. So bieten auch solche literarische Werke die Möglichkeit, die vergangene Vorstellungswelt im Hinblick auf Ehre und Unehrlichkeit zu betrachten. Das erstmals im Jahr 1522 von dem Franziskaner Johannes Pauli erschienene Buch *Schimpf und Ernst* war für Klosterinsassen wie für Laien geschrieben. Die Titelseite verweist auf den Zweck dieses Werkes, nämlich „*nutzlich vnd gut zu besserung der menschen*" zu sein. Es geht nicht nur um einen erbaulichen und unterhaltenden Text, sondern um einen Nachfolger der mittelalterlichen Predigtliteratur. Im Jahr 1551 erschienen die satirischen, mit Spott und Hohn gewürzten Reime von Friedrich Dedekind unter dem Titel: *Grobianus, von groben sitten vnd vnhöflichen geberden* (das lateinische Original *De morum simplicitate* im Jahr 1549). Grobianus wurde in den kommenden Jahrzehnten viel gelesen und zitiert.

Im Jahr 1521 erschien zum ersten Mal auf Deutsch das berühmte Regierungshilfsmittel von Erasmus von Rotterdam: *Ein nutzliche underwisung eines Christllichen fürsten wol zu regieren*. Die in diesem Buch geschöpfte religiös-ideologische Welt ist in vielerlei Hinsicht verwandt mit der, in der die bayerischen Herzoge aufgezogen wurden. Das Knabenerziehungsbuch von Erasmus *De civilitate morum puerilium*, das im Jahr 1563 ins Deutsche übersetzt wurde, war dagegen allgemein für alle Knaben gedacht. Darin wird ehrbares Handeln in vielen Einzelheiten beschrieben und vom unehrlichen unterschieden. Die Vorstellungswelt dieser Werke findet sich auch in den landesherrlichen Mandaten. Aegidius Albertinus, der wittelsbachische Hofsekretär, predigte gute Sitten und keusches Leben in der von ihm im Jahr 1602 übersetzten *Haußpolicey*. Der streng moralisierende Ton von Albertinus ist zwar sehr religiös, sogar propagandistisch, aber sein Werk ist ein gelungenes Beispiel für die allgemeine katholische Einstellung der Zeit und in diesem Sinn auch die der Münchner Obrigkeit.

Neben den eigentlichen Gesetzbüchern waren auch einige rechtsphilosophische Werke juristisch gebildeter Autoren nützlich. Aus dem 16. Jahrhundert stammen sowohl *Von straff unnd Peen* von Andreas Perneder als auch das *Straffbüchlein* des hessischen Prokurators Abraham Sauer. Perneder war herzoglicher Hofrat in München und seine juristischen Werke waren ausschlaggebend für die Rechtspraxis auch in der Zeit nach seinem Tod um 1540. *Peinlicher sächsischer Inquisition- und Achtsproceß* von Benedict Carpzov und *Theatrum poenarum von* Jacob Döpler erschienen erst nach der eigentlichen Untersuchungsperiode dieser Studie, sind aber Repräsentanten einer Zeit, die Schand- und Ehrenstrafen kannte. Diese juristisch-historischen Untersuchungen basieren in vielem auf Beispielen historischer und zeitgenössischer Kriminalfälle und auf deren Urteilen. Da werden bestimmte oder allgemeine Rechtsfälle und Sanktionen in verschiedenen Rechtssystemen sowie im „gemeinen Recht" und in lokalen landesherrlichen Rechten geschildert und miteinander verglichen. Sie fungieren damit als Interpretationsmöglichkeit und als ein Spiegel, in dem Schand- und Ehrenstrafen des Untersuchungszeitraums gesehen werden können.

Die Stadtgeschichte Münchens dokumentiert sich seit Mitte des 15. Jahrhunderts am besten in den vom Stadtschreiber verfertigten, oft sehr summarischen Einträgen der Ratsprotokolle. Gegen Ende des 16. Jahrhunderts wurden diese Noten etwas ausführlicher, aber es gab immer noch kein festes Formular oder einheitliche Regeln für die Protokollierung. Eine Reihe der Ratsprotokolle des späten 16. und frühen 17. Jahrhunderts dienen der vorliegenden Arbeit als zentrale Quelle. Allerdings ist diesen Passagen bezüglich der hier gesuchten Informationen über Schand- und Ehrenstrafen sowie Ehre und Schande in den Protokollen und in anderen Quellen leider kein schnell erkennbarer, klar ausgewiesener Platz zugewiesen. Vielmehr tauchen sie unregelmäßig, häufig ohne eine deutliche Zuordnung auf. Je intensiver man sich mit derartigen Quellen befasst, desto offenkundiger wird die Tatsache, dass die meisten Bücher und Protokolle bei weitem auch andere Dinge umfassen, als hinter dem jeweiligen Titel zu vermuten war. Die von den Archiven später formulierten Bestandsbeschreibungen sind somit leider nur bedingt hilfreich.

Das 16. Jahrhundert ist als erstes Jahrhundert der Neuzeit oder als Phase zwischen Mittelalter und Neuzeit eine besonders interessante Periode. Sicher war es eine Zeit weitgreifender Änderungen in Verwaltung, Gesetzgebung und Rechtspflege. Im Vergleich zu den vorigen Jahrhunderten – auch zu dem relativ schriftorientierten Spätmittelalter – wurden nun wesentlich mehr Protokolle geführt und die Zahl obrigkeitlicher Mandate, Satzungen und Ordnungen nahm stetig zu. Auch wenn bei weitem nicht das gesamte damals produzierte Schriftgut bis zum heutigen Tag aufbewahrt wurde, erweist sich diese Periode hinsichtlich der Quellenlage für die Forschung als gut geeignet.[8]

Die Primärquellen der vorliegenden Arbeit wurden in zwei Gruppen geteilt: Erstens die Quellen der Strafpraxis und zweitens die normativen Quellen. In die erste Gruppe gehören die so genannte Unterrichterserie der Ratssitzungsprotokolle (1596-1618), die Malefizprotokolle des Unterrichters (1598-1618), die Gerichtsbücher des Oberrichters in Injurien- und Rumorsachen (1592-1609) und die Inventarlisten der Stadtfronveste (1556-1591).[9] Diese liegen alle im Stadtarchiv München. Für die Zeit von 1596 bis 1779 befindet sich unter den Münchner Ratsprotokollen neben der so genannten Stadtschreiberserie auch die Unterrichterserie[10]. Seit 1633 sind beide Serien inhaltlich identisch. Die Unterrichterserie wurde für die vorliegende Arbeit gewählt, weil sie die meisten für die Fragestellung dieser Studie interessanten Fälle enthält. Ihr Anfang markiert somit den Beginn der zu erforschenden Rechtsfälle.

In den Protokollbüchern wurden die Verhörsfragen, die Zeugenaussagen und die Aussagen der Angeklagten sowie die Verurteilungen manchmal ausführlich, aber oft nur summarisch niedergeschrieben. Gelegentlich wurde auch der Vollzug der Strafe kurz kommentiert. Die Protokolle des Untersuchungszeitraumes sind bislang nicht auf Mikrofilm aufgenommen, und die gedruckten Mandate und Rechtsbücher sind in solchem Umfang überliefert, dass eine Reproduktion nicht für nötig erachtet wurde. Da ich das Glück hatte, die Primärquellen in Original einsehen zu dürfen, sei deren Äußeres hier kurz beschrieben.

Während die Inventarlisten der Schergenstube einzelne Blätter sind, auf denen die Gerätschaften kurz aufgelistet wurden, handelt es sich bei den Protokollen in der Regel um dicke Bücher, etwas größer als DIN A 4, mit meistens mehreren hundert Seiten. Das mit gelegentlichen Wasserzeichen markierte, handgeschöpfte Hadernpapier steht an Haltbarkeit dem Pergament wenig nach. Die Buchdeckel der Ratsprotokolle und Malefizprotokolle bestehen entweder aus Pergament oder dickerem Schweinleder und der Vorsatz aus Pappe. Auf dem

---

8 Beispielsweise versuchte man in Kriegen der vergangenen Jahrhunderte die städtischen Dokumente aus dem Archiv in Sicherheit zu bringen, was nicht selten Schäden verursachte. Auch Wasserschäden und Feuer haben viele Akten beschädigt oder sie wurden absichtlich kassiert.

9 In der vorliegenden Arbeit wurden die genannten Quellengruppen innerhalb der in Klammern gegebenen Zeiträume berücksichtigt.

10 Die Tätigkeiten des Unterrichters sowie der Unterschied zwischen Richter, Oberrichter und Unterrichter werden genauer im zweiten Kapitel im Abschnitt 2.2 behandelt.

Deckel steht meistens der Titel des Buches, beispielsweise „Ratsprotokoll der Stadt München" und die Jahreszahl, und auf dem ersten Blatt befindet sich manchmal ein Motto, ein Bibel- oder Rechtspruch. Die ledernen Deckel sind durch Blinddruck mit Blumenmuster und vergoldeten Stadtwappen dekoriert. Manche haben eine Verschnürung aus Schweinsleder.

Die Protokolle wurden erst nach dem Schreiben gebunden. In den Sitzungen hatte der Schreiber einen Haufen fertiger Lagen vor sich, die er zunächst beschrieb. Die Lagen wurden nummeriert, und der Buchbinder band diese zum Buch. Die Blätter wurden in den meisten Fällen mit arabischen Nummern foliiert, gelegentlich kommt auch eine Paginierung vor. In einigen Fällen sind die Protokollbücher mit Registern versehen, allerdings ohne dass diese ihrer Inkonsequenz wegen allzu hilfreich sein könnten. Alle Protokollbücher sind in einem sehr guten Zustand: Es gibt kaum Wurmlöcher und nur gelegentlich Spuren von Wasserschäden. An einigen Stellen ist die bräunliche Tinte jedoch sehr ausgebleicht. Die für diese Studie erfassten Ratssitzungsprotokolle wurden zum größten Teil von dem Unterrichter Michael Mändl und auf Deutsch geschrieben. Auch die landesherrlichen Gesetze und Mandate wurden in deutscher Sprache verfasst. Nur gelegentlich wurden Randbemerkungen oder bestimmte Begriffe in Latein hinzugefügt.[11] Siehe Abb. 1.

Es scheint, dass der Unterrichter Michael Mändl seine Arbeit ernst genommen und für wichtig gefunden hat, besonders zu Anfang seiner langen Karriere. Als der junge Unterrichter in den frühen 90er Jahren des 16. Jahrhunderts seinen Dienst antrat, wurden die Ratsdiskussionen mit großer Sorgfalt und Genauigkeit im Protokoll festgehalten. Später werden die Bemerkungen knapper und intensiver: Statt wie früher für einen Sachverhalt mehrere Seiten zu beschreiben, konzentrierte er diesen auf einige wenige Sätze. Wenn Mändl wegen Krankheit oder einer Dienstreise abwesend war, pflegte er nachträglich einen Vermerk zu schreiben, um somit die Schrift einer anderen Hand zu erklären. Er hat häufig auch die Notizen seines Stellvertreters korrigiert und ergänzt. Im Februar 1613 schrieb er:

„nachvolgende raths täg biß auf 22. huius bin ich schwachait halber in rath nit khommen, angina sui tactus, incisiae nena liberatus. gott sei die ehr vnd ewiges lob gesprochen."[12]

---

11 Beispielsweise mit dem Vermerk „*vide 10 huius*" konnte die Aufmerksamkeit des Lesers auf den zehnten Tag desselben Monats geleitet werden. (StadtA: RP 228 (1613), Fol. 81 v).

12 StadtA: RP 228 (1613), Fol. 32 r.
Am 28. Mai 1618 befindet sich im Ratsprotokoll der folgende Satz: „*vom 22 aprilis biß auff 20 diß bin ich nit alhie sondern zu Crütz mit p herrn Fillinger gewest*". (StadtA: RP 233 (1618), Fol. 109 v). Der Hof in Graz war mit dem Münchner Hof verschwägert, ein Umstand, der wohl die Ursache der Reise gewesen sein mag.

Bei den Quellen der normativen Ebene handelt es sich primär um Originaldrucke, aber gelegentlich auch um handgeschriebene Akten. Sie befinden sich im Stadtarchiv München, im Bayerischen Hauptstaatsarchiv, in der Bayerischen Staatsbibliothek oder in der Universitätsbibliothek der Ludwig-Maximilian-Universität. Diese Quellengruppe umfasst u. a. die Akten in Kurbayerns Mandatsammlung (1500-1614) und landesherrliche Spezialmandate an die Stadt München (1578-1618), allesamt gedruckte Einzelblätter. Sie wurden in jeder Stadt und in jedem Ort im Herzogtum am Rathaus, an Kirchentüren und Stadttoren angeschlagen, um die neuesten Gesetze und Regelungen für jedermann kundzutun. Einige Exemplare waren auch eigens für den Rat bestimmt. Zum Teil sieht man noch an den Ecken der Plakate die kleinen Löcher, durch welche die Nägel geschlagen worden waren. Die meisten Mandate sind ungefähren im Format DIN A 4 bis DIN A 3, einige auch größer. Um das ganze Herzogtum zu erreichen, musste die Auflage relativ hoch sein, weswegen die Texte der Mandate fast vollständig überliefert sind und in vielen Fällen enthält die Sammlung mehrere Exemplare eines Mandats. Da diese Mandate die Richtschnur für die Ratsbeschlüsse bildeten, sind sie hinsichtlich der Fragestellung dieser Studie äußerst wichtig.

Die bayerischen Landesordnungen (1516, 1553 und 1578), Gerichtsordnungen (1520 und 1616), die Malefizprozessordnung (1616) und die Landespolizeiordnung (1616) sind alle gedruckte und gebundene Bücher, die zum Teil mit anderen Texten der Jurisprudenz zusammengebunden wurden. Gewöhnlich wurde auf der ersten Seite das bayerische Wappen mit prunkvollem, festlichem Titel gezeichnet. Die Blätter sind meistens mit römischen Zahlen entweder vorläufig foliiert bzw. paginiert oder es wurde eine alphanumerische Gliederung gewählt, so dass Nummerierung und Buchsstaben kombiniert wurden (z. B. A ii r). Die Bücher enthalten in der Regel Register, welche die verschiedenen Titel indexartig auflisten. Diese fürstlichen Ordnungen orientieren sich an den Reichsgesetzen und bringen damit die bayerische Gesetzgebung in Verbindung mit sowohl kaiserlichen als auch anderen großen europäischen Gesetzen.

Zu den handgeschriebenen normativen Quellen gehören der so genannte Chur-Bayrische Thesaurus Generalium (1606-1618), das Polizeibuch der Stadt München (1587), das städtische Bußbuch (1511), Ordnungen und Mandate der Herzöge (1517 und 1526) und die Bettel- und Almosenordnung der Stadt (1599). Beim ersten Buch handelt es sich um landesherrliche Satzungen und Briefe, die im 18. Jahrhundert in einem Buch reinschriftlich erfasst wurden. Leider sind die

---

Michael Mändl hatte auch die ungewöhnliche Sitte, gelegentlich seine Initialen „MM“ auf dem Einschlag der Rückeneinlage am Fußende des Buches zu schreiben, angeblich um seine Arbeit dadurch zu kennzeichnen.

ursprünglichen Blätter des Konzeptes nicht erhalten. Die Bettel- und Almosenordnung ist die einzige Pergamenthandschrift unter den von mir ausgewerteten Quellen: ein schönes Buch mit blindgedrucktem Schweinslederdeckel und Messingschließe. Die mit roter Tinte dekorativ geschriebenen, einleitenden Zeilen, die Oberschrift, zeichnen sich durch ihr kalligraphisches Element aus. Wie hervorragend der Erhaltungszustand dieser vierhundert Jahre alten Handschrift ist, unterstreicht die immer noch glänzende Kolorierung.

Einige Anmerkungen hinsichtlich der Schreibweise in den Originalabschnitten sind notwendig. Die in Anführungszeichen kursiv geschriebenen Abschnitte sind direkte Quellenzitate aus den Protokollbüchern, Gesetzestexten, Mandaten oder aus der zeitgenössischen Literatur etc. Ist ein Begriff oder Wort aber in Anführungszeichen und nicht kursiv geschrieben worden, handelt es sich um allgemeine Quellensprache, also um in den Quellen häufig vorkommende Ausdrücke ohne abgesonderte Notierung. Es handelt sich hier nicht um eine paläographische Studie. Vielmehr sollten die Abschnitte über den Charakter der Quellen dem Leser die Sprache und dadurch die Menschen des 16./17. Jahrhunderts und ihre Vorstellungswelt näher bringen.

Hinsichtlich der Wiedergabe der Schreibung der Quellen ist Folgendes zu bemerken: Wegen der zeittypischen inkonsequenten Schreibweise und um der besseren Lesbarkeit willen werden alle Wörter außer Personen- und Ortsnamen kleingeschrieben, die Satzzeichen teilweise modernisiert und Abkürzungen aufgelöst. Auf das graphische Zeichen des U-Häubchens wurde verzichtet. Um die in mehreren Rechtsfällen oder Zitaten vorkommenden Personen leichter identifizieren zu können, wurden ihre in den Quellen unterschiedlich geschriebenen Namen standardisiert. Wenn es also um einen und denselben Mann ging, aber sein Name sich etwa als Georg, Geörg und auch als Jörg findet, wird nur eine Variante gewählt.

Die Mandate und Gesetzbücher bieten einen ausführlichen Überblick über die Änderungen in der Gesetzgebung des 16. und frühen 17. Jahrhunderts. Daneben zeugen sie auch von dem Wandel der Wahrnehmung sowie den Einstellungen gegenüber Kriminellen und Personen unterschiedlichster Randgruppen. Die Mandate sind zum größten Teil allgemeine Satzungen, in denen die fürstliche Sorge um die Untertanen und die jeweilige Lage der Kriminalität zum Ausdruck kommt. Gleichzeitig werden die bis in die Einzelheiten greifende Reglementierung des alltäglichen Lebens und die religiösmoralischen Bestrebungen sichtbar. In den Ratsprotokollen werden Kriminalfälle und rechtliche Klagen diskutiert, es wird behandelt und geurteilt und die jeweiligen Strafen erwähnt. Informationen über die Delinquenten fallen relativ knapp aus. Die so genannten Malefizprotokolle, also die Verhörsprotokolle des peinlichen Gerichts, bieten oft mehr Hintergrundinformation über die in den Ratsprotokollen diskutierten Kriminalfälle. Trotz des Wortes „Malefiz“, das öfters mit schwereren Delikten im Zusammenhang steht, wurden in die Malefizprotokolle gelegentlich auch leichtere Straftaten aufgenommen. Überwiegend handelt es sich aber um Fälle, in denen Folter eine Rolle spielte und die peinlich bestraft wurden.

In den Malefizprotokollen wurden zunächst die den Angeklagten gestellten Fragen nummeriert niedergeschrieben, die entsprechenden Antworten finden sich auf den nachfolgenden Seiten.[13] Diese Verhörsprotokolle und auch Ratsprotokolle wurden wieder verwendet, wenn jemand ein zweites Mal vor das Gericht geriet. Es erwies sich als praktisch, in einem solchem Protokollbuch zu überprüfen, was der Angeklagte vorher gesagt hatte. Dadurch gelang es leichter, Unwahrheiten zu erkennen. In Malefizprotokollen variiert die Schrift auffällig, weil sie in der Regel von mehreren Händen geschrieben wurden. Es handelt sich in der Regel um Verhörsprotokolle in Reinschrift, die für die städtische Buchhaltung in Jahresbüchern gesammelt wurden. Die zunächst angefertigten „Originale“ waren wohl Einzelblätter, die im Laufe der Verhöre sehr schnell geschrieben werden mussten. Vermutlich hat Michael Mändl die in die Bücher übertragenen Malefizprotokolle nachträglich korrigiert und seine eigenen Randbemerkungen hinzugefügt, da es ja den für die Reinschrift Verantwortlichen manchmal an juristischer Erfahrung oder Ausbildung mangelte.

Die Masse des überlieferten Protokollmaterials machte eine exemplarische Vorgehensweise erforderlich. Für einen Zeitraum von 22 Jahren wurden stichprobenhaft sechs Jahrgänge in den Ratsprotokollen ausgewählt, wobei Abstände von jeweils vier bis fünf Jahren gewählt wurden: 1596, 1600, 1604, 1609, 1613 und 1617.[14] Diese sechs Jahrgänge wurden umfassend gelesen, das Material für die dazwischenliegenden Jahre und der Jahrgang 1618 kursorisch bearbeitet. Einige besonders interessante Einzelfälle oder Fälle, die mit identischen Personen abgehandelt wurden oder die ansonsten aus den ausgewählten Jahrgängen bekannt waren, fanden allerdings genauere Berücksichtigung. Diese Arbeitsweise ermöglichte eine tiefere Einsicht in die Funktion von Schande und Ehre, insofern als den vielen Rückfällen und Einzelschicksalen von bestimmter Krimineller ein besonderes Gewicht zukam. Aus den Malefizprotokollen wurden diejenigen Fälle ausgesucht, die in den Ratsprotokollen erwähnt worden waren. Den Malefizproto-

13 Aus Gründen der Lesbarkeit habe ich bei Angabe der Belegstellen auf die Paginierung bzw. Foliierung des Fragstücks in den Fußnoten dann verzichtet, wenn die Fragen in unmittelbarer Nähe der notierten Antworten vorkommen. Auch werden gelegentlich von mir in der Darstellung Namen ergänzt, die nur im Fragstück und nicht auf der Antwortseite genannt sind: So z. B. wenn der Angeklagte antwortet „Mit ihr habe ich nichts zu tun“ wurde statt „ihr“ von mir „Sabina“ geschrieben.

14 Jahrgang 1605 ist nicht mehr vorhanden.

kollen kommt demzufolge die Rolle eines eher absichernden und ergänzenden Materials zu.

Alle das Thema berührenden landesherrlichen Mandate wurden in die Untersuchung einbezogen und daraus eine Statistik der in den Mandaten erwähnten kriminellen bzw. verdächtigen Gruppen gewonnen. Die Inventarlisten der Fronveste wurden umfassend überprüft, und so konnte ein gutes Bild der Einrichtungen der Schergenstube, also des städtischen Kriminalgefängnisses, gezeichnet werden. Da die Gerichtsbücher des Oberrichters primär Streitigkeiten zwischen den Zünften und ihren Mitgliedern behandeln oder Fälle, bei denen zwei private Parteien einander scholten, wurden sie eher kursorisch gelesen. Hier wurden nämlich in der Regel keine Schand- oder Ehrenstrafen verhängt. Interessant ist allerdings der Umfang an verschiedenen Schimpf- und Scheltworten, der die Vorstellungen der ehrenrührigen und schändlichen Sachen kennzeichnet.

Diese Arbeit basiert zum größten Teil auf Texten, die von den im Auftrag der jeweiligen Rechtsobrigkeit beschäftigten Schreibern verfertigt wurden. Vorwiegend hat man es also hier mit der obrigkeitlichen Perspektive zu tun. So sollte beispielsweise das vorurteilsbehaftete Bild, das in den fürstlichen Mandaten von den diskriminierten Gruppen gezeichnet wird, nicht für deckungsgleich mit der damaligen, allgemein verbreiteten Vorstellung gehalten werden. Es stammt ja nicht vom Volk, sondern aus der Feder des Herzogs bzw. seiner Schreiber. Es darf auch nicht vergessen werden, wie bedrückend eine Verhörsituation, auch ohne Folter, für den Angeklagten sein konnte. Nur der geringere Teil der Menschen wird bereit gewesen sein, frei sprechen zu können und zu wollen. In derartigen Quellen ist die Stimme der angeklagten und verurteilten Individuen deshalb nur mittelbar zu hören. Außerdem sind die notierten Aussagen zum einen nur Antworten auf die gestellten Fragen, zum anderen sind sie durch eine fremde Hand und dazu in einer förmlichen Situation dokumentiert. Bei der Bewertung des in den Verhören gewonnenen Materials darf auch nicht vernachlässigt werden, dass es im Interesse der Verhafteten lag, sich der Obrigkeit möglichst positiv vorzustellen. Dies alles sollte einen aber nicht irreführen, da man nicht nach der „Wahrheit“ der Ereignisse, sondern viel mehr nach den Folgen des Rechtsprozesses und deren Bedeutung sucht.

Nichtschriftliche Quellen

Die Vergangenheit dokumentiert sich nicht nur in Texten, sondern es gibt verschiedene nichtschriftliche Quellen, von denen die historische Kriminalitätsforschung profitieren kann. Im Allgemeinen werden diese Möglichkeiten in der Geschichtsforschung immer noch viel zu wenig berücksichtigt. In der vorliegenden Arbeit kommt einigen Strafvollzugsinstrumenten und anderen Rechtsaltertümern eine besondere Bedeutung zu: Das Wissen von vergangener Strafpraxis wurde u. a. durch Erforschung von Ratshäusern, Gefängnisse sowie Pranger in mehreren süddeutschen Städten vertieft. Dabei boten die kriminalgeschichtlichen Sammlungen von einigen Museen eine gute Möglichkeit, die vergangene Rechtswirklichkeit zu konkretisieren.

Ingolf Bauer betont, dass die Gegenstände ihre eigene Sprache sprechen: Sie sollten nicht nur verwendet werden um Veröffentlichungen durch Illustrationen aufzulockern. Sie waren und sind Zeichen eigenständiger Vorstellungen und sind erst durch intensive Beschäftigung zu klären und zu erklären. Sie sind Teil einer vielfältigen Welt, die ihrerseits auch nicht allein aus den Gegenständen zu erklären ist.[15] Dies betrifft wohl auch bildliche Darstellungen. Die praktischen Fragen stehen zwar meistens nicht im Mittelpunkt der Geschichtswissenschaft, aber sicherlich sind sie auch nicht ohne Bedeutung. Die Aufgabe der historischen Kriminalitätsforschung besteht nicht nur in der Erforschung der vergangenen normativ-exekutiven Lage, sondern auch in der Förderung des Verständnisses der einstigen materiellen Umstände der Rechtspflege.

Wenn man eine, wenn auch vage, Vorstellung darüber haben will, wie die ehemaligen Akteure dieser Arbeit, die Richter und Gerichtsschreiber, die Ratsmitglieder, die Häftlinge und Verurteilte den Gerichtsprozess und die Strafe empfunden haben, muss man auch die eigentliche Umgebung der Ereignisse so gut wie möglich kennen. Für die vorliegende Studie wurden, wann immer möglich, über konkrete, sehr an der Praxis orientierte Versuche Erfahrungen gesammelt. Es wurde u. a. ausprobiert, wie sich die Ketten, Handschellen und Springer an den Gelenken anfühlen, wie man am Pranger steht, wie dunkel, kalt und still es in der Zelle ist etc. Das Berühren der Objekte hat freilich viele neue Fragen aufgeworfen, die in dieser Arbeit nicht beantwortet werden konnten.

Seit der Neueinrichtung des Bayerischen Nationalmuseums nach dem Zweiten Weltkrieg liegen die Rechtsaltertümer im Depot, zum Teil weil sie nicht datiert werden können und weil sie ganz allgemein nicht näher erforscht sind. Das Kriminalmuseum in Rothenburg ob der Tauber dagegen hat zahlreiche Strafinstrumente zur Schau gestellt. Seit den 1960er Jahren bestaunen die Touristen aus aller Welt „die grausame Justiz des deutschen Mittelalters". Es sollte aber nicht unbeachtet bleiben, dass viele von diesen Objekten aus der Neuzeit stammen. Außerdem handelt es sich bei den hier erforschten Objekten nicht um dieselben

15 Bauer: Rechtsaltertümer 2002, 1. Siehe auch Schnitzler: Geschmähte Symbole 1995, 285.

Gegenstände, die in den benutzten schriftlichen Quellen vorkommen. Man hat jedoch keine Veranlassung anzunehmen, dass die anderen Gegenstände süddeutscher Provenienz sich von den Münchner Gegenständen sehr unterschieden hätten. Sie können ein allgemein orientiertes, beispielhaftes Bild über Strafvollzug und Gefangenenhaltung vermitteln und fungieren dabei als unterstützende und ergänzende Hintergrundinformation zu den in den schriftlichen Quellen erwähnten Ereignissen.

Die Probleme der Datierung und das lückenhafte Wissen über die eigentliche Benutzung von vielen Instrumenten sind ein Hinweis dafür, dass in diesem Bereich noch reichlich Klärungsbedarf vorhanden ist.[16] Neben den Museumsobjekten bieten auch die verschiedenen Rechtsdenkmäler, die noch an einigen Orten in Deutschland stehen, wichtige Informationen über die Strafpraxis. In Bayern lassen sich noch einige Pranger nachweisen, obwohl die meisten anfangs des 19. Jahrhunderts demontiert wurden. Einige davon wurden später nach altem Vorbild wiederaufgebaut.

Religiöse Darstellungen, die das Leben der Märtyrer beschreiben, liefern oft Informationen über die Strafpraxis ihrer Entstehungszeit. In solchen Bildern werden meistens Rutenschläge, Sitzen im Block und Pranger dargestellt. Eine andere Quellengruppe sind die Schandbilder, in denen meistens Todes- oder Körperstrafen und andere schändliche Ereignisse, wie Umgang mit Schweinen oder Eseln dargestellt wurden. Seit dem späten 15. Jahrhundert wurden auch die Titelblätter der gedruckten Rechtsbücher mit Kupferstichen oder Holzschnitten von Strafwerkzeugen versehen. Trotzdem ließen sich kaum Bilder finden, in denen ein bloßes, gewöhnliches Schandstrafritual dargestellt worden wäre. Vor und um den Forschungszeitraum wurden Schandstrafen selten, wenn überhaupt, ins Bild gebracht. In einigen Fällen ist die Antwort darin begründet, dass viele Schandstrafen erst später häufiger wurden. Wegen ihrer Niedergerichtlichkeit gewonnen sie auch keinen Platz in den Kupferstichen der großen Gesetzbüchern.

16 Beispielsweise die Folterwerkzeuge des Stadtgerichts München wurden in den 1860er Jahren nach Nürnberg an das Germanische Museum verkauft. Bald wurden allerdings wieder Rechtsaltertümer aus verschiedenen bayerischen Gebieten im Bayerische Nationalmuseum gesammelt, woher genau, wurde leider nicht notiert. Der Ausstellungskatalog aus dem Jahr 1908 listet u. a. 33 Nummern für Leibesstrafen und 78 Nummern für Ehrenstrafen auf. Dabei ist es wichtig zu bemerken, dass manche Gegenstände aus deutschen Museen wahrscheinlich nie benutzt wurden, sondern sie stammen aus den zahlreichen „Folterkammern", touristischen Attraktionen des 19. und frühen 20. Jahrhunderts. Auch im Bayerischen Nationalmuseum gab es in der zweiten Hälfte des 19. Jahrhunderts den Wunsch, eine komplette Folterkammer einzurichten, eine Realisierung dieses Plans blieb jedoch aus. (Bauer: Rechtsaltertümer 2002, 8-17).

2. München – zwischen Landesherrn und Rat

Die Stadt und ihre Einwohner

München wurde im Jahr 1158 von Heinrich dem Löwen, Herzog von Bayern und Sachsen, gegründet. Es dauerte aber noch eine Weile, bis die Stadt an Bedeutung und Größe wuchs. Im Jahr 1255 wurde München zum Herzogssitz der Wittelsbacher und zur Hauptstadt von Oberbayern, während Landshut der Hauptort Niederbayerns war. Richard Bauer deutet allerdings an, die Stellung Ludwig des Bayern – der ab 1328 auch als Kaiser regierte – als „zweiter Stadtgründer" nach Heinrich dem Löwen und von München als „Reichshauptstadt", seien Teil wittelsbachischer Geschichtslegende.[17] Die Tatsache, dass München seit Mitte des 13. Jahrhunderts der landesherrliche Amtssitz war, prägte jedoch zweifellos Charakter und Geschichte der Stadt. Sie wurde von nun an nicht nur zur Bürgerstadt und Handelsplatz, sondern zur Residenzstadt ausgebaut. Seit der ersten Hälfte des 16. Jahrhunderts sollte auch die Entscheidung für die katholische Konfession ein maßgeblicher Faktor im Leben der Stadt werden. Nachfolgend soll ein Überblick sowohl über die sozialen, ökonomischen und politischen als auch die materiellen Umstände im damaligen München gegeben werden.

Seit der zweiten Hälfte des 13. Jahrhunderts unterschied man eine Innere Stadt von einer Äußeren Stadt, dem so genannten Neubaugebiet. Außerhalb der Mauer gab es Werkseinrichtungen, Siedlungsteile und Einzelgebäude. Im Jahr 1380 wurde der Begriff „Burgfrieden" für diesen außerhalb der Stadtmauer gelegenen, aber in der Praxis zur Stadt gehörenden Bereich zum ersten Mal benutzt.[18] Die Stadterweiterung zur und jenseits der Isar hieß die Au. Dort, in unmittelbarer Nähe der Stadt, wohnten u. a. Müller und Fischer, Häusler, Tagwerker, Holzhacker und Kleinhändler. Vermögende Familien legten ihrerseits seit dem Spätmittelalter ihre Gärten und Villen außerhalb der Stadt an. Der immer enger werdende Bauzustand der Stadt wurde im Jahr 1570 im Auftrag Herzog Albrecht V. in einem hölzernen Modell detailgetreu dargestellt. Diese einzigartige Arbeit des Straubinger Drechslers Jakob Sandtner zeigt neben den öffentlichen

---

17 Bauer: Geschichte Münchens 2003, 35 & 38.
Im Spätmittelalter ließ der Rat den Turm über dem Kaufinger Tor in der Mitte der Stadt aufstocken und mit Fresken schmücken, in denen München als Stadt Kaiser Ludwigs verherrlicht wurde. Er wurde „der schöne Turm" genannt. In diesem Turm hing auch das „Armesünderglöckchen". Es wurde geläutet, wenn ein Verbrecher zur Gerichtsverhandlung ins Rathaus geführt wurde. (Behringer: Rundgang 1987, 36).

18 Stahleder: Konsolidierung und Ausbau 1992, 124.

Gebäuden alle Privathäuser innerhalb der Stadtmauer mit Nebengebäuden, Höfen und Gärten, insgesamt 1 265 Häuser.[19] Siehe Abb. 2.

Die Architektur der Stadt veränderte sich im 16. und zu Anfang des 17. Jahrhunderts im Wesentlichen nicht. Im Sandtner-Modell sind u. a. der Verlauf der Nord-Süd- und Ost-West-Achse und deren Schnittpunkt am Marktplatz, die Anlage der beiden Pfarrkirchen an den Rändern der Ost-West-Achse, der Verlauf der ersten Stadtmauer und die Einteilung der Stadt in vier Stadtviertel deutlich erkennbar. Im Kreuzviertel liegt die Frauenkirche, in der Graggenau der Alte Hof, im Angerviertel die Peterskirche und das letzte Viertel ist das Hackenviertel nordöstlich vom Sendlinger Tor. Der erste erhaltene Stadtplan Münchens stammt von dem Salzburger Tobias Volckmer und wurde 1613 veröffentlicht. Dieser Kupferstich popularisierte den bisher vom Hof exklusiv benutzten hohen Informationsgehalt des Sandtner-Modells.[20] Zwischen den vier Haupteingängen in die Stadt, also dem Sendlinger Tor im Süden, dem Isar-Tor im Osten, dem Schwabinger Tor im Norden und dem Neuhauser Tor im Westen, standen zahlreiche andere Türme. Sie wurden für diverse Zwecke benutzt: Einige fanden als Lagerraum, andere als Wehrtürme oder Gefängnisräume Verwendung.

Der älteste Stadtkern Münchens, den man heute als Marienplatz kennt, lag ursprünglich nicht zentral in der Mitte, sondern am östlichen Rand der Stadt, unmittelbar neben dem Unteren Stadttor, das später zum Ratsturm wurde. Der Markt wurde wegen seiner Fleischbänke bis Mitte 19. Jahrhundert Schrannenplatz genannt. Der Marktplatz diente der städtischen und ländlichen Bevölkerung zum Austausch lebensnotwendiger Agrarprodukte und Handwerkserzeugnisse. Auch die über München ihren Weg nehmenden Händler mussten ihre Ware, z. B. Salz, mehrere Tage in München zum Verkauf anbieten.[21] Der Marktplatz war das Zentrum und die Schaubühne allen öffentlichen Lebens. Da wurde verkauft und eingekauft, Feste wurden gefeiert, Freunde und Bekannte getroffen und über Neuigkeiten des städtischen Zusammenlebens geplaudert. Es wurden auch obrigkeitliche Ankündigungen verlesen, Urteile verkündet und Strafen vollzogen.

Das 15. Jahrhundert wurde zu einer der erfolgreichsten Perioden Münchens. Auch Missernten, Hungersnöte und große Epidemien in der zweiten Hälfte des Jahrhunderts konnten das kontinuierliche Anwachsen der Stadtbevölkerung nicht verhindern. Gegen Ende des Jahrhunderts zählte die Stadt an die 15.000 Einwohner,

---

19 Schwab: Rinder aus dem Umland 1995, 23, Schwab: Zeiten der Teuerung 1992, 166-168 und Behringer & Roeck: Das Bild 1999, 314. Heute befindet sich das Modell im Bayerischen Nationalmuseum.

20 Behringer: Rundgang 1987, 28-30 & 91 und Behringer & Roeck: Das Bild 1999, 316.

21 Behringer: Rundgang 1987, 136 und Schwab: Rinder aus dem Umland 1995, 27.

und bald war München die einwohnerstärkste Stadt Bayerns. Im Jahr 1580 gab es in München schon 20.000 Einwohner, allerdings sank die Zahl nach dem 30-jährigen Krieg auf 10.000.[22] Deutlich deckt sich der Untersuchungszeitraum dieser Arbeit mit einer Periode eines raschen Bevölkerungsanstiegs, der im Lauf des 16. Jahrhunderts auch Probleme mit sich brachte. Es ist allerdings zu bemerken, dass nur ein kleiner Teil der Gesamtbevölkerung Bayerns in München wohnten. Außerdem ist die Einwohnerzahl einer Stadt nicht identisch mit der Anzahl ihrer Bürger.

Da die Stadtbürger steuerpflichtig waren, dienen Steuerbücher als eine gute Quelle u. a. für die Ermittlung der Anzahl der Bürger. Im Münchner Steuerbuch des Jahres 1560 kann man ca. 3.050 Personen zählen, im Jahr 1600 hat sich die Zahl um ein knappes Drittel, auf etwa 4.000 Einträge erhöht.[23] Obwohl die Stadt durch Steuergeld der Bürger profitierte, war das Bürgerrecht nicht leicht zu erhalten und nur jeder fünfte Einwohner besaß Bürgerrechte. Nur nachweislich ehrliche Personen, die über eine sichere wirtschaftliche Lage verfügten und mächtige Fürsprecher hatten, wurden akzeptiert. Viele Leute wohnten Jahrzehnte oder ihr Leben lang in der Stadt, ohne Bürger zu werden. Als die Stadt im Jahr 1604 einem Mann das Bürgerrecht versagte, klagte er, dass man *„nemme doch frembde herrein zu burgers, warumben er nichts als ein bürgers khindt möge erhalten*". Das Ablehnen seines Wunsches nach Vollbürgerschaft wurde durch sein „grobes Verhalten" gegenüber dem Bürgermeister begründet.[24] Bürger oder Nichtbürger, alle gehörten als Einwohner dennoch zur Stadtgemeinschaft. Von ihnen wurde ein

---

22 Bauer: Geschichte Münchens 2003, 42-45, Hecker: Um Glaube und Recht 1992, 148, Schwab: Zeiten der Teuerung 1992, 167-168 und Schilling: Die Stadt 1993, 10-12.
Zum Vergleich: Im Deutschland des 16. Jahrhunderts gab es etwa 25 Großstädte mit über 10.000 Einwohnern, wobei Köln eine richtige Großstadt mit sogar 40.000 Einwohnern war. Der Verstädterungsgrad wird in dem frühneuzeitlichen Deutschland als hoch eingeschätzt, aber trotz dieser Urbanisierung blieb Deutschland ein Land der Mittel- und Kleinstädte. (Schilling: Die Stadt 1993, 4-8).
Als sich die beiden Teilherzogtümer Ober- und Niederbayern im Jahr 1505 wiedervereinigten, belief sich die Zahl der Gesamtbevölkerung auf ca. 500.000 Menschen. Für die Zeit vor dem 30-jährigen Krieg hat man eine Million Einwohner errechnet. (Heydenreuter: Recht, Verfassung und Verwaltung 1981, 11-12 und Heydenreuter: Rechtspflege 1991, 263-264).

23 Schwab: Zeiten der Teuerung 1992, 169, Schwab: Rinder aus dem Umland 1995, 23.
Schattenhofer beschränkt sich bei der Zahl der 1000 Vollbürger nur auf die Haushaltsvorstände. Strasser dagegen spricht über 2.000 Personen, die um 1600 völlige Bürgerrechte besaßen. Es wird allerdings nicht klar, ob auch Bürgerinnen mitgerechnet wurden. (Schattenhofer: Das alte Rathaus 1972, 198 und Strasser: State of Virginity 2004, 18).

24 StadtA: RP 219 (1604), Fol. 122 v-123 r.
Die 60jährige Anna Sternerin hatte 41 Jahren in der Stadt gearbeitet, als sie im Jahr 1618 Bürgerin wurde. (StadtA: RP 233 (1618), Fol. 42 v).

bestimmtes gutes Benehmen erwartet und sie spielten, wenn auch nicht politisch, so doch sozial eine Rolle im Alltag der Stadt.

Im Spätmittelalter wurde die innerhalb der städtischen Gesellschaft von Anfang an angelegte soziale Differenzierung überall ausgeprägter. Die Zahl der lebenslangen Gesellen ohne Aussicht darauf, je Meister werden zu können, der Lohnarbeiter, Knechte und Mägde, sowie der allein stehenden Frauen nahm zu.[25] In München löste sich die städtische Oberschicht seit dem 15. Jahrhundert zunehmend von ihren politischen Aktivitäten. Sie orientierte sich an Gepflogenheiten des Rittertums und nahm damit einen eher adeligen Lebensstil an. Immer häufiger strebten die Patriziersöhne nach höfischen Ämtern, wofür sie an der Universität zu Ingolstadt studieren mussten. Als die alten bürgerlichen Familien ihre Positionen verließen, wurde den städtischen Handwerkerschichten und von außen zugewanderten Personen neue Möglichkeiten eröffnet. Einerseits war das durchschnittliche soziale Niveau der Stadtbevölkerung im 16. Jahrhundert niedriger als vorher geworden. Andererseits bildete aber die Anwesenheit der herzoglichen Hofhaltung und Verwaltung einen entscheidenden Faktor für die Sozialstruktur der Münchner Einwohnerschaft. Während die Zahl der Hofbediensteten im Jahr 1552 384 betragen hatte, zählte sie sich zwanzig Jahre später schon 866 Personen.[26] Neben der Wandlung der Sozialstruktur waren auch ökonomische Änderungen von großer Bedeutung für die Stadtgeschichte.

Seit Anfang des 16. Jahrhunderts sank der allgemeine Lebensstandard in Europa deutlich. Die Wirtschaftsentwicklung konnte mit dem Bevölkerungswachstum nicht Schritt halten, es kam zu Hungerkrisen, Pestepidemien und Religionskämpfen – alle Faktoren, die das 16. Jahrhundert als eine Zeit der Krise betrachten lassen.[27] Auch in München prägte der Bevölkerungsdruck und die deutlich zu spürende, von den Menschen immer wieder beklagte Teuerung der Nahrungsmittel in den 1560er und 1570er Jahren die städtische Gesellschaft und die Politik des Rates. Gegen Ende des Jahrhunderts wurden die Steuern mehrmals erhöht. Der Geldverfall erreichte seinen Höhepunkt erst anfangs der 1620er Jahre. Bis dahin nahm auch die Zahl der Einwohner zu. Die Versorgungsprobleme waren besonders in den Gewerbezweigen spürbar, bei denen Inflation und Preiskontrolle, die anwachsende Einwohnerzahl und die Lebensmittelverknappung sich überlagerten, wie etwa bei den Bäckern und Metzgern. Gegen Ende des Jahrhunderts nahmen die Klagen und Missstände zu und bei der allgemeinen Not breiteten sich u. a.

---

25 Schilling: Die Stadt 1993, 34.

26 Stahleder: Konsolidierung und Ausbau 1992, 138-139, Schwab: Zeiten der Teuerung 1992, 185-186 und Hecker: Um Glaube und Recht 1992, 148- 49.

27 Schwerhoff: Köln 1991, 40-41.

Eigentumsdelikte aus.[28] In dieser Situation spielte der Landesherr mit seinen Sicherheitsorganen, seiner Gesetzgebung und seiner Befehlsmacht gegenüber den lokalen Obrigkeiten eine bedeutende Rolle.

Zu den ursprünglichen Aufgaben des Landesherrn gehörte selbstverständlich der Schutz des Landes gegen äußere Feinde. Trotz des blutigen Erbfolgekriegs vor der Wiedervereinigung der Herzogtümer und der andauernden „Türkengefahr“ in den südöstlichen Teilen Europas verlief das 16. Jahrhundert in Bayern allerdings relativ friedlich. Wenn auch nicht direkt in Bayern gekämpft wurde, war man jedoch besorgt über mögliche Auseinandersetzungen und am Ende des Jahrhunderts begann Herzog Maximilian mit systematischen militärischen Vorbereitungen. Zu Beginn des 30-jährigen Krieges war Bayern ein im Verhältnis zu anderen Territorien hoch gerüstetes Land.[29] Es ist allerdings fragwürdig, ob die militärischen Maßnahmen des Landesherrn das Gefühl der Sicherheit unter dem Volk vermehrten. Zweifellos kosteten sie aber viel Geld und mussten zum Teil durch Zwangsarbeit devianter Personen verwirklicht werden. Je mehr Menschen eine Gefährdung ihrer Existenz verspürten, desto stärker wuchs auch der Druck, einen Sündenbock zu finden und zu bestrafen. Die Wirtschaftskrise mit ihren sozialen Folgen und die politischen Angstbilder erwiesen sich so auch als Anstoß zur Verrechtlichung, Disziplinierung und Kriminalisierung.

Der Rat und das Rathaus

Als die Herzöge Ernst und Wilhelm III. im Jahr 1403 gemeinsam mit der Bürgerschaft das Stadtgrundgesetz feierlich besiegelten, war die Organisation des Gemeindewesens zum Abschluss gekommen. Diese Verfassung behielt ihre Kraft bis zum Jahr 1775. Mit dem neuen Verfassungsgesetz endete auch der im Jahr 1397 begonnene Bürgerkrieg. Nun bestand der Stadtrat aus zwei Kollegien, einem Inneren Rat mit 12 und einem Äußerem Rat mit 24 Mitgliedern. Dieses Patriziat bestand aus einem eng miteinander verflochtenen Kreis vornehmster Familien, die den Herrenstand innerhalb des Bürgertums bildeten. Es waren reiche Handelsleute, Unternehmer, Bankiers und Großgrundbesitzer. Besonders die Aufnahme in den Inneren Rat beinhaltete höchste Verantwortung und Ehre. Im 15.

---

28 Schwab: Rinder aus dem Umland 1995, 20-25 und Schwab: Zeiten der Teuerung 1992, 177 & 183.
Da die allgemeine wirtschaftliche Entwicklung zu einem starken Anschwellen der städtischen Unterschichten und zu einem Absinken vieler Gruppen in die ökonomische Mittelschicht führte, verschärften sich auch die sozialen Konflikte. (Hergemöller: Randgruppen 1994, 37).

29 Heydenreuter: Recht, Verfassung und Verwaltung 1981, 93.

Jahrhundert führten die ratsgesessenen Familien die Stadt auf die volle Höhe ihres bürgerlichen Lebens. In seinem Mittelpunkt stand das Rathaus, nicht die Residenz. Im Zeitalter erstarkender Fürstenherrschaft sicherte die streng konservative Politik des Rats der Stadt noch ein großes Maß an Selbstverwaltung.[30] Das 16. Jahrhundert wurde aber die Periode der beschränkten bürgerlichen Selbstständigkeit, als der Hof eine immer mächtigere Rolle in der städtischen Politik übernahm.

Einige alte Patrizierfamilien behielten ihre führende Stellung kontinuierlich. So hatten u. a. die Barth 452, die Ligsalz 438, die Schrenck 328 und die Pütrich 200 Jahre ihre Vertreter im Rat. Es waren etwa 50 Familien, die sich die Ratssitze teilten und ein starkes Standesbewusstsein besaßen. Sie heirateten nur untereinander, in Ratsfamilien anderer Städte oder in Rittergeschlechter.[31] Im 16. Jahrhundert hatten schon einige Ratsherren an einer Hohen Schule studiert, aber die eigentliche Umgestaltung des Inneren Rats in ein gelehrtes Kollegium war erst die Entwicklung späterer Zeiten. Der Vorrang des ganzen Patriziats beruhte vor allem auf seinem Reichtum, der durch günstige Handelsgeschäfte gesammelt worden war.[32] Die Räte des Untersuchungszeitraums waren keine besonders gebildeten Herren, sondern eher Männer des Handels und der Praxis.

Die meisten leitenden Stellen der städtischen Verwaltung waren ursprünglich ehrenamtlich und wurden mit Ratsmitgliedern besetzt. In der jährlichen Wahl wurde der Innere Rat von drei Wählern gewählt und der Äußere Rat von den Mitgliedern des Inneren Rates. Ab 1529 tagten Innerer und Äußerer Rat mittwochs und freitags gemeinsam als Plenarium Consilium, aber gelegentlich trat der Innere Rat auch allein zu Sondersitzungen zusammen. Die vom Kerkermeister bediente Ratsglocke auf dem Ratsturm rief zu allen Sitzungen.[33] Die Mitgliedschaft im Rat

---

30 Stahleder: Konsolidierung und Ausbau 1992, 120 & 133-35, Bary: Herzogsdienst und Bürgerfreiheit 1997, 26-28 und Schattenhofer: Das alte Rathaus 1972, 30 & 193.

31 Behringer: Rundgang 1987, 132. Siehe auch Heydenreuter: Der Magistrat als Befehlsempfänger 1992, 198.

32 Bary: Herzogsdienst und Bürgerfreiheit 1997, 70 und Schmid: Stadt und Humanismus 1989, 250-252.
In Bayern waren der Hof und die Klöster viel mehr von dem zeitgenössischen Humanismus beeinflusst als die Bürgerschaft. (Hecker: Um Glaube und Recht 1992, 149).

33 Bary: Herzogsdienst und Bürgerfreiheit 1997, 42-44 & 76 und Schattenhofer: Das alte Rathaus 1972, 194.
In dem Inventarverzeichnis der Schergenstube aus dem Jahr 1566 wird jedoch „*1 reisennde vhr, so man praucht wann man jn rath leut*“, erwähnt, wobei es sich angeblich um eine tragbare Uhr mit einem Zeiger und Zifferblatt handelt. (StadtA: SG 893 (1566)). Ähnlich wird im Jahr 1608 „1 reiß vhr“ erwähnt. (StadtA: SG 893 (1608)).

brachte Vorrechte und Ehren mit sich und die Ratsherren genossen ein erhöhtes Ansehen unter der Bürgerschaft. Seit dem späten 16. Jahrhundert wurden sie fest bezahlt, aber die traditionellen Anredeformen blieben weiter im Gebrauch.[34] Die Anrede musste unbedingt mit bestimmten Höflichkeitsfloskeln geschmückt sein, wie man auch bei Erasmus lesen kann. Mit achtbaren Leuten soll der Junge

„mit züchtiger schamhafftigkeit vnnd kürtzlich reden, vnnd dickermals ihren ehrnamen vorher lassen gehen, als nemlich erbarer, weiser, ehrnuester, strenger herr".[35]

Unstrittig kam die entscheidende Funktion dem Inneren Rat und seinen Bürgermeistern zu.[36] Der Äußere Rat wurde zu einem überwachenden und mitbeschließenden Organ, dem weniger wichtige Ehrenämter wie die Bußmeisterschaft überlassen werden konnten. Während die alten Geschlechter sich auf ihre Teilhabe am Inneren Rat konzentrierten, wurden im 16. Jahrhundert immer mehr wohlhabende Kaufleute und Handwerker des gehobenen Mittelstandes in den Äußeren Rat gewählt. Eine genaue Abgrenzung der Rechte und Pflichten des Äußeren Rats ist nicht zu ziehen, aber deutlich war er das Bindeglied und der Vermittler zwischen Innerem Rat und der Gemein.[37] In dem städtischen Verwaltungssystem bestanden so die Macht des Geldes und „demokratische" Prinzipien nebeneinander. Darüber wuchs die ganze Zeit die entscheidende Stellung des Landesherrn.

Die Aufgaben des Bürgermeisters wurden unter den Ratsmitgliedern geteilt, so dass eine Person nur für kurze Dauer als Bürgermeister tätig war. Der Bürgermeister des Inneren Rates führte u. a. den Vorsitz in den Ratsversammlungen und war gemeinsam mit dem Rat Träger der städtischen Satzungsgewalt. Er war verantwortlich für die Verurteilung der Ratsmitglieder zu Gefängnisstrafen im Ratsturm, hatte die öffentliche Anklage in gerichtlichen Handlungen im Namen der Stadt zu erheben und war verpflichtet bei Verhören und Folterungen anwesend zu sein. Ferner war er verantwortlich für die nächtliche Sicherheit und musste aufgeweckt werden, falls in der Nacht ein Mord begangen wurde oder je-

---

Sowohl der Ratsturm als auch die Frauenkirche erhielten erst gegen Ende des 15. Jahrhunderts eine Uhr, aber im Petersturm hatte man schon im Jahr 1371 eine Uhr eingerichtet. (Schattenhofer: Das alte Rathaus 1972, 25).

34 Bary: Herzogsdienst und Bürgerfreiheit 1997, 69-71.

35 Erasmus: De civilitate morum puerilium 1563, c viii v.

36 Hecker: Um Glaube und Recht 1992, 161.

37 Bary: Herzogsdienst und Bürgerfreiheit 1997, 28-30.
Die Gemein war die Gesamtheit der Hausbesitzenden oder der Bürger, die jährlich mindestens ½ Pfund Steuer leisteten. In bestimmten Fällen musste der Rat das Votum der Gemein einholen. (Schattenhofer: Das alte Rathaus 1972, 197-198).

mand Einlass in die Stadt begehrte.[38] Bald wurde die Bürgermeisterschaft aber ein vom Landesherrn beeinflusstes und überwachtes Amt. Gegen den Widerstand der bürgerlichen Vertreter setzte Herzog Maximilian im Jahr 1605 die Wahl aller Stadträte auf Lebenszeit durch. Damit wurden Innere und Äußere Räte behördenmäßige Amtspersonen.[39] Herzog Maximilian verstand auch die städtischen Räte als seine Beamtenschaft, deren Loyalität und Effektivität kontrolliert werden musste.

Trotz dem fürstlichen Eingreifen war das gesamte öffentliche Leben der weitgehend unter die Aufsicht und Führung des Rates gestellt. Dem Rat oblag sowohl die Verleihung des Bürgerrechtes wie die Leitung der Finanzverwaltung und er war auch die oberste Baubehörde. Er übte Aufsicht über Handel und Gewerbe, Vermögen der kirchlichen und sozialen Stiftungen, wie Armen- und Krankenfürsorge. Auch die Organisation der großen Stadtfeierlichkeiten, u. a. der Fronleichnamsprozession, der Jacobidult und des großen Schützenfestes bildeten eine sich stets wiederholende Aufgabe des Rats. Für das Ansehen aller städtischen Amtleute war es sehr wichtig, eine Amtskleidung zu tragen und besonders bei öffentlichen Veranstaltungen waren diese Männer festlich und prächtig gekleidet.[40] Solche Rituale prägten die stadtbürgerliche politische Kultur der Frühen Neuzeit.[41] Durch die verschiedene Festlichkeiten und Prozessionen wurden auch die hierarchischen Beziehungen zwischen den Amtleuten und anderen Bürger sichtbar.

Im 16. Jahrhundert grenzte sich das Münchner Patriziat mehr und mehr vom niedrigeren Bürgerstand ab. Die Namen dieser Familien wurden in einem eigenen Geschlechter-Buch festgehalten und seit der zweiten Jahrhunderthälfte kam die Bezeichnung *patricius* dazu. Den herausragenden Status der Geschlechter wollte man auch durch Baulichkeiten zum Ausdruck bringen. Gebaut wurden u. a. die Trinkstube und Tanzsaal im Rathaus, zu denen das übrige Bürgertum keinen Zutritt hatte.[42] Mit der landesherrlichen Beamtenschaft stellten sich nun die Ratsfamilien als eine das gemeine Volk regierende Obrigkeit dar. Diese „Verobrigkeitlichung" vertiefte die Kluft zwischen Normalbürger und städtischer Obrigkeit. Die herausgehobene Stellung des Rates konkretisierte sich in dem Rathaus. Wegen des Nach- und Umbaus nach dem Zweiten Weltkrieg ist der mittelalterlich-frühneuzeitliche Charakter der Münchner Altstadt nur noch mit viel Einbildungskraft spürbar, die Entwicklung des Rathausgebäudes kennt man jedoch gut. Da das

38 Bary: Herzogsdienst und Bürgerfreiheit 1997, 38-41 & 248.
39 Heydenreuter: Der Magistrat als Befehlsempfänger 1992, 197.
40 Bary: Herzogsdienst und Bürgerfreiheit 1997, 53-59 & 86-87.
41 Schwerhoff: Köln 1991, 207.
42 Schmid: Stadt und Humanismus 1989, 264-267. Zur Verobrigkeitlichung Schilling: Die Stadt 1993, 48.

Rathaus die Hauptbühne dieser Arbeit bildet, denke ich, dass der Leser sich für einen kurzen Überblick seiner Geschichte interessiert.

In vielen Punkten erklärt sich die Geschichte des Rathauses auch mit der Geschichte der Stadt selbst. Rathaus, Tanzhaus, Stadtfronfeste und Tuchhaus, alle befanden sich über die Zeiten hinweg in ein und demselben Gebäude. Die Lage des Münchner Rathauses, ein wenig von der Achse der großen Ost-West-Straße verschoben, war sicher nicht so augenfällig und repräsentativ wie die vieler anderen Rathäuser. Sie bot aber die Möglichkeit, ein schon vorhandenes Stadttor als Rathausturm zu verwenden und von dort aus auf die Hauptzufahrt zur herzoglichen Burg, zum heutigen Alten Hof, zu blicken.[43] Das Gebäude, das heute als „altes" Rathaus bezeichnet wird, galt in der Frühen Neuzeit als das „neue" Rathaus. Das älteste erhaltene Bild vom Alten Rathaus ist der Kupferstich von Michael Wening aus dem Jahr 1701.[44] Siehe Abb. 3.

In den spätmittelalterlichen Kammerrechnungen hieß das Münchner Rathaus *domus civitatis*, Haus der Stadt bzw. Bürger, oder *domus consulum*, Haus der Ratsherren. Das älteste Rathaus stand an der Ostseite des Marktes, wo sich noch heute der große Saalbau als Altes Rathaus erhebt. Am Ende des 14. Jahrhunderts wurde das Rathaus vor allem im Inneren umgebaut und mit einem großen Saal ausgestattet. Dabei wurde ein neuer Raum gerichtet, den man als „große Ratsstube" bezeichnete. Bald wurde dazu die „innere Ratsstube" gebaut, die für den Inneren Rat bestimmt war. In 1470, zwei Jahre nach dem Baubeginn der Frauenkirche, begann ein weiterer Rathausumbau. Nach zehnjähriger Bauzeit war das Rathaus mit einem großen, modischen Tanzsaal vollendet. In diesem großen Rathaussaal besaß die Stadt einen Raum von repräsentativer Würde und Größe, wie ihn die Herzöge erst im Jahr 1562 mit dem Georgssaal in der Neufeste erhielten. Der festliche Saal wurde in den zeitgenössischen Texten nicht ohne Grund als Sehenswürdigkeit gelobt.[45]

Der Hauptschmuck der Rathausfassaden bestand in einer von Ulrich Fuetrer gefertigten Malerei, über den Inhalt der Bilder weiß man leider nichts mehr. Eine Treppe führte als breite „Himmelleiter" ohne Wendung und Absatz vom Markt-

43 Schattenhofer: Das alte Rathaus 1972, 7-13.

44 An der Wende zum 20. Jahrhundert wurde das reich geschmückte „neue" Rathaus am Nordseite des Marienplatzes gebaut. Trotz seines verwirrend spätgotischen Aussehens darf es nicht mit dem mittelalterlichen Rathauskomplex verwechselt werden. In München gab es eigentlich drei Rathäuser, von denen heute noch zwei stehen. (Schattenhofer: Das alte Rathaus 1972, 89).
Kupferstiche von Michael Wening und Tobias Volckmer sind relativ häufig noch in deutschen Antiquariaten zu finden.

45 Schattenhofer: Das alte Rathaus 1972, 11-16, 35 & 64-65.

platz direkt in den Tanzsaal, der das ganze Obergeschoss einnahm. Hinter dem Festsaalbau verband der Ratsturm die beiden Rathaustrakte nahtlos an seiner Nord- und Südseite. Es gab eine direkte Verbindung zwischen dem Rathaus und dem Heiliggeistspital durch einen gedeckten Übergang. Dadurch konnte sich beispielsweise der Innere Rat in die „Porkirche“ zur Messe begeben. Im Neuen Rathaus befanden sich seit dem 15. Jahrhundert neben den Verwaltungsräumen auch die Stadtkammer, die Steuerstube und die Bußstube. In dem südlichen Keller- und Erdgeschoss, unter dem großen Tanzsaal, waren vier vom Markt her zugängliche Verkaufsläden, die Wohnung des Ratsknechtes und die Sitzungsräume der beiden Ratskollegien. Die sich mehr und mehr ausbreitende Verwaltung verursachte zunehmende Raumnot, die schon im Jahr 1500 durch einen erkerartigen Vorbau über dem ersten Obergeschoss gegen den Markt hin begegnet wurde.[46] Das Kriminalgefängnis und die Wohnung des Kerkermeisters befanden sich auch im Rathaus, in dessen Kellergeschoss.

München als Musterstadt

Die Verbindung zwischen dem bayerischen Herzogshaus und der städtischer Bürgerschaft war bis zum Ende Mittelalters eng. Der Hof und die bürgerliche Führungsschicht der Stadt feierten gemeinsam Feste, sie tanzten in dem neuen Festsaalbau und besuchten dieselben Bäder und Weinschenken. Der Hof war auch wirtschaftlich stark von der Bürgerschaft abhängig. Die Stadt übernahm u. a. Bankierdienste mit Darlehen für das Herzogshaus und der Hof bezog alle seine lebensnotwendigen Güter und Nahrungsmittel von den Stadtbürgern. Seit Anfang des 16. Jahrhunderts verdunkelte sich allerdings der Stern des bürgerlichen Münchens neben dem Glanz der fürstlichen Residenzstadt. Nun hatte der Hof seine eigenen Handwerker und Betriebe, und es wurde nicht mehr in der Stadt eingekauft. Er setzte sich immer nachdrücklicher von der Bürgerschaft ab und wurde zur Stadt in der Stadt.[47] Sowohl die Arbeit des Stadtrats wie auch das Leben und

46 Schattenhofer: Das alte Rathaus 1972, 39-41, 68-70 & 78-80. Siehe auch Heydenreuter: Rechtspflege 1991, 264-265.

47 Stahleder: Konsolidierung und Ausbau 1992, 143-145 und Schattenhofer: Das alte Rathaus 1972, 166.
Es ist allerdings bemerkenswert, dass München eigentlich nie die volle Reichsunmittelbarkeit erreicht hatte, sondern war in dem Sinne eine landesherrliche Stadt geblieben. Obwohl der Landesherr und Rat im Jahr 1294 sich in dem so genannten Rudolfinum die städtische Gerichtsbarkeit geteilten, behielt der Herzog bis Mitte des 16. Jahrhunderts die Einspruchsmöglichkeit für die Hochgerichtsbarkeit. (Bary: Herzogsdienst und Bürgerfreiheit 1997, 64-65).

Verhalten der übrigen Stadtbewohner wurden zunehmend vom Hof aus überwacht.

Im Laufe des 16. Jahrhunderts mehrten sich die Versuche des Hofs, in innere Belange der Bürgerschaft einzugreifen. Die Herzöge befreiten Übeltäter aus der städtischen Haft und mischten sich in die Ratswahl ein.[48] Seit Anfang des Jahrhunderts kam der Hof immer seltener zu den geselligen Veranstaltungen auf das Rathaus. Noch im 1525 war Herzog Wilhelm IV. in eigener Person auf dem Rathaus vor den Rat getreten, um über wichtige gemeinsame Angelegenheiten zu beraten. Danach beorderten die Herzöge aber die Bürgermeister oder Ratsmitglieder in die Residenz, wenn sie überhaupt noch geneigt waren, auf den Stadtrat zu hören und nicht durch landesherrliche Befehle einseitige Entscheidungen zu treffen.[49] Diese Entwicklung bedingte dauernd Konflikte und Machtkämpfe zwischen Herzogshaus und bürgerlicher Führungsschicht auch im Bereich von Rechtspflege – eine Konstellation also, welche die Geschichte des 16. Jahrhunderts hinsichtlich dieser Arbeit besonders interessant macht.

Im Jahr 1561 wurden sowohl die Gerichtskompetenz über die zum Herzogshof gehörenden Personen als auch die Ausübung der städtischen Hochgerichtsbarkeit im so genannten Albertinischen Rezess neu geregelt. In diesem Prozess gingen gewisse Niedergerichtsbarkeiten auf den Rat über.[50] Heydenreuter verweist darauf, dass der Albertinische Rezess allerdings kein Meilenstein auf dem Weg der kommunalen Selbstverwaltung war. Viel mehr ging es um eine formale Verrechtlichung des Verhältnisses zwischen Landesherrschaft und bürgerlicher Obrigkeit. Die landesherrliche Bürokratie war im römischen Recht geschult, und die fürstlichen Beamten missachteten systematisch die städtischen Privilegien. Besonders unter den Herzögen Wilhelm V. und Maximilian I. wurden die Rechtsgrundlagen der bürgerlichen Selbstverwaltung immer wieder in Frage gestellt.[51] In vielen Fäl-

48 Stahleder: Konsolidierung und Ausbau 1992, 145. Siehe auch Bary: Herzogsdienst und Bürgerfreiheit 1997, 67.
Im Jahr 1618 wurde beispielsweise ein Scholar, der Ehebruch mit einer Mitbürgerin begangen hatte, in die Schergenstube gebracht. Weil der betrogene Ehemann aber ein fürstlicher Diener war, nämlich der Fütterknecht, ging die Verhaftung seiner Ehefrau nicht problemlos. Zwischen Hofmarschalk und Stadtrat wurde gestritten, ob sie in der Schergenstube oder in einem höfischen Gefängnis eingekerkert werden sollte. (StadtA: RP 233 (1618), Fol. 51 r, 53 v & 56 v-57 r).

49 Schattenhofer: Das alte Rathaus 1972, 170.

50 Hecker: Um Glaube und Recht 1992, 161-162.

51 Heydenreuter: Der Magistrat als Befehlsempfänger 1992, 189.
Kaiserliche Privilegien sollten vor einseitiger Änderung oder Widerruf der Privilegien durch den Landesherrn schützen, aber für eine Landstadt waren diese eher selten. Deswegen wiederholte München bei den Kaisern immer wieder die Bestätigungen seiner städtischen Privilegien. (Hecker: Um Glaube und Recht 1992, 163-165).

len versuchte der Rat an seinen Rechten und eigenen Beschlüssen festzuhalten, wollte aber auch nicht in Konflikt mit dem Herzog oder mit seinen Beamten geraten.

Gegen Ende des 16. Jahrhunderts bemühte sich die Landesherrschaft, auf die Wahl für das Richteramt einen stärkeren Einfluss zu üben und ein Ernennungsrecht auszubauen. Der Versuch Wilhelms V. im Jahr 1586, für das vakante Stadtoberrichteramt einen eigenen Kandidaten durchzusetzen, wurde jedoch von der Stadt zurückgewiesen und mit dem Erlass einer eigenen Stadtgerichtsordnung beantwortet. Die von dem Stadtoberrichter ausgeübte Hochgerichtsbarkeit war für die landesherrliche Behörde jedoch immer wieder ein willkommener Anlass, sich in die städtische Rechtsprechung einzumischen.[52] Im Mittelalter hatten die Städte überall die Zentren der Politik, Wirtschaft und Kultur gebildet, aber um die Wende des 16. Jahrhundert führte der Weg in Richtung auf fürstlichen Absolutismus. Dieser Übergang vom bürgerlichen zum fürstlichhöfischen Zeitalter machte sich deutlich bemerkbar auch in den Beziehungen der Stadt München zu ihren Landesherren. München wurde zunehmend das Objekt der landesherrlichen Politik, auf deren Auswirkungen sie mehr reagierte, als dass sie selbst Initiative ergreifen konnte. Die sich zur Residenz verwandelnde Neuveste wurde zum Brennpunkt der Stadtkultur.[53] Es ist nicht schwierig, die Nähe des Herzogs und seines Hofes als einen in die Stadt drängenden Staat zu sehen.

Nicht nur die Politik, sondern auch die Baugeschichte zeugte von der Macht des Herzogs. Der Alte Hof in der Nähe des Rathauses hatte seit 1255 als herzogliche Residenz gedient, aber schon im späten 14. Jahrhundert begann man eine neue Burganlage zu bauen, die so genannte Neuveste in der Nordostecke der erweiterten Stadt. In dem Holzschnitt von Hans Sebald Beham aus dem Jahr 1530 wurde München als eine „fürstliche" Stadt bezeichnet, ein Umstand, der stadtgeschichtlich exakt den damaligen politischen Akzentverschiebungen entspricht. Die zunehmende politische und wirtschaftliche Vereinnahmung des Landes durch den Fürsten spiegelt sich auch in den Landtafeln von Philipp Apian und in dem hölzernen Sandtner-Modell, beide aus der zweiten Hälfte des 16. Jahrhunderts. München sollte als der durch die Präsenz der Fürsten ausgezeichnete territoriale

52 Heydenreuter: Der Magistrat als Befehlsempfänger 1992, 191.
Die Doppelstellung des Stadtoberrichters zwischen Rat und Herzog, in der er also zwei Herren zu dienen hatte, wirkte sich dahingehend aus, dass mehrfach Kompetenzstreitigkeiten auftraten. Es war oft nicht klar, ob der Richter den Verbrecher in herzogliche oder bürgerliche Strafe verurteilen sollte. (Bary: Herzogsdienst und Bürgerfreiheit 1997, 124-125).

53 Bary: Herzogsdienst und Bürgerfreiheit 1997, 66, Schwab: Rinder aus dem Umland 1995, 22 und Schwab: Zeiten der Teuerung 1992, 186.

Zentralort vorgestellt werden.[54] Der wittelsbachische Herzogshof nahm sich nun die italienischen Renaissancehöfe als Vorbild, und eine Italienreise gehörte nun zum Ausbildungsprogramm der Prinzen. In der zweiten Hälfte des Jahrhunderts wurden der Marstall und das Antiquarium der Residenz gebaut, die beide Raum für die auf Italien ausgerichteten künstlerischen Kontakte der Fürsten boten.[55] Der bürgerliche Glanz des späten Mittelalters erlosch, und die prächtigsten Neubauten waren Aufträge des Hofs, nicht der Bürgerschaft.

Im Laufe des 16. Jahrhunderts entwickelte München sich also von der Bürgerstadt zur Residenzstadt und Hauptstadt des vereinigten Herzogtums, die den anderen Städten in vielen Hinsichten als Vorbild dienen sollte. Dies bedeutete auch, dass München eine Musterstadt der katholischen Reformation werden sollte. Hier sollte die landesherrliche konfessionell geprägte Politik am meisten beachtet werden. Besonders Herzog Maximilian wollte sein religiös-sittliches Reformprogramm zuerst und in vollem Umfang in München realisieren. Dazu benötigte er eine große Zahl an Beamten und vielfältige Instanzen, die seine Anordnungen durchführen sollten. Sowohl die Gerichtspraxis wie die Verwaltung gerieten unter landesherrliche Kontrolle, und die bürgerliche Obrigkeit war allein schon wegen der räumlichen Präsenz der fürstlichen Zentralbehörden dem Zugriff der landesherrlichen Exekutive ausgesetzt.[56] Beabsichtigten die Herzöge, aus München ein politisches Machtzentrum im Renaissancestil zu machen, so vergrößerte dies gleichzeitig die Kluft zwischen Bürgertum und Hof.

Ein Teil der „landesväterlichen“, patriarchalischen Ideologie war, die Macht des Stadtrats zu mindern. Dies begann schon unter Herzog Albrecht V., aber erst Ma-

---

54 Behringer: Rundgang 1987, 96 & 100 und Behringer & Roeck: Das Bild 1999, 312-314.
Im 16. Jahrhundert begann man fast überall in den deutschen Residenzstädten mit dem Bau von so genannten Kanzleien, die, getrennt vom landesherrlichen Schloss und dem darin unterbrachten Hofstaat, die Kanzleien und Zentralbehörden aufnahmen. In Bayern hatten die Zentralbehörde und das immer zahlreicher werdende Personal der Kanzleien ihren Sitz im Alten Hof in München. Der Hofstaat war zuerst in der Neuveste und dann in der zu Beginn des 17. Jahrhunderts errichteten Residenz. (Heydenreuter: Recht, Verfassung und Verwaltung 1981, 7-8, 79 & 88-89). Siehe auch Breit: Verbrechen und Strafe 2000, 216 und Sagstetter: Hoch- und Niedergerichtsbarkeit 2000, 233-234.

55 Schmid: Stadt und Humanismus 1989, 242 und Schwab: Zeiten der Teuerung 1992, 186.

56 Heydenreuter: Der Magistrat als Befehlsempfänger 1992, 192-193 und Strasser: State of Virginity 2004, 14-15. Siehe auch Hecker: Um Glaube und Recht 1992, 148 und Schulze: Gerhard Oestreichs Begriff Sozialdisziplinierung 1987, 283.
Die Residenzstädte wurden zum Teil Motor der frühneuzeitlichen Urbanisierung. In den Residenzstädten ergab sich die für Deutschland typische enge Verschränkung zwischen Bürgerwelt, der fürstlichadeligen Sphäre des Hofes und der territorialen Beamtenschaft. Diese wurde ebenso prägend für Gewerbe und Handel wie für Sozialstruktur, Kultur und Geistesleben. (Schilling: Die Stadt 1993, 20-21 & 66-67).

ximilian I. wurde zu einem wirklich absolutistischen Herrscher. Während seiner 53-jährigen Regierung mischte er sich viel mehr in die städtische Politik in München ein als in anderen Gebieten seines Herzogtums. Außerdem förderte die landesherrliche Moralpolitik eine starke Zentralisierung, weil die Polizeiordnungen vor den städtischen Ordnungen beachtet werden mussten.[57] Die Herzöge fühlten sich verantwortlich, ihre Untertanen in väterlicher, sittlich-moralischer Zucht zu halten. Ein Abschnitt von Erasmus' Erziehungsbüchlein für zukünftige Regenten beschreibt anschaulich den Zeitgeist der Frühen Neuzeit, aber auch die Bestrebungen der bayerischen Landesherren:

„ein frommer fürst sol ein solich gmut vnd hertz haben gegen sinem volck, als da hat ein guter hußvatter gegen sinem hußgsind. dann was ist anders ein rych, dann ein groß hußgsind? was ist ein künig, dann vyler menschen vatter?"[58]

Deutlich besaß München eine Sonderstellung, war es doch gleichzeitig der bevorzugte fürstliche Residenzort und Sitz der bayerischen Zentralbehörden wie auch der obersten Gerichtsinstanzen. Die Stadt ist deshalb primär als Verwaltungsmittelpunkt des Territorialstaates Bayern zu definieren. Gelehrte Räte, die an deutschen und italienischen Universitäten Jurisprudenz studiert hatten, sollten in ihrer politischen Argumentation sich auf das römische Recht stützen, das die Position des Fürsten auf eine völlig neue Grundlage stellte. Diese allein durch Ausbildung und Leistung aufgestiegenen Beamten waren weniger dem Land als vielmehr der Person des Landesherrn verbunden.[59] Die Landesherren waren oberster Gesetzgeber, Gerichtsherr und Anordnungsbehörde in dem Herzogtum – und wollten ihre Residenzstadt speziell gut in Ordnung halten. Sie fühlten sich verpflichtet, nach dem Regierungsantritt den ihnen anvertrauten Untertanen ihr Ordnungs- bzw. Regierungsprogramm in der Form von neuen Mandaten, Ordnungen oder Gesetzbüchern bekannt zu machen. Man kann mit Recht behaupten, dass der Landesherr des 16. Jahrhunderts am Schreibtisch regierte. Heydenreuter stellt fest, dass kein anderes Phänomen die Entwicklung des frühneuzeitlichen Staates besser illustriert als gerade das Wachstum des Beamtentums und der Bürokratie.[60]

Seit der Mitte des 16. Jahrhunderts begann der landesherrliche Beamtenapparat sprunghaft zu wachsen. Im Jahr 1550 wurden neben dem Hofrat die Hofkammer, 1570 der Geistliche Rat, 1581 der Geheime Rat und 1583 der Kriegsrat eingerichtet. Im Jahr 1589 wurde in München ein eigener Beamter für Rechtspflege eingesetzt, der Hofoberrichter. Dieser betreute den Falkenturm, das landesherrli-

57 Strasser: State of Virginity 2004, 17-19. Siehe auch Heydenreuter: Der Magistrat als Befehlsempfänger 1992, 189.

58 Erasmus: Ein nutzliche underwisung 1521, XX v.

59 Bauer: Geschichte Münchens 2003, 51.

60 Heydenreuter: Recht, Verfassung und Verwaltung 1981, 57-58 & 68.

che Zentralgefängnis, und kümmerte sich in Konkurrenz zur städtischen Obrigkeit um das „Polizeiwesen" in München. Seit Ende des 16. Jahrhunderts hatte er bedeutende Mitwirkungs- und Mitsprachemöglichkeiten bei vielen bisher rein städtischen Aufgaben.[61] Der Rentmeister vereinigte die Aufsicht über die Amtsführung der Justiz-, Finanz- und Verwaltungsbeamten. Ebenso war er bei der Überwachung der Befolgung und Realisierung der herzoglichen Mandate und Landgebote tätig, die zunehmend auch auf das religiös-sittliche Verhalten der Untertanen zielten.[62] Die zunehmende Zentralisierung und Konzentrierung der politischen Macht in die Hände des Landesherrn unterstützte die Stellung der Residenzstadt. Sie schuf aber auch unausweichlichen Druck auf München, seinen Anspruch, Vorbild für das gesamte Herzogtum zu sein, einzulösen.

Nach einem Vermerk im Ratsprotokoll des Jahres 1604 befahl Herzog Maximilian, dass der Rat seine Bürger in guter Ordnung und Abrichtung halten sollte, und zwar besonders deshalb, weil Kardinal de Este bald die Stadt besuchen würde. Es solle „*ein guetter ordnung vnd stett hebung zehalten*" werden, damit München anderen „*statt vnd marckhten zu guettem exempel*" dienen würde.[63] Maximilian stellte sich und seinen Beamten während seiner ganzen Regierungszeit immer wieder mit quälender Beharrlichkeit die Frage, warum seine Mandate so wenig Wirkung zeigten. Verantwortlich für diesen Missstand machte er die schlechte Arbeit der Beamten. Die Beamten standen unter der Kontrolle des Herzogs, und sie wurden zu einer strengen Vorbildsfunktion gegenüber dem Volk verpflichtet. Auch den Ratsmitgliedern wurde vorbildliche Frömmigkeit „von Amts wegen" zudiktiert. Ihre Verpflichtung umfasste insbesondere eine religiöse

---

61 Heydenreuter: Der Magistrat als Befehlsempfänger 1992, 190-191 und Heydenreuter: Rechtspflege 1991, 264 & 272.

62 Sagstetter: Hoch- und Niedergerichtsbarkeit 2000, 237-239. Siehe auch Breit: Verbrechen und Strafe 2000, 216.

63 StadtA: RP 219 (1604), Fol. 202 r-204 r.
Auch die nächtliche Ordnung war zu beachten. Im Jahr 1598 erzählte Leonhard Liechtenberger, 18-jähriger Weberknabe, wie er bei der Arbeitsuche in München verhaftet wurde. Befragt, warum er spät in der Nacht auf den Gassen war, sagte er, dass er ungefähr um 7 Uhr mit dem Weber Hans an die Herberg gekommen war, wo „*die muetter aber sy nit wellen einlassen, mit vermelden sie seyen maußkhöpf*". Sie hat gesagt, die Jungen sollen "*zu herrn burgermaister oder aber zu herrn oberrichter gehen*", um von diesen ein „Gastzetl" zu holen. Da dies in einer so späten Stunde aber nicht mehr möglich war, „*seien sy weiter gangen vnd ein anndere herberg wellen suechen, vnnd 8 vhr sie von den wachtern auf der gassen betretten worden*". (StadtA: SG MP 866/3 (1598/1599), Fol. 1 r-1 v).

Komponente.[64] Die Stadt sollte als Vorbild dienen und die Beamtenschaft ein gutes Beispiel für die restlichen Einwohner zeigen.

Die neuzeitliche Verwaltung verdankt ihren Aufstieg nicht zuletzt der Entwicklung und Verbreitung der Druckkunst. Nun war es möglich, den Untertanen landesherrliche Befehle durch das Aufhängen von gedruckten Mandaten bekannt zu geben. Früher hatte man sie nur vorlesen können. Kanzleiordnungen regelten, wie ein amtliches Schreiben zusammengefasst und reingeschrieben werden sollte, und über den Inhalt wachte der Landesherr. Herzog Maximilian war gefürchtet für seine Randbemerkungen, mit denen er formale Mängel oder unklare Ausdrücke rügte. Er schrieb z. B.: „*das nutzlose gewäsch ist zu unterlassen. man macht die leut mit so vieler unterschiedlicher und widerwärtiger schreiberei nur irre*". Das Problem der unverständlichen Amtssprache hängt damit zusammen, dass die Beamten sich einer zunehmend juristisch bestimmten Fachsprache bedienten. Je mehr der Staat rechtlich bestimmt war, desto komplizierter – und für die davon betroffenen Untertanen unverständlicher – wurde die Ausdrucksweise des Amtschreibens.[65]

Auch die Mandate, die zur Förderung „besserer Sitten" erlassen und öffentlich ausgehängt wurden, waren reich an juristischen und religiösen Floskeln. Kein Wunder also, dass sie dem Volk oft schwer verständlich blieben. In den wechselhaften Verhältnissen der Zeit waren die Untertanen jedoch dankbar, dass es Versuche gab, der Gesellschaft Ordnung und Sicherheit zu verschaffen. Die zum Alltag gewordenen Konflikte zwischen bürgerlichen und fürstlichen Beamten verstärkten aber kaum das Sicherheitsgefühl. Außerdem wurde die autonome Stellung des Stadtrats mehr und mehr bedroht und bedrängt. Es war der Wunsch und der Befehl des Landesherrn, den Stadtrat und die fürstlichen Beamten für das gemeinsame Ziel arbeiten zu lassen und München zum Vorbild für das restliche Herzogtum zu machen. Da der landesherrliche Einfluss die Entwicklung des 16. Jahrhunderts so deutlich prägte, ist auch die Geschichte der Münchner Rechtspflege häufig aus dieser Perspektive erforscht worden. Gerade deshalb ist es belohnend, die Beschlüsse des Stadtrats in den Mittelpunkt zu stellen. Es sollten nämlich nicht nur die Urteile des Hofrats, sondern auch die vom Stadtrat verhängten öffentlichen Strafen für die moralisch-sittliche Vollkommenheit in der Stadt sorgen.

---

64 Heydenreuter: Der Magistrat als Befehlsempfänger 1992, 194 und Heydenreuter: Herrschen durch Strafen 1996, 77. Nach Erasmus soll der Fürst für die Frömmigkeit seiner Beamten verantwortlich sein (Erasmus: Ein nutzliche underwisung 1521, LXI r).

65 Heydenreuter: Recht, Verfassung und Verwaltung 1981, 80-82.

II. GRUNDLAGEN DES EHRVERLUSTS UND DER EHRMINDERUNG

Um das Wesen der Schand- und Ehrenstrafen zu verstehen, können eine Orientierung auf verschiedene Theorien über Ehre und ein Überblick über die Gesetzgebung und Rechtspflege kaum außer Acht gelassen werden. Sowohl die wissenschaftlichen Definitionen wie auch die zeitgenössischen Vorstellungen von Ehre, Ehrbarkeit, Schande und Unehrlichkeit sind wichtig zu diskutieren. Im Kapitel II wird deshalb danach gefragt, was alles die Vokabel Ehre umfasst und was für eine Bedeutung sie in der Gesellschaft und im Rechtssystem hatte. Was ist oder war Ehre? Welche Rolle spielte die kaiserliche, reichsweite, welche die landesherrlich-bürgerliche, lokale Ebene der Gesetzgebung in der Münchner Rechtspflege? Wie entwickelten sich die juristischen und moralischen Normen, die den Grund für Ehrverlust und Ehrminderung bildeten? Welche sind die charakteristischen Züge der Schand- und Ehrenstrafen und wie unterscheiden sich diese Sanktionen voneinander?

1. Der frühmoderne Ehrcode in der historischen und modernen Forschung

1.1 Das chamäleonartige Phänomen der Ehre: Die Vielfältigkeit

Ehre: Sozialer Code und symbolisches Kapital

Etymologische Untersuchungen zu den frühen Vorformen des Begriffs Ehre im deutschsprachigen Raum führen sowohl in den sakralen Bereich als auch in die Sphäre sozialer Beziehungen von Menschen. Die althochdeutsche Wortwurzel *èra* enthält einerseits den Gedanken von Ehrerbietung gegenüber Gott, andererseits wurden damit auch Handlungen umschrieben, mit denen dem weltlichen Herrscher Achtung und Anerkennung versichert wurden.[66] Der Begriff Ehre (lat. *honos*) besaß aber immer auch eine subjektive Seite, nämlich das jedem Menschen eigene Verlangen nach Anerkennung. Wenn die Ehre mit dem persönlichen Gewissen verbunden ist, wird sie zum moralischen Wert. Die frühneuzeitliche Ehre scheint heute allerdings weniger als moralisches Konzept oder als Qualität

66 Fuchs: Um die Ehre 1999, 12-13. Siehe auch Dinges: Die Ehre als Thema der historischen Anthropologie 1995, 32.

einer Person gedacht zu werden, sondern sie wird eher als Medium verstanden, welches die soziale Interaktion und Kommunikation zwischen Personen bestimmte.[67] Es ist auch meine Auffassung, dass die Ehre um den Zeitpunkt dieser Untersuchung maßgeblich eine soziale Kategorie bildete.

Die Bedeutung der Ehre an sich wird allgemein nicht bestritten, aber es ist gerade ihre Variabilität, die diesen Begriff so komplex macht. Daher ist die Schilderung von Schwerhoff über die Ehre als ein „chamäleonartiges Phänomen" gut getroffen.[68] Zweifellos geht es um ein erheblich vielseitiges, aber auch universales Konzept. Alle möglichen Ehraspekte hier zu beschreiben wäre allerdings weder sinnvoll noch möglich. Es wird nur versucht, das Verständnis über diejenigen Ehrvorstellungen zu vertiefen, die typisch für die frühneuzeitliche Gesellschaft waren. Die Ehrauffassungen der Antike werden hier jedoch nicht genauer beschrieben, obwohl sie der gelehrten Kultur der Frühneuzeit nicht fremd waren.

In den Diskussionen um die Funktion der Ehre sind u. a. folgende Definitionen vorgeschlagen worden: Ehre als Gut, das man erwerben oder handeln kann, Ehre als Code oder Zeichensystem, für dessen Verbreitung u. a. Symbole und Gesten als Medien dienen und Ehre als soziales bzw. symbolisches Kapital. Groebner behauptet, die Präsentation der Ehre sei in den städtischen Gesellschaften eng mit den Gewaltverhältnissen verbunden gewesen. Wer also nicht über die Mittel verfügte, sich selbst zu ernähren, oder über persönliche Gewaltfähigkeit bzw. über einen gewaltfähigen Beschützer, hatte keine Ehre.[69]

---

67 Schreiner & Schwerhoff: Verletzte Ehre 1995, 4-5 & 9-10. Siehe auch Schwerhoff: Köln 1991, 313-314 und Bauer: Rechtsaltertümer 2002, 22.
In 1950er Jahren schrieb Esser, der „moderne Mensch" bezeichne Achtung und Wertschätzung durch die Umwelt (existimatio) als äußere Ehre. Ihr wird dann die innere Ehre (honos, dignitas) gegenübergestellt, deren Wesensart oft weniger ausgeprägt erscheint und die nicht selten mit der Selbsteinschätzung gleichgestellt wird. (Esser: Die Ehrenstrafe 1956, 30).

68 Schwerhoff: Köln 1991, 313-314. Siehe auch Schreiner & Schwerhoff: Verletzte Ehre 1995, 3-4, Quanter: Die Schand- und Ehrenstrafen 1901, 17-19 und Lidman: The importance of honour: Differences based on having or losing honour in Early Modern German society and law, Turku 2005.
Aus Perspektive der Kriminalitätsforschung ist es wichtig zu erinnern, dass nicht nur Ehre, sondern auch die Kriminalität gesellschaftlich konstruiert und damit historisch variabel ist. (Schwerhoff: Aktenkundig 1999, 10-11.)
Zu allen Zeiten hat es in den verschiedenen Kulturen unterschiedliche Ehrkonzepte gegeben. Die Rolle, welche die Ehre in einer Zeit spielt, kann sogar für die Unterscheidung der verschiedenen Epochen aussagekräftig sein. (Dinges: Die Ehre als Thema der historischen Anthropologie 1995, 30-31).

69 Groebner: Das Gesicht wahren 1995, 376.

Nach Rublack war die Ehre grundlegend an den ehrlichen Umgang mit Eigentum gebunden. Niemandem sollte etwas entzogen oder gestohlen werden und jeder musste sich durch ehrliche Arbeit selber sein Brot verdienen.[70] Diese Einstellung belegt ihrerseits auch der folgende Ratsvermerk: Im August des Jahres 1600 wurde ein Münchner Bürger befragt, warum er gegen die wegen Raufhandels angeordnete Verweisung doch in der Stadt geblieben sei. Er behauptete, nicht eher weggehen zu können, bevor er *„jedermannen bezahlen thue, das jme diß ann sein ehr würde gehen*".[71] Der Angeklagte versuchte angeblich, an seiner Ehre festzuhalten, zumindest so weit, wie es nach der Verurteilung wegen eines Kriminalvergehens noch möglich war. Da ehrbare Leute ihre Schulden bezahlten und auch sonst ehrlich mit dem Geld umgingen, wurde auch Korruption gesellschaftlich verachtet – und rechtlich sanktioniert. Der korrumpierte Beamte verlor seine Ehre, sein Ansehen und sein Amt.[72] Im späten 17. Jahrhundert benutzte Jacob Döpler die nachfolgende Geschichte, um den hohen Wert der Ehre zu demonstrieren:

> „anno 1379 ward der rath Stral-Sunde aus der stadt gejagt. hertzog Wratislaf in Pommern brachte es dahin, daß der rath in vorigen ehren-stand wieder gesetzt war. ehe aber solches geschehen, ist einer von den raths-herrn mit nahmen Done verstorben, daher seine freunde ihn tod in den rath-stuhl gesetzt haben, damit anzuzeigen, daß er ohne verletzung seiner ehre wäre vertrieben worden."[73]

In diesem Fall ging es um die Ehrbarkeit eines verstorbenen Ratmannes, die aber eng mit der kollektiven Ehre und Ansehen des gesamten Stadtrates zusammenhing. Ähnlich sei mit der mittelhochdeutschen *ere*, die von der ritterlichen Lebenswelt gezeichnet sei, keine innere oder sittliche Grundhaltung gemeint, sondern die Anerkennung und das Ansehen anderer Menschen, schreibt Fuchs.[74] Fer-

---

70 Rublack: Anschläge auf die Ehre 1995, 402.
Zur Ehre und Lügen bzw. Meineid siehe Pitt-Rivers: Honour and Social Status 1965, 32-34.

71 StadtA: RP 215/2 (1600), Fol. 98 v.

72 Abraham Sauer zitierte gemeines Recht: *„wer in einem magistrat, gewalt, legation, commission, verwaltung oder in einem anderen ampt von jemands geschencke oder gabe annimpt vnnd sich also corrupieren lässt, daß er wider seine pflicht handelt vnd seinem ampt nicht gnug, sonder darinn von gelts wegen zu wenig oder zu viel thut, oder im raht von geldts wegen so er von einer parthey eingenommen vrtheil oder anklag furnimpt etc. der wirt dadurch verleumbt, daß er kein zeug, richter oder redener mehr seyn mag.*" (Sauer: Strafbüchlein 1579, 290).

73 Döpler: Theatrum 1693, 856.

74 Fuchs: Um die Ehre 1999, 13. Siehe auch Fuchs: Die Ehrenstrafen 1928, 19-21.
Zur Ehre, Ehrlichkeit, Unehre, Schande und Unehrlichkeit besonders in der spanischen Literatur des Mittelalters und der Frühen Neuzeit siehe Baroja: Honour and Shame: a Historical Account of Several Conflicts in: Peristiany, J. G. (edit.): Honour and Shame. The Values of Mediterranean Society, 1965.

ner weist Nowosadtko darauf hin, dass die vorindustrielle Ehre mehr ein ererbter Status als subjektiver Verdienst war. Daher wurde die Ehre nicht als individuelle Qualität einer Person begriffen, sondern als Differenzkriterium bei der Hierarchisierung der unterschiedlichen Standeszugehörigkeiten eingesetzt. Die Ehre kann somit als Grundprinzip der frühneuzeitlichen Ständegesellschaft bezeichnet werden. Darüber einigen sich auch die ältere Historiographie und die moderne Geschichtswissenschaft.[75]

Es steht fest, dass Ehre und Geburt nicht voneinander getrennt werden konnten, sondern die eheliche und deswegen auch ehrenhafte Geburt die unabdingbare Voraussetzung einer wohlanständigen bürgerlichen Existenz bildete.[76] Den Ausgangspunkt der Ehre einer Person bildeten sein Stand, sein Alter und sein Geschlecht. Dieses Ehrverständnis prägte die Wahrnehmung sozialer, wirtschaftlicher und politischer Beziehungen.[77] Als Träger von Ehre kamen aber auch Gruppen und Gemeinschaften in Frage, u. a. Ehepaare, Familien, Städte und Zünfte. Die Fähigkeit kleinerer sozialen Einheiten, intern Ehre zu verteilen, stärkte den Zusammenhalt von der eigenen Gruppe. Auf dem unterschiedlichen Niveau gesellschaftlicher Organisation existierten auch verschiedene Interessen, die sich in konkurrierenden Ehrvorstellungen widerspiegelten. Die Juristenehre mit ihren Geselligkeiten war zum Beispiel anders verletzbar als die Ehre des Adels mit ihrem Interesse an Abstammung und Familie. Die städtischen Bürger dagegen hatten eine gewisse Ehre schon deshalb, dass sie an der Ehre der Stadt partizipierten.[78]

Überaus selbstbewusst wurde die Ehre von Handwerkern gepflegt, deren Stolz auf ihre rechtschaffene Arbeit unbegrenzt wirkt. Die Ehre der Meister beeinflusste diejenige ihrer Gesellen und umgekehrt, weshalb Fehltritte eine besondere Bri-

---

75 Nowosadtko: Umstrittene Standesgrenzen 1995, 166. Siehe auch Schreiner & Schwerhoff: Verletzte Ehre 1995, 2 & 6-7.

76 Vorher wurden außereheliche Beziehungen besser geduldet und auch die natürlichen Bastardkinder gehörten mit zur Familie. Als aber die Tendenz zur strengeren Beschränkung der Sexualität zunahm und der Druck gesellschaftlicher Verbote seit der Reformation sich verstärkte, wurden sie zunehmend verheimlicht. Allerdings darf man die kirchlichen Forderungen nicht zum Maßstab für den wirklichen Standard der weltlichen Gesellschaft nehmen. (Dinges: Die Ehre als Thema der historischen Anthropologie 1995, 32, Schilling: Die Stadt 1993, 18, Elias: Über den Prozess der Zivilisation I 1939, 251-252 und Fuchs: Um die Ehre 1999, 231. Siehe auch Dülmen: Fest der Liebe 1988, 86-87).
Als Schimpfwörter waren unecht bzw. unehelich und unehrlich gleich schwer. (Hergemöller: Randgruppen 1994, 13).

77 Rublack: Anschläge auf die Ehre 1995, 381.
Zum Verhältnis der Ehre, Herkunft, soziales Status und Macht siehe Pitt-Rivers: Honour and Social Status 1965, 22-25.

78 Dinges: Die Ehre als Thema der historischen Anthropologie 1995, 32 & 48-49.

sanz besaßen. Die von den Zünften gesetzten Normen schrieben ihren Mitgliedern eine bestimmte Lebensführung vor. Es kam zu Forderungen von einer zunfttypischen Ehrlichkeit, einer Zunftehre, die auch negativ über eine demonstrative, symbolische Abgrenzung von den Unehrlichen demonstriert wurde. So vollzog sich die soziale Verortung von Personen vor allem über deren Mitgliedschaft in ständischen Korporationen. Das gesamte zunftinterne Sanktionssystem und die wechselseitige Sozialkontrolle gründeten auf permanenter Androhung von Ehrverlust.[79] Die kollektive Zunftehre wurde sorgsam gehütet und verdächtige Gesellen, welche durch Unehrlichkeit ein schlechtes Licht auf die Zunft warfen, wurden leicht vor Gericht angeklagt.

Ehre sollte nicht nur als ein besonders adeliges oder bürgerliches Selbstverständnis, sondern ferner als Mittel der Kommunikation verstanden werden, mit dessen Hilfe Anerkennung und Wertschätzung zugeschrieben wurden. Bei seinem Bestimmungsversuch der Ehre beschränkt sich der Soziologe Pierre Bourdieu nicht auf ein moralisches Normensystem, sondern die Ehre wird als soziales Eigentum der Menschen verstanden. Sie ist wie ein Vertrauensdokument oder Pass für den Zugang zur Gemeinschaft und bildet dabei die Voraussetzung für Anerkennung und Akzeptanz.[80] Für Bourdieu ist das Ehrgefühl das Fundament einer Moral, in der der Einzelne sich immer unter dem Blick der anderen begreift. Er braucht die anderen um zu existieren, weil sein Selbstbild nicht von dem Bild zu unterscheiden ist, das ihm von den anderen zurückgeworfen wird.[81] In diesem Modell wird die Ehre in erster Linie also durch ihre gesellschaftliche Dimension definiert. Sie ist ein sozialer Code, der einen bedeutenden Einfluss auf das gesellschaftliche Leben hat und demzufolge auch gerichtlich eine zentrale Rolle spielt.

Auch Fuchs schätzt die sozialen Dimensionen der Ehre. Für ihn ist die Ehre „reflektiertes Sein" – sowohl in der Form der Fremdeinschätzung von Individuen und Gruppen durch die Außenwelt wie auch in Form der Selbsteinschätzung, dem Selbstwertgefühl.[82] Nach Bourdieu liegt den Verhaltensweisen der Ehre ein Interesse zugrunde, das symbolisch genannt werden muss. Das symbolische Kapital der Ehre stellt im weitesten Sinne einen Kredit dar, eine Art Vorschuss, den die Gruppe jenen gewährt, die ihr am meisten materielle und symbolische Sicherhei-

79 Rublack: Anschläge auf die Ehre 1995, 404, Nowosadtko: Umstrittene Standesgrenzen 1995, 172-173, Rogge: Ehrverletzungen und Entehrungen 1995, 110 und Dülmen: Der ehrlose Mensch 1999, 66.

80 Schreiner & Schwerhoff: Verletzte Ehre 1995, 5-10 und Dinges: Die Ehre als Thema der Stadtgeschichte 1989, 434.

81 Bourdieu: Entwurf einer Theorie der Praxis 1976, 27-28. Siehe auch Esser: Die Ehrenstrafe 1956, 30 und Quanter: Die Schand- und Ehrenstrafen 1901, 19-20.

82 Fuchs: Um die Ehre 1999, 20. Siehe auch Esser: Die Ehrenstrafe 1956, 31. Sehr ähnliche Einsichten finden wir auch bei Irene Fuchs. Siehe Fuchs: Die Ehrenstrafen 1928, 19-21.

ten geben. Das immaterielle Kapital an Ehre und Prestige lässt sich zwar nicht in Zahlen messen oder zählen, kann aber wie materielles Haben akkumuliert werden.[83] Heute wird die Theorie von Ehre als Sozialkapital unter den Historikern als Grundlage des Ehrcodes weithin akzeptiert. Es ist auch meine Auffassung, dass die Qualität und Menge der persönlichen Ehre variabel waren und den Ausgangspunkt für soziale Verhältnisse und gesellschaftliche Stellung bildeten. Demzufolge waren die Lebensmöglichkeiten des Individuums in Vielem von seiner Ehre abhängig.

Nach Schwerhoff sah Bourdieu die Ehre als einen „den gesamten sozialen Raum übergreifenden verhaltensleitenden Code". Die Ehre als „symbolisches Kapital" diente den Menschen wie das ökonomische Kapital zur Bestimmung, Bewahrung und Verteidigung ihrer sozialen Position. Wie das ökonomische Kapital, so musste auch die Ehre ständig „auf dem Markt" getestet und neu produziert werden. So wurden Reichtum und politischer Einfluss des städtischen Bürgertums durch öffentliche Rituale immer wieder bestätigt.[84] Wenn auch die Theorie Bourdieus eine ethnologische Fallstudie ist, die eine kabylische Dorfgemeinschaft des 20. Jahrhunderts in den Mittelpunkt stellt, bringt sie auch für die Erforschung der frühneuzeitlichen europäischen Gesellschaft großen Nutzen. Da die Regeln der Ehre ähnlich zu funktionieren scheinen, kann die Theorie Bourdieus die Geschichtsforschung in gutem Sinne inspirieren.

In der frühneuzeitlichen Gesellschaft dienten die Ehrkonzepte der Festigung von Rollenverhalten und -erwartungen, aber auch dem Aufbau sozialer Hierarchie. Individuen und Gruppen, die nicht den eigenen sozialen Kreisen anhörten, konnte die notwendige Ehre abgesprochen werden.[85] Durch Normdifferenzen und Normkonkurrenzen schuf die Ehre Probleme für die öffentliche Ordnung. Die Beschäftigung mit der Ehre führt einerseits so direkt zu Fragen der individuellen und kollektiven Identitätsbildung und der Organisierbarkeit eines friedlichen menschlichen Zusammenlebens, schreibt Dinges.[86] Als der Adel im Laufe des 16. Jahrhunderts verarmte, wurde die Stadtobrigkeit zunehmend Besitzer der finanziellen Macht und erlebte so einen Ehranstieg. Die Ehre des Stadtadels blieb jedoch wertvoller als die der aufsteigenden Bürger, weil sie älter und über Generationen ge-

---

83 Bourdieu: Entwurf einer Theorie der Praxis 1976, 345-353.
Martin Dinges hat den von Bourdieu übernommenen Begriff „Sozialkapital" in die historische Diskussion eingeführt. (Schwerhoff: Devianz 1992, 391).

84 Schwerhoff: Köln 1991, 314-315, Schreiner & Schwerhoff: Verletzte Ehre 1995, 10-16. Siehe auch Rublack: Anschläge auf die Ehre 1995, 381 und Fuchs: Um die Ehre 1999, 22.

85 Fuchs: Um die Ehre 1999, 19.

86 Dinges: Die Ehre als Thema der historischen Anthropologie 1995, 30.

wachsen war, behauptet Rogge.[87] Zweifellos wurde die bürgerliche Obrigkeit aber immer mehr von der übrigen Stadtbevölkerung unterschieden.

Eine bestimmte Ehre und gesellschaftliche Stellung forderte bestimmtes Verhalten seitens der Mitmenschen.[88] Die Ehrenstellung ging oft einher mit äußeren Zeichen, denen entsprechende Ehrerbietung entgegengebracht werden musste, u. a. Titel, Kleider und Kirchenbankplätze. So lautete auch die Anweisung von Erasmus: Man soll „*ehrliche klaider*" tragen, weil man aus den Kleidern eines Menschen seinen „*sinn vnd gemut abnemmen kann*".[89] Der aus Worten, Gesten, Handlungen und deren Unterlassung bestehende Ehrencode diente nach Dinges der alltäglichen Herstellung der sozialen Beziehungen und der ihr zugrunde liegenden sozialkulturellen Ordnung. Die Rekonstruktion der Gesten und die Symbolik des Körpers, beides Bereiche, unter denen die Ehrenstrafen auch zu subsumieren sind, erschließen so den Rang der körpersprachlichen Kommunikation einer Epoche.[90] Nach Erasmus erkennt man die höflichen Gebärden und Sitten bei einem Menschen „*auß einem erbarn gemut*", wofür „*die augen, die stirn, die augbrahen, die backen vnnd kürzlich die gestalt vnnd geberde des ganzen leibs*" gleichsam als Signal dienen. Deswegen soll der Mund nicht „*weit, wie der narren auffgesperrt sein*" und man sollte mit seinen Augen

„nit rumorisch, frech, trutzlich sehen oder schilhen, auch nit dieselbigen inn alle winckel richten, vnd her vnd dar vnstetig lassen schliessen, nit wie die narren zu weyt auffsperren, nit zusehr plintzeln, nit vnschamhafftig wincken, sonder züchtig vnd erbarlich gewehnet erzeigen".[91]

---

87 Rogge: Ehrverletzungen und Entehrungen 1995, 133.

88 Nach Erasmus sollte man aller Obrigkeit „ehr erzeigen". Beim Treffen von älteren, gelehrten und adeligen Personen wäre es am besten „*von dem weg zuweichen, das paret demutiglich abziehen, vnnd so ganz trefliche person vorhanden, als statthalter, herrn oder fürsten, die knie biegen.*" Im Kontakt mit anderen Leuten sollte immer „*ein ehrlicher Titel*" gegenüber dem Gesprächspartner gebraucht werden. Falls dem Jungen aber keine passenden einfallen würden, sollte er die „*gewaltige vnbekante leut herrn heissen, gelerte leut preceptores, die alten vätter, seins gleichen brüder.*" (Erasmus: De civilitate morum puerilium 1563, c vii v-c viii r & d i r.)

89 Dinges: Die Ehre als Thema der historischen Anthropologie 1995, 33 und Erasmus: De civilitate morum puerilium 1563, b iiii r. Siehe auch Rogge: Ehrverletzungen und Entehrungen 1995, 129-130.

90 Dinges: Die Ehre als Thema der historischen Anthropologie 1995, 53.
Elias schlägt vor, dass die fremdartigen Gesten, die wir auf den zeitgenössischen Bildern und Statuen sehen können, ein tatsächliches Benehmen beschrieben und also Substantialisierungen einer anderen Seelen- oder Affektlage wären (Elias: Über den Prozess der Zivilisation I 1939, 68-70). Diese Theorie sei nicht zumindest deshalb fragwürdig, dass wir da unausweichlich auf kunstgeschichtliche Interpretation stoßen.

91 Erasmus: De civilitate morum puerilium 1563, a ii r-a v r.

Weil dem Äußeren eine solche Bedeutung beigemessen wurde, konnten u. a. bildliche Darstellungen, unterschiedliche Objekte, Körperstellung und Kleidung bei Beleidigung und Bestrafung symbolisch bewertet werden. Man weiß nicht genau, wie man im 16. Jahrhundert einander „rumorisch" betrachtete oder „unschamhaftig winkte", aber wahrscheinlich sind solche Gesten heutzutage nicht sehr viel anders – eher sind sie unbewusstes Erbe der Europäer, wenn nicht der ganzen Welt. Wenn sich auch nicht alle Leute zu jeder Zeit höflich verbeugten und einander mit Ehrentitel anredeten, war die Ehre zweifelsohne ein verhaltensprägender Code, der das soziale Zusammenleben in der Gemeinschaft bestimmte. Als symbolisches Kapital konnte sie ähnlich wie materielles Eigentum verloren gehen oder auch vermehrt werden. Ehre und Schande bildeten die Kehrseiten ein und derselben Medaille: wurde die Ehre gemindert, vermehrte sich die Schande – wie Luft, die an Stelle des Wassers tritt, wenn man aus dem Glas trinkt.

Ehre, Erziehung und Zivilisationsprozess

Esser deutet an, dass das Ehrgefühl des Einzelnen sich deutlich danach orientiert, wie die Allgemeinheit diese Ehre schätzt. Ehrgefühl und öffentliche ehrmindernde Strafen stehen hiernach in einem tiefen Zusammenhang. Es handelt sich weniger darum, dass die drohende Strafe an sich einem als Schreckbild vor Augen tritt, als um eine in ihm eingewurzelte Anschauung von dem, was ehrenhaft und unehrenhaft ist. Im idealen Fall bestimmt dieses Bild die Ehrenhaftigkeit bei der Lebensführung des Individuums, so dass Abweichungen gar nicht vorkommen.[92] Früher bildete die Bestrafung oft ein Bild des begangenen Vergehens. Nach aufklärerischen Autoren sollte die bloße Idee der Untat das Strafzeichen im Gedächtnis des potentiellen Kriminellen in Erinnerung rufen, schreibt Foucault.[93] Dieses innere Ehrgefühl wollte man in der Frühen Neuzeit nicht nur durch öffentliche Strafrituale, sondern auch mittels Erziehung hervorlocken. Aus der Perspektive der Zivilisationstheorie von Elias zeugen diese Bestrebungen und ihre Ergebnisse von dem Grad und der Phase der menschlichen Entwicklung.

Im 16. Jahrhundert wurden Fragen einer angemessenen Erziehung von vielen Autoren behandelt. Schlechte Elternschaft wurde nun in zahlreichen Texten als Wurzel vieler Probleme identifiziert, und dies besonders in Deutschland.[94] Ehrbarkeit und Schamhaftigkeit, die wohl mit der Ehre in enger Verbindung stehen, galten als Tugenden, die man mit Hilfe der Erziehung zu vermitteln versuchte. Erasmus

92 Esser: Die Ehrenstrafe 1956, 29 & 50.

93 Foucault: Überwachen und Strafen 1976, 134.

94 Harington: Bad Parents 1998, 16.

behauptete, die Jungen sollten „zu ehrlichen Männern" erzogen werden. Dabei war auch „Züchtigkeit" eine wichtige erzieherische Qualität.[95]

In der Literatur des 16. Jahrhunderts werden ungehorsame Kinder häufig mit der Definition "wild" bezeichnet. Die Eltern sollten ihre "wilden" Kinder zähmen und sie mit Hilfe der Erziehung von ihrer „bestialischen" Natur abtrennen. Damit hängt eng der Gedanke zusammen, wer sein Kind nicht diszipliniert, liebt es nicht. Harrington behauptet allerdings, dass viele Eltern und Laien diese Einstellung zwar nicht befürworteten, aber zumindest die Auffassung teilten, dass die Probleme aus Vernachlässigung, nicht aus aktivem Missbrauch stammten.[96] Eltern trugen daher eine große Verantwortung für die Ehrbarkeit ihrer Kinder und im weiteren Sinne für die Ehre der ganzen Gesellschaft. Johannes Pauli weist auf eine Erzählung von Boetius hin, in der der zum Tode Verurteilte seinen Vater beschimpft: *„hettestu mich gestrafft in der jugent, so wer ich nit zu der schand kumen"*.[97] Nach Erasmus sollten alle Knaben nicht *„in der wildnuß von groben sawhirten, sonder wie herrnkinder in erbarkeit vnd aller tugent"* erzogen werden. Die Knaben sollten nur mit frommen und tugendhaften Gefährten umgehen, weil

> „bößhafftig gesprech macht böß sitten, auch bey frommen wirt einer fromm, bey schelcken ein schalck. vnnd durch böß geselschafft manig tausent ertrenckt, erwürget, erhenckt sein worden, vnd schendtlich vmbkommen".[98]

In den zeitgenössischen Manierschriften und Schwankgeschichten wurde die Ehre vor den Augen des Lesers oft in Form der Negation und mit warnenden Beispielen zum Ausdruck gebracht. So wurden Dinge, welche die „ehrbaren, wohl gezogenen und redlichen Knaben" nicht machen sollten, u. a. als bäuerlich, bacchantisch, schäferisch, närrisch, lügnerisch, unziemlich, hässlich, schändlich, gottlos und unhöflich beschrieben. Auch gewisse Tiere, Arbeitsbereiche und andere minder eingeschätzte Gruppierungen wurden als erzieherische Beispiele verwendet. Man wies etwa darauf hin, dass nur Katze, Esel, Schweine, Hunde oder gar unnützige Tiere, Sauhirte, Müllerknechte, Schäfer, Gaukler, Räuber und Kriegsbuben so und so handeln, oder man sagte, so mache man es nur in der Judenschule. Affen und Unsinnige wurden miteinander verglichen. Ehrbare Leute benahmen sich anders.

Erasmus verfügt ohne Zweifel über eine gebildete und kultivierte Auffassung, wie Ehre beschaffen sein müsse. Die Verhaltensformen, die er als abschreckende Beispiele beschreibt, entstammen zum größten Teil nicht den Gepflogenheiten seiner

95 Erasmus: De civilitate morum puerilium 1563, a iiii v-a v r & b ii v.
96 Harington: Bad Parents 1998, 20-23.
97 Pauli: Schimpf und Ernst 1522, 18-19.
98 Erasmus: De civilitate morum puerilium 1563, a ii r-a ii v & d ii r-d ii v.

eigenen Schicht, sondern waren die des „Volkes“. Die erzieherischen Gedanken von Erasmus und anderer Autoren konnten leicht von der herrschenden Obrigkeit adaptiert werden, weil sie sich mit den disziplinierenden Tendenzen der Zeit deckten. So sollte man das Streben nach Ehre und Ehrbarkeit nicht nur als eigentliche Kindererziehung, sondern auch als obrigkeitliche Erziehung verstehen. Es ging um einen Prozess, der von oben geführt werden solle, nicht um persönliche, innerliche Änderungen. Ähnlich versuchte der Landesherr bzw. der Rat mit moralisch und gesetzlich bindenden Regelungen und Befehlen das Volk auf dem rechten Pfad zu halten und es zu disziplinieren, so, wie der Vater seine Kinder.

Obwohl u. a. „Bäuerlichkeit“ oft als Beispiel für negative Eigenschaften hervorgehoben wurde, waren die Verhaltensvorschriften prinzipiell nicht für einen bestimmten Stand, sondern als allgemeine Regel gemeint. Nach Erasmus würden närrische, bäuerliche und schändliche Sitten den Menschen zum Tier machen und eine tierische Gesellschaft galt als gottlos und ungeordnet. Um ehrbar zu sein, müsste man also sich und seine Affekte kontrollieren können. Diese Selbstkontrolle wurde später von Elias zum Erkennungszeichen des Zivilisiertseins erhoben. Friedrich Dedekind, ein Autor des späteren 16. Jahrhunderts, pflegte aber einen entschieden anderen Stil.

Dedekind meinte, es seien schon viele Lehren über gute Sitten geschrieben worden, u. a. von Plato, Aristoteles, Seneca, Cicero, Salomon und Erasmus, die allesamt nichts gefruchtet hätten. Deswegen sei es nun an der Zeit, gerade das Gegenteil des beabsichtigten Zweckes zu beschreiben, damit die Leute dann sich selber überlegen könnten, welche die besseren Sitten seien, die groben oder die feinen. Also schrieb er, um die Grobheit zu loben. Er stellte seinem Buch folgendes Motto voran: „*liß wol diß büchlin offt vnd vil, vnd thu allzeit das widerspil*“.[99] So wie Erasmus, fragt auch Dedekind, was die „bäurischen Gebärden“ bzw. „unhöflichen Sitten“ seien, und spricht über Narren, Schalke, Affenspiel und Bacchus. Wer ein Grobianer werden möchte, brauche nur seinen Hinweis genau befolgen: „*erstlich solt du dich fleissig hüten, niemands kein zucht noch ehr erbieten. vnd hab ein grewlich krumm gesicht, gutlichs ansehens brauch dich nicht.*“[100] Auch wenn sich diese zwei Autoren überaus unterschiedlich ausdrücken, scheint es schließlich keine wesentlichen Unterschiede in den Ehrvorstellungen von Dedekind und Erasmus zu geben.

Im Zusammenhang mit seiner Zivilisationstheorie stellte Norbert Elias u. a. die These auf, dass frühmoderne Manierschriften in vielerlei Hinsicht die Peinlich-

---

99 Dedekind: Grobianus 1551, Titelblatt & 2.

100 Dedekind: Grobianus 1551, 11-16.

keitsschwelle des „modernen“ Menschen überschreiten. Das emotionale Leben der vergangenen Menschen verrate eine andere Struktur und zeige einen anderen Charakter als unseres, worin Elias die Spuren des Zivilisationsprozesses, also der tatsächlichen Verhaltensänderung, erkennen will.[101] Die Schriften von Erasmus und Dedekind zeigen durch das, was sie tadeln und das, was sie loben, die Spanne zwischen dem, was normal, empfehlenswert oder unerlaubt galt. Was nach ihrer Auffassung nötig war zu verbieten, muss ein akutes Problem gewesen sein – zumindest für die gebildeten Autoren oder für die Obrigkeit, die sich dieser Dinge annahm. In den einschlägigen Büchern wird der jeweilige Standard der Sitten und Unsitten, den die Autoren unmittelbar vor Augen hatten, manchmal aber so malerisch geschildert, dass sie das Bild der Vergangenheit zu sehr prägen, ja verzerren.

Elias sieht solche Manierschriften im größeren Rahmen, als Beweis für den Zivilisationsprozess, der die Entwicklung der abendländischen Gesellschaft bestimmt. Für ihn war die Zeit von Erasmus eindeutig barbarisch und weniger zivilisiert als die „moderne“ Zeit. Inzwischen hat die Geschichtsschreibung dieses Entwicklungsdenken aber längst in Frage gestellt. Die Theorie des Zivilisationsprozesses vereinfacht meines Erachtens den in der Wirklichkeit sehr komplexen Charakter der frühneuzeitlichen Gesellschaft. Wenn auch die äußere Relativierung historischer Ereignisse zu deren Unbedeutung führt, kann die unausweichliche Entwicklung im Laufe der historischen Periode eher für eine Illusion gehalten werden. Sicherlich würden die frühneuzeitlichen Menschen vieles, was in der heutigen europäischen Gesellschaft als erlaubt und normal gilt – denkt man nun an die Entwicklung der Sexualität bzw. die Geschlechtergleichheit – für erschreckend, abstoßend, unehrenhaft und womöglich für unehrlich halten. Die heutige Welt mag aus ihrer eigenen Perspektive zivilisierter als die Vergangenheit wirken, aber es gibt kaum absolutes Zivilisiertsein, womit sie verglichen werden könnte.

---

101 Individuen, die beispielsweise so miteinander essen, wie es zumindest bei den niederen Schichten noch in der Frühen Neuzeit üblich war, nämlich das Fleisch mit den Fingern aus der gleichen Schüssel zu nehmen, Suppe aus dem gleichen Topf zu schöpfen, stünden in einer für uns befremdlichen Beziehung zueinander. (Elias: Über den Prozess der Zivilisation I 1939, 73-74, 87-89 & 182).

Ehre im Spiegel der Beleidigungen

Es steht fest, dass bei den Schimpfwörtern viel über die tief liegenden Wertsysteme und Ängste der Gesellschaft zu erfahren ist. In der Vormoderne wurden Männer meist Schelm und Dieb gescholten wurden. Die Beleidigung „Dieb" beinhaltet eindeutig die allgemeine Ächtung des Diebstahls, aber auch die Bedeutung des materiellen Besitzes, der für die damaligen Menschen eng mit dem immateriellen Gut der Ehre zusammenhing. Einer, der seinen Kontrahenten in der Öffentlichkeit Schelm oder Dieb nannte, wollte damit die Ehre des anderen in Frage stellen und beschmutzen.[102] Der übliche Scheltname der Frau war Hure und ähnliche, sexuell geprägte Bezeichnungen. In den häufig gewordenen Beleidigungsprozessen manifestiert sich die Empfindlichkeit der Zeitgenossen gegenüber Ehrverletzungen aller Art. Erasmus riet seinen Zeitgenossen, dass man nicht Schmach mit Schmach beantworten und sich nicht wegen jeder Kleinigkeit aufregen und zornig werden sollte. Es wäre am sichersten, ohne sichtbare Ursache nicht mal zu lachen, so dass keiner „*in der argwonung bleib, daß er verlacht oder verspot sey worden*".[103] Liest man die Gerichtsprotokolle, scheinen viele das Gegenteil getan zu haben.

Fuchs weit darauf hin, dass „die kommunikative Grundlage der frühneuzeitlichen Streitkultur" das von Angesicht zu Angesicht gesprochene Wort bildete. Diesem kam eine Bedeutung und Wirkung zu, die hinsichtlich heutiger Informationsverbreitung bzw. Überflutung der Information nur schwer nachzuvollziehen ist. War die vormoderne Sprechkultur einerseits durch eine gewisse Langsamkeit des Informationsaustausches geprägt, wirkte darin andererseits aber auch eine gewisse Langlebigkeit dieser Information im Gedächtnis der Menschen.[104] Das Wort wurde tatsächlich als eine gewaltige Waffe empfunden. Wer einmal in der Öffentlichkeit gescholten oder blamiert worden war, besaß einen schlechten Ruf, wenn er die anderen nicht vom Gegenteil überzeugen konnte. Da dies nicht immer problemlos war, meinte Sauer: „*ein böser furcht sich vorm gesetz, ein frommer furcht sich vor geschwetz*". Döpler behauptete seinerseits, dass „*ein böses maul mit einem wort wohl acht sachen schaden thun könne*".[105] Wurde je-

---

102 Dinges: Die Ehre als Thema der historischen Anthropologie 1995, 53, Schwerhoff: Köln 1991, 315-317, Dülmen: Der ehrlose Mensch 1999, 8 und Liliequist: Violence, Honour and Manliness 1999, 186-187.

103 Erasmus: De civilitate morum puerilium 1563, a vi v-vii r.
„*ein groß gemut achtet nit die torheit eines andren...ein groß, starck vnd hoch gemut verachtet alle schmach vnd vnbill vnd widergyltet vmb üblthat guthat*" (Erasmus: Ein nutzliche underwisung 1521, b IIII v-c I r).

104 Fuchs: Um die Ehre 1999, 100.

105 Sauer: Strafbüchlein 1579, Ai v & 25 und Döpler: Theatrum 1693, 816-821.

mand Dieb oder Hure gescholten, musste er oft mit dieser Abstemplung weiterleben, auch wenn die Behauptungen überhaupt nicht wahr waren. Wer konnte, versuchte deshalb seine Ehre vor Gericht zu rehabilitieren.

Obwohl die Tatbestände der Beleidigungsfälle selten detailliert notiert wurden, bieten die Prozessprotokolle einen Überblick darüber, wie ehrverletzend eine öffentliche Beschimpfung empfunden wurde. Die Kläger behaupteten etwa, der Beleidiger habe sie „*mermalen an jren ehren angriffen vnd ain ausgestrichne hueren gescholten*“ oder auch „*sy dermassen vbl geschmecht daruon ain schant zureden sey*“. Nicht allein die Person, sondern auch etwas, was eng damit gebunden war, und dadurch schließlich auch die Person, konnte beschimpft werden. So konnte das Haus des Gegners als etwa „*ein hurenhaus*“ geschildert werden.[106] Schimpfwörter und Beleidigungen konnten zwar sanktioniert, aber nicht abgeschafft werden, weshalb die Weisungen der Manierschriften für dieserart unbehagliche Situationen brauchbar waren.

Erasmus versuchte die Tugend der Verschämtheit zu lehren, die nach seinen Einsichten angeblich viel zu wenig geachtet wurde. Er betonte, dass nur „unschamhafte Buben“ pflegen „*auff schampare wort vnnd werck zu lachen*“, weil nämlich ein frommer Knabe würde „*durch sein geberde erzeigen, als verstunde er nit was schamhapar geredt, oder heßlich gethan wäre*“. Den Jugendlichen wurde geraten, sie sollten über Sachen, die „*sehr heßlich, vnd dem gemut zu wider*“ sind, nur mit Erlaubnis und mit „*schamhafftiger vmbred außsprechen*“.[107] Zu diesen „hässlichen“ Sachen gehören wohl auch die populären Schimpfwörter, die in der Regel im Bereich von Unsittlichkeit, unerlaubter Sexualität und Unehre operierten. Darin lässt sich der Abscheu vor der Schande deutlich erkennen.

Schimpfwörter waren zum Teil je nach Region unterschiedlich ehrenrührig, aber prinzipiell war alles, was irgendwie unehrbar schien, tauglich. Manchmal charakterisierten sie eine Tat oder ein Verhalten, das die gesellschaftlichen Normen verletzte. Beispielsweise der „Fuchsschwänzer“ verhielt sich schmeichlerisch gegenüber der Obrigkeit. Wörter, die eine Beziehung mit dem Henker oder Abdecker hatten, wiesen deutlich auf die angenommene Unehrlichkeit des Diffamierten hin. Männer wurden gewöhnlich mit Worten beschimpft, die ihren ehrlichen Namen, Herkunft und Tätigkeit diffamierten und sie in die Nähe der Unred-

---

Sauer war auch der Überzeugung, dass die „ohrenbläser vnnd falsche böse meuler sind verflucht“. Bei Grobianus dagegen wird man rhetorisch beraten: „*will jemand mit dir disputieren, so muß er wol sein sach verlieren. mit gschrey jm all sein red zerstör, daß er sein eigen wort nicht hör.*“ (Sauer: Strafbüchlein 1579, Ai v & 25 und Dedekind: Grobianus 1551, 108-109).

106 StadtA: SG 867/7 (1598), 7 & 82 und RP 215/1 (1600), Fol. 108 v.

107 Erasmus: De civilitate morum puerilium 1563, a v v-a vi r & d ii r.

lichkeit, Unehrlichkeit und Kriminalität brachte. Die Angriffe gegen Frauen dagegen konzentrierten sich auf ihre Geschlechterehre.[108] In der Praxis deuteten solche Vorwürfe gegenüber Frauen aber auch auf Kriminalität hin, weil Ehebruch, Kuppelei und unerlaubte Prostitution kriminalisiert waren. Viele Schimpfwörter schmähten die unehrliche Abkunft des Gegners, z. B. Hurensohn, andere diffamierten seine physischen oder geistlichmoralischen Eigenschaften, wie Affe, Verräter oder Ketzer usw. Die Auswahl war groß.[109]

Sexuelle Ehre

Neben den bisher diskutierten Ehraspekten gibt es noch eine spezielle Perspektive der Ehre, die eine wichtige Rolle in dieser Arbeit spielt, nämlich die Ehre im Hinblick auf die Sexualität. Angesichts des frühneuzeitlichen Weltbildes geht es in der Regel um die weibliche Ehre. So wie zahlreiche Untersuchungen zur Frühneuzeit feststellen, stand weibliche Ehre unstrittig in einem engen Zusammenhang mit der Sexualität von Frauen. Sie war vor allem sexuell konnotiert und mit Vorstellungen von Jungfräulichkeit und Reinheit besetzt.[110] Da das Individuum also nach Ehre und Geschlecht unterschiedlich positioniert war, erwies sich auch die Ehre einer Tochter oft gefährdeter als die Ehre eines Sohnes.[111] Das sexuelle Fehlverhalten der Ehefrau, der Tochter oder einer anderen dem Mann nahestehenden Frau konnte zwar auch die männliche Ehre beflecken, aber an sich war sie nicht sexualitätsabhängig. Was im Fall des Mannes als närrisches oder unhöfliches Verhalten getadelt wurde, konnte einer Frau drastische Folgen verursachen.

---

108 Dülmen: Der ehrlose Mensch 1999, 8-9, Rummel: Verletzung von Körper 1993, 110-113 und 184, Schwerhoff: Köln 1991, 316.
Die enorme quantitative Bedeutung des Hurereivorwurfes ist in allen Zeiten und bei unterschiedlichsten Kulturen auffallend. (Dinges: Die Ehre als Thema der historischen Anthropologie 1995, 48).
Nach Fuchs waren „Dieb", „Schelm", „Hure" und „Hundsfott" die elementaren Schimpfwörter des 16. und 17. Jahrhunderts (Fuchs: Um die Ehre 1999, 105).
Das Weltbild der geschlechtspezifischen Schimpfwörtern spiegelt sich deutlich auch in dem alten deutschen Spruch, der sagt: „Wer eine Hure zur Ehe nimmt, der ist ein Schelm oder will zum Schelm werden" (Eisenhart: Grundsätze 1823, 86-87).

109 Detailreicher zum Thema Münchner Schimpfnamen siehe Lidman: Zum zpectacul vnd abscheu. Ehrverlust und Ehrminderung als Mittel der Disziplinierung im frühneuzeitlichen München. Ungedruckte Lizentiatenarbeit, Universität Joensuu 2005.

110 Schwerhoff: Devianz 1992, 408-409 und Schreiner & Schwerhoff: Verletzte Ehre 1995, 18. Siehe auch Quanter: Die Schand- und Ehrenstrafen 1901, 22.

111 Dinges: Die Ehre als Thema der historischen Anthropologie 1995, 47.

Dedekind schildert, wie ein „Grobianer" sich gegenüber ehrbaren Jungfrauen verhalten sollte:

„dergleichen solt dich mercken lassen, wann dir ein junckfraw auff der strassen, begegnet, so mach dich zuthätig, mit greiffen, tasten, nur vnslätig. dann jetzundt acht doch niemandt mehr, auff erbarkeit, zucht, oder ehr, als bald ir holdschafft von ir heisch, vnd thu dich zu wie katzen fleisch, das selber kann in hafen steigen, ein buler gwint ja nichts mit schweigen."[112]

Susanne Burghartz stellt fest, dass Ehre und Schande die zentralen Begriffe zur Markierung der Grenzen zwischen legitimer und unreiner, d. h. verbotener Sexualität in der Reformationszeit waren. Sie wirkten bei der Formulierung der Geschlechterrollen und des gesellschaftlich erwünschten geschlechtsspezifischen sexuellen Verhaltens. Ehrkonzepte dienten auch entscheidend dazu, die Identität von Männern und Frauen zu beschreiben.[113] Groebner deutet an, dass die körperliche Unversehrtheit, also Ehre als Gegenbegriff zum körperlichen Überwältigtwerden, ein wichtiges Bedeutungsfeld der weiblichen Ehre war: Ihre Ehre soll die Frau vor Gewalt schützen.[114] Umgekehrt war eine Frau ohne Ehre oft auch ohne Schutz. So spielte die Ehrbarkeit der Frau im Hinblick auf die rechtlichen Folgen der Vergewaltigung traditionell eine zentrale Rolle. Die Grenze zwischen ehrbaren und schlechten Frauen war schnell übertreten, so dass junge Frauen, die sich ohne Beschützer in der Öffentlichkeit aufhielten, leicht für verdächtig galten.

Dinges hält das Geschlecht fundamental für die Ehre und ihre Verletzung, und er verdient dabei Zustimmung.[115] Daher spielt das Geschlecht auch eine fundamentale Rolle in Bezug auf die öffentlichen Sanktionen. Mit anderen Worten sind die Unterschiede in der Ehre von Frauen und Männern hinsichtlich des Ehrverlusts und der Ehrminderung sehr wichtig. Für die Frauen der Frühen Neuzeit war ihre sexuelle Ehre ein grundsätzliches Prinzip, das ihr Leben weitaus bestimmte. Die Position der Frau in der Gesellschaft wurde dadurch und in dem Sinn auch durch ihre Stellung zu Männern definiert: Sie war entweder eine ehrliche bzw. ehrbare Frau, d. h. eine Jungfrau, eine Ehefrau, eine Witwe oder eine Nonne, oder sie war

---

112 Dedekind: Grobianus 1551, 41.

113 Burghartz: Geschlecht – Körper – Ehre 1995, 220 und Dinges: Die Ehre als Thema der historischen Anthropologie 1995, 30.

114 Groebner: Das Gesicht wahren 1995, 377. Siehe auch Roper: Oedipus und Teufel 1993, 64-66.
Wer die Grenze der körperlichen Unverletzbarkeit eines anderen Menschen überschreitet, verletzt dabei dessen Persönlichkeit, seine Individualität – und damit auch seine Ehre. Wer in seiner Ehre gekränkt wird, kann den Schaden durch Verletzung des Körpers seines Gegners wieder ausgleichen bzw. der soziale Effekt einer körperlichen Verletzung kann durch eine öffentliche Beleidigung wieder aufgehoben werden. (Waardt: Ehrenhändel, Gewalt und Liminalität 1995, 316).

115 Dinges: Die Ehre als Thema der historischen Anthropologie 1995, 48.

eine unehrliche Frau, die für käuflich bzw. für eine Hure gehalten wurde. Sowohl verdächtiges und abweichendes Verhalten als auch die öffentliche und schändliche Bestrafung einer Frau stellten immer auch ihre sexuelle Ehre in Frage, auch wenn sie nicht eines Sexualdelikts beschuldigt wurde. Die Ehre der Frau war untrennbar von ihrer Sexualität zu sehen.

1.2 Soziale und juristische Ehre: Die Dichotomie

Guter Ruf, bona fama

Keine der bisher diskutierten Ehrauffassungen genügt, um für sich allein den frühneuzeitlichen Ehrcode ausführlich zu definieren, auch wenn sie jede für sich als Teilerklärung brauchbar sein mögen. Auch die von vielen Historikern angenommene Theorie Bourdieus von Ehre als soziales Kapital, als Voraussetzung der Anerkennung in der Gemeinschaft, ist aus der Perspektive dieser Arbeit nicht ausreichend, weil sie den juristischen Ehraspekt vernachlässigt. Deshalb wird das in diesem Zusammenhang Gesagte nochmals in veränderter Gewichtung aufgenommen: Es wird versucht, von einer Zweiteilung auszugehen. Ohne die bereits vorgestellten Meinungen gering zu achten, hoffe ich zeigen zu können, dass die Ehre ebenfalls dichotomisch verstanden werden kann.

Wir haben gesehen, wie die Ehre abhängend von Forschungsstandpunkt und -perspektive sich in vielen Rollen ausdrücken kann. So schließt die dichotomische Eigenart der Ehre die Gedanken von Ehre im Hinblick auf Stand, soziale und berufliche Position, Geschlecht oder Erziehung bzw. obrigkeitliche Disziplinierung auch nicht aus. Der Ausgangspunkt für den folgenden Abschnitt und für diese gesamte Arbeit ist die Einstellung von Ehre einerseits als der gute Ruf des Individuums in der sehr konkreten Wahrnehmung der Gemeinschaft und andererseits als Grundlage seiner rechtlichen Stellung. Der Ruf war die „soziale Ehre", die u. a. durch Geschwätz, Schandstrafen und -taten teilweise oder total verdorben sein konnte, während die rechtliche Stellung als die „juristische Ehre" beschrieben werden kann. Die letztere konnte bei Bestrafung absichtlich gemindert oder gänzlich getilgt werden, wie es eben die Ehrenstrafen bezweckten. Aus der Perspektive dieser Forschung ist diese Dichotomie der Ehre sehr wichtig zu verstehen, weil nur dadurch die Ehren- und Schandstrafen auseinander gehalten werden können.

Dülmen schreibt: „Nichts war Männern und Frauen in der Frühen Neuzeit wichtiger als die Unbescholtenheit ihres Rufs, ihrer persönlichen Ehre. Sie war Voraussetzung für das Auskommen mit den Nachbarn, für den materiellen Erfolg ihrer Arbeit, für eine gute Heiratspolitik, für den Erwerb eines Amtes in der Dorf- oder Stadtgesellschaft. Sie begründete den sozialen Status jedes Einzelnen innerhalb seiner Gruppe wie auch innerhalb der Kommune."[116] Rogge spricht von sozialen Prestige und Ehre, die demzufolge voneinander unterschieden werden müssen. Soziales Prestige konnte man erreichen und vermehren, hingegen war es schwieriger, wenn nicht gar unmöglich, den persönlichen Ehrenwert (*dignitas*) zu steigern. Prestige allein reichte nicht aus, weil auf Dauer ausgerichtete politische Macht über Ehre verfügen musste. Dabei spielten Familie, Herkunft und Geburt eine zentrale Rolle.[117]

Dülmen betont zwar die Bedeutung von Ehre, bietet aber ein nicht so spezifiziertes, allumfassendes Bild davon. Rogge dagegen unterscheidet eine persönliche, während des Lebens und dank eigenen Handelns erworbene Ehre von einer im Laufe der Zeit in der Familie gewachsene Ehre, welche die Mitglieder der Familie teilten und wie sie traditionell innerhalb von Adelsgeschlechtern anzutreffen war. Spätestens im 16. Jahrhundert erreichten aber auch einige bürgerliche Ratsfamilien, die so genannten „alten Geschlechter", eine geehrte und angesehene Stellung, und wurden immer deutlicher von anderen Bürgern unterschieden. Die Familie und die Herkunft spielten so auch eine nicht zu unterschätzende Rolle beim Entstehen der individuellen Ehre. Beispiele dafür liefern ihrerseits auch die Verhörsprotokolle: Der Angeklagte wurde in der Regel als erstes über seine Eltern und seinen Geburtsort befragt. Wenn Rogge von *dignitas* spricht, ist damit allerdings nicht die *dignitas civilis* gemeint, über welche später gründlicher diskutiert wird. Für beide Dülmen und Rogge spielen die sozialen Dimensionen der Ehre eine zentrale Rolle.

Der gute Ruf und Name wurden auch in dem von Pitt-Rivers in einem in den 1950er Jahren erforschten Dorf in Andalusien als wertvollstes Eigentum hochgeschätzt und mit der Ehre verknüpft. Ferner war die Ehrvorstellung der Dorfbewohner ähnlich der frühneuzeitlichen Europa. Die weibliche Ehre war mit der sexuellen Reinheit der Frau verknüpft, die sie bewahren sollte, während die Aufgabe des Mannes in der Verteidigung seiner eigenen und der Ehre der Familie bestand. Durch sexuelles Fehlverhalten der Frau geriet auch die Ehre ihres Mannes, Vaters etc. in Gefahr. Diebe, Bettler und unzüchtige Frauen wurden für un-

116 Dülmen: Der ehrlose Mensch 1999, 1.
Zum Verhältnis der Ehre und des guten Rufs, sowie der Unehre und des schlechten Rufs siehe Baroja: Honour and Shame 1965, 82-88.

117 Rogge: Ehrverletzungen und Entehrungen 1995, 125.

ehrlich gehalten. Es ist besonders interessant zu bemerken, dass die Ehre auch ein Teil des rechtlichen Status bildete, zumindest bei den Männern.[118] Dies alles spricht für eine weite Universalität der Ehre in traditionellen Gesellschaften. Ähnliche Ehrauffassungen sind aber auch heute noch in vielen Kulturen deutlich fassbar, denkt man zum Beispiel an die afrikanische, asiatische oder südamerikanische Welt. Auch in vielen Orten Europas sind diese traditionellen Sichtweisen nicht völlig verschwunden, auch wenn sie das heutige Leben kaum mehr bestimmen. Allerdings muss betont werden, dass die allgemeinen Ehrvorstellungen eine Sache sind, die Rolle des Ehrverlusts und der Ehrminderung in der Rechtspflege aber eine andere.

Je länger man mit dem Begriff „Ehre“ und ihrem dichotomischen Charakter arbeitet, desto mehr gewinnt man die Überzeugung, dass die Juristen und Rechtshistoriker des 19. und frühen 20. Jahrhunderts, u. a. Christian Gottfried Hübner, sehr brauchbare Ehrdefinitionen zu bieten hatten. Später wurden in der Forschung neue Perspektiven gesucht und u. a. soziologische Ansichten weiterentwickelt, aber es zeigt sich, dass für die Fragestellung dieser Arbeit die älteren Überlegungen noch überaus ergiebig sein können.

Hübner schreibt ganz schlicht, alle Ehre sei entweder natürlich oder bürgerlich. Natürliche Ehre, also *bona fama*, ist im objektiven Sinne der Glaube der Mitmenschen an die moralische oder geistliche Vollkommenheit der anderen. Das Gegenteil bildet der üble Ruf, *mala fama*. Guter oder schlechter Ruf sind so Ergebnis des Urteils der Mitmenschen über die moralischen Eigenschaften einer Person.[119] In diesem Punkt sind sich die Ehrvorstellungen von Hübner und Bourdieu sehr nahe: Es geht um die Anerkennung in der Gemeinschaft. Die „natürliche Ehre“ Hübners, oder die „soziale Ehre“, wie diese Dimension der Ehre in der vorliegenden Studie genannt wird, also der gute oder schlechte Ruf, *bona* oder *mala fama*, gründet sich auf die persönlichen Eigenschaften des Individuums. Diese Ehre ist aber sehr zerbrechlich, weil sie nicht nur davon abhängig ist, was die Person selber tut, sondern wesentlich auch davon, wie andere dies beurteilen. Es handelt sich damit um Sozialkontrolle.

---

118 Pitt-Rivers: Honour and Social Status 1965, 39-45.
Nach Forschungen von Aboud-Zeid war die Ehrvorstellung der Beduinen in Ägypten auch sehr ähnlich: Nur ein aufrichtiger Mann, dem man vertrauen konnte und der seinen Stamm gegen Unrichtigkeiten verteidigte, wurde für ehrlich und ehrbar gehalten. Für die Frau waren Sittlichkeit und Schamhaftigkeit eine von ihren wichtigsten Eigenschaften. Seine Ehre konnte man durch schlechtes Benehmen verlieren, oder sie wurde wegen gutem Erfolg sowohl im sozialen als auch im beruflichen Bereich vermehrt. (Aboud-Zeid: Honour and Shame among the Bedouins of Egypt 1965, z. B. 245-247).

119 Hübner: Über Ehre 1800, 17-23 & 31.

Ganz deutlich stellen auch viele moderne Historiker fest, dass jeder Mensch, nach der frühneuzeitlicher Einstellung entsprechend seiner sozialen Stellung, seinem Reichtum und seinem Ruf, mit einem bestimmten Anteil an Ehre in die Welt gekommen war. Diese Ehre war aber nicht konstant, sondern sie konnte beschädigt werden oder verloren gehen - unabhängig davon, welche Position die Person innehatte. Wenn der Name einer Person in Verruf geriet, bedeutete dies eine soziale Abgrenzung. Deshalb musste die Ehre geschützt werden.[120] Mehrere Autoren treffen sich darin, dass ein Individuum ohne Ehre wenn überhaupt, nur verminderte Möglichkeiten für die Gestaltung eines normalen Lebens in der Gemeinschaft hatte. So war der gute Ruf, der oft „Ehre" genannt wird, sehr wichtig.[121] Nach Schreiner und Schwerhoff bedeutete eine unstandesgemäße Lebensführung Verlust von „sozialer Distinktion an Ehre".[122] Mit der „sozialen Distinktion" der Ehre meinen die Autoren anschaulich dasselbe wie ich mit „sozialer Ehre".

Im Jahr 1609 wurde eine verbrecherische Frau vor den Rat gebracht. Sie wurde aus dem Burgfrieden verwiesen, weil sie „Unzucht" getrieben hatte und *„darzu sonsten übl beschraitt*" war.[123] So hatte ihr schlechter Ruf, der nicht genauer definiert werden musste, einen eindeutig ernsten Einfluss auf ihre Verurteilung. Der Verlust an *bona fama* führte zum Zunehmen von Unehre und Schande, zur *mala fama*. Der schlechte Ruf bedeutete den Stempel oder das Stigma, das gewisse Leute aufgrund von Reaktionen der Gemeinschaft erleiden mussten. Dies hatte seinen Einfluss auch im Rechtsprozess, weil eine Person mit *mala fama* kaum glaubwürdig für sich sprechen konnte und leicht für kriminell angesehen wurde. Die juristische Abgrenzung in Form von Ehrverlust, Ausweisung und Vernichtung der Rechtsstellung ist allerdings nicht mit der sozialen Verachtung zu verwechseln.

Der Entzug der sozialen Reputation und des guten Rufes wurde in abgestuften Formen konkretisiert; u. a. mittels Verhöhnung, Missachtung und Schimpfworten, Verlust des Zugangs zur ehrbaren Bruderschaften, Beschränkung der Heiratsmöglichkeiten und durch die Zuweisung von Randgruppenzeichen. Nach Hergemöller vermitteln die soziale Marginalisierungsprozesse Orientierungsmaßstäbe, so etwa wie Normen, Traditionen, Riten, Gesten und Verhaltensweisen, die durch Generalisierungen und Kategorisierungen die Entscheidung in sozialen Situationen er-

---

120 Schreiner & Schwerhoff: Verletzte Ehre 1995, 142-166, Borst: Lebensformen im Mittelalter 1983, 583 und Dülmen: Der ehrlose Mensch 1999, 2.
Ferner sagt auch das Sprichwort: „Ehre verloren, alles verloren" (Eisenhart: Grundsätze 1823, 86-87).

121 Siehe beispielsweise Hergemöller 1994: 2 und Schwerhoff: Verordnete Schande 1993, 175-180.

122 Schreiner & Schwerhoff: Verletzte Ehre 1995, 6-7.

123 StadtA: RP 224 (1609), Fol. 130 v.

leichtern. Der Mensch ist seiner Umwelt gegenüber ständig zum Urteil gezwungen.[124] Da kommt auch Hergemöller der Theorie von Bourdieu nahe: Ehre ist das Fundament einer Moral, in der der Einzelne sich unter dem Blick der anderen begreift, weil sein Selbstbild davon abhängt, wie andere über ihn urteilen. So wird die soziale Ehre nicht nur durch den Ruf des Einzelnen in seinem sozialen Umfeld bestimmt, sondern sie ist ein Teil seiner Identitätsbildung und seines Selbstverständnisses.

Beim Vorwurf vom illegalen oder unmoralischen Verhalten oder bei sonstigen verbalen Ehrverletzungen hatte der Gescholtene sich der Gefahr einer unkontrollierten Verbreitung der Gerüchte zu erwehren.[125] Um die eigene soziale Ehre, seinen Ruf zu verteidigen, wurden Scheltwörter in der Regel mit gleichschweren Beleidigungen beantwortet. Am Ende fühlten beiden Parteien sich oft schwer in ihrer Ehre verletzt. So nannte ein Münchner einen anderen auf der Stelle *„zu rettung seiner ehren ain rosdieb"*, weil dieser ihn zuerst *„ain rappenfleisch gescholten"* hatte.[126] Derartige Ratsvermerke deuten auf den Bedarf der Zeitgenossen hin, ein Gleichgewicht im Hinblick auf die Ehre zu erhalten. Eine Gegenbeleidigung „zur Rettung der eigenen Ehre" konnte auch als Retorsion dienen. Denkt man denn an Beleidigungen, an schändliche Handlungen oder auch an Bestrafung, gab es verschiedene Grade von leichter und schnell in Vergessenheit geratener Schmach bis zu schweren und langfristigen Ehrverletzungen, welche die gesamte soziale Existenz des Betroffenen gefährdeten. Zusammenfassend kann man sagen, dass die soziale Ehre sehr leicht zu beschmutzen war.

Rechtliche Stellung, dignitas civilis

Hübner deutet an, dass das Gesetz einem, den seine Schändlichkeit gebrandmarkt hat, keinen guten Namen wiedergeben kann. Hiernach zeigen sich Ehre und Unehre für die Auswirkungen von Gesetzen und staatlichen Maßnahmen unempfind-

124 Hergemöller: Randgruppen 1994, 2 & 46.

125 Fuchs: Um die Ehre 1999, 117-119. Siehe auch Döpler: Theatrum 1693, 820-822 und Hübner: Über Ehre 1800, 16.
Ehrverletzungen bedrohten nicht nur die Ehre des Gescholtenen, sondern ebenso sehr die des Beleidigers. Wenn jemand häufig wegen ehrverletzender Beschimpfungen bestraft worden war, konnte ihm seine eigene Ehre aberkannt werden. (Dülmen: Der ehrlose Mensch 1999, 11).

126 StadtA: SG 867/4 (1595), 61.
Der Rap = Rabe oder schwarzes Pferd, die Rappen = Krätze, Räude. „Rappenfleisch" deutet demzufolge vermutlich an eine Hautkrankheit bzw. Hautprobleme hin (Schmeller: Bayerisches Wörterbuch 1877).

lich.[127] Dabei ist aber wohl eine Ehre gemeint, die durch Geschwätz, üble Nachrede oder *communis populi sententia*, Beleidigung, Verleumdung und vollzogene Schandstrafen verletzt werden konnte – also die soziale Ehre. Sehr häufig wird das Wort Ehre in der Literatur gerade als eine solche soziale Ehre verstanden. Allerdings bildete aber nicht nur die soziale Ehre, der gute Ruf, sondern auch die „juristische Ehre" die Voraussetzung für das gute Leben in der bürgerlichen Gemeinschaft und für die Mitgliedschaft in der Gesellschaft überhaupt. Es ging um die rechtliche Stellung des Individuums.

Hübner hält den Unterschied zwischen gutem Ruf (*bona fama*) und bürgerlicher Ehre (*dignitas civilis*) für unzweifelhaft. Das Bürgersein gibt und ist Ehre. Ehrlosigkeit, d. i. Aufhören der bürgerlichen Ehre, ist nur dann möglich, wenn man kein Bürger mehr ist – ein Zustand, der nur durch juristische Maßnahmen zu erreichen ist.[128] Jeder Bürger und Einwohner der frühneuzeitlichen Gesellschaft hatte sowohl eine soziale wie auch eine juristische Ehre, wenn auch die einen mehr, die anderen weniger. Ohne einen guten Namen wurde das soziale und alltägliche Leben ohne Zweifel schwieriger, in praktischer Hinsicht sogar unmöglich. Dies ist aber nicht gleichbedeutend damit, dass sich deshalb auch die rechtliche Stellung hätte ändern müssen. Wenn die soziale Ehre vermindert oder verletzt wurde, konnte die juristische Ehre noch unverletzt bleiben.

Es stellt sich die Frage, ob Schimpfwörter und schändliche Aktionen eigentlich nur die soziale oder auch die juristische Ehre verletzten. U. a. bei Döpler kommt der Begriff „Ehrendieb" mehrmals vor. Für ihn und seine Zeitgenossen scheint die Ehre etwas gewesen zu sein, was einer dem anderen durch schmähliche Wörter oder Handlungen rauben kann. Es steht fest, dass ungeschickte Äußerungen, Gesten und Taten aller Art, die ehrverletzend verstanden werden konnten, leicht zu rechtlichen Prozessen führten – auch wenn sie eigentlich nicht beleidigend gemeint waren. Böses Geschwätz konnte gleichwohl den Unschuldigen verletzen als er durch *mala fama*, den schlechten Ruf, verdächtigt wurde. Die Menschen fürchteten aber ebenso, dass auch ihre bürgerliche Ehre, ihr *dignitas civilis* verletzt werden könnte. Eine Beschimpfung oder eine Schandtat konnte den *dignitas civilis* allerdings nicht verletzen, sondern dies war erst möglich durch Rechtsentscheidung, wie auch Hübner feststellt. Hier treten die Ehrenstrafen ins Bild.

Weil praktisch nur eine Verurteilung bzw. Bestrafung die bürgerliche Ehre vermindern kann, ist derjenige, der weder Urteil noch Strafe verbüßt hat, in der bürgerlichen Gesellschaft *de jure* immer noch ehrenhaft – auch wenn die Volksmeinung anders urteilte. Die bürgerliche Ehre sei mit dem Staat verbunden und kann

127 Hübner: Über Ehre 1800, 33.
128 Hübner: Über Ehre 1800, 8-9 & 26-27.

dadurch nur vom Staat gegeben, genommen und vermindert werden.[129] Eine weitgehende Ausgrenzung und deutliche Infamierung konnte auch in dem frühneuzeitlichen Rechtssystem allein durch ein offenkundiges Verbrechen und dessen öffentliche Bestrafung durch den Henker geschehen. Dies bedeutete den politischen und sozialen Ausschluss aus der Gemeinschaft. Bürgerrechte und soziales Ansehen waren verspielt und die Rückkehr zu normalen Lebensverhältnissen war unwahrscheinlich.[130] Die juristische Ehre, *dignitas civilis*, war abhängig vom Stand und Amt, wie auch von vollzogenen Ehrenstrafen. Die rechtliche Stellung des Individuums verknüpfte sich mit dem Wohnort bzw. mit der Bürgerschaft. Diejenigen, die keinen festen Wohnsitz und also keine Stellung in der bürgerlichen Gesellschaft besaßen, hatten kaum Möglichkeiten, sich vor Gericht zu verteidigen. Auch Stadtbewohner, die keine Bürgerrechte besaßen, waren in schlechterer Stellung, als die eigentlichen Bürger.

Wegen ihrer Vieldeutigkeit muss man die Ehre immer in jedem Einzelfall der Forschung definieren, damit sie nicht durch Unschärfe ihren Wert verliert. Die zahlreichen Ehrbegriffe überschneiden sich vielfach und sind deshalb nicht sauber von einander zu trennen. Vom Standpunkt dieser Arbeit ist es sehr wichtig, die soziale Ehre von der juristischen zu unterscheiden. Als Faustregel könnte gelten, dass immer wenn die juristische Ehre sich änderte, bewirkten dies primär rechtliche Maßnahmen. Anders als bezüglich der sozialen Ehre, spielten Volksmeinung, Gerüchte und schlechter Ruf dabei eine nur sekundäre Rolle. Allerdings haftet dieser Zweiteilung von sozialer und juristischer Ehre etwas Zwanghaftes an, da sie begrifflich nicht bei den Zeitgenossen, sondern in der späteren Wissenschaft zu finden ist. Die Frühe Neuzeit hatte keinen Bedarf, diese zwei Seiten der Ehre analytisch zu trennen. In vielerlei Hinsicht handelte es sich um Dinge, die die Mitglieder des abendländischen Kulturkreises schon deshalb verstanden, weil sie mit ihnen aufgewachsen waren. Weil diese Dichotomie aber die frühneuzeitlichen Verhältnisse beschreibt, scheint sie gut als analytisches Hilfsmittel der Geschichtsforschung zu dienen.

---

129 Hübner: Über Ehre 1800, 10 & 150-152.

130 Dülmen: Der ehrlose Mensch 1999, 67.
Döpler deutet zwar darauf hin, dass die Ausgewiesenen ihre Bürgerrechte nicht unbedingt verlieren mussten und andernorts wieder in den Ehrenstand genommen werden konnten. Allerdings dann *„ziehet sie infamiam nach sich wenn die that weßhalber solche stellung am pranger geschieht an sich selber famos und anrüchtig ist"*. (Döpler: Theatrum 1693, 833, 852 & 860). Handlungen, die auf den Pranger führten, waren aber in der Regel ehrenrührig. Wer ohne Schande ausgewiesen worden war oder später begnadigt wurde, konnte seine juristische Ehre wiedererhalten. Jedoch war dies nicht automatisch der Fall.

2. Dimensionen der obrigkeitlichen Disziplinierung

2.1 Gesetzgebung und Ideologie

Reich, Territorium, Stadt

Da die Herrschaft im Alten Reich zwischen Kaiser und verschiedenen Obrigkeiten aufgeteilt war, bildete sich auch im Bereich der Legislative ein hierarchisch gestaffeltes System von Gesetzen. Die höchste Ebene der Hierarchie repräsentierten die von Kaiser und Reichsständen auf den Reichsversammlungen verabschiedeten und im gesamten Reichsgebiet geltenden Gesetze, beispielsweise die Reichspolizeiordnungen.[131] Spätestens seit Beginn des 15. Jahrhunderts fand das römische Recht Eingang in die deutsche Rechtspraxis als „gemeines Recht" (*ius commune*) bzw. als kaiserliches Recht. Es wurden allerdings noch lange ungeschriebenes Gewohnheitsrecht und geschriebenes deutsche Recht nebeneinander angewandt.[132]

Da die spätmittelalterliche Rechtsinstitution deutlich auf den römisch-rechtlichen Grundlagen aufbaute, erforderte sie auch geschulte Juristen. So zogen viele in die französischen, italienischen und auch einheimischen Universitäten um

---

131 Weber: Die Reichspolizeiordnungen 2002, 36.
Das Recht kann sowohl als ein Instrument der gesellschaftlichen Kontrolle als auch eine die Gesellschaft zusammenbindende Macht funktionieren. Um effektiv zu werden, müssen die Normen sich allerdings in gewissen Konsensus mit der Volksmeinung und den allgemeinen Werten entwickeln. (Österberg & Lindström: Crime and Social Control 1988, 35. Siehe auch Heydenreuter: Recht, Verfassung und Verwaltung 1981, 7.).
Demzufolge wurden Gesetze und Strafpraxis auch in der Frühneuzeit am besten nicht auf einmal völlig erneuert, sondern sie basierten auf längeren Traditionen, die zumindest einigermaßen der allgemeinen Gemütslage und den allgemeinen Werten entsprachen.

132 Statt „Rezeption des römischen Rechts" spreche man lieber von einem Übergang von mündlich überliefertem und traditionellem Recht zum geschriebenen, logisch-begrifflichen Recht. Es ging um die „Verwissenschaftlichung" des deutschen Rechtswesens. (Trusen: Anfänge des gelehrten Rechts 1962, 1-3 & 176-178).
Römisches Recht bestand in seinem Kernstück aus Gesetzen und Juristenschriften, die unter dem oströmischen Kaiser Justinian I. in den Jahren 533-565 kodifiziert worden waren, und im Spätmittelalter besonders durch italienische Juristen bearbeitet wurden. Die im Jahr 1495 in Worms entstandene Institution des Reichskammergerichts hatte eine große Bedeutung für die Verbreitung dieses „gemeinen Rechts" im deutschsprachigen Raum. Wenn auch die amtliche Natur des Rechts und die Ausbildung der Juristen nun immer stärker betont wurden, blieben populäre Rechtsbücher noch lange wichtige Richtschnüre der Richter. (Heydenreuter: Vom Dingplatz zum Justizpalast 1993, 13-20). Siehe auch Merzbacher: Geschichte der deutschen Gesetzgebung 1980, 7-14.

eine juristische Ausbildung zu erlangen. Selbstverständlich nahmen die deutschen Notare, Kanzleibeamte und Rechtsgelehrte bei ihrer Arbeit die unterschiedlichen Formelsammlungen und juristischen Schriften der Zeit zu Hilfe.[133] Die im Ausland studierenden Juristen beeinflussten die kaiserliche Gesetzgebung, die die Basis der fürstlichen Rechtsentscheidungen bildete. Sowohl die landesherrliche als auch die kaiserliche Jurisprudenz wirkten weiter in der städtischen Gesetzgebung und Strafpraxis. Innerhalb der weltlichen Justiz, an der sich diese Arbeit ausschließlich orientiert, gab es also drei Ebenen der Gesetzgebung und Rechtspflege: Reich, Landesherr und Stadtrat. Dies bedeutet allerdings nicht, dass der Münchner Rat in seinen Beschlüssen die Empfehlungen oder gar die Befehle des Landesherrn immer devotional entgegengenommen hätte.

In der Gesetzgebung markiert das beginnende 16. Jahrhundert zweifellos eine Epochenschwelle, eine Abkehr von dem mittelalterlichen Rechtsgebrauch durch Einführung verbindlicher Rechtsnormen und geregelter Prozess.[134] In dem Reichsabschied von 1495 war schon festgeschrieben worden, dass künftig eine Ordnung erstellt werden sollte, die Bestimmungen für u. a. Gotteslästerer, Spielleute, Bettler und Zigeuner enthalten müsse. Im Laufe des 16. Jahrhunderts wurde die Reichspolizeigesetzgebung dann vor dem Hintergrund wachsender sozialer, politischer und konfessioneller Spannungen fortgesetzt. Auf dem Reichstag von 1530 in Augsburg einigten sich die Reichsstände über den Entwurf einer umfassenden Reichspolizeiordnung, deren erste Auflage im drauf folgenden Jahr gedruckt wurde.[135] Die Reichspolizeiordnungen bildeten die Grundlage für die in dieser Studie besonders wichtigen landesherrlichen Mandate. Diese disziplinierenden Polizeigesetze zielten auf Verfolgung und Bestrafung von diversen Missetaten, die oft primär die sittlich-moralische Ordnung bedrohten. Hier kommt die im Laufe des 16. Jahrhunderts sich verstärkende theokratische Strafidee besonders deutlich zum Ausdruck.

Ein bedeutender Schritt in der Strafrechtsreform war die peinliche Halsgerichtsordnung Kaiser Karl des V. im Jahr 1532, die *Constitutio Criminalis Carolina*, die ihre Aktualität und Gültigkeit lange Zeit behalten sollte. In diesem Kodex wurde das zersplitterte deutsche Recht zusammengefasst und mit der römischrechtlichen Strafrechtsliteratur verbunden. Sie sollte subsidiär zum lokalen Strafrecht gelten, entwickelte sich aber bald zum wichtigsten Reichsgesetz, auf das

133 Trusen: Anfänge des gelehrten Rechts 1962, 102-104, 109 & 125-127.

134 Schlosser: Rechtsetzung 1987, 44-45.

135 Weber: Die Reichspolizeiordnungen 2002, 25-27.

immer wieder ergänzend verwiesen wurde.[136] Im Herzogtum Bayern wurde die Carolina zwar nicht formell als verbindlich anerkannt, aber in der Rechtspflege wurde sie als Richtschnur wahrgenommen und so bewegte sich die bayerische Rechtspraxis in dieselbe Richtung wie in anderen Orten Europas. Dies wird auch sichtbar in den Kommentaren des Münchner Juristen Andreas Perneder (gestorben 1543).[137]

Das spätmittelalterliche Strafgericht war noch weitgehend Bußstrafrecht gewesen. Als der Geschädigte oder als dessen Verwandte war der Ankläger in der Regel eher am Geld als an der Leibesstrafe für den Verbrecher interessiert.[138] Aus dem Standpunkt dieser Arbeit ist es wichtig zu bemerken, dass das bisher geltende Anklageprinzip (Strafverfolgung nach privater Klage) nun vom Inquisitionsprinzip abgelöst wurde. Nach der Carolina mussten Straftaten nämlich von Amts wegen verfolgt werden. Die Richter waren dazu verpflichtet, nach der objektiven Wahrheit zu forschen, was die Anwendung von Folter nicht ausslоss, sondern eher beförderte. Mit diesen Änderungen ist auch die zunehmende Verschriftlichung der Justiz zusammenzubringen.[139] Das Durchsetzen des Inquisitionsprinzips im kaiserlichen Recht unterstützte die disziplinierenden Bestrebungen der Landesherren, für den Stadtrat bedeutete diese Entwicklung aber einen Bestrafungsdruck: Es wurden laufend neue Tatbestände kriminalisiert, die dann auch verfolgt und bestraft werden mussten.

Die Reichspolizeiordnungen und die Carolina waren wechselseitig aufeinander bezogen, sie ergänzten einander inhaltlich. Die Reichspolizeiordnung von 1530 war das erste umfassende, reichsweit geltende Polizeigesetz, das zunächst thematisch den Rahmen für die Polizeigesetzgebung der einzelnen Reichsterritorien spannte.[140] Trotz der italienisch beeinflussten Verwissenschaftlichung des Rechts

---

136 Heydenreuter: Kriminalitätsgeschichte Bayerns 2003, 57-61. Siehe auch Schwerhoff:: Aktenkundig 1999, 10-11 und Merzbacher: Geschichte der deutschen Gesetzgebung 1980, 20-22.

137 Nowosadtko: Scharfrichter und Abdecker 1994, 60-61 & Behringer: Mörder, Diebe, Ehebrecher 1990, 94.

138 Heydenreuter: Reichsstädtisches Recht 1987, 192.

139 Schwerhoff: Aktenkundig 1999, 25-26, Heydenreuter: Vom Dingplatz zum Justizpalast 1993, 22 und Deutsch: Richter, Henker und Folterknechte 1993, 8 & 14. Siehe auch Schwerhoff: Köln 1991, 84-85 & 110.
Die bedeutete Carolina einen Fortschritt in der Rechtsprechung. Es wurden nun stärker als früher eine Abwägung der Schwere des Vergehens und ein gesetzlich geregelter Prozess angestrebt. Trotz des Versuchs die Willkürlichkeit abzuschaffen, wurde allerdings der Rechtsobrigkeit sehr viel Wahl für gelassen.

140 1548 und 1577 wurden erheblich abgewandelte und inhaltlich erweiterte Versionen des Gesetzes publiziert. Die 1577 verabschiedete Reichspolizeiordnung durfte bis 1806 in

und der Tatsache, dass die Verfasser selbst des gelehrten Lateins mächtig waren, wurden alle großen Reichsgesetze auf Deutsch verfasst. Der sprachliche Aspekt war sicherlich ein Grund für die breite Anwendung dieser Gesetzbücher.[141] Bei der Protokollierung des Münchner Stadtrats wurde Latein manchmal neben Deutsch verwendet, so dass bestimmte juristische Termini nicht ins Deutsch übersetzt wurden. Dies war typisch für die gelehrte Sprache der Zeit. Wenn auch die meisten Richter Latein konnten, war die Sprache der Ratssitzungen und Rechtsprozessen allerdings Deutsch.

Die Tendenz der Verrechtlichung aller Lebensbereiche und die Intensivierung der Rechtspflege kennzeichneten das Rechtsleben des 16. Jahrhunderts, wenngleich die Strafen vielfach nur auf dem Papier standen.[142] Das Gesetz wurde zum rationalen Reforminstrument, welches auf soziale Umgestaltung abzielte. Die Landesherrschaft wurde als eine einheitliche Staatsgewalt gedacht und die Verabsolutierung des Willens des Regenten war stilprägend für die Gesetzgebung.[143] Zwar hatte die Gerichtsbarkeit des Landesherrn nicht immer eine theoretische Begründung, wurde aber de facto ausgeübt.[144] Es ist allerdings wichtig zu bemerken, dass manche lokale Obrigkeiten immer noch gesetzgeberische und strafvollziehende Macht hatten, die gelegentlich auch mit den landesherrlichen Gesetzen konkurrierte.

Die bayerische Gerichtsorganisation des 16. Jahrhunderts war territorial sehr zersplittert: Das Herzogtum gliederte sich in vier Bezirke, nämlich München, Landshut, Straubing und Burghausen, die sich auf 77 landesherrliche Land- und Pfleggerichte verteilten. Daneben gab es noch über tausend adelige, geistliche und kommunale Niedergerichte. Privilegierte Personen hatten ihren Gerichtsstand vor den landesherrlichen Hofgerichten in Landshut, Straubing und Burghausen bzw. vor dem Hofrat in München, aber die Geistlichkeit wurde im geistlichen Gericht in Freising verurteilt. Der Hofrat war sowohl für regionale als auch für landes-

---

Kraft bleiben. (Weber: Die Reichspolizeiordnungen 2002, 13-16). Siehe auch Merzbacher: Geschichte der deutschen Gesetzgebung 1980, 22.

141 Hattenhauer: Zur Geschichte der deutschen Rechts- und Gesetzsprache 1987, 5-7.

142 Heydenreuter: Rechtspflege 1991, 264-269.

143 Schlosser: Rechtsetzung 1987, 44-49. Siehe auch Elias: Über den Prozess der Zivilisation I 1939, XVI Vorwort.

144 Trusen: Anfänge des gelehrten Rechts 1962, 209-211. Siehe auch Behringer: Mörder, Diebe, Ehebrecher 1990, 87-90.
Nach Strasser wurde Bayern gegen Ende des 16. Jahrhunderts der erste absolutistische Staat Deutschlands. (Strasser: State of Virginity 2004, 1-3). Siehe auch Schlosser: Rechtsetzung 1987, 51-52.
Sagstetter bestreitet allerdings die Tauglichkeit des Begriffes „absolutistisch" für das bayerische Herzogtum und betont die Bedeutung der Landtage. (Sagstetter: Hoch- und Niedergerichtsbarkeit 2000, 1). Siehe auch Volkert: Geschichte Bayerns 2001, 41-42.

weite Kriminalfragen zuständig und konzentrierte sich daneben stark auf die landesherrliche Polizeigesetzgebung. Als letzte Instanz nach dem Hofgericht konnte bis 1620 das Reichskammergericht angerufen werden.[145]

Den kommunalen Obrigkeiten stand im Wesentlichen die niedere Gerichtsbarkeit innerhalb ihres Burgfriedens zu.[146] Der Münchner Stadtrat des Untersuchungszeitraums konnte jedoch sowohl niedergerichtliche Sanktionen, wie Schandstrafen, als auch hochgerichtliche Strafen, wie Ehrenstrafen, verhängen. In vieler Hinsicht war die städtische Rechtspflege aber mit der herzoglichen Verwaltung relativ eng verbunden und deshalb weniger selbstständig. Die Protokollvermerke zeigen deutlich, dass die Zentralisierungsentwicklung zu einem graduellen Verlust an Selbständigkeit in der städtischen Rechtspflege führte. Gegen Ende des 16. Jahrhunderts wurde die Spannung zwischen Landesherrn und Stadtrat größer und der Landesherr gewann einen immer stärkeren Einfluss auf die Rechtspflege der Stadt.[147] Von der Stadtobrigkeit verlangte er Effektivität in der Verfolgung der Kriminellen. Eine bedeutende Rolle bei der landesherrlichen Disziplinierung spielten die Bestrebungen nach moralischer Vollkommenheit, nach einer sündenlosen Gesellschaft.

---

145 Behringer: Mörder, Diebe, Ehebrecher 1990, 87-89, Heydenreuter: Recht, Verfassung und Verwaltung 1981, 40, Heydenreuter: Rechtspflege 1991, 263-264, Sagstetter: Hoch- und Niedergerichtsbarkeit 2000, 320-321 und Bary: Herzogsdienst und Bürgerfreiheit 1997, 128 & 136.
In der ersten Hälfte des 17. Jahrhunderts wurden im Hofrat nach Nowosadtko durchschnittlich 300 Kriminalfälle pro Jahr behandelt. (Nowosadtko: Scharfrichter und Abdecker 1994, 78).

146 Hochgerichtsbarkeit beinhaltete die Jurisdiktion bei schweren Delikten und Kapitalverbrechen, die meistens peinlich abzustrafen waren. Im Bereich der Niedergerichtsbarkeit gab es keinen festen Strafkatalog, aber da wurden Strafen ausgesprochen, welche für die leichteren Vergehen in Frage kamen. Das Straffindungsrecht der Niedergerichte durfte nicht an Leib und Ehre gehen, weil diese unter hochgerichtliche Kompetenz fielen. (Breit: Verbrechen und Strafe 2000, 33, 215 & 294, Sagstetter: Hoch- und Niedergerichtsbarkeit 2000, Heydenreuter: Vom Dingplatz zum Justizpalast 1993, 9-11 & 17 und Heydenreuter: Reichsstädtisches Recht 1987, 191-192).
Siehe auch Bary: Herzogsdienst und Bürgerfreiheit 1997, 46-51 & 129-133, Bauer: Geschichte Münchens 2003, 33 & 37-38, Heydenreuter: Kriminalitätsgeschichte Bayerns 2003, 235 und Heydenreuter: Recht, Verfassung und Verwaltung 1981, 11 & 90-91.

147 Mehr und mehr städtische Beamte wechselten freiwillig in den Hofdienst, weil sie sich davon einen erfolgreicheren Aufstieg in ihrer Karriere versprachen. Beispielsweise am 9. Juli 1604 erzählte der Bürgermeister vor dem Rat, dass der Stadtoberrichter Wiguleus Widmann seinen Dienst resigniert hätte und fürstlicher Kammerrat geworden wäre. Zwei Monate später übergab Wiguleus Widmann dem Rat dann seine Gerichtsprotokolle und seine gebrochenen Malefizstäbe. (StadtA: RP 219 (1604), Fol. 157 r-158 r & 207 v). Die Stäbchen waren Zeichen der Urteile, die der Oberrichter verkündet hatte.

Der frühneuzeitliche Fürst verstand sich als Landesvater, der für seine Kinder sorgen musste. Er war für diese Aufgabe von Gott berufen und konnte dabei mitunter auch zu harten erzieherischen Methoden greifen.[148] Für den Herrscher war es günstig, sich bei Gelegenheit auch von seiner gnädigen Seite zu zeigen. Er konnte ein gesprochenes Urteil aufheben und in ein anderes verwandeln, so etwa wie im Jahr 1612, als Herzog Maximilian einem Todesverurteilten das Leben schenkte.[149] Im vorabsolutistischen Geist stellt Erasmus den Herrscher als Mittelpunkt seines Reiches dar, der aber seine Macht zugunsten des Gemeinwohls benutzen soll:

„glich als gott das aller hübscht bild sin selbs gesetzt hat in den himmel, namlich die sonn. also hatt er vnder den menschen ein vßtrucklich vnd lebendig bild sin selbs gesetzt, einen künig. nun ist nüt gemeiners dann die sonn die da auch den andren himmelschen cörperen ir liecht mit teylt. also sol auch ein fürst allermeist dem gemeinen nutz geneygt vnd gemeint sin vnd sol haben in im selber ein eygen recht vnd war liecht der wyßheit, ob schon die andren blintzen das er doch niemal irr."[150]

Anfang des 16. Jahrhunderts bemühten sich die bayerischen Landesherren durch eine umfangreiche Gesetzgebung und Neuorganisation des Gerichts- und Behördenwesens die wieder gewonnene Landeseinheit zu sichern. Diese Bestrebungen nach Einheit und Ordnung führten zu einer vergleichsweise frühen Bürokratisierung und Verrechtlichung sowie zu einer wachsenden Kriminalisierung. Zu Beginn der Neuzeit war Bayern eines der wenigen deutschsprachigen Territorien, das über eine einheitliche, deutlich auf den Landesherrn ausgerichtete Gerichtsorganisation und eine gedruckte und kodifizierte Landesgesetzgebung verfügte.[151] Ähnliche Kriminalisierungs- und Bestrafungstendenzen sind allerdings auch in den anderen europäischen Gebieten zu sehen, so dass man über keinen bayerischen Sonderweg sprechen kann.[152] Die wachsende Zahl von Verbrechen, die ex

---

148 Zu Anfang seiner Regierung wollte Herzog Maximilian *„zu hertzen vnd gemueth zufuhren, auch dahin zusehen, wie wir* (der Herzog) *hierhinn vnserm von gott beschehnem berueff vnnd landtsfurstlichem ampt"* den eindeutigen Mangel an Gesetzen beheben. (StadtA: BR 60 B 14 (1598), Fol. 8, Ai r).

149 StadtA: RP 227 (1612), Fol. 40 v. Ähnlich wurden vier Verbrecher am 15. März 1611 vom Herzog Maximilian begnadigt. (StadtA: RP 226 (1611), Fol. 26 r, 54 v).

150 Erasmus: Ein nutzliche underwisung 1521, XIII v.

151 Sagstetter: Hoch- und Niedergerichtsbarkeit 2000, 237, Heydenreuter: Rechtspflege 1991, 262, Heydenreuter: Vom Dingplatz zum Justizpalast 1993, 22 & 29, Heydenreuter: Recht, Verfassung und Verwaltung 1981, 7, 19 & 42 und Bary: Herzogsdienst und Bürgerfreiheit 1997, 125-126. Siehe auch Behringer: Mörder, Diebe, Ehebrecher 1990, 87-88 und Schwerhoff: Aktenkundig 1999, 35-36.

152 Während der Tagung der Gesellschaft für bayerische Landesgeschichte in Mühldorf im Sommer 2005 wurden die Ähnlichkeiten der unterschiedlichen deutschsprachigen und in den europäischen Gebieten überhaupt deutlich unterstrichen (u. a. in den Vorträgen von

officio behandelt werden mussten, bewirkte ein Anwachsen der Kriminalität – oder besser gesagt von den vor Gericht geratenen Fällen.

Die landesherrliche Gesetzgebung hatte mehrere zeitgenössische Namen: Landesordnung, Landgebot, Landes- und Polizeiordnung, Ordnung, Mandat, Generalmandat und Befehl. Diese werden heute alle unter den Oberbegriff „Polizeiordnung" zusammengefasst. Während die Landesordnungen aber in der Regel Sammlungen von bereits vorher in Landgeboten publizierten Gesetzen waren, bildete die Polizeigesetzgebung einen eher dynamischen Teil der Gesetzgebung: Sie reagierte schnell auf aktuelle Krisen und Missstände.[153] Die Regelungen wollten nicht beliebig disziplinieren, sondern sie zielten auf die Abwendung von sozialen Katastrophen, wie etwa Krieg oder Seuchen durch Sicherung von Moral und Religion, d. i. durch Verhaltenskontrolle des gemeinen Mannes.[154] Diese Entwicklung wurde einerseits von dem tatsächlichen Wachstum der gesellschaftlich-ökonomischen Probleme und andererseits von den daraus erwachsenden Verrechtlichung, Verobrigkeitlichung und Bürokratisierung bewirkt.

Trotz der landesherrlichen Ordnungen arbeitete auch der Münchner Stadtrat mit dem Strafrecht. Die im Rahmen der städtischen Selbstverwaltung herausgegebe-

---

den österreichischen Historikern Martin Schennach, Josef Pauser und Christian Neschwara).
Zur schwedischen Verhältnissen des späten 16. Jahrhunderts siehe Korpiola: Between Betrothal and Bedding 2004, 267.

153 Heydenreuter: Herrschen durch Strafen 1996, 81-83 und Schlosser: Rechtsetzung 1987, 53.
Die Landesfreiheitserklärungen (1508, 1514, 1516 & 1553), die Landes- und Polizeiordnung (1516), das Landrecht (1518) und die Gerichtsordnung (1520) bildeten die Grundlage einer einheitlichen Gerichtsverfassung und eines einheitlichen Gerichtsverfahrens in dem wiedervereinigten Herzogtum Bayern. Sie wurden laufend ergänzt und erweitert. Mit den Polizeiordnungen von 1553 und 1578 sowie mit den zahlreichen Mandaten erreichte die landesherrliche Gesetzgebung unter Herzog Albrecht V. ihren ersten Höhepunkt. (Heydenreuter: Rechtspflege 1991, 274-275). Siehe auch Sagstetter: Hoch- und Niedergerichtsbarkeit 2000, 249, 275-277 & 303 und Heydenreuter: Kriminalitätsgeschichte Bayerns 2003, 66.
Die zahlreichen Bezüge in den territorialen Polizeiordnungen auf die Reichspolizeiordnungen zeigen deutlich, dass sich die Gesetzgebung auf der Ebene der Fürstentümer inhaltlich an den Vorgaben der Reichsgesetzgebung orientierte. (Weber: Die Reichspolizeiordnungen 2002, 38-39).

154 Willoweit: Katholischer Konfessionalismus 1995, 230-234.
Allerdings sind nicht nur politische und moralische Bestrebungen, sondern immer auch die fiskalischen Interessen als Ursache für die Entwicklung von Normen und Bestrafung zu berücksichtigen. (Österberg & Lindström: Crime and Social Control 1988, 10-11. Siehe auch Bretschneider: Humanismus, Disziplinierung und Sozialpolitik 2003, 26-29). Siehe auch Foucault: Überwachen und Strafen 1976, 192-201.

nen gedruckten Verordnungen orientierten sich allerdings inhaltlich und formal an den territorialen Ordnungen.[155] Der Rat wollte bei seiner Rechtsprechung zwar keine Marionette des Herzogs bzw. des Hofrats werden, aber offensichtlich auch nicht ungehorsam erscheinen. So kam der landesherrliche Wille oft auch in der städtischen Gesetzgebung und bei der Verurteilung zur Geltung, und die aus den unterschiedlichen landesherrlichen Ordnungen bekannten Ausdrücke wurden im Namen des Rates weiter ausgeführt. Die Disziplinierung erstreckte sich auf alle Bereiche des sozialen und rechtlichen Lebens. Mit den Sanktionen versuchte die Obrigkeit dem Druck der gesellschaftlichen Probleme standzuhalten, wenngleich die strengsten Maßnahmen oft reine Drohungen blieben. Der Bedarf für die Erneuerung der Gesetze wurde in der Vorrede des städtischen Polizeibuchs im Jahr 1587 mit einem pessimistischen Unterton begründet:

„demnach sich die zeit vnnd leuff, auch die mennschen in jrem thuen vnnd lassen, vnnd deren vill nur auf das böse verendern. so erfordert die notturfft, das die obrigkhaitten, auch die gesetz vnnd ordnungen nach gelegenhait mutieren vnnd richten."[156]

Im Gegensatz zum mittelalterlichen wie auch zum heutigen Prozess fand das Strafgerichtsverfahren des 16. Jahrhunderts vor dem Stadtrat nicht mehr öffentlich statt.[157] Nun hatte man in München auch zwischen einem untersuchenden und einem erkennenden Gericht zu unterscheiden. Die „geheime Untersuchungskommission", die das Verhör abhielt, bestand aus den beiden Bürgermeistern und dem Unterrichter, nur selten nahm auch der Oberrichter teil. Das vom Unterrichter geführte Protokoll ging dem Rat als dem erkennenden Gericht zu und dort fällte die Mehrheit das Urteil. Alles, was im Rat besprochen wurde oder was die Fronboten und Henker als Geständnisse hörten, galt als geheim.[158] Interzessionen einflussreicher Personen konnten gegebenenfalls den Angeklagten vor der Folter retten oder das ausgesprochene Urteil zu seinen Gunsten beeinflussen. In den hier er-

---

155 Bary: Herzogsdienst und Bürgerfreiheit 1997, 46 und Weber: Die Reichspolizeiordnungen 2002, 39.

156 UBMünchen: Polizeibuch 1587, Fol. 1r-1v.

157 Im Münchner Dinghaus mitten auf dem Marktplatz wurde bis 1481 öffentlich zu Gericht gesessen. (Schattenhofer: Das alte Rathaus 1972, 318). Siehe auch Deutsch: Richter, Henker und Folterknechte 1993, 17.
Auch die Landesordnung von 1553 gab noch die Anweisung, dass man nach dem alten Brauch, wenn besser geeignete Ort nicht vorhanden wäre, die gütlichen Verhöre in den *„offen wirtzheüsern vnd tafernen" halten sollte. Es durfte jedoch kein Wein aufgetragen werden, seien doch daraus früher „manicherlay vnordnung vnd vngeschikligkait eruolgt"*. (LO 1553, Fol. 22 v). Solche offenen Gerichtssitzungen in den Wirtshäusern sind im 16. Jahrhundert wohl eine Ausnahme gewesen.

158 Bary: Herzogsdienst und Bürgerfreiheit 1997, 47-49 & 87 und Deutsch: Richter, Henker und Folterknechte 1993, 17. Siehe auch Dülmen: Theater des Schreckens 1988, 13.

forschten Fällen kamen gelegentlich „Fürsprecher" vor, die oft Geistliche oder sonst hochgestellte Personen waren.

Der Gerichtsbezirk der Stadt München erstreckte sich auf das gesamte Gebiet innerhalb des Burgfriedens.[159] Bürger und Einwohner wurden vor dem Stadtrat angeklagt und verurteilt, falls das Verbrechen nicht in die Gerichtsbarkeit anderer Instanzen wie Hofrat oder Kirche gehörte. Unsesshafte Personen wurden in der Regel dort verurteilt, wo sie gegen das Gesetz verstoßen hatten. Deshalb behandelte der Rat gelegentlich auch Fälle u. a. von vagierenden Bettlern. Neben dem Stadtrecht galten u. a. das spätmittelalterliche Landrecht von Kaiser Ludwig dem Bayern und die darauf aufbauenden späteren Landesordnungen, die Carolina und die jeweilige kurzfristigere landesherrliche Gesetzgebung als Basis der Rechtspflege. Das Münchner Malefizgericht hatte nicht nur über die Bestrafung der todeswürdigen Delikte zu entscheiden, sondern es wandte sich auch leichteren Fällen zu.

Die neue Polizeigesetzgebung wurde auch mit Hilfe eines Denunziantensystems, zum Teil durch halbamtliche Kontrollorgane durchgesetzt. Bei Massendelikten bedurfte es in der Regel angestellter Aufseher und Kundschafter, welche den Vollzug der landesherrlichen Mandate überprüften. Die für die Durchsetzung der Polizei- und Strafgesetzgebung notwendigen Informationen über nachlässige Untertanen erhielt man natürlich auch über Nachbarn und unbeteiligte Dritte.[160] Nicht uninteressant scheint die Beobachtung, dass Nachbarn gewisse Sachen vor dem Rat im Verhör erzählten und andere verschwiegen. Es hatte wohl jeder etwas zu verbergen und oft spielte auch die Angst eine entscheidende Rolle, womöglich selbst bald an die Stelle des Angeklagten zu geraten. Im Laufe des 16. Jahrhunderts gerieten immer mehr Delikte, die traditionell vor dem kirchlichen Gericht verhandelt worden wären, vor weltliche Gerichte, wie etwa der Ehebruch. Oft kam es jedoch zu Auseinandersetzungen zwischen Hofrat und Stadtrat, da im jeweiligen Fall Unklarheit über die maßgebliche Gerichtsbarkeit bestand.

Konfessionalisierung und Disziplinierung

Sicherlich werden sachgerechte Einsichten in Struktur und Wandel der vormodernen Gesellschaft nur durch hinreichende Berücksichtigung von Konfession und Religion möglich. Ohne Religion und Kirche, die als tragende Strukturachsen der frühneuzeitlichen Gesellschaft wirkten, wäre politisches und gesell-

159 Bary: Herzogsdienst und Bürgerfreiheit 1997, 125-126.
160 Heydenreuter: Herrschen durch Strafen 1996, 143-145.

schaftliches Leben nicht voll funktionsfähig gewesen. Demzufolge soll die Konfessionalisierungsperspektive bei der Geschichtsforschung als Interpretationshilfe dienen.[161] Nach der Reformation entschied sich Bayern schnell und fest für die katholische Konfession, das Luthertum wurde mit unterschiedlichen Mitteln bekämpft und Jesuiten wurden Beichtväter der Herzogsfamilie.[162] Während die Herzöge und die Jesuitenpatres eng für die moralische Ordnung zusammenarbeiteten, war das Verhältnis zwischen der Societas Jesu und der Stadtbevölkerung nicht immer unproblematisch. Darüber berichten u. a. die diffamierenden Etikettierungen „jesuiterische Hure“ oder „jesuiterische Verräter“, die im Zusammenhang von Beleidigungsfällen in den Protokollbüchern notiert wurden.[163] Jedoch war der katholische Glaube fester Bestandteil des bayerischen Lebens. Alle Abweichungen von der den Katholiken zugedachten Moral und Lebensweise wurden verfolgt und bestraft.

Um den katholischen Glauben im Land immer tiefer zu verwurzeln, musste auch das Schulsystem auf konfessionelle Zwecke ausgerichtet sein. Mit richtigem Lehren und Lernen sollte die religiöse und gesellschaftliche Ordnung aufgebaut und bewahrt werden.[164] Die bayerische Konfessionalisierung identifizierte sich deut-

161 Schilling: Die Konfessionalisierung 1995, 2-10 und Willoweit: Katholischer Konfessionalismus 1995, 228.

162 Um der inneren Konsolidierung willen entschieden sich die Herzöge Wilhelm und Ludwig im Jahr 1522 für die tradierten Formen und Inhalte der Kirche. Obwohl der Bauernkrieg das bayerische Herzogtum weitgehend verschonte, ließen die Herzöge sogar im näheren Umland Münchens Truppen patrouillieren. Luther-Anhänger und Täufer konnten ab 1527 hingerichtet werden. Die Unterdrückung der neuen Lehre wurde von der römischen Kurie großzügig honoriert, und im Jahr 1559 zog die Gesellschaft Jesu in die Stadt. Die Jesuitenpatres verschafften sich bald einen bedeutenden Einfluss auf das städtische Leben, welcher sich im Bau des Jesuitenkollegiums (1559) und der St. Michaels Kirche (1597) verkörperte. (Bauer: Geschichte Münchens 2003, 53 & 56 und Hecker: Um Glaube und Recht 1992, 150-153). Siehe auch Strasser: State of Virginity 2004, 16-17 und Heydenreuter: Recht, Verfassung und Verwaltung 1981, 117.

163 Siehe beispielsweise StadtA: SG 867/6 (1597), S. 15 und SG 867/16 (1605/1606), Fol. 36 v.

164 Nach der Schulordnung von 1548 musste jedes Kind ein religiöses Grundwissen erlernen, die so genannte Kinderlehre. Die Polizeiordnungen von 1553 und 1578 identifizierten ein von der Obrigkeit kontrolliertes Schulsystem mit öffentlicher Ordnung und Ehrbarkeit. Nach der Reformation wurde die Universität Ingolstadt im Rahmen der landesherrlichen Konfessionspolitik überwacht und kontrolliert. In München gründete Herzog Maximilian Lateinschulen neben den traditionellen Deutschen Schulen. Das städtische Gymnasium, die so genannte Poetenschule, deren Lehrer vorher vom Rat berufen worden waren, trat in den Schatten des Jesuitengymnasiums. Alle Lehrer waren verpflichtet, die Beschlüsse der Konferenz von Trent in ihrem Unterricht einzuhalten und also die der katholischen Erneuerung strebende Lehrtätigkeit auszuüben. (Schmid: Stadt und Humanismus 1989, 239-

lich mit der Wittelsbacher Herzogsdynastie, nicht so sehr mit der Kirche. Das Befolgen von den religionsgeprägten Anordnungen wurde zur Hauptaufgabe der Untertanen gemacht und Bayern präsentierte sich als Modell des katholischen Staates. Zwar war die Entschlossenheit zur Stärkung der Konfession konsequent, aber das allgemeine Bedürfnis nach Ordnung und Sicherheit wurde deutlich auch benutzt, um die Dynastie und den Staat zu stabilisieren.[165] Zweifellos hatte die konfessionell geprägte Politik einen bedeutenden Einfluss auf die Gesetzgebung und Rechtspflege. Die Polizeigesetze des 16. Jahrhunderts stimmten mit religiösen und traditionellen Normen überein bzw. adaptierten diese und reglementierten dadurch das Sozialverhalten. Sie zielten auf die Erhaltung und Herstellung „einer guten Ordnung" und wollten „den gemeinen Nutzen" und dadurch also die öffentliche Sicherheit und Wohlfahrt des Landes fördern.[166]

In Bayern rief die konfessionelle Entwicklung Europas besonders seit der Regierungszeit von Herzog Maximilian eine zunehmende religiös-sittliche Begründung zahlreicher Verbote hervor. Als Grund von Krieg, Krankheiten und Kriminalität wurden die Sünden der Menschen und als Lösung die öffentliche Disziplinierung gesehen: Man könne „*dem schweren zorn vnnd ruethen gottes durch kein ander mittel, als ein rechtschaffene wahre ernstliche bueß entfliehen*". Dafür propagierten die Herzöge u. a. den Besuch des katholischen Gottesdienstes und postulierten das tägliche Beten von Pater Noster und Ave Maria „*wider die turckische tyrannen*".[167]

Die Herzöge wollten sichergehen, dass neue Gesetze effektiv greifen und schnell allgemein bekannt würden, weshalb sie einmal im Jahr in allen Rechtsbezirken des Herzogtums vor der Volkssammlung zu verlesen waren. Wichtige Mandate und Gesetze wurden wiederholt verkündet und danach an Kirchentore und Rathauswände angeschlagen.[168] Angesichts der zeitgenössischen Möglichkeiten der

247, Strasser: State of Virginity 2004, 155-156 und Schwab: Zeiten der Teuerung 1992, 184-185).

165 Turchini: Bayern und Mailand 1995, 394 & 401-403, Härter: Soziale Disziplinierung 1999, 368-369 und Strasser: State of Virginity 2004, 15.
Im Jahr 1557 wurde in Bayern ein besonderes Ratskollegium für Religionssachen, der geistliche Rat errichtet. (Willoweit: Katholischer Konfessionalismus 1995, 236-238).
Zum Begriff Konfessionalisierung siehe Willoweit: Katholischer Konfessionalismus 1995, 229 & 232, Schilling: Die Konfessionalisierung 1995, 4 und Reinhard: Ausgewählte Abhandlungen 1997, 100-101.

166 Härter: Soziale Disziplinierung 1999, 366-367. Zum Begriff „Gemeine Nutzen" siehe Schwerhoff: Köln 1991, 230.

167 BayStabi, Res 2/Bavar. 244 (1516), ff. Ciiii v-Cv r, BayHstA: KMS 1526/II/18 und StadtA: BR 60 B 14 (1598), Fol. 7 & 8, Ai v-Aii r.

168 BayStabi, Res 2/Bavar. 244: LO 1516, Lvii r und StadtA: BR Mandate 60 A 1 (1517). Siehe auch StadtA: BR Mandate 60 A 1 (1519).

Informationsverbreitung war dies ein überaus wirksames Mittel. Bei der Erforschung von Normen ist es allerdings daran zu erinnern, dass die Gesetzestexte die eigentliche soziale Wirklichkeit eo ipso nicht beschreiben können. Bei ihnen handelt es sich um Ideale, die nur teilweise real umgesetzt wurden, in denen sich aber die Ängste und Bestrebungen ihrer Zeit widerspiegeln.

Trotz der zweifellos wichtigen Rolle der Konfession in der Geschichte des 16. Jahrhunderts erweist sich die Klassifizierung „Konfessionalisierung“ und ihre Nebenbegriffe im Hinblick auf die hier vorgelegte Studie nicht als allein ausreichend, sondern die disziplinierenden Aspekte der landesherrlichen Politik müssen stärker betont werden.[169] Dabei ist es wichtig zu verstehen, dass Religion und Politik bzw. Konfessionalisierung und Disziplinierung zu dieser Zeit nicht voneinander zu trennen sind. Die Disziplinierung wird hier als eine Machtpolitik verstanden, ein System des Herrschens, in dem unerlaubte Handlungen unter Strafdrohung gestellt wurden. Die disziplinierende Obrigkeit versuchte ihre Untertanen durch Kontrolle des Alltags, durch Definierung von erlaubten und strafbaren Gedanken, Handlungen, Tun und Lassen in Zucht zu halten. Die Disziplinierung zielte auf die Zurückhaltung von Abweichungen und dadurch auf die Gesellschaftsruhe. Dabei handelte es sich sowohl um moralische Bestrebungen als auch um Verstärkung der obrigkeitlichen Macht.

Da die *ratio*, also die Vernunft, zusammen mit der *disciplina*, Zucht, zunehmend das zeitgenössische Denken erfüllte, erscheint der Begriff Disziplin an entscheidender Stelle in der frühneuzeitlichen Literatur. Sein Ausgangspunkt war der Wunsch und Wille nach Ordnung auf allen Gebieten des menschlichen Daseins. So bezeichnet der Begriff „Sozialdisziplinierung“ auch ein historisches Epochenverständnis, konstatiert Härter.[170] Zu *ordo* und *disciplina* gehört eine Zwangsgewalt, wie sie die zur Staatsgewalt ausbildende Fürstengewalt im 16. Jahrhundert

---

Heydenreuter berichtet, dass man wegen der Länge der von den Schergen oder vom Pfarrer in der Kirche verlesenen Mandate manchmal sogar auf die Predigt verzichten musste. (Heydenreuter: Herrschen durch Strafen 1996, 74-75).

169 Mit Recht stellt Schilling fest, dass man neben den kirchlich-religiösen, politisch-verfassungsmäßigen und gesellschaftlich-strukturellen Dimensionen der Konfessionalisierung u. a. auch ihre langfristigen Folgen für Verhalten und Mentalität der Menschen berücksichtigen müsse. Es ging um die Konsequenzen des Sexualverhaltens, um die Durchsetzung von Ordnung, Fleiß und Pünktlichkeit als bürgerliche Tugenden sowie um Zuverlässigkeit und Ehrlichkeit im zwischenmenschlichen Umgang. (Schilling: Die Stadt 1993, 101-102).

170 Härter: Soziale Disziplinierung 1999, 365-369.
Während soziale Kontrolle die Reaktion auf abweichendes Verhalten bezeichnet, zielt Sozialdisziplinierung auf das Abschaffen abweichenden Verhaltens überhaupt. Maßnahmen sozialer Kontrolle und Kriminalitätsbekämpfung sind Teil und Mittel zur Durchsetzung des Disziplinierungsanspruches der Obrigkeit. (Schwerhoff: Köln 1991, 32 und Schwerhoff:: Aktenkundig 1999, 86-88).

hatte. Unter dem Aspekt der Sozialdisziplinierung ging es um weltliche Disziplinierung und um Instrumentalisierung der Religion durch die Staatsgewalt. Ordnung war nicht nur durch Sicherheitsbeamte, sondern auch durch moralische Verhaltenskontrolle zu schaffen. Die Sozialdisziplinierung war ein säkularer Prozess, der durch die religiöse Disziplinierung unterstützt, aber nicht bestimmt wurde.[171] Um die Untertanen in Zucht zu halten benutzte die Obrigkeit alle zugänglichen Mittel. Schand- und Ehrenstrafen bildeten einen wichtigen Teil der öffentlichen Disziplinierung, die auf Abschreckung zielte.

Hinsichtlich der Disziplinierung und Konfessionalisierung erwies sich der Regierungswechsel Bayerns von Wilhelm V. zu Maximilian I. im Jahr 1598 als sehr bedeutend. Der junge Herzog Maximilian war von Befürwortern der Hexenverfolgung erzogen worden, hatte während seiner Studienzeit in Ingolstadt die damaligen Hexenprozesse miterlebt und auch persönlich Folterungen beigewohnt.[172] Strasser beschreibt den Herzog Maximilian als eine tief religiöse Person und weist darauf hin, dass er schon als Knabe mit dem eigenen Blut einen Eid auf die Heilige Mutter geschrieben hatte. Als Herzog führte er Krieg und bestrafte seine Untertanen in ihrem Namen.[173] Wenngleich die Herzöge selbst Gläubige waren, haben sie die allgemeinen religiösen Einstellungen wohl auch politisch genutzt. In einer Gesellschaft, in der der Herzog seinen Untertanen die Unterscheidung hinsichtlich des richtigen Glaubens und damit auch der richtigen Lebensweise abnimmt, liegen die Inhalte der mit den Begriffen Konfessionalisierung und Disziplinierung bzw. Sozialdisziplinierung umschriebenen Sachverhalte nicht weit auseinander. Das obrigkeitliche Eingreifen in Leben und Moral der Untertanen wurde durch die Theorie vom Zorn Gottes bzw. durch den göttlichen Strafanspruch legitimiert.

Die Vorstellung vom Zorn Gottes, dass Gott also wegen Einzelverbrechern kollektive Strafen gegen die Menschheit verhängen konnte, war auch früher weit verbreitet. Nun wurde das Wirken überirdischer Mächte in der Welt aber mit zweckrationalen Reaktionen verbunden, und man dachte, das Unheil wäre mit menschlichen Mitteln zu verhindern. So stellt Willoweit fest, dass die konfessionelle Disziplinierung der Untertanen eigentlich die notwendige, vernünftige Konsequenz aus der Furcht vor Gottes Zorn war.[174] In den Forschungen von u. a.

171 Heckel: Die katholische Konfessionalisierung 1995, 189-190, Schulze: Gerhard Oestreichs Begriff Sozialdisziplinierung 1987, 279-281 und Heydenreuter: Recht, Verfassung und Verwaltung 1981, 98.

172 Nowosadtko: Scharfrichter und Abdecker 1994, 111.

173 Strasser: State of Virginity 2004, 1-3.

174 Willoweit: Katholischer Konfessionalismus 1995, 240-241. Siehe auch Schwerhoff: Köln 1991, 162 & 230.

Pitt-Rivers wurde die kollektive Ehre einer sozialen Gruppe durch die unehrenhafte Tat eines Individuums verletzt.[175] Umgekehrt rettete sich die Gemeinschaft durch den Sündenbock vor Gottes Zorn und befreite sich dadurch von der Übeltat. Besonders deutlich wird das Bestrafungsbedürfis des Sündenbocks im Interesse der Gemeinschaft in der intensivierenden Sanktionierung abweichenden Verhaltens im Laufe des 16. Jahrhunderts.

Neben den großen Gesetzen war es vor allem die steigende Zahl der Mandate, die das bayerische Rechtsleben formten. In diesem Zusammenhang spricht Heydenreuter über eine „wahre Regelungslust der Landesherrschaften". Unstrittig wurde die bisher eher intim gebliebene persönliche Sündhaftigkeit der Untertanen zur öffentlichen Angelegenheit, zumal man an einen Gott glaubte, der das Volk seiner Sünden wegen mit Hunger, Krankheiten und Kriegen bestraft. Wichtig ist zu bemerken, dass den Sünden eine die Allgemeinheit gefährdende Funktion zugeschrieben wurde, weshalb das alte Privatklageverfahren mit dem Geschädigten als Kläger seinen Sinn verlor. Die Obrigkeit musste nun als Vertreter der betroffenen Allgemeinheit gegen den Delinquenten vorgehen.[176] Die Mandate machten die Untertanen immer wieder aufmerksam auf den Zorn Gottes, der durch Bestrafung gezähmt werden müsse: Die Straftat wurde als Beleidigung Gottes verstanden und deshalb mit „Sünde" gleichgesetzt. Die ständige Betonung der Sündhaftigkeit und

---

Das vergangene Rechtssystem ist nur im Rahmen des alten Weltbildes, in dem die Einheit von Profanem und Sakralem wirklich war, zu verstehen. In der Auffassung von mittelalterlichen und frühneuzeitlichen Menschen ging es nicht um bloße Verfolgung und Ahndung von Verbrechen, sondern es stand auch das ewige Leben auf dem Spiel. Der Übeltäter war ein Sünder, der die göttliche Ordnung gebrochen und die Seite des Bösen genommen hatte. (Schild: Strafrecht 1980, 35).

175 Pitt-Rivers: Honour and Social Status 1965, 35.
Hentig weist darauf hin, dass der Gedanke von kollektiven Verantwortung und Folgen einer Missetat „in den alten Zeiten" unter vielen Völkern üblich war. Schuld wurde nicht individuell verstanden. So dachte man beispielsweise „im alten Israel", dass Jehowah das ganze Volk für die Sünde des Einzelnen strafen würde. In dem „primitiven Denken" konnte die Sünde bzw. das Verbrechen auch auf einen anderen Menschen, tote Objekte oder Tiere abgeleitet werden, wie im Bibel den Sündenbock. Diese Form der Übelablenkung wurde dann in das spätere Strafrecht übergenommen. (Hentig: Strafe Bd. 1 1954-1955, 1-3 & 195-199.).
Naess und Österberg stimmen auch zu, dass der Gedanke von Gottes Zorn nach der Reformation eine Veränderung im Strafsystem bewirkte. Damit sind manche öffentliche Strafen (public shaming), wie etwa die Rutenzüchtigung oder der Pranger, zusammen zu bringen. (Naess & Österberg: Sanctions, Agreements, Sufferings 2000, 148-149.).
Im alten Testament (Exodus XX, 5) erscheint Gott als ein „stürmischer und leidenschaftlicher Hasser, der die Missetaten der Väter an den Kindern straft" bis in die künftige Generationen. (Hentig: Strafe Bd. 1 1954-1955, 9).

176 Heydenreuter: Recht, Verfassung und Verwaltung 1981, 7-8 & 44 und Heydenreuter: Kriminalitätsgeschichte Bayerns 2003, 57 & 64.

ihrer Folgen bewirkte eine kollektive Bereitschaft zur Verfolgung von als kriminell erkannten Individuen und Gruppen. Die obrigkeitliche Disziplinierung kann so nicht gänzlich von der sozialen Kontrolle unterschieden werden.

Sowohl Gott wie die Obrigkeit wurden als Vatergestalt verstanden, der durch Sünden bzw. Verbrechen des Volkes beleidigt wurde. Die Pflicht der Obrigkeit als Vollstrecker der Gebote Gottes wurde stark betont: Nur durch eingreifende Vorschriften sei ein ruhiges, gesichertes und gerechtes Leben für alle zu schaffen.[177] In der zeitgenössischen Literatur erschien der Herrscher nicht nur als ein strafender Vater, sondern auch als ein heilender Arzt. Wie der Arzt nicht unnötig Glieder abtrennt, dürfte auch der Fürst auf schwere Strafen erst als seinen letzten Versuch zurückgreifen. Er sollte alles tun, dass seine Untertanen fromm, tugendhaft und gesetzestreu blieben. Die Aufgabe christlicher Obrigkeit sollte sein, wenn nötig auch Strafen zu vollziehen.[178] Diese Gedanken geben das Handlungsmodell der Bayerischen Herzöge genau wieder.

Durch Erschaffung neuer Tatbestände und durch die sichtbare Präsenz neuer Strafinstrumente wollte die bayerische Landesherrschaft Sittlichkeit mittels Abschreckung erzwingen. Sittlichkeit und Ordnung wurden zum Leitthema der meist gedruckten, öffentlich verlesenen und plakatierten Ordnungen und Mandate, die viele Bereiche des religiös-sittlichen Lebens disziplinierten.[179] Es kam allgemein zum Übergang von den „geheimen Sünden des Herzens", die vorher primär von der Kirche verfolgt worden waren, zu den so genannten öffentlichen Sünden, wie etwa Unzucht, Ehebruch, Gotteslästerung, Betrunkenheit und Spiel. Diese gefährdeten nicht nur die Institution der Ehe und die allgemeine Ordnung, sondern pro-

---

177 Schulze: Gerhard Oestreichs Begriff Sozialdisziplinierung 1987, 269 und Roper: Das fromme Haus 1999, 64-66.
Nach Heydenreuter gehörte es andererseits zu den Kennzeichen des frühmodernen Staates, dass der Landesherr zum „ersten Sünder seines Landes", einer „Sündergemeinschaft" wurde (Heydenreuter: Kriminalitätsgeschichte Bayerns 2003, 104-105.).

178 Erasmus: Ein nutzliche underwisung 1521, b IIII r & LIIII r-LIIII v, Sauer: Strafbüchlein 1579, BayStabi: Crim. 464 v, Ai v und Carpzov: Peinlicher sächsischer Inquisition- und Achtsproceß 1638, 33.
Die Herrscherstellung und Bestimmungsmacht des Regenten wurde u. a. damit begründet, dass gewöhnliche Menschen *„achten mer das falsch vnd betrüglich, dann das war vnd eerlich, sy syen hoch oder nyder"* (Erasmus: Ein nutzliche underwisung 1521, b II r.). Ähnlich schreibt Carpzov: *„dann in warheit kein besseres opffer dem beleidigten gott geleistet, noch derselbe anderer gestalt, als durch hinrichtung vnnd gebürlicher bestraffung der missethäter versönet werden mag"* (Carpzov: Peinlicher sächsischer Inquisition- und Achtsproceß 1638, 3).

179 Heydenreuter: Reichsstädtisches Recht 1987, 194 und Heydenreuter: Kriminalitätsgeschichte Bayerns 2003, 231. Siehe auch Heydenreuter: Magistrat, 193-196 und Heydenreuter: Vom Dingplatz zum Justizpalast 1993, 22.

vozierten Gottes Zorn und wurden nun zunehmend von der weltlichen Obrigkeit bestraft. Wohlstand, Ordnung, Sicherheit, rechte Glauben und moralische Reinheit waren nach zeitgenössischer Auffassung untrennbar miteinander verbunden. In dem Versuch, ein bestimmtes sittlich-moralisches Verhalten in allen Untertanen zu verwurzeln und dadurch das eigene Territorium sündenlos zu machen, gab es keine großen Unterschiede zwischen den christlichen Konfessionen.[180] Überall ging es um die Verstrafrechtlichung christlicher Glaubensinhalte und um die Konfessionalisierung der weltlichen Gesetzgebung.

Bei der Aufrichtung von „Policey und guter Ordnung" wurde die Wahrung bzw. Herstellung der moralischen und religiösen Ordnung beschworen.[181] Von seitens des Münchner Stadtrats ging es bei der Disziplinierung auch um ein Machtspiel, in dem die selbständige Strafgewalt den Einsatz bildete. Einerseits war er unter dem Druck die vom Landesherrn motivierte neue moralische Ordnung in der Praxis durchzusetzen, Abweichungen zu bestrafen und Gesellschaftsruhe zu bewahren. Andererseits musste der Rat aber auch darauf zu beachten, welche Wirkungen die öffentlich vollzogenen Schand- und Ehrenstrafen auf die Stadtgemeinschaft hatten. Dabei waren Konflikte mit dem Landesherrn unausweichlich. Als „Landesväter" haben die Herzöge eine strengere Aufsicht als die Stadträte über religiöse Angelegenheiten für nötig erachtet. Wenn auch die religiösen Aspekte der Bestrafung in den Ratsprotokollen nur selten diskutiert wurden, schienen sowohl die städtische Obrigkeit als auch der Landesherr von der Krisenhaftigkeit ihrer Zeit und von ihrem Bestrafungsrecht bzw. ihrer Bestrafungspflicht überzeugt gewesen zu sein. Die Intensivierung der disziplinierenden Strafgewalt und des obrigkeitlichen Zugriffs auf das Verhalten der Untertanen überhaupt ist im Bayern des 16. Jahrhunderts unübersehbar.

---

180 Roper: Das fromme Haus 1999, 61-63 & 215 und Rublack: The Crimes of Women 1999, 7-8. Siehe auch Strasser: State of Virginity 2004, 6-7.
Im Jahre 1608 erklärte der schwedische König, das mosaische Recht gelte in allen Gerichten im Land. Damit wollte man u. a. Verbrechen wie Gotteslästerung, Meineid, Fluchen, Mord, Ehebruch und andere Sexualdelikte bekämpfen. So durften diese Delikte nicht mehr mit Geldbußen abgestraft werden. Dies bedeutete in der Normebene und in der Praxis eine erheblich Straferhöhung. (Österberg & Lindström: Crime and Social Control 1988, 30).
Das 16. und 17. Jahrhundert waren auch in Schweden und Finnland die Zeit der anwachsenden staatlichen Disziplinierung und Strafverschärfung, wenngleich diese Entwicklung ihren Höhepunkt etwas später erreichte als beispielsweise in Deutschland. (Ylikangas: What happened to Violence 1998, 53, 65 & 84-88. Siehe auch Karonen: A Life for a Life 1998, 140).

181 Schulze: Gerhard Oestreichs Begriff Sozialdisziplinierung 1987, 270-272.

2.2 Gesellschaft

Städtische Diener und Beamte

Zu Anfang des 16. Jahrhunderts waren viele wichtige Tätigkeiten, u. a. Stadt- und Gerichtsschreiber, Henker und Schergen, zu Vollämtern geworden, die sich gelegentlich auch auf Lebenszeit erstreckten. Die Voraussetzung für alle städtischen Ämter war das Bürgerrecht und der Wohnsitz in München. Auswärtige Bewerber wurden nur dann angestellt, wenn Vertreter eines Berufes in der Stadt nicht vorhanden waren oder wenn eine unparteiische Person besser geeignet schien. Über die Aufnahme eines neuen Beamten stimmte der Rat in Plenarsitzungen ab. Vor dem Amtseintritt war ein Amtseid in der Regel erforderlich.[182] Da eine Person mehrere Ämter zur gleichen Zeit bekleiden konnte, ist es manchmal schwierig, zwischen Ämtern und Personen zu unterscheiden.

Die Männer in der Stadtverwaltung verfügten seit Anfang des 16. Jahrhunderts über eine zunehmend bessere Ausbildung als vorher. Beispielsweise für das Stadtschreiberamt war die gelehrte Bildung Voraussetzung geworden. Lesen und Schreiben wurde auch für all diejenigen Berufe zur Bedingung, bei denen Schreiben oder Entziffern – sei es von Namen, Waren oder Gebühren – erforderlich war. Daneben spielten der bisherige Lebenswandel, der Charakter, die Schilderungen der Mitmenschen und vor allem die soziale Herkunft eine wichtige Rolle bei der Entscheidung des Rates für die Vergabe von Ämtern.[183] Die Gerichtsordnungen schrieben vor, dass Richter von adeliger oder zumindest ehelicher Geburt, ehrbar, „redlich" und verständig sein sollten. Fronboten, Schergen und Gerichtsknechte sollten „*vor nit unerber hanndlung getrieben, oder unleümat auf jne haben auffnemen*".[184] Kamen die Gerichtsdiener aus niederen sozialen Schichten, sollten sie zumindest einen ehrlichen bzw. ehrenhaften Lebenswandel vorweisen können. Allerdings war dies häufig nicht der Fall.

Einen *Stadtrichter* gab es in München seit Ende des 12. Jahrhunderts. Das Gerichtswesen wurde gemeinsam von den berufsmäßigen Amtsleuten des Stadtgerichts und von ehrenamtlichen Ratsausschüssen des Bußamts sowie der Bettelmeister mit ihren Dienern verwaltet. Seit etwa 1500 folgte dem Stadtrichter bei seinen Gängen durch die Stadt ein Knabe mit einem Schwert, dem Symbol der

182 Bary: Herzogsdienst und Bürgerfreiheit 1997, 77-86.

183 Bary: Herzogsdienst und Bürgerfreiheit 1997, 80 und Schmid: Stadt und Humanismus 1989, 248-249.

184 Siehe beispielsweise GO 1520, 1. Titel und GO 1616, 95.

Hochgerichtsbarkeit. Während die Bezeichnung „öbrister Stadtrichter“ seit dem Spätmittelalter gebräuchlich worden war, bürgerte sich im 16. Jahrhundert in Abgrenzung zum *Unterrichter* der Begriff *Stadtoberrichter* bzw. *Oberrichter* ein. Dem Oberrichter unterstanden die Amtsleute des Stadtgerichts, also Richtersknechte, Fronboten, Schergen, Henker und Unterrichter.[185] Im Grunde genommen war der Oberrichter verantwortlich für das Ober- bzw. das peinliche Gericht, auch Hochgericht und Halsgericht genannt, und der Unterrichter für das Niedergericht. In der Praxis waren diese Tätigkeiten nicht immer deutlich voneinander zu unterscheiden.

Wie kam es zu dieser Zweiteilung des Richteramtes? Die wachsenden gerichtlichen Aufgaben in einem sich ständig vergrößernden Gemeinwesen erforderten schon im Spätmittelalter die Einstellung eines Gerichtsschreibers als Hilfskraft und Aktuar an der Seite des Stadtrichters. Im Jahr 1321 findet sich zum ersten Mal in den Kammerrechnungen ein Eintrag für einen *notarius judicis*. Er wurde zu einer Vertrauensperson, die in Abwesenheit des Richters kleinere laufende Geschäfte erledigen konnte. Bald scheint dieses Amt an Bedeutung so gewonnen zu haben, dass man den Gerichtsschreiber als den zweiten Richter betrachtete und schon im Jahr 1391 taucht die Bezeichnung Unterrichter auf. Ab der zweiten Hälfte des 15. Jahrhunderts wurde regelmäßig ein Mitglied des Äußeren Rates zum Unterrichter gewählt. Im Gegensatz zum Oberrichter stellte er das bürgerliche Element in der städtischen Gerichtsbarkeit dar, wurde aber auch vom Rat in seiner Amtsführung überwacht.[186] Aus der Perspektive dieser Arbeit spielt der Oberrichter nur eine Nebenrolle, wichtiger ist der Unterrichter.

Der Unterrichter hatte viele Tätigkeiten, u. a. das Führen des Stadtarchivs sowie die Vorlesung der einschlägigen Artikel von Rechtsbüchern vor Gericht. Auch die Teilnahme an der Voruntersuchung, die Protokollführung bei der Folter und in den Verhören, die Erarbeitung und die Ausschreibung des Urteils und die Mitwirkung beim Verkünden der Strafe gehörten zu seinen Aufgaben. Da noch die gelehrte Bildung seit dem Jahr 1525 die Vorraussetzung für die Übernahme des Unterrichteramts bildete, wurde der Unterrichter mit seinen sachlichen Kenntnissen zum eigentlichen Mittelpunkt der städtischen Rechtsprechung. Der Oberrichter verkörperte zwar die Würde des Gerichts nach außen, konnte aber ohne den Unterrichter nicht zu Gericht sitzen. Der Unterrichter hingegen durfte den Ober-

---

185 Bary: Herzogsdienst und Bürgerfreiheit 1997, 118-126.

186 Bary: Herzogsdienst und Bürgerfreiheit 1997, 145-147 und Fischer: Die Verwaltungsorganisation Münchens 1951, 214-217.
In den sächsischen Niedergerichten gab es auch einen „Unterrichter“. (Carpzov: Peinlicher sächsischer Inquisition- und Achtsproceß 1638, 37).

richter in zivil- und niedergerichtlichen Sachen vertreten.[187] Hinsichtlich der in dieser Arbeit erforschten Rechtsfällen hatte der Unterrichter eine zentrale Bedeutung.

Nach den Gerichtsordnungen von 1520 und 1616 sollten die Gerichtsschreiber *„geschickte und geübte„* Männer sein, womit wohl auch der Unterrichter gemeint worden ist. Der Unterrichter Michael Mändl war 54 Jahre im Amt, nämlich von 1592 bis 1646. In seinen persönlichen Randbemerkungen gab er manchmal Hinweise über seine Tätigkeiten außerhalb der Ratssitzungen. So schrieb er beispielsweise: *„nota. hiebei bin jch nach hof ersandet, die vhrgichten wegen der malefiz personen abzelesen jm falckhenthurm“*.[188] Die immer konsequentere Bestrafung von Delikten wie Gotteslästerung, Ehebruch, Leichtfertigkeit und Zutrinken gegen Ende des 16. Jahrhunderts, um die sich die weltliche Strafgewalt vorher nicht gekümmert hatte, ließen dem Unterrichter neue Aufgaben zuwachsen.[189] Leider bleibt in den Protokollen sonst kaum Platz für Hinweise, aus denen man Information zur Person des Unterrichters ableiten könnte. In vieler Hinsicht verlagerte sich die praktische gerichtliche Macht aber in seine Hände und er erledigte wichtige rechtliche Bereiche selbstständig. Jedoch benötigte die Rechtspflege auch eine Menge von anderen Beamten und Diener.

Die hauptsächliche Aufgabe von *Richtersknechten* bestand darin, Verbrecher aufzuspüren und zu verhaften. Dem *Bußamtmann* oblag die Überwachung des gesamten öffentlichen Lebens, u. a. der Sittlichkeit und Sicherheit. Neben dem Bußamtman waren ebenfalls die ehrenamtlichen *Bettelmeister*, auch Bettelherren genannt, mit „polizeilichen“ Funktionen ausgestattet. Ihre Hauptaufgabe war die Auswahl der berufsmäßigen Bettler. Seit 1530 gab es vier Bettelmeister mit unterstellten Knechten, den so genannten *Bettelrichtern*, auch Bettelknechte genannt. Die Bettelrichter hatten hauptsächlich darauf zu achten, dass es bei der Teilung der Hofkost und Almosen zwischen den einheimischen Bettlern nicht zu offenen Auseinandersetzungen kam. Die Verhaftung und Ausweisung fremder

---

187 Bary: Herzogsdienst und Bürgerfreiheit 1997, 145-148 und Fischer: Die Verwaltungsorganisation Münchens 1951, 214-217. Siehe auch Schattenhofer: Das alte Rathaus 1972, 319.
Der Unterrichter war auch verantwortlich dafür, dass die Urteile nach ihrer Verkündung nicht nachträglich abgeändert wurden. (Breit: Verbrechen und Strafe 2000, 124).
Es steht fest, dass die Effektivität der Rechtspflege von einer guten Protokoll- und Aktenführung in den Gerichten abhing. Jedoch gelang es den bayerischen Landesherrn erst Mitte des 16. Jahrhunderts, bei den Gerichten die Führung ordentlicher Gerichtsbücher tatsächlich durchzusetzen. (Heydenreuter: Rechtspflege 1991, 281-282).

188 GO 1520, 1. Titel, GO 1616, 95, StadtA: RP 215/2 (1600), Fol. 64 r und Fischer: Die Verwaltungsorganisation Münchens 1951, Tabelle "Gerichtswesen".

189 Heydenreuter: Rechtspflege 1991, 268.

Bettler wurde gemeinsam mit den Richtersknechten und Gerichtsamtleuten vorgenommen.[190] Als die im Herzogtum umherziehenden obdach- und wohnsitzlosen Menschen zunehmend Objekt der obrigkeitlichen Disziplinierung wurden, gewann auch das Bettelmeisteramt an Bedeutung.

Der *Ratsknecht*, früher Bürgerknecht genannt, war der Hausmeister des Rathauses und hatte dort auch seine Dienstwohnung. Er war verantwortlich für die Bewachung und Verköstigung der politischen Gefangenen sowie Inhaftierten höheren Standes. Der *Scherge* dagegen, auch Schlegel genannt, war der Kerkermeister und sorgte für die in der Schergenstube estgehaltenen Kriminellen. Seine Wohnung befand sich in der unmittelbaren Nähe der Schergenstube. Für das Kochen der Gefangenenkost und für die Versorgung der weiblichen Gefangenen wird die Frau des Schlegels zuständig gewesen sein. In dem Amtseid von 1488 lesen wir, dass der Scherge und seine Frau nie ein Gewölbe geöffnet lassen dürfen, die Eisenfesseln der Gefangenen regelmäßig zu prüfen haben, den Gebrauch von Messern verhindern und jeden Gefangenen fleißig besuchen müssen. Der Scherge musste auch schreiben und lesen können, denn er führte Zettel darüber, wie viele Tage die einzelnen Gefangenen bei ihm Kost erhielten. Wohlhabende mussten selber bezahlen, für die Mittellosen kamen die Stadtkämmerer auf. Im 16. Jahrhundert suchte man durch bessere Wahl von Schergen den Ton in der Schergenstube zu verbessern und zu vermeiden, dass der Kerkermeister mit den Gefangenen gemeinsame Sache machte und selbst zum Verbrecher wurde.[191]

Ursprünglich waren die Ämter von Schergen und *Fronboten* miteinander verquickt, aber im 16. Jahrhundert wurde der Fronbote nur für die Zivilgerichtsbarkeit verwandt.[192] In München gab es nur einen Schergen, aber vier Richtersknechte und vier Fronboten. Der Scherge assistierte dem Scharfrichter bei Folterungen und Hinrichtungen und konnte auch selbst kleinere Malefizstrafen wie Brandmarkungen und Auspeitschungen übernehmen. Alle Gerichtsdiener

190 Bary: Herzogsdienst und Bürgerfreiheit 1997, 154, 186 & 191-193 und Schattenhofer: Das alte Rathaus 1972, 216. Siehe auch Stahleder: Konsolidierung und Ausbau 1992, 120-121.
Früher waren Übertretungen und Vergehen gegen die Gesetze der Stadt primär mit Geldbußen belegt worden. Nun beschränkten sich die Tätigkeiten des Bußamtmanns aber nicht nur auf die Buße bzw. auf das Strafgeld, sondern er war auch beim Vollzug anderer Strafen beteiligt.

191 Bary: Herzogsdienst und Bürgerfreiheit 1997, 111-112 & 161-164. Döpler behauptet, dass der Kerkermeister auch die Adeligen, die er verhaftet hat, gut im Auge behalten solle. Ungeachtet ihrer Ehre könnten auch diese Personen nämlich ausbrechen, wie der gemeine Mann. Wenn der Häftling ausbrach, musste der Kerkermeister die für den Verbrecher verurteilte Strafe oft selbst erleiden. (Döpler: Theatrum 1693, 511& 506-514).

192 Bary: Herzogsdienst und Bürgerfreiheit 1997, 157-158 & 169. Siehe auch Breit: Verbrechen und Strafe 2000, 131.

hatten allgemein auf die Aufrechthaltung öffentlicher Ordnung und Sicherheit zu achten.[193] Verschiedene Gerichtsdiener, die überwachende Funktionen hatten, wurden gelegentlich auch als *Amtmann* bezeichnet. Als gleichsam staatlich angestellte Denunzianten waren sie bei der Bevölkerung äußerst unbeliebt.

Die oft verachtete, aber durchaus notwendige Person blieb der *Henker*, oft auch Scharfrichter oder Nachrichter genannt.[194] Zum ersten Mal wird der Scharfrichter (*jugulus*) unter den Amtleuten in den Kammerrechnungen von 1318 erwähnt. Da das Scharfrichteramt in der Regel nur in den zentralen Regierungsstädten existierte, bereiste der Henker gemeinsam mit dem Oberrichter auf Befehl des Herzogs die entlegenen Landgerichte, um dort Strafen zu vollstrecken. Die Scharfrichter waren verpflichtet, selber eine Liste über die vollzogenen Strafen und Folterungen zu schreiben, und mussten deshalb auch hinreichende buchhalterische Fähigkeiten entwickeln.[195] Schlechte Erfahrungen bei der Amtsführung von

---

193 Nowosadtko: Umstrittene Standesgrenzen 1995, 173-174.
Zu den unterschiedlichen Namen der Gerichtsdiener siehe auch Döpler: Theatrum 1693, 490 & 495-496.
Die Sicherheit der Stadt erforderte auch eine Menge von anderen Ämtern, wie etwa die Wächter, auch Zirker genannt, die in der Stadt patrouillierten. Die Stadt war in mehrere Rotten aufgeteilt und vier angesehene Bürger, genannt Rottmeister, wurden an die Spitze der Scharwachter gestellt. Sie waren mit Harnisch und Hellebarde ausgerüstet und suchten nach „Zechern, Schreiern, Spielern, Gotteslästerern, Zutrinkern und Rumorern" in Wirtshäusern und anderen „argwöhnigen" Orten. Unter den Stadttoren saßen tagsüber die Löhner, auch Torhüter genannt, deren Aufgabe vor allem darin bestand, keine verdächtigen Leute in die Stadt zu lassen. Die Torsperrer hatten die Torschlüssel in ihrer Obhut und mussten abends schließen und morgens wieder öffnen. Tag und Nacht bewachten die Türmer die Stadt auf dem Petersturm, der höchsten Spitze Münchens. Über ihre Nachlässigkeit und Trinken während der Arbeit wurden immer wieder Klagen laut. (Bary: Herzogsdienst und Bürgerfreiheit 1997, 157 & 245-252 und Stahleder: Konsolidierung und Ausbau 1992, 120-121).
Im Jahr 1618 wurde der Torsperrer beim Sendlinger Tor aus der Stelle entlassen, „*angesehen er 30 jar dabei schon gewest*". Von Beruf war er Hufschmied und die Tätigkeit des Torsperrers übte er also nur nebenberuflich aus. (StadtA: RP 233 (1618), Fol. 82 v).

194 Der Henker wurde meist Scharfrichter, Nachrichter oder Züchtiger genannt, hatte aber auch zahlreiche andere Beinamen: Meister Hans, Meister Vix („darum, daß er in seiner kunst fix und fertig ist"), Meister Hämmerling, Angstmann, Nothboth, Peinlein, Abkürzer, Auweh, Fetzer, Dreimann, Gabler, Tortor, Hacher oder Haher (mhd. hahen = hängen), Jugulus (iugulare = die Kehle durchschneiden), Freyman (Todesstrafe musste traditionell von einem freien Mann vollzogen werden), Hinrichter usw. (Bary: Herzogsdienst und Bürgerfreiheit 1997, 166, Funke: Alte deutsche Rechtsdenkmale 1940, 90-91 und Döpler: Theatrum 1693, 531-532).

195 Bary: Herzogsdienst und Bürgerfreiheit 1997, 166-169, Schattenhofer: Das alte Rathaus 1972, 322, Breit: Verbrechen und Strafe 2000, 143-145, Stahleder: Konsolidierung und

vielen der oben beschriebenen Berufsgruppen scheinen überall und auch in München üblich gewesen. Denkt man an die damaligen Verhältnisse in den Gefängnissen und bei dem Strafvollzug, ist es kein Wunder, dass in diesem Bereich oft Personen arbeiteten, die selber über kriminelle oder gewalttätige Neigungen verfügten.

In München wurde insbesondere den Nachtwächtern und Gefängniswärtern öfters ihr übermäßiger Alkoholkonsum und ihre Gewalttätigkeit vorgeworfen. Korruption und Brechen des Amtsgeheimnisses waren keine Seltenheit.[196] Döpler betonte sicherlich nicht umsonst, dass der Gefangenenhüter *„mit den gefangenen weibes-bildern ehrlich umgehen und sich nicht etwan mit unzucht an denselben vergreiffen“* müsste.[197] Die Karriere des Münchner Scharfrichters Georg Vischer endete im Jahr 1599 mit einer wegen Totschlag des Abdeckerknechts begangenen Flucht. Der Henker Georg Peb wurde wahrscheinlich wegen einer misslungenen Hinrichtung im Jahr 1606 gelyncht.[198] Sein Nachfolger Hans Stadler (Dienstjahre 1606-1628) wurde in unterschiedlichen Prozessen u. a. des Zurückzauberns von gestohlenen Sachen, des Besitzes von unerlaubten Büchern und der verbotenen Heilkunst angeklagt.[199]

Ausbau 1992, 120-121 und Nowosadtko: Scharfrichter und Abdecker 1994, 55-56, 65-68, 72-73 & 78 .

196 Siehe beispielsweise: StadtA: RP 213/2 (1598), Fol. 48 v, RP 219 (1604), Fol. 177r und RP 224 (1609), Fol. 61 r & 71 v.
Im Frühjahr 1596 wurde der Münchner Amtmann mit seiner Frau und Kinder durch den Richtersknecht ausgeführt und der Stadt verwiesen. Er hatte sich „schmieren lassen“, *„allerlay seltene practigen getrieben“* und über den Inhalt eines geheimen Verhörs in der Öffentlichkeit gesprochen. Nach über sieben Monaten wurde er allerdings wieder in die Stadt und in seinen Dienst gelassen. (StadtA: RP 211 (1596), Fol. 24 r-24 v, 38 v, 73 r, 124 v-125 r & 257 v).

197 Döpler: Theatrum 1693, 517.

198 Nowosadtko: Scharfrichter und Abdecker 1994, 98-99, 200 & 368-369.
Döpler stellt fest, dass die Henker von der Obrigkeit im Falle einer misslungenen Hinrichtung geschützt sind, und dass niemand den Scharfrichter deshalb *„unbilliger weise vergreiffen darf“*. (Döpler: Theatrum 1693, 581, 591-592).
Mehr zu misslungenen Hinrichtungen und Angriffe der Volksmenge gegenüber den Henker siehe Koch: Die Geschichte des Henkers 1988, 61 & 71, Dülmen: Theater des Schreckens 1988, 61 & 153, Funke: Alte deutsche Rechtsdenkmale 1940, 92 und Schwerhoff: Köln 1991, 162-165. Siehe auch Deutsch: Richter, Henker und Folterknechte 1993, 41-42.

199 Hans Stadler wurde beispielsweise vorgeworfen, eine Bäuerin, die *„ein mechtigen khopffwe habe gehabt, dass sie schier vnrichtig worden“*, mit Kräuter und Weihwasser geheilt zu haben. Nach der Anklage habe der Henker auch einer Hebamme Menschenhaut verkauft, weil diese *„für den khrampff vnd für den zittern guett sein soll“*. Seiner Aussage nach waren die Hautstücke *„eines vom mörder von Wolfratshausen vnd eines vom preüw von Dachau geschnitten“* worden. (StadtA: RP 223 (1608), Fol. 211 r, RP 224 (1609), Fol. 188 v, RP 227 (1612), Fol. 31 r & 55 v, RP 232 (1617), Fol. 251 r und SG MP 866/6

Stadtgemeinschaft und Rechtspflege

In einer Gesellschaft mit gering ausgeprägtem Individualismus wurden Verletzungen des kollektiven Bewusstseins bzw. der kollektiven Ehre verhältnismäßig schwer sanktioniert. Nach kriminalsoziologischen Einsichten sind dabei nicht nur der Staat bzw. die Stadt, sondern auch andere Sanktionsinstanzen, wie etwa Familie, Nachbar und Berufskollege zu berücksichtigen. Es ging sowohl um juristische Sanktionen wie um soziale Kontrolle. Bei der Forschung über Ehre und Unehre bietet sich die frühneuzeitliche Stadtgemeinschaft als geeignete Grundlage an, weil die beiden Konzepte im Zusammenwirken mit Öffentlichkeit und sozialer Interaktion am besten funktionieren. Manchmal wird die Kriminalisierung auch als das Ergebnis eines Zusammenspiels von Herrschaft und Gesellschaft gesehen.[200] Die bayerische Kriminalisierung sei allerdings dicht mit der obrigkeitlichen Disziplinierung zusammen zu bringen. Zumindest aufgrund der von mir durchgearbeiteten Quellen scheint die soziale Kontrolle hauptsächlich in dem Sinne disziplinierend gewirkt zu haben, dass manche Verfehlungen durch Gerüchte und Geschwätz vor Gericht gerieten. Natürlich erforderte auch der öffentliche Strafvollzug die Anwesenheit der Gemeinschaft.

Foucault stellt fest, dass öffentliche Bestrafung der Manifestierung rechtsobrigkeitlicher Macht diente.[201] Schwerhoff betont allerdings, dass besonders die spektakulären Hinrichtungen die tatsächliche Machtlosigkeit der Herrschaft verdeckten. Da die Strafen ohne aktives Mitwirken der Zuschauer nicht die beabsichtigte Wirkung haben konnten, sollte dabei nicht nur die Handlung des von der Obrigkeit gestellten Henkers, sondern die Bedeutung des gesamten sozialen Kontextes hervorgehoben werden.[202] Wie Foucault und Schwerhoff möchte auch

---

(1607-1609), Fol. 209 v, SG MP 866/8 (1612/1614), Fol. 1 r-7 v & 249 r-249 v und SG MP 866/10 (1616/1617), Fol. 290r-292 v).

200 Siehe Schwerhoff: Köln 1991, 27-29, Härter: Soziale Disziplinierung 1999, 371 und Dinges: Die Ehre als Thema der Stadtgeschichte 1989, 430.

201 Nach Foucault sind die Strafpraktiken weniger als eine Folge von Rechtstheorien zu betrachten, sie sind mehr „ein Kapitel der politischen Anatomie" oder „eine politische Technologie des Körpers". Mehr zur Manifestierung der obrigkeitlichen Strafgewalt siehe Foucault: Überwachen und Strafen 1976, 40-90. Siehe auch Naess & Österberg: Sanctions, Agreements, Sufferings 2000, 141.

202 Schwerhoff: Köln 1991, 172-173. Siehe auch Gernhuber: Strafvollzug und Unehrlichkeit 1957, 119-120.
In vieler Hinsicht drückt sich Schwerhoff hier im Geist von Foucault aus, der vorschlug, die Bestrafung sollte als „eine komplexe gesellschaftliche Funktion" verstanden werden. Nach Foucault sei die Bestrafung „in der Perspektive der politischen Taktik" zu betrachten, weshalb die Strafmethoden nicht als „bloße Konsequenzen aus Rechtsregeln oder Indikatoren von Gesellschaftsstrukturen" zu analysieren sind. (Foucault: Überwachen und Strafen 1976, 33-34).

ich unterstreichen, dass die obrigkeitliche Disziplinierung das Zusammenwirken des Publikums benötigte. Diese Machtpolitik ist nicht nur als oben verordnete Sanktionen, sondern als eine Art Kommunikation zwischen der Obrigkeit und den Untertanen zu betrachten.

Der peinliche Charakter des Schandrituals bestand in der öffentlichen Zurschaustellung des Delinquenten, der dadurch den Tätlichkeiten und Schmähungen des Publikums ausgeliefert wurde. Auf die Anwesenheit des Volkes bei der Strafvollstreckung war keineswegs zu verzichten. Eigentlich bildete gerade das Publikum das Objekt der Veranstaltungen, denen die Strafen zur Abschreckung vorexerziert wurden. Es sollte aber auch die Rechtsgültigkeit der Strafe bezeugen, die dadurch allgemeine Anerkennung finden sollte. Wohl haben die Obrigkeiten mitunter eher etwas mildere Strafen vollzogen, um das Volk nicht unnötig zu beunruhigen und Ordnungswidrigkeiten hervorzulocken.[203] Während Öffentlichkeit des Strafvollzugs und Teilnahme des Volkes die Grundlagen der Ehrminderung und auch des Ehrverlusts waren, bildete die dadurch entstandene Abschreckung einen wichtigen Teil obrigkeitlicher Disziplinierung. Die Öffentlichkeit hatte damit zwei Funktionen: Einerseits wurde die Strafe dadurch für den Betroffenen schändlicher, andererseits sollte das Miterleben des Vollzugs von öffentlicher Strafe künftige Abweichungen des „gemeinen Mannes" verhindern.

Durch öffentliche Strafrituale wurden die Unehre und die Schande der kriminellen Tat demonstriert und die generalpräventiven Ziele der Disziplinierung angestrebt. Die Obrigkeit wollte die Untertanen so auf dem richtigen Pfad halten, sie „erziehen".[204] Dabei wurde der Unterschied zwischen ehrlicher Gesamt-

---

203 Schwerhoff: Köln 1991, 138 & 446 und Dülmen: Theater des Schreckens 1988, 9, 50 & 76. Siehe auch Schild: Strafrecht 1980, 36-38.
Um die Aufmerksamkeit auf den Verurteilten zu lenken, konnte der Stadtknecht beispielsweise die Trommel schlagen, etwa wenn der Verbrecher den Lasterstein durch die Stadt tragen musste. (Funke: Alte deutsche Rechtsdenkmale 1940, 126).

204 Hier ist auf die Theorie vom Zivilisationsprozess hinzuweisen. Elias behauptet, dass im Laufe des Mittelalters sich der Standard der Sitten und Unsitten nicht entscheidend gewandelt habe, weil die gleichen Bräuche immer wieder über Jahrhunderte hinweg erwähnt wurden. Er geht davon aus, dass mit dem Umbau der Gesellschaft in der Frühen Neuzeit der Zwang zur Selbstkontrolle gewachsen und der Standard des Verhaltens so in Bewegung geraten wäre. Der alte Verhaltenscode wandelte sich nur schrittweise, aber die gesellschaftliche Kontrolle wurde bindender und das Gefühl dafür, was zu tun und zu lassen sei, um andere nicht zu verletzen oder zu schockieren, differenzierter. Der Zwang, den die Menschen aufeinander ausübten, wurde stärker und man erwartete immer mehr gutes Benehmen. Nach Elias indizieren dies auch die Manierschriften, wie diejenigen von Erasmus oder Galateo von della Casa. (Elias: Über den Prozess der Zivilisation I 1939, 102-107).
Nach meinem Dafürhalten sind diese Veränderungen nicht von einem inneren Drang des Menschen nach „zivilisierten" Verhaltensformen herzuleiten. Es geht vielmehr um den

gesellschaft und dem von den Normen abweichenden kriminellen Individuum unterstrichen. Durch ihre Teilnahme hat die Gemeinschaft ihre Stellung zum Delikt und zur Strafe gezeigt und so eine Grenze zwischen sich selbst und der Schande des Verbrechens und des Verbrechers gezogen. Dieser Prozess orientierte sich von oben nach unten.

Einige Symbole, die bei der Bestrafung oder Beleidigung eine Rolle spielten, sind für den heutigen Menschen nur schwer fassbar. Bourdieu erklärt, dass, wenn die Mitglieder eines Kulturkreises spontan eine Verhaltensform als entehrend begreifen, befinden sie sich in einer ähnlichen Situation wie jemand, der einen Sprachfehler seiner Muttersprache verbessert, ohne also eigentlich das zugrunde liegende syntaktische System, dass dabei missachtet wurde, analytisch betrachten zu können.[205] Es geht um soziale Regeln, die das soziale Benehmen und die soziale Kontrolle normierten, die aber nur selten wörtlich detailliert greifbar wurden. Da die Bedeutungen der beleidigenden symbolischen Wörter, Bilder und Handlungen in der zeitgenössischen Gemeinschaft allgemein bekannt und anerkannt waren, konnte die Ehrverletzung bzw. das Schändlichmachen auch im Bereich des Strafvollzugs instrumentalisiert werden.

Da den Ausführungsorganen der Obrigkeit, den Amtsleuten, das kriminaltechnische Instrumentarium fehlte, war die Strafverfolgung in der Praxis oft schwierig. Es war ja nur ein kleiner Teil der Delinquenten, die auf frischer Tat ertappt wurden. Demzufolge blieb der frühneuzeitliche Staat bei der Feststellung devianten Verhaltens im Wesentlichen auf die Mitwirkung und die Anzeigebereitschaft der Bevölkerung angewiesen: Die in der Gemeinschaft umherschwirrenden Gerüchte waren für die Rechtsobrigkeit von großer Bedeutung.[206] Besonders die herzoglichen Mandate forderten Hilfe von jedermann zur Bekämpfung der Kriminalität und ermunterten zum Anzeigen der Verdächtigen. Es empfahl sich, alle suspekten Dinge sofort der Obrigkeit zu vermelden, damit die gesamte Gemeinschaft nicht unter dem durch die Verfehlungen einer Einzelperson provozierten Zorn Gottes leiden müsste. So wurde aus den Untertanen Denunzianten der Stadtväter und des

---

obrigkeitlich-disziplinierenden Charakter der Zeit, der seinerseits zum Teil von imaginären, zum Teil von wirklichen gesellschaftlichen Problemen geprägt war. Dabei spielte die öffentliche, exemplarische Bestrafung eine bedeutende Rolle.

205 Bourdieu: Entwurf einer Theorie der Praxis 1976, 43.

206 Härter: Soziale Disziplinierung 1999, 374 und Breit: Verbrechen und Strafe 2000, 159. Prosperi deutet darauf hin, dass diejenigen, die wegen des Inhalts ihrer Beichte zur Inquisition geschickt wurden, weil der Beichtvater sie von der Sünde nicht lossprechen konnte, wurden meistens leichter bestraft. (Prosperi: Beichtväter und Inquisition 1995, 129-131). Fälle, in denen eine Klage durch eine Beichte entstanden wäre, lassen sich in meinen Quellen nicht nachweisen. Die meisten Fälle kamen durch Gerüchte vor Gericht, welche die Bewohner oder Amtsleute hörten.

Herzogs. Das Münchner Strafbuch aus dem Jahr 1587 empfahl, dass *„dem anzeiger vnuermerkht“* Geld gegeben werden sollte. Demzufolge wurde denjenigen Personen mit *„honoraria“* gedankt, die Kriminelle *„zur hand helffen bringen“* hatten.[207]

Bei der begonnenen Kriminaluntersuchung war die Obrigkeit also von der Kooperation der Stadtgemeinschaft abhängig. Außerdem brachten Gerüchte solche verdächtigen Menschen in die Bewusstheit der Beamten, die für sie womöglich sonst unbekannt geblieben wären. In den Augen der Gemeinschaft vermehrten die Gerüchte auch die potentielle Verdächtigkeit einer Person. Beispielesweise war eine schwangere Frau sozial verletzbar und sie wurde leicht wegen Unzucht oder Leichtfertigkeit verdächtigt. Rublack weist auf die Theorie von Bourdieu hin, wenn sie schreibt, dass das symbolische Kapital der Person, Familie oder weitere Gruppen mit dem durch Gerüchte verletzbaren Ruf verbunden war.[208] Die Neigung der Menschen, sich und andere zu beobachten, war so mit den Verhörmethoden und mit der wachsenden Kriminalisierung verknüpft. Diejenigen, die vom Ideal des redlichen und ehrlichen Benehmens abkamen, wurden in den Augen der Gemeinschaft als verdächtig wahrgenommen. Es steht fest, dass die Verletzung oder bloße Infragestellung der sozialen Ehre sowohl durch wahrhaftige als auch völlig unwahrhaftige Gerüchte einen leicht in Schwierigkeiten führte. Man könnte auch behaupten, dass Ehre ohne Öffentlichkeit, also ohne die Gemeinschaft nicht existierte. Sie war die Voraussetzung für die Durchführung und Wirksamkeit der Schand- und Ehrenstrafen, die sich auf die öffentliche Erniedrigung und Demütigung richteten.

War das Verhalten des Verdächtigen offen und sichtbar, wurden auch Gerüchte stärker verurteilend und verbreiteten sich schneller. Sie heizten die Atmosphäre an und schafften Vorurteile, die manchmal langlebig waren. Eine juristische Anklage war allerdings von einem eigentlichen Beweis abhängig, schreibt Rublack.[209] Nach Heydenreuter führte die Zunahme der Verhaftungen im 16. Jahrhundert – ein Phänomen, welches man auch „Verhaftungseuphorie“ nennen könnte – allerdings soweit, dass viele Beamte auf den geringsten Verdacht hin sofort verhafteten, ohne sich der Mühe zu unterziehen, bei Dritten nachzufragen.

---

207 UBMünchen: Polizeibuch 1587, Fol. 20 v und StadtA: RP 215/1 (1600), Fol. 150 v.

208 Rublack: The Crimes of Women 1999, 16-22 & 26.
“Concealed information nurtured gossip. Order relied on wide access to all information which influenced a person's honour. Status was tied to a family's wealth and rank, which were relatively fixed, and to the family's honourable moral behaviour in everyday life, and here status was flexible. Gossip transferred symbolic capital, which in turn determined the quality of a future marriage, trust in social transactions, and respectability.” (Rublack: The Crimes of Women 1999, 22).

209 Rublack: The Crimes of Women 1999, 26.

Sie hofften, durch ein Geständnis den Fall schnell lösen zu können. Der böse Leumund, *mala fama*, spielte bereits bei der Verhaftung, wie später im gesamten Verfahren, eine entscheidende Rolle.[210] In der Carolina wurde der mit dem „gemeinen Geschrei" verwandte Begriff des „bösen Leumunds" als gewichtiges Indiz zur Klärung von Schuld anerkannt. Allerdings wurde dabei auch bestimmt, darauf zu achten, dass er nicht von persönlichen Feinden des Angeklagten oder „leichtfertigen Leuten" herrühre.[211] Die Quellen der Gerüchte mussten also von gewisser Qualität sein, konnten aber im Gericht wahrgenommen werden.

Insbesondere aus der Hexenforschung ist die Bedeutung von Gerüchten für die Stigmatisierung eines Menschen als Hexe bekannt. Daneben spielte das Gerücht nach Schwerhoff als „formales rechtsverwertbares Indiz" auch bei anderen Delikten eine zentrale Rolle. Oft schwebte etwa der Vorwurf von Bigamie Jahrzehnte über einem verheirateten Paar, bis er sich eines Tages überraschend verdichtete und zur gerichtlichen Überprüfung führte, schreibt er. Vergangene Schimpfreden, nachdem sie vorübergehend vergessen erschienen, konnten wieder hervorgeholt und als alte Sünde präsentiert werden.[212] In der Praxis konnte man also wegen bloßer Gerüchte verhaftet werden. Im Allgemeinen spielte das „gemeine Geschrei" eine gar nicht unbedeutende Rolle im Strafverfahren, wenngleich bestimmte Gruppen den Auswirkungen des schlechten Leumunds leichter ausgesetzt waren.

In der engen Stadtgemeinschaft waren besonders diejenigen vom Verruf bedroht, die unsesshaft und von unbekannter Herkunft waren.[213] Allerdings konnten auch Bürger und Einwohner sich nicht vor unliebsamen Folgen des schlechten Rufs schützen. Trotz ihrer damaligen Bedeutung war die frühneuzeitliche Stadt München mit ihren 20.000 Einwohnern klein genug, dass viele einander auf zumindest oberflächliche Weise kannten und übereinander sprachen. Verdächtige Handlungen konnten schnell beredet werden, damit ins Gerede kommen und dadurch auch zur Anzeige führen. In vielen Fällen stammte die Information, welche die Räte bekamen bzw. nach der sie fragten, von anderen Angeklagten, die auf ihren eigenen Prozess im Gefängnis warteten. Eine selbst als „gemeine Vettel" bezeichnete Frau konnte „*mit gnaden vnd einem drinkhgelt zuerlassen*" werden, weil sie

---

210 Heydenreuter: Kriminalitätsgeschichte Bayerns 2003, 152-153.

211 Fuchs: Um die Ehre 1999, 312-313 und CCC §25.
Carpzov betont: „*welche indicia vnnd verdacht aber zur inquisition gnugsam seyen, ist mehr eines weisen vnnd verständigen richters discretion vnnd gutachten anheim zustellen, als in einer gewissen regul vorzuschreiben.*" (Carpzov: Peinlicher sächsischer Inquisition- und Achtsproceß 1638, 43).

212 Schwerhoff: Devianz 1992, 407-408. Siehe auch Dülmen: Der ehrlose Mensch 1999, 2.

213 Dülmen: Der ehrlose Mensch 1999, 12 & 41. Siehe auch Rublack: The Crimes of Women 1999, 42.

„*souil huren winckhl in der still der oberkhait angezaigt*“ hatte.[214] Wenn man etwas Nützliches über andere Leute zu erzählen wusste, wurde man selbst eher entlassen und unter Umständen sogar belohnt.

Rublack stellt fest, dass die Gemeinschaft in der Regel wesentlich mehr kriminelle Handlungen und Abweichungen duldete, als es das Ziel der obrigkeitlichen Moralpolitik war. Denunzianten, die dafür bezahlt wurden, waren unter dem Volk nicht beliebt. Außerdem war es den Menschen bewusst, dass eine Anklage das Problem oft nicht lösen würde, sondern eher neue erzeugen konnte. Man blieb auch vorsichtig, um die eigene Ehre und den Ruf zu schützen, und versuchte oft Streitigkeiten eher im eigenen Kreis ohne Rechtsprozesse zu lösen. Deshalb wurden Gewalt und Missbrauch in vielen Fällen schweigsam ertragen.[215] Für Kriminelle oder für eine unter Verdacht geratene Person erwies es sich aber von großem Nutzen, andere anzuzeigen. Offensichtlich konnte ein derartiges System nur selten die Wahrheitsfindung beitragen. Gefängnisse und Verhörsräume wurden dadurch gefüllt, es schien, dass die Kriminalität effektiv bekämpft wurde. Wenn möglich, wollte man unnötigen Kontakt mit der Beamtenschaft eher vermeiden, so dass die Rechtsobrigkeit in vieler Hinsicht von einer ihrer wichtigen Informationsquelle, dem Volk, abhängig blieb. Auch beim Strafvollzug waren die Öffentlichkeit und das Mitwirken des Publikums erforderlich.

---

214 StadtA: RP 219 (1604), Fol. 23 r-v.

215 Rublack: The Crimes of Women 1999, 30-34 & 42.

3. Die Entwicklung der ehrmindernden Sanktionen

3.1 Die Vorgeschichte der Schand- und Ehrenstrafen

Römische und kanonische Infamie

Die Anfänge der Infamie im kanonischen Recht sind am besten im Rahmen der so genannten Irregularitäten erklärbar: Durch sie wollte man die nicht geeigneten Kandidaten vom Priesterstand fernhalten. Von denjenigen, die auf die Ordination zielten, verlangte Paulus, dass sie *sine crimine* und *bonum testimonium* sind. *Sine crimine* bedeutete ohne *infamia criminalis*, ohne Befleckung eines Verbrechens zu sein. Mit *bonum testimonium* dagegen wurde auf *bona fama*, auf den guten Ruf hingedeutet. Wer einen schlechten Ruf hatte, konnte nicht geweiht werden. Dabei hatte die eigentliche Ursache des Rufverlustes keine Bedeutung, sondern nur das Faktum, dass die Person unter einem *defectus famae* litt. Die Irregularitäten waren keine juristischen Maßnahmen, und so besaß die Infamie anfangs noch keinen betont strafrechtlichen Charakter.[216] Aus der Perspektive dieser Arbeit ist es wichtig zu bemerken, dass der unbefleckte Ruf, also das Phänomen der sozialen Ehre, bei der Infamie von großer Bedeutung war.

Es sieht so aus, dass die Infamie von Anfang an einen doppelten Begriffsinhalt besaß: Einerseits war sie als *defectus famae* zu verstehen, andererseits ging es um *infamia criminalis*. Der *defectus famae* entstand als Folge jedes öffentlich bekannten oder sonst öffentlich gewordenen Verbrechens. *Infamia criminalis* dagegen wurde als Voraussetzung dafür definiert, dass ein Vergehen rechtlich belangt werden konnte. So machte die Infamie die Sünde zum Verbrechen, aus *peccatum* wurde *crimen*. Anders als *infamia criminalis*, war die spätere *infamia iuris* nicht durch kirchliche Buße zu entfernen.[217] *Infamia iuris* musste also im weltlichen Recht behandelt werden, während *infamia criminalis* ein Begriff des kirchlichen Sanktionssystems war. Beide waren allerdings Infamien, die durch Sanktionen – sei es denn weltliche oder kirchliche – zu behandeln waren. So unterscheiden sie sich deutlich von der sozialen Seite der Infamie, dem schlechten Ruf.

Der Ursprung der römisch-rechtlichen Infamie waren Delikte, die an sich infamierend waren und/oder die durch infamierende Sanktionen bestraft wurden. So war die Infamie die Rechtsfolge des Verbrechens und/oder dessen Bestrafung. Die

---

216 Löbmann: Der kanonische Infamiebegriff 1956, 9-11.
Über die Rechtsfolgen der Infamie im kanonischen Recht siehe Landau: Die Entstehung des kanonischen Infamiebegriffs 1966, 97-120.

217 Löbmann: Der kanonische Infamiebegriff 1956, 10-13.

Infamie tritt entweder ohne weiteres ein, wie etwa bei dem Ehebruch einer Frau, oder erst als Folge bestimmter Strafen. Jedes peinliche Urteil zu einer Leibes-, Lebens- und Freiheitsstrafe, sowie die Verurteilung zu öffentlichen Strafen überhaupt, hatte Infamie als Folge.[218] Aus dem römischen Recht ist auch der Begriff *levis notae macula* bekannt. Er stammt aus dem im Jahr 529 edierten *Codex Justinianus*, in dem steht: „*levis notae macula adspergi*".[219] Dies bedeutet etwa „mit einem kleinen Schandfleck bespritzt werden" – nicht infamieren. Mit *levis notae macula* wird die Schändlichkeit gewisser Handlungen und Personen, eine leichte Schädigung des Rufes angedeutet. Da die Infamie ernste rechtliche Folgen hatte, sollten diese zwei Begriffe nicht miteinander verwechselt werden. Damit kommt man aber auf die Spur von sozialer und juristischer Ehre auch in der römischen Rechtsphilosophie.

Für die Einstellung der kanonischen Infamie ist die spätere Aufteilung des Johannes Teutonicus in *infamia iuris* und *infamia facti* aus der ersten Hälfte des 13. Jahrhunderts seitdem grundlegend geblieben. Der *Infamia iuris* entspricht die eigentliche römische Infamie und ist ein juristischer Begriff. *Infamia facti* dagegen bedeutet den tatsächlichen Verlust des guten Rufes aufgrund „einer sittlichen Schuld" in den Augen der Gemeinschaft.[220] Auch hier sind die Ursprünge der Zweiteilung zwischen dem Ehrverlust und der Ehrminderung, zwischen Infamie und *levis notae macula* deutlich zu sehen. Der erste war die juristische Folge und Zweck der Ehrenstrafe, dadurch kam es zum Verlust des *dignitas civilis*. Die Ehrminderung dagegen war mit der Schandstrafe und mit den sozialen Folgen der kriminellen Handlung und deren öffentlichen Bestrafung im Allgemeinen, mit dem schlechten Ruf, verbunden.

Wie auch immer die Infamie genannt wurde, ist eine Abstufung in verschiedene Infamiearten sowohl bei den früheren wie auch bei den mittelalterlichen Definierungsversuchen offensichtlich. Infamie wurde je nachdem, wie schwer die daraus folgende *fama* war, gradiert. Zum Unterschied von der zivilrechtlichen Infamie

---

218 Löbmann: Der kanonische Infamiebegriff 1956, 71 und Landau: Die Entstehung des kanonischen Infamiebegriffs 1966, 31-32 & 132.
Zwar waren kanonische und zivile Infamie an sich zwei verschiedene Dinge, aber alle zivil Infamen waren in der Regel auch kanonisch infam. Wer also seine Ehre im weltlichen Gericht verlor, konnte weder in weltlichen noch kirchlichen Ämtern mehr eineingestellt werden. (Löbmann: Der kanonische Infamiebegriff 1956, 49-50).
Zur römisch-rechtlichen Infamie siehe auch Fuchs: Die Ehrenstrafen 1928, 25-31.

219 Siehe beispielsweise Wilbertz: Scharfrichter und Abdecker 1994, 131, Quanter: Die Schand- und Ehrenstrafen 1901, 10-12 und Codex Justinianus, Teil Corpus iuris: 1. 27. C. 3, 28.

220 Löbmann: Der kanonische Infamiebegriff 1956, 19-20 und Landau: Die Entstehung des kanonischen Infamiebegriffs 1966, 5-7.

konnte die kanonische Infamie, *infamia criminalis* allerdings in jedem Fall durch eine kirchliche Buße aufgehoben werden. Dabei ist es wichtig zu merken, dass die Kirchenbuße selber einen nicht diffamierte, sondern die sündige Tat. Nach der Buße war der Sündige rehabilitiert, also *sine crimen*. Die diffamierende Sünde wurde aber nicht so leicht vergessen und so blieb er doch mit *defectus famae* befleckt.[221] Der schlechte Ruf war nicht von den obrigkeitlichen juristischen oder kirchlichen Maßnahmen abhängig, und folgte deshalb den durch Buße Rehabilitierten genau so lange, wie sich seine Mitmenschen daran erinnerten.

Es steht fest, dass gewisse Handlungen und Strafen juristisch infamierten und andere nur dem guten Ruf schadeten. Sowohl in den kanonischen wie in römischrechtlichen Auffassungen der Infamie wird diese Dichotomie der Ehre deutlich. Gleich wie die frühneuzeitliche Ehre ihre juristischen und sozialen Dimensionen hatte, wurde auch zwischen kriminellen Handlungen und ihren weltlichrechtlichen oder kirchlichrechtlichen Folgen und zwischen dem schlechten Ruf in der Öffentlichkeit unterschieden. Hier liegt wohl der Ursprung der Dichotomie der Ehre und des Unterschieds zwischen Schand- und Ehrenstrafen. Die kanonischen und römisch-rechtlichen Infamiebegriffe wurden in das mittelalterliche und frühneuzeitliche weltliche Recht einbezogen und hatten einen bedeutenden Einfluss auf dessen Entwicklung.

Kirchliche und weltliche Sanktionen

Man kann wohl Quanter zustimmen, dass „das Gefühl für Ehre und die Furcht vor Schande genau so lange existieren, wie es überhaupt Menschen gibt". Trotz Unterschieden in den Moralvorstellungen verschiedener Kulturen sei eine öffentliche Zurschaustellung wegen einer allgemein als anrüchig geltenden Tat immer demütigend gewesen.[222] In der traditionellen Gesellschaft waren Religion und Recht sowie kirchliche Buß- und weltliche Strafsysteme eng miteinander verflochten. Darum konnten kirchenbußenartige Rituale auch unter weltlicher Vermittlung und in Konflikten zwischen weltlichen Parteien eingesetzt werden. Die weltlichen Effekte der Kirchenbußen, d. i. öffentliche Beschämung, Schande und Ausgrenzung, wurden im Laufe des Spätmittelalters von den Stadtgerichten immer mehr übernommen und verschärft. Besonders gegen Ende des 16. Jahrhunderts wurden auch in Bayern viele einst als Kirchenbuße geübte Praktiken Mittel

221 Landau: Die Entstehung des kanonischen Infamiebegriffs 1966, 34-35 & 69-78 und Löbmann: Der kanonische Infamiebegriff 1956, 10-11 & 15-16. Siehe auch Quanter: Die Schand- und Ehrenstrafen 1901, 3-7.

222 Quanter: Die Schand- und Ehrenstrafen 1901, 38-39.

der weltlichen Bestrafung, wie etwa das Zurschaustellen vor der Kirche bei Ehebruch.[223] Da kirchliche Strafen aber nicht als eigentliche Strafen, sondern als geistliche Buße verstanden wurden, galten sie nicht als infamierend. Auch weltliche Sanktionen, die die öffentliche Demütigung des Delinquenten bezwecken, machten nicht unbedingt infam.

In der weltlichen Justiz des deutschen Spätmittelalters bildeten die „Strafen an Haut und Haar" eine eigene Strafgruppe neben Geldbußen und „Strafen an Hals und Hand", also Todes- und Körperstrafen. Strafen an Haut und Haar zielten nicht primär oder gar nicht auf körperliches Leiden, sondern sie stellten juristische Maßnahmen dar, mit denen die weltliche Obrigkeit die Person und die Ehre des straffällig Gewordenen öffentlich treffen wollte. Dadurch wollte man aus dem Verirrten auch ein abschreckendes Beispiel machen. Diese Strafen reichten vom Schandpfahl zum Pranger, vom Haarabschneiden bis zu Prügeln und Geißeln. Der größte Teil von Strafen an Haut und Haar infamierte den Verurteilten nicht, aber sie schadeten wohl immer seinen Ruf.

Es steht fest, dass die ehrmindernden Sanktionen keineswegs Erfindung des Mittelalters oder der Frühen Neuzeit waren, sondern sie waren vielen Völkern bekannt. Strafen, die eine öffentliche Demütigung des Missetäters bezweckten, treten im Mittelalter eigentlich nur vereinzelt auf. Dagegen waren die Unterschiede zwischen einzelnen Strafpraktiken in lokalen Rechtseinheiten recht groß. Es handelte sich sowohl um das Küssen eines Tieres auf sein Gesäß, das Tragen eines Hundes, das Tragen eines Rades an Stelle der Strafe des Räderns, das Tragen von Steinen als Andeutung der Steinigung, als auch um das Narrenhäuslein, das Schnellen oder den Widerruf, bei dem der Beleidiger sich selber „aufs Maul" schlagen musste um so die Beleidigung wieder in den Mund hineinzuzwingen usw.[224] Die Authentizität dieser Strafformen ist allerdings zum Teil strittig. Beispielsweise das Hundetragen ist so selten nachweisbar, dass es wahrscheinlich nur in einigen Ländern und in seltenen Ausnahmefällen vollzogen worden sei. Ohne Zweifel war die Idee von demütigenden, öffentlichen Strafen mit gelegentlichen körperlichen Qualen aber überall bekannt.

223 Neumann: Von Kirchenbuße zu öffentlicher Strafe 2002, 160 & 170-171, Heydenreuter: Rechtspflege 1991, 269 und Heydenreuter: Kriminalitätsgeschichte Bayerns 2003, 224. Siehe auch Schattenhofer: Das alte Rathaus 1972, 326-329.

224 His: Geschichte des deutschen Strafrechts 1928, 94. Siehe auch Esser: Die Ehrenstrafe 1956, 42.
Quanter unterstreicht mit allem Recht, es wäre „grundfalsch" die vielen Variationen der Schandstrafen als „eine tolle Harlekinade, einen ausgelassenen Faschingsscherz" zu halten. (Quanter: Die Schand- und Ehrenstrafen 1901, 1-3).

In seinem Buch *De civilitate morum*, mit Hilfe dessen Erasmus die Jugend belehren wollte, beschreibt er, wie der im Spiel unterlegene Junge dem Gewinner einen Dienst erweisen muss. Er müsse beispielsweise *„wasser holen, sein kammer keren*“ oder *„etlich stunden ein kranz von kletten gemacht tragen*“.[225] Diese deutlich erniedrigenden Praktiken werden hier durchs Spiel beschönigt. Vermutlich lebten aber die Phänomene des Alltags, Ereignisse, die auch Kinder bezeugten, in ihren Spielen weiter. Eigentliche Schand- und Ehrenstrafen oder andere, absichtliche Demütigungen, die in Kriegen erlitten oder gegenüber Kriminellen verhängt wurden, befinden sich aber auf einem völlig anderen, höchst traumatisierenden Niveau. Die folgende von Döpler erzählte Geschichte einer im Krieg gefangenen Nonne bietet ein bedrückendes Beispiel. Die Soldaten

> „schändeten die (Nonne), zogen sie hernach nackend aus, bestrichen sie mit honig und wagenschmeer, bestreueten sie mit federn daß sie ein gräulich ansehen bekahm. sasten sie also rücklings auf ein pferd, gaben ihr den schwanz in die hand und führeten sie etliche tage herum und liessen sie schauen als ein wunderthier.“[226]

Diese Episode wird von Döpler als Beispiel einer Entehrung dargestellt, wobei die Tatsache, dass das Opfer der Schmähungen eine Nonne war, die Ereignisse noch dramatischer gestaltet. Ein anderes Beispiel kommt aus „Indostan“, wo folgende Strafe von Schach Selim verhängt wurde. Die Delinquenten wurden nackt in frisch gehäutete Ochsen- und Eselfelle eng eingenäht und mit Ochsenhörnern und Eselohren auf dem Kopf wiederum auf einen Esel gesetzt: *„in so schändlicher gestalt führete man sie alle gassen herum männlichen zum gelächter und spott*“. Neben der Schändlichkeit dieser Maßnahmen wurden sie auch körperlich gequält, da die zusammenschrumpfende und sie somit sehr drückende Haut überaus schmerzhafte Wirkungen zeigte. Dazu erzählt Döpler, dass

> „aus dem gestanck aber sind endlich würmer gewachsen, welche denn also eingekleideten menschen schmerzlich angefangen zu nagen und zu beissen, also daß er ohne zweiffel bey lebendigen leib hätte faulen und mit ungläublicher, langwieriger peinn darinn verrecken müssen.“[227]

Einer von den Bestraften starb, der andere wurde begnadigt, aber hatte *„sein lebtage einen ungesunden leib darüber behalten und ein elendes leben hernach geführet*“.[228] Diese Strafe trägt Züge sowohl von Körper- und Todesstrafen wie von Ehren- und Schandstrafen. Sicherlich wollte Döpler durch diese Beispiele die Schändlichkeit und die abschreckende und abstoßende Wirkung der Strafe un-

225 Erasmus: De civilitate morum puerilium 1563, d v r.
226 Döpler: Theatrum 1693, 811.
227 Döpler: Theatrum 1693, 811.
228 Döpler: Theatrum 1693, 811.

terstreichen. Seine Beispiele illustrieren die demütigenden und infamierenden Praktiken, die auch im Bereich der frühneuzeitlichen weltlichen Justiz bei bestimmten Strafen für nötig betrachtet worden. Sie zeugen aber auch von der universalen Natur dieses Straftypus. Zeittypisch wurde die öffentliche ehrmindernde Bestrafung durch Gottes Autorität, gemeinen Nutzen und Zurückhaltung der Kriminalität berechtigt und motiviert:

„es geschichte aber diese beschimpffung wie alle andere straffen zu dem ende, daß die justizrechtmäßig administriret, gottes zorn abgewendet, die verbrecher gebessert, andere aber durch solche exempel abgeschrecket werden und männiglich vor dergleichen unthaten sich hüthen lerne."[229]

Anders als weltliche Obrigkeiten, gingen die katholischen Beichtväter der Frühen Neuzeit davon aus, dass Exerzitien, Generalbeichte und Internalisierung der Reue das Wesen des Menschen auf Dauer zum Guten führen könnten. Für den Protestantismus dagegen galt die unheilbare Sündhaftigkeit des Menschen als konstitutiv und damit auch die Unausweichlichkeit von Kontrolle und Strafe für alle Christen. Nach calvinistischer Einsicht dagegen musste die Buße öffentlich sein: Das sündige Gemeindemitglied war öffentlich in der Abendmahlsgemeinschaft mit der Gemeinde zu versöhnen. So würde Gottes Zorn, der durch die Verfehlung des Einzelnen provoziert worden war, nicht die dadurch befleckte Gemeinde treffen. Dieser Öffentlichkeitsbezug war der jesuitischen Beichtzucht fremd, weil es dabei um die *disciplina interna* des Sünders gehen sollte.[230] Die katholische Kirchenzucht bevorzugte keine öffentliche Bestrafung des Sündigen, sondern zielte auf die innerliche Besserung, die dann auch künftige Abweichungen verhindern würde.

Eine Kirchenstrafe konnte zwar für dasselbe Verbrechen verhängt werden wie eine weltliche Strafe, aber ihr Ziel war anders. In den kirchlichen Strafen stand die Rettung des Sünders und die Wiederherstellung der Reinheit der Gemeinde im Mittelpunkt. Es ist demzufolge wichtig dran zu erinnern, dass die Mittel der katholischen Kirchenzucht, Ausschluss vom Abendmahl und Kirchenbuße, in keiner Weise Kriminalstrafen mit rechtlichen Folgen, sondern geistliche Zuchtmittel waren.[231] Die Infamierung konnte nicht der Zweck der Kirchenstrafen sein, weil sie die Rehabilitierung des Sündigen bezweckten. Als die weltlichen Obrigkeiten seit dem Spätmittelalter neue Mittel gegen die Kriminalität suchten, traten unterschiedliche Schand- und Ehrenstrafen zunehmend ins Bild. Einige von denen ähneln äußerlich den kirchlichen Sanktionen. Der Höhepunkt der Schand- und Eh-

229 Döpler: Theatrum 1693, 833.
230 Schilling: Die Konfessionalisierung 1995, 18-19.
231 Schulze: Gerhard Oestreichs Begriff Sozialdisziplinierung 1987, 280 und Schwerhoff: Köln 1991, 123-125.

renstrafen wurde jedoch erst im 17. und 18. Jahrhundert erreicht. Die frühneuzeitlichen Schand- und Ehrenstrafen, die in dieser Arbeit die Hauptrolle spielen, wachsen aus zweierlei Wurzeln: Einerseits aus den Traditionen der Kirchenzucht und früheren erniedrigenden Strafpraktiken, andererseits aus den kanonisch-römischen und altgermanischen Ehr- und Infamievorstellungen.

3.2 Frühneuzeitliche Unehrlichkeiten

Unehrlichkeit und Rechtlosigkeit

Da der Hintergrund für die Entwicklung der Schand- und Ehrenstrafen nun beleuchtet ist, stellt sich die nächste Frage: Warum eigentlich wurden diese Sanktionen ein immer wichtigerer Teil des frühneuzeitlichen Strafsystems? Es ging ja nicht nur um Änderungen in der Strafverfolgung da Straftaten von Amts wegen verfolgt werden mussten und da die öffentliche Strafe der von der Obrigkeit erwünschten Abschreckung am besten diente. Die Antwort ist ebenso in der im Laufe des Spätmittelalters sich akzentuierenden Bedeutung der Ehre und der Angst vor Unehrlichkeit und Rechtlosigkeit zu suchen. Nur deshalb konnte man sich eine gewisse Wirksamkeit von den schändlichen Strafpraktiken erhoffen. Um die Einstellung der Zeitgenossen besser zu verstehen, sei nun eine kurze Einführung in die Welt von Unehrlichkeit und Rechtlosigkeit erlaubt. Aus dem frühneuzeitlichen Sprachgebrauch sind zahlreiche ehrgebundene negative Konnotationen, u. a. unecht, unredlich, unehrlich, ehrlos, rechtlos, infam, leichtfertig, unzüchtig, schändlich und schimpflich, bekannt. Auch Scham und Schande sowie Ehren- und Schandstrafen gehören wesentlich dazu. Die zeitgenössische Ehrdiskussion war gleichzeitig auch immer eine Diskussion über Unehre bzw. Unehrlichkeit.

Traditionell wurden Tapferkeit, Treue und Keuschheit geschätzt, Betrug, Hurerei und Zaghaftigkeit dagegen für die größten Laster gehalten. Diejenigen, die im Kampf Feigheit zeigten oder die Treue gegenüber ihrem Herrn brachen, wurden ehrlos. Ehrlichkeit und Rechtlichkeit im Sinne der Rechtsfähigkeit, also Eides- oder Zeugnisfähigkeit und das Recht, ehrlich bestraft zu werden, waren eng miteinander verbunden.[232] Ähnlich wurden in den mittelalterlichen und frühneuzeitlichen Zunftstatuten häufig die Doppelformeln „recht und echt“ sowie „frei und ehrlich“ verwendet. Ihre Negationen waren „rechtlos und echtlos“, „unfrei und

232 His: Geschichte des deutschen Strafrechts 1928, 92-94, Dülmen: Theater des Schreckens 1988, 66 und Dülmen: Der ehrlose Mensch 1999, 68 & 73. Siehe auch Eisenhart: Grundsätze 1823, 82-84.

unehrlich“. Die Forderungen nach „echt und recht Geburt“ weisen darauf hin, dass die Unehelichkeit den Gilden ein untilgbarer Makel war.[233]

Für die frühmoderne Ständegesellschaft bildete die gottgewollte, prinzipielle Ungleichheit ihrer einzelnen Mitgliedern einen Ausgangspunkt, der noch lange nicht kritisiert wurde.[234] Im 16. und 17. Jahrhundert wurden die Attribute „ehrwürdig“, „ehrsam“ und „edel“ sowie „fürsichtig und weise“ für die geburtsständische Herkunft der Individuen festgelegt. Händler wurden als „ehrenhaft und wohlvornehm“ und Handwerker als „ehrenhaft“ bezeichnet.[235] In seinem Strafbüchlein aus dem Jahr 1579 zitiert Abraham Sauer sächsisches Recht und meint, dass es haben „*erbare leut allwege das leben vnd die ehre gleich geachtet, vnd die verletzung oder die verleumung an ehre höher vnnd beschwerlicher dann leibsbeschedigung gehalten.*“[236] Vermutlich deutet das Wort „ehrbar“ hier sowohl auf adelige als auch auf bürgerliche Personen, die ehelich und ehrenhaft geboren sind und nichts Unehrliches begangen haben.[237] Es ist klar, dass die regelmäßige Anwendung dieser und ähnlicher Titulaturen und die betonte Wertschätzung der Ehre und Ehrlichkeit die Grenze zwischen ehrlichen und unehrlichen Personen markierten. Gab es aber auch Unterschiede zwischen den unehrlichen und rechtlosen Menschen?

Hergemöller weist darauf hin, dass die im frühneuzeitlichen Sprachgebrauch häufig vorkommenden Termini rechtlos und unehrlich die Vorstellung des Unterschieds zwischen einem vollständigen, durch strafrechtliche Maßnahmen herbeigeführten Ehrverlust und einem partiellen, abgestuften Entzug des guten Leumunds und allgemeiner Wertschätzung verdeutlichten.[238] Nach Nowosadtko kann die Unehrlichkeit als eine „rechtliche Zurücksetzung“, die mit „sozialer Distanzierung und Verachtung“ verbunden ist, definiert werden. Auch bei der Unehrlich-

233 Schubert: Soziale Randgruppen 1989, 338 und Hergemöller: Randgruppen 1994, 1.

234 Gernhuber: Strafvollzug und Unehrlichkeit 1957, 154-155 und Nowosadtko: Umstrittene Standesgrenzen 1995, 166-168.

235 Fuchs: Um die Ehre 1999, 17.

236 Sauer: Strafbüchlein 1579, 31.
Bei Döpler finden wir explizit denselben Gedanken. (Döpler: Theatrum 1693, 817).

237 Es ist interessant, dass in einer deutschen Übersetzung der berühmten italienischen Manierschrift Galateo aus dem Jahr 1609 der ursprüngliche Ausdruck von Adelsmann, „gentilhuomo“ als „sittsamer, ehrbarer Mensch“ übersetzt wird. Die Deutschen wollten also die für den Adel gemeinten Vorschriften für nur „ehrbare Menschen“, wie z. B. die Stadträte gelten lassen. Erasmus verhält sich ähnlich. In der italienischen und französischen Tradition wurden die Vorschriften aber mit starker sozialer Differenzierung und Begrenzung auf die Oberschicht formuliert. Da es in Deutschland keinen wirklichen höfischen Adel gab, wurden die Manierschriften von der bürgerlichen Oberschicht adaptiert. (Elias: Über den Prozess der Zivilisation I 1939, 98-99).

238 Hergemöller: Randgruppen 1994, 1-2.

keit ging es also um einen rechtlichen Sonderstatus, der jedoch nicht nur die straffällig Gewordenen, sondern auch bestimmte Gewerbe betraf.[239] Zwar sind die Begriffe Unehrlichkeit und Rechtlosigkeit miteinander verwandt, gehen aber nicht völlig ineinander über. Rechtlosigkeit war Folge des völligen Ehrverlusts, der nur durch juristische Maßnahmen, wie durch eine Ehrenstrafe entstehen konnte. Dabei handelt es sich um die Infamie im rechtlichen Sinne. Unehrlich konnte man aber auch dann sein, wenn man keine Strafe erlitten hatte. Es geht sowohl um einen rechtlichen wie um einen sozialen Sonderstatus. Schließlich muss man darauf achten Unehrlichkeit nicht mit dem bloßen schlechten Ruf zu verwechseln.

Bei den „unehrlichen Leuten" handelte es sich generell um Menschen, denen aufgrund ihrer Herkunft oder Tätigkeit eine ehrenhafte Stellung in der Ständegesellschaft verweigert wurde. Sie waren somit von ständischer Ehre und sozialem Aufstieg ausgeschlossen, bildeten aber sonst keine einheitliche Gruppe. Es ging sowohl um Musikanten, Dirnen, Geächtete, Bettler, Juden und Zigeuner als auch um Barbiere, Schäfer, Müller, Bader, Gerichtsknechte, Totengräber, Nachtwächter, Bettelvögte und Gassenkehrer, schreibt Dülmen.[240] Zweifellos müssen hier aber sehr viele regionale Unterschiede berücksichtigt werden. Nowosadtko stellt fest, dass im frühneuzeitlichen Bayern höchstens Totengräber, Nachtarbeiter, Abdecker, Schäfer, Feld- und Weidehüter, Scharfrichter, sowie Stadt- und Gerichtsdiener für unehrlich gehalten wurden.[241] Da beispielsweise die Bettelvögte in München aus der Reihe der Ratsmänner gewählt wurden, konnte es sich nicht um eine unehrliche Tätigkeit handeln. Generell waren solche Menschen in Gefahr für unehrlich gehalten zu werden, die unsesshaft waren oder für anrüchige Arbeiten, die mit Schmutz, Strafe und Tod zu tun hatten, zuständig waren. Die Unehrlichkeit bestimmter Gewerbe hatte allerdings nicht überall dieselbe praktische Bedeutung.

---

239 Nowosadtko: Scharfrichter und Abdecker 1994, 17, 37-42 & 49.
Nach Dinges hat die Unehrlichkeit viele Wurzeln: magisch-religiöse hinsichtlich des Umgangs mit dem Blut oder den Juden, Ängste vor Bettlern und Schauspielern, berufspezifische bei Prostituierten und Scharfrichtern und schließlich rechtliche bei Bann und Ehrenstrafen. (Dinges: Die Ehre als Thema der historischen Anthropologie 1995, 34).
Nowosadtko weist darauf in, man könne die Unehrlichkeit von den alttestamentarischen Vorstellungen von Unreinheit ableiten, weshalb ihre mutmaßlich verstärkte Ausbreitung seit dem 16. Jahrhundert als Folge des zeittypischen Bibelstudiums zu interpretieren wäre. (Nowosadtko: Scharfrichter und Abdecker 1994, 29).

240 Dülmen: Der ehrlose Mensch 1999, 18-19, 24-25, 55 & 60. Die Verschriftlichung der Unehrlichkeitssprechung, also die Marginalisierungsmaßnahmen konzentrierten sich auf das 14. und 15. Jahrhundert. Es entstanden Ordnungen für Henker, Bordelle, Bader, Spielleute, Bettler, Leprakranke usw. und damit bildete sich eine neue soziale Hierarchie. (Hergemöller: Randgruppen 1994, 37).

241 Nowosadtko: Scharfrichter und Abdecker 1994, 39.

Die Betonung der Distinktionslinie ehrbar-unehrbar erhöhte die Ehre zu einem privilegienbegründenden Wert und diffamierte die Nicht-Ehre respektive die nicht-moralische Lebensweise zu einem sanktionswerten Vergehen, konstatiert Jütte.[242] Die Abwesenheit oder Entzug von Ehre dienten der Marginalisierung der unliebsamen Personen und förderten so gruppenkonformes Verhalten. Dabei handelt es um ein wirksames Mittel der Sozialdisziplinierung. Die Begriffe unehrlich und ehrlich bezeichnen demzufolge keine moralisch-sittliche, sondern eine sozialmentale Kategorie, die mit Beruf und Stand verbunden war.[243] Unstrittig wurden einige Menschen mehr, einige nicht so viel, andere gar nicht gesellschaftlich akzeptiert. Dabei sollte man deutlich unterscheiden zwischen Menschen, die durch Verbrechen und Strafen unehrlich und rechtlos wurden und denen, die wegen ihrer Herkunft oder Tätigkeit das Stigma der Unehrlichkeit besaßen. Es ist allerdings unmöglich alle „unehrlichen" Gruppen in eine umfassende, gemeinsame Kategorie zu stellen. Entweder muss die Kategorie relativ offen bleiben, oder alle Gruppen passen nicht hinein. Die Rechtlosigkeit, also *infamia iuris*, dagegen betraf ganz schlicht diejenige Personen, die u. a. Prangerstrafe, Verweisung oder Verstümmelung erlitten, und also durch juristische Maßnahmen für rechtlos erklärt wurden.

Die Unehrlichkeit des Henkers und der Gerichtsdiener

Das traditionelle Bild der Geschichtswissenschaft vom Henker als „dem Unehrlichsten unter den unehrlichen Leuten" wurde spätestens seit Mitte der 1990er Jahre mit Recht stark kritisiert. Dabei spielen u. a. die Forschungen von Jutta Nowosadtko eine wichtige Rolle. Sicherlich war der Scharfrichter dem Volke nie sympathisch oder bei ihm beliebt, aber viele Geschichten, die gerne als Beispiel von der Unehrlichkeit des Henkers erzählt werden, sind absichtlich spektakulär und aus dem Zusammenhang gerissene Einzelfälle. Eine weit verbreitete Vorstellung sei, dass unehrliche Personen außerhalb der bürgerlichen Gesellschaft lebten, weil sie eine Bedrohung für die übrige Gemeinschaft waren und ihre Unehrlichkeit als kontagiös galt. Dieser Gedanke der kompromisslosen Ansteckung der Unehrlichkeit durch Orte, Objekte und Menschen sei nicht ohne Vorbehalt zu ak-

242 Jütte: Stigma-Symbole 1993, 74.

243 Nowosadtko: Scharfrichter und Abdecker 1994, 256 & 293 und Dülmen: Der ehrlose Mensch 1999, 21-24. Siehe auch Dinges: Die Ehre als Thema der historischen Anthropologie 1995, 31.
Nach den kaiserlichen Rechten wurden Ketzer *„für ehr vnd rechtloß vervrtheilt, von allen ehrlichen emptern abgesondert vnnd weder zu testiren, zu zeugen, zu erben, noch vor sich oder andere gerichtlich zu handeln, zugelassen werden sollen."* (Sauer: Strafbüchlein 1579, 16).

zeptieren.[244] Trotz der sorgfältigen Untersuchungen von Nowosadtko und anderer heutiger Wissenschaftler sind die Unehrlichkeit des frühneuzeitlichen Henkers und deren Kontagiösität auch noch in dieser Arbeit zu reflektieren.

Eine von den einflussreichsten Theorien hinsichtlich der Unehrlichkeit des Scharfrichters, ist die Tabu-Theorie von Karl von Amira aus dem Anfang des 20. Jahrhunderts und die damit verbundene Vorstellung von der magisch-sakralen germanischen Welt gewesen. Danach tabuisierte der unmittelbare Kontakt des Opferers mit der Gottheit beim Vollzug der Todesstrafe sowohl den Strafvollzieher als auch alles, was er berührte. Unter dem Einfluss des Christentums seien vom Opfer nur der Ritus und vom Tabu nur der Abscheu und Furcht übrig geblieben. Dass man nach den Ursachen der Unehrlichkeit auf diese Weise in dem altheidnischen Volksglauben suchte, wird von vielen heutigen Historikern kritisiert.[245] Es lässt sich nämlich nachweisen, dass der Henker keineswegs ausnahmslos gemieden wurde und dass nicht jeder, der Kontakt mit ihm aufnahm, mit Unehrlichkeit befleckt war.[246] Sicherlich spiegelten sich aber die vorchristlichen Vorstellungen von Gott, der durch Opfer bzw. durch Strafe zu versöhnen war, auch in dem frühneuzeitlichen Glauben an Gottes Zorn wider. Hiernach sollte die vorher beschriebene Komposition dem Leser nicht fremd bleiben, wenn auch die Unehrlichkeit des Scharfrichters in Wirklichkeit komplexer erscheint.

Im Sachsenspiegel war der Strafvollzieher „unfrei“ und „rechtlos“, aber nicht durch Unehrlichkeit bedroht. Seit dem Spätmittelalter benötigte das Inquisitions-

---

244 Gernhuber: Strafvollzug und Unehrlichkeit 1957, 119-123, Wilbertz: Scharfrichter und Abdecker 1994, 121-122 und Nowosadtko: Scharfrichter und Abdecker 1994, 12-13. Siehe auch Deutsch: Richter, Henker und Folterknechte 1993, 36 und Hergemöller: Randgruppen 1994, 2.
Quanter behauptet ganz richtig, dass der Henker nach den alten Rechtsgelehrten in der Regel nicht für infam gehalten wurde. (Quanter: Die Schand- und Ehrenstrafen 1901, 27).
Für die Kontagiösität der Unehrlichkeit spricht allerdings die Tatsache, dass Zimmermänner und Handwerker, die den Galgen bauten, durch ein spezielles Gesetz vor Schande geschützt wurden. Wenn eine Stadt neue Galgen aufstellen ließ, hatte die ganze Zimmermannszunft mitzuarbeiten, um die schändlichen Folgen dieses Prozesses zu mindern; je mehr Leute beteiligt waren, desto weniger Schande traf den Einzelnen. Im 16. Jahrhundert bedurfte es oftmals langwieriger Ehrlichkeitssprechungen und Reinigungsakte, um ehrliche Zimmerleute am Galgenbau zu beteiligen. (CCC §215-217, Schreiner & Schwerhoff: Verlertzte Ehre 1995, 14, Hergemöller: Randgruppen 1994, 28, Gernhuber: Strafvollzug und Unehrlichkeit 1957, 132-133 und Dülmen: Der ehrlose Mensch 1999, 50).
Nach der Auffassung von Quanter ähnelte die Angst vor Ansteckung der Unehre einer Art „Bazillenangst“. (Quanter: Das Liebesleben 1909, 44.).

245 Gernhuber: Strafvollzug und Unehrlichkeit 1957, 123-124, Breit: Verbrechen und Strafe 2000, 143-144 und Nowosadtko: Scharfrichter und Abdecker 1994, 29.

246 Gernhuber: Strafvollzug und Unehrlichkeit 1957, 126-127 (mehr Beispiele 125-126, 130, 137-138 & 177).

verfahren allerdings einen Spezialisten, der Folter und Leibes- sowie Todesstrafen durchführen konnte, und der Henker wurde zum fest angestellten städtischen Bediensteten. In Folge dieser Professionalisierung wurde allgemein argumentiert, die Unehrlichkeit des Scharfrichters bestehe darin, dass er seine Glaubensgenossen gegen Lohn tötet und foltert. Mit der Person des Henkers wurden nicht nur Grausamkeit und Sadismus, sondern öfters auch Habgier konnotiert.[247] Ähnlich wurde auch nach Döpler *„das hin- und nachrichten der criminosen und verdamten etwas abscheulich"* im Lauf der Zeit, weshalb professionelle Henker angestellt wurden. Damit hänge dann die Tatsache zusammen, dass andere Leute *„der hencker und scharffrichter gesellschaft gemieden und dieselbe nicht allerdings vor ehrlich gehalten"*. Döpler selber kommt aber zum Schluss, der Scharfrichter sei *„weder de jure noch de facto"* für infam oder für unehrlich zu halten.[248]

Am Anfang des 17. Jahrhunderts hatte auch die bayerische Landesfreiheitserklärung festgestellt, dass sowohl Scharfrichter- als auch Schergenämter „vor sich nicht unehrlich, sondern vielmehr notwendig" waren. Dies war der Standpunkt der Rechtsgelehrten, aber in der allgemeinen Wahrnehmung wurden sowohl Henker wie Schergen immer noch für unehrlich gehalten. Neben Schelm und Schinder gehörte das Schimpfwort Scherge zu den populären Beleidigungen. Schließlich ist auch Döpler nicht frei von diesen Vorurteilen: Er empfehlt eine gewisse Distanz zum Scharfrichter in gesellschaftlichen Situationen.[249] Dies erklärt sich teilweise auch damit, was für Menschen in diesen Professionen arbeiteten.

---

247 Nowosadtko: Scharfrichter und Abdecker 1994, 21-23 & 31-32, Gernhuber: Strafvollzug und Unehrlichkeit 1957, 153 und Dülmen: Der ehrlose Mensch 1999, 44.
Zur „Grausamkeit" des spätmittelalterlichen Henkers siehe Klemettilä: The Executioner 2003, 233-256.

248 Döpler: Theatrum 1693, 536-538, 559-566 & 567. Döpler bietet hier dem Leser unterschiedliche Geschichte sowohl für und gegen die Unehrlichkeit des Scharfrichters von verschiedenen Zeiten und Autoren.

249 Nowosadtko: Umstrittene Standesgrenzen 1995, 174-175 und Döpler: Theatrum 1693, 524 & 571-572.
Die moderne Forschung scheint davon überzeugt zu sein, dass die Kinder der Scharfrichter und Abdecker gewöhnlich keinen bürgerlichen Beruf ergreifen oder sich mit Bürgertöchter und -söhne heiraten konnten. Die unehrliche Geburt holte auch die dritte oder vierte Generation ein. So entstanden vielerorts Henkersdynastien, die über Generationen den Beruf innehatten und zu den Kollegen der Nachbarstädte in enger verwandtschaftlicher Beziehung standen. (Nowosadtko: Scharfrichter und Abdecker 1994, 196 & 300-301 und Deutsch: Richter, Henker und Folterknechte 1993, 37-38. Siehe auch Gernhuber: Strafvollzug und Unehrlichkeit 1957, 126-127.).
In den Quellen des norddeutschen Raums erscheint der Scharfrichterdienst etwa bis 1550 als ein nicht sonderlich attraktiver Gelegenheitsjob wahrgenommen worden zu sein. Erst später waren Berufsvererbung und Endogamie die Regel. (Wilbertz: Scharfrichter und Abdecker 1994, 143-146.).

Überall hatte die Obrigkeit Schwierigkeiten, solche Männer zu finden, die sich für Gerichtsdieneramt eigneten. Neben selber Kriminellen waren gewöhnlich nur Leute vorhanden, die sonst nicht arbeiten wollten, unnötige Grausamkeit bei ihrer Arbeit bevorzugten oder wegen Armut diesen Dienst übernehmen mussten. So hielt man Henker deshalb für unehrlich, weil diese öfters aus dem Kreis der "*übelthäter, die den tod verdienet, oder sonst andere böse mit allerhand lastern beschmitzte*" Personen rekrutiert wurden. Auch der schlechte Ruf der Amtsknechte stand im Zusammenhang mit ihrem „ärgerlichen" Lebenslauf. Demzufolge wurden solche Personen *„bey ehrlichen zünfften vor handwercks-genossen nicht passiret*". Dass diese Personen auf das tugendhafte Leben verzichtet hatten, hatte öfters mit dem Beispiel ihrer Eltern zu tun. Wie das Amt, so wurden auch die schlechten Eigenschaften geerbt.[250] In Vielem scheint es sich wirklich um einen Kreis des Henkers- und Gerichtsdieneramtes, krimineller Lebensweise und Unehrlichkeit zu handeln. Auch in München folgten die Henker einander in schnellem Wechsel und zeigten kriminelle Neigungen.

Die Vorstellung von der kontagiösen Unehrlichkeit des Henkers hat bis in letzter Zeit die Forschung so geprägt, dass auch die Scharfrichterkleidung öfters unter dem Aspekt der Unehrlichkeit behandelt wird. Nach Döpler sollten Henker tatsächlich nur *„kleider ihren stand gemäß und zwar solche tragen, wodurch man sie von andern unterscheiden könne*". Nowosadtko hat aber nachweisen können, dass die reichsweiten Kleiderordnungen und ähnlichen Regelungen in der Wirklichkeit wenig Anklang fanden und eher missachtet als befolgt wurden. In Bayern erschienen auch keine Kleidervorschriften für Scharfrichter. Vermutlich kleideten sie sich in Kriegstrachten wie die Landsknechte, seit dem 17. Jahrhundert immer häufiger auch im Stil der vermögenden Bürger. Sie betrachteten sich auch als städtische bzw. landesherrliche Bedienstete und waren in der Regel als solche anerkannt. So konstatiert auch Döpler, dass man aufgrund der Kleidung vom Scharfrichter vermuten könne, sie wären *„vornehme herren und cavailliers*".[251] Es

---

250 Es war selten, dass man einen „gottesfürchtigen, guten, freundlichen, leutseligen, fleißigen, aufwärtigen, mitleidenden und nüchternen" Knecht fand, beklagt Döpler. Zum Henker sollten ebenfalls keine „gott- oder ruchlose Leute", „Hexenmeister", „Mörder", „Hurer", „Gotteslästerer" oder sonstige „mit Sünden belastete Männer" genommen werden. Der Henker sollte nämlich aus Liebe zu Gott und dem Rechten, nicht aus Hass und Zorn sein Amt führen. Die faktische Diskriminierung betraf in der Praxis auch ihre Kinder, obwohl Kinder ihre *„eltern unthaten und mißhandlungen nicht zuentgelten*" hatten. (Döpler: Theatrum 1693, 503, 540, 525-526 & 536-537).

Nach Forschungen von Schwerhoff gehörten die Gewaltrichter und ihre Diener zu den gewalttätigsten Menschen des frühneuzeitlichen Köln. Ihr Leben scheint oft hart gewesen, und sie wurden gelegentlich auch mit Ehrenstrafen bestraft. (Schwerhoff: Köln 1991, 58).

251 Nowosadtko: Scharfrichter und Abdecker 1994, 241-247 & 358, Koch: Die Geschichte des Henkers 1988, 33-34 und Döpler: Theatrum 1693, 585.

wirkt unwahrscheinlich, der frühneuzeitliche Henker hätte eine differenzierende Kleidung getragen, im Mittelalter waren die Umstände wohl anders.

Die Unehrlichkeit des Henkers wird oft von seinen Nebentätigkeiten, u. a. im Bereich von Heilkunst, Prostitution und Abdeckerei geleitet. An vielen Orten wurden dem Scharfrichter aber keine Abdeckerprivilegien verliehen und sie fungierten auch nicht überall als Hurenwirte.[252] Im München des Untersuchungszeitpunkts war der Henker nur für den Strafvollzug zuständig. Da die Henker meist die von ihnen durch Folter verursachten Wunden zu heilen hatten und Möglichkeiten besaßen, die Körper der Hingerichteten zu untersuchen, erwarben sie anatomische Kenntnisse, die sie oft zum geschickten Arzt machten. Das Volk glaubte auch an die magischen Heilfähigkeiten des Scharfrichters und an seine Medikamente, die zum Teil aus menschlichen Leichenteile und Blut hergestellt wurden.[253] Wer in dieser oder jener Angelegenheit die Scharfrichterei aufsuchte, um sich helfen zu lassen, wurde nach Forschungen von Gernhuber allerdings nicht gesellschaftlich geächtet oder für unehrlich gehalten. Erst die Phantasie von heute

---

Um den Henker von den ehrlichen Leuten abzusondern, wurden u. a. folgende Regelungen gegeben: In Braunschweig um 1400 eine gelbe Kapuze, in der Reichspolizeiordnung von 1530 Berufskleidung oder Erkennungszeichen, in Frankfurt um 1540 rotweißgrüne Lappen am Ärmel und auf dem Mantel. (Koch: Die Geschichte des Henkers 1988, 78 & 91-92, Gernhuber: Strafvollzug und Unehrlichkeit 1957, 121-122 & 130, Wilbertz: Scharfrichter und Abdecker 1994, 135 und Funke: Alte deutsche Rechtsdenkmale 1940, 92).

Klemettilä überzeugt den Leser mit ihrer Analyse hinsichtlich der Muster, Farben und Schnitte der stigmatisierenden Scharfrichterkleidung im spätmittelalterlichen Frankreich. Siehe Klemettilä: The Executioner 2003, 100-136.

252 Nowosadtko: Scharfrichter und Abdecker 1994, 35, 210-211 & 354 und Dülmen: Der ehrlose Mensch 1999, 44. Siehe auch Koch: Die Geschichte des Henkers 1988, 34-35 und Döpler: Theatrum 1693, 543.

Die Aufgaben des Abdeckers waren u. a. die Gefängnisse und Abortgruben zu reinigen, Verscharren der Überreste der Hingerichteten, Beseitigung toter Tiere und Menschen, besonders Selbstmörder. (Wilbertz: Scharfrichter und Abdecker 1994, 131-134).

253 Deutsch: Richter, Henker und Folterknechte 1993, 42, Breit: Verbrechen und Strafe 2000, 143-145, Funke: Alte deutsche Rechtsdenkmale 1940, 92, Wilbertz: Scharfrichter und Abdecker 1994, 146 und Gernhuber: Strafvollzug und Unehrlichkeit 1957, 140-141. Siehe auch Klemettilä: The Executioner 2003, 60.

Solche Praktiken waren in der Regel verboten. Döpler macht seine Leser aufmerksam, dass ungeachtet seiner Kenntnisse über den menschlichen Körper und dessen Heilung, sollte der Henker keine Apotheker werden, sondern nur die Gefolterten heilen. (Döpler: Theatrum 1693, 582-583).

In Bayern wurden die Ausgabe von Medikamenten un die Heilpraxis des Henkers erst in einem Mandat vom 1756 verboten. (Breit: Verbrechen und Strafe 2000, 143).

lässt die Besucher nachts heimlich durch die Gassen zum Henkershaus schleichen, schreibt er.[254]

Ob Geselligkeiten mit dem Henker unehrlich machten, kommt sowohl in der Diskussionen der zeitgenössischen Rechtsgelehrten wie auch in der Geschichtsforschung häufig vor. Es sieht so aus, dass die Tischgenossen des Henkers und andere „Unschuldige", die mit ihm Kontakt nahmen, de jure nicht infam oder unehrlich bzw. unehrenhaft wurden.[255] Sicherlich wollten gewöhnliche Bürger sich aber nicht besonders gern mit ihm in der Öffentlichkeit zeigen. Als Beleg der Unehrlichkeit des Henkers wird oft auch seine mutmaßlich distanzierte Wohnlage genannt. Nach Wilbertz wohnte der Henker allerdings oft relativ zentral in der Stadt, wie z. B. in Hamburg und in Lübeck. Viele wohnten auch in den Türmen, damit sie in der Nähe der Gefangenen waren.[256] Außerdem war die gelegentliche Abgelegenheit des Henkershauses auch nicht unbedingt durch seine Unehrlichkeit begründet. Döpler behauptet, es ginge nicht darum, dass die Scharfrichter *„als anrüchtige alleine wohnen müsten*", sondern es gab eine ganz praktische Erklä-

---

254 Gernhuber: Strafvollzug und Unehrlichkeit 1957, 141-143.

255 Siehe beispielsweise Dülmen: Der ehrlose Mensch 1999, 46, Koch: Die Geschichte des Henkers 1988, 18, Wilbertz: Scharfrichter und Abdecker 1994, 131 & 149-150 und Döpler: Theatrum 1693, 567-570.
Es geht auch oft um den Sitzplatz des Henkers in der Kirche. Nach Auffassung von Döpler sollte dem Henker in den Kirchen *„ein eigener stand affigniret und angewiesen werden, drin sie unter andere leute sich nicht mischen, noch auch ihnen beschwerlich seyn dürffen.*" (Döpler: Theatrum 1693, 586. Siehe auch Deutsch: Richter, Henker und Folterknechte 1993, 40-41). Er weist aber nicht darauf hin, dass solche Regelungen primär mit der Unehrlichkeit des Henkers zu tun hatten.
Ein merkwürdiges Fragezeichen hinsichtlich der Sonderstellung des Scharfrichters bleibt die aus dem 17. Jahrhundert stammende Bank in der Regensburger Fragstatt, deren Rückenlehne nur bis zur Hälfte der für zwei Personen bestimmten Sitzfläche reicht. Nach Vermutungen von Boll und Bauer hatte der Henker „als äußeres Zeichen seiner gesellschaftlichen Minderstellung" den Platz ohne Lehne neben dem Wundarzt einzunehmen. (Bauer: Regensburg 1997, 848 und Boll: Reichstagsmuseum 1963, 42.). Ohne weitere Erklärungen bleibt diese Theorie aber meines Erachtens viel zu dünn.

256 Wilbertz: Scharfrichter und Abdecker 1994, 126-127.
Beispielsweise nach Deutsch war das Haus des Henkers in Schwäbisch Hall „dicht an die Stadtmauer gebaut an einer der abgelegensten Stellen der Stadt, damit niemand durch die unehrenhafte Nachbarschaft beeinträchtigt wurde". Da der Henker keinen Kontakt zu den Bürgern nehmen durfte, hatte er eine heimliche Öffnung in der Stadtmauer, durch die er Freunde einlassen konnte. (Deutsch: Richter, Henker und Folterknechte 1993, 40-41. Siehe auch Funke: Alte deutsche Rechtsdenkmale 1940, 91).
Döpler weist auf die Verachtung des römischen Henkers, der deshalb extra portam leben musste. (Döpler: Theatrum 1693, 559).
In Rothenburg ob der Tauber befindet sich der „Henkersturm" in der Stadtmauer, aber ob es sich dabei wirklich um die ehemalige Dienstwohnung des Scharfrichters handelt, ist nicht ganz klar. Heute funktioniert der Bau als Jugendheim des deutschen Alpenvereins.

rung. Da die Henker nämlich oft selber oder ihre Knechte die Abdeckerei übten und es dadurch *„einen üblen geruch"* gab, war es *„für gut befunden worden, daß sie alleine von der stadt abgesondert wohnen"*.[257]

Wie wohnte der Henker wohl im frühneuzeitlichen München? Zu dieser Frage bildet das hölzerne Sandtner-Modell aus dem späten 16. Jahrhundert eine hervorragende Quelle. Es zeigt ein zweigeschossiges, freistehendes Gebäude, das sich auf dem freien Platz zwischen der parallel zur Stadtmauer verlaufenden Häuserzeile der Hinteren Angergasse und der inneren Stadtmauer befand. Ein Stück Garten gehörte zum Grundstück dieses Henkerhauses, das an drei Seiten von einer hohen Mauer umschlossen war. Der Stadtplan von Merian aus dem Jahr 1644 zeigt einen unveränderten Bauzustand. Für die Verhältnisse der Zeit war die Amtswohnung des Scharfrichters groß und repräsentativ. Sie verfügte bereits im Jahr 1497 über ein Badezimmer und es ist bekannt, dass der im Jahr 1599 angestellte Henker Johann Georg Abriel immer samstags badete.[258] Das Scharfrichterhaus war sicherlich ein Bau, den die Stadtbewohner kannten. Da seine Lage nicht abgelegen, sondern eher zentral war, scheint es, dass man keine Ursache hatte, das Henkerhaus wegen Unehrlichkeit zu meiden. Die Unehrlichkeit des Henkers an sich wird keineswegs nicht bestritten, sondern es geht darum, welche Folgen sie hatte oder nicht hatte.

Nowosadtko hat deutlich zeigen können, dass die Lebensformen der bayerischen Scharfrichter und das Fehlen der sozialen Diskriminierung nicht dem populären Bild der Unehrlichkeit entsprechen. Bayerische Scharfrichter des 16. und 17. Jahrhunderts waren weder rechtlos noch dazu verpflichtet, besonders gekennzeichnete Kleidung zu tragen. Sie nahmen an Geselligkeiten der Stadt teil, durften nicht grundlos gescholten werden und waren nicht vom kirchlichen Leben ausgeschlossen. Von den Implikationen der Unehrlichkeit kann eigentlich nur die

---

257 Döpler: Theatrum 1693, 589.
In München wurden die Henker seit 1563 häufig auf dem Friedhof vor dem Sendlinger Tor auf einem abgelegenen Platz begraben. Die Scharfrichter aus den frühen Jahren des 17. Jahrhunderts, Georg Peb und Hans Stadler, wurden innerhalb der Stadt in St. Peter bestattet. (Nowosadtko: Scharfrichter und Abdecker 1994, 369, Schattenhofer: Das alte Rathaus 1972, 323 und Bary: Herzogsdienst und Bürgerfreiheit 1997, 168-169. Siehe auch Döpler: Theatrum 1693, 548-549). Dies zeigt uns, dass sie ungeachtet ihrer Tätigkeit und ihrer Unehrlichkeit als Mitglieder der Gemeinschaft akzeptiert wurden.

258 Nowosadtko: Scharfrichter und Abdecker 1994, 224-225.
Die Dienstwohnung des Henkers im Angerviertel, zwischen Heyturm und Sendlinger Tor, domus iuguli, wurde im Jahr 1320 zum ersten Mal erwähnt. Dieses Gebäude diente am anfangs zugleich als Bordell. Nach Bary stellte die Stadt dem Henker deshalb ein eigenes Haus zur Verfügung, weil er für ehrlos gilt und von den Bürgern gemieden wurde. (Bary: Herzogsdienst und Bürgerfreiheit 1997, 93, 165 & 169). Jedoch stand das Haus aber spätestens am Anfang des 14. Jahrhunderts schon in der Stadt.

Verweigerung des Bürgerrechts und der Ausschluss aus den Zünften bestätigt werden. Der unehrliche Status bewahrte den Henker auch nicht vor den Anforderungen der bürgerlichen Sekundärtugenden. Auch Scharfrichter hatten ihren Beruf „tüchtig“ und „fähig“ auszuüben. Von ihren Ehefrauen wurde dasselbe Verhalten wie auch von den „ehrbaren“ Bürgerinnen erwartet. Scharfrichter thematisierten sich selbst auch nicht über ihre Unehrlichkeit, sondern identifizierten sich eher mit Normen und Verhaltensmustern der übrigen Gesellschaft. Juristisch gedacht gehörten allerdings alle mit Malefizgericht beschäftigten Ämter zu der von der *levis notae macula* betroffenen Amtsgruppe.[259]

Auch wenn seine Unehrlichkeit das Leben des Henkers nicht so viel charakterisierte wie oft gedacht, wurde ihm eine gesellschaftliche Sonderrolle zugeschrieben, die zwischen ihm und den übrigen, „ehrlichen“ Bürgern eine bestimmte Distanz schaffte.[260] Jedoch bildete die Unehrlichkeit des Henkers kein unausweichliches Hindernis für gesellschaftlichen Verkehr oder Verhandeln mit ihm. Beispielsweise der Henker Hans Stadler scheint in seiner Nachbarschaft zumindest in gewissem Maße sozial akzeptiert und beliebt gewesen zu sein. Als er angeklagt wurde, u. a. Menschenhaut als Heilmittel verkauft zu haben, beschrieben die Zeugen ihn als „*gar ein gueter nachber*“ und behaupteten, er tue „*gar nichts vnrechts*“.[261] Der gesellschaftliche Verkehr mit dem Henker sollte weder die juristische noch die soziale Ehre eines „unschuldigen Menschen“ verletzen, abgesehen davon, dass man seine Gesellschaft in öffentlichen Angelegenheiten lieber vermied. Der Kontakt zwischen dem Henker und dem Verurteilten beim Strafvollzug dagegen hatte einen völlig anderen Charakter und eine deutlich ehrenrührige Wirkung.

Obwohl die hier erwähnten Ausgrenzungspraktiken besser die spätmittelalterlichen als die Verhältnisse des 16. und 17. Jahrhunderts beschrieben, ist zu vermuten, dass die daraus stammenden Vorurteile gegenüber dem Scharfrichter und anderen Gerichtsdiener weiterlebten.[262] Diese soziale Entfernung war allerdings nicht so extrem ausgeprägt, wie man noch öfters glauben will. Es steht fest, dass Scharfrichter und Gerichtsdiener nicht primär wegen der Angst vor der Kontagiösität der Unehrlichkeit gemieden wurden, wenn überhaupt. Die Vorsicht hatte

---

259 Nowosadtko: Scharfrichter und Abdecker 1994, 12-13, 45, 210, 239, 265-266, 292, 354 & 360 und Dülmen: Der ehrlose Mensch 1999, 52-53. Siehe auch Schreiner & Schwerhoff: Verletzte Ehre 1995, 17 und Heydenreuter: Herrschen durch Strafen 1996, 128-130.

260 Dülmen: Der ehrlose Mensch 1999, 43 und Wilbertz: Scharfrichter und Abdecker 1994, 130.

261 StadtA: RP 223 (1608), Fol. 211 r, RP 224 (1609), Fol. 188 v, RP 227 (1612), Fol. 31 r & 55 v, RP 232 (1617), Fol. 251 r und SG MP 866/6 (1607-1609), Fol. 209 v, SG MP 866/8 (1612/1614), Fol. 1 r-7 v & 249 r-249 v und SG MP 866/10 (1616/1617), Fol. 290r-292 v.

262 Siehe Klemettilä: The Executioner 2003, beispielsweise die Seiten 54-68.

vielmehr mit dem natürlichen Abscheu zu tun, den die Menschen gegenüber denjenigen empfanden, die mit Schwerkriminellen arbeiteten oder selber auch ehemalige Verbrecher waren, folterten, gefürchtete Strafen vollzogen und tote Körper berührten. Auch die Angst vor schlechtem Ruf und abergläubische Gründe spielten dabei eine wichtige Rolle. Alles, was im Umgang mit dem Scharfrichter eigenartig war, aus seiner Unehrlichkeit abzuleiten, scheint hiernach eine bedauerliche Vereinfachung, eine Verzerrung der Zeit.

3.3 Schand- und Ehrenstrafen in der Frühen Neuzeit

Unterschiede und Gleichartigkeiten der Schand- und Ehrenstrafen

Um die Wirkungen der frühneuzeitlichen Strafen zu verstehen, muss die damalige differenzierte Hierarchie der Entehrung sorgsam beachtet werden. Sie ist in ihren spezifischen Graden heute schwer fassbar, aber gewisse allgemeine Charakteristika sind zu skizzieren. Erstens machten einige Verbrechen den Täter per se unehrenhaft, egal ob er bestraft wurde oder nicht. Die Recht- und Ehrlosigkeit war jedoch die Folge der Verurteilung zu gewissen Strafen, also Folge rechtlicher Maßnahmen. Zweitens waren öffentlich vollzogene Strafen immer ehrenkränkend, stigmatisierten bzw. infamierten den Betroffenen aber nicht zwangsläufig auf Dauer. Außerdem hatten dieselben Strafen nicht überall dieselbe soziale Wirkung.[263] Eine Gesellschaft, die stark an die Bedeutung der Ehre und Ehrbarkeit glaubte und die gleichzeitig das Stigma der Schande fürchtete, wollte die Grenzen zwischen diesen beiden hervorheben. Dabei waren die Schand- und Ehrenstrafen von Nutzen. Gerade die enorme Variationsskala dieser Strafen und die Ehrvorstellungen der Frühen Neuzeit machen die historische Ehrforschung interessant, aber auch anspruchsvoll.

An der Wende zum 19. Jahrhundert deutet Hübner an, dass „die Gelehrten vielleicht über nichts unbestimmter, als über die eigentlichen Ehrenstrafen urteilen". Hundert Jahre später stellte Quanter sehr deutlich fest, dass es sich bei Schand- und Ehrenstrafen um zwei unterschiedliche Straftypen handelt.[264] Die Streitfrage

---

263 Dülmen: Theater des Schreckens 1988, 66, Dülmen: Der ehrlose Mensch 1999, 68 & 73 und His: Geschichte des deutschen Strafrechts 1928, 92-94. Siehe auch Eisenhart: Grundsätze 1823, 82-84.

264 Hübner: Über Ehre 1800, 114.
Nach Quanter waren Schand- und Ehrenstrafen diejenigen Sanktionen, „die nicht zunächst körperliche Strafen und auch nicht Strafen an materiellen Gütern waren, sondern in erster

scheint allerdings noch nicht überwunden zu sein. Außerdem hat sich der Gedanke vom sozialen Charakter der Ehre in der neueren Literatur derart durchgesetzt, dass ihre rechtliche Dimension zunehmend aus dem Blickfeld und in Vergessenheit gerät. Es wird nur selten mit genügender Deutlichkeit betont, dass Schand- und Ehrenstrafen zwei unterschiedliche Strafgruppen bilden und also nicht synonym sind. Zwar benutzen die frühneuzeitlichen Quellen das Wort „Ehrenstrafe“ nicht, und auch der Begriff „Schandstrafe“ kommt selten und inkonsequent vor, aber es finden sich mehrere Ausdrücke, welche deutlich die Bedeutung von Schand- und Ehrenstrafen besitzen. Eine analytische begriffliche Zweiteilung ist demzufolge ein Konstrukt der späteren Geschichtsforschung bzw. der Rechtswissenschaft. Weil es sich jedoch offensichtlich um zwei unterschiedliche Strafgruppen handelt, halte ich es für zweckmäßig, die Begriffe Schand- und Ehrenstrafe zu benutzen.

Der römische Ehrbegriff bezog sich auf die ungeschmälerte Rechtsstellung des Bürgers und seine Geltung vor dem Gesetz. Dementsprechend wurde die bürgerliche Ehre der Angriffspunkt der römischen Ehrenstrafe. Im deutschen Kulturkreis dagegen ging die Ehre traditionell von der Person selbst, nicht vom Staate aus. Ein solches Ehrgefühl bewirkte „die Untragbarkeit des öffentlich angetanen Schimpfes“ und bildete so einen geeigneten Ansatzpunkt für entsprechende Strafen. Diese so genannten „Kränkungsstrafen“ zielten auf die öffentliche Beschimpfung oder Demütigung des Betroffenen.[265] Der Begriff Kränkungsstrafe beinhaltet meines Erachtens sowohl Schand- als auch Ehrenstrafen, die u. a. „öffentliche“, „ehrenrührige“, „beschimpfliche“, „schändliche“, „entehrende“ und „ehrmindernde“ Strafen genannt werden und wurden. Welcher Kategorie die jeweiligen Sanktionen in der Literatur zugeordnet werden, ist nicht immer deutlich erkennbar. Sowohl die Begriffe wie auch die Inhalte von Schand- und Ehrenstrafen werden oft nur ungenau beschrieben. Mitunter ist es oft schwer erkennbar, ob der Autor überhaupt einen Unterschied zwischen diesen sieht.

Hübner stellt fest, dass jede „ehrenbenehmende Strafe“ die Ehre auf ganz unterschiedliche Art und nach verschiedenen Graden verletzt. Wie auch ich, konstatiert er dabei eine deutliche Zweiteilung: Zunächst gibt es Strafen, welche die Ehre kränken und nehmen, u. a. die vom Henker vollzogenen Sanktionen, wie Rutenschläge, Anbringung des Namens am Galgen und Zurschaustellung an den Pranger. Hinzu kommen Strafen, welche zwar auch die Ehre kränken, sie aber nicht nehmen, indem sie „nur die Seele“ verletzen, u. a. Widerruf, Lasterstein,

---

Linie das Gemüth und das Ehrgefühl trafen“. (Quanter: Die Schand- und Ehrenstrafen 1901, VIII-IX & 1).

265 Esser: Die Ehrenstrafe 1956, 64-65. Siehe auch Fuchs: Die Ehrenstrafen 1928, 31.

Eselritt, Verwehrung der Übernahme öffentlicher Ämter und „schimpfliche Verjagung“. Der Zweck der letzteren Strafen sei die „Erweckung der Reue und Richtung des verirrten Geistes auf den Weg des richtigen Nachdenkens über seine Bestimmung“.[266] Quanter betont ebenfalls deutlich den Unterschied zwischen Schand- und Ehrenstrafen und benutzt auch konsequent diese Begriffe. Schandstrafen wurden für geringfügige Straftaten verhängt, Ehrenstrafen waren härtere Sanktionen.[267] Nach His und Hinckeldey umfassen die Ehrenstrafen allerdings sowohl den Ehrverlust als auch die beschimpfenden Strafen: Ehrenstrafen waren Sanktionen, die öffentlich in beschimpfender Form die Ehre herabsetzten, kränkten oder ganz tilgten.[268] Diese Autoren scheinen den Begriff Ehrenstrafe für einen Oberbegriff der beiden Strafgruppen zu halten.

Bei His spielt der Ehrverlust hiernach auf die juristischen Folgen der Ehrenstrafe, Beschimpfung auf die sozialen Folgen von Schand- wie auch der Ehrenstrafen an. Behringer dagegen schreibt, dass Strafen wie das Aufstellen vor der Kirche mit Kerze in der Hand nicht als entehrend betrachtet wurden. Dagegen wurden sie eher hingenommen, „wie man heute Bußgelder wegen Falschparkens akzeptiert“.[269] So spricht Behringer über die Unterschiede und unterschiedlichen Grade der ehrmindernden Sanktionen, ohne den Begriff Schandstrafe zu benutzen. Auch meines Erachtens war das Zurschaustellen vor der Kirche keine Ehrenstrafe, sondern eine Schandstrafe, womit sein nicht infamierender Charakter zu erklären ist. Allerdings kann man kaum sagen, dass diese Sanktion für den Bestraften so gleichgültig war wie ein Strafzettel heute.

Obwohl bestimmte kriminelle Handlungen, Folterung und Strafen auch an sich ehrmindernd empfunden wurden, darf die Rolle des Scharfrichters nicht unterschätzt werden. Zweifellos wurden viele Strafen schimpflicher durch den als Vollzugsorgan funktionierenden Henker. Dies beweist auch das Faktum, dass ein Verurteilter aus besonderer Gnade die Strafe von der Henkershand erspart bleiben konnte.[270] Rublack ist zuzustimmen, wenn sie die Anwesenheit des Henkers für entscheidend hält: Dadurch wurde die Ehrenstrafe eine so schwere Sanktion, dass sie eigentlich selten vollzogen wurde. So funktionierte der Pranger öfters nur als

---

266 Hübner: Über Ehre 1800, 114-116, 123 & 131-132. Siehe auch Quanter: Die Schand- und Ehrenstrafen 1901, 10.

267 Quanter: Die Schand- und Ehrenstrafen 1901, 1-3.

268 His: Geschichte des deutschen Strafrechts 1928, 92-94 und Hinckeldey: Geschichte der Verbrechen und Strafen 1980, 155.

269 Behringer: Mörder, Diebe, Ehebrecher 1990, 121.

270 Siehe auch Gernhuber: Strafvollzug und Unehrlichkeit 1957, 145-146 und Quanter: Die Schand- und Ehrenstrafen 1901, 6.

Abschreckung.[271] Anders als die Ehrenstrafen zeigen die Schandstrafen eine große Variationsskala und sie wurden auch relativ häufig ausgesprochen.

Wenngleich viele frühere Rechtsgelehrte und heutige Wissenschaftler über die Unterschiede zwischen zwei unterschiedlich ehrmindernden Strafgruppen sprechen, haben sie oft keine unterschiedlichen Namen für diese zwei. Gerade diese Reduzierung der Begriffe, die sich auf den Terminus Ehrenstrafe, manchmal u. a. auch Kränkungsstrafe, beschränkt – wobei im Grunde von zwei verschiedenen Strafgruppen gesprochen wird – erschwert es, die Literatur angemessen zu bewerten. In der Regel ist man einverstanden, dass diese Strafen verschiedene Stufen besaßen, aber die Skala wird selten analytisch betrachtet. Ansonsten ist den Überlegungen von Hübner und His immer noch zuzustimmen. Meines Erachtens waren nur diejenigen demütigende Strafen, die öffentlich und in der Regel vom Henker vollzogen wurden, und die also dem Betroffenen die juristische Ehre nahmen, Ehrenstrafen. Demzufolge waren Strafen, die den straffällig Gewordenen öffentlich erniedrigten, ihm aber seine bürgerliche Ehre und Rechte nicht nahmen, und also nur seine soziale Ehre schädigten, Schandstrafen.

Der juristisch gelehrte Hofrat Andreas Perneder erklärte den Unterschied zwischen verschiedenen Straftypen im 16. Jahrhundert auf folgende Weise: „*item es seind mancherley peen vnnd straff, dann etliche die nemmen einem das leben, etliche die ehr vnnd freyheit*“. Die Definition eines anderen Rechtsgelehrten, Abraham Sauer, verdeutlicht ihrerseits auch die Schwierigkeit, die Schand- und Ehrenstrafen zu unterscheiden. In seinem Text benutzt er denselben Satz wie Perneder, aber schreibt weiter: „*vnnd solches geschicht auff mancherley weise.*“[272] Ehre und Freiheit werden hier miteinander verknüpft: Ohne Ehre keine Freiheit, nach der Ehrenstrafe keine bürgerliche Ehre, woraus die Rechtlosigkeit folgt. Sicherlich deuten die Autoren des 16. Jahrhunderts hier aber nicht nur auf die Ehrenstrafen, sondern auch auf die Vielfalt der Schandstrafen.

Im Jahr 1589 wurden von dem bayerischen Herzog unterschiedliche Strafmöglichkeiten für die Delikte von Gotteslästerung, Fluchen, Schwören und Schelten empfohlen. U. a. Landesverweisung und Pranger sowie „schmähliches Stellen vor die Kirche mit halb entblößtem Leib und mit Ruten und Kerzen in der Hand“ wurden aufgelistet. Auch „Abreisung oder Durchbrennen der Zunge und

---

271 Rublack: The Crimes of Women 1999, 79-80. Siehe auch Schwerhoff: Köln 1991, 138-139 und Jütte: Ehre und Ehrverlust 1995, 158.

272 Perneder: Von Straff unnd Peen 1544, III r und Sauer: Strafbüchlein 1579, Aviii v. Auch Döpler stellt sowohl Ehren- als auch Schandstrafen unter die Leibesstrafen. Er unterscheidet „peinliche“ und „bürgerliche“ Verbrechen voneinander, wobei zwischen Malefizgericht und gewöhnlichem Stadtgericht unterschieden wird. (Döpler: Theatrum 1693, 512).

dergleichen Leibes- und Schandstrafen" durften verhängt werden.[273] In den zeitgenössischen Texten werden die Ehrenstrafen auf diese Weise oft den „peinlichen Strafen" oder Leibesstrafen zugeordnet. Wie die Körperstrafen verursachten sie zum Teil körperliche Schmerzen oder der Körper spielte sonst eine sichtbare Rolle bei dem Strafvollzug. Bei diesen Strafen ergab sich eine hohe Kombinationsmöglichkeit mit anderen ehrmindernden Strafen und Körperstrafen. So ist es nur natürlich, dass Schand- und Ehrenstrafen hier in demselben Zusammenhang erwähnt werden.

In seinem viel gelesenen Buch *Theater des Schreckens* setzt auch Dülmen sich mit den Ehrenstrafen auseinander. Nach ihm waren die Ehrenstrafen selbstständige Strafformen für bestimmte Delikte, die nicht mit dem Tod gesühnt wurden, aber die doch vor das Malefizgericht kamen. Sie fanden Anwendung auch als Begnadigung statt der verhängten Todesstrafe. Diese Sanktionen entwickelten sich als eigenes Strafsystem erst spät im 15. und 16. Jahrhundert mit der sich herausbildenden Ständegesellschaft, in der die Ehre zur zentralen sozialen Kategorie wurde. Nach Dülmen waren die Ehrenstrafen alle ehrenrührig, aber einige verletzten die Ehre mehr als andere. So bedeutete die Halsgeige keinen Ausstoß aus der Gemeinschaft, der Pranger war aber genau deshalb fast ausnahmslos mit Landesverweisung verbunden. Dülmen teilt die ehrmindernden Sanktionen in zwei Gruppen: Erstens die „sozialen Sanktionen", die das Verbrechen am Verbrecher offenlegten und zweitens Sanktionen, die den sozialen Ausschluss aus der Gemeinschaft bedeuteten.[274] So spricht er deutlich über Schand- und Ehrenstrafen, nur dass er diese Termini nicht benutzt, sondern öfters nur über „Ehrenstrafen" schreibt. Dadurch bleibt dieser Sachverhalt bei ihm etwas unklar.

In seinem etwa zehn Jahre später erschienenen Werk *Der ehrlose Mensch* stellt Dülmen aber deutlich fest, dass die Frühe Neuzeit „ein eigenes Strafsystem zur Zerstörung der Ehre", nämlich das der so genannten Ehren- und Schandstrafen kannte. Er geht auch hier ganz zu Recht davon aus, dass es schwierig sei, die Schand-, Ehren- und Körperstrafen strikt voneinander zu trennen. Dabei ist es wichtig anzumerken, dass alle diese Strafen nicht eindeutig infamierend wirkten und also nicht zwingend zur endgültigen Ausgrenzung führten. Er stellt nun fest, dass die Schandstrafen diejenige Sanktionen waren, die keinesfalls infam machten. Deshalb wurden sie auch von den niederen Gerichten verhängt und von ei-

---

273 BayHstA: KMS 1589/I/21. Für weitere Variationen dieses Mandats siehe BayHstA: KMS 1598/III/13, Aii r-Aiii r und KMS 1604/XII/2.

274 Dülmen: Theater des Schreckens 1988, 11 & 65-71. Siehe auch His: Geschichte des deutschen Strafrechts 1928, 94.
Auch Quanter gibt zu, dass die härteren Schandstrafen den Ehrenstrafen recht nahe kamen. Beide tangierten die Ehre, aber nur die Ehrestrafen trafen sie von Rechts wegen. (Quanter: Die Schand- und Ehrenstrafen 1901, 7).

nem Stadtknecht durchgeführt. Die strafrechtliche Berührung mit dem Henker, die bei den Ehrenstrafen die Regel war, hätte nämlich keine Wiedereingliederung in die Gesellschaft erlaubt.[275] Bei genauerer Einsicht in die Münchner Schand- und Ehrenstrafen wird deutlich, dass diese Kriterien auch da festzuhalten sind. Nur in einem Punkt muss das von Dülmen beschriebene Bild präzisiert werden: Die Rückkehr eines durch den Henker Verwiesenen scheint doch manchmal möglich gewesen zu sein.

In den 1940er Jahren machte Funke deutlich, dass gerade eine Ehrenstrafe den Verurteilten auf Lebenszeit entehrte. Die entehrenden Strafmittel, die den Leibesstrafen gleich geachtet wurden, waren das Auspeitschen oder Stäupen, das Aufstellen am Pranger und das Brandmarken. Die Schandstrafen dagegen galten als bürgerliche Züchtigung und raubten die Ehre nicht. Sie wurden auf verschiedenste Art vollzogen, „mit feststehenden Geräten und mit tragbaren". Bei den Schandstrafen genügte es oft „die Verurteilten – wie böse Kinder in die Ecke – auf einen bestimmten Platz zu stellen".[276] Die Schandstrafen waren so verschiedenartig, dass „sich schon in der Auswahl der Strafe die Möglichkeit bot, für die verschiedenen Delikte und die verschiedenen Charaktere der Angeklagten ein aequivalentes Strafmittel zu schaffen", schreibt Quanter. Mit Schandstrafen konnte auch die Rutenzüchtigung kombiniert werden.[277] Quanter, Dülmen und Funke, denen dabei sicherlich zu folgen ist, scheinen hier übereinzustimmen. Im Laufe seiner Forschungen hat die Anschauung Dülmens über das Verhältnis und Wesen der Schand- und Ehrenstrafen deutlich an Kontur gewonnen. Um 1900 konnte man allerdings bei Quanter schon dieselben Ergebnisse finden.

Breit stellt fest, dass die Schandstrafen neben den Geldstrafen das eigentliche Mittel der Niedergerichtsbarkeit im 16. Jahrhundert wurden. Sie dienten vor allem zur Ahndung solcher Delikte, die im Mittelalter straffrei geblieben oder unter die Gerichtsbarkeit der Kirche gefallen waren. So wurden nun u. a. Unzucht, Gotteslästerung und Trunksucht durch die weltlichen Behörden verfolgt, die sich um die sittliche Erneuerung der Bevölkerung sorgten. Die Schandstrafen beraubten den Verurteilten nicht seiner Ehre, auch wenn sie ihn wie die Ehrenstrafen dem Spott

---

275 Dülmen: Der ehrlose Mensch 1999, 69-73.
Auch Quanter macht einen deutlichen Unterschied zwischen Schandstrafe und Ehrenstrafe. Wenn es sich um eine „einfache Ehrenstrafe oder eine richtige Schandstrafe" handelte, waren Oberrichter und Scharfrichter nicht dabei. (Quanter: Das Liebesleben 1909, 338).
Rublack macht deutlich, dass der Pranger eine lebenslange infamierende Wirkung hatte, weshalb diese Strafe mit der Ausweisung verknüpft wurde. (Rublack: The Crimes of Women 1999, 78).

276 Funke: Alte deutsche Rechtsdenkmale 1940, 110 & 123.

277 Quanter: Die Schand- und Ehrenstrafen 1901, 8.

der Menge aussetzten. Ein zur Schandstrafe verurteilter Handwerker konnte also weiterhin sein Gewerbe ausüben. Durch die Verurteilung zu einer Ehrenstrafe dagegen verlor der Delinquent seine Ehre. Er konnte keine Ämter mehr bekleiden, wurde nicht mehr als Zeuge zugelassen und wurde aus dem Handwerk, das nur ehrbare Leute zuließ, ausgeschlossen.[278] So hatten die Schandstrafen rechtlich eine Ehrminderung, die Ehrenstrafen den Ehrverlust als Folge. Ehrenstrafen infamierten, Schandstrafen nicht. Ehrenstrafen verletzten die juristische Ehre, Schandstrafen befleckten die soziale Ehre.

Die offensichtliche Schwierigkeit bei der Definition der Ehre besteht darin, dass in den Beschreibungen und Erklärungen ihre unterschiedlichen Seiten in der Regel vermengt präsentiert werden. Dies ist auch eine der Ursachen, warum Schandstrafen und Ehrenstrafen in der Literatur sehr schwierig, manchmal gar nicht voneinander zu unterscheiden sind. Für heutige Wissenschaftler ist es allerdings notwendig, den damaligen Gebrauch mit dem heutigen Begriffsinstrumentarium zu fassen, wobei man auch vorsichtig sein sollte, dass einen die Flügel der Theorie nicht in allzu fern von den zeitgenössischen Einstellungen tragen. Ich hoffe den Leser nun davon überzeugt zu haben, wie in dieser Arbeit in der Folge Schand- und Ehrenstrafen gedeutet werden.

Soziale und symbolische Dimensionen der Schand- und Ehrenstrafen

Die frühneuzeitliche Ehre war in vielem öffentlichkeitsabhängig. Es steht fest, dass weder Schand- noch Ehrenstrafen ohne Mitwirkung der Öffentlichkeit, d. i. ohne die jeweilige Gemeinschaft, funktionieren konnten. Dies hebt die soziale Seite dieser Sanktionen hervor: Sie forderten einen möglichst öffentlichen Vollzugsort und -zeit, wobei die Anwesenheit des Publikums sehr wichtig war. In der Praxis kamen die Fälle auch oft durch Gerüchte vor Gericht, so dass die Sozialdisziplinierung trotz des Inquisitionsverfahrens dabei eine wichtige Rolle spielte. Bei der Protokollführung der Beleidigungen war es wichtig zu notieren, dass der Angeklagte den anderen etwa „*in ainer offen zech ainen ehreuergessnen... losen mann gescholten*" oder „*auf offentlichen dändlmarckht r. im arsch lekhen*

278 Breit: Verbrechen und Strafe 2000, 336 & 341. In seinem früheren Buch spricht Breit allerdings etwas undeutlich über „öffentliche Schandstrafen", die auch „Leibesstrafen" genannt wurden. Er behauptet, dass etwa die Strafe vom Halseisen, wobei die Delinquenten dem öffentlichen Gespött preisgegeben wurden, von entehrendem Charakter gewesen wäre. (Breit: Leichtfertigkeit 1991, 134). Meines Erachtens sollte, da das Halseisen nicht infamierte, in diesem Zusammenhang besser von einem „schändlichen" Charakter der Strafe gesprochen werden.

haissen" hatte. Durch eine öffentliche Bestrafung konnte die Ehre aber auch rehabilitiert werden, weil sie ihre unrechtmäßige Verletzung zum Ausdruck brachte.[279]

Je öffentlicher der Ort war, an dem eine Beleidigung formuliert wurde, desto schlimmer wurde sie empfunden, da eine große Öffentlichkeit eine entsprechend große Beschädigung der Ehre zur Folge hatte. Außerdem erforderte eine „öffentliche Sünde" traditionell eine öffentliche Strafe[280]. Ein Ausschnitt aus Dedekinds *Grobianus*, in dem alles verkehrt verstanden werden soll, verdeutlicht seinerseits die Bedeutung der Öffentlichkeit. Dem Grobianus wird angeraten, auf einen zu Tisch sich grob benehmenden Menschen derart zu reagieren:

„so soltu vberlaut sein spotten, vnd lachen des groben bacchanten, solts auch vorn leuten nit verquanten, vnd würff im alter grober sew, in seinen bart zwo oder drey, daß jedermann dein wird gewar, vnd vrsach deines spöts erfar: so wirt er's in sein oren nehmen, vnd sich vor erbarn leuten schemen, vnd auß eim narren witzig werden, so erb du von im solch geberden, vnd je mehr leut da sind vorhanden, souil bring du in eh zu schanden."[281]

Neben der Öffentlichkeit spielte auch die Körperlichkeit eine entscheidende Rolle beim Strafvollzug und bei den Beleidigungen. Waardt betont ganz richtig die Wahrnehmung von Unmittelbarkeit der Beziehung zwischen Körper und Ehre in der Frühmoderne.[282] Andererseits waren auch Symbole sowohl für die Aufrechterhaltung der Ehre als auch für die Schmähung oder Zerstörung derselben sehr wichtig, konstatiert Rogge.[283] Die symbolische Schmähung des Delinquenten durch Strafe konnte u. a. das öffentliche Tragen einer Narrenkappe oder

---

279 StadtA: SG 867/3 (1594), 56 (Schuldsachen) und 867/ 7(1598), 15. Siehe auch Quanter: Die Schand- und Ehrenstrafen 1901, 15-16.

280 Siehe beispielsweise Pauli: Schimpf und Ernst 1522, 51.

281 Dedekind: Grobianus 1551, 24.
„Verquanten" sei Gaunersprache und soll in der Bedeutung von „brüsten" oder „prahlen" verstanden werden.

282 Waardt: Ehrenhändel, Gewalt und Liminalität 1995, 317.
Pitt-Rivers schreibt über das Verhältnis zwischen Ehre und der physischen Person bzw. Schädigung der Ehre durch Schädigung des Körpers. In traditionellen Gesellschaften wurde die Ehre durch Rituale und Symbole sichtbar gemacht. Sie war auch mit der Anwesenheit der Person verbunden: Wurde die Ehre durch Worte oder Taten in Abwesenheit der Person angegriffen, war sie nicht in demselben Maß verletzt. (Pitt-Rivers, Julian: Honour and Social Status 1965, 25-29).

283 Rogge: Ehrverletzungen und Entehrungen 1995, 11-112. Siehe auch Schreiner & Schwerhoff: Verletzte Ehre 1995, 11-12.
Auch die Entehrung von Bildern und Statuen durch Verbrennen, Abhacken der Glieder und anderen dergleichen Prozeduren weckten bei zeitgenössischen Betrachtern die Assoziation von förmlichen Strafverfahren und ihrer abschreckenden sowie ehrenrührigen Begleiterscheinungen. (Schnitzler: Geschmähte Symbole 1995, 299).

des Lastersteins bedeuten.[284] Damit kommt man zu Mechanismen der gesellschaftlichen Ausgrenzung und sozialer Kontrolle. Nach Schwerhoff lassen sie sich am besten am Beispiel von weniger spektakulären Delikten wie Trunkenheit, Gotteslästerung oder unmoralischem Verhalten verfolgen, d. h. bei Vergehen ohne direkte Schädigung von Personen.[285] Diese Delikte gerieten im Laufe des 16. Jahrhunderts zunehmend in die Bestrafungsgewalt der weltlichen Obrigkeiten und wurden öfters mit Schand- und Ehrenstrafen bestraft. Mit Kleidern, Gegenständen, Farben, Körperstellungen, Prozessionen usw. wurde auf die begangene Tat und/oder auf deren Schändlichkeit symbolisch hingedeutet.

---

284 Fuchs: Um die Ehre 1999, 120-122.
Da Kleider öffentliche Zeichen der Standesehre waren, konnte man auch beim Tragen schimpflicher Tracht sein öffentliches Ansehen verlieren. (Dülmen: Der ehrlose Mensch 1999, 73).
Manchmal setzte die Vollstreckung einer Kränkungsstrafe nicht die körperliche Präsenz des Täters voraus, sondern auf den Verurteilten konnte symbolisch gedeutet werden. Um symbolische Handlungen geht es auch dann, wenn eine Leibesstrafe aus Gnade nur symbolisch vollzogen wurde. (Esser: Die Ehrenstrafe 1956, 39).
Rogge weist auf eine besondere Form der Selbstentehrung hin, von der zu sprechen ist, wenn jemand in demütiger Haltung sich das Wohlwollen einer ranghöheren Person sichern wollte. So konnte man sich z. B. mit Asche auf dem Haar barfuss zu dieser begeben. Rogge berichtet auch, wie ein Augsburger Bürger, der Geld aus der Zunftkasse gestohlen hatte, in den ersten Jahren des 16. Jahrhunderts bestraft wurde. Er musste einen hohen Stuhl vor der Rathaustreppe besteigen und wurde seiner Ehre verlustig erklärt. Er konnte sich nicht mehr um ein Amt bewerben und musste künftig auf alle Zeichen verzichten, die seine herausgehobene soziale Position und seinen Ehrenrang dokumentiert hatten: Kostbare Stoffe und größere Waffen wurden ihm verboten. (Rogge: Ehrverletzungen und Entehrungen 1995, 133 & 136-137). Durch diese öffentlichen und symbolischen Maßnahmen wurde die neue soziale Stellung dieses Mannes verdeutlicht.

285 Schwerhoff: Devianz 1992, 398-399. Siehe auch Schwerhoff: Aktenkundig 1999, 11-13.
Im Schwabenspiegel wurde die Verächtlichmachung in der Öffentlichkeit im Hinblick auf den Geschmähten als sozialer Tod empfunden und konnte deswegen mit Todesstrafe bestraft werden. Die in der Öffentlichkeit verübten Straftaten mussten in der Regel auch öffentlich bestraft werden. (Fuchs: Um die Ehre 1999, 153 und Heydenreuter: Kriminalitätsgeschichte Bayerns 2003, 232).
Beschimpfliche symbolische Handlungen konnten auch von den Mitmenschen spontan ausgerichtet werden. Einen Angriff auf die sexuelle Integrität konnte beispielsweise die besondere Verwendung von Stroh bedeuten, indem der Mann eine Handvoll Strohhäcksel von der Haustüre der untreuen Verlobten in Richtung der Kirchentür streute. Als Hinweis auf die Strafe des Steintragens konnte ein Stein vor die Haustür gelegt werden. Ähnliche Strafandeutungen fanden auch Verwendung in den Darstellungen der Schmähbriefe, wenn der Gegner mittels Worten und Bildern eine imaginäre Strafe erleiden musste. (Schwerhoff: Köln 1991, 274-275 und Schreiner & Schwerhoff: Verletzte Ehre 1995, 20-21). Gleich wie öffentliche Strafen, erforderten auch diese Beleidigungen die möglichst große Öffentlichkeit, damit sie ihr Ziel, die Schmähung der Ehre, trafen.

Viele heutige Wissenschaftler, wie z. B. Schreiner und Schwerhoff sind sich darüber einig, dass Strafen, die den öffentlichen Vollzug erforderten und deren Wirkung also durch Hohn und Spott gesteigert wurde, nicht als bloße obrigkeitliche Rechtsakte verstanden werden dürfen. Sie stellten auch soziale Sanktionen dar.[286] Der Kern dieses Zitats stammt aus dem im Jahr 1980 erschienenen Buch *Alte Gerichtsbarkeit*. Da wurde wie folgt formuliert: „Denn die Ehrenstrafe wurde im Grunde nicht von dem Scharfrichter oder dem Stadtknecht usw. vollzogen, sondern von der Öffentlichkeit selbst. In der Verspottung durch das Volk lag die eigentliche Strafe, die deshalb infam machte. Die Ehrenstrafen waren niemals rechtliche Strafen im modernen Sinn, sondern soziale Sanktionen."[287] Ähnlich wird die Rolle des Publikums von Rogge hervorgehoben. Er behauptet, dass die Ehrenstrafen nur dann wirken konnten, wenn sich die strafende Obrigkeit und die Öffentlichkeit über die Verhängung der Strafe einig waren.[288]

Der Leser mag sich daran erinnern, was vorher im Zusammenhang von den Unterschieden zwischen Schand- und Ehrenstrafen geschrieben wurde: Nur juristische Maßnahmen konnten infamieren bzw. die Rechtsstellung ändern. Zweifellos setzte der Vollzug von allen öffentlichen Strafen ein mehr oder weniger aktives Mitspielen des Publikums voraus. Sicherlich wurde das soziale Leben des Betroffenen sowohl nach einer Schand- als auch nach einer Ehrenstrafe verletzt, weil seine Mitmenschen vor Angst und Abscheu oft nichts mehr mit ihm zu tun haben wollten. Dies bedeutete aber noch nicht die Vernichtung der juristischen Ehre. Der Öffentlichkeitscharakter dieser Sanktionen spricht ihnen also eine soziale Dimension zu, die unbestritten ist, wobei ihre juristische Seite doch nicht vernachlässigt werden sollte. Die Überlegungen hinsichtlich der sozialen Dimensionen treffen alle einen wichtigen Aspekt der Kränkungsstrafen, genügen aber nicht für das gesamte Spektrum. Außerdem findet oft wieder nur der Begriff Ehrenstrafe Verwendung, obwohl es sich deutlich auch um die Schandstrafe handelt. Demzufolge kann die „soziale" Definierung nicht ohne Vorbehalt angenommen werden.

Dere Definition von Neumann, dass Schand- und Ehrenstrafen obrigkeitliche Sanktionen waren, deren Erfolg wesentlich von den gesellschaftlichen Reaktionen abhing, ist meines Erachtens zuzustimmen.[289] Diese Strafformen wurden häufiger als die Ehre im Laufe des Spätmittelalters und besonders im 16. Jahrhundert „zum juristischen Instrument".[290] Dabei ist es wichtig dran zu erinnern, dass es sich tatsächlich nicht um spontane Lynchjustiz der Volksmenge handelt. Schand- und

286 Schreiner & Schwerhoff: Verletzte Ehre 1995, 2.
287 Schild: Alte Gerichtsbarkeit 1980, 212.
288 Rogge: Ehrverletzungen und Entehrungen 1995, 143.
289 Neumann: Von Kirchenbuße zu öffentlicher Strafe 2002, 159.
290 Siehe Härter: Freiheitsentziehende Sanktionen 2003, 68-70.

Ehrenstrafen dürfen auch nicht mit den privaten Handlungen gegen die Ehre des anderen, wie Schmähbriefe oder Beleidigungen verwechselt werden, es sei denn, dass beide ähnliche soziale bzw. öffentliche und symbolische Züge besaßen. Mit anderen Worten waren sowohl Schand- als auch Ehrenstrafen in ihrem Kern rechtliche Sanktionen, die in Folge eines von der Obrigkeit geführten Rechtsprozesses vollzogen wurden. Sie besaßen jedoch deutlich bestimmte soziale Dimensionen.

Während die Schandstrafe hauptsächlich soziale Verachtung bezweckte, zielte die Ehrenstrafe ihrerseits auf die juristische Abgrenzung. Die Letztere hatte natürlich auch soziale Wirkungen. Wegen des infamierenden Charakters der Ehrenstrafe war die Rückkehr in die Gemeinschaft in der Regel nicht mehr möglich, sondern der Verbrecher verlor seine juristische Ehre, seinen *dignitas civilis*, und seinen Status in der Gemeinschaft, Zunft usw. Es folgte der Ehrverlust. Die Ehrenstrafen waren Malefizstrafen bzw. hochgerichtlich und wurden vom Henker vollzogen. Eine Schandstrafe dagegen infamierte nicht und die Rechtsstellung des Betroffenen veränderte sich deshalb de jure nicht. Allerdings hatte der straffällig Gewordene unter einer Rufminderung zu leiden und seine soziale Ehre war damit zumindest auf Zeit geschädigt worden. Es folgte eine Ehrminderung. Die Schandstrafen waren niedergerichtliche Strafen und wurden von Amtsleuten, nicht vom Henker vollzogen. Nach erlittener Schandstrafe war im juristischen Sinne ein normales Leben in der Gemeinschaft möglich.

Das Geschlecht und der gesellschaftliche Status

Im Rechtsstaat sind die Gesetze „unabdingbare Regulatoren“ für ein Zusammenleben in Frieden und Freiheit. Das Gesetz garantiert die Würde des Menschen und sichert seine persöhnliche Freiheit.[291] Dieses Bild trifft noch nicht die frühneuzeitliche Rechtswirklichkeit, wenngleich sich das Recht in dieser Phase in einer nicht vorhergesehenen Entwicklung unaufhaltsam „modernisierte“. Die Gesetze garantierten noch lange nicht gleichermaßen die Würde und Freiheit aller Menschen und das Recht war für alle nicht dasselbe. Zum Untersuchungszeitpunkt hatten sowohl das Geschlecht des Angeklagten wie auch sein gesellschaftlicher Status einen bedeutenden Einfluss auf den Rechtsprozess und auf die Verurteilung. Diese Verhandlungsweise wurde in der vormodernen Ständegesellschaft noch für durchaus normal gehalten, und erst im 18. Jahrhundert

291 Schlosser: Rechtsetzung 1987, 44.

wurden Stimmen lauter, die diese heute eindeutig rechtswidrigen Umstände kritisierten.

Nach Bourdieu widersetzt sich das Ethos der Ehre schon prinzipiell einer universalen und formalen Moral, die allen Menschen ein gleiches Maß an Würde und Recht zuspricht. Ein und derselbe Ehrenkodex diktierte Verhaltensformen, die je nach gesellschaftlichem Standort des Individuums einander völlig konträr waren. Für Männer und Frauen galten unterschiedliche Regeln. So waren auch die Regel, die der Beziehung zwischen Mitgliedern der eigenen Gruppe zugrunde lagen, und die Regel, die für die Beziehung mit Fremden galten, verschieden.[292] Die Zielgruppen für Schand- und Ehrenstrafen, die in den Quellen dieser Studie vorkommenden, waren hauptsächlich eigene Bürger von niederem und mittlerem Stand sowie Bewohner der Stadt. Daneben gerieten auch einige fremde Personen, die innerhalb des Burgfriedens inhaftiert wurden, vor den Stadtrat.[293] Dabei darf nicht vergessen werden, dass u. a. unsesshafte Personen oft vor dem Hofrat verurteilt wurden.

Hinsichtlich der Schand- und Ehrenstrafen muss sicherlich berücksichtigt werden, wer eigentlich als Träger von Ehre im Rechtssinn aufgefasst wurde. Diebe kamen meistens aus den Randgruppen oder ansonsten materiell ungesicherten Unterschichten, aber Gewalttäter waren oft Mitglieder der Mittel- oder Oberschichten. Dies war allerdings nicht immer der Fall. Es ist irreführend, von der Kriminalität zu sprechen, als ob sich dahinter eine einheitliche Gruppe von Delinquenten verbergen würde.[294] In dem Sprachgebrauch der Zeit, wie etwa in den landesherrli-

---

292 Bourdieu: Entwurf einer Theorie der Praxis 1976, 44-45. Siehe auch Ylikangas: What happened to Violence 1998, 80-81.
Nach Forschungen von Karl Härter hinsichtlich der Strafpraxis in Kurmainz zwischen den Jahren 1560 und 1802 wurden die Strafen deutlich nach dem sozialen Status des Delinquenten entschieden. Die bürgerlichen Strafarten, die leichteren Arbeitsstrafen und die Kirchenbuße wurden fast ausschließlich gegen einheimische Delinquenten verhängt, während Todesstrafe, Galeere und Landesverweisung überwiegend Angehörige von Randgruppen, insbesondere Vaganten, Zigeuner und Bettler trafen. (Härter: Freiheitsentziehende Sanktionen 2003, 74-75).
Ähnlich stellt Dülmen fest, dass hauptsächlich Verbrecher von unteren Schichten und Fremde an den Pranger gestellt wurden. (Dülmen: Der ehrlose Mensch 1999, 82. Siehe auch Dülmen: Theater des Schreckens 1988, 65 & 74).

293 Es ging hauptsächlich um Männer, aber manchmal auch um Frauen, die wegen ihres unbeherrschten Alkoholkonsums, Gewalttätigkeiten oder schlechten Benehmens ständig in Auseinandersetzungen mit ihren Familienmitgliedern, Nachbarn und mit dem Beamtentum gerieten. Oder es waren meistens weibliche Angeklagte, die wegen ihrer mutmaßlichen „Unzucht" oder eigentlichen unerlaubten sexuellen Beziehungen angeschuldigt wurden.

294 Schwerhoff: Devianz 1992, 402. Siehe auch Esser: Die Ehrenstrafe 1956, 29.

chen Mandaten, wurden gewisse Delikte von vornherein gewissen gesellschaftlichen Gruppen zugeschrieben. So wurden diese Menschen dadurch verdächtigt, auch wenn es im konkreten Fall häufig kein Beweis dafür gab, dass bestimmte Mitglieder dieser Gruppe gegen ein bestimmtes Gesetz verstoßen hätten. Spricht man über die Bestrafung hinsichtlich des Geschlechtes, wird man feststellen müssen, dass die absolute Mehrzahl der straffällig Gewordenen männlich war. Deshalb wird das Geschlecht meistens erst dann wahrgenommen, wenn es um Frauen geht.

Roper betont die Objektualisierung der Frau im 16. Jahrhundert: "In this universe, women are sexual objects rather than subjects, resources to which access is either to be denied, secured to one man alone or allowed to all men, depending upon the status of the woman as virgin, matron or prostitute."[295] Dieses sexualisierte Frauenbild wird vertieft durch die offenbaren Unterschiede in der Rechtsstellung der „ehrlichen" Frau und ihrer „unehrlichen" Zeitgenossin, beide Bezeichnungen, womit auf den sexuellen Status der Frau hingedeutet wurde. Während die Entführung einer ehrbaren Frau in den meisten Rechten als ein todeswürdiges Vergehen verstanden wurde, galt diese Strafe nicht, wenn „*jemandt ein vnehrlich weib oder bulerin hinweg geführet hette*".[296] Nach His wurden die Frauen ursprünglich den Unmündigen gleichgestellt und sie mussten oft weniger Bußgeld bezahlen. Später wurden Frauen statt Geldstrafe häufig mit ehrmindernden Sanktionen bestraft.[297] Es ist unbestritten, dass das Geschlecht eine nicht unbedeutende Rolle vor Gericht spielte.

---

295 Roper: The common man 1987, 3.
Rublack weist darauf hin, dass die Stellung der Frau in der Gerichtspraxis und Urteilsprechung der Frühen Neuzeit genauer untersucht werden sollte. (Rublack: The Crimes of Women 1999, 7-8). Zum Thema Geschlecht und Kriminalität siehe auch Schwerhoff: Aktenkundig 1999, 149-167.

296 Es sei todeswürdig „*ein eheliche jungfrauwe, ein ehefraw, ein witwe oder eine weibsperson, die in kloster ist mit gewalt oder sonst vnehrlicher weise*" zu entführen und also „*wider jren willen jr jungfrauwlich oder frauwlliche ehr*" zu nehmen. So ordneten es sowohl Reichsgesetzte und lokale Regelungen, als auch sächsische und bayerische Rechte an. Nach Gemeinem Recht drohte dem Entführer der Tod ungeachtet darauf, ob die Frau geneigt gewesen war oder nicht: „*es miltert auch solche straff keins wegs, ob gleich die jungfrauw oder frauw jren willen zu der entführung gegeben*". (Sauer: Strafbüchlein 1579, 74-75, 78-79 & 81).

297 His: Geschichte des deutschen Strafrechts 1928, 7-9.
Nach dem Landrecht Kaiser Ludwigs des Bayern waren Frauen zeugenfähig nur in ehelichen Sachen, Vergewaltigung und Rechtsgeschäften auf dem Sterbebett. (Schlosser: Juristischer Kommentar 2000, 273, Schwab: Edition 2000, 145, Oberbayerisches Landrecht Artikel 325).
Nach dem Landgebot des Jahres 1520 durfte die Frau ihren Ehemann vor Gericht „*on sonndern bevelch unnd gwallt des manns nit vertretten*". (BayStabi: Res 2/Bavar. 244 (1520), 4. Titel, §8).

Es stand auch nicht im Widerspruch mit dem allgemeinen Rechtverständnis, dass das gleiche Verbrechen bei verschiedenen Ständen unterschiedlich beurteilt wurde. Die ehrmindernden Strafbestimmungen galten für höherrangige Personen nur beschränkt. Eine öffentliche Strafe konnte durch Geldbuße oder Kriegsdienst abgelöst werden, oder sie wurden ihrer Ehren und ihrer Ämter entsetzt.[298] Adelige und andere „ehrbare" Leute blieben vor Ehrenstrafen in der Regel deshalb verschont, weil es keine Möglichkeit gab, diese Strafen ehrlich zu vollziehen. Über die Prügelstrafe schreibt Döpler schlicht: *„es sind die edelleuthe davon befreyet, denn die soll man nicht zur staupe schlagen"*.[299] Paradoxerweise schützte gerade die Ehre einen so vor dem Ehrverlust. Dies wurde mit einem Zirkelschluss begründet: Ehrbare sollen wegen ihrer Ehre nicht an ihrer Ehre bestraft werden.

In einer Geschichte über einen Henker macht Döpler allerdings eine interessante Bemerkung: Man könne einen Scharfrichter, ungeachtet, dass er *„ehrliche vornehme leute injuriiret und beschimpffet, an seinen ehren und guten nahmen, dran es ihm ermangelte, nicht straffen"*. Hiernach blieb der Obrigkeit nur die Möglichkeit, den Henker *„an seinem leib und blut"* zu bestrafen.[300] Auf den ersten Blick scheint dies davon zu zeugen, dass eigentlich gerade die ehrbaren Leute in ihrer Ehre, also mit Ehren- und Schandstrafen zu bestrafen waren. Die Unehrlichkeit des Scharfrichters bildet aber einen Sonderfall. Er kann nicht mit den anderen für weniger ehrlich gehaltenen Gruppen verglichen werden. Die damalige Praxis, auch die Verurteilungen in den für diese Studie gelesenen Quellen, spricht eindeutig dafür, dass die hauptsächliche Zielgruppe der öffentlichen Strafen auf Mitgliedern der Unter- und Mittelschichten baute. Schließlich muss jedoch festgestellt werden, dass die schändliche Bestrafung von höher gestellten Personen, wie

298 Heydenreuter: Kriminalitätsgeschichte Bayerns 2003, 98-99. Siehe auch Quanter: Die Sittlichkeitsverbrechen 1911, 81-83.
Innerhalb der bürgerlichen Gesellschaft gab es auch Gruppen, die zwar eine Sonderstellung in Rechtssachen hatten, aber nicht aufgrund ihres Geschlechts oder ihrer Zugehörigkeit zu bestimmten Schichten hervorstachen. Traditionell waren Studenten und Kleriker von der normalen Hochgerichtsbarkeit eximiert und wurden nur in Ausnahmefällen vor sie gebracht. Der Rektor richtete über die Universitätsangehörigen, und über die Kleriker urteilte eine kirchliche Behörde. (Schwerhoff: Köln 1991, 120).
Nach His wurden die Missetaten von Geisteskranken mehr oder weniger ähnlich behandelt wie die von Kindern. Sie konnten gewöhnlich nicht am Leben gestraft werden, sondern es wurden Strafen an Haut und Haar bevorzugt oder sie wurden durch Haft unschädlich gemacht. (His: Geschichte des deutschen Strafrechts 1928, 7-9).
Nach dem Landrecht Kaiser Ludwigs des Bayern zählten Kinder unter 14 Jahren, Vagabunden und Gaukler, Unsinnige, Blinde und Blöde, Taube und Stumme, Gebannte und Geächtete sowie Meineidige zu den Zeugenunfähigen. (Schlosser: Juristischer Kommentar 2000, 273, Schwab: Edition 2000, 145, Oberbayerisches Landrecht Artikel 325).

299 Döpler: Theatrum 1693, 867 & 894.

300 Döpler: Theatrum 1693, 595.

Ratsherren, Gelehrte oder Adelige nicht völlig unmöglich war, wenngleich sie eine Ausnahme bleibt.

Strafaktionen gegen Unterschichten, Außenseiter und Fremde, die im Ort wenig Ehre besaßen, waren unproblematischer für die Sozialstruktur als die Bestrafung von eigenen Bürgern. Nach Rublack wurde die Bestrafung von unsesshaften Personen durch Kränkungsstrafen (public shaming), kurze Haft oder Verweisungen eigentlich für keine harte Strafmethode gehalten, weil sie nicht in der Gegend blieben.[301] Diese Menschen waren bereits in den Ordnungen als verdächtig und kriminell etikettiert worden. Wenn also ein heimatloser Landstreicher vor dem Gericht stand, fiel das Urteil anders aus, als wenn ein Mitglied einer angesehenen Patrizierfamilie angeklagt wurde.[302] Bei der Urteilsfindung spielte auch die Zahlungsfähigkeit des Angeklagten eine bedeutende Rolle. Für Arme, die keine Geldbuße zahlen konnten, wurde im Gesetz eine öffentliche Bestrafung festgelegt – auch wenn sie Bürger waren. Die Schandstrafe von „vermöglichen“ Personen konnte andererseits auch zu Hause vollzogen werden.[303] Um eine durch beschränkte Öffentlichkeit gemilderte Strafe handelte sich auch dann, wenn die Maßnahmen nur vor dem Rat stattfanden.

Nach gemeinen Rechten war es dem Ehemann erlaubt den anderen Mann zu töten, wenn dieser *„so gerings standts vnnd leumuth, als die kuppler, die schalcksnarren, pfeiffer vnd singer“* war. Analog konnte ein Mann, der *„ein gemein weib gebulet hette“*, nicht wegen Ehebruch bestraft werden, auch wenn *„dasselbige weib einen ehelichen mann hette“*.[304] Sowohl die Art und Höhe der Strafe wie der mögliche Strafmilderung hingen stark von der juristischen und sozialen Ehre des Betroffenen, von seinem Sozialkapital und Stand ab. Zwischen Frau und Frau, sowie zwischen Mann und Mann herrschte ein gewaltiger Unterschied. Die sozial Mindergestellten und für weniger ehrlich gehaltenen Personen besaßen einen schlechteren juristischen Status. Demzufolge waren *„die in offnem vnleumbden höher dann ander zustraffen“*.[305] Stand und Leumund wurden gleichgesetzt und so bestätigten sich die Qualitäten der Ehre, des Status und Rufs wechselseitig. „Ehrbare“ Personen wurden in den Gefängnissen besser behandelt,

301 Rublack: The Crimes of Women 1999, 28-29 und Dülmen: Der ehrlose Mensch 1999, 74.
302 Härter: Soziale Disziplinierung 1999, 375-376 und Dülmen: Theater des Schreckens 1988, 44.
303 Schwerhoff: Köln 1991, 144-145, 187 & 443 und Breit: Leichtfertigkeit 1991, 135.
304 Sauer: Strafbüchlein 1579, 121-124 & 129.
305 Perneder: Von Straff unnd Peen 1544, IIII r-v.
Man sagt „Geld immer zu Geld kommt“, oder „Geld bringt Geld ein“, wenn man meint, dass der Reiche einfacher reicher als der weniger Vermögende noch reicher wird. Es scheint sich mit dem Sozialkapital der Ehre in der Frühen Neuzeit gleichermaßen verhalten zu haben. Siehe auch Bourdieu: Entwurf einer Theorie der Praxis 1976, 352.

und außerdem wurden sie nicht so leicht mit dem schlechten Ruf verknüpft und demzufolge vor Gericht gebracht. Nach den obrigkeitlichen Einstellungen gehörte das „grobe“ Benehmen zur Lebensweise des Volkes, die man kontrollieren und disziplinieren wollte. So wurde das Bagatellverbrechertum stark mit den niederen Schichten konnotiert.

Die Carolina beklagte, dass es an manchen Orten zu nachfolgendem Missbrauch komme, nämlich, dass *„erbare personen on vorgeend berüchtigung, bösen leumut vnd andere gnugsam anzeygung angegriffen vnd inn gefengknuß*“ gebracht werden, wodurch eine solche Person *„an seinen ehren nachtheyl erleidet*“.[306] Die differenzierte ehrmindernde Wirkung der Haft für Personen unterschiedlichen Rufs wurde auch in der bayerischen Malefizordnung diskutiert. Es wurde festgestellt, dass *„die fängliche annemung deß verhafften ehr mercklich geringert*“. Hiernach war zwischen den *„vnuerleümbten personen, die von menigklich für ehrlich gehalten*“ wurden und den „leichtfertigen und argwöhnischen Personen“ deutlich zu unterscheiden. Prinzipiell erforderte die Gefangenenfestnahme *„stärckere anzaigungen vnd vermutungen*“, aber in der Praxis konnte man auch ohne glaubwürdige Anzeigen und aufgrund von *„gemainen vermuetungen vnd argwohn*“ inhaftieren. Personen, die einen guten Ruf hatten, und von denen man wusste, dass sie nicht flüchten würden, waren allerdings nicht zu inhaftieren.[307] Ähnlich denkt Carpzov, wenn er schreibt:

> „es mögen alle vnnd jede wegen begangener missethat berüchtigte personen gefänglichen eingezogen werden, jedoch seyn adelige vnd andere vornehme leute nach gelegenheit der vmbstände in leidlicher hafft zuenthalten. wiewohl die meisten rechtlehrer schreiben, das ehrliche weibespersonen, adeliche, doctores, clerici vnd andere hochansehnliche leute der gefänglichen hafft gäntzlichen exempt vnnd befreyet seyn.“[308]

Prinzipiell sollte die allgemeine Einstellung zu dem schlechten Ruf eines Angeklagten, also die Volksmeinung, nicht als maßgebend betrachtet werden.[309] Reichten die Indizien allein nicht aus, war die die Verhaftung von solchen Personen dem Richter in der Praxis aber schon bei geringem Tatverdacht möglich. Sollten sie unschuldig sein, würde die Verhaftung den Ruf der Obrigkeit nicht beschädigen, weil solche Leute wegen bösem Leumund und Geruch als leichtfertige Per-

---

306 CCC §218.

307 MPO 1616, 799-800. Siehe auch LPO 1616, 724.
Welche Verdächtigungen in der Praxis aber zur Inhaftierung führen konnten, ist wegen der *„manchfeltigkeit der qualiteten vnnd vmbstände*“ nicht zu beschreiben oder *„durch einer einer gewissen regul zu erklären*“. Deshalb blieb die Sache in der Bestimmungsgewalt des „vernünftigen Richters“. (Carpzov: Peinlicher sächsischer Inquisition- und Achtsproceß 1638, 66).

308 Carpzov: Peinlicher sächsischer Inquisition- und Achtsproceß 1638, 67-68.

309 Perneder: Von Straff unnd Peen 1544, IIII v.

sonen bezeichnet werden konnten. Auch beim Fehlen eines vollständigen Beweises scheint die Verurteilung möglich gewesen zu sein.[310] Die Sonderstellung der Ehrlichen hingegen betraf nicht nur die Haft. Eine richtige und angemessene Ehre konnte einen ebenso vor der Folter retten. Personen, die *„in einer wirdigkeit vnd dignitet sind vnd jhre kinder, sollen nicht befragt werden, als doctores, regierer der stätte“* etc.[311] Auch die Strafe konnte gemildert werden, wenn der Delinquent *„eine persona spectabilis & loco honesto natus sey und man hoffnung hätte, daß er davon abstehen und sich bessern würde“*.[312] Die hinter diesen Gedanken stehende Weltordnung ist eindeutig: im Falle von Personen eines höheren Status konnte von der Hoffnung auf Besserung ausgegangen werden. Die Mindergestellten, die auch ansonsten mit den Kriminellen verglichen wurden, wurden aber von Natur aus für hartgesotten gehalten. Es wurde angenommen, dass sie auch zukünftig Verbrechen begehen würden.

So wie Schand- und Ehrenstrafen selbst in Form einer gewissen Ritualisierung bestimmt wurden, war auch die verletzte Ehre mittels gewisser Rituale wiederherzustellen. Die Gerichte konnten einen Verruf aufheben. In Fällen erwiesener Unschuld musste die Ehre des Delinquenten ähnlich von Amts wegen wiederhergestellt werden, damit die ehrenrührige Wirkung eines Aufenthalts im Malefizgefängnis aufgehoben wurde, und der Delinquent nach seiner Entlassung keine Schwierigkeiten bei der Ausübung seines Handwerks bekam.[313] Um sich vom

310 Heydenreuter: Kriminalitätsgeschichte Bayerns 2003, 152-153 & 167-168, Dülmen: Theater des Schreckens 1988, 15 und Härter: Freiheitsentziehende Sanktionen 2003, 68-70.
Im Allgemeinen kann man sagen, dass nicht nur das Delikt, sondern auch die Person des Delinquenten, das gerichtliche Vorgehen bestimmten. (Schwerhoff: Aktenkundig 1999, 92-95).

311 Sauer: Strafbüchlein 1579, 326-327. Mit „fragen“ ist hier die peinliche Frage, also die Tortur als Verhörmethode, gemeint.
Sehr ähnliche Regelungen sind in den bayerischen Ordnungen zu finden. (Siehe MPO 1616, 809).

312 Döpler: Theatrum 1693, 820.

313 Dinges: Die Ehre als Thema der historischen Anthropologie 1995, 52, Schreiner & Schwerhoff: Verletzte Ehre 1995, 13-15, Dülmen: Der ehrlose Mensch 1999, 64-65 und Heydenreuter: Kriminalitätsgeschichte Bayerns 2003, 259. Siehe auch Breit: Verbrechen und Strafe 2000, 169.
In gemeinen Rechten wurde betont, dass unschuldige Personen nicht verhaftet, gefoltert und bestraft werden sollten. Sauer weist u. a. darauf hin, dass im Falle der Inhaftierung eines Unschuldigen, wäre der Richter *„dem jenigen vmb ein vnrecht verpflicht vnd muß jm vmb solche schmach vnd schaden abtrag thun“*. Der Richter dürfe den Angeklagten auch nicht *„mit schmälichen worten“* anderen, ohne dass dies zur Strafe gehört. Sollte der Richter unbegründet mit Folter vorgehen, wäre sein Tun mit derjenigen Strafe zu ahnden, die er für den Unschuldigen verhängt hat. (Sauer: Strafbüchlein 1579, 340-341).

Verdacht und Verruf zu reinigen, musste man also einen juristischen Prozess durchlaufen. Jedoch bestand weiterhin die Gefahr, dass das soziale Stigma nicht beseitigt werden konnte. Die Rehabilitation der Ehre nach unrechtmäßiger Folter und Gefängnisaufenthalt oder nach vollzogener Strafe scheint durchaus selten gewesen zu sein.

Nach Carpzov war es offenbar, dass wegen Unwissenheit und Unerfahrenheit der Rechtsobrigkeit einerseits Unschuldige peinlich gefragt und bestraft wurden, andererseits aber auch Verbrecher ohne Strafe entlassen wurden. (Carpzov: Peinlicher sächsischer Inquisition- und Achtsproceß 1638, 3-6).

III. STRAFPRAKTIKEN

„*Oderunt peccare boni virtutis amore, oderunt peccare mali formidine poenae*" – gute Menschen vermeiden Laster aus Liebe zur Tugend, schlechte Menschen aus Angst vor Strafe. Da die frühneuzeitliche Obrigkeit an die disziplinierende Kraft der Bestrafung glaubte, verfügte sie über eine Reihe von unterschiedlichen Sanktionen, die entweder als abschreckende Drohungen funktionierten oder wirklich vollzogen wurden. Gegen Ende des 16. Jahrhunderts und innerhalb des Untersuchungszeitraums bildeten Schand- und Ehrenstrafen einen bedeutenden Teil dieser Maßnahmen. Im Kapitel III werden alle diejenigen Schand- und Ehrenstrafen näher betrachtet, zu denen nach den für diese Studie ausgewählten Quellen in München verurteilt wurde. Daneben werden auch Strafen erwähnt, die nur in der Literatur vorkommen, die aber aus der Perspektive dieser Studie bedeutsam sind. In diesem Kapitel wird gefragt: Wie sah die frühneuzeitliche Münchner Haft-, Verhörs- und Strafpraxis eigentlich aus? Welche waren die häufigsten, welche die eher selten vollzogenen Schand- oder Ehrenstrafen und was stellten sie dar? Welche von diesen Sanktionen infamierten, welche nicht und warum?

1. Gefängnis – ehrmindernd oder nicht?

1.1 Haft und Verhör

Untersuchungshaft und Freiheitsstrafe

Heute wird die Freiheitsstrafe in dem westlichen Kulturkreis allgemein für eine notwendige strafrechtliche Reaktion auf kriminelles Verhalten gehalten, durch die das Zusammenleben in der Gesellschaft geschützt wird. Andererseits sucht man zunehmend nach neuen Möglichkeiten, um die Nachteile der Strafhaft zu vermeiden. So werden bestimmte Täter beispielsweise zur elektronisch überwachten Hausarrest verurteilt.[314] Seit dem Spätmittelalter existierten in den deutschen Territorien zahlreiche Formen von freiheitsentziehenden Sanktionen, de-

314 Ammerer, Bretschneider & Weiß: Gefängnis und Gesellschaft 2003, 13.
Zur Problemen des modernen Gefängniswesens, u. a. seiner rassistischen, diskriminierenden, menschenrechtsverletzenden und stigmatisierenden Wirkungen, Selbstrekruitierung des Insassenbestandes, seinen hohen finanziellen Kosten für die Gesellschaft, sowie seiner mangelnden Effektivität in der Bekämpfung der Kriminalität siehe Ammerer, Bretschneider & Weiß: Gefängnis und Gesellschaft 2003, 9-13.

nen vielfältige, durchaus ambivalente Strafzwecke zugedeutet wurden.[315] So bildete auch die Haft von Anfang an eine Möglichkeit der juristischen Sanktionen, aber die Freiheitsstrafe im modernen Sinn hat keine lange Geschichte. Spricht man vom Gefängnis im 16. und 17. Jahrhundert, wird damit eher konkret auf den Vollzugsort bestimmter freiheitsentziehender Maßnahmen als auf die Gefangeneninstitution hingedeutet.

Nach der Definition Foucaults entstand das moderne Gefängnissystem erst zur Wende vom 18. zum 19. Jahrhundert. Im Hintergrund dieser Entwicklung lag jedoch die Haftpraxis der vorigen Jahrhunderte. Foucault stellt fest, dass die Haft laut den alten Rechtsregeln eine „Nichtstrafe" war. Die Entstehung des modernen Gefängniswesens basiert demzufolge auf den neuen Gedanken von Haft als „eigentliche" Strafe. Seit Ende des 16. Jahrhunderts, aber hauptsächlich im späten 17. Jahrhundert, wurden überall in Europa Zuchthäuser gebaut, in denen Bettler, Vaganten und jugendliche Delinquenten durch Disziplin, nützliche Arbeit und gottesfürchtiges Leben den Pfad der Tugend wiederfinden sollten.[316] Die veränderten Einstellungen von Haft und das damit verbundene Bauen der Zuchthäuser, das aber sicherlich auch mit fiskalischen Interessen zu tun hatte, gaben den benötigten Anstoß für die spätere Entstehung der Gefängnisinstitution. Allerdings ist der von Foucault beschriebenen Entwicklung als solcher nicht ohne Vorbehalt zuzustimmen.

Heydenreuter behauptet, dass die von Foucault stammende, noch allgemein verbreitete Meinung, die „moderne" Freiheitsstrafe leite sich von den erstmals in Amsterdam 1595 eingerichteten Zuchthäusern ab, veraltet sei. In München wurde erst 1682 ein Zuchthaus gebaut, aber seit dem späten 16. Jahrhundert war die Anwendung der vor allem kurzfristigen Freiheitsstrafen schon sehr verbreitet. Die Gefängnisse waren also nicht nur für Untersuchungsgefangene bestimmt. Gerade die kurzfristige Gefängnisstrafe gehörte in dieser Zeit zu den in den Gerichtsakten genannten Standardstrafen in Bayern.[317] In München des

---

315 Härter: Freiheitsentziehende Sanktionen 2003, 68. Siehe auch Hinckeldey: Geschichte der Verbrechen und Strafen 1980, 176-179.

316 Schwerhoff: Köln 1991, 125-128 und Foucault: Überwachen und Strafen 1976, 155-156 & 294-295. Siehe auch Bretschneider: Humanismus, Disziplinierung und Sozialpolitik 2003, 31-32.
Zur Entstehung der Strafgefängnisse in den deutschen Territorien nach dem 30-jährigen Krieg siehe Funke: Alte deutsche Rechtsdenkmale 1940, 135.

317 Heydenreuter: Kriminalitätsgeschichte Bayerns 2003, 256-258.
Auch Härter stellt fest, dass Freiheitsstrafen in der territorialen Strafjustiz weitaus stärker verbreitet waren, als die ältere Forschung annahm. Nach ihm war das Zuchthaus eher eine spätere Ausdifferenzierung der im 16. Jahrhundert weit angewendeten Turmhaft. (Härter: Freiheitsentziehende Sanktionen 2003, 78).

Untersuchungszeitraums gab es noch keine richtigen Gefängnisse im Sinne Foucaults, sondern es wurden verschiedene Kerker und Türme für freiheitsentziehende Zwecke benutzt. Außerdem scheintt die Grenze zwischen der Strafhaft und bloßen Verwahrung des Kriminellen, zwischen Haft und Untersuchungshaft relativ fließend gewesen zu sein. Auch die genaue Haftdauer wird in den Quellen selten erwähnt. Zweifellos gab es aber schon die Haft als Kriminalstrafe. Was sie aber wirklich bedeutete, war unter den Zeitgenossen umstritten. Juristische Texte und Vorschriften für Beamte einerseits und die eigentliche Praxis andererseits widersprachen einander erheblich.

Anfangs des 16. Jahrhunderts beklagte die Carolina, dass es in vielen Orten zum Missbrauch der Gefängnisse kommt, so dass sie *„nit zu der verwarung sonder mer peinigung der gefangen vnd eingelegten zugericht"* werden. Etwas später unterstrich Perneder deutlich, dass Häftlinge sollten *„menschlich unnd nit zu gar schmertzlich gehalten"* werden. Sowohl Perneder als auch Abraham Sauer waren der Meinung die Gefängnisse sollten in erster Linie der *„verwarung vnnd nicht zu straff der gefangnen"* dienen. Im Jahr 1638 argumentierte Benedict Carpzov in ähnlicher Weise, dass ein Angeklagter sollte *„nicht zur peinigung oder marter, sondern allein zur verwahrung"* inhaftiert werden. Er sollte demzufolge nicht eher *„der that geständigt oder vberwiesen, in grewliche löcher, tieffe thürme vnd andere finstere gefängnuß"* gebracht werden. Es ist zu bemerken, dass Sauer tatsächlich über Untersuchungshaft, nicht über Strafhaft spricht. Für ihn waren die Gefängnisse bloße Untersuchungsapparate. Perneder dagegen deutet sowohl auf die Untersuchungshaft als auf Gefängnisstrafe hin. Carpzov meint, man könne nach bewiesener Schuld härter behandelt und inhaftiert werden. Für ihn waren Gefängnisse wohl auch Strafvollzugsorte.[318]

Die bayerische Malefizprozessordnung von 1616 betont deutlich, dass der Gefangene *„ohne gefahr seines lebens vnd gesundheit"* inhaftiert werden sollte. Nach Carpzov durften Gefangene nicht länger als nötig im Gefängnis gehalten und da-

---

Zum Thema frühe Gefängnisse und Zuchthäuser in Skandinavien siehe Naess & Österberg: Sanctions, Agreements, Sufferings 2000, 157.

Als das Münchner Zuchthaus während des Höhepunkts der „Bettlerplage" am Ende des 17. Jahrhunderts gebaut wurde, wies man schon nach sechs Jahren ein Sechstel aller Delinquenten ins Zuchthaus ein. Es wurde ein Alternativ für Hinrichtungen von Vaganten. Seit dem Beginn des 18. Jahrhunderts lässt sich aber eine erneute Verhärtung der Strafjustiz feststellen, als die Zahl und Häufigkeit der Hinrichtungen zunahm. Zumindest in Bayern hat man also nicht mit einem linearen Prozess der Humanisierung im Strafvollzug und mit der „Rationalisierung" des Gerichtswesens zu tun, wie Foucault es allgemein beschrieb. (Nowosadtko: Scharfrichter und Abdecker 1994, 80 & 86-87).

318 CCC § 218, Perneder: Von Straff unnd Peen 1544, I r & III v, Sauer: Strafbüchlein 1579, Avii v und Carpzov: Peinlicher sächsischer Inquisition- und Achtproceß 1638, 70. Siehe auch Schwerhoff: Köln 1991, 125-128.

mit „*beschwert vnd geängstigt*" werden. Er bejaht aber, dass das Gefängnis den Gefangenen „*leibe etlicher massen schmertzen*" verursachen kann. Nach Perneder und Carpzov waren Unschuldige, alsbald der Prozess zu Ende gekommen war, zu entlassen und Schuldige zu bestrafen. Laut der Münchner Ratsprotokolle konnte der Gefangene wegen seiner „*leibsschwahait*" auch aus der Haft entlassen werden.[319] Menschen, die die Haft erlitten hatten, berichteten tatsächlich über stinkende, luftlose und feuchte Räume, in denen man lieber sterben als auch nur eine kurze Haftzeit verbringen wollte.[320] Es war auch nicht selten, dass die Gefängniswärter unnötige Gewalt gegen die Gefangenen ausübten oder sie sonst falsch behandelten.[321] Über die möglichen seelischen Folgen freiheitsentziehender Sanktionen wurde um 1600 allerdings noch meistens geschwiegen.

Die Auswirkungen der modernen, langen Haftzeiten, womit man in erster Linie nach Verbesserung der Häftlinge strebt, unterscheiden sich wesentlich von der Haft der vorigen Jahrhunderte in dunklen Verliesen neben dem Folterraum. Die vormoderne Haft bildete eine ernstliche Steigerung der Hilflosigkeit und damit eine Vorstufe psychischer Auslöschung. Diejenige, die geistig krank waren, wurden durch die Haft nicht geheilt, und diejenige, die gesund waren, erkrankten an „Schwermut und Stumpfsinn".[322] Die eigene psychische Disposition der Gefangenen – die „*betriebnus*" oder „*allerlei schwermüthikheitten*" – oder die Sehnsucht nach der Familie wird in den seltenen vorhandenen Texten explizit erwähnt. Sowohl die Sinneswahrnehmungen für enger gewordenen Raum oder gesteigerte Sensibilität für Geräusche wie auch Mäuse, Ratten und Kleinvögel, die gelegentlich die Einsamkeit der Zelle unterbrachen, werden beschrieben.[323] Die Missstände der Haft wurden in der zeitgenössischen Diskussion nicht völlig zur Seite geschoben, sondern einige Rechtsgelehrte machten tatsächlich Bemerkungen über „finstere und feuchte Löcher" und forderten menschlichere Behandlung für die Gefangenen. Im Mittelpunkt dieser Studie steht aber insbesondere die Frage von den ehrmindernden Wirkungen der Haft.

---

319 MPO 1616, 802, Carpzov: Peinlicher sächsischer Inquisition- und Achtproceß 1638, 61-63 & 71, Perneder: Von Straff unnd Peen 1544, I r und StadtA: RP 219 (1604), Fol. 2 r.
Nach Ludwig konnten auch ältere oder kranke Gefangene in andere Zellen transportiert werden, die weniger Gesundheitsschäden brachten. (Ludwig: Von „beschwerlich gefengnis" 2003, 111-112).

320 Ludwig: Von „beschwerlich gefengnis" 2003, 103-105.

321 Nach Sauer waren die Gefangenen „*menschlich vnd nicht zu gar schmerzlich gehalten, vnd in allwegen bey den hutleuten mit schwerer straff deerselben verhutet werden*". (Sauer: Strafbüchlein 1579, Avii v).
Die Klagen über die schlechte Amtsführung und Trinken der Richterknechte waren häufig und sie wurden deshalb manchmal selber auf den Pranger gestellt und mit Ruten gezüchtigt. (Bary: Herzogsdienst und Bürgerfreiheit 1997, 156).

322 Hentig: Die Strafe Bd. 2 1954-1955, 159-160, 179 & 213-216.

323 Scheutz: Ist mein schwalben wieder ausbliben 2003, 204-205.

Neben Geldbußen bildete die kurzfristige Haft das häufigste Urteil beide für Männer und Frauen. Als Strafe begrenzte sich die Kerkerhaft meistens auf einige Tage, manchmal aber auch auf Wochen. Die Untersuchungshaft hingegen erstreckte sich oft auf eine längere Zeit.[324] Frauen und Männer durften nicht in denselben Räumen eingekerkert sein.[325] Die konkreten Möglichkeiten des Vollzugs dieser Maßnahmen waren zahlreich. Sie variierten von Ketten bis zum Block, von Hausarrest bis zur in den städtischen Gefängnisräumen vollzogenen Strafhaft. Im Jahr 1613 wurde ein Bürger nach einiger Zeit Untersuchungshaft für acht Tage in seinem Haus arretiert. Er hatte das gegen Rumoren publizierte fürstliche Mandat, das an dem Tor hängen sollte, weggerissen. Männer, die wegen Trunkenheit bzw. ihrer Folgen bestraft wurden, schickte man öfters in Ketten nach Hause.[326] Es wird nicht ersichtlich, ob die Verurteilten ihre volle Strafzeit in ihren Häusern verbrachten bzw. an die Wand gefesselt wurden, oder ob sie in den Ketten frei gehen konnten. Jedoch war eine solche Strafe in dermaßen erniedrigend, dass man sicher lieber im Haus blieb, um so wenig wie möglich zum Objekt des Stadtgeschwätzes zu werden.

Nach Forschungen von Heydenreuter wurde die kurzfristige Haft in der Regel ersatzweise statt Geldstrafe vor allem bei vermögenslosen Straffälligen verhängt. In Bayern musste der Gefangene meistens trotzdem seinen Unterhalt bzw. die „geringe Atzung", d. i. Wasser und Brot, selbst bezahlen. Die kurzfristige Gefängnisstrafe konnte auch mit einer Malefizstrafe kombiniert werden. Heydenreuter betont deutlich, dass die in den Niedergerichtsgefängnissen stattfindende kurzfristige Freiheitsstrafe nicht infamierend war. Infamierend wurde ein Gefängnisaufenthalt erst dann, wenn er länger dauerte, im Malefizgefängnis vollzogen wurde oder Folter enthielt. Diesen Eindruck gewinnt man auch von den für diese Studie eingesehenen Quellen. Die kurzfristige Freiheitsstrafe konnte allerdings im Falle eines männlichen Gefangenen durch Einschlagung in den Stock bzw. den Block verschärft werden.[327]

---

324 Rublack: The Crimes of Women 1999, 75-76 und Schattenhofer: Das alte Rathaus 1972, 300. Siehe auch Härter: Freiheitsentziehende Sanktionen 2003, 76-77.

325 Perneder: Von Straff unnd Peen 1544, I v.

326 StadtA: RP 219 (1604), Fol. 224 r und RP 228 (1613), Fol. 175 v.
Nach His bilden die im Mittelalter gebräuchliche lebenslange Einmauerung statt Todesstrafe und die Ankettung im eigenen Hause den Übergang zur Hausarrest. (His: Geschichte des deutschen Strafrechts 1928, 92). Als Beispiel für den frühneuzeitlichen Hausarrest, in der eine junge Frau von seinem Vater mit Kette zum Küchentisch gefesselt wird, siehe Ozment: Die Tochter des Bürgermeisters. Die Rebellion einer jungen Frau im 16. Jahrhundert 1999.

327 Heydenreuter: Kriminalitätsgeschichte Bayerns 2003, 263-264. Siehe auch Boll: Reichstagsmuseum 1963, 40-41.
Der Fußblock oder der Stock diente zur Festsetzung der gefangenen Missetäter bis zum Termin der gerichtlichen Verhandlung. (Maisel: Rechtsarchäologie Europas 1992, 140).

Nur einmal weisen die Vermerke darauf, dass eine kurze Gefängnisstrafe bzw. Untersuchungshaft durch Öffentlichkeit besonders schändlich gemacht werden konnte. Im Jahr 1613 wurde betreffend zweier betrügerischer Tuchmacher festgestellt: *„man soll sie alsbald offentlich in die schergenstuben einführen"*.[328] Da eine „öffentliche" Einführung in die Schergenstube sonst nie erwähnt wird, handelt es sich hier wohl um einen Sonderfall. Man wurde aber dahin auch nicht heimlich gebracht, weil der Eingang auf einem öffentlichen Platz war.

Wie kurz war aber eine kurzfristige Gefängnisstrafe und wann wurde sie so lang, dass sie die infamierende Wirkung besaß? Diese Fragen sind nicht eindeutig zu beantworten. Beispielsweise im Jahr 1600 wurde ein Mann, der gegen das Verbot Branntwein gebrannt hatte, in die Schergenstube gebracht, weil er eine Buße von 10 Talern nicht bezahlen wollte. Nach drei Tagen wurde er „mit starkem Verweis" entlassen. Weil seine Frau nach dem Protokollvermerk *„ein hefftige böse hadergierige weibs person"* war, wurde sie *„ebenmessig in die schergenstuben condemniert"*.[329] Zur Haft in der Schergenstube wurden also keineswegs nur Schwerkriminelle oder männliche Verbrecher verurteilt. In diesem Fall geht es um einen „kurzen" Gefängnisaufenthalt von drei Tagen, der die angeordnete Geldbuße ersetzte. Da die Haftlänge nicht immer erwähnt wird, konnte die durchschnittliche Haftlänge hier nicht bemessen werden. Es sieht allerdings aus, dass eine gewöhnliche Haftzeit der disziplinierenden Züchtigung, die noch „kurzfristig" genannt werden kann, sieben Tage dauerte. Dabei scheint es keinen Unterschied zwischen männlichen und weiblichen Gefangenen gegeben zu haben.

Längere Gefängnisstrafen waren in Bayern auch keine Ausnahme, auch wenn sie das Problem aufwarfen, dass man nicht genau wusste, was man mit dem Delinquenten anstellen sollte. Längere Einkerkerungen kosteten Geld und Raum und an beiden war Mangel. In der Au bei München hat man beispielsweise um 1600 ein Gefängnis gebaut, das schon 1616 nicht mehr ausreichte. Die Verhängung ewiger Gefängnisstrafen war in Bayern früher unzulässig gewesen, wurde aber seit der zweiten Hälfte des 16. Jahrhunderts von der Rechtswissenschaft immer mehr verfochten. In der Malefizprozessordnung von 1616 wurde die Möglichkeit zur Verhängung einer lebenslangen Gefängnisstrafe gesetzlich er-

---

Dabei handelte es sich um einen Holzblock mit Eisenbändern bzw. schließbaren Öffnungen für die Füße, manchmal auch für Hände und Kopf. In den Verliesen des Nördlinger Rathauskellers sind solche Balken noch am Boden gefestigt. Wurde man im Gefängnis „in Eisen" gehalten, geht es sicherlich oft um einen Block.

328 StadtA: RP 228 (1613), Fol. 131 r. Man sollte zusätzlich "*jnen in weib vnd jrer khinder beisein*" erklären, dass sie im Fall des Rückfalls samt ihren Familien verwiesen werden könnten.

329 StadtA: RP 215/1 (1600), Fol. 80 v & 87 v.

öffnet. Herzog Maximilian blieb trotzdem seinem Leben lang ein Gegner der lebenslangen Freiheitsstrafe. Anders als die von ihm bevorzugten, dem Herzogtum nützende Zwangsarbeit, Kriegsdienst und Galeerenstrafe, stellte sie ein dauerndes Sicherheitsrisiko dar und kostete Geld.[330] Es dauerte auch noch lange, bis die lebenslange Einkerkerung Schand- und Ehrenstrafen, Verweisungen und Körperstrafen ersetzte.

In den Jahren um 1600 wurden die Münchner Gefängnis- und Hafträume meist für kurzfristige Freiheitsstrafen gegen ungehorsame Handwerker benutzt oder für weniger wohlhabende Kleinkriminelle, die auf ihre Verurteilung warteten. Es kam nahezu regelmäßig zu umfassenden Strafmaßnahmen, mit denen ganz offensichtlich nicht mehr die Bestrafung des individuellen Fehlverhaltens beabsichtigt war. Dagegen boten bestimmte alltägliche Delikte die Möglichkeit zur Disziplinierung eines Handwerks insgesamt. Bestraft wurden explizit „Widersessigkeit" und „Ungehorsam".[331] In den Fällen von obrigkeitlicher Züchtigung der Handwerker war die Haftzeit normalerweise nicht lang, und der Verhaftete konnte nach ein paar Tagen oder nach Bezahlung einer Buße sein Leben als eine „ehrliche" Person und auf freiem Fuß fortsetzen. Das Verhör war eine bloße Befragung vor dem Rat. Es enthielt keine Tortur und wurde nicht in der Folterkammer durchgeführt.

Perneder weist darauf hin, dass die Obrigkeit einen Verdächtigen nur wegen einer schweren Tat einsperren darf und die allgemeine Sicherheit also die Verhaftung erfordert.[332] Nach Carpzov sollte die *„incarcertion oder gefängliche annehmung"* prinzipiell nur in solchen Delikten stattfinden, in denen eine Todes- oder Leibesstrafe verhängt werden konnte. Neben der Straftat bestimmte aber auch die gesellschaftliche Stellung und der Ruf des Angeklagten das Vorführen. War der Delinquent *„ein liederlicher mensch, so nirgends mit gütern angesessen, vnnd dannehero wegen der flucht vordächtig were"*, war die Inhaf-

---

330 Heydenreuter: Kriminalitätsgeschichte Bayerns 2003, 259-264. Siehe auch Schattenhofer: Das alte Rathaus 1972, 300.
Im Januar 1610 wurde im Rat ein fürstlicher Befehl *„wegen des temporal fenckhnises"* verlesen, aber zumindest bei dieser Sitzung wurden keine genaueren Baupläne gemacht. (StadtA: RP 225 (1610), Fol. 15 v).
In der Carolina wurde schon die Leibesstrafe als Milderung bzw. statt Todesstrafe oder *"ewiger gefencknuß"* empfohlen. (CCC §10).
Zur Galeerenstrafe siehe Heydenreuter: Kriminalitätsgeschichte Bayerns 2003, 249-252, Schlosser: Der Mensch als Ware: Die Galeerenstrafe in Süddeutschland als Reaktion auf Preisrevolution und Großmachtpolitik 1984 und Schlosser: Die infamierende Strafe der Galeere 1986.

331 Schwab: Rinder aus dem Umland 1995, 58-59 & 66-67. Siehe auch Heydenreuter: Kriminalitätsgeschichte Bayerns 2003, 258.

332 Perneder: Von Straff unnd Peen 1544, I r.

tierung auf jeden Fall empfehlenswert. Damit waren die *„berüchtigten inquisiti“* bis zur Vollstreckung ihrer Strafe im Gefängnis zu gehalten.[333] In München wurden in der Regel alle Personen, die „vor den Rat“ gebracht wurden, zuerst in die Schergenstube oder in einen Turm eingesperrt, jedoch manchmal nur für einige Stunden oder über Nacht. In der Praxis ging es nicht nur um Schwerkriminelle.

Obwohl die Untersuchungshaft primär Bestandteil des Inquisitionsprozesses war, kam sie in Verbindung mit der menschenunwürdigen Unterbringung qualitativ einer Strafe gleich. In diesen Orten wurden nach Härter überwiegend Randgruppen- und Angehörige der Unterschicht verhaftet, umso leichter, weil sie einen entehrenden Charakter hatten.[334] Es ist richtig, dass neben der Haftlänge der Inhaftierungsort selber keineswegs unwichtig war. In München müssen demzufolge die Haft im Turm und die Haft in der Schergenstube auseinandergehalten werden. Sie verursachten unterschiedliche Schäden für die Ehre. Untersuchungshaft wurde primär deshalb für infamierend gehalten, dass sie oft lange dauerte, im Malefizgefängnis vollzogen wurde und manchmal auch Folter beinhaltete. Allerdings muss betont werden, dass die kurzfristige und dadurch nicht infamierende Haft in der Regel auch im Malefizgefängnis stattfand.

Da Gefängnisse allgemein Orte waren, die eine potentielle Gefahr der ehrmindernden oder infamierenden Wirkung innehatten, war es den Rechtsgelehrten auch bewusst, dass höhergestellte Personen nicht inhaftiert werden sollten, so lange sie keine sehr schweren Delikte begangen hatten. Demzufolge durften sie nicht *„ohne vnterscheid gleich andern buben vnnd schälcken, in die gemeine gefängnuß geworffen vnnd hart angefesselt“* werden. Mit anderen Worten durften sie nicht *„in hartes gefängnuß“*, sondern nur *„in gerichtlichen gehorsamb“* oder *„in absonderliche stube vnd kammer im gerichthauß“*, oder aber im eigenen Haus mit angeordneten Wächtern gehalten werden.[335] Sie mussten keine unmenschliche Haft in düsteren und feuchten Kellerräumen erleiden, sondern wurden in lichten, luftigen und sauberen Orten gehalten. Eine solche „milde Haft“ war ein Privileg, das man wegen schlechten Benehmens allerdings auch verlieren konnte. Wenn der Prozess sich gegen den Angeklagten zuspitzte und Folter angewendet wurde, verschlechterten sich entsprechend auch die Haftbedingungen.[336] Man kann allgemein feststellen, dass je schlechter die Gefängnisumstände, desto mehr negative Folgen hatte die Haft für die Ehre des Häftlings.

333 Carpzov: Peinlicher sächsischer Inquisition- und Achtproceß 1638, 61-63 & 69.

334 Härter: Freiheitsentziehende Sanktionen 2003, 76.
Eine harte Haft, besonders wenn sie langwierig war, konnte als Milderungsgrund für die Strafe vorgebracht werden. So konnte eine harte Untersuchungshaft als Teil der Strafe angesehen werden. (Ludwig: Von „beschwerlich gefengnis“ 2003, 111).

335 Carpzov: Peinlicher sächsischer Inquisition- und Achtproceß 1638, 68-69.

336 Ludwig: Von „beschwerlich gefengnis“ 2003, 106-107 & 114.

Zweifellos wurden auch Personen, die eine schlechtere gesellschaftliche Stellung hatten, mit größerer Wahrscheinlichkeit im „harten" Gefängnis untergebracht.

Gütliche und peinliche Frage

Die frühneuzeitliche Justiz kannte zwei hauptsächliche Verhörmethode: Die „gütliche Frage" und die „peinliche Frage". Die gütliche Frage war ein Verhör ohne Anwendung von physischer Gewalt. Die „peinliche Frage" dagegen bedeutete Verhör in der Folterkammer und/oder die eigentliche Anwendung von Tortur. In der bayerischen Malefizprozessordnung wird die Folter diplomatisch *„die inquisition oder erforschung, welche die obrigkeit böser sträfflichen thaten halb fürnimmt"* genannt.[337] Schwerkriminelle, u. a. Mörder, Räuber, Kuppler, gefährliche Landstreicher oder diejenige, die wegen Hexerei angeklagt wurden, mussten in der Regel einen Verhörprozess durchgehen, in dem Drohung oder eigentliche Anwendung von Folter benutzt wurde.[338] In der Regel wurde dies nach erfolglosem „gütlichen" Verhör vorgenommen. Obwohl es in dieser Arbeit größtenteils um geringere und mittelschwere Verbrechen geht, wurde auf die Folter doch nicht völlig verzichtet.

Sowohl bei der Tortur wie im „gütlichen" Zeugenverhör war eine beschränkte Öffentlichkeit, also die Anwesenheit einer Mindestanzahl von Personen, die Voraussetzung. Neben dem Richter und Gerichtsschreiber wurden *„zwei verständige männer auß dem rath"* (Beisitzer) dazu verpflichtet. Die Anwesenheit erforderte Schweigepflicht: Alles was die Ratsmitglieder, Richter, Schreiber, Schergen und Gerichtsdiener zu hören bekamen, mussten sie *„gehaimm behalten"*.[339] Anders, als nach den modernen europäischen Rechtsprinzipien, musste der frühneuzeitliche Angeklagte im Verhör seine Unschuld beweisen, also die Gerichtsbeamten von seinem Alibi überbezeugen. Er sollte zeigen können, dass er anderswo war, als das Verbrechen passierte. Ihm war auch nützlich, wenn er Personen benennen konnte, die seine Unschuld bezeugten. Die Zeugen, die *„ohne allen verdacht vnd arckwohn"* sein mussten, waren getrennt voneinander zu verhören. Ihre Aussagen waren von dem Gerichtsschreiber bzw. dem Unterrichter aufzuschreiben. Es war wichtig, dass die Zeugen auch befragt wur-

---

337 MPO 1616, 799.

338 Siehe beispielsweise Perneder: Von Straff unnd Peen 1544, I v-II r.

339 MPO 1616, 797-798. Siehe auch Heydenreuter: Kriminalitätsgeschichte Bayerns 2003, 168-169.

den, wer sonst bei dem Vorfall dabei gewesen war.[340] Sollten die Indizien nicht ausreichen, konnten weitere Personen als Zeugen aufgerufen werden.

Die Folter als Verhörmethode ist in München seit Beginn des 15. Jahrhunderts nachweisbar, und erst im Jahr 1806 wurde sie in ganz Bayern abgeschafft. In der Praxis konnte sich ein schlechter Ruf mit entsprechenden Denunziationen sehr schnell zu einem folterrelevanten Maß an Indizien zusammenfügen. Nach dem Gesetze musste der allgemeine Leumund (*fama, Geschray*) allerdings in einem geregelten Verfahren, also durch beeidigte Aussagen von Zeugen und Bekannten, festgestellt werden. Über Anwendung und Art der Folter bestimmte in München spätestens seit Innehabung der vollen Blutgerichtsbarkeit der Rat.[341] Seit Anfang des 17. Jahrhunderts unterlag die Tortur einer starken Kontrolle der Zentralgewalt. Die zwei hauptsächlich praktizierten Foltermethoden waren Daumenschrauben bzw. Daumenstock für Frauen, ältere oder schwache Angeklagte und das so genannte Aufziehen für jüngere und gesunde Männer. Beim Aufziehen wurden dem Gefangenen die Hände mit einem Seil auf dem Rücken zusammengebunden. Danach wurde er an diesem Seil vom Erdboden mehrmals hochgezogen. Diese Folterart konnte durch an die Beine gehängte Steingewichte verschärft werden.[342] Ein solcher Gewichtstein, vom Durchmesser etwa 35 cm, mit einem Eisenring für die Befestigung des Seils, befindet sich noch im Folterraum des Nördlinger Rathauses. Dabei handelt es sich um ein erheblich schweres Gewicht. Siehe Abb. 4.

Nach der Malefizprozessordnung konnte die Tortur erst dann angewendet werden, wenn das Verbrechen so schwer war, dass deswegen die Verurteilung zu einer Leibesstrafe möglich war, und wenn der Angeklagte körperlich stark genug war.

---

340 GO 1616, 151 & 155. Siehe auch CCC §47.
Die Zeugen mussten einen Eid schwören, der am Anfang des 17. Jahrhunderts die folgende Form hatte: „*ich schwör zu gott einen ayd, daß ich in der sach, darumb ich zu einem zeugen fürgestellt bin, vnd gefragt werde, ain gantze lautere warhait sagen will, so will mir kundt vnd wissent ist, vnd darinn nichts verhalten, noch vnwarheit einmischen, weder auß freundschafft oder feindtschafft, oder vmb aygens nutz willen, auch weder von lieb, neyd, forcht, gab, noch ainicher anderer sach wegen, auch solch zeugnuß vnd mein sag verschweigen, biß die rechtlich geöffnet würdet, getrewlich vnd vngefährlich, also helff mir gott vnnd alle heyligen*". (GO 1616, 151).

341 Schattenhofer: Das alte Rathaus 1972, 308-309 und Heydenreuter: Kriminalitätsgeschichte Bayerns 2003, 165-168. Siehe auch Perneder: Von Straff unnd Peen 1544, I v-III r und Schild: Strafrecht 1980, 35-36.

342 Nowosadtko: Scharfrichter und Abdecker 1994, 58-59 und Behringer: Mörder, Diebe, Ehebrecher 1990, 91-94. Siehe auch Schattenhofer: Das alte Rathaus 1972, 308-309.
Da die Folter keine Strafe, sondern Mittel der Befragung war, müssen auch die Foltergeräte und Strafgeräte auseinandergehalten werden. (Funke: Alte deutsche Rechtsdenkmale 1940, 94).

Kinder unter 14 Jahren und *„alte leut von 60 vnd 70 jaren“* durften deshalb prinzipiell nur mit Ruten gefoltert werden. Leute von höherem Rang, Schwangere oder Frauen mit saugendem Kind, Tauben und Stummen sowie Kranke durfte man den Vorschriften nach nicht peinlich befragen.[343] Auch Carpzov betonte, dass ein Inquisitionsprozess nicht angeordnet werden dürfe, ehe die Rechtsobrigkeit von dessen Rechtmäßigkeit sicher war. Sonst wäre nämlich zu befürchten, dass *„ehrliche vnbescholdene leute gar leichtlichen vnnd ohne erhebliche vrsachen“* durch das Verfahren *„geschimpffet vnnd an jhren ehrlichen vnnd wolhergebrachten guten nahmen benachtheiliget“* werden könnten.[344] Wie bei der Bestrafung und Inhaftierung, müssten die „Unbescholtenen“ auch hier vor Ehrverlust geschützt werden. Auch die bloße Möglichkeit von Anwendung der Tortur und die Nähe des Folterraums hatten eine ehrmindernde Wirkung auf die Häftlinge, die in der Schergenstube gehalten wurden. In der Praxis wurden die Regelungen für die Folter nicht immer befolgt, sondern es wurden u. a. auch Jugendliche gefoltert.

Heydenreuter bringt ein für die Perspektive dieser Arbeit wichtiges Detail der bayerischer Rechtspraxis vor: In Bayern wurde der Scharfrichter von der peinlichen Befragung grundsätzlich ferngehalten und die Folter wurde hauptsächlich von den Schergen vollzogen. Erst wenn es Probleme bei der Tortur gab, bediente man sich des Henkers. Dies war zweifellos eine Rechtspraxis, die nicht allgemein Beachtung fand.[345] In den hier untersuchten Rats- und Malefizprotokollen, die die Foltersituation manchmal auch detailliert beschreiben, wurde keine Stelle gefunden, in der man die Persönlichkeit oder den Namen des Folterers verraten hätte. Auch in den Gerichts- und Malefizordnungen wird die Rolle des Henkers als Folterer weder zugegeben noch abgestritten. Man weiß jedoch, dass es sonst praktisch überall der Brauch war, dass der Henker persönlich für die Folter verantwortlich war. Wenngleich die von den Schergen durchgeführte Tortur einen Menschen nicht de jure infamierte, fällt es schwer zu glauben, sie hätte sozial keine ehrmindernde Wirkung gehabt.

Die Folterung brachte die Mehrzahl von Angeklagten bald zum Geständnis, aber einige benahmen sich trotzig. So bedrohte ein 18-jähriger Weberknabe, der wegen mehrfachen Diebstahls mit dem Stein aufgezogen war, den Bettelrichter, der

343 MPO 1616, 809.

344 Carpzov: Peinlicher sächsischer Inquisition- und Achtproceß 1638, 9-10 & 35. Siehe auch CCC §20 & §45-46.

345 Heydenreuter: Kriminalitätsgeschichte Bayerns 2003, 169. Siehe auch Schattenhofer: Das alte Rathaus 1972, 308-309 und Heydenreuter: Herrschen durch Strafen 1996, 128-130. Die Ehrbarkeit von unschuldig Gefolterten wurde von den Zünften regelmäßig bezweifelt, von den Gerichten aber bejaht. (Gernhuber: Strafvollzug und Unehrlichkeit 1957, 145-146).

ihn festgenommen hatte, dass „*wann er wider außkhomme vnd jn bedretten würdt, woll er jne woll abschmieren*".[346] Öfters wurde notiert, dass der Angeklagte immer wieder nichts gestehen wollte, dass er „*fürchte jme vmb nichts vnnd wisse sich nichts schuldig*".[347] Nach Perneder wäre es „*besser die überthat bleib ungestrafft, dan dass ein unschuldiger solle damniert oder mit urthail verdampt werden*".[348] Eine während der Tortur gegebene Aussage war prinzipiell auch nicht gültig, ehe sie nach der Folter in der Schergenstube wiederholt wurde.[349] Es ist allerdings fragwürdig, ob eine gefolterte Person die unter Tortur gegebenen Aussagen aus Angst vor weiteren Peinigungen ändern würde. So blieb es meist bei der durch Folter gestandenen Aussage. Eine Verhörsituation, auch wenn es nicht um Folter ging, war für den meisten Angeklagten sicherlich emotionell und psychisch sehr anstrengend. Außerdem konnten die in der Schergenstube eingesperrten Häftlinge kaum die Nähe des Folterraums vergessen.

346 StadtA: SG MP 866/3 (1598/1599), Fol. 4 v-5 v.
Perneder warnte von Häftlingen, die von „*einer so herten natur, aigenschafft unnd sterck*" waren, dass sie trotz Folter nichts bekennen würden und andererseits von Personen, die „*so forchtsamen schwachen art und gestalt*" waren, dass sie „*auß forcht der peyn*" unwahre Sachen erzählten. (Perneder: Von Straff unnd Peen 1544, II r).

347 StadtA: SG MP 866/6 (1607-1609), Fol. 348 r-348 v & 349 r-350 r und RP 224 (1609), Fol. 228 v. Siehe auch: StadtA: SG MP 866/3 (1598/1599), Fol. 4 v-5 v.

348 Perneder: Von Straff unnd Peen 1544, III r.

349 MPO 1616, 812-813.
Schwerhoff schildert einen Fall, in dem ein Kölner im Jahr 1612 wegen Unzucht angeklagt wurde. Der Mann unterschrieb ein Schuldanerkenntnis über 100 Goldgulden, behauptete aber später, dass es sei nur durch Zwang der beiden Gewaltrichter zustandegekommen sei. Er berichtete, man habe ihn stundenlang befragt und beschuldigt, und ihm u. a. mit der Ehrenstrafe des Kerzen- und Steinetragens gedroht. (Schwerhoff: Köln 1991, 55).

1.2 Die Gefängnisräume

Turmhaft

In der Frühneuzeit gab es die bürgerliche Turmstrafe als Schuldturm oder als Strafturm. Hochgerichtliche Gefängnisse befanden sich in eigenen Türmen oder in anderen für diese Zwecke geeigneten Orten.[350] So war die Turmhaft oft eine bürgerliche Haftstrafe, die in *loco honesto* vollzogen wurde. Dies sollte jedoch keineswegs bedeuten, dass es sich dabei um eine harmlose oder unwirksame Sanktion handelte. Die ehrmindernde Wirkung war abhängig u. a. von der Haftdauer, der räumlichen Nähe zum Inquisitionsgefängnis und von der möglichen öffentlichen Abführung in Fesseln.[351] In München bildete die Turmhaft eine übliche Lösung in Auseinandersetzungen zwischen den Handwerkern und dem Rat. Handwerker wurden etwa *„auf den prügl gsetzt vnd in dasschen turn gelegt"*.[352] Neben dem Taschenturm fanden in München auch andere von den zahlreichen Stadttürme entweder provisorisch oder permanent Anwendung als städtische Arrestlokale. Die in den landesherrlichen Mandaten und in den Protokollvermerken häufig vorkommenden Ausdrücke „Gefängnis", „Haft", „Keuchen" und „Gewölbe" können sowohl auf eine von den mehreren Gewölben in der Schergenstube wie auch auf einen Turm in der Mauer oder innerhalb der Stadt, u. a. Ratsturm, Fischerturm und Betteltum, hinweisen.[353]

Der in der Nähe des Wurzer- oder Kosttores gelegene Falkenturm galt als Kriminalgefängnis für Verbrecher, die man wegen der Schwere oder Besonderheit ihres Delikts aus den Landgerichten nach München überlieferte. Sie hatten gegen landesherrliche Strafvorschriften verstoßen und standen damit unter seiner Jurisdiktion. Dieses landesherrliche Malefizgefängnis bzw. die Fronveste wurde

---

350 Funke: Alte deutsche Rechtsdenkmale 1940, 136-137 und Rublack: The Crimes of Women 1999, 75-76. Zur Turmhaft in Köln siehe Schwerhoff: Köln 1991, 95-98.

351 Härter: Freiheitsentziehende Sanktionen 2003, 76-77 & 80.

352 Schwab: Rinder aus dem Umland 1995, 58-59.
Die Turmgefängnisse hatten in verschiedenen Städten unterschiedliche Namen, deren Bedeutungen heute zum größten Teil in Vergessenheit gesunken sind. In der Stadt Zug hieß ein Gefängnis Timpis, in Stuttgart Katze, in Miltenberg Schnatterloch, in Ochsenfurt Taubenturm, in Basel Eselturm und in Nürnberg Fröschturm. Die Namen können auch aus dem früheren Gebrauch für andere als strafrechtliche Zwecke herstammen. (Hentig: Die Strafe Bd. 2 1954-1955, 180-181).

353 Siehe beispielsweise: StadtA: RP 211 (1596), Fol. 5 v & 16 v, RP 224 (1609), Fol. 4 r & 19 v-20 r, LG 1516, Fii r und MPO 1616, 802.

vom Hofoberrichter beaufsichtigt.[354] So wurde im Jahr 1609 im Rat ein fürstlicher Befehl wegen einer im Falkenturm gelegenen „*schedlichen mannsperson*" verlesen. In demselben Jahr wurde eine Frau, die am Hof diente, aus Befehl des Herzogs in den Turm eingesperrt, aber in welchen, wird nicht erwähnt.[355] Womöglich handelt es hier um den Falkenturm, weil ihre Verhaftung auf herzoglichen Befehl vorgenommen wurde. Oder sie wurde in einem anderen Turm inhaftiert, weil die Episode in den Ratsprotokollen niedergeschrieben wurde.

Im Münchner Ratsturm gab es schon seit frühen Zeiten Arresträume. Eine Beschreibung aus dem Jahre 1805 spricht über vier Keuchen und zwei Arrestzimmer im Ratsturm. Diese wurden als Gefängnis für politische Gefangene, Häftlinge von besonderem Rang, u. a. für schuldig gewordene Ratsmitglieder, und für geringere Vergehen als Bürger- oder Zivilarrest gebraucht. Solcher Zivilarrest im Turm hatte keine Folgen für die bürgerliche Ehre des Arrestanten. Die Mehrzahl der Arrestanten im Ratsturm kam aus dem Kreis der Zünfte und gelegentlich wurden zugleich alle Meister oder Gesellen eines Handwerks wegen „Ungehorsam" inhaftiert. Eine Stube im zweiten Turmgeschoss war für verbrecherische Ratspersonen bestimmt, die allerdings nicht richtig eingesperrt wurden. Sie konnten ohne besondere Erlaubnis Besuche empfangen, Tag und Nacht einen Diener um sich haben und das Essen wurde ihnen nicht durch ein Loch, sondern durch die Tür gereicht. Den Turm durften sie allerdings ohne Genehmigung nicht verlassen.[356] Eine solche nicht ehrmindernde Turmhaft eines Ratmannes blieb wohl oft wirkungslos, wenn der Verhaftete die Disziplinierungsversuche seiner Kollegen nicht ernst nahm. Dazu tragen die folgenden Fälle als Beispiele bei.

Im Jahr 1596 musste das Ratsmitglied Alexander Seehofer eine Abbitte leisten, weil er einen anderen Rat sowohl schriftlich als auch mündlich injuriiert hatte. Seehofer hat dabei „*herrn burgermeister Schenckh die hand geraicht, vnd selbs mündlich geredt, was er bishero gethan*". Danach wurde ihm in Anwesenheit des ganzen Rats alles verziehen. Am nächsten Morgen um 7 Uhr musste er allerdings noch in den Ratsturm eingesperrt werden. Dies passierte ohne Begleitung eines Gerichtsdieners und er wurde schon am Mittag erlassen, so dass es sich deutlich um eine symbolische Prozedur, keine richtige Freiheitsstrafe handelte. Im Jahr 1609 kam Seehofer erneut auf den Ratsturm, weil er mit einer Konkubine hauste. Jedoch behauptete der Ratsmann, er „*sitze mit jr nit alhie*" (wohnt mit der Frau

354 Heydenreuter: Kriminalitätsgeschichte Bayerns 2003, 258-259 & 316 und Schattenhofer: Das alte Rathaus 1972, 299. Siehe auch Heydenreuter: Herrschen durch Strafen 1996, 91-92.

355 StadtA: RP 224 (1609), Fol. 54 v & 195 r.

356 Schattenhofer: Das alte Rathaus 1972, 309-313. Siehe auch Bary: Herzogsdienst und Bürgerfreiheit 1997, 67, 96 & 161 und Schwerhoff: Köln 1991, 211. Mit „Zivilarrest" wird hier auf eine Erzwingungsmaßnahme gedeutet, um eine Art Beugehaft.

nicht in München), sondern „*ab seinem siz*" (auf dem Landbesitz) und meinte, er dürfte sie deshalb bei sich halten.[357] Ein anderes Ratsmitglied, Hans Gaishofer, wurde erstmals im Jahr 1600, und erneut in den Jahren 1609, 1610 und 1614, u. a. wegen Unzucht, schlechter Lebensführung und Trunksucht auf den Ratsturm gebracht. Es wurde ihm seine Ratsstelle mehrmals entzogen und zurückgegeben, und ihm wurde u. a. mit Verweisung gedroht. Seine Konkubine hat er aber nicht weggeschickt.[358]

Neben dem Ratsturm dienten in München auch noch eine Reihe von anderen Türmen als städtische Arrestlokale: U. a. der „Lueger", ein mächtiger Befestigungsturm im Zuge der Stadtmauer in der Nähe des Isartors, der Fischerturm in der Gegend des heutigen Viktualienmarkts und der Taschenturm zwischen Blumenstraße und Sebastianplatz. Häftlinge, die in diesen Türmen inhaftiert wurden, waren so genannte ungehorsame Personen, Trinker, Schuldner und andere Kleinverbrecher. Im Jahr 1600 wurde der Taschenturm ein Studentenkarzer.[359] Der Betteltum dagegen war grundsätzlich für diejenigen Bettler gedacht, die keine Erlaubnis zum Almosenempfang hatten. Es gab also sehr viele mögliche Arrest- und Haftlokale in den Türmen der Stadt, die immer nach Bedarf etwas unterschiedlich benutzt werden konnten. Über den Standort des Betteltums und einigen anderen Türmen ist man heute allerdings nicht mehr informiert. Auch weiß man nicht mehr genau, ob sie hauptsächlich nur für Arrestzwecke gebraucht wurden oder auch andere Funktionen hatten.

Die Quellen geben keine Hinweise dafür, dass die Turmhaft infam gemacht hätte, auch wenn die Haft länger dauerte.[360] Bei dem Zustande der frühneuzeitlichen Gefängnisse und der unzureichenden, schlechten Kost ähnelte die Haft im schlimmsten Fall allerdings einer schweren Leibesstrafe und konnte sogar zum

---

357 StadtA: RP 211 (1596), Fol. 8 v-9 v, RP 224 (1609), Fol. 12 r, 103 v-104 r, 106 r-107 v, 114 r & 120 v.

358 StadtA: RP 224 (1609), Fol. 12 v, 13 r & 24 v, RP 225 (1610), Fol. 256 v und RP 229 (1614), Fol. 216 v & 217 v.

359 Für hochgestellte, adelige Delinquenten bestanden im Alten Hof noch zwei Möglichkeiten, nämlich das Grafenstüberl und das Schottenstüberl. Hofbedienstete steckte man bei geringeren Vergehen auch in den Müllerturm, der sich in der Stadtbefestigung befand. Die Stadt verfügte noch im Neuturm über ein Gefängnis, das für angesehene Fremde, Schuldner und für Geistliche gebraucht wurde. (Heydenreuter: Kriminalitätsgeschichte Bayerns 2003, 258-259 und Schattenhofer: Das alte Rathaus 1972, 316. Siehe auch Bary: Herzogsdienst und Bürgerfreiheit 1997, 161).
Im Jahr 1596 wurde eine Glaserin auf den „schild thurm" gelegt wegen einer Geldsumme, die sie einem Spanier schuldig war. (StadtA: RP 211 (1596), Fol. 2 r).

360 Heydenreuter weist in ähnlicher Weise darauf hin, dass die im Falkenturm vollstreckte kurzfristige Freiheitsstrafe keine infamierende Wirkung hatte. (Heydenreuter: Kriminalitätsgeschichte Bayerns 2003, 263-264).

Tod führen.[361] Im Turm waren die gesundheitlichen Verhältnisse vermutlich aber etwas angenehmer als in der Schergenstube, so dass da auch weniger kräftige Häftlinge gehalten wurden. Im Jahr 1609 wurde eine Münchnerin, die *„ein saugendts khindt*“ hatte, mit ihrem Kind in den Turm gelegt. Nach dem Ratsprotokoll hatte sie *„vermelt sie wolle liber jn thurm*“ gehen, als die Buße bezahlen.[362] Angeblich war sie nicht imstande das Strafgeld auszurichten. Ihre Äußerung, sie gehe „lieber in den Turm“, unterstützt aber auch die Theorie, dass eine solche kurzfristige Schuldhaft weder juristisch noch sozial ehrmindernd war. Die sozialen Folgen sind jedoch aufgrund von Protokollen und Mandaten schwer zu beurteilen. In einigen Fällen scheint die Haft keine Wirkung auf die soziale Ehre gehabt zu haben, in anderen wurde auch ein kurzer Gefängnisaufenthalt als schändlich empfunden.

Nach Schattenhofer achtete man sorgfältig darauf, dass die unter städtischer Gerichtsbarkeit stehenden Verbrecher und diejenigen, die unter landesherrlicher Jurisdiktion waren, voneinander unterschieden wurden. Heydenreuter weist dagegen darauf hin, dass man keinen besonderen Wert auf eine strenge Scheidung zwischen landesherrlichen und städtischen Gefängnissen legte. Im Gegenteil, man half sich gegenseitig aus, wenn es an Platz mangelte. Insbesondere musste die Stadt München in ihren Türmen landesherrliche Gefangene verwahren.[363] Die Quellen zeugen tatsächlich von dauernden Streitigkeiten zwischen Stadt und Hof im Bereich von Haft und Bestrafung. Einerseits ging es um Machtkompetenzfragen, aber im Notfall wurden Verbrecher wohl dorthin gebracht, wo es jeweils am besten Raum gab. Jedoch diente der Falkenturm als ein sichtbares Zeichen landesherrlicher Gerichtsmacht in der Stadt. Es ist allerdings wichtig anzumerken, dass es zwischen den städtischen Türmen und der Schergenstube ein beachtenswerter Unterschied gegeben scheint. Es war von Bedeutung, ob der Kriminelle in einen Turm oder in die Schergenstube eingesperrt wurde: Die Letztere war für Schwerkriminelle und Verdächtige von den unteren Schichten vorgesehen. Allerdings ist auch diese Regel nicht ohne Ausnahme.

---

361 Quanter: Die Sittlichkeitsverbrechen 1911, 84.

362 StadtA: RP 224 (1609), Fol. 142 v.

363 Schattenhofer: Das alte Rathaus 1972, 301 und Heydenreuter: Kriminalitätsgeschichte Bayerns 2003, 258-259.

Die Münchner Schergenstube

In der Malefizprozessordnung von 1616 wurde betont, dass die Gefängnisse *„der notturfft nach erbawet vnd verwahrt"* werden sollten, damit *„schädliche leut auß den gefängnissen, wie mehrmals geschicht, nit außreissen vnd entfliehen"*.[364] Gewöhnlich wurden niedergerichtliche Gefängnisse so gebaut, dass sich der Verwahrungsraum der Gefangenen über der Erde befand. Bei den Malefizgefängnissen konnte er aber unterirdisch, in der Regel im Kellergeschoss des Rathauses, angelegt sein. Damit unterschieden sich die Malefizgefängnisse bzw. Fronveste sowohl in der Funktion als auch in der Bauweise erheblich von den Gefängnissen der Niedergerichtsbarkeit.[365] Unter Malefizgefängnis oder Fronveste wird das Kriminalgefängnis der Stadt verstanden, das in München den Namen Schergenstube trug. Allerdings wurden diese Räume auch für niedergerichtliche Zwecke benutzt.

So wie es in den Städten üblich war, stand das Stadtgefängnis auch in München von Anfang an in Verbindung mit dem Rathaus. In den Kammerrechnungen von 1367 wurde dieser Raum erstmals *stupa praeconis*, Schergenstube, genannt. Sie wurde auch als Fronveste der Schergenstube, Fronveste, Stadtfronveste, Eisenfronveste oder als Amtshaus bezeichnet. Als erster Bestandteil des im späten 15. Jahrhundert gebauten neuen Rathauses, in seinem nördlichen Keller- und Erdgeschoss, entstand die neue Schergenstube. Sie hatte ihren Zugang vom Marktplatz.[366] Im Jahr 1556 befanden sich in dem Kellergeschoss insgesamt vier Keuchen, nämlich *„erste gwelb"*, *„andere gwelb vnder der stiegen"*, *„lange gwelb"* und *„gwelb gegen dem marckht"*. Die Folter wurde in einem eigenen Gewölbe *„in loco torturae"* bzw. *„am ort der strengen frag"* vollzogen. Diese räumliche Nähe des Folterraums sollte die in den Zellen untergebrachten Gefangenen abschrecken, so dass die bloße Haft einem zum Geständnis bewegen würde. Neben den Gefängnisräumen war die Wohnung des Schlegels samt Küche gebaut.[367]

---

364 MPO 1616, 802.

365 Heydenreuter: Kriminalitätsgeschichte Bayerns 2003, 258. Siehe auch Funke: Alte deutsche Rechtsdenkmale 1940, 136.

366 Schattenhofer: Das alte Rathaus 1972, 14, 36 & 299.

367 StadtA: SG 893 (1566).
Auch in der Polizeiübersicht aus dem Jahr 1805 wurden vier Keuchen und die so genannte Bürgerstube für leichtere Vergehen genannt. Darunter waren das „Conzenstübl" oder „Canizenstübl", die „Lange Stube", das „Hexenstübl" und das „Gewölb der strengen Frag", also die Folterkammer. (Schattenhofer: Das alte Rathaus 1972, 299).
Siehe auch Heydenreuter: Kriminalitätsgeschichte Bayerns 2003, 258-259 und Schattenhofer: Das alte Rathaus 1972, 308-309.

Wegen Kriegszerstörungen und Umbauten sind die Münchner Folter- und Gefängnisräume heute nicht mehr zu betrachten. Auch die Literatur bietet nicht viel zu diesem Einzelfall. Ebenso wenig geben die im 19. und Anfangs des 20. Jahrhunderts in vielen deutschen Städten eingerichteten so genannten „Folterkammern" ein glaubwürdiges Bild der vergangenen Rechtswirklichkeit.[368] In einigen Städten sind Ratshausverliese allerdings noch im Originalzustand erhalten. Nächtens werden die Gefängnisräume und Folterkammer in den Rathäusern von Regensburg und Nördlingen als Beispiel benutzt, um die frühneuzeitlichen Umstände der Gefangenenhaltung zu demonstrieren. Ihre Einrichtungen unterscheiden sich kaum wesentlich von den vergangenen Umständen der Münchner Schergenstube. Siehe Abb. 5.

Die Fronveste in Regensburg ist eine von den wenigen noch erhaltenen Originalen in Deutschland. Sie liegt direkt unter dem Reichssaal, in dem die Carolina zustandekam, und ihre Einrichtungen stammen hauptsächlich aus dem 16. Jahrhundert.[369] Der Richter und der Gerichtsschreiber sowie andere Personen, die bei der peinlichen Befragung in der „Fragstatt" dabei waren, saßen hinter einem Holzgitter, unsichtbar für die Delinquenten. Gegenüber dem Verhörraum liegen Gefängnisse, in denen Schwerverbrecher in Untersuchungshaft gehalten wurden. Das Lochgefängnis reicht in eine Tiefe von 3,1 m hinab und konnte mit einem schweren Eisengitter gesichert werden. In dem niedrigen Blockgefängnis konnten Gefangene nicht aufrecht stehen. Alle diese Kellerräume sind fensterlos.[370] So wie in Regensburg, vereinte der zeittypische Baustil auch in München das so

368 Im gruselromantischen Sinne wurden Folterwerkzeuge, Strafgeräte und die für die Befestigung der Gefangenen angewendeten Ketten usw. in einem sorglosen Durcheinander präsentiert. Immer noch werden Touristen in solche Museen gelockt, die die so genannte „grausame" Justiz oft noch als „mittelalterlich" vorstellen, obwohl die meisten Objekte aus der Frühen Neuzeit stammen oder auch damals nur in Ausnahmefällen Anwendung fanden.

369 Dransfeld beschreibt das Erlebnis der ehemaligen Gefangenen bildhaft: „Schon die ganze Anlage der Folterkammer, feste Mauer ohne Fenster, ein Raum, der nur durch das Licht einiger Pechfackeln erhellt wurde, musste auf den Delinquenten einen erschütternden Eindruck machen. Diese territio realis hat sicherlich bei den meisten so gewirkt, dass sie das notwendige Geständnis abgelegt haben..." (Dransfeld: Die Folterkammer 1913, 26-27 & 35-37).

370 Boll: Reichstagsmuseum 1963, 40-43 und Dransfeld: Die Folterkammer 1913, 35-37. Hentig ist sicherlich zuzustimmen, als er schreibt, der Mensch muss beweglich sein und sich bewegen können um Schaden zu entgehen. In der dunklen Enge einer Strafzelle machte die mechanische Lahmlegung durch Ankettung oder Fesselung den Häftlingen erniedrigend hilflos. (Hentig: Die Strafe Bd. 2 1954-1955, 221). Mit meiner 167 cm Höhe konnte ich in dem niedrigen Blockgefängnis nicht richtig aufrecht stehen. Da die Gefangenen zum größten Teil männlich waren, war der Raum für sie wohl zu niedrig oder zumindest sehr eng, welches zu unbequemen Körperhaltung und zur drückenden Stimmung führte.

genannte Tanzhaus und das Kriminalgefängnis unter einem Dach. Darüber fantasiert Schattenhofer:

„Unter dem Großen Fest- und Tanzsaal, in dem die bürgerliche Lebensfreude oft in hohen Wogen ging, lagen in finsteren und feuchten, häufig überfüllten Verliesen, oft an Händen und Füßen angekettet, die Gefangenen. Unter denen Schwerverbrecher, Mordbrenner und Diebsgesindel, Beutelschneider und Sackgreifer, Falschspieler und Falschmünzer, Kindsmörderinnen, Lotterbuben, Bettler und viel Fahrendes Volk, Kupplerinnen, aufrührerische Handwerksgesellen, verschwenderische und trunksüchtige Bürger, zänkische Eheleute, Ehebrecher, Hexen und Zauberer, Wiedertäufer und andere Sünder gegen die Religion: über Jahrhunderte hinweg ein langer, düsterer Zug unglücklicher Kreaturen in den Fängen einer unerbittlichen, grausamen Justiz. Sie zitterten in diesen Keuchen, durch eine qualvolle Folterung oft schon gebrochen, dem Tod- und Leibes- oder Schandstrafen in den ausgeklügeltsten Formen entgegen oder es harrte ihrer die Verbannung, die Stadtacht."[371]

Diese Schilderung bietet zwar ein lebendiges, aber wohl sehr vereinfachtes Bild der vergangenen Justiz. Ungeachtet des Mangels an Gefängnisräumen saßen alle möglichen Verbrecher kaum gleichzeitig in der Schergenstube. Außerdem wurde nur ein Teil von diesen gefoltert, und auch sonst muss die häufig vorkommende „Grausamkeit" des damaligen Rechts relativiert werden. Die „grausamsten" Strafen und Verhörmethoden wurden nicht immer angewendet, nicht einmal wenn das Recht dies erlaubte. Auch wenn Häftlinge wirklich gefoltert wurden, basierte dies auf Gesetzen und Regelungen und seltener mag es sich um Willkürlichkeit gehandelt haben.[372] Jedoch ist die von Schattenhofer ins Leben gerufene Stimmung, die die Fantasie so beflügelt, in solchen Räumlichkeiten noch heute deutlich spürbar. Siehe Abb. 6.

Das Nördlinger Rathausgebäude ist in seiner 700-jährigen Geschichte mehrfach renoviert worden, jedoch haben die Kellerräume ihre ursprüngliche Gestalt bewahrt. Anders als in Regensburg, sind die Wände und Böden der Nördlinger Gewölbe nicht aus Holz, sondern aus Stein gebaut und deswegen wesentlich kälter und feuchter. Als ich an einem schönen Sommertag hinunter in den Nördlinger Rathauskeller ging, war die Außentemperatur 28 °C. In dem zwei Meter breiten, 8,4 Meter langen und etwa 2,65 Meter hohen Gang, der ein Vorraum für die Zellen bildet, waren es nur noch 16 °C. In dem tiefsten Punkt des ganzen Gewölbekomplexes, am Boden des Folterraums, konnten 13,5 °C gemessen werden. Wegen der dicken Mauern der Verliese sanken die Temperaturen im

371 Schattenhofer: Das alte Rathaus 1972, 299-300.

372 Nach Schild findet man im Mittelalter und in der Frühen Neuzeit „Grausamkeit und Mittellosigkeit in einem Maße, das es uns an der Menschlichkeit dieser Zeit zweifeln lässt". Er betont allerdings deutlich, dass man sollte die Vergangenheit nicht mit modernen Begriffen und Kategorien erfassen. (Schild: Strafrecht 1980, 31-32). Zweifellos wurden aber gelegentlich auch Unschuldige gefoltert und bestraft.

Winter wohl nicht auf Minusgrade. Abgesehen von dem Fehlen einer ausreichenden Kleidung, der dürftigen Kost und der Feuchtigkeit der Kellerräume, mögen aber allein schon die 13,5 Grad Gesundheitsschäden für die Häftlinge verursacht haben[373].

Seit dem 16. Jahrhundert konnten bis zu fünf Türen zwischen der Außenwelt und den Gefangenen in den Nördlinger Verliese geschlossen werden.[374] In schmalen Bahnen fällt das Tageslicht durch die spätgotische Fensteröffnungen herein in die erdebene Etage und von dort durch zwei kleine Lichtlöcher zum Gang. Die Doppeltüren in den Zellen sind mit klobigen, zu Stacheln ausgezogenen Eisengitter, welche die viereckigen Gucklöcher verschließen, ausgerüstet. Dadurch fließt etwas Luft hinein, aber da die Gewölbe fensterlos sind, befindet man sich ohne eine effektive Lampe in totaler Dunkelheit. Heute gibt es insgesamt fünf Keuchen, die vom Gang aus erreichbar sind.[375] In den durchschnittlich 75 cm dicken Zellenwänden sind Eisenringe für die Ankettung der Gefangenen befestigt. Die Zellen sind durchschnittlich 8,5 Quadratmeter groß und 2,65 m hoch. Rechts von der Gangtür gibt es den Folterraum. Vier Stufen führen in ein Meter Tiefe hinunter und an der Decke befinden sich zwei ankerförmige Haken für das Aufziehen. Am Boden rechts von der Treppe liegt noch ein runder Steinklotz mit einem Eisenring, der ehemalige Gewichtstein.[376]

---

373 Hentig weist auf einen ärztlichen Bericht aus dem Jahr 1799, wenn er beschreibt, wie die Gefangenen, im Winter an tödlicher Kälte litten. (Hentig: Die Strafe Bd. 2 1954-1955, 179). Man weiß aber nicht, was für ein Gefängnisraum hier als Beispiel dient.

374 Der einzige Eingang in die Nördlinger Gewölbe ist die 1,56 Meter hohe Tür unter der im Jahr 1618 gebauten Freitreppe neben dem Narrenhaus. Um die nächste, wesentlich schwerere und mit einem kleinen, einst vergittertem Guckloch verzierte Tür zu erreichen, muss man fünf Stufen hinunter gehen. In dem ursprünglichen, zumindest aus dem 14. Jahrhundert stammenden Bau, funktionierte diese Türöffnung als Eingang, weil die Freitreppe noch nicht gebaut worden war. Danach führen noch fünf weitere Stufen zur eigentlichen Gangtür.
Trotz der interessanten Gefangeneninschriften an den Wänden und Türen sind die Nördlinger Verliese nicht gründlich erforscht worden. Es gibt nur einen einseitigen Bericht des ehemaligen Leiters des Nördlinger Stadtarchivs, Gustav Zipperer aus den 1950er Jahren. (Zipperer: Sie kritzelten Galgen und Rad an die Kerkerwand. Im mittelalterlichen Gefängnis der Stadt Nördlingen 1957).

375 Im Grundriss für das 16. Jahrhundert sieht man aber noch eine Zelle, die eigentlich unter dem Rathausturm liegt. Vielleicht im Zusammenhang mit der Renovierung im Jahr 1862 oder 1933 wurde die Tür zugesperrt. Dieser Raum hätte auch die Wohnung des Eisenmeisters sein können.

376 In drei Zellen gibt es einen Holzbalken am Boden, der etwa 30 cm hoch ist, und vielleicht als Sitzplatz gedacht war. Darauf müssen die Gefangenen gestanden haben, als sie ihre Namen, Jahreszahlen, Bilder des Strafvollzugs usw. auf den Putz der Wände kritzelten, weil die Inschriften sich zum Teil in wesentlicher Höhe an der Wand befinden. Es ist auch

Während in Nördlingen die Zellenwände noch stehen, aber das Wissen über die gebrauchten Gerätschaften verloren gegangen ist, ist man bezüglich der Gegenstände der Münchner Schergenstube relativ gut informiert. Das verdankt den Inventarverzeichnissen, in denen u. a. die einst gebrauchten Fesseln beschrieben sind. Es war der Gebrauch, alle Gerätschaften auf einem Zettel zu beschreiben, die dem neuen Schlegel beim Amtseintritt überantwortet wurden. Anfang des Jahres 1556 wurde ein solches Inventarverzeichnis durch die Kämmerer Joseph Schobinger und Jörgen Ligsalz, in Anwesenheit des ehemaligen Schlegels geschrieben. In der „Stube", also vermutlich in der Wohnung des Schlegels, befanden sich Kruzifixe, Getränkekessel aus Zinn und Bänke. Weiter gab es in der Stube und in den Gewölben 15 grobe Wolldecken bzw. Kotzen für die Gefangenen und Fackeln zur Beleuchtung. Im Hausflur gab es u. a.

„ain alte anricht panckh, ain panckh in des cuntzn gwelb, 1 lange panckh im langen gwelb, 1 daum stockh vnnd krusst vmb 1 gulden, 1 laitter mit 8 sprusseln, 1 waxene haus kertzn, 1 messinges peckh zu dem ausklopffen, 6 stöckhl leuchter, 3 eysnen leuchter, 1 eysne glut pfannen, 6 neue crucifix in den gwelben allenthalben, ain alts klains kästl darin 2 ketn hantschuech, ain eysn zum fingern abschlagn, ain eysn zu den henden abschlagn, 3 eysn zum packhen prennen.[377]

Nach dem Inventarverzeichnis im Jahr 1591 gab es in der Münchener Schergenstube u. a. folgende Geräte: 33 Hand- und Fußschellen, jeder mit angehöriger Kette, vier Halsbänder mit Ketten, 20 Schlösser, drei Leibsgürtel mit Ketten und 20 „Fußsprengel" mit 13 Ketten. In dem Inventar von 1608 stieg die Zahl der Halsringe auf 12, aber einige der vorher erwähnten Instrumente wurden nicht mehr aufgelistet.[378] Auch eiserne Ketten mussten wohl gelegentlich erneuert werden, so dass die Gesamtkonstruktion dieser Gerätschaften nicht immer gleich blieb. Die grundsätzliche Kapazität der Schergenstube änderte sich allerdings nicht. Mit diesen Instrumenten hätten bis zu 60 Häftlinge gleichzeitig gefesselt werden können, je nach dem ob die Fessel nur um eine Hand, beide Hände und Füße oder auch um den Hals gelegt wurden. Es ist aber kaum vorstellbar, dass alle Häftlinge angekettet gehalten wurden. In vielen Fällen reichte wohl die Schließung der Zellentür, die gewünschte Erniedrigung und die Sicherheitsaspekte zu erfüllen. Außerdem wurden diese Instrumente auch für den Transport der

---

möglich, dass da einst eine hölzerne Bodenkonstruktion auf den Balken gebaut worden war.

377 StadtA: SG 893 (1556). Von diesem Dokument sind es zwei Exemplare aus verschiedenen Händen mit ungefähr demselben Inhalt vorhanden.

378 StadtA: SG 893 (1591). Siehe auch Bary: Herzogsdienst und Bürgerfreiheit 1997, 161-162. „Fußsprengel" deutet wohl auf die Strafe des Springers hin.
Im Jahr 1608 werden 39 Ketten mit Schlösser, 10 Halsringe, drei Halsketten, zwei Halsringe aus Messing, fünf Fußringe aus Messing, sieben Armringe aus Messing erwähnt. (StadtA: SG 893 (1608)).

Verurteilten bis zum Strafvollzugsort und für die öffentliche Strafarbeit usw. angewendet. Für den Folterraum wurden in den Inventaren von 1556, 1566, 1591 und 1608 u. a. folgende Gegenstände aufgelistet:

„1 kubl, 1 tisch", „1 sayl zu der frag, 1 laitter darauf man den leüt spanndt sambt drey eysen negl, 5 gewicht stain zu der frag, 1 schwarze schreib tafel", „2 schwarz weiber röckh sambt 2 neuen hemeten, so man den weibs bei der strengen frag anlegt".[379]

Weibliche Gefangene wurden während der Folter in spezielle Kleidung, die in der Schergenstube aufbewahrt wurde, gekleidet, während Männer vermutlich zumindest den Oberkörper entblößen mussten. Neben den schriftlichen Quellen weisen auch diese Objekte darauf, dass in München zeittypische Strafen und Verhörmethode verwendet wurden, u. a. Daumenschrauben, Aufziehen mit Gewichtsteinen, Brandmarken und Fingerabhacken. Da die in den Münchner Inventarlisten erwähnten Instrumente nicht mehr vorhanden sind, dienen die in dem Bayerischen Nationalmuseum aufbewahrten Hand- und Fußschellen, Ketten und angehörigen Schlösser hier als Beispiel derartigen Gerätschaften.[380] Siehe Abb. 7.

Ob der geistige Trost den Gefangenen in ihrem seelischen und körperlichen Zustand nach längerer Verhaftung noch helfen konnte, lässt sich heute nicht mehr beurteilen. In allen Inventarverzeichnissen werden aber Kruzifixe genannt, die sich entweder in der Wohnung des Schlegels oder in den Gewölben befanden. Auch religiöse Bücher wurden aufgelistet, darunter ein „*geistliches böttbuechel, der hertzntröster genant, so die herren jesuiten den gefangen zu nutz jn die fronuest gegeben haben*". Historische Objekte erzählen auch vom alltäglichen Leben in der Schergenstube. Da befand sich „*1 kupfferen grossn wesch kesl*", weil im Gefängnis auch gewaschen wurde. Der Schlegel musste Rechnungen schreiben, wobei ihm sein „*hultzen schreib zeug*" behilflich waren. Dazu gab es verschiedenes Beleuchtungsmaterial, das in der Dunkelheit der Kellerräume sicher nötig war. Im Jahr 1566 wurden „*5 klain hilzin leichter, 2 gross eisen leichter jn yedem 2 wäxin khurzn*" und „*1 leichter, so zuchtiger praucht*" gemeldet. Es gab auch „*4 khlaine tisch pred darauf man den gefanngnen zu essen tregt*". Anscheinend haben die Gefangenen gelegentlich auch am Tisch gegessen, weil „*6 tischl vnnd tisch tuechel zu den armen gfangen*" erwähnt werden.[381] Dabei handelt es wohl nicht nur um das letzte Mahl der zum Tode Verurteilten.

---

379 StadtA: SG 893 (1556), SG 893 (1566), SG 893 (1591) & SG 893 (1608).

380 Siehe auch Schmid: Altertümer des bürgerlichen und Strafrechts 1908, 31.
Einige Handschellen haben Löcher an den Rändern, wahrscheinlich zum Annähen von Futter. Auf diese Weise waren sie sicherlich etwas angenehmer zu tragen.

381 StadtA: SG 893 (1556), SG 893 (1566), SG 893 (1583) & SG 893 (1608).

Information über das Ein- und Ausführgeld an die Richterknechte und Amtleute und das Kostgeld an den Eisenmeister wurden in der Buchführung der Stadtkammer niedergeschrieben. So hat Schattenhofer errechnen können, dass in den ersten Jahren des 17. Jahrhunderts zwischen 102 und 144 Personen jährlich in die Schergenstube kamen.[382] Die aufgrund von den hier untersuchten Quellen anzunehmende Gefangenenzahl ist wesentlich geringer, weil da nur diejenigen Fälle aufgelistet wurden, die aus der Perspektive dieser Arbeit relevant waren. Sie bilden deshalb nur einen kleinen Teil von allen in München behandelten Kriminalfällen. Außerdem lassen die Protokollvermerke nicht immer wissen, wo die Haft stattfand. In den Stichprobejahren wurden jährlich durchschnittlich 11,6 Personen ausdrücklich in die Schergenstube gebracht, während die Bezeichnung „Gefängnis" oder „Haft", also entweder Schergenstube oder Turm, für durchschnittlich 10 Personen verwendet wurde. Die Zahl der deutlichen Turmverurteilungen dagegen ist 17,8. So steigt die durchschnittliche Zahl von Häftlingen insgesamt auf 39,4 pro Jahr.[383]

Es steht fest, dass eine längere Verwahrung im Malefizgefängnis eine ehrenrührige Wirkung zur Folge hatte, auch wenn es nicht zur Folter oder zur Verurteilung kam.[384] Die Schergenstube war zwar vornehmlich für die landschädlichen Leute vorgesehen, aber auch z. B. Geistliche konnten da in Haft genommen werden, mindestens bis zur Errichtung des geistlichen Gefängnisses.[385] Die in dieser Arbeit behandelten Fälle zeugen dafür, dass nicht nur Schwerverbrecher oder Angehörige der unteren Schichten in die Schergenstube gebracht wurden. Menschen, die man dann zu nicht infamierenden Schandstrafen verurteilte, wurden oft in die Schergenstube, nicht in den Turm gebracht. Für die nicht infamierende Wirkung

382 Schattenhofer: Das alte Rathaus 1972, 300.

383 Da gelegentlich ganze Handwerkergruppen in den Turm gerieten oder mehrere, wegen desselben Falles verdächtige Personen in die Schergenstube gebracht wurden, blieb die eigentliche Zahl der Gefangenen in diesen Fällen von dem Unterrichter manchmal unnotiert. Zweifellos gab es auch Personen, zum Beispiel Betrunkene und Ruhestörer, die ohne langwierige Rechtsprozesse für eine Zeit, vielleicht nur über die Nacht in die Schergenstube kamen. Sie wurden bald wieder entlassen und so bestand es kein Anlas für genaue Protokollvermerke.

384 Heydenreuter: Kriminalitätsgeschichte Bayerns 2003, 259. Siehe auch Schattenhofer: Das alte Rathaus 1972, 310.
Gefangene der Fronveste mussten bei ihrer Entlassung oder nach vollstreckter Strafe eine Urfehde schwören. Dabei handelte es sich um ein schriftliches Dokument, indem der Delinquent sich unter Eid und Androhung schwerer Strafe verpflichtete, keine Rache am Ankläger oder am Richter zu nehmen. Damit erkannte er die Rechtmäßigkeit der erlittenen Haft und Folter an. (Schattenhofer: Das alte Rathaus 1972, 308 und Breit: Verbrechen und Strafe 2000, 192).

385 Bary: Herzogsdienst und Bürgerfreiheit 1997, 161 und Schattenhofer: Das alte Rathaus 1972, 301.

einer kurzen Haft in der Schergenstube spricht auch die Verwahrung der Betrunkenen über Nacht.[386] Obwohl eine kurze Haft in der Schergenstube de jure nicht ehrmindernd wirkte, ist es nicht schwierig sich vorzustellen, welche psychologische und soziale Folge die Unterbringung in einem der oben geschilderten Gewölbe den Menschen verursacht haben muss.

386 Beispielsweise im Jahr 1516 wurde geordnet: „*darauf ordnen vnd wollen wir, welher mensch in trunckhenhait auff der gassen, mit offenntlicher vnzucht betretten, oder täglich damit beladn wirdet, das der durch die schergen und pütln, desselben orts vonstundan in die keychen gelegt, vnd nit aufgelassen wird biß er wol muechter wirdet.*" (LG 1516, Fii r).

2. Münchner Schandstrafen

2.1 Leichtere Sanktionen

Öffentliche Abbitte und Kundmachung

In der städtischen Gerichtsbarkeit galt die öffentliche Abbitte bzw. der Widerruf im Allgemeinen als besonders für den Bürger vorgesehene Strafe, die z. B. für die Beleidigung der Obrigkeit verhängt wurde. Der Widerruf beinhaltete die Erklärung des Schmähers, seine erhobenen Behauptungen seien unwahr. Daran wurde in der Regel eine Ehrenerklärung des Klägers gekoppelt.[387] Am Anfang seines Buches riet Abraham Sauer seine Mitmenschen: *„liß mich, hut dich, vnd ehre gott. so wirstu nicht zu hohn und spot.“* In der Öffentlichkeit lächerlich wirken, „zu Hohn und Spott“ werden, war für den frühneuzeitlichen Menschen fürchterlich. Wer öffentlich jemanden mit Wörtern oder Taten *„ehrenrurig angreiffet, schildt, lästert vnd schmähet“*, konnte nach dem gemeinen Recht zum öffentlichen Widerruf und zur Entschuldigung gezwungen werden. Dabei wurde *„sein maul zur lugendasche“* und der Verurteilte für ehrlos erklärt, schreibt Sauer.[388] Es ist wichtig hier anzumerken, dass der Widerruf in München jedoch nicht den Ehrverlust beinhaltet haben scheint. Sicherlich wurden aber Personen, die andere beleidigten, unter ihren Mitmenschen verachtet. Die Ausdrücke von Döpler sprechen für sich:

> „diese sollten alle schmitz- und schmäh-mäuler welche ehrliche leuthe fälschlich beliegen und ihnen bald dieses, bald jenes mit unwarheit nachreden wohl bedencken, so dürfften sie hernach mit ihrer grössten schande und spot die gericht wiederruffen noch sich selbst aufs maul schlagen.“[389]

Im 16. Jahrhundert war es noch üblich, den Widerruf mit einem „aufs Maul schlagen“ zu verbinden, so dass es sich dabei um eine spiegelnde Strafe handelt,

---

387 Fuchs: Um die Ehre 1999, 54 & 72-76 und Dülmen: Theater des Schreckens 1988, 75. (Die Anrufungspraxis königlicher bzw. kaiserlicher Gerichte hatte im süddeutschem Raum eine stärkere Tradition als in den nördlichen und nordwestlichen Gebieten des Reiches. Die peinlichen, also nicht zivilrechtlichen Injuriendelikte wurden im Reichskammergericht vor allem mit dem obligatorischen Widerruf belegt.). Siehe auch Quanter: Die Schand- und Ehrenstrafen 1901, 179-183 und Hinckeldey: Geschichte der Verbrechen und Strafen 1980, 155.

388 Sauer: Strafbüchlein 1579, Aviii v & 26-27.

389 Oder: *„hüt dich unruh zu richten an, die man so bald nicht stillen kann, verunglimpff andre nimmermehr, denn wiederruffen schmerzet sehr!“*. (Döpler: Theatrum 1693, 816-821).

die den fehlbaren Körperteil trifft. Sie galt auch als Wiedergutmachung, weil die Beleidigung oder schlechtes Benehmen so in den Mund hineingeschlagen wurde.[390] Wenn der Angeklagte den Widerruf nicht selber leisten oder sich selber auf den Mund schlagen wollte, musste der Gerichtsdiener oder der Henker *„neben ihm vor gericht stehend solchen in seinen nahmen thun“*, schreibt Döpler. Um einerseits die Wiederherstellung der Ehre des Beleidigten und andererseits die Schändlichkeit des Täters zu verdeutlichen, aber auch um die Öffentlichkeit über die verurteilte Abbitte zu informieren und zu belehren, musste der Widerruf danach vom Richter öffentlich anschlagen werden.[391] Ein solcher Gebrauch wird in den Münchner Quellen nicht belegt, aber auch nicht abgeleugnet. Nach dem von Döpler notierten Formeln konnte die Abbitte lauten, wie folgt:

„ich n.n. bekenne hiermit öffentlich und vor gericht, daß ich wieder gottes wort und befehl, auch mein eigen gewissen gröblich gehandelt, daß ich aus pur lautern haß feindschafft und rachgier durch verleitung des satans mich erkühnet n.n. zu beschuldigen als [hier wird solche umständlich inferirt]. weil aber solches von mir auf ihn wieder besser wissen und gewissen erdichtet und erlogen ist; als bekenne und bereue ich solches hiermit von herzen schlage und züchtige auch deßhalber mit diesen handstreich [hier muß er sich selbst aufs maul schlagen, oder da er nicht dran will, thut es der scharfrichter] mein verlogen maul: revocire anbey alle und jede von mir wieder n.n. ausgestossene lästerungen, injurien, schmach- und schandreden und verschlucke dieselbe wieder in meinen kragen und magen wie dieselbe von mir evomiret worden und bitte ihm um gotteswillen, er wolle mir solchen groben fehltritt und harte beleidigung christlich und von herzen verzeihen und vergeben. ich halte ihn vor einen ehrlichen unbescholtenen rechtschaffenen mann, weiß von ihm nichts als alle ehre, liebe und gutes, will mich auch hinkünfftig vor solcher schweren sünde und verläumbdung meines nähesten fleißig hüten und vorsehen, diesen schweren sünden-fall gott fußfällig und mit trähnen abbitten und mein leben bessern.“[392]

In München konnte die öffentliche Abbitte mündlich oder schriftlich geleistet werden. Der Angeklagte musste der von ihm gelästerte Person *„ein offenlich abbit than“*, wobei er erklärte, dass er etwa *„nichts vnerbars“* von den Anderen wusste und oft auch, dass alles nur *„aus hitzigkhait vnd zorn“* geschehen war.[393] Danach konnte der Rat den Beleidigten ehrbar erklären und der Fall war erledigt. Als ein Münchner im Jahr 1604 aus der Haft entlassen wurde, drohte man ihm: Würde er *„mit dergleichen kazgalgerei“* oder mit seinen *„rumorischen“* und *„zenckhischen handlen“* weiterführen, wolle man ihn aus der Stadt weisen. Er sollte eine Abbitte leisten, würde aber *„an seine ehren vnuerlezlich“* bleiben.[394] Offensichtlich wollte

390 His: Geschichte des deutschen Strafrechts 1928, 94 und Dülmen: Der ehrlose Mensch 1999, 11.

391 Döpler: Theatrum 1693, 819-820.

392 Döpler: Theatrum 1693, 818.

393 Siehe beispielsweise StadtA: RP 211 (1596), Fol. 132 v und RP 224 (1609), Fol. 231 r.

394 StadtA: RP 219 (1604), Fol. 174 r.

der Rat damit sagen, dass seine rechtliche Stellung wegen der öffentlichen Abbitte keinen Schaden erleiden würde. Weil man dies zusätzlich unterstreichen wollte, war die Angst vor Ehrverlust wohl eine häufige Folge dieser Sanktion, wenngleich der Rat nicht darauf zielte. Dabei handelt es sich um den Unterschied zwischen realen Folgen einer Strafe im sozialen Leben des straffällig Gewordenen und den juristischen Zwecken der Bestrafung. Immerhin war eine solche Strafe für den Betroffenen in dem Maß erniedrigend, dass eine Schädigung des Rufs bzw. der sozialen Ehre anzunehmen ist.

In Bezug auf die von mir eingesehenen Fälle bildete die öffentliche Abbitte eine allerdings leichtere Schandstrafe: Sie wurde eo ipso vollzogen und war nicht mit schwereren Strafen kombiniert. In diesen Fällen scheint es sich hauptsächlich um obrigkeitliche Züchtigung zu handeln, womit man sagen konnte, dass künftig besseres Benehmen erwartet wurde. Die „öffentliche Abbitte" war auch nicht wirklich öffentlich, sondern sie wurde in der Regel nur vor dem Rat und dem Betroffenen vorgebracht.[395] Der Verurteilte verlor dabei nicht sein *dignitas civilis* und auch seine soziale Ehre muss nur einen Kratzer erlitten haben, weil diese Strafen nicht vor dem großen Publikum, sondern in beschränkter Öffentlichkeit vollzogen wurden. Wie die Abbitte in München in der Praxis wirklich durchgeführt wurde, wird nicht eindeutig belegt. Als ein Teppichknüpfer im Jahr 1609 seine Kollegen injuriierte, wurde die vollzogene Abbitte in den Protokollbüchern auf folgende Weise notiert:

„(er hat) vor offentlichem rath ein abbett gethan, sie vmb verzeichung gebetten, vnd offentlich geredt, er wisse nichts übles noch vnrechts von disen beeden, sondern wan die jne fürgehaltene schmachreden durch jme sei geredt worden, so der trunckh mechte geschehen sein, so sei es jme laidt, vnd hab domit jnen vnrecht vnd wider die warhaitt gethan".[396]

In der Regel erwiesen sich die Angeklagten bei der Abbitte nicht als widerspenstig gegen die Rechtsbeamten. Im Jahr 1613 weigerte sich jedoch ein Metzger, der einen fürstlichen Pfleger injuriiert hatte, die angeordnete Abbitte zu tun. Er wurde wieder in den Turm gebracht und die Strafe wurde vermutlich später vollstreckt. (StadtA: RP 228 (1613), Fol. 131 r & 135 v).

395 Sie wurde also nicht auf die Weise vollzogen, wie es von Michel Foucault von einem Fall aus der Mitte des 18. Jahrhundert in Paris schildert. Da wurde der wegen Vatermord verurteilte Delinquent vor seiner Abbitte in einem Karren nackt vor dem Haupttor der Kirche gebracht und da mit glühenden Zangen gezwickt. Danach wurde er gevierteilt. (Foucault: Überwachen und Strafen 1976, 9). Siehe auch Quanter: Die Schand- und Ehrenstrafen 1901, 52-53.

396 StadtA: RP 224 (1609), Fol. 217 v. Im Jahr 1617 wurde Marx Dollebe nach einer Turmstrafe unter herzoglicher Mitwirkung aus der Stadt geschafft, wurde aber später im gleichen Jahr mit Eröffnung der Stadt begnadigt. Dabei wurde ihm *„sein böses maul vnd trutzige weis"* ernstlich verwiesen. (StadtA: RP 232 (1617), Fol. 151 r-151 v & 155 r).

Das Urteil, in welchem dem Delinquenten eine öffentliche Abbitte bzw. der Widerruf auferlegt wurde, wurde innerhalb der Stichprobejahre 12 Mal ausgesprochen. Die Kundmachung dagegen wurde sechs Mal verhängt. Dabei handelt es sich um die Beschreibung des Delikts und die Verlesung des Urteils vor dem Publikum, gewöhnlich auf dem Marktplatz. Da bei solcher Kundmachung die Einzelheiten der begangenen Straftat erklärt wurden, ist diese Sanktion mit der öffentlichen Abbitte verwandt. Allerdings wurde sie wirklich in der Öffentlichkeit vollzogen und in der Regel mit anderen, meistens schändlichen oder sogar infamierenden Strafen verknüpft. Ihre Funktion muss so in erster Linie als ein Zusatz zu der eigentlichen Strafe, als eine Nebenstrafe verstanden werden. Der Delinquent konnte öffentlich aufgestellt werden, wobei ihm und dem Publikum das begangene Verbrechen „aufgerufen" wurde und er wurde danach der Stadt verwiesen[397]. Die eigentliche Strafe konnte auch mit einem öffentlichen Ruf, einer *publica edicta* oder *publica proclamata*, verschärft werden. Damit wurden andere vor dem Kontakt mit dem Verurteilten gewarnt und seine Vertrauenswürdigkeit und soziale Ehre wurden dadurch ernstlich getroffen. Diese Nebenstrafe ist als eine schändlichere Version der Kundmachung zu betrachten.[398]

Selbstverpflichtung, Alkoholverbot und Proskription

Die am wenigsten schändliche Strafmaßnahme war der bloße Verweis.[399] Der Delinquent bzw. die Delinquentin wurde vor den Rat gebracht, getadelt und also auf sein unerwünschtes Verhalten verwiesen, wie etwa Betrunkenheit, beleidigende Wörter gegenüber seinen Mitmenschen oder sexuell verdächtiges Verhalten. Danach wurde er nach Hause entlassen und man hoffte, er würde sich künftig nicht mehr derselben Verfehlungen schuldig machen. Eine, wenngleich auch relativ milde Strafmöglichkeit, bildete die so genannte Obligation. Diese Sanktion wurde zur Kontrolle von Problemtrinkern vorgeführt. Dabei handelt es sich um eine schriftliche oder mündliche Selbstverpflichtung, das Trinken völlig oder zum Teil zu unterlassen. In der Regel wurde notiert, dass der Angeklagte hat *„ein obligation über sich geben dass er alle vollmachende tranckhen maiden soll*".[400] Diese Selbstverpflichtung wurde oft mit anderen Sanktionen verknüpft,

397 Siehe beispielsweise StadtA: RP 223 (1608), Fol. 77 v.

398 StadtA: RP 223 (1608), Fol. 67 r und RP 226 (1611), Fol. 109 r.

399 Hinckeldey spricht über den Verweis als geringsten Grad der Ehrenstrafen, weil er begrifflich keinen Unterschied zwischen Schand- und Ehrenstrafen macht. (Hinckeldey: Geschichte der Verbrechen und Strafen 1980, 155).

400 Siehe beispielsweise StadtA: RP 229 (1614), Fol. 190 v-191 v.

konnte aber nach dem Verweis als zweite Stufe der Alkoholbestrafung auch allein vorkommen.

Notorischen Säufern konnte der Alkoholkonsum auch durch ein vom Rat verhängtes Alkoholverbot entweder teilweise oder gänzlich verboten werden. Das Alkoholverbot wurde für jeden Fall individuell modifiziert. Nur eine gewisse Menge von bestimmten Getränken oder das Trinken zu bestimmten Gelegenheiten oder an bestimmten Orten wurden erlaubt. Im Jahr 1604 wurde einem Ehemann aus Fürbitte seiner Frau statt völligem Verbot der Alkoholkonsum nur außerhalb seines Hauses verboten, damit er künftig *„allein zu haus möge trinckhen"*.[401] Innerhalb des Stichprobezeitraums wurden insgesamt in 47 Urteile eine Art von Alkoholverbot verhängt. Damit bildet das Alkoholverbot neben Rutenzüchtigung und Verweisung eine von den häufigsten Strafen dieser Untersuchung.

Namen der Trunkenbolde konnten auch statt des Alkoholverbots oder zusätzlich auf das „Täflein" geschrieben werden, also auf eine Tafel, die an einem öffentlichen Platz hing. Innerhalb der ersten drei Stichprobejahrgänge (1596, 1600 und 1604) wurde eine solche Proskription allerdings nicht protokolliert. Die erste Anmerkung über diese Strafe findet sich im Jahr 1608: Als der Münchner Fridrich Neidhartt wegen seiner Trunkenheit in die Schergenstube gebracht wurde, wurde sein Name *„darzu auf das täfelein"* geschrieben.[402] Damit wurde er mit dem Label der strafbaren Trunkenheit etikettiert, wenn ihm auch der Alkoholkonsum nicht völlig untersagt wurde. Es ist allerdings durchaus möglich, dass die Tafelstrafe schon früher verhängt wurde. Im Laufe der restlichen Stichprobejahre wurde sie insgesamt neun Mal als Urteil ausgesprochen und sonst mehrmals erwähnt und diskutiert. Die Proskription auf die Tafel war einer von den Münchner Versuchen, das Alkoholproblem zu lösen. Zumindest im Jahr 1611 hing sie bei den Stadttoren und sicherlich auch sonst an einem öffentlichen Ort, wie etwa am Rathaus.

Nach den Ratsvermerken wurden den Beamten regelmäßig befohlen, auf eine wegen Trunkenheit angeklagte und mit Alkoholverbot bzw. Beschränkung seines Trinkens bestrafte Person Acht zu geben. Dieser Person wurden dann *„die schergen an die seitten gestellt"*, wobei öfters alle „vollmachende", d. i. alkoholische Getränke verboten wurden. Oder es wurde behauptet, dass der Angeklagte *„so ein versoffnen wandl führt"* und etwa seinen Lehrjungen schlägt. Ein solches Benehmen hatte in der Regel die unmittelbare Inhaftierung in der Schergenstube

401 StadtA: RP 219 (1604), Fol. 150 v.

402 StadtA: RP 223 (1608), Fol. 143 v.
Im Jahr 1618 wurde ein Handwerker *„als ein versaffner brüeder"* auf die Tafel geschrieben. Ihm waren von nun an alle Alkoholgetränke verboten und er wurde bei Rückfall mit Leibesstrafe bedroht. (StadtA: RP 233 (1618), Fol. 166 r).

zur Folge, wobei auch "*das tafl bethrowt*" werden konnte.[403] Bei der Proskription gab es anscheinend zwei Stufen, wie der Fall eines Hofriemers aus dem Jahr 1609 beweist. Sein Name war schon einmal auf das Täflein geschrieben worden, aber er hatte trotzdem wieder zu viel getrunken und hatte sich unter Alkoholeinfluss grob benommen. Der Ratsbeschluss lautete:

„also sollte disem die eiserne ketten anschlagen vnd also damit nach hauß geschickt werden, jtem er soll mit rott auf das tefelein geschriben werden, soll die kötten tragen biß jacobi".[404]

Nur in diesem Fall wird eine bestimmte Farbe erwähnt, womit der Name auf die Tafel geschrieben wurde. Es ist anzunehmen, dass man sonst eine andere Farbe, vermutlich schwarz benutzte. Wenn der Name mit rot geschrieben wurde, scheint es auf eine wiederholte bzw. schwerwiegendere Straftat hinzudeuten. Ob der Name irgendwann von der Tafel gestrichen wurde, wird nicht erwähnt. Obwohl diese Strafen keinen Einfluss auf die rechtliche Stellung des straffällig Gewordenen besaßen, hatten sie sicher eine Wirkung auf der gesellschaftlichen Ebene. Die Proskription war zweifellos eine befürchtete Sanktion. Wegen ihrer Möglichkeiten, die soziale Ehre zu verletzen, könnte man denken, dass die Tafel sich abenso gut für andere Delikte geeignet hätte. Sie kommt allerdings exklusiv bei den Alkoholverbrechen vor. Durfte der Mann im Wirtshaus nicht trinken, blieben ihm viele Türen des sozialen Lebens verschlossen. Durch das Alkohol- bzw. Wirtshausverbot wollte man ihn sozial brandmarken und der Lächerlichkeit preisgeben.

403 StadtA: RP 224 (1609), Fol. 162 v und RP 230 (1615), Fol. 155 v.

404 StadtA: RP 224 (1609), Fol. 112 v.

2.2 Kurzfristige öffentliche Erniedrigungen

Zurschaustellen vor der Kirche oder auf dem Hauptplatz

In Bayern wird die so genannte Brechenstrafe als weltliche Strafnorm erstmals in einem Mandat von 1566 erwähnt. Dabei handelt es sich um ein Eisen, das direkt an der Kirchenwand oder an einer entsprechenden Säule befestigt war und um den Hals des Delinquenten geschlossen wurde. Seit der zweiten Hälfte des 16. Jahrhunderts gewann der Brechen bei Ehebruchsdelikten sowohl in katholischen als auch in protestantischen Territorien erheblich an Bedeutung und zu Beginn des 17. Jahrhunderts kam es zu einer flächendeckenden Errichtung von Halseisen an den Kirchen.[405] In dem Mandat von 1566 wird das Brechen als „Strafe des Wirtshaussitzens" während des Gottesdienstes erwähnt. Es wird darauf hingewiesen, dass der Herzog schon vorher befohlen habe, in allen Kirchen Brechen aufzurichten,[406] was allerdings nicht bedeuten muss, dass man seinen Befehl gehorcht hatte. Mit der Brechenstrafe wird auf jedem Fall auf das Zurschaustellen vor der Kirche hingedeutet. Nach der Landesordnung von 1578 sollte die Obrigkeit den Gotteslästern

„mit halb entplößterm leib, offentlich für die kirchen stellen, denselben in die ain hannd ain prünnend liecht, vnnd in die ander ain ruetten, zubedeuttung, das er offentlichen außstreichens wol würdig were, geben, vnnd also drey sontag nacheinander vor der menig volcks, andern zum abscheuchen puessen lassen".[407]

Durch das Bußkleid konnte die Strafe noch härter und schändlicher gemacht werden. Der schimpfliche Aufzug wurde auch als „Harmschar" bezeichnet, wobei peinigen, martern oder allgemein alles, was zur Qual auferlegt war, bezeichnet wurde. Solch ein Büßerhemd aus Rosshaar befindet sich auch im Bayerischen Nationalmuseum.[408] Das Zurschaustellen vor der Kirche kommt innerhalb des

---

405 Heydenreuter: Kriminalitätsgeschichte Bayerns 2003, 225-226. Siehe auch Pauli: Schimpf und Ernst 1522, 25-26.

406 BayHstA: KMS 1566/XI/16.

407 LO 1578, Fol. 30 v-32 r.
In Bayern wurde die Kerze in Kombination mit dem Halseisen verwendet, während sie in anderen Städten auch mit dem Lasterstein verbunden werden konnte.

408 Neumann: Von Kirchenbuße zu öffentlicher Strafe 2002, 174, Herzog: Das Strafsystem 1975, 112 und Schmid: Altertümer des bürgerlichen und Strafrechts 1908, 33 (BayNatMus St.R. 94).
Im Aberglaubenmandat von 1611/12 steht, dass der Delinquent in einem Schandkleid mit einer Kerze in der Hand vor der Kirche stehen musste. Die Kerze musste er selber bezahlen und in der anderen Hand ein Zettel halten, auf dem das Verbrechen geschrieben stand.

Stichprobezeitraums bei neun Urteilen vor, während der Begriff „Brechen" in den Ratsprotokollen nur ein paar Mal erwähnt wird. Das Urteil konnte etwa lauten: „*für die kirchen in die prechen condemniert*"[409]. Ob alle vor die Kirche verurteilten Delinquenten aber im Halseisen standen, sowohl Kerze als auch Ruten in den Händen hielten, oder sogar im Bußkleid gekleidet waren, kann nicht eindeutig festgestellt werden. Wohl wurde zumindest ein Brechen bzw. ein Halseisen angewendet, um den Verurteilten festzuhalten. Es ist anzunehmen, dass die anderen Vorschriften eher wandelbar befolgt wurden. Dadurch erhielt die Strafe von Fall zu Fall einen mehr oder weniger schändlichen Charakter.

Das Zurschaustellen vor der Kirche im Halseisen war die weltliche Fortsetzung einer üblichen Kirchenstrafe. Es war nicht infamierend, bedeutete jedoch eine faktische Schädigung der sozialen Ehre. Deswegen versuchte man es in eine Geldstrafe umzuwandeln, wenn möglich. Diese Möglichkeit, die Brechenstrafe in die Geldbuße zu ändern, funktionierte auch umgekehrt, wie die Drohung eines ehebrecherischen Bürgers im Jahr 1596 verdeutlicht. Der Mann war mit 50 Gulden Geldbuße bestraft worden, „*er welle dan für die kirchen lieber gestellt werden*".[410] Wer nicht bezahlen wollte oder konnte, wurde mit öffentlichen Schandstrafen bestraft.

Die Verbrechen, die zu dem Zurschaustellen vor der Kirche führten, waren unterschiedlich.[411] Vorwiegend handelt es sich aber um Normenverstöße, die traditionell von der Kirche gebüßt worden waren: Fluchen, Schwören, Gotteslästerung, Ehebruch und andere Sittlichkeitsdelikte. Diese Strafe wurde nun von weltlicher Obrigkeit auferlegt und gleich oft über Männer und Frauen verhängt, wenn auch aus unterschiedlichen Gründen. Dabei konnten auch mildere bzw. alternative Strafen in Frage kommen. Laut Ratsprotokoll vom Jahr 1604 war ein Angeklagter „*ein grosser gotts lösterer*" und deswegen sollte man ihn „*für die kirche stellen, vnd an die prechen auf schreiben lassen, dass dise straff auf den gottslöstern*" sei. In einer späteren Randbemerkung wurde die Strafe allerdings umgewandelt und es wurde kommentiert: „*nota. jst geandert, vnd alles wolmachende getranckh verbotten sei*". War die Gotteslästerung aus Trunkenheit entstanden worden,

---

(Heydenreuter: Kriminalitätsgeschichte Bayerns 2003, 226. Siehe auch Funke: Alte deutsche Rechtsdenkmale 1940, 125).

409 StadtA: RP 215/1 (1600), Fol. 109 r.

410 StadtA: RP 211 (1596), Fol. 5 v.
Nach Forschungen von Schwerhoff und Heydenreuter besaß die Strafe des Kerzentragens nur eine geringe entehrende Wirkung. (Schwerhoff: Köln 1991, 142 und Heydenreuter: Kriminalitätsgeschichte Bayerns 2003, 227-228). Dies unterstützt die Theorie vom Kerzentragen als Schandstrafe.

411 Siehe auch Döpler: Theatrum 1693, 830.

schien ein Alkoholverbot anscheinend zweckmäßiger. Auf die Aufstellung vor der Kirche konnte auch u. a. wegen eines hohen Alters verzichtet werden.[412]

Während das Zurschaustellen vor der Kirche deutlich aus den Kirchenstrafen herzuleiten ist, gab es auch eine rein weltliche Variante. Innerhalb des Stichprobezeitraums wurde fünf Mal ein Urteil gesprochen, nach dem der Delinquent „auf den Platz" gestellt werden müsste. Damit kann nichts anderes gemeint sein, als der Marktplatz bzw. der Schrannenplatz und also der Hauptplatz vor dem Rathaus.[413] Diese Schandstrafe konnte wegen mehreren Delikten verhängt werden und u. a. mit Verweisung kombiniert werden. So wurde im Jahr 1604 ein Mann wegen verbotenen Fleischessens auf dem Hauptplatz *„fürgestellt"*. Sieben Jahre später wurde ein Kramer, der gestohlene Sachen verkauft hatte, *„auf den platz gestelt, jme sein verhandlen offenlich verrueffi vnd von der statt auf ewig verschaffi"*.[414]

Wie das Aufstellen auf dem Hauptplatz wirklich vollzogen wurde, bleibt unsicher, aber sicherlich wurde der Delinquent auf irgendeine Weise gefesselt. Die Strafe an sich scheint nicht infamierend gewesen zu sein. Es ist also anzunehmen, dass der Henker nicht dabei war. Das Aufstellen auf dem Hauptplatz stellte eine mildere Sanktion dar, als z. B. der Springer, wie das folgende Beispiel zeigt. Im Dezember 1609 wurde ein Metzgerknecht wegen seines verschwenderischen Lebens auf den Platz gestellt mit der Drohung, dass man ihm bei Rückfall in die Springer für Strafarbeit schlagen würde.[415] Auf den Platz gestellt zu werden funktionierte so als erste Stufe seiner Bestrafung und sollte den auf den falschen Weg Verirrten rechtzeitig zu einer Lebensränderung zwingen, damit es später keine Notwendigkeit für härtere Strafe gäbe.

Narrenhaus

Als eine gemäßigte Schandstrafe der Niedergerichtsbarkeit war in den meisten größeren Städten das Narrenhaus verbreitet, eine für die Öffentlichkeit einsehbare vergitterte Zelle oder Käfig. Es wurde als Strafmittel bei leichteren Vergehen, meistens für Betrunkene verwendet. Dabei handelt es sich um eine spie-

412 StadtA: RP 219 (1604), Fol. 160 v und RP 231 (1616), Fol. 11 v.

413 Vor dem Hofbräuhaus gibt es zwar einen Ort, der „Platzl" heißt, aber davon kann kaum die Rede sein, weil er ein wenig abseits von der Stadtmitte und also weg von der Öffentlichkeit lag. Es gab nur einen eigentlichen „Platz" in der Stadt, der seit dem 19. Jahrhundert Marienplatz heißt.

414 StadtA: RP 219 (1604), Fol. 155 r und RP 226 (1611), Fol. 24 v.

415 StadtA: RP 224 (1609), Fol. 263 r.

gelnde Strafe: Wer sich „närrisch" verhielt, wurde ins Narrenhäuslein gesteckt. Unter närrischem Verhalten würde man wohl heute „groben Unfug" verstehen.[416] In München konnten nächtliche Ruhestörer, Raufbolde und Betrunkene in das am Anfang des 16. Jahrhunderts erstmals erwähnte Narrenhaus gelegt werden. In dem Bußbuch von 1511 wird angeordnet, dass *„item was vnenndlicher leüt, beij der nacht, on liecht an geuarlichen ennden begriffen werden, die soll man all in das narrenheüsl legen."*[417] Das Polizeibuch aus dem Jahr 1587 dagegen weist in dem Kapitel über Gotteslästerung, Fluchen und Schwören auf folgende Weise auf das Narrenhaus hin:

„vnnd der armuet halben, das erst oder ander mall khein gelt hatte, das er die obbestnubten pueß bezallen mechte, der oder dieselben sollen, vorwissen das herrn bürgermaisters, oder eines ersamen raths in das narrnheußl, auf einen turm, oder in die schergenstuben gelegt werden, daselbst nach gelegenheit des verbrechens, der zeit des ortts, oder persohn abbiesßen."[418]

In dem Narrenhaus mussten also u. a. die „unendlichen"[419] Leute, die unnütz und liederlich, womöglich betrunken, oder sogar gewalttätig ohne Licht auf den Gassen nächtlich herumliefen, und die vermögenslosen Gotteslästerer und andere kleinere Übeltäter ihr Verbrechen abbüßen. Im Januar 1615 wurde beim Lesen eines herzoglichen Befehls im Rat beschlossen, dass man auf die Durchführung dieser Ordnung achten und die Bußfälligen *„mit dem fenckhnus jtem mit dem narrenhäusl straffen"* soll.[420] Narrenhaus und kurzfristige Haftstrafen scheinen so in ähnlichen Fällen verhängt worden zu sein. Den Unterschied bildete jedoch einerseits die Öffentlichkeit und anderseits eine gewisse Leichtigkeit des Narrenhäusels. Das Narrenhaus scheint eher mildere disziplinierende Wirkungen als eine heftige soziale Ehrminderung bezweckt zu haben. Infamierend war es mit Sicherheit nicht. Gerade die Öffentlichkeit machte diese Strafe aber schändlicher als die Übernachtung in einer Gefängniszelle.

416 Wulz: Ein recht luftiges Gefängnis 1949, Heydenreuter: Kriminalitätsgeschichte Bayerns 2003, 235 und Breit: Verbrechen und Strafe 2000, 349.
Obwohl psychotische Menschen wohl gelegentlich in die Narrenhäuser verbracht wurden, handelt es sich nicht um eine Methode, Geisteskranke zu behandeln. Der „Narr" deutet auf unerwünschtes Benehmen, auf „Narrheiten" hin. Dabei ist die Strafe mit der langen Tradition der spätmittelalterlichen Narrfigur in Zusammenhang zu bringen, die bis weit in die Frühe Neuzeit u. a. in der Literatur, Malerkunst und Bühnenstücke weiterlebte.

417 StadtA: SG 919 (1511), Fol. 10r. Siehe auch Schattenhofer: Das alte Rathaus 1972, 317. Nach Döpler wurden auch zänkische Frauen und Mägden und andere „dergleichen Personen", auch Jungen, ins Narrenhaus gestellt. (Döpler: Theatrum 1693, 748).

418 UB München: 2 Cod.ms. 226 (1587), 20 r-20 v.

419 Siehe Lexer: Mittelhochdeutsches Taschenwörterbuch: „unnende" = Nichtsnutzigkeit, Liederlichkeit, „unendhaft" = zwecklos, unnütz, „unendlich" = zwecklos, erbärmlich, liederlich, schlecht.

420 StadtA: RP 230 (1615), Fol. 6 r.

Wie sah das Narrenhaus aus? Funke beschreibt viele Varianten von käfigartigen Geräten, die beim Vollzug der Schandstrafen benutzt wurden. Einer ist der auch Korbpranger[421] genannte eiserne Schandkäfig, der auf dem Marktplatz stand, und ein anderer das unter den Treppen oder im Rathaus eingebaute Narrenhäuslein. Um ihren Zweck zu erfüllen, mussten Narrenhäuser ebenerdige oder erhöhte kleine Gelasse sein, in die man außen durch das Gitter hineinsehen konnte. Die in den Rathäusern gebauten Varianten waren besonders in Süddeutschland verbreitet, während in den nördlichen Gebieten der Bau von freistehenden Schandkäfige herrschte. Namen wie Hundeloch, Hundestall, Finkenbauer, Betzekämmerchen und Torenkasten verraten, dass diese Schandgefängnisse nur der niederen Gerichtsbarkeit dienten.[422] In Nördlingen, unter dem Söller der im Jahr 1618 errichteten Rathaustreppe, steht immer noch eines von den wenigen verschont gebliebenen Exemplaren des Narrenhauses. Unter dem Narrenrelief des Podestunterbaues ist der Text „*nun sind unser zwey*" noch deutlich zu lesen.[423] Siehe Abb. 8.

Leider sind heute weder die Lage noch das Aussehen des Münchner Narrenhauses mehr bekannt. Allerdings weiß man, es hatte ein Gitter, ein Dach und einen Narren davor, da die Reparierung dieser Bauteile gelegentlich belegt wird. Möglicherweise war es das „Gitterstübl" an der Nordwestecke des Ratshauses. Es gab insgesamt zwölf Schlüssel für das Münchner Narrenhaus, die im Besitz von den Amtleuten, Richterknechten und Nachtwächtern waren. Allerdings sollte niemand da ohne Vorwissen des Bürgermeisters eingesperrt werden. Wenn nötig, musste man ihn auch in der Nacht aufwecken.[424] Da das nicht infamierende Narrenhaus nur für kleinere Straftaten bestimmt war, wurde man nicht vom Henker darin ge-

---

421 Auch Hentig listet das Narrenhaus unter „Funktionen des Prangers" (Hentig: Die Strafe Bd. 1 1954-1955, 414), eine besonders in der früheren Forschung allgemein verbreitete Sichtweise, die meines Erachtens ein falsches Bild von dieser Schandstrafe gibt: Pranger war infamierend, Narrenhaus aber nicht.

422 Funke: Alte deutsche Rechtsdenkmale 1940, 133-134.
In dem berühmten Kupferstich von Matthäus Merian aus dem Jahre 1644 sieht man das Regensburger Rathaus und unter dem Kaisererker am Rathauswand einen viereckigen Käfig aus Eisenstäben. Er hatte eine offene Rückseite, durch die man direkt in die Wachstube gehen konnte. (Kraus & Pfeiffer: Regensburg 1979, Abb. 95).

423 Siehe auch Vollmar, Paula & Kociumaka: Denkmäler in Bayern 1998, 144-145.
Der Vorgänger dieses Narrenhauses stand wohl auf dem Nördlinger Markt. (Wulz: Ein recht luftiges Gefängnis 1949). Der Eingang ins Nördlinger Narrenhaus muss das vergitterte Loch bzw. eine kleine Tür unter dem einen spätgotischen Rundfenster gewesen sein, das vermutlich Anfangs des 19. Jahrhunderts zugemauert wurde. Die Lage des Narrenhauses an der Rathauswand zum Marktplatz und neben dem Gefängniseingang ermöglichte eine unbeschränkte Öffentlichkeit und machte die Überwachung des Bestraften seitens des Gefängniswärters leichter, wies aber vielleicht auch auf ihre Schändlichkeit hin.

424 Schattenhofer: Das alte Rathaus 1972, 317.

legt. Am 3. Juli 1613 wurde der Ratsmann Eswurm darauf verwiesen, dass es ihm nicht erlaubt war, eigenwillig gegen den Befehl des Bürgermeisters zu handeln. Es handelte sich um einen beim Sonnwendfeuer passierten „Error", wobei Eswurm

„sich angemasst eines bösen bueben des richtersknechten auß handen zuschaffen, welchen sie jn das narren haüsl auß herrn burgermeister Michael Bartts beuölh sollen legen."[425]

Der Aufenthalt im Narrenhaus war meistens kurz, weil diese Einrichtungen unstrittig mehr der Zurschaustellung als der Gefangenhaltung dienten.[426] In einem Verhör im Jahr 1605 kam es vor, dass eine Frau in Freising „*wegen das sie sich in das bier voll getrunckhen, 2 tag sej jm naren haußl gelegen*" müssen.[427] Dies war eine ungewöhnlich lange Dauer für diese Strafart, womit öfters auch die Ausnüchterung der Betrunkenen bezweckt wurde. Wer warum da gesperrt werden musste, wurde meistens nicht protokolliert, weil der Verbrecher nicht in Folge eines Gerichtsprozesses ins Narrenhaus geriet. Es passierte eher unerwartet, oft mitten in der Nacht. Weil es also keine Belege über Verurteilungen zum Narrenhaus in den Münchner Ratsprotokollen des Untersuchungszeitraums gibt, ist auch die Häufigkeit dieser Sanktion schwer zu beurteilen. Da die Anwendung des Narrenhauses jedoch gelegentlich diskutiert wird, gibt es keine Zweifel über seine Existenz in München zum untersuchten Zeitraum. Welche soziale Wirkungen das Verweilen im Narrenhaus hatte, wo man dem Spott der anderen ausgesetzt war, mag in jedem individuellen Fall verschieden gewesen sein. Außerdem hing dies auch von der Schändlichkeit der Verfehlung ab. Diese Strafe schadete aber wohl der sozialen Ehre nicht sehr viel und auf die Rechtsstellung des straffällig Gewordenen hatte sie de jure keinen Einfluss.

Schrägen und Lasterstein

Während das Narrenhaus eine leichte Schandstrafe bildete, wurde das erhöhte Zurschaustellen auf der Schragen bzw. dem Schrägen deutlich schändlich empfunden. Die Schrägenstrafe wurde innerhalb des Stichprobezeitraums 13 Mal als Strafmaßnahme erwähnt. In München war der Schrägen wohl ein Vorgänger der Schandsäule[428]. Nach Forschungen von Heydenreuter lässt sich keine gezielte

425 StadtA: RP 228 (1613), Fol. 129 v-130 r.

426 Wulz: Ein recht luftiges Gefängnis 1949 und Funke: Alte deutsche Rechtsdenkmale 1940, 135.

427 StadtA: SG MP 866/5 (1605/1606), Fol. 150 r.

428 Die Schandsäule war ein Strafinstrument der Niedergerichtsbarkeit und darf keinesfalls mit dem Pranger verwechselt werden. In ihrer Form ähnelte sie dem Pranger, war aber

landesherrliche Einführung und Förderung der Schrägenstrafe nachweisen, so dass ihr Ursprung offensichtlich im kommunalen Bereich liegt. Anders als die Schandsäule fand der Schrägen nur in ausgewählten Niedergerichtsbezirken Anwendung. Das Aufstellen wurde in der Regel mit der Verlesung der Straftat verbunden und damit konnten auch weitere Strafen, wie etwa die Schellenstrafe oder Ruten, oft auch Verweisung verbunden werden. Der Schrägen bestand in der Regel aus einem regional unterschiedlich gestalteten, bühnenartigen Holzgestell mit zwei oder mehreren schräg gestellten Balken. Sie wurde wohl für jeden einzelnen Anlass neu gezimmert. Der Aufbau und Aufstellen des Delinquenten durften nur von Amtleuten, in München von dem Bußamtmann, keineswegs vom Henker durchgeführt werden, weil der Schrägen eine nicht infamierende Schandstrafe war.[429]

Die Verbrechen und Verfehlungen, die auf den Schrägen führten, waren vielfacher Art: Diebstahl, „Rumor", Fluchen, Misshandlungen, Famoszettel, „Unzucht", Betrügerei, übermäßiger Alkoholkonsum etc. Im April des Jahres 1614 empfahl Herzog Maximilian, dass diejenigen Personen, die *„an dem französchen priester hand angelegt und demselben seinen hut und mantel genohmmen"* hatten, sollten auf den Schrägen gestellt werden.[430] Nach Schattenhofer dauerte die Schrägenstrafe gewöhnlich von einer halben Stunde bis ein paar Stunden.[431] Wegen ihrer großen Publizität, aber ihrem nicht infamierenden Charakter bot sich die Schrägenstrafe immer dann an, wenn man wegen des Standes des Delinquenten oder wegen der Besonderheit der Straftat die entehrende Aufstellung am Pranger vermeiden wollte. Personen, die öffentliche Delikte begangen hatten und also das öffentliche Zusammenleben störten, wurden gerne mit dem Schrä-

---

beweglich. In München pflegte man sie wahlweise vor dem Rathaus, bei der unteren Fleischbank oder am Anger aufzustellen. Sie wird jedoch offiziell erstmals im Sittenmandat von 1635 für Gotteslästerer erwähnt. (Heydenreuter: Kriminalitätsgeschichte Bayerns 2003, 228 und Schattenhofer: Das alte Rathaus 1972, 325-326.).

Die Ratsprotokolle des Untersuchungszeitraums schweigen sich völlig über die Schandsäule aus. Es ist demzufolge stark anzunehmen, dass diese Strafe in München am frühestens nach 1620er Jahre häufiger bzw. überhaupt verhängt wurde.

429 Heydenreuter: Kriminalitätsgeschichte Bayerns 2003, 228-229 und StadtA: RP 229 (1614), Fol. 195 r.

Auch in der Herrschaft Hohenaschau wurde der Schrägen im 17. Jahrhundert gebraucht. (Breit: Verbrechen und Strafe 2000, 340-341).

Quanter weist darauf hin, dass die Theresiana die Schrägenstrafe im Zusammenhang mit anderen niedergerichtlichen Schandstrafen erwähnt. (Quanter: Die Schand- und Ehrenstrafen 1901, 83-84).

430 StadtA: BR 62 (1614), Fol. 192 v-193 r.

431 Schattenhofer: Das alte Rathaus 1972, 326-327.

gen abgestraft.[432] Sie konnten ihr Leben in der Gemeinschaft später fortführen und man hoffte, dass sie nicht mehr dieselben Verfehlungen begehen würden.

Im Jahr 1608 wurden den „Weibern der Zimmerleute", die über die Obrigkeit üble Nachreden verbreitet hatten, angedroht, sie mit ihren Männern auf den Schrägen zu stellen. Vier Jahre vorher wurde eine Frau zur Schrägenstrafe verurteilt, weil sie ein Kind geschlagen hatte. Später wurde das Urteil aber geändert und sie sollte nur „*auff dem platz vnd nit auff die schragen gestellt werden*".[433] Nach einem Ratbeschluss von 1603, sollten die „gartenden" Kriegsknechten dagegen nicht mehr auf den Schrägen, sondern in Ketten auf den Marktplatz gestellt werden.[434] Die gewalttätige Bürgerin wollte man milder strafen, die in dieser Zeit ein großes Ärgernis gewordenen vagierenden Knechte aber immer strenger ahnden. Diese Fälle zeigen, dass die Schrägenstrafe schwerer wog als das Aufstellen auf dem Platz, aber für geringer halten wurde als diese Art von Kettenstrafe oder der Pranger. Von den kurzfristigen Schandstrafen war die Schrägenstrafe allerdings eine von den schwersten. Noch schändlicher war nur der Lasterstein, wobei dessen Status als Schandstrafe auch bestritten werden muss. Siehe Abb. 9.

Bei der Strafe des Lastersteins handelt es sich im Allgemeinen um einen Stein, der entweder beim Prangerstehen um den Hals gehängt oder im Schaugang durch die Stadt mitgeschleppt wurde.[435] Rublack meint, dass der um den Hals hängende Lasterstein den Kopf des Verurteilten nach unter gebeugt hat, damit seine Körperhaltung auf die Schwere seiner Sünden hindeutete. Der Stein wurde ursprünglich mit dem Mühlstein assoziiert, wovon die Redewendung: "etwas hängt wie ein Mühlstein am Hals".[436] Nach Heydenreuter war der Stein meist oval geformt, mit karikierenden Andeutungen von Gesichtszügen versehen und wog in der Regel einen halben Zentner. Funke spricht über ein Gewicht von circa 15 kg, Döpler dagegen erwähnt 25 Pfunde.[437] Ein bayerisches Pfund betrug 0,56 kg und so wä-

---

432 Heydenreuter: Kriminalitätsgeschichte Bayerns 2003, 229-230. Siehe auch Schattenhofer: Das alte Rathaus 1972, 325-326.

433 StadtA: RP 219 (1604), Fol. 127 v und RP 223 (1608), Fol. 128 v.

434 Schattenhofer: Das alte Rathaus 1972, 326.

435 Heydenreuter: Kriminalitätsgeschichte Bayerns 2003, 225.

Die Bezeichnung für die Strafe des Steinetragens im Ost-Oberdeutschen Raum ist der „Bagstein" (bagen = zanken) und die im West-Niederdeutschen Raum der „Schandstein", während in West-Oberdeutschen Gebieten der Ausdruck „Lasterstein" herrscht. (Siehe Erler & Kaufmann: Handwörterbuch zur deutschen Rechtsgeschichte, Stichwort „Lasterstein"). Siehe auch His: Geschichte des deutschen Strafrechts 1928, 94 und Hinckeldey: Geschichte der Verbrechen und Strafen 1980, 157-158.

436 Rublack: The Crimes of Women 1999, 78. Siehe auch Bibel, Mt. 18:6.

437 Heydenreuter: Kriminalitätsgeschichte Bayerns 2003, 225, Funke: Alte deutsche Rechtsdenkmale 1940, 125-126 und Döpler: Theatrum 1693, 746.

ren 25 Pfund 14 kg. In Kilogramm umgerechnet werden aus einem halben Zentner aber schon 25 kg. In der Praxis mag das Gewicht des Steins nicht standardisiert gewesen sein. Er durfte aber nicht zu schwer sein, damit der Verurteilte ihn noch tragen konnte. Döpler erklärt, dass

„bey etlichen städten hat man in den ambt- und rath-häusern längliche oder auch wohl runde [an theils orthen als manns- oder weiber-köpffe, nachdem sie diesem oder jenen zutragen angehenget werden, formierte] steine, daran eiserne ketten und hals-bänder gemacht sind."[438]

Diese wurden den Verurteilten über die Achseln oder in die Hände gegeben und sie so öffentlich vorgestellt, oder sie wurden aufgefordert, *„zum spectacul und abscheu"* auf dem Marktplatz umherzugehen.[439] Die Strafe des Steinetragens für streitsüchtige Frauen findet sich bereits seit dem 12. Jahrhundert in den städtischen Rechtstexten. Im 15. und 16. Jahrhundert wurde die Strafe des Lastersteins nicht mehr so häufig verhängt, jedoch insbesondere in Österreich, Bayern und Elsas finden sich neben den Normen auch Belege für eigentliche Verurteilungen zum Steinetragen, in der Regel wegen Scheltens und Gotteslästerns bis in das 18. Jahrhundert. In den meisten anderen Orten wurden mit dem Lasterstein fast durchgängig Ehebruch, Unzucht und Kuppelei bestraft. Ob mit oder ohne Verweisung, waren Hohn und Schande ihr Ziel.[440] Wenn der Lasterstein nicht mit der Verweisung kombiniert wurde, baute diese Sanktion in ihrem Kern auf das Lächerlichmachen, nicht auf den Ehrverlust. Zumindest im Bayern des 16. Jahrhunderts sei die Verhängung vom Steinetragen ohne Verweisung allerdings sehr selten gewesen.

Aus der niederen kirchlichen Gerichtsbarkeit sind insbesondere die öffentlichen Bußformen des kombinierten Kerzen- und Steinetragens bekannt. Sie wurden vor allem für schwere Beleidigungs- und Unzuchtsdelikte verhängt.[441] Im

---

Hinckeldey erwähnt sogar das Gewicht von 90 Kilogramm, aber dies scheint mir eher unwahrscheinlich. (Hinckeldey: Geschichte der Verbrechen und Strafen 1980, 158).

438 Döpler: Theatrum 1693, 744-745.

439 Döpler: Theatrum 1693, 744-745.

440 Neumann: Von Kirchenbuße zu öffentlicher Strafe 2002, 170-173. Siehe auch Maisel: Rechtsarchäologie Europas 1992, 151 und Pauli: Schimpf und Ernst 1522, 25-26.

441 Neumann: Von Kirchenbuße zu öffentlicher Strafe 2002, 159-160.
In diesem Zusammenhang ist auch eine andere Strafe zu erwähnen, die oft als häufigste Frauenstrafe für die „zanksüchtigen Weiber" genannt wird, nämlich die Halsgeige. Anscheinend war sie weit verbreitet, weil diese Geräte in vielen Museen im ganzen Europa zu finden sind. Die Geigenstrafe gab es aber nicht vor dem 16. Jahrhundert. Danach hat sie sich in Stadt und Land schnell verbreitet, während andere Geräte und Einrichtungen, beispielsweise das Narrenhaus, seltener wurden. (Bauer: Rechtsaltertümer 2002, 23 und Maisel: Rechtsarchäologie Europas 1992, 152. Siehe auch Funke: Alte deutsche Rechtsdenkmale 1940, 127).

frühneuzeitlichen Köln war das Kerzen- und Steinetragen die häufigste öffentlich verhängte Sanktion, die ausnahmslos bei Ehebruch zur Anwendung kam. Dabei handelte es sich um eine sonntägliche Prozession durch die Straßen und danach ein öffentliches Zurschaustellen vor der Kirchentür mit einem um den Hals hängenden Stein und einer Kerze in der Hand. Die Steine an der Kette versinnbildlichten die Last der Sünde und die Kerzen standen für den Akt der Buße.[442] Nach Döpler war das Steinetragen u. a. für den *„gemeinen huren und andern verruchten, gottlosen leuthen"* gedacht. In Bayern war es eine Regelstrafe für Kuppelei, aber es konnte auch bei schweren Injurien verhängt werden.[443]

In München wurden die mit dem Lasterstein bestraften Personen in der Regel unter das Sendlinger-, Neuhauser-, Schwabinger- und Isartor geführt. Gelegentlich ist auch von den fünf Toren der inneren Stadt (Ratsturm, Kaufinger-, Pütrich-, Wilbrecht- und Muggenthalertor) die Rede.[444] In den Münchner Ratsprotokollen werden allerdings keine Kerzen im Zusammenhang mit Steinetragen erwähnt. Es scheint mir, dass diese Sanktion als besonders geeignet für weibliche Verbrecherinnen gehalten wurde, aber auch Männer wurden damit bestraft. Innerhalb der Stichprobejahre wurde der Lasterstein nur einmal als Urteil ausgesprochen, als vier Personen im Jahr 1604 wegen Sittlichkeitsdelikten mit dem Steinetragen und Landesverweisung bestraft wurden. Allerdings wurde den Angeklagten gelegentlich mit dem Steinetragen gedroht oder diese Sanktion wurde in anderen Zusammenhängen erwähnt. So wurde eine Diebin im Jahr 1616 befragt: *„ob man sie nit zue Landtshuet auf den pranger gestellt, jr die taschen angehengt, vnnd sie der nachrichter ausgefiert"* hätte. Sie bejahte und sagte, dass man ihr tatsächlich den

---

Nach Heydenreuter wurde das Herumführen in der Geige seit dem 16. Jahrhundert in Bayern zu einer der am häufigsten angewandten nicht infamierenden, niedergerichtlichen Schandstrafen für Frauen. (Heydenreuter: Kriminalitätsgeschichte Bayerns 2003, 234). Die Beispiele von Heydenreuter stammen jedoch alle nach dem Leichtfertigkeitsmandat von 1635.

Die Halsgeige oder „collare" wird auch von Döpler beschrieben und in seiner Zeit wurde diese Strafe tatsächlich oft vollzogen. (Döpler: Theatrum 1693, 826).

Im Bayerischen Nationalmuseum befinden sich mehrere hölzerne Strafgeigen, von denen sechs aus Erding, drei aus Eichstätt, zwei aus Ottobeuern, eine aus Schongau, eine aus Berchtesgaden und eine aus München stammen. Auch eine von den vier Doppelgeigen ist aus München. Man hat diese Objekte allerdings nicht datieren können. (Schmid: Altertümer des bürgerlichen und Strafrechts 1908, 33-34). Hat es Fälle von Geigenstrafe in München im 16. Jahrhundert gegeben, müssen sie zu den Ausnahmen gerechnet werden. In meinen Quellen, inklusive der Schergenstubeinventare, kommt die Geige nicht vor.

442 Schwerhoff: Köln 1991, 139. Siehe auch Funke: Alte deutsche Rechtsdenkmale 1940, 125 und Rublack: The Crimes of Women 1999, 220.

443 Döpler: Theatrum 1693, 744-745 und Heydenreuter: Kriminalitätsgeschichte Bayerns 2003, 225.

444 Schattenhofer: Das alte Rathaus 1972, 330.

Stein bzw. die „steinerne Tasche“ angehängt hatte.[445] Es handelt sich also durchaus um keine unbekannte, wenngleich selten verhängte Sanktion.

Dass der Lasterstein eine zu dieser Zeit existierende Strafnorm war, beweisen auch die Inventarverzeichnisse der Münchner Schergenstube. In den Jahren 1556, 1566 und 1583 wurden allerdings keine Lastersteine oder ähnliche Strafwerkzeuge inventarisiert. Entweder hatte man diese zur betreffenden Zeit nicht oder sie wurden anderswo aufbewahrt. Laut eines undatierten Inventars, mit größter Wahrscheinlichkeit aus den letzten Jahren des 16. Jahrhunderts, gab es aber im Gang der Schergenstube „*2 schandt daschen*“. In 1591 und 1608 werden vermutlich dieselben Strafgeräte erwähnt, als „*2 stainers taschen*“ oder „*2 staine daschn*“ auf die Liste geschrieben wurden.[446] Die Lastersteine wurden also vermutlich nach dem Jahr 1583 in die Schergenstube eingebracht, spätestens im Jahr 1591. Warum man in dem Inventar gerade den Ausdruck „steinerne Tasche“ braucht, bleibt im Ungewissen. In den Ratsprotokollen wird der Begriff Lasterstein benutzt, wobei eindeutig dieselben Strafwerkzeuge gemeint sind.

Schließlich stellt sich die Frage nach dem Grad der Schändlichkeit und die möglichen ausgrenzenden Folgen des Steinetragens. Nach Neumann wurde dem Lasterstein per se keine ausgrenzende Wirkung zugetraut: Der Ausschluss von ehrbaren Gesellschaften und den Wirtshäusern hätte im Gesetztext gesondert vorgeschrieben werden müssen. Heydenreuter hält die Strafe jedoch für eine „infamierende Malefizstrafe“, weil damit meistens eine Verweisung verbunden war. Nach Schattenhofer bedeutet das Tragen des Lastersteins eine Verschärfung der Schandstrafe für solche, die man aus der Stadt jagte.[447] Es wird später gezeigt, dass man die Strafe des Lastersteins allerdings auch ohne Ausweisung vollziehen konnte. Damit ist sie jedoch zu den Schandstrafen zu rechnen, kommt aber in ihrer Schändlichkeit der infamierenden Wirkungen sehr nah. Allerdings hatte das Steinetragen an sich de jure keinen Ehrverlust zur Folge, sondern dies war der Fall erst dann, wenn es mit Ausweisung und mit Pranger verknüpft wurde. Sicherlich hatte das Steinetragen sehr drastische Folgen auf die soziale Ehre und wirkte sich in der Praxis negativ aus in den späteren Gerichtsprozessen.

---

445 StadtA: RP 219 (1604), Fol. 18 r & 19 r und SG MP 866/10 (1616/1617), Fol. 79 r & 80 v.

446 StadtA: SG 893, (Ende 16. Jh.), SG 893 (1591) & SG 893 (1608).

447 Neumann: Von Kirchenbuße zu öffentlicher Strafe 2002, 174, Heydenreuter: Kriminalitätsgeschichte Bayerns 2003, 225 und Schattenhofer: Das alte Rathaus 1972, 329-330.

Bäckerschnelle und Knocker

Schon die spätmittelalterlichen Rechte kannten die Strafe der Bäckerwippe, manchmal auch die Prelle, die Trülle oder der Schupfen genannt. Diejenigen Bäcker, welche die das Brotbacken betreffenden Vorschriften oder allgemeinen Marktvorschriften verletzten und ihre Kunden etwa durch falsches Gewicht betrogen, ließ man ins Wasser oder in Fäkalien tauchen oder fallen. Diese Strafe wurde mit Hilfe einer Konstruktion, die an einen Brunnenschwengel erinnerte, vorgeführt. An einem, in die Erde eingeschlagenen Pfahl, wurde ein beweglicher Arm angebracht, der an einem Ende mit einem Stein belastet war. Da der Gewichtstein dem Gewicht eines Menschen entsprach, konnte man den Balken leicht heben und hinunterlassen. An dem anderen Ende des Armes wurde ein Korb, ein Sessel oder ein Käfig aufgehängt. Der bewegliche Balken konnte auch in Form einer Leiter gebaut sein, von welcher der Verurteilte ins Wasser fiel, wenn der Balken mit hoher Schnelligkeit hinauf- und hinuntergeschnellt wurde. Hentig schreibt, dass das Übelwerden und Erbrechen des gelegentlich seekrank gewordenen Straffälligen als moralische Reinigung verstanden wurden.[448] In den Münchner Protokollen und in den landesherrlichen Mandaten hieß diese spezielle Schandstrafe das „Schnellen". Siehe Abb. 10.

In seinem kurzen Kapitel unter dem Titel „*vom kaak*" benutzt Döpler die meisten Zeilen für die Beschreibung einer Wippe, einer „*von holz gemachte und bey teichen oder fliessenden wassern aufgeführte machine*". Damit wurde der Verurteilte „*ins wasser geworfen, wieder herausgezogen und nach grösse und vielheit des verbrechens solches etliche mahl wiederholet*". In England wurden streitende Frauen in dem so genannten „ducking stool" dreimal ins Wasser eingetaucht, „um ihre Hitze und ihren Zorn abzukühlen". In ähnlicher Weise wurden Prostituierten in einem Korb ins Wasser gefallen lassen, um ihre „*unreinigkeit abzubaden*".

448 Maisel: Rechtsarchäologie Europas 1992, 146-148 und Hentig: Die Strafe Bd. 1 1954-1955, 414 & 417-418. Siehe auch Schmid: Altertümer des bürgerlichen und Strafrechts 1908, 13 und Hinckeldey: Geschichte der Verbrechen und Strafen 1980, 172.
Auch Folter konnte zusätzlich durch das sog. „Schnellen" des Seils, an dem der Verdächtigte hing, verschärft werden. (Nowosadtko: Scharfrichter und Abdecker 1994, 58-59). „Schnellen" weist so auf eine Art von ziehen oder heben hin.
Quanter schreibt über Bäckerschnelle unter dem Namen Kaak und hält diese Sanktion für sehr schwer. Er meint auch, dass man den Bestraften fast ertrinken ließ. Bei der Münchner Bäckerschnelle war dies aber nicht der Fall. Mit dem Namen Wippgalgen beschreibt er ein Instrument, womit dem Delinquenten die Glieder ausgerenkt wurden. Er nennt dieses Instrument auch Schnellgalgen. Das Gerät ist aber deutlich von der Bäckerschnelle zu unterscheiden, da dieser keine körperlichen Schäden verursachte. (Quanter: Die Schand- und Ehrenstrafen 1901, 114-123). Die Namen der Strafinstrumente sind oft verwirrend ähnlich, auch wenn es sich eigentlich um sehr verschiedene Strafen handelt.

Auch für kleinere Diebstähle konnten Delinquenten *„durch den kack ins wasser geworffen werden.“*[449] Der Ausdruck Kaak ist hier nicht mit dem infamierenden Pranger zu verwechseln, obwohl dieselbe Bezeichnung in nördlichen Dialekten die Bedeutung des Prangers trägt.

In München befand sich die Schnelle, die manchmal auch Wippgalgen genannt wurde, an der Rossschwemme am Nordrand des heutigen Viktualienmarktes.[450] Die genauere Konstruktion des Geräts wird in den Quellen nicht erklärt, und man weiß auch nicht, ob an der Rossschwemme jahraus, jahrein ein Wippgalgen stand, ob es für jeden Strafvollzug extra dahin gebracht, oder sogar aufgebaut wurde. Nach den Vermerken hat man den Verurteilten schlicht *„auff dem schnell in die Roßschwemmen schnellen“* lassen. In Bayern wurde diese Sanktion seit Ende der 1570er Jahren zwar auch gegen Gotteslästerer vorgeschrieben, aber nach Münchner Quellen wurden nur Bäcker dazu verurteilt. Innerhalb des Stichprobezeitraums wurde die Schnellenstrafe nur dreimal vollzogen, aber sonst öfters in der Ratsdiskussion erwähnt.[451] Erst im Jahr 1745 untersagte der bayerische Kurfürst die Anwendung der Bäckerschnelle als Strafe.[452] Jedoch war ihre eigentliche Vollziehung schon im 16. und Anfang des 17. Jahrhunderts selten. Mehr als ihre Seltenheit, ist aber hier die mit dieser Sanktion verbundene Schändlichkeit zu bewerten.

In der Einleitung des Buches *Verletzte Ehre* wird das Schicksal eines Bäckers in Zürich geschildert, den man Ende des 13. Jahrhunderts durch einen in der Luft hängenden Schandkorb in Fäkalien fallen ließ. Wegen der Schändlichkeit der Strafe floh der Bäcker selbst aus der Stadt.[453] Nach Döpler sollten diejenigen Verbrecher, denen man mehr als einen Sprung ins Wasser auf einmal gab, in der Folge mit der Landesverweisung bestraft werden.[454] Er hielt also schon das zweimalige Schnellen so schändlich, dass der Delinquent nicht mehr in der Gemeinschaft bleiben konnte. Nach Heydenreuter kann die Bäckerwippe trotz des Spektakels bei ihrer Anwendung, als „mildestes Mittel unter den verschiedenen

---

449 Döpler: Theatrum 1693, 748-749 & 832-833. Nach Funke war die Bäckertaufe für Felddiebe, betrügerische Bäcker und andere Kleinverbrecher gemeint. (Funke: Alte deutsche Rechtsdenkmale 1940, 133). Für „Korb“ siehe auch Pauli: Schimpf und Ernst 1522, 25-26.

450 Heydenreuter: Kriminalitätsgeschichte Bayerns 2003, 231.

451 StadtA: RP 219 (1604), Fol. 108 v-109 r, RP 231 (1616), Fol. 72 v und LO 1578, Fol. 30 v-32 r. Siehe auch Heydenreuter: Kriminalitätsgeschichte Bayerns 2003, 231.

452 Schattenhofer: Das alte Rathaus 1972, 314-315.

453 Schreiner & Schwerhoff: Verletzte Ehre 1995, 1.
Kot soll in der Frühen Neuzeit für diese Zwecke nicht mehr im Gebrauch gewesen zu sein.

454 Döpler: Theatrum 1693, 891. In den Münchner Protokollen wird nicht erwähnt, ob der Bäcker ein, zwei oder mehrmals geschnellt wurde.

nicht infamierenden Schandstrafen" eingestuft werden.[455] Ein Ratsurteil aus dem Jahr 1616 zeigt allerdings, dass der Schrägen als Milderung des Schnellens funktionieren konnte.[456] So sollte man die Bäckerwippe für eine relativ harte Strafe halten. Durch einen Einzelfall sei eine solche Schlussfolgerung aber zu schwach begründet. Es steht fest, dass die Schnellenstrafe zumindest in den von mir durchgelesenen Quellen nicht mit der Verweisung verknüpft wurde und damit eindeutig zu den Schandstrafen zu rechnen ist.

Während man über die Praxis des Schnellens nicht sehr viel, aber doch einiges weiß, bleibt das mysteriöseste Strafwerkzeug der Münchner Strafpraxis ohne Zweifel der so genannte Knocker oder Knacker. Innerhalb des Stichprobezeitraums wurde diese Strafe nur einmal eindeutig verhängt, als selbst der Henker im Dezember 1596 „*in knockher eingeschafft*" wurde. Er wurde bestraft, weil er zu spät zum Malefizgericht gekommen war und „*den vngelter bis auf das hemet, weil die leüth noch beim hochgerecht gewesen auszogen*" hatte.[457] In der Literatur wird der Knocker auch bei der Bestrafung anderer Gerichtsdiener erwähnt. Bei Schattenhofer kommt er einmal vor, allerdings erst im Jahr 1661. Bei diesem Fall wurde der Eisenmeister für einige Stunden „*in den knacker*" gelegt. Sein Delikt wird allerdings nicht erwähnt.[458] Es wurde auch noch ein anderer Fall notiert, in dem der Richterknecht im Jahr 1598 „*bey straff deß narrenheisels oder khnokhers frid vnd sicherhait geschafft*" wurde. Paulus Bußamtmann beklagte nämlich, dass Christoffer Richterknecht ihn verachtet und schlägt.[459] Diese Bemerkung ist wichtig, weil sie den Knocker und das Narrenhaus im Hinblick auf die Strafhöhe gleichstellt.

Wie sah aber dieses Strafgerät aus? Für das Verb „knocken" gibt Schmeller die Bedeutungen von (verächtlich) knien, kniend sitzen oder sitzen überhaupt. Das „Knockerlein" dagegen ist ein „niedriges Stühlchen ohne Lehne". Für den Begriff Knocker werden keine, in diesem Zusammenhang passende Bedeutungen gegeben. Das Handwörterbuch der Deutschen Rechtsgeschichte kennt diese Strafe

455 Heydenreuter: Kriminalitätsgeschichte Bayerns 2003, 231. Ähnlich halten Funke und Maisel die Wippe, auch Badekorb, Bäckertaufe und Bäckergalgen genannt, für eine Schandstrafe. (Funke: Alte deutsche Rechtsdenkmale 1940, 133 und Maisel: Rechtsarchäologie Europas 1992, 146-148).

456 StadtA: RP 231 (1616), Fol. 75 r.

457 StadtA: RP 211 (1596), Fol. 230 r.

458 Schattenhofer: Das alte Rathaus 1972, 309.
In der Kartei von Kramer und Moser im Institut der Volkskunde in München wird ein Fall aus dem Jahr 1616 erwähnt, in dem der Schlegel von einem in der Schergenstube gefangenen Mann diesen Hut gekauft hatte, und deswegen in den Knocker gelegt wurde. Leider konnte dieser Fall in den Quellen nicht wieder gefunden werden.

459 StadtA: SG 867/7 (1598), S. 47. Von Paulus Bußamtmann wird später im Zusammenhang von einem Ehebruchfall genauer berichtet.

nicht. So wie Schmeller, behauptet auch das Wörterbuch von Brüder Grimm, dass „knocken" im Oberdeutschen mit sitzen in Zusammenhang steht, besonders im Sinne von „kauern" oder „hocken". Man kann z. B. „nieder knocken". Dabei wird auch die Bedeutung von einer Schulstrafe erwähnt.[460] Es scheint mir, dass die Strafe des Knockers eine leichte Schand- bzw. Disziplinierungsstrafe war, wobei der Delinquent für eine relativ kurze Zeit in einer unbequemen und verächtlichen Körperhaltung gehalten wurde. Vermutlich wurde sie nicht öffentlich, sondern in der Schergenstube vollzogen. Der Knocker scheint eine besonders für die Disziplinierung des Henkers und seine Knechten angemessene Sanktion gewesen zu sein.

2.3 Langfristige öffentliche Erniedrigungen

Kettenstrafe

Im 16. und 17. Jahrhundert verstand man unter „Springer", „Schelle" und „Eisen" verschiedene Formen von eisernen Fußfesseln, stellt Heydenreuter fest. Er behauptet, dass die Kette zwischen den Beinen beim Springer so kurz war, dass sich der Delinquent nur in Sprüngen vorwärts bewegen konnte. Die Schelle hingegen gewährte den Gefangenen mehr Bewegungsfreiheit und stellte so eine mildere Strafvariante dar. In einigen Fällen wurde die Schelle mit kleinen Glöckchen verziert, die das Herumgehen besonders auffällig machten.[461] Nach Breit konnte die Sanktion, die als Springer-, Schellen- oder Eisenstrafe in den Quellen vorkommt, auch ein Halseisen bedeuten, in dem der Verurteilte vor dem Amtshaus oder vor seinem eigenen Haus stehen musste. Der auf dem Halseisen befestigte Reif trug kleine Glöckchen rund um den Kopf des Delinquenten und seine Füße umschloss ein Eisenring, an dem eine Kette mit Eisenkugel befestigt war. Breit schlägt vor, dass die Glöckchen bei der „Eisenstrafe" hätten auch fehlen können.[462] Schattenhofer beschreibt sowohl Schellen und Springer als

460 Siehe Schmeller: Bayerisches Wörterbuch und Grimm & Grimm: Deutsches Wörterbuch, Stichwort „knocken".
Im Gespräch mit Otto Feldbauer, der frühneuzeitliche Konkubinatsfälle erforscht, kam vor, dass der Knocker auch in seinen Quellen ein paar Mal erwähnt wird. Seines Erachtens wurde diese Strafe in der Schergenstube, also nicht öffentlich vollzogen. Bei der Strafe wurde der Delinquent nach Vermutungen Feldbauers in einer unbequemen Stellung, vielleicht in einem sehr niedrigen Raum für einige Stunden oder Tage gehalten.

461 Heydenreuter: Kriminalitätsgeschichte Bayerns 2003, 232-233. Siehe auch Krause: Opera publica 2003, 126.

462 Breit: Verbrechen und Strafe 2000, 343.

auch Eisen schlicht als „Ketten an den Füßen".[463] Neben Springer, Schellen und Eisen kommt in den Münchner Vermerken auch der Begriff „Kettenstrafe" und die lateinische Bezeichnung *compedibus* vor. Was bedeuteten diese Namen in der Praxis und ging es schließlich um eine und dieselbe Strafe?

Die Springerstrafe taucht in den offiziellen Texten erstmals in der Landesordnung von 1578 auf und um diese Zeit wurde sie auch in anderen Territorien üblich. Um die Abschreckungswirkung zu erhöhen mussten Delinquenten eine Zeit in Springern gehen. Bei der Zwangsarbeit wurden Ketten insbesondere für diejenigen gebraucht, bei denen Fluchtgefahr bestand, konstatiert Heydenreuter.[464] Nach den Belegen wurden Delinquenten oft „in die Springer geschlagen", wenn man sie zur Strafarbeit schickte, aber diese Bezeichnung kommt auch in anderen Fällen vor. So wurde im Jahr 1608 ein arbeitsscheuer Malerlehrling bedroht, man wolle ihn in den Springer schlagen, wenn er weiterhin nicht arbeiten wolle. Es wurde behauptet, dass *„der bueb hab khain lust mehr zum handwerch"*. Fünf Jahre später wurde ein Bäckerjunge, der *„nit guett will than"* zur Springerstrafe verurteilt.[465] Bei diesen Beispielen geht es wohl nicht um eigentliche Strafarbeit, sondern eher um öffentliche Erniedrigungen in Ketten.

Im Bayerischen Nationalmuseum wird eine eiserne Fußschelle aufbewahrt, die die Bezeichnung „Springer" trägt. Sie besteht aus einer Kette mit einem walzenförmigen Eichenholzblock und einem dreieckigen Vorhängschloss.[466] Dabei handelt es sich aber kaum um ein Strafwerkzeug, das bei der Strafarbeit benutzt wurde, weil die Ketten die Bewegung der Sträflinge wohl nicht zu viel verhindern durften. Mit so einem schweren Gewicht wäre z. B. das Tragen von Baumaterial nicht möglich gewesen. Außerdem sei die allgemein verbreitete Vorstellung von Gefangenen, die eine mit der Kette am Fuß befestigte Eisenkugel ständig hinter sich schleppen mussten, eher ein Produkt der erst späteren Kriminalromane und -filme. Es ist allerdings möglich, dass ähnliche Strafwerkzeuge gebraucht wurden, als Verurteilte „in Eisen" bzw. „in Ketten" nach Hause geschickt wurden. War der Springer eine kurze Kette zwischen den Füßen, wie Heydenreuter behauptet, wird in den von mir durchgelesenen Quellen nicht deutlich bestätigt. Dieser Erklärung ist allerdings eher zuzustimmen als der vom Springer als Gewichtskugel.

---

463 Schattenhofer: Das alte Rathaus 1972, 327-328.

464 Heydenreuter: Kriminalitätsgeschichte Bayerns 2003, 232-233. Siehe auch Schattenhofer: Das alte Rathaus 1972, 327 und Schmid: Altertümer des bürgerlichen und Strafrechts 1908, 12.
Nach der Landesordnung sollte die Obrigkeit die Verbrecher *„etwo in eysenen springern, ain zeitlang heerumb geen"* lassen. (LO 1578, Fol. 30 v-32 r).

465 StadtA: RP 223 (1608), Fol. 79 r und RP 228 (1613), Fol. 85 r.

466 Schmid: Altertümer des bürgerlichen und Strafrechts 1908, 31 (BayNatMus St.R. 88).

Nach dem Inventar gab es in der Schergenstube „*jn ainem neuen kasten hengent klain vnnd gross kettn mit souil schelln nemlichen 38, mer 36 schloss zu den selben ketten gehörig*".[467] Wahrscheinlich wurden diese für die öffentlichen Kettenstrafen, aber auch für die Festmachung der Gefangenen im Gefängnis gebraucht. Die Bezeichnung „Schelle" kommt in den Vermerken zwar häufig vor, aber es scheint eher unwahrscheinlich, dass damit kleine Glöckchen gemeint wurden. So wurde ein Metzger im Dezember 1613 „in Schellen" nach Hause aus der Haft entlassen, weil er „*alles versaufft vnd übl hauß*". Sonst wurden die Angeklagten „*in die schöllen oder eisen kötten*" verurteilt, sie baten von den „angeschlagenen Schellen" befreit zu werden und manchmal wurden ihnen auch „die Schellen abgenommen".[468] Es scheint, dass die Namen Ketten und Schellen synonymisch gebraucht wurden. Um Aufmerksamkeit zu wecken, wurden gelegentlich wohl auch Glöckchen benutzt, aber vermutlich handelt es sich hier eher um die Eisenringe zum Befestigen der Delinquenten und um die damit verbundenen eisernen Ketten. Allerdings darf man die Strafe des Halseisens nicht mit der Kettenstrafe verwechseln, weil mit Halseisen in der Regel die Zurschaustellung vor der Kirche oder auf dem Platz gemeint ist.

In vielen für diese Arbeit eingesehenen Fällen bedeutete die Ketten-, Eisen-, Springer oder Schellenstrafe die Freilassung des Verurteilten mit Ketten in seinen Füßen, die er für eine bestimmte Zeit tragen musste. Während dieser Zeit konnte er, wenn er wollte, sich frei in der Stadt bewegen. Vermutlich wollte er aber um Hohn und Spott zu vermeiden lieber in seinem Haus bleiben. Im Sommer 1613 bat die Frau eines Verurteilten, ihrem Mann die „*schöllen oder khötten*" zu erlassen, weil er diese schon 14 Tage getragen hatte. Der Rat beschloss jedoch, dass es bei der vorigen Entscheidung bleiben sollte und der Verurteilte also vier Wochen lang die Strafe zu erleiden hatte. Oft wurde die Kettenstrafe für zwei bis vier Wochen verhängt, aber die Zeit konnte auch länger sein. Im Jahr 1600 behauptete der Rat, dass „*die jenige so offter sein in den eisen gangen, soll man lenger in den eisen lassen, die andere aber desto bälder erledigen*".[469] Je länger die Zeit in Ketten, desto härter und damit auch schändlicher war die Strafe. Auch die Öffentlichkeit machte die Strafe schändlich für den Betroffenen, verursachte aber de jure keinen Ehrverlust. Verbrecher, die mehrere Kettenurteile in ihrem Register hatten, konnten allerdings bei Rückfall leichter zu Leibesstrafe oder Verweisung verurteilt werden.

---

467 StadtA: SG 893 (1556), zwei Exemplare von verschiedenen Händen, Inhalt ungefähr dasselbe.

468 Siehe beispielsweise StadtA: RP 224 (1609), Fol. 123 r, RP 225 (1610), Fol. 60 r, RP 227 (1612), Fol. 134 r-134 v und RP 228 (1613), Fol. 205 r & 255 v.

469 StadtA: RP 215/1 (1600), Fol. 143 r und RP 228 (1613), Fol. 145 r.

Eine Kettenstrafe drohte in München bei vielen Normenverstößen und Verbrechen, u. a. bei Trunkenheit, Diebstahl, Bettelei, Faulheit und „Unzucht". Die absolute Mehrheit der Verurteilten waren Männer, aber auch einige Frauen wurden bestraft. Im Vergleich zu anderen Zurschaustellungen bildet die lange Dauer der Kettenstrafe ein wichtiges Charakteristikum, welches diese Sanktion auch besonders schändlich macht. Der genaue Unterschied zwischen einer Springer-, Schellen-, Ketten- und Eisenstrafe bleibt allerdings strittig, weil keine ausführlichen Beschreibungen der Vollzugsweise oder gebrauchten Strafvollzugsinstrumente vorhanden sind. Mit diesen Bezeichnungen konnten entweder eine Ankettung im Gefängnis oder die Anwendung von Ketten bei der Strafarbeit, wie auch andere öffentliche Kettenstrafen, womöglich auch die Ankettung im eigenen Haus, gemeint sein. Unter „Kettenstrafe" werden von mir ferner diejenigen Verurteilungen angedeutet, die in den Quellen entweder als Ketten, Eisen, Eisenband, Springer, Schelle oder *compedibus* vorkommen. Während die anderen Namen von Kettenstrafe 32 Mal innerhalb des Stichprobezeitraums verurteilt wurden, gibt es von der „Schellenstrafe" allerdings nur ein einziges eindeutiges Urteil. Zusammengezählt bilden die verschiedenen Formen von Kettenstrafe die dritthäufigste Strafform in den für diese Studie eingesehenen Quellen.

Strafarbeit

Während die Gefängnisstrafe (*carcer*) bei den Römern als reguläre Sanktion nicht anerkannt war, wurden Inhaftierungen in Verbindung mit öffentlicher Zwangsarbeit verhängt. Das römische Strafrecht bildet so den juristischen Anknüpfungspunkt mit den frühneuzeitlichen öffentlichen Arbeitsstrafen, es sei denn, dass es sich um keine direkte Entwicklungslinie handelt. Die Verurteilung *ad opus publicum* wurde in südlichen Teilen des deutschen Raums erst seit Ende des 16. Jahrhunderts, im Norden etwas später, zur gemein benutzten Strafform. Bayern war das erste Territorium, in dem sie auf Länderebene praktiziert wurde.[470] Da bei der Zwangsarbeit die Kosten der bloßen Freiheitsstrafe zu vermieden waren und der Staat durch nützliche Arbeit entschädigt wurde, ging es in Vielem um Nutzen menschlicher Arbeitskraft.[471] Mit den Intentionen der öffentlichen Strafarbeit hingen also nicht nur Bestrebungen nach Erniedrigung

470 Krause: Opera publica 2003, 120-122 & 125.

471 Härter: Freiheitsentziehende Sanktionen 2003, 70 & 83-85.
Zur Einstellungen der Gefängnisgeschichte, Aufrechthaltung eines billigen und zuverlässigen Angebots an Arbeitskraft, ökonomischen Interessen, Machtrelationen und zentralisierter sozialer Kontrolle siehe Bretschneider: Humanismus, Disziplinierung und Sozialpolitik 2003, 24.

des Delinquenten oder Abschreckung, sondern auch fiskalische Interessen zusammen. Jedoch darf die öffentliche Disziplinierung durch Strafarbeit auch nicht unterschätzt werden.

Nach Forschungen von Krause lassen sich bei den öffentlichen Arbeitsstrafen eine mildere und eine schwerere Form unterscheiden. Die mildere Form wurde vor allem in Süddeutschland in der Anfangszeit dieser Strafen gebraucht. Dabei handelt es sich um eine relativ milde Sanktion, die häufig an die Stelle von Gefängnisstrafen trat. Es ging um kurzfristige, unter den Augen der Öffentlichkeit stattfindende Arbeitsleistung, u. a. bei der Straßenreinigung oder am Festungsbau. Die Sträflinge trugen Fußketten bzw. Springer, mit denen sie nur kleine Schritte nehmen konnten. Mancherorts mussten sie auch Narrenschellen tragen, weshalb die Sanktion den Namen Schellenwerk hatte.[472] Oder es ging um Schellen im Sinne von Fesseln. Jedenfalls war der hauptsächliche Zweck dieser milderen Form der Strafarbeit den Delinquenten für eine gewisse Zeit öffentlich zur Schau zu stellen. Demzufolge sind diese Sanktionen deutlich den Schandstrafen zuzurechnen: Es ging mehr um Lächerlichmachen und Disziplinierung als um eine wirklich nützliche Arbeit.

Im Laufe des 17. Jahrhunderts gewann die milde Arbeitsstrafe an Bedeutung als eine insbesondere für Frauen geeignete Sanktion.[473] Während des Untersuchungszeitraums war eine solche Strafe aber noch eine Seltenheit. So handelt es sich um eine ungewöhnliche Verurteilung, als fünf Frauen am 28. April des Jahres 1604 „*als gemeine vettlen in die springer geschlagen*" wurden. Sie sollten „*damit zu die arbait den ganzen sommer gehalten werden.*"[474] Diese Strafarbeit in Ketten ist eine Ausnahme, einerseits, weil es sich dabei um weibliche Kriminelle handelt, andererseits aber auch, weil sie wesentlich länger war als andere ähnliche Urteile. Was für eine Arbeit in diesem Zusammenhang in Frage kam, bleibt unklar. Wenn Döpler auf die öffentliche Arbeitsstrafe der Frauen hindeutet, geht es mehr um eine symbolische, in erster Linie nur auf Er-

---

472 Krause: Opera publica 2003, 126.

473 Schattenhofer schreibt, dass leichtfertige Frauen in München vom Bußamtmann oder von den Gerichtsdienern in den Eisen geschlagen und aus der Schergenstube geführt wurden, um den Marktplatz zu kehren. Hier ist allerdings ein Fall im Jahr 1705 gemeint. (Schattenhofer: Das alte Rathaus 1972, 328). Siehe auch Deutsch: Richter, Henker und Folterknechte 1993, 27.
Auch Quanter weist auf „unzüchtige" Frauen oder Prostituierte hin, die öffentlich arbeiten mussten. Ihnen wurden manchmal die Haare abgeschnitten um mehr „Schimpf" zu bewirken. (Quanter: Das Liebesleben 1909, 345).
Meine Quellen erwähnen allerdings keine Fälle mit Haarabschneiden. Dieser Gebrauch wurde wohl später im 17. Jahrhundert häufiger bei der Bestrafung von Prostituierten.

474 StadtA: RP 219 (1604), Fol. 77 r.

niedrigung zielende Tätigkeit. Dabei mussten die Delinquentinnen *„öffentlich den markt kehren und rein machen ...da sie denn mannigmahl von den bösen buben noch darzu mit koth und erdschollen geworffen*" wurden.[475]

Die schwerere und wesentlich langwierigere Variante des *opus publicum* wurde Festungsbau, Schanzarbeit oder in Norddeutschland auch Karrenstrafe genannt. Krause stellt fest, dass sie als eine harte Sanktion galt, die vor allem Körperstrafen ersetzen sollte, und teilweise sogar an die Stelle der Todesstrafe trat. Nach dem Festungsbau sei die Rückkehr in die Gesellschaft trotzdem noch möglich gewesen.[476] Nach einem Mandat aus dem Jahr 1595 beschloss der Herzog für *„besserer fürsehung vnd sicherhait deß gemainen vatterlands*" und die da wohnenden Untertanen *„zu Scherding ein befestigung pawen zulassen*". Dahin sollten Kriminelle, auch Frauen und Jugendliche, überstellt werden. Dieser Strafausspruch, die *condemnatio ad operas* beim Ausbau der bayerischen Landesfestungen, war nicht zuletzt vom Mangel an billigen Arbeitskräften diktiert.[477] Dabei handelt es sich also eigentlich um den Bedarf arbeitsfähiger Sträflinge.

Auf die Natur der Strafarbeit wird in den Ratsprotokollen selten hingedeutet. So weiß man aufgrund von Ratsvermerke nicht immer, ob es sich um Straßenkehren, Festungsbau oder um andere Beschäftigungen handelte. Gelegentlich wird jedoch von gewissen Mengen von Steine gesprochen. So wurde eine Frau „statt 6.000 mit 4.000 Steinen" bestraft. Ein Mehlhändler dagegen wurde „mit 2.000 Steinen abgefertigt" und zwei andere Männer bekamen *„jeden vmb 5000 stain*".[478] Offensichtlich handelt es sich hier um die Zahl der Steine, die sie zu den Festungen tragen mussten, und die bei Strafmilderung verringert werden konnte. Bei der schwereren Strafarbeit ist die Grenze zu infamierenden Wirkungen wohl nicht weit gewesen. Allerdings sind die in Münchner Protokollbüchern erwähnten Fällen mild genug, um die Kriterien der Schandstrafe zu füllen. Innerhalb des Untersuchungszeitraums wurden insgesamt sieben Verbrecher zum

---

475 Döpler: Theatrum 1693, 747.

476 Krause: Opera publica 2003, 127-128.
Härter deutet darauf hin, dass es bei dem Festungsbau um die soziale Disziplinierung durch abschreckendes Exempel, zum Teil aber auch schon um Besserung der Verbrecher ging. (Härter: Freiheitsentziehende Sanktionen 2003, 70 & 83-85).

477 BayHstA: KMS 1595/VIII/6 und Heydenreuter: Kriminalitätsgeschichte Bayerns 2003, 253-255.
Obwohl die Herzöge die Bedeutung der Strafarbeit betonten, hat der Rat sich hier oft anders beschlossen. Beispielsweise im März des Jahres 1600 wurde eine Bettlerin, die schon zwei Mal in der Münchner Schergenstube gelegen hatte, „der heiligen Zeit halber" verschont. Der Rat wollte sie begnadigen, obwohl früher beschlossen worden war, dass man die zum dritten Mal rückfällig gewordenen Personen in den Springer schlagen und zur Arbeit schicken sollte. (StadtA: RP 215/1 (1600), Fol. 155 r).

478 StadtA: RP 215/1 (1600), Fol. 103 v & 125 r und 215/2 (1600), Fol. 162 r.

Festungsbau verurteilt. Manchmal wurde notiert, dass sie dorthin „in Eisen“ geschickt werden mussten, manchmal wurde dies nicht erwähnt. Eine Fesselung von Sträflingen dieser Art ist jedoch in allen Fällen zu vermuten. Es ist manchmal schwierig die bloße Kettenstrafe von der Strafarbeit wie auch die unterschiedlichen Graden der Strafarbeit voneinander zu unterscheiden.

3. Münchner Ehrenstrafen

3.1 Öffentliche Erniedrigungen vor der Verweisung

Ratsstiege

Seit dem Spätmittelalter wurden die Malefizverbrecher in München gefesselt von den Bußschergen auf die Rathausstiege gestellt, wenn der Unterrichter von einem kleinen Balkon vor einem der Fenster des großen Rathaussaales aus die Urgicht und das Todesurteil für das draußen wartende Volk verkündete. Auch die vom landesherrlichen Gericht zum Tode verurteilten und im Falkenturm verhafteten Delinquenten wurden wenigstens seit dem 18. Jahrhundert auf die Rathausstiege zur Verlesung von Urgicht und Urteil und dem städtischen Gerichtspersonal zum Strafvollzug übergeben. In dem aus dem Jahr 1850 stammenden Kupferstich von O. L. Rickerl wird ein zum Tode Verurteilte zusammen mit dem Schergen auf der Stiege stehend vorgestellt.[479] Um 1600 wurde mit der „Stiege“ bzw. „Ratsstiege“ die Treppe in der Westecke des Tanzsaalgebäudes gemeint, die direkt zum Marktplatz bzw. in den Saal führten. Heute handelt es sich um einen Durchgang für Busse und Fußgänger. Innerhalb des Stichprobezeitraums wurden in den Ratsprotokollen acht Delinquenten „auf die Stiege“ verurteilt, ohne dass damit also eine Todesstrafe verbunden war. Siehe Abb. 11.

Im Jahr 1596 wurde eine junge Dienerin wegen mehreren Diebstählen gegen ihre „Herrschaft“ *„an die stiege gestelt, ausgefiert, vnd jr die burgfrieden verbotten“*. Im Sommer 1616 beschloss der Rat, eine andere Frau wegen zwei Abtreibungen *„für malefiz zestellen vnd jhr jhr verbrechen offentlich über das gängl herrab zelesen vnd sie an die stiege zestellen.“*[480] In demselben Platz öffentlich stehen müssen, wo den Schwerverbrecher traditionell ihre Todesurteile verkündet wurden, schadete zweifellos die soziale Ehre des Verurteilten. Damit wurde symbolisch auf die Schwere und Schändlichkeit seiner Verbrechen gedeutet – es sei denn, dieselbe Treppe wurde auch von den Hochrangigen bei den offiziellen Angelegenheiten im Rathaus benutzt. Dadurch wurde auch das Volk über die Straftat und die Rechtsentscheidung informiert.

Bei der Stiegenstrafe handelt es sich in dieser Studie primär um eine schändliche Zurschaustellung, eine Nebenstrafe der Ausweisung, nicht um eine Ehrenstrafe im engen Sinne. In allen Fällen, die in den für diese Studie eingesehenen Quellen vorkommen, auch zwischen den Stichprobejahren, wurde die Strafe der Rats-

479 Schattenhofer: Das alte Rathaus 1972, 321-322.
480 StadtA: RP 211 (1596), Fol. 175 r und RP 231 (1616), Fol. 106 v.

stiege mit Verweisung gekoppelt. Dadurch gewinnt sie den Status einer Ehrenstrafe. In der Regel konnten aber viele schändliche Maßnahmen miteinander kombiniert werden und erst die Gesamtheit einer Strafe bestimmte ihre eigentliche ehrmindernde Wirkung. So ist nicht auszuschließen, dass Delinquenten auch dann auf die Ratsstiege gestellt werden konnten, wenn sie in der Folge nicht verwiesen wurden.

Die infamierende Prangerstrafe

Das am besten bekannte Gerät für den Vollzug der Ehrenstrafen war zweifellos der Pranger. Er taucht erstmals um 1200 in den Quellen auf um spätestens im 16. Jahrhundert eine größere Verbreitung zu erreichen.[481] Seit dem 15. Jahrhundert gibt es eine relativ reiche Bildüberlieferung für den Vollzug der Prangerstrafe, etwa in Form der Darstellungen von der Geißelung Christi. Sinnverwandte Bezeichnungen für Pranger sind u. a. Kak, Schreiat, Halseisen, Staupe, Stock, Breche, Prechel, Pfahl, Harfe und Ganten.[482] Das Wort „Pranger" stammt aus dem süddeutschen Dialekt und wurde am Anfang des 16. Jahrhunderts in der Carolina und dadurch als allgemeine amtliche Bezeichnung übernommen.[483]

---

481 Funke: Alte deutsche Rechtsdenkmale 1940, 111, Dülmen: Theater des Schreckens 1988, 71 und Dülmen: Der ehrlose Mensch 1999, 80-81.
In Böhmen wurde der Pranger sogar schon im Jahr 1039 erwähnt. (Maisel: Rechtsarchäologie Europas 1992, 129-130). Siehe auch das Kapitel über Pranger von Quanter. (Quanter: Die Schand- und Ehrenstrafen 1901, 80-113).

482 Siehe Erler & Kaufmann: Handwörterbuch zur deutschen Rechtsgeschichte, Stichwort „Pranger". Siehe auch Hentig: Die Strafe Bd. 1 1954-1955, 414.
Nach Döpler auch *„der stock oder pranger, sonst auch die staup-seule, item der kaak oder schmach-kaak"* genannt. (Döpler: Theatrum 1693, 825).
In Bayern hieß der Pranger ursprünglich Schreiat bzw. Schrayheit. Im Jahr 1361 wurde der Begriff Pranger in München zum ersten Mal erwähnt und im Jahr 1518 wurde dieses Strafgerät wahrscheinlich zum letzten Mal Schreiat genannt. (Schattenhofer: Das alte Rathaus 1972, 323).
Hentig schlägt vor, dass der Name Schreiat nicht davon käme, dass der Delinquent darauf gezüchtigt wurde und deswegen aus Schmerz schrie, wie oft erklärt wird. Sein Vorschlag ist, der Delinquent wurde an diesem Pfahl „beschrieen", also sein Verbrechen und Strafe wurden verkündigt. (Hentig: Die Strafe Bd. 1 1954-1955, 403). Ich halte Hentigs Erklärung für plausibel.

483 Funke: Alte deutsche Rechtsdenkmale 1940, 111-112.
Hentig leitet den Begriff Pranger u. a. von der Bedeutungen bedrängen, einengen, zwängen, Befestigung am Halse an einem Strafgerät und Maulklemme. (Hentig: Die Strafe Bd. 1 1954-1955, 409-413).

Über die infamierenden Wirkungen des Prangers besteht kein Zweifel.[484] Dabei handelt es sich eindeutig um eine Ehrenstrafe. Man könnte auch schlicht behaupten, dass der Pranger die Ehrenstrafe bildet. Andere mit der Verweisung verbundene Strafrituale können eher als nebensträflich bezeichnet werden.

Unter dem Einfluss der durch die Französische Revolution verkündeten Ideen vernichtete man die meisten Pranger in der ersten Hälfte des 19. Jahrhunderts.[485] So ist heute nicht bekannt, wie der frühneuzeitliche Münchner Pranger aussah. Da nur wenige von den Tausenden früher bestehenden Strafwerkzeugen dieser Art noch erhalten blieben, wurden auch ihre genauen Bedeutungen und Unterschiede vergessen. Das Wort „Pranger" wird häufig falsch als Synonym für andere öffentliche Strafen benutzt, die zwar eine Zurschaustellung beinhalteten, aber nicht infamierten. Auch die Anwendung von den regionalunterschiedlichen Namen kann irreführen. In diesen aus verschiedenen Dialekten stammenden Bezeichnungen verwischen sich leicht die Unterschiede zwischen dem infamierenden Pranger und der nicht infamierenden Schandsäule und Halseisen. Diese Strafgeräte haben ihre gemeinsame Wurzel im Mittelalter, wurden aber später voneinander differenziert.

Anders als oft gedacht wird, war es zu Beginn des 16. Jahrhunderts in Bayern noch üblich, Delinquenten durch Amtleute an den Pranger stellen zu lassen. Hundert Jahre später wurde diese Strafe durch den Henker vollstreckt. So stellt Heydenreuter fest, dass die juristisch relevante Infamierung sich erst im Laufe des 16. Jahrhunderts durchsetzte.[486] Zweifellos symbolisierte aber der an einem zentralen Platz aufgestellte Pranger neben der Hinrichtungsstätte die hohe Gerichtsbarkeit.[487] Es scheint mir, dass das Bauen eines Prangers mit dem Bau ei-

484 Dülmen: Der ehrlose Mensch 1999, 82, Dülmen: Theater des Schreckens 1988, 71-72, Maisel: Rechtsarchäologie Europas 1992, 132 und Schattenhofer: Das alte Rathaus 1972, 323.

485 Maisel: Rechtsarchäologie Europas 1992, 127-131.
Hentig schreibt, dass in den Vereinigten Staaten, in Delaware, noch im Jahr 1904 eine „Prangerstrafe" statt Geldbuße und Haft verhängt worden wäre. Er erzählt aber nicht, wie dieser Pranger aussah. (Hentig: Die Strafe Bd. 1 1954-1955, 397).
Das schändliche Strafsystem wurde überall langsam in Folge der aufklärerischen Einsichten gegenüber der Kriminalpolitik im Laufe des 18. und 19. Jahrhunderts abgebaut. Beispielsweise in Finnland wurden öffentliche schändliche Strafen in dem Strafgesetz aus dem Jahr 1894 nicht mehr erwähnt.

486 Heydenreuter: Kriminalitätsgeschichte Bayerns 2003, 224. Siehe auch Döpler: Theatrum 1693, 749.

487 Heydenreuter: Kriminalitätsgeschichte Bayerns 2003, 224, Schwerhoff: Köln 1991, 140-141 und Dülmen: Theater des Schreckens 1988, 71-72. Siehe auch Quanter: Die Schand- und Ehrenstrafen 1901, 80-82.

nes Galgens hinsichtlich der drohenden Ehrminderung von Handwerkern jedoch nicht zu vergleichen ist.[488] Da der Prangerbau auch weniger Arbeitskraft forderte, konnte er allein vom Henker und seinen Gehilfen verwirklicht werden. Dies bedeutet jedoch nicht, dass die Prangerstrafe nicht infamierend gewesen wäre.

Mit der Prangerstrafe verknüpfte sich in der Regel kein bestimmtes Verbrechen. Allerdings wurden traditionell insbesondere Personen, die „unehrliche Delikte" begangen hatten, wie etwa Meineidiger, Gotteslästerer, Kuppler, Friedensverbrecher und Diebe, an den Pranger gestellt. Der körperliche Schmerz war oft mit dem Ehrverlust verbunden, insofern als Stäupen und gelegentlich auch Verstümmelungen, wie etwa das Abschneiden der Ohren oder Hände, mit dem Pranger gekoppelt wurden. Gewöhnlich dauerte das Am-Pranger-Stehen zwei bis drei Stunden. Wer am Pranger stand, war den Gewalttätigkeiten des Publikums ausgesetzt. Die öffentliche Entehrung des Delinquenten konnte durch Trommeln gemehrt werden.[489] Döpler erklärt das Zurschaustellen der Verbrecher an den Pranger damit, dass auf diese Weise *„zu ihren hohn und spot sie månniglich sehe, ein exempel an ihnen nehme und sich solcher strafe fürchten lerne."*[490] Deutlich wollte man auch in München die übliche Gemeinschaft durch Bestrafung eines

---

Für Döpler sind Galgen, Rabensteine, Pranger und Räder alle *„signa jurisdictionalia"* oder *„trophaea justitiae"*, Zeichen und Siegeszeichen der Justiz. Sie sollten *„öffentlich auf- und dargestellt werden"*, um die *„bösen, gott- und ruchlosen buben ein schrecken und warnung"* herzustellen. (Döpler: Theatrum 1693, 608-609, 823, 827-829).

488 Maisel behauptet, dass der Bau des Prangers bei den Handwerkern genauso verrufen war, wie die Aufrichtung eines Galgens. Die Obrigkeit musste deshalb eine schriftliche Garantie erteilen, dass der Anteil an solchen Arbeiten der Würde der Handwerker keinen Abbruch tun würde. (Maisel: Rechtsarchäologie Europas 1992, 128 & 136).
In der Carolina wird angeordnet, dass die Ehre der Handwerker beim Galgenbau geschützt werden müsse, aber über den Pranger schweigt sie sich in dieser Hinsicht aus. Döpler stimmt mit der Carolina überein. (CCC §215 und Döpler: Theatrum 1693, 610-611).
Nach Döpler braucht man bei der Aufrichtung von *„räder, hexen-stöcke und pranger"* im Vergleich mit dem Galgenbau keine besondere Zeremonien, sondern *„der scharfrichter mit seinen knechten und gehülffen setzet sie selbsten"*. Auch für die *„schnap-galgen"* (Wippe bzw. Bäckerschnelle) brauchen die Zimmerleute keine festlichen Rituale als Schutz gegen Ehrverlust. (Döpler: Theatrum 1693, 615).
Zur Praxis des Galgenbauens siehe: Döpler: Theatrum 1693, 612-613.

489 StadtA: RP 233 (1618), Fol. 170 r und Döpler: Theatrum 1693, 829-831, CCC §85, §115, §123, §158, §161 und §198 sowie Heydenreuter: Kriminalitätsgeschichte Bayerns 2003, 224, Schlosser: Juristischer Kommentar 2000, 215-216 und Schwab: Edition 2000, 76-77, Oberbayerisches Landrecht Artikel 36, Dülmen: Theater des Schreckens 1988, 62-63 & 74 und Hentig: Die Strafe Bd. 1 1954-1955, 418-419. Siehe auch Erler & Kaufmann: Handwörterbuch zur deutschen Rechtsgeschichte, Stichwort „Pranger" und Bary: Herzogsdienst und Bürgerfreiheit 1997, 133.

490 Döpler: Theatrum 1693, 823. Siehe auch CCC §85.

Individuums am Pranger von Sünde und Verbrechen fernhalten, ja abzuschrecken. Die Münchner Quellen erwähnen keine typische Dauer der Prangerstrafe. Es wird nur vermerkt, dass der Delinquent da an drei Sonn- oder Feiertagen stehen solle. Auch Trommeln wird im Zusammenhang mit Pranger nicht erwähnt, aber es ist anzunehmen, dass das für Kuppler gemeinte „Pauken" auch bei anderen Prangerstrafen verwendet werden konnte.

Man weiß, dass in vielen Orten manchmal eine Tafel mit Information über das Delikt oder mit einem Spottvers um den Hals des am Pranger stehenden Delinquenten gehängt wurde. Die gestohlenen Gegenstände konnten auf die Schulter des Diebes gelegt werden oder es wurden Strafwerkzeuge, manchmal auch entfernte Körperteile, als warnendes Zeichen am Pranger befestigt.[491] Den Sträflingen konnte auch ein Büßerhemd, also *„härene rutten"* angezogen werden.[492] Die Prangerstrafe wird oft auch mit Schandmasken und Strohkränzen verknüpft. Die so genannten Schandmasken wurden durch Ausstattung von großen Ohren, kleinen Augen, Teufelshörnern, langen Hängezungen oder mit Schweinsrüsseln zur Projektion der Gesinnung des Verbrechers, zum Bild seines Vergehens gemacht. Den gleichen Zweck verfolgten auch die Strohkränze, welche Prostituierten und liederlichen Frauen aufgesetzt wurden. Von den im Bayerischen Nationalmuseum aufbewahrten Exemplaren dürfte jedoch keines über das 17. Jahrhundert

491 Maisel: Rechtsarchäologie Europas 1992, 138, Rublack: The Crimes of Women 1999, 78, Schwerhoff: Köln 1991, 140-141, Funke: Alte deutsche Rechtsdenkmale 1940, 112 und Hentig: Die Strafe Bd. 1 1954-1955, 409-413. Siehe auch Schmid: Altertümer des bürgerlichen und Strafrechts 1908, 13 und Erler & Kaufmann: Handwörterbuch zur deutschen Rechtsgeschichte, Stichwort „Pranger".
Z. B. Jan Hus soll am Pranger eine Mitra mit dem Wort „Heresyarcha" getragen haben. (Maisel: Rechtsarchäologie Europas 1992, 127-128).
In dem bekannten Gemälde der Niederländischen Sprichwörtern von Pieter Brueghel (1559), wird deutlich ein Gehäusepranger mit daran genagelten Ohren und einer Hand gezeigt.
In München wurden einen Hennendieb während der Stiegenstrafe die Hühner um den Hals gehängt. (StadtA: RP 215/1 (1600), Fol. 229 v-230 r). Eine solche Strafverschärfung bei der Prangerstrafe kommt in den von mir eingesehenen Quellen allerdings nicht vor.

492 Ein solches Büßerhemd wurde im Jahr 1872 auf dem Dachboden des Rathauses zu Osterhofen gefunden und ins Bayerische Nationalmuseum gebracht. Dieses 117 cm lange und aus Rosshaaren geflochtenes Kleid wurde als „härene Büßerkutte" für die nach der Auspeitschung auf den Pranger Gestellten, aber auch für die als Büßer an den Kirchentüren Stehenden verwendet. Im Bayerischen Nationalmuseum gibt es auch hölzerne Prangertafeln, die u. a. folgende Inschriften tragen: „wegen brandstiftung I:ten grades zur kettenstrafe" oder „strafe des frevels gegen die sittlichkeit". (Schmid: Altertümer des bürgerlichen und Strafrechts 1908, 33 (BayNatMus: St.R. 94) & 40 (BayNatMus: St.R. 158 & St.R. 167). Die Tafeln sind undatiert, aber stammen wohl frühestens vom Ende des 17. Jahrhunderts. Siehe auch Funke: Alte deutsche Rechtsdenkmale 1940, 125.

zurückgehen.[493] In der Strafpraxis des 17. Jahrhunderts bildeten sie wohl eher eine Ausnahme. Da die Anmerkungen der Quellen über genauen Vollzug der Strafen gering sind oder völlig fehlen, ist es nicht auszuschließen, dass Straftafel, Büßerhemde, Masken oder Kranzen schon um 1600 gelegentlich benutzt wurden – auch wenn sie in den Münchner Quellen nicht schriftlich belegt werden.

Eine weitere Schwierigkeit bei der Definierung der Prangerstrafe liegt darin, dass es selbst innerhalb des eigentlichen Prangers so viele Varianten gab.[494] U. a. Maisel und Funke verstehen unter Pranger hauptsächlich eine Einrichtung in Form einer Säule. Eine solche freistehende Säule diente gleichzeitig zur Erfüllung beider grundsätzlicher Funktionen des Prangers: Zurschaustellung und Prügelung. Die aus Holz, Stein oder Ziegelstein gebaute Säule war in der Regel mit Ketten oder eiserne Ringe ausgestattet, die das Fesseln ermöglichten. Manche Prangersäule wurden auch mit einem Dächlein, einer Fahne oder einem Kreuz verziert, mit symbolischen Farben bemalt oder mit Skulpturen versehen, die sie als Ort der Schande auszeichneten. Dabei wurden Bildnisse von Henker, von unreinen Tieren, wie Affen und Schweinen, aber auch Inschriften, wie „iustitia“

---

493 Schmid: Altertümer des bürgerlichen und Strafrechts 1908, 35, Funke: Alte deutsche Rechtsdenkmale 1940, 130 und Dülmen: Theater des Schreckens 1988, 75.
Im Depot des Museums befinden sich mehrere Exemplare von Schandmasken, u. a. eine eiserne Schandlarve mit drei Spangen um den Kopf (30 cm), die an das 17. Jahrhundert datiert worden ist. Am Munde gibt es eine Röhre mit Luftlöchern und die Maske ist teilweise rot, weiß und gelb bemalt. Es gibt auch einen Kranz mit zwei Zöpfen aus Stroh. (Schmid: Altertümer des bürgerlichen und Strafrechts 1908, 37-38 und BayNatMus: St.R. 146 & St.R. 154).
Von Schattenhofer ist zwar ein früher Münchner Fall mit dem Strohkranz aus dem Jahr 1619 notiert worden, aber Bauer meint, dass die große Anzahl von phantasievollen Schandmasken (22 Stücke) in der Sammlung des Bayerischen Nationalmuseums den Verdacht weckt, dass es sich hier weitgehend um Erfindungen des 19. Jahrhunderts handelt. (Schattenhofer: Das alte Rathaus 1972, 328 und Bauer: Rechtsaltertümer 2002, 24).

494 Es war typisch für die ältere Geschichtsforschung die unterschiedlichsten Phänomene in allumfassenden Entwicklungstheorien zusammenzubringen. Auch der Pranger bleibt von diesen Versuchen auch nicht verschont. Nach Hentig war der Pranger ursprünglich eine Todesstrafe, der sich aus dem uralten Opferpfahl entwickelte. Unter dem Titel „Ehrenstrafen“ listet Hentig sowohl „den Stein der Schande“, den Schandpfahl, den Pranger als auch das Brandmal. Mit dem „Stein der Schande“ ist nicht der Lasterstein gemeint, sondern es wird auf verschiedene Gerichtssteine hingedeutet, die Urformen des Prangers sein sollten. Er skizziert auch eine Linie von gewissen „Urformen“ der Strafen – Pranger, Schandpfahl und Narrenhaus – zur modernen Freiheitsstrafe. Diese Gedanken sind nur mit größtem Vorbehalt anzunehmen. (Siehe beispielsweise Hentig: Die Strafe Bd. 1 1954-1955, 397-398, 405, 409-413, 419-420 & Bd. 2, 171-172).

oder „deus impios punit“ (Gott straft die Sünder) gebraucht.[495] Die in der Literatur am häufigsten beschriebene Form des Prangers ist mit Sicherheit und nicht ohne Grund der Säulenpranger. Trotzdem war der Pranger nicht immer eine Säule und bei einer Säule handelt es sich nicht immer um einen Pranger.

Mit dem Stichwort „Pranger“ findet man im *Handwörterbuch der deutschen Rechtsgeschichte* (HRG) eine Auflistung von mehreren Hauptformen des Prangers. Erstens wird das Halseisen an Rathaus- oder Kirchenwand, also die „Prangersäule“, und zweitens der „Säulenpranger“, also Schandpfahl oder Schandsäule aufgelistet.[496] Nun muss die Frage gestellt werden, was denn der Unterschied zwischen der Prangersäule und dem Säulenpranger sei. Meines Erachtens handelt es sich um das ein und dasselbe Strafgerät, den infamierenden Pranger in Form einer Säule. Schandpfahl bzw. Schandsäule und Halseisen dagegen waren Instrumente, die bei den nicht infamierenden Schandstrafen zur Anwendung kamen. Döpler schreibt über Halseisen, dass

> „der orth, wo die hals-eisen angemacht werden sind die ambt- oder rath-häuser oder sie sind mitten auf den märckten an säulen oder auch wohl an den kirch-mauren, ja an gemeinen schenck-häusern oder sonsten befestiget zubefinden.“[497]

---

495 Maisel: Rechtsarchäologie Europas 1992, 127-134, Funke: Alte deutsche Rechtsdenkmale 1940, 112 & 116 und Dülmen: Theater des Schreckens 1988, 73. Siehe auch Erler & Kaufmann: Handwörterbuch zur deutschen Rechtsgeschichte, Stichwort „Pranger“. Bei dem mittelalterlichen bayerischen Schreiat handelt es sich vermutlich um eine Gerichtssäule bzw. Staupsäule, also um eine nicht unbedingt infamierende Vorform des Prangers.

496 Siehe Erler & Kaufmann: Handwörterbuch zur deutschen Rechtsgeschichte, Stichwort „Pranger“.
Hinckeldey listet acht Hauptformen von Pranger, darunter auch das Narrenhaus, der Halseisen und der Schandpfahl, die meines Erachtens nicht zu den Prangerstrafen gehören. (Hinckeldey: Geschichte der Verbrechen und Strafen 1980, 166-167).
Der „Kirchenpranger“, also ein Halseisen an der Kirchenwand, darf nicht mit dem eigentlichen, weltlichen Pranger verwechselt werden. Der Kirchenpranger war ein Mittel der Kirchenzucht und bildete demzufolge keine infamierende Strafe. (Funke: Alte deutsche Rechtsdenkmale 1940, 113 und Erler & Kaufmann: Handwörterbuch zur deutschen Rechtsgeschichte, Stichwort „Pranger“).
Wo der Pranger fehlte, nahm seine grundsätzliche Funktion der Zurschaustellung die „Prechel“ über (Franz. le pilori). Dabei geht es um eine Konstruktion aus senkrecht in Boden eingeschlagenen Holzsäulen und zwischen diesen befestigten Querbalken, von denen der obere beweglich und der untere unbeweglich ist. In den Balken gab es eine Öffnung für den Hals und zu ihren beiden Seiten Löcher für die Hände. (Maisel: Rechtsarchäologie Europas 1992, 139).
Die Prechel in der von Maisel beschriebenen Form kam meiner Meinung nach erst im späten 17. Jahrhundert im Gebrauch. Sie ist nicht mit dem früheren einfachen Halseisen, auch Brechen genannt, zu verwechseln.

497 Döpler: Theatrum 1693, 829.

Funke stellt fest, dass der infamierende Pranger und das gemeine Halseisen nebeneinander auf dem Marktplatz stehen konnten, der erste war aber für das hohe, das andere für das niedere Gericht bestimmt.[498] In der Regel bestand das Halseisen aus eisernen, an Ketten hängenden Kragen. Nachdem es um den Hals gelegt war, wurden seine beiden Teile mit einem Hängeschloss geschlossen. Wurde eine Strafe mit Hilfe des Halseisens am Pranger vollzogen, war sie eine Ehrenstrafe. War das Halseisen woanders, so verlor sie ihren infamierenden Charakter.[499] Das HRG bringt auch das Narrenhaus unter den Prangerformen, wobei doch darauf verwiesen wird, dass es „nur im weitesten Sinne" zu den Prangerstrafen gerechnet werden kann.[500] Zweifellos sollte die Schandstrafe des Narrenhauses aber keineswegs mit dem infamierenden Pranger verwechselt werden, auch wenn die öffentliche Aufstellung des Verbrechers bei beiden Strafformen eine zentrale Rolle spielte. Siehe Abb. 12 und Abb. 13.

Bei der Auflistung des HRG wird auch der „Auftrittspranger" erwähnt. Er besaß aus einem öfters stufenförmigen oder sonst erhöhtem Auftritt und einem Pfahl oder Säule für die Festmachung des zur Schau gestellten Verbrechers. Davon ist der im Jahr 1517 gebaute Auftrittspranger in Schwäbisch Hall ein gutes Beispiel. Der steinerne Pranger steht erhöht auf einem Podest am Marktplatz. In der Säule sind vier eiserne Drachenköpfe gefestigt, die die Halseisen zur Festmachung des Verurteilten im Mund halten. Im HRG folgt nun der „Bühnenpranger", der auf einer bloßen erhöhten Plattform basierte.[501] Nach Funke und Maisel waren einige Bühnenpranger ebenerdig, besaßen einen einfachen oder einen stufenartigen Auftritt, andere hatten kleinere steinerne Konsolen oder größere Bühnen bzw. Balkone, in der Regel an Rathäusern. In verschiedenen Orten genügten hierzu allerdings nur große, auf dem Pflaster vor dem Rathaus liegende Steine.[502] Im Strafrechtsmuseum in Ludwigsburg ist ein solcher einfacher

---

498 Funke: Alte deutsche Rechtsdenkmale 1940, 112-115 & 120.

499 Im Bayerischen Nationalmuseum liegt ein Halseisen, dessen Innenseite mit 30 Stacheln bedeckt ist. Es ist auf das 16.-17. Jahrhundert datiert worden. (Schmid: Altertümer des bürgerlichen und Strafrechts 1908, 30 und BayNatMus St.R. 65.). Ob dieses Exemplar im Gefängnis oder bei der öffentlichen Bestrafung überhaupt je benutzt wurde, ist nicht eindeutig feststellbar.
In Bowyer Tower in London ist allerdings ein ähnliches Halseisen aus der ersten Hälfte des 16. Jahrhunderts ausgestellt, das 4,5 kg wiegt und zahlreiche Bolzennägeln trägt. (Maisel: Rechtsarchäologie Europas 1992, 137).

500 Siehe Erler & Kaufmann: Handwörterbuch zur deutschen Rechtsgeschichte, Stichwort „Pranger".

501 Siehe Erler & Kaufmann: Handwörterbuch zur deutschen Rechtsgeschichte, Stichwort „Pranger".

502 Funke: Alte deutsche Rechtsdenkmale 1940, 120-121 und Maisel: Rechtsarchäologie Europas 1992, 127-131.

Prangerstein zu sehen, der einst vor dem Rathaus der Stadt stand. Zweifellos waren Auftrittspranger und Bühnenpranger eo ipso infamierende Prangerbauwerke.

Einige Pranger bestanden aus zwei Ebenen, so dass die Prügelstrafe an der am Boden stehenden Säule, die Zurschaustellung auf dem höher gebauten Käfig oder Balkon vollstreckt werden konnte.[503] Es gab auch Pranger, die als Balkon- oder Wandpranger bezeichnet werden können. Der Wasserburger Wandpranger befand sich ursprünglich schräg abwärts von dem Verkündigungsbalkon des Rathauses und bestand aus einer auf zwei Kragsteinen ruhenden Steinplatte. Darüber an der Wand waren Eisen zur Ankettung befestigt. Sie wurden im 19. Jahrhundert beseitigt, aber es blieben die Spuren noch deutlich sichtbar.[504] In den 1920er Jahren wurde der Wasserburger Pranger dem ursprünglichen Vorbild treu nachgebaut und so ist er auch heute noch zu sehen. Wegen seiner Höhe und Position wäre die Rutenzüchtigung an einem solchen Pranger schwierig gewesen. Daher war er wohl in erster Linie zur Zurschaustellung des Delinquenten geeignet. Die mögliche Prügelstrafe wurde vermutlich vor der Aufstellung an den Pranger am Markt oder an einem anderen öffentlichen Ort vorgeführt. Siehe Abb. 14.

So konnten beim Vollzug der Prangerstrafe ziemlich unterschiedliche Geräte und Bauten verwendet werden. Gemeinsam für alle diese Variationen sind jedoch die öffentliche Zurschaustellung und der Ehrverlust bei der Prangerstrafe. Ist es möglich, die Spuren des Münchner Prangers zu verfolgen? Nach Schattenhofer wurde der Münchner Pranger aus Holz gezimmert und musste deswegen öfters erneuert werden. Die ursprüngliche Lage des Münchner Prangers ist ungewiss, aber nach Heydenreuter stand der hölzerne Pranger spätestens seit 1637

---

503 Maisel: Rechtsarchäologie Europas 1992, 127-131 und Funke: Alte deutsche Rechtsdenkmale 1940, 117. Dieser Prangertyp wird auch im HRG als eine Möglichkeit aufgelistet. Während Säulen- und Auftrittspranger allgemein verbreitet waren, waren Budenpranger, „der budenförmig auf dem Dach eines Hauses angebracht war", und „Rostpranger" an der Wand des Rathauses Seltenheiten (Erler & Kaufmann: Handwörterbuch zur deutschen Rechtsgeschichte, Stichwort „Pranger"). Rostpranger war ein durch Eisenstäbe gestützter Auftritt, den man herabklappen konnte. (Funke: Alte deutsche Rechtsdenkmale 1940, 120-121).
In den Holzschnitten der Originaldrucke von Carolina und Bambergischer Halsgerichtsordnung wird der Pranger als eine eckige Steinsäule mit eisernen Ringen zur Festmachung des Delinquenten oder eine vielleicht zweistufige Säule mit Halseisen bezeichnet.

504 Bezold, Riehl & Hager: Die Kunstdenkmale 1982, 2112-2113.
In Weiden gibt es immer noch den bis ins 19. Jahrhundert im Gebrauch gewesenen Wandpranger, der so niedrig an der Rathauswand aufgebaut ist, dass man da problemlos hochklettern kann. Er besteht aus Halseisen und einem kleinen Auftrittsstein.

unmittelbar vor dem Rathaus.[505] Zumindest zur Zeit des bekannten Kupferstechers Michael Wening um 1700 stand auch ein Balkonpranger in München. In seinem Kupferstich „das alte Rathaus und Kräutermarkt“, der als älteste erhaltene Bildnis des Münchner Rathauses gilt, sind in der Südwestecke des Tanzsaales zwei Halseisen über einen mit eisernen Geländern gerüsteten Balkon und eine Tür in der Südseite deutlich zu sehen. Die zur Prangerstrafe verurteilten Delinquenten wurden wohl durch diese Tür auf den Balkon geführt und darauf in den Halseisen zur Schau gestellt.[506] Siehe Abb. 11 und 15.

Womöglich war der Münchner Pranger, der innerhalb der städtischen Justiz Anwendung fand, schon zur Zeit des Untersuchungszeitpunkts ein Wandpranger oder der Wandpranger hat erst später die Prangersäule ersetzt. Wenn es sowohl einen städtischen wie einen landesherrlichen Pranger gab, gediente die hölzerne Säule vielleicht den herzoglichen Zwecken. Es ist auch möglich, dass der hier gemeinte „Wandpranger“ eigentlich das nicht infamierende Halseisen war. Zumindest um 1600 erwähnen die Protokollbücher das Halseisen allerdings nicht im Zusammenhang mit dem Rathaus, sondern es handelt sich dabei um das in der Kirchenwand befestigte Strafgerät[507]. Wenn man auch gerne wüsste, wie der Münchner Pranger genau konstruiert worden war, ist es jedoch wichtiger den Unterschied zwischen der Ehrenstrafe vom Pranger und anderen, ähnlich wirkenden, aber nicht infamierenden Strafformen festzuhalten. Spricht man über Pranger, handelt es sich ausschließlich nur um infamierende Strafformen.

In München des Untersuchungszeitpunkts konnte die hochgerichtliche Prangerstrafe sowohl von dem fürstlichen Hofrat als auch von dem bürgerlichen Stadtrat angeordnet werden. Ob man dazu zwei verschiedene Pranger brauchte, ist aufgrund der hier eingesehenen Quellen nicht feststellbar. Die Kombination von Pranger, Verweisung und oft auch Rutenzüchtigung wurde nicht immer im Detail notiert. Wenn im Protokolltext also nur „Prangerstrafe“ steht, ist es jedoch anzunehmen, dass in Wirklichkeit zumindest auch die Verweisung vollzogen wurde. Die knappen Anmerkungen haben statistisch die Folge, dass in solchen Fällen trotzdem nur die Prangerstrafe aufgelistet werden konnte. Zweifellos hat der Stadtrat die Prangerstrafe nicht gern verwirklicht und oft blieb sie nur eine

---

505 Schattenhofer: Das alte Rathaus 1972, 323 und Heydenreuter: Kriminalitätsgeschichte Bayerns 2003, 224.

506 Diesen Balkon sieht man auch in dem Rickerl-Bild über Münchner Ratshaus aus dem Jahr 1850. (Siehe Schattenhofer: Das alte Rathaus 1972, 321).
Eine ähnliche, aber vielleicht frühere Konstruktion ist in dem Gemälde von Heinrich Vogtherr um 1541 über den lebendigen Marktalltag im Augsburger Perlachplatz zu sehen. Rechts in der Ecke des Rathauses, unter den Verkündigungsbalkon ist ein Balkonpranger mit vier Halseisen deutlich sichtbar. (Siehe Roper: Das fromme Haus 1999, 12).

507 Siehe beispielsweise StadtA: RP 215/1 (1600), Fol. 109 r.

Drohung. Innerhalb des Stichprobezeitraums wurde die Prangerstrafe insgesamt 15 Mal ausgesprochen und vermutlich ausnahmslos vom Henker vollzogen. Es ist wichtig zu bemerken, dass diese Zahl nicht die eigentliche Häufigkeit der Prangerstrafe beschreibt, weil diese Verurteilungen auch in anderen Quellen belegt wurden.

3.2 Körperschädigungen vor der Verweisung

Rutenzüchtigung

Die Prügelstrafe an sich ist uralt, jedoch variiert ihre Gebrauchsweise in unterschiedlichen Justizsystemen. In der römischen Periode und im Frühmittelalter wurden in der Regel nur Unfreie öffentlich geprügelt. Körperliche Züchtigung war allerdings schon dem jüdischen Sakralrecht bekannt und wurde im Recht der zwölf Tafeln erwähnt. Die vorchristliche Einstellung, es ginge um eine magische Reinigung, in der das Übel aus dem Verbrecher weggeschlagen wird, lebte weiter als die Rutenzüchtigung ein bedeutsames kirchliches Strafmittel wurde. Die frühneuzeitliche Prügelstrafe als weltliches Strafmittel durch Schläge mit Stöcken, Ruten oder Karbatschen auf den entblößten Rücken wurde entweder im Gefängnis oder in der Öffentlichkeit, häufig am Pranger vollzogen. Im Spätmittelalter und in der Frühen Neuzeit wurde streng zwischen dem vom Stockmeister durchgeführten nichtöffentlichen Prügel und der vom Henker vor dem Publikum verabreichten Züchtigung unterschieden, weil nur die letztere entehrte.[508]

Öffentlicher Staupenschlag bildete eine Strafmaßnahme, die sich sowohl auf die Zufügung von Schmerz wie auf die Schädigung der Ehre richtete. Döpler hält diese Sanktion gerade deshalb für so hart, weil sie den Verbrecher *„nicht allein infam und ehrloß machet“*, sondern auch große Schmerzen verursacht. Die durch den Züchtiger vorgenommene Auspeitschung entehrte so sehr, dass eine Integration in die Gesellschaft kaum mehr möglich war. Für Döplers Zeitgenossen war der Staupenschlag „die erste Stufe zum Galgen“. Damit wurden häufig auch andere schändliche Prozeduren und eine Verweisung kombiniert. Die Intensität der Rutenzüchtigung war nicht allein vom Verbrechen, sondern auch von der körper-

508 Funke: Alte deutsche Rechtsdenkmale 1940, 111, Hentig: Die Strafe Bd. 1 1954-1955, 381, 384-385 & 387 und Maisel: Rechtsarchäologie Europas 1992, 126-127. Siehe auch Boll: Reichstagsmuseum 1963, 40-41 und Quanter: Die Schand- und Ehrenstrafen 1901, 124.

lichen Kondition des Delinquenten abhängig.[509] Zwar wurde der biblische Hinweis von höchstens 40 Rutenschlägen[510] gelegentlich befolgt, aber die eigentliche Härte der Strafe hing wesentlich auch von dem benutzten Strafinstrument ab. Da der Ausgewiesene kaum die Möglichkeit für medizinische Hilfe besaß, kam das Sterben an den Wunden wohl auch manchmal vor – vor allem wegen der hohen Infektionsgefahr. Allerdings konnte eine öffentliche Züchtigung auch milder sein und damit in die Nähe einer Schandstrafe oder einer schändlichen Nebenstrafe rücken.

Das römische Recht erwähnt die Rute (*rutae*), die Stäbe (*fustes*) und sogar mit Bleikugeln (*plumbatae*) ausgestattete Zuchtruten. Nach dem Sachsenspiegel wurde die Züchtigung mittels einer Eichenrute, die noch grün war und eine Länge von zwei Ellen hatte, vollzogen. In der Carolina wurde mit einem Bündel von Ruten, also mit einem Besen geprügelt, oder es war ein hölzerner Handgriff, an welchem ein einziger Riemen bzw. ein Zopf aus Riemen befestigt war.[511] Im Bayerischen Nationalmuseum gibt es eine ein Meter lange Geißel. Sie besteht aus vier Hanfschnüren, die an einem Holzstab befestigt sind, und an welchen drei mit eisernen Nägeln besetzte Holzkugeln hängen. Diese Variante ist in vielen spätmittelalterlichen Tafelbildern mit dem Motiv Geißelung Christi zu sehen. Bei den vom Stadtrat verurteilten Rutenzüchtigungen wurden solche schweren und gewaltsamen Instrumente sicherlich nicht gebraucht, auch sonst wohl nur in Ausnahmefällen. Meistens handelte es sich um eine Rute, also eine sanftere, besenartige Konstruktion. Nach Döpler soll den Verurteilten beim Vollzug der Rutenzüchtigung

„durch dem scharffrichter der rücken oder der ganze ober-leib entblösset und er von dem ambt und gericht-hause an über den marckt und die gassen hin bis ans thor oder wie weit es sonst gebräuchlich mit ruthen gestäupet. wenn eine ruthe abgehauen und nicht mehr scharff ist, wirfft

509 Schwerhoff: Köln 1991, 146-147, Heydenreuter: Kriminalitätsgeschichte Bayerns 2003, 223, Dülmen: Theater des Schreckens 1988, 70-71, Dülmen: Der ehrlose Mensch 1999, 75 und Döpler: Theatrum 1693, 860-862. Siehe auch Herzog: Das Strafsystem 1975, 111, Breithaupt: Die Strafe des Staupenschlags 1938, 6-7 und Quanter: Die Schand- und Ehrenstrafen 1901, 53-54.

510 5. Buch Moses, 25: 2-3. Siehe auch Breithaupt: Die Strafe des Staupenschlags 1938, 8.

511 Maisel: Rechtsarchäologie Europas 1992, 126-127. Siehe auch Breithaupt: Die Strafe des Staupenschlags 1938, 6-7 & 10-11.
Nach His wurden die Schläge früher nach römischer Sitte mit Stock oder mit Peitsche, seit Mitte des 9. Jahrhunderts meist mit Rute verabfolgt. (His: Geschichte des deutschen Strafrechts 1928, 87-88).
Für magische Eigenschaften der Prügelinstrumente siehe Hentig: Die Strafe Bd. 1 1954-1955, 381-382.

der nachrichter sie weg, die sein knecht auflieset und nimmt von ermeldten knecht oder jungen der neben her gehet eine frische."[512]

Der weibliche Körper wurde aus Sittlichkeitsgründen bei der öffentlichen Bestrafung nicht gerne nackt dargestellt. Döpler schreibt demzufolge, es sei *„zu erinnern daß wenn ein weibesbild ausgestäupet wird, derselben, aergernis zu vermeiden ein tuch vor die brüste gemacht werden soll.*" Um die Rutenstrafe richtig zu vollziehen, wurden in den Städten bühnenartige Konstruktionen um den Pranger gebaut, auf denen Verurteilte gezüchtigt werden konnten. Oder aber die Ruten wurden nur *„an den pranger gesteckt andere dadurch abzustrecken*".[513] In Bayern war es Brauch, dass der Delinquent in minderschweren Fällen eine Rute nur in der Hand hielt oder man steckte sie ihm in den Nacken. Dadurch wollte man demonstrieren, dass er eigentlich die Rutenzüchtigung verdient hätte.[514] Eine Verbrecherin wurde im Jahr 1600 am Pranger „mit Gartten ausgehauen". Dabei befindet sich die Anmerkung, dass sie ebenfalls vor zwei Jahren am Pranger gestanden hatte, aber damals *„jr die gartten allein wegen jrer schwachait gezeigt worden*" waren.[515] Die Rutenstrafe konnten also auch wegen gesundheitlichen Gründen abgemildert werden.

Dieser Gebrauch, die Rute nur zu „zeigen", dient wohl demselben Zweck, als wenn sie den Delinquenten ins Genick gestellt wurden oder er sie in der Hand halten musste. Es ist zu vermuten, dass die Rute, nach dem man sie „gezeigt" hatte, vor dem Publikum an den Pranger befestigt wurde. Gleich wie eine eigentliche Rutenstrafe, war diese symbolische Prozedur ein ehrmindernder Zusatz des mit Verweisung verbundenen Prangers. In den von mir bearbeiteten Quellen befinden sich mehrere Ausdrücke, die von Unterschieden in Art und Grad der Münchner Prügelstrafen zeugen. Sowohl „Züchtigung", „Gartten" und „Ruten" als auch „prügeln", „aushauen", „streichen", „streicheln", „schmieren" und „die

512 Döpler: Theatrum 1693, 859-860. *„der staupenschlag wird auch genennet staup-besen*". (Döpler: Theatrum 1693, 867).

513 Döpler: Theatrum, 859-860.
In der Carolina läutet die Formulierung: *„offentlich inn branger gestelt, vnd fürther mit rutten außgehawen, auch des landes biß auff kundtlich erlaubung der oberhand verweist werden*". (CCC §198).

514 Heydenreuter: Kriminalitätsgeschichte Bayerns 2003, 224 und 235-236 und Schattenhofer: Das alte Rathaus 1972, 324.

515 StadtA: RP 215/2 (1600), Fol. 46 r.
Nach Döpler konnte die Strafe gemildert werden, falls der Verbrecher minderjährig war oder es gab Hoffnung auf Besserung. Dann wurde die Züchtigung nicht öffentlich am Pranger, sondern in der Schergenstube vom Stockmeister oder Fronboten vollzogen. (Döpler: Theatrum 1693, 861-862). Weil eine solche öffentliche Strafe die Ehre des Betroffenen schädigte, war sie nicht sinnvoll in einem Fall, wenn es Hoffnung auf Besserung gab.

Rute zeigen“ werden benutzt. Diese Strafen und Disziplinierungsmaßnahmen wurden entweder in der Schergenstube während des Verhörprozesses bzw. der Folter, aber in der Regel als eigentliche Strafen öffentlich am Pranger vollzogen. Je härter die Schläge und je größer die Rolle des Henkers, für desto schändlicher muss die Züchtigung gehalten werden.

Nach Heydenreuter bildete die Züchtigung am Pranger mit Ruten und mit anschließender Ausweisung im 16. und 17. Jahrhundert in Süddeutschland die häufigste Malefizstrafe. Die Karbatsche (Lederpeitschen) wurde meistens in den Gefängnissen gebraucht und das „Ausstreichen“ mit Ruten war eine besonders für Jugendliche häufig angewandte Strafe.[516] Hier wird man wieder auf die Vieldeutigkeit der Quellensprache aufmerksam. Der Name Karbatsche kommt in den von mir eingesehenen Vermerken nicht vor, aber ein Teil der Rutenzüchtigung wurde tatsächlich nicht öffentlich in der Schergenstube vorgeführt. Das Ausstreichen dagegen scheint gleichwohl eine Strafe für erwachsene Männer, nicht nur für Jugendliche gewesen zu sein. Die genaue Zahl der Rutenschläge wurde in den Ratsvermerken kein einziges Mal protokolliert. Ein häufig vorkommender Ausdruck, der Verbrecher sei „der Schärfe nach“ zu bestrafen, deutet aber wohl auf die Strenge der Strafe und also auf die Zahl der Schläge hin.[517]

Schattenhofer schreibt im Zusammenhang mit Folter, dass es in München häufig war, die Delinquenten *„auf die leiter binden“* zum *„schmieren“* mit Ruten. Nach dem Inventar im Jahr 1566 befanden sich in der Folterkammer tatsächlich *„1 laitter darauf man den leüt spanndt“* und *„1 laytter darauf man die pueben streycht“*.[518] Waren das nun Folterwerkzeuge oder Strafvollzugsinstrumente? Meistens wird mit der „Leiter“ ein Torturinstrument gemeint, das, wie eine gewöhnliche Leiter aus zwei parallelen Pfosten bestand, die durch Quersprossen verbunden waren. Die Füße wurden unten befestigt und die auf dem Rücken zusammengebundenen Arme so lange aufgezogen, bis sie in einer unnatürlichen Stellung rückwärts gestreckt waren. Die Ausdrücke „auf der Leiter schmieren“

---

516 Heydenreuter: Kriminalitätsgeschichte Bayerns 2003, 223. Siehe auch Breithaupt: Die Strafe des Staupenschlags 1938, 111-113.
In Sachen des 16. Jahrhunderts waren nach Carpzov *„fast keine andere leibesstraffen vblichen, als der staupenschlag, abhawung der faust oder fingere“*, die alle mit der Landesverweisung, oft auch mit dem Pranger verbunden waren. (Carpzov: Peinlicher sächsischer Inquisition- und Achtproceß 1638, 195-196).

517 Beispielsweise im Jahr 1604 wurde ein Mann „der Schärfe nach“ mit Ruten gestrichen, weil er schon einmal in München und einmal in Wolfratshausen gestraft worden war. (StadtA: RP 219 (1604), Fol. 76 r).

518 Schattenhofer: Das alte Rathaus 1972, 308-309 und StadtA: SG 893 (1566). Streichen = schlagen, hauen, z. B. Kinder mit Ruten streichen (Siehe Schmeller: Bayerisches Wörterbuch).

bzw. „streichen“, die in den für diese Studie eingesehenen Quellen vorkommen, deuten allerdings nicht auf diese Folterprozedur, sondern auf eine besondere Art der Rutenzüchtigung hin. Anscheinend gab es zwei Leitern in der Schergenstube, die eine für die Folter und die andere für die Rutenzüchtigung als eine nicht öffentliche Strafmaßnahme.

Im April des Jahres 1618 befindet sich eine Anmerkung von einem Mann, der kurz zuvor mit Ruten „ausgepeitscht“ worden war. Er wurde an den Pranger gestellt, erneut öffentlich mit Ruten gezüchtigt und schließlich mit ewiger Landesverweisung bestraft. Trotz dieser harten Bestrafung kehrte er im Mai zurück in die Stadt und wurde nur einige Tage später folglich vom Züchtiger *„auf der leitter starkh gestrichen“* und öffentlich „ausgeführt“ *„mit betroung wan er wider khomme, man gegen jne noch schärffers straf woll firnemmen“*.[519] Dieser Verbrecher wurde also mit der Rutenzüchtigung auf der Leiter in der Schergenstube bestraft. Warum man ihn nicht öffentlich am Pranger prügelte, ist in diesen spärlichen Zeilen nicht zu lesen. So war seine Strafe hinsichtlich der Rutenzüchtigung zwar etwas milder, aber ob es in seinem Fall einen Unterschied machte, ist fraglich, weil er trotzdem öffentlich „ausgeführt“ wurde. Auch „Schmieren“ und „Streichen“ waren eine Art von Rutenzüchtigung, die mit Hilfe einer „Leiter“ in der Schergenstube vollzogen wurden.[520]

Gleichermaßen wie bei Döpler, war der Staupenschlag auch in München eine häufige Strafe bzw. Strafzusatz für unterschiedlichsten Verbrechen von geringfügigen Gewalttätigkeiten bis zum Diebstahl, von Gotteslästerung bis zu zahlreichen Sittlichkeitsverbrechen. Nach Döpler wurden u. a. Ehebrecher und Kuppler mit Staupenschlag am Pranger bestraft. Das galt aber auch für *„sodomiten welche die schand-that nicht völlig verbracht“* haben, und für Männer, die *„ein weibesbild nothzühtigen wollen, aber entweder aus trunckenheit*

519 StadtA: RP 233 (1618), Fol. 96 v, 99 v & 102 r.

520 Im Jahr 1604 wurde ein Münchner in der Schergenstube mit Ruten „abgeschmiert“. Im Jahr 1617 wurde dagegen ein anderer Mann, der sechs Mal in der Schergenstube verhaftet gewesen und in Eisen gegangen war, *„ab der leitter geschmiert“* und wieder in die Eisen geschlagen. (StadtA: RP 219 (1604), Fol. 23 r und 232 (1617), Fol. 4 v).
Zum Begriff „schmieren“ gibt Grimm u. a. die Bedeutungen von prügeln und schlagen (Siehe Grimm & Grimm: Deutsches Wörterbuch).
Quanter beschreibt eine im Gefängnis nicht öffentlich vollzogene Rutenzüchtigung von meist jugendlichen Verbrechern als Stockschilling. (Quanter: Die Schand- und Ehrenstrafen 1901, 153-161).
Breithaupt stellt fest, dass die verschiedenen Namen der Prügelstrafe ihre Gradierung signalisieren: Beispielsweise ausstreichen, aushauen und geschärft aushauen. (Breithaupt: Die Strafe des Staupenschlags 1938, 11).

nichts ausrichten können oder drüber von andern, so darzu kommen verstöret und verjaget worden".[521] Hier handelt es sich also um versuchte verbrechen.

In ihrer mildesten, nichtöffentlichen oder symbolischen Form kann die Rutenzüchtigung als eine relativ harmlose Disziplinierungsmaßnahme gehalten werden, die an sich den Delinquenten nicht infamierte. Wie der Vater seine Kinder, so prügelte auch die Obrigkeit die ungehorsamen und „bösen" bzw. kriminellen Untertanen. Der vom Henker öffentlich vollstreckter infamierender Staupenschlag dagegen sollte die Zwecke der Abschreckung dienen. Weil öfters nicht ersichtlich wird, welche Art von Rutenstrafe in den Vermerken gemeint wurde, wurden alle 47 Verurteile unter dem Titel „Rutenzüchtigung" aufgelistet. Zusammen mit dem Alkoholverbot teilt diese Sanktion so die zweite Stelle bei der Strafhäufigkeit in den Stichprobejahren.

Verstümmelung und Brandmarkung

Nach Groebner waren abgeschnittene Nasen als besondere Demütigung und Herausforderung des Gegners im späten Mittelalter noch relativ häufig. Neben den Verstümmelungsstrafen wurden sie auch aus privater Rache abgeschnitten. Als Strafe war dies in der Regel mit sexuellem Fehlverhalten verknüpft. Seit dem 15. Jahrhundert wurde die *abscissio nasi* immer seltener als obrigkeitliche Strafe verhängt, aber in den populären Sprichwörtern galt sie als Symbol für verletzte sexuelle Ehre und auch die gelehrte Kultur hielt den Makel im Gesicht als Zeichen der Sünde. Durch die Verstümmelung wurde der gesamte Mensch, nicht allein sein Körper, unförmig.[522] In einer Geschichte von Johannes Pauli retteten die Nonnen sich vor Angreifer, als sie sich selber ihre Nasen abgeschnitten: *„da nun die ungleubigen kamen und sahen, das sie so ungestalt waren, da liessen sie sie in dem frieden*".[523] In der Überlieferung heißen die Strafmaßnahmen von Ohrenabschneiden, Handabschlagen, Augenausstechen, Brandmarkung und das Durch-

---

521 Döpler: Theatrum 1693, 867-872. Siehe auch Schattenhofer: Das alte Rathaus 1972, 323-324.
In einer Geschichte von Pauli ließ der Abt seinen Gastmeister *„ein gut disciplin geben mit den ruten*". (Pauli: Schimpf und Ernst 1522, 44).
Breithaupt weist darauf hin, dass der Staupenschlag immer infamierend gewesen wäre. Davon sei die nicht infamierende und nicht öffentliche Züchtigung mit dem Stock zu unterscheiden. (Breithaupt: Die Strafe des Staupenschlags 1938, 9-10).

522 Groebner: Das Gesicht wahren 1995, 366-375. Siehe auch Quanter: Das Liebesleben 1909, 459 und Hinckeldey: Geschichte der Verbrechen und Strafen 1980, 152-154.

523 Pauli: Schimpf und Ernst 1522, 14.

brennen von Zähne und Backen oft „das Gesicht nehmen".[524] Solche Strafen waren durchaus entehrend und sie verhinderten effektiv die weiteren Möglichkeiten des Delinquenten für ein normales Leben, weil sie sichtbare Zeichen des Ehrverlusts an die Haut und an den Körper ließen. Damit fungierten sie auch als Abschreckung.

Nach dem spätmittelalterlichen Recht Ludwigs des Bayern wurde die Hand wegen falschen Zeugnisses abgeschlagen, aber der Delinquent durfte seine Zunge gegen Zahlung von drei Pfund und 60 Pfennigen auslösen. Dabei wurde der Meineidiger gewöhnlich für infam geklärt und war so aller seiner Ehre entsetzt worden. Nach Döpler wurden *„die aus oder abschneidung der zunge und ohren, abhauung der finger und dergleichen"* u. a. gegen Gotteslästerer, Verleumder, Meineidiger, Huren, Beutelschneider und *„andern dergleichen losen burßen"* vollzogen. Dies sei damit zu erklären, dass *„mit den händen die meisten delicta geschehen, so ist ie billig, daß dieselbe eben wie andere glieder des leibes womit man gefrevelt drum straffe leiden."* Das Abhauen der Hände wurde zur Zeit Döplers allerdings *„gar nicht mehr oder doch sehr selten practiciret"*.[525] Bis weit in ins 18. Jahrhundert war es üblich zu denken, dass in jeder Strafe das Verbrechen sichtbar werden müsse: Die Strafe sollte die kriminelle Tat verspiegeln. Trotz der vielen Rückfälle und zurückgekommenen ausgewiesenen Personen, kommt das Abhacken der Schwurfinger bzw. Hand in den Münchner Verurteilungen allerdings nicht vor. Auch Ohrenabschneiden, Zungenstutzen und Durchbrennen der Backen werden in den Ratsdiskussionen nur ein paar Mal erwähnt.

Nach Perneder sollten Strafen, die das Gesicht „ungestalt" machen nicht verurteilt werden.[526] Verstümmelungen wurden von dem Münchner Rat auch deutlich ungern verhängt, aber rückfällige Gewordene konnten damit jedoch gedroht werden. Beispielsweise einen Metzger, der schon einmal wegen seines Fluchens vor der Kirche gestanden hatte, wurde mitgeteilt, man wolle bei Rückfall *„alsdann jne auff den pranger stellen vnd jme die zunge stutzen lassen"*.[527] Brandmarken war

---

524 Schattenhofer: Das alte Rathaus 1972, 302.

525 Schlosser: Juristischer Kommentar 2000, 275, Schwab: Edition 2000, 145, Oberbayerisches Landrecht Artikel 329, Sauer: Strafbüchlein 1579, 5-8 und Döpler: Theatrum 1693, 833 & 979-987. Siehe auch CCC §159.
Nach Heydenreuter wurden Meineidige zuerst an den Pranger gestellt, um ihnen dann die zwei Schwurfinger abzuhacken. (Heydenreuter: Kriminalitätsgeschichte Bayerns 2003, 221).

526 Perneder: Von Straff unnd Peen 1544, IIII v.

527 StadtA: RP 229 (1614), Fol. 211 v.
Wie das Abhacken der Schwurfinger bzw. der rechten Hand, hat auch der Verlust der Zunge bei der Gotteslästerung und beim Meineid einen spiegelnden Charakter. Milderungen waren das Zungenschlitzen und das Durchbohren der Zunge mit einem Nagel. Als

eine im höchsten Grade ehrenrührige Strafe, die eidesunfähig und infam machte. Es wurde oft statt Hinrichtung verhängt, weswegen das Galgenbild, Stadtwappen oder sonstige Symbole öffentlich vom Scharfrichter auf den Rücken oder auf die Stirn gebrannt wurde. Damit die Narbe sichtbar blieb, streute man Pulver in die Wunde.[528] Nach Heydenreuter wurde in Bayern zumindest im 16. Jahrhundert noch ein „B" für Bayern eingebrannt, aber auf welchem Körperteil, sei unsicher. Er vermutet, dass die Hände oder der Rücken in der Regel in die Frage kamen. Im Bayerischen Nationalmuseum gibt es ein Brenneisen mit „B" und ein anderes mit dem Bild eines Galgens. Diese undatierten Objekte sind vermutlich jünger, aber die Form eines Brenneisens veränderte sich im Lauf der Zeit kaum wesentlich.[529]

Im 16. Jahrhundert traten die Verstümmelungsstrafen zunehmend in den Hintergrund, wenngleich sie gesetzlich noch lange erlaubt wurden. Gegen 1600 verlieren beispielsweise das Ausreißen der Zunge, das Ausstechen der Augen, das Abschneiden oder Aufschlitzen der Ohren, das Durchbrennen der Backen und die Brandmarkung an Bedeutung.[530] An Stelle der Verstümmelungen und anderer Körperstrafen traten die Schand- und Ehrenstrafen. Der Scharfrichter musste jedoch noch lange über Kenntnisse und Fähigkeit verfügen, notwendigerweise auch Verstümmelungen vollziehen zu können. Dafür spricht auch die Auswahl der in den Inventarlisten aufgelisteten Strafvollzugsinstrumente. Es gab u. a. *„ain eysn zum fingern abschlagn, ain eysn zu den henden abschlagn"* und *„3 eysn zum packhen prennen"*.[531] Wenn auch Protokollvermerke selten Verurteilungen zu

---

schwerste Verstümmelungsstrafe galt das Ausstechen der Augen, das oft an Stelle der Todesstrafe vollstreckt wurde. (His: Geschichte des deutschen Strafrechts 1928, 86-87).

528 Dülmen: Der ehrlose Mensch 1999, 79, Dülmen: Theater des Schreckens 1988, 70-71 und His: Geschichte des deutschen Strafrechts, 87-88.
Nach Döpler ließ man den Ausgewiesenen traditionell *„ein gewiß zeichen vor der stirn oder auf die backen, sie dadurch anderen leuten kenntlich zumachen"* zu brennen. Er gibt zu, dass solche Gebräuche in seiner Zeit noch vorkommen, aber hielt sie für Seltenheiten, die nicht mehr empfohlen werden. (Döpler: Theatrum 1693, 851).
Verstümmelungen konnten auch als Strafmilderung dienen. In München wurde im Jahr 1535 einer Diebin angesichts ihrer Jugend auf dem Pranger die Ohren abgeschnitten und sie wurde folglich aus der Stadt gejagt, obwohl sie eigentlich eine härtere Strafe verdient hätte. (Schattenhofer: Das alte Rathaus 1972, 303).

529 Heydenreuter: Kriminalitätsgeschichte Bayerns 2003, 221, Schmid: Altertümer des bürgerlichen und Strafrechts 1908, 29 (BayNatMus St.R. 59 & 63) und Maisel: Rechtsarchäologie Europas 1992, 153.
Im Inventar der Schergenstube werden nur *„9 eisen zuprendt des münchs vnd bayrischen wappen auf die hülzer maaß"* erwähnt. Diese wurden also für Holz, nicht bei der Bestrafung gebraucht. (StadtA: SG 893 (1591)).

530 Heydenreuter: Kriminalitätsgeschichte Bayerns 2003, 221 (Gegen Mitte des 17. Jahrhunderts wurde die Brandmarkung in Bayern zwar wieder häufiger). Siehe auch Schwerhoff: Köln 1991, 145-146 und Quanter: Die Schand- und Ehrenstrafen 1901, 175-178.

531 StadtA: SG 893 (1556).

Verstümmelung oder Brandmarkung erwähnen, mag das Bewusstsein von der nicht nur theoretischen Möglichkeit der infamierenden Körperstrafen im zeitgenössischen Recht eine abschreckende Wirkung gehabt haben.

3.3 Die Verweisung

„Ausschaffen", "Ausführen" oder „Auspauken"

Eine der häufigsten Strafen über Jahrhunderte war die Stadtacht, der Verlust der „Stadthuld" oder die Stadtverweisung. Sie wurde zum bevorzugten Strafmittel der städtischen Gerichtsbarkeit, da sie im städtischen Bereich leicht durchzuführen und zu überwachen war. Die erste erhaltene Urkunde von der Verhängung der Stadtacht in München stammt aus dem Jahr 1317. Die Landesverweisung dagegen wurde erst etwas später in größerem Umfang benutzt. Diese Art der Bestrafung konnte das Gemeinwesen ohne Kosten von einem gefährlichen Individuum befreien. Die Landstände konnten die Delinquenten aus ihrer Herrschaft und Städte, die im Besitz von Blutgerichtsbarkeit waren, aus ihrem Burgfrieden verweisen. Die Landesverweisung durfte aber nur vom Landesherrn ausgesprochen werden, schreibt Heydenreuter.[532] Es wird allerdings später gezeigt, dass der Münchner Stadtrat laut der Ratsprotokolle auch Landesverweisungen verhängte.

Wegen der Größe des Herzogtums waren die Überwachungsmöglichkeiten der Landesverweisung beschränkt. Die verwiesenen Personen konnten in der Praxis nur durch die Furcht vor einer drohenden Leibes- oder Lebensstrafe gezwungen werden, sich dem Urteil zu unterwerfen. Daher musste zumindest bei einer ewigen Landesverweisung der Delinquent eine Urfehde schwören. Darüber wurde zu Beweiszwecken eine Urkunde errichtet, die im Wiederholungsfall die

---

Die Ausdrücke „das Durchstechen der Wangen" und „das Ausbrennen durch die Zähne" (Maisel: Rechtsarchäologie Europas 1992, 153) bedeuten wohl dasselbe.

532 Heydenreuter: Kriminalitätsgeschichte Bayerns 2003, 235-237, Bary: Herzogsdienst und Bürgerfreiheit 1997, 49 und Schattenhofer: Das alte Rathaus 1972, 329.
Die Galeerenstrafe war eine Strafvariante, die in die Nähe der Landesweisung kam, aber eine noch härtere Sanktion bildete. In den von mir durchgelesenen Vermerken wurden allerdings keine Galeerenstrafen verhängt, weil sie zur landesherrlichen Gerichtsbarkeit gehörten. Zur Galeerenstrafe siehe Aufsätze von Hans Schlosser, beispielsweise Der Mensch als Ware: Die Galeerenstrafe in Süddeutschland als Reaktion auf Preisrevolution und Großmachtpolitik 1984 und Schlosser: Die infamierende Strafe der Galeere 1986.

Grundlage für die weitere Bestrafung bildete.[533] Wurden Leibes- und Ehrenstrafe vollzogen, war die Verweisung die automatische Folge. Peinliche Strafen verlangten nämlich einen anschaulichen Ausdruck der durch ihre Vollstreckung verursachten Ehrminderung, schreibt Breit.[534] Umgekehrt konnte eine Verweisung aber, besonders wenn sie nur eine Stadtverweisung war, auch ohne zusätzliche Leibes-, Ehren- oder Schandstrafe vollzogen werden. In den Augen der Öffentlichkeit wurde eine öffentliche Verweisung allerdings wohl immer mit Schändlichkeit verknüpft.

Die am häufigsten verhängte Strafe in den für diese Studie bearbeiteten Quellen bildet ohne Zweifel die Verweisung in ihren unterschiedlichen Formen. Dabei gab es drei Dimensionen zu beachten, die die Schändlichkeit der Strafe bestimmten: Erstens ihre Dauer, zweitens ihre geographische Ausdehnung und drittens ihre eigentliche Vollzugsart. In den Ratsprotokollen wird über „ewige“ oder auf gewisse Zeit beschränkte Verweisungen gesprochen. In dem letzteren Fall handelt es sich um eine Zeitspanne von ein paar Monaten oder häufig auch einem Jahr. Manchmal wurde der Delinquent auch verwiesen, bis er sein schlechtes Benehmen besserte. Im Jahr 1618 teilte ein wegen Trunkenheit mehrmals vorbestrafter Fischer den Rat sogar mit, dass er „um sich zu bessern“ aus der Stadt ziehen möchte, wenn er dadurch die Haft vermeiden könnte. So wurde ihm die Stadt *„anderst nit verbotten, doch das er jnner jar vnd tag nit mehr khomme“*.[535] Da er freiwillig die Stadt hinter sich ließ und also nicht schändlich „ausgeführt“ wurde, blieb seine juristische Ehre ohne Schäden. Vielleicht ermöglichte diese Überstehungsstrategie ihm anderswo einen Neubeginn.

Es war selten, aber nicht völlig ungewöhnlich, dass Verurteilte gegen ihr Verweisungsurteil rebellierten. Im Frühjahr und Sommer 1618 musste der Rat sich mehrmals mit der Sache des „Singers bei U. L. Frauen“ beschäftigen, der ungeachtet seiner Verweisung in der Stadt geblieben war. Nach der Anmerkung vom

---

533 Heydenreuter: Kriminalitätsgeschichte Bayerns 2003, 238-239.
In den Urfehdebriefen ist zu lesen, dass Leute, die sogar eine Todesstrafe verdient hätten, vom Rat begnadigt werden konnten und die Strafe wurde in die Verbannung umgewandelt. Der Fürbitter konnte der Herzog oder seine Gemahlin, oft auch ein angesehener Bürger sein. (Bary: Herzogsdienst und Bürgerfreiheit 1997, 50).

534 Breit: Verbrechen und Strafe 2000, 335. Siehe auch Herzog: Das Strafsystem 1975, 111.
Döpler gibt als Beispiel die *„alten francken“*, bei denen *„diejenige an ehren gestrafft, welche verwiesen worden“*. (Döpler: Theatrum 1693, 841).

535 StadtA: RP 232 (1617), Fol. 23 v & 263 v und RP 233 (1618), Fol. 4 v.
Nach Döpler gab es folgende Möglichkeiten der Verweisungsstrafe: *„temporalis, auf gewisse zeit und jahre & perpetua, ewig oder so lange der relegatus lebet“*. (Döpler: Theatrum 1693, 843).

9. Mai, sollten er und seine Frau innerhalb von drei Tagen selber aus der Stadt ziehen, andernfalls müsse man sie öffentlich „ausführen". Ungeachtet dieser Drohungen blieben sie in der Stadt, und am 16. Mai wurde protokolliert, dass der Angeklagte „*haltet nochmals an, vmb die burgerrecht, hatt intercession von einem e. ehrwürdigen capital alhie*". Jedoch beschloss der Rat, dass es beim vorigen Beschluss bleiben solle.[536] Die eigentliche Ursache der Verweisung wird nicht erwähnt, aber sein Verbrechen war wahrscheinlich nicht sehr belastend, weil man ihn ursprünglich selber aus der Stadt hätte gehen lassen. Wohl rechnete er auch selbst damit, dass ihm keine drastischen Strafmaßnahmen drohten, wenn er trotz Verbot in München blieb.

Neben der zeitlichen Begrenzung wurde in der Regel auch eine räumliche Ausdehnung der Verweisung erwähnt. Der Verurteilte konnte aus der „Stadt und Burgfrieden" oder aus „Stadt und Land" bzw. aus „Land" verwiesen werden. Oft steht in den Protokollen nur, dass der Verbrecher „der Stadt verwiesen" wurde. Dies bedeutete in der Praxis immer auch den Burgfrieden, der sich sowieso nur auf einige Kilometer ab der damaligen Stadtmauer erstreckte.[537] Im Elisabethpark in München steht noch eine von den Burgfriedensäulen, welche einst die Grenzen des damaligen Burgfriedens d. i. Stadtrechtbezirks markierten. Auf der Seite des „Landes", also wo das Stadtrecht nicht mehr galt, trägt sie das wittelsbachische Wappen mit Schrägkarierung, die vermutlich einmal mit dem bayerischen Weißblau bemalt war. Auf der anderen Seite ist das städtische Wappen mit dem Mönch zu sehen. Die aus dem Burgfrieden verwiesenen Personen mussten auf der Seite des Landes bleiben. Wurde man aus dem Land verwiesen, musste man noch weiter über die Grenze des Herzogtums gehen. Siehe Abb. 16.

Nach Heydenreuter, der zahlreiche vor den Hofrat geratenen Kriminalfälle untersucht hat, begleitete der Henker den aus dem Land Verwiesenen meist an die Stadtgrenze, zur Landesgrenze musste er aber selbst seinen Weg finden. U. a. aus Sicherheitsgründen wurden manche Verurteilte jedoch bis dahin eskortiert. Man befürchtete etwa, dass die in Gruppen auftretenden Zigeuner oder abge-

---

536 StadtA: RP 233 (1618), Fol. 101 r-101 v, 102 v, 106 v & 160 r.

537 Siehe beispielsweise: StadtA: RP 211 (1596), Fol. 1c v & 17 r, SG MP 866/6 (1607-1609), Fol. 315 v-316 r und SG MP 866/11 (1618), Fol. 13 r-13 v & 71 v-72 r sowie Heydenreuter: Kriminalitätsgeschichte Bayerns 2003, 237 und Schattenhofer: Das alte Rathaus 1972, 329.
Döpler erklärt, dass „*etliche städte so mit den peinlichen gerichten belehnet sind, haben einen gewissen terminum und bezirck wie weit sie einen delinquenten verweisen können.*" Damit auch die Verbrecher es wissen würden, befahl Kaiser Karl im Jahr 1544, dass die Städte einen steinernen Pfahl von einer Meile Entfernung von der Stadt aufrichten sollen. (Döpler: Theatrum 1693, 857-858).

dankten Soldaten auf ihrem Weg durch das Land neue Verbrechen begehen würden. Normalerweise versuchte man die Delinquenten dorthin zurückzuschicken, woher sie gekommen waren.[538] In den von mir studierten Vermerken wird die genaue Vollzugsart der Verweisungsstrafen nicht derart detailliert beschrieben. Es steht allerdings fest, dass in vielen Fällen Ausgewiesene später nochmals im Land oder Burgfrieden erwischt wurden, nicht zumindest deshalb, weil sie in den Nachbarländern keinen sicheren Aufenthalt fanden und erneut verwiesen wurden.

Neben zeitlich und örtlich begrenzter Verweisung unterschied man in Bayern auch zwischen Verweisung mit oder ohne *„offentliche schand"*. Bei einer Verweisung ohne Schande wurde der Delinquent auf dem Marktplatz, auf dem Schrägen oder sonst öffentlich ausgestellt und nach Verlesung des Urteils durch den Amtmann „ausgeführt". Bei dieser milderen Form trat de jure kein Ehrverlust ein, weil die Prozeduren nicht infamierten. In ihrer schärfsten Vollzugsform dagegen galt die Landesverweisung als härteste Malefizstrafe nach der Hinrichtung. Dabei wurde der Delinquent vom Scharfrichter an den Pranger gestellt, ausgepeitscht und nach Beschwörung der Urfehde für immer des Landes verwiesen.[539] Eine Verweisung mit Schande wurde also vom Henker vollzogen und damit konnten Ehrenstrafen kombiniert werden. Mit der Verweisung ohne Schande konnten nur Schandstrafen kombiniert werden und sie wurde von den Amtleuten vollstreckt. Dieser Gebrauch unterstützt deutlich die in dieser Arbeit vorgestellten Unterschiede von Schand- und Ehrenstrafen. Da aber auch die Prozedur ohne Schande schließlich die Verweisung beinhaltete, kommt die Gesamtheit dieser Strafmaßnahmen einer Ehrenstrafe sehr nah.

Nach Schattenhofer geschah das Hinausführen in verschiedenen Formen, angefangen von dem einfachen Hinausbegleiten durch die Gerichtsdiener oder den Bußamtmann, ohne oder in der Schandkleidung, bis zum besonders spektakulären Hinausführen mit Trommeln und Pfeifen. Der letztere hieß „Auspauken" und kam besonders bei der Bestrafung von Kupplerinnen zu Gebrauch. Dabei schlug der Henker auf ein metallenes Becken wenn er die Delinquentin auf den Markt und

538 Heydenreuter: Kriminalitätsgeschichte Bayerns 2003, 102 & 235-238.
Seit Mitte des 13. Jahrhunderts hatten die deutschen Städte miteinander Verträge abgeschlossen, um der Ächtung durch eine Stadt auch in anderen Städten Wirksamkeit zu verschaffen. (His: Geschichte des deutschen Strafrechts 1928, 78).

539 Heydenreuter: Kriminalitätsgeschichte Bayerns 2003, 102 & 235-238.
Nach Carpzov war es allerdings zu befürchten, dass eine unsesshafte Person, die nichts besitzt, eine gerichtliche Verweisung *„für keine straffe achte"*. (Carpzov: Peinlicher sächsischer Inquisition- und Achtproceß 1638, 61-63).

aus der Stadt jagte.[540] Beim „Auspauken" oder „Ausklopfen" wollte man die Aufmerksamkeit des Publikums durch den Lärm erwecken und dadurch die Schande des Betroffenen vermehren. Für den Vollzug dieser Strafe wurde in der Schergenstube *„ain pauckhn"* und *„ein messings pöckh sambt ainer trumml, damit man der kuplweibs auspaugt"* aufbewahrt. Frauen, die wegen Sittlichkeitsdelikten verurteilt worden waren, wurden u. a. *„auf die schragen gestelt, jhnen mit dem peckh auß khlopfft vnd das fürstenthomb Bayrn versagt"*.[541] Nach Döpler geschah dies auf folgende Weise:

„die dirne wird nach geschworner urphede aus dem amt oder richthause durch 2. schergen oder amts-knechte in der mitten geführet. vor ihnen her gehet der scharfrichters knecht mit einer an theils orthen als in Leipzig ungemein grossen trommel, daran ein kerl fast genug zu tragen hat und schläget dann und wann mit einen einzigen grossen klöppel auf dieselbe, dass männiglich herzulauffe und dem spectacul zusehe. wann sie mit derselben aufn marckt kommen, gehen sie dreymahl auf den selben mit ihr in einen grossen kreys herum, hernachzum thor hinaus bis an den orth wo sie fortgewiesen wird."[542]

Die Verbrechen, die mit Verweisung bestraft wurden, waren zahlreich, aber eine große Gruppe bildeten jedoch die Sexual- bzw. Sittlichkeitsdelikte. In den von mir gelesenen Ratsprotokollen waren die Verwiesenen zum größten Teil so genannte leichtfertige Frauen oder „gemeine Vettel", häufig auch fremde Bettler, Männer mit schwerem Alkoholproblem oder aber auch Personen, die wegen falscher Wahl der Gesellschaft verdächtigt wurden. So wurde im September des Jahres 1604 ein Weber namens Andre Lieb aus der Stadt verwiesen, weil er *„mit bösen bursch, so man hingerichten, mitkhommen"* war.[543] Nach den Ratsvermerken konnte man „ausgepaukt", aber auch „ausgeführt" oder „ausgeschafft" werden. Die zwei letzten Ausdrücke, die sowohl für Stadt- als auch für

540 Schattenhofer: Das alte Rathaus 1972, 329. Siehe auch Rublack: The Crimes of Women 1999, 78.
Döpler weist darauf hin, dass an einigen Orten bei der Ausführung der wegen Sexualdelikte bestraften Delinquenten eine Schandglocke geläutet wurde oder man *„schneidet ihr auch noch wohl darzu ein lock haar ab in signum passae deflorationis"*. (Döpler: Theatrum 1693, 750 & 851). In meinen Quellen wird das Haarabschneiden nicht erwähnt; vermutlich wurde es erst etwas später üblich.

541 StadtA: SG 893 (1556) & (1591) und SG MP 866/5 (1605/1606), Fol. 122 r.
Nach Döpler wurden die *„gemeine prostibula oder öffentliche huren oder auch die leichtfertige metzen, so sich schwängern lassen... zu desto grösser beschimpffung durch die stadt hin öffentlich ausgepauckt"*. (Döpler: Theatrum 1693, 749-750).

542 Döpler: Theatrum 1693, 749-750.

543 StadtA: RP 219 (1604), Fol. 202 v. Für historische Beispiele siehe Döpler: Theatrum 1693, 855.
Besonders bei der Verweisung von begnadigten Todesverurteilten spielten religiöse Bestrebungen eine große Rolle. Dazu gab es in der Schergenstube *„1 peth puech, so man zu den maleficischen personen praucht wann man sy ausfuert"*. (StadtA: SG 893 (1566)).

Landesverweisung verwendet wurden, sind nicht synonym. Viel mehr sind sie entsprechend ihrer Schändlichkeit zu unterscheiden.

Nach der Anmerkung im Jahr 1609 wurde Anna Töeschin von der Stadt „ausgeschafft", Anna Köttlin „ausgeführt" und Anna Khiedlin „ausgeschafft". Zuerst ist allerdings geschrieben worden, dass auch Anna Khiedlin „ausgeführt" werden müsse, aber das Wort ist dann gestrichen worden und es wurde darübergeschrieben: „*auszeschaffen*".[544] Hier geht es um die feinen Unterschiede zwischen „ausführen" und „ausschaffen", um die Nuancen der Ehrminderung und des Ehrverlusts. Mit dem „ausführen" wird wohl auf eine schändlichere Prozedur, womöglich ähnlich der Beschreibung Döplers, hingedeutet. Es war eine rituelle Prozedur, in der der Delinquent bzw. die Delinquentin öffentlich aus der Stadt begleitet bzw. gejagt wurde und wobei das aktive Mitwirken von Gerichtsdiener oder Henker mit Trommel, Ruten etc. erforderlich war. Das „Ausschaffen" bildete eine im Vergeleich mildere Variante, eine Verweisung ohne den besonderen Versuch, die allgemeine Aufmerksamkeit und Abscheu zu erwecken.

„Verweisung" und „Ausweisung" waren neutrale Begriffe, aber oft wurde die Stadt oder das Land den Delinquenten auch „verboten". Dieser Ausdruck beinhaltet meines Erachtens keine besonderen Hinweise auf die Schändlichkeit der Maßnahmen. Eine zusätzliche Variante der Verweisungsausdrücke bildet das „Räumen". So musste ein Weber im Jahr 1613 innerhalb von acht Tagen „*die statt raumen*", weil er mit einer Bürgertochter ein Kind hatte. Bei Rückfall wolle man ihn „ausführen".[545] Nun wurde ihm über eine Woche Zeit gegeben, freiwillig aus der Stadt zu gehen. Bei Rückfall wollte man ihn öffentlich verweisen.

Es wird oft behauptet, eine Verweisung habe zur Konsequenz gehabt, dass der Delinquent auf den schützenden Beistand der Verwandtschaft habe verzichten müssen. Ohne diese Verbindungen hatte man in der Fremde kaum eine Chance, sich eine gesicherte Existenz aufzubauen. Oder, wie Hentig schreibt, „die Gruppe brauchte nur ihre schützende Hand von dem Delinquenten abzuziehen, um ihn in Lebensgefahr zu stürzen". So bedeutete eine Verweisung, besonders die ewige Landesverweisung, oft ein Leben auf der Straße und dadurch das Sinken in den Bettelstand. Die einst gewesene gesellschaftliche Stellung war kaum mehr zu erringen.[546] Bei den Verweisungsstrafen ging es in der Regel deshalb

544 StadtA: RP 224 (1609), Fol. 156 v-157 r.
In einer Geschichte von Johannes Pauli, sagt man: „*es ist gewonlich, wan man ein ußfürt, so gat der überdöter vor, und gat der hencker hinnach*". (Pauli: Schimpf und Ernst 1522, 38).

545 StadtA: RP 228 (1613), Fol. 203 r.

546 Breit: Verbrechen und Strafe 2000, 336, Herzog: Das Strafsystem 1975, 108-109 und Hentig: Die Strafe Bd. 1 1954-1955, 96. Siehe auch Quanter: Das Liebesleben 1909, 344.

auch um die soziale Ausgrenzung des Verurteilten.[547] Wenngleich die eigenwillige Tötung der Verwiesenen allgemein nicht erlaubt war, wurden diese Menschen in der Wirklichkeit oft schutzlos. Carpzov bedauert, dass viele Rechtsgelehrte seiner Zeit meinen:

„deß geächtigten leib vnd leben wie eines vogels in der lufft jederman gemein, vnnd in denselben gerichte erlaubet wirdt, dass er ohne alle straffe entleibet, vnnd vom leben möge zum tode gebracht werden".[548]

Döpler deutet darauf hin, dass die Verwiesenen ihr Bürgerrecht nicht verlieren. Wenn die kriminelle Tat an sich sie nicht ehrlos gemacht hatte, konnten sie *„an andern orthen wohl wieder zu einen ehrestand kommen und gelassen werden"*.[549] In der Praxis waren aber Delikte, die zu einer ewigen und schändlich vollzogenen Verweisungsstrafe führten, schon an sich infamierend. Im Allgemein ist bei der Verweisungsstrafe der folgende Regel zu beachten: Je größer die Öffentlichkeit und die Rolle des Henkers, desto größer die Schande. Wurde die Verweisung nicht vom Henker vollzogen, kommt sie mehr den Schand- als den Ehrenstrafen nah. Alle Verweisungsstrafen infamierten also nicht und in manchen Fällen war die Möglichkeit der Rückkehr nicht ausgeschlossen. Die schändlich Verwiesenen wurden aber verachtet. Sie wurden leicht für potentielle Kriminelle gehalten und konnten deshalb nur schwierig Arbeit und Ernährung finden. Deswegen muss die Verweisung in ihrer schärfsten Form als eine von den härtesten Strafen überhaupt gehalten werden.

---

547 Schwerhoff: Aktenkundig 1999, 103.

548 Carpzov: Peinlicher sächsischer Inquisition- und Achtproceß 1638, 236-238. In Sachsen gab es bannum saxonicum, der von Unter- und Oberacht bestand. Unteracht machte einem nicht rechtlos. Er wurde jedoch *„in contumaciam pro confesso & conuicto gehalten vnnd mit jhme den rechten gemäß procediret"*. Der auf diese Weise Geächtete konnte *„sich gar wohl gebührender massen auß der acht ziehen, vnd durch beybringung seiner vnschuld von aller gefahr befreyen"*. Der Oberacht nennt Carpzov „die wiederholte Acht", zur welcher der Verbrecher verurteilt wird, wenn er *„jahr vnd tag in der ersten acht verharret, sich nicht herauß wircket, noch seine vnschuld außführet"*. Der mit Oberacht bestrafte wird für „infamis vnd anrüchtig" gehalten. Auch schon der Unteracht den *„angeklagten bey ehrlichen leuten an seinem guten nahmen in etwas graviret vnd benachtheiliget, so wird er doch dadurch nicht ganz vnehrlich, wie bey der oberacht geschicht, wodurch der geächtigte ehrlos gemacht wird"*. (Carpzov: Peinlicher sächsischer Inquisition- und Achtproceß 1638, 225-227 & 245-247).

549 Döpler: Theatrum 1693, 852. Vergleiche mit den traditionellen Bezeichnungen „friedlos", „exlex" oder „ehtelos". (His: Geschichte des deutschen Strafrechts 1928, 76).

Zwang zum Kriegsdienst

In Bayern des 16. Jahrhunderts wurden an Stelle der Landesverweisung gelegentlich auch Verurteilungen zum Kriegsdienst verhängt. Herzog Maximilian unterstützte die Habsburger militärisch, vor allem im fünfzehnjährigen Türkenkrieg (1591-1606), und so wurden beispielsweise Ehebrecher nach Ungarn an die Front geschickt. Nach Heydenreuter sei eine solche Strafe nur bei adeligen Delinquenten üblich gewesen.[550] Es wurden allerdings jüngere männliche Verbrecher auch vom Stadtrat zum Kriegsdienst verurteilt und also statt einer gewöhnlichen Verweisungsstrafe „wider den Erbfeind condemniert". Es ist zu vermuten, dass diese Männer gewöhnliche Bürger, nicht Adelige waren, auch wenn ihr Status meistens nicht erwähnt wird.

Die in den Ratsprotokollen notierten Kriegsverweisungen bestehen in der Regel auf sehr knappen Vermerken. Es fehlen die mehrseitigen Zeugenaussagen und längeren Prozessbeschreibungen, die in vielen anderen Fällen belegt wurden. Es konnte etwa nur notiert werden, dass der Angeklagte wegen „seines sehr üblen Hausens" und sonst gesetzwidrigen Lebens ein Jahr Kriegdienst machen müsse. Im Zusammenhang der Folterung von einem wegen „Unzucht" und Tötung verdächtigten Mann wurde notiert: *„der felt letslich auf die knüe nider"*, bittet um Gnade und sagt, er „will sich gegen den Erbfeind brauchen lassen". Ein Münchner wurde ausgewiesen, weil er einen anderen Mann „beinahe bis zum Tod gestochen hatte". Er durfte erst dann zurückkommen, wenn er einen „Passport" von einem „redlichen katholischen Kriegszug" verweisen könne.[551] Er musste also später beweisen können, dass er wirklich im Krieg – natürlich an der ideologisch richtigen Front – gedient hatte.

Meistens mussten die Verurteilten eine gewisse Zeit in der Armee verbringen und konnten danach zurückkehren – angenommen, dass sie bis dahin ihr Schicksal nicht auf dem Schlachtfeld ereilt hatte. Vermutlich führte die Todesangst oder die bloße Trägheit der Verurteilten dazu, dass sie manchmal nie wirklich in die Kriegstruppen eintraten, sondern später in einem anderen Ort im Land erneut ergriffen wurden. Bei dem Zwang zum Kriegsdienst ging es um eine Lösung, die trotz der Lebensgefahr oft für ehrbarer gehalten wurde als eine normale Verweisungsstrafe. Deshalb war diese Strafe für Adelige besonders geeignet, wenngleich auch Nicht-Adelige verurteilt wurden. Es ist nicht zu übersehen, dass eine solche Sanktion vielmehr den kriegspolitischen und damit auch fiskalischen Interessen des Landesherrn als dem Zweck der infamierenden Ehrenstra-

550 Heydenreuter: Kriminalitätsgeschichte Bayerns 2003, 248.

551 StadtA: RP 211 (1596), Fol. 23 r, SG MP 866/4 (1599-1602), Fol. 34 v und RP 231 (1616), Fol. 125 v.

fen genutzt zu haben scheint. So wurde die Kriegsverweisung, zumindest in den Ratsvermerken, nie mit Pranger oder Rutenzüchtigung kombiniert. Sie ist als eine Ausnahme in der von mir präsentierten Strafskala zu betrachten, wobei ihr Schändlichkeitsgrad im Ungewissen bleibt.

„Wiedereröffnung" von Stadt, Burgfrieden oder Land

Wie auch immer die Verweisung vollzogen wurde oder welche ihre juristischen Folgen waren, war das Erlebnis, nicht mehr zu der Familie und den alten Lebenskreisen zurückkommen zu dürfen, sicher ein belastendes Gefühl. Döpler fand Rechtfertigung für seine Gedanken über das harte Schicksal der Verwiesenen u. a. in der Tierwelt, denn *„da schreibet man von den elephanten, daß dieselbe von natur gerne im lande bleiben da sie aufgewachsen"* sind.[552] Bat eine ausgewiesene Person dafür, konnte er allerdings schon bevor die für sie festgesetzte Zeit im Asyl vergangen war, zurück gelassen werden. In solchen Fällen wurde in den Ratsprotokollen über „Eröffnung" oder „Wiedereröffnung" von Stadt, Burgfrieden oder Land gesprochen. Dabei konnten die „Fürbitten" bzw. „Intercessionen" von Herzog, Herzogin, Geistliche, angesehener Bürger oder auch Familie des Verwiesenen von Nutzen sein, obwohl solche Bitten oft auch abgelehnt wurden.

Meistens musste die begnadigte Person schwören und also etwa *„den gewonlichen aid beim thor"* leisten, ehe man in die Stadt gelassen wurde. Sowohl „ausgeschaffene" als „ausgeführte" Personen konnten begnadigt werden – auch wenn sie für immer verwiesen worden waren. Im Dezember 1618 wurde ein *„versoffner übl hausender handschuhmacher"*, der im Juni 1617 öffentlich „ausgeführt" worden war, wieder in die Stadt gelassen.[553] In seinem Fall dauerte

552 Auch die Geschichte von Odysseus inspirierte Jacob Döpler, als er schrieb, dass *„die liebe des vaterlandes befindet sich bey allen menschen und zwar ie edler die natur, desto brünstiger, wie an den tapffern Ulysse"*. (Döpler: Theatrum 1693, 839). Siehe auch Quanter: Die Schand- und Ehrenstrafen 1901, 165.
Eine in München im Jahr 1615 mit dem Schwert hingerichtete Kindesmörderin hatte vor einem Jesuiten in Passau ihre Beichte abgelegt, der sie danach bei der Obrigkeit angezeigt hatte. Sie war aber in ihre Heimatstadt München geflohen, um sich selber da *„zufangen geben"*, weil sie *„welle lieber dahie in jrem vatterlandt biessen vnnd sterben alß anderer ortten"*. (StadtA: SG MP 866/9 (1615/1616), Fol. 191 v-194 v und RP 230 (1615), Fol. 223 v-224 r.).

553 StadtA: RP 215/1 (1600), Fol. 65 r, RP 215/2 (1600), Fol. 58 v, RP 232 (1617), Fol. 144 v und RP 233 (1618), Fol. 260 r.

die „ewige Verweisung“ somit 17 Monate. Unwahrscheinlicher war die Begnadigung bei denen, die „ausgepaukt“ worden waren oder sonst sehr schändlich die Stadt und Land verlassen hatten. Sie baten gewöhnlich auch nicht darum. Im Jahr 1609 begehrte ein Wannenmacher allerdings zweimal um die Stadteröffnung und wurde folglich zweimal abgewiesen. Nach dem Protokollvermerk wäre es nämlich unerhört, eine mit Ruten ausgestrichene Person wieder als Bürger aufzunehmen. Er müsste deshalb so lange verwiesen bleiben, bis er „seine redliche Art wiederum bekomme“. Inzwischen soll er *„mit dem zufrid sein, das man jme vergont aus vnd ein in die statt zegehn“*.[554] In diesem Fall ist der durch Rutenzüchtigung entstandene Ehrverlust zu relativieren: Einerseits konnte der Verwiesene deshalb nicht begnadigt werden, andererseits durfte er aber tagsüber die Stadt besuchen.

Die Begnadigten wurden in der Regel vor den Folgen des Rückfalls gewarnt, wenngleich bestimmte Strafmaßnahmen dabei nicht immer deutlich artikuliert wurden. Nach 21 Monaten Asyl wurde ein Kleinuhrmacher dank der Fürbitte der Kapuziner begnadigt. Jedoch wurde ihm *„sein hayllose weiß starkh verwisen, mit bethrow, do er mit dem gleichen lumppes händlen“* nochmals ertappt wäre, *„so werde man jme eines zum anderen messen“*.[555] Man würde also sein voriges Verbrechen und das Urteil nicht vergessen, sondern sie müssten bei Rückfall mitgerechnet werden. Dies bedeutete, dass man ihn künftig härter strafen würde.

Wurde eine Person für eine begrenzte Zeit oder auch für ewig verwiesen, musste der Rat einen Beschluss bezüglich seiner Habe fassen. Viele Ausgewiesene waren offenbar so arm, dass sie nichts Besonderes besaßen, einige wollten aber nicht zuletzt wegen ihres Eigentums zurückkehren. Im Spätsommer des Jahres

---

Die Wiederaufnahme in den Frieden des Landes konnte in Bayern auch „Landeshuldigung“ heißen. (His: Geschichte des deutschen Strafrechts 1928, 81).
Traditionell musste der Verbrecher vor der Verweisung eine Urfehde schwören, in der er versprach, eher nicht zurückzukommen, als ihm erlaubt war. Sonst könne man ihn wegen gebrochener Urfehde als Meineidiger beispielsweise durch Abhacken der Schwurfinger strafen. (Siehe beispielsweise CCC §107-108 und Carpzov: Peinlicher sächsischer Inquisition- und Achtproceß 1638, 197).
Nach Döpler wurden die Delinquenten *„auf einen karren gesetzet und biß an die landgränze in begleitung des landrichters, frohn-bothen und etlicher männschafft gebracht“*. (Döpler: Theatrum 1693, 846-849).

554 StadtA: RP 224 (1609), Fol. 216 v & 254 r.
Ähnlich wurde eine Witwe im Jahr 1609 teilweise begnadigt. Sie durfte ihre Geschäfte in der Stadt führen, aber *„jn die statt solte man sie mit dem hauswesen nit mehr nemmen“*. Es war ihr also nicht mehr möglich in München zu wohnen. (StadtA: RP 224 (1609), Fol. 192 r & 226 r).

555 StadtA: RP 228 (1613), Fol. 1v & 9 r und 229 (1614), Fol. 175 r & 179 r.

1600 begehrte der kurz zuvor „ausgeführte“ Amtmann die Begnadigung. Wäre diese aber nicht möglich, sollte man wenigstens seine „*claider vnd jnventur gelt, auch was man jme schuldig jme hinnaus zelassen*“. Nach dem Ratsbeschluss sollte der Unterrichter den ehemaligen Amtmann „*bei den ambtsleüthen das seinige verhelffen*“.[556] Bitten um das zurückgelassene Vermögen sind allerdings kaum notiert worden. Außerdem bildeten nicht nur das Eigentum oder der Beruf den Grund, warum die Verwiesene zurück wollten, sondern viele sorgten für den Lebensunterhalt ihrer Familie und kleine Kinder, die in der Stadt blieben. In solchen Fällen war die Begnadigung manchmal einfacher zu erhalten.[557]

Wurde eine ausgewiesene Person begnadigt, blieb noch die Frage, ob seine rechtliche und soziale Ehre dabei rehabilitiert war oder nicht. Die durch juristische Maßnahme erlaubte Wiederkehr konnte die rechtliche Stellung und den Ehrverlust wieder gut machen, insbesondere, wenn die begangene Tat an sich nicht ehrlos machte. Eine Begnadigung bedeutete allerdings nicht unbedingt eine volle Rehabilitation der juristischen Ehre und garantierte sicher keine Wiederherstellung der sozialen Ehre. Ob der Ruf des einmal Ausgewiesenen verdorben war und ob die Strafe seine soziale Ehre befleckt hatte, hing von den Reaktionen der Mitmenschen in jedem einzelnen Fall ab. Womöglich waren sie von Anfang an auf der Seite des Verurteilten und hielten die Verweisung für unrecht. Oder sie hielten die ausgewiesene Person sowieso für verbrecherisch und unehrlich. Der schlechte Ruf der einmal schändlich Ausgewiesenen konnte kaum völlig reingewaschen werden. In diesem Geist schreibt auch Döpler über die Begnadigte:

> „so wird auch durch solche anrührung nur die straffe erlassen, die infamia criminalis aber nicht aufgehoben. und dannenhero werden solche leute nicht wieder in handwercks-zünfften aufgenommen, es geschehe denn durch sonderbahre gnade und zulassen der hohen landesobrigkeit“.[558]

556 StadtA: RP 215/2 (1600), Fol. 99 r.
Im Jahr 1618 bat eine wegen „Unzucht“ ausgewiesene Frau um ihre Sachen oder die Eröffnung der Stadt. Nach dem Ratsbeschluss sollte sie draußen bleiben, könne aber ihre Sachen mitnehmen. (StadtA: RP 233 (1618), Fol. 197 v-198 r).
Nach Carpzov verliert der durch Unteracht Bestrafte sein Vermögen nicht, aber der mit der Oberacht Geächtete wird „*seiner gütere verlustig*“. (Carpzov: Peinlicher sächsischer Inquisition- und Achtproceß 1638, 245-248).

557 Im Sommer 1600 wurde beispielsweise ein Tagwerker „wegen seinen Kindern zur Eröffnung der Stadt begnadigt“. (StadtA: RP 215/2 (1600), Fol. 51 r).

558 Döpler: Theatrum 1693, 859.

IV. KRIMINALFÄLLE

1. Alkohol und Gewalt

1.3 Problemtrinken, Schmähungen und Gewalttätigkeit

Spätestens seit Anfang des 16. Jahrhunderts wurde Alkohol immer häufiger als Ursache für diverse Normenverstöße, Verbrechen und allgemeine gesellschaftliche Unruhen betrachtet. Im Jahr 1511 setzte das Münchner Bußbuch das „Zutrinken" unter Geldbuße. Die Landesordnung von 1516 stellte ferner fest, dass *„aus dem lasster des zuetrinnckhens trunckenhait vnd auß trunckhenhait, gotzlessterung, todtschleg vnd vil ander vnmenschlichs lasster vnnd vbel entsteen"*. Untugenden wie Fluchen, übermäßiges Trinken und Gotteslästerung wurden zu Dauerobjekten der Polizeigesetzgebung. Das Verbot des übermäßigen Trinkens wurde auch damit begründet, dass *„sich die zuetrinckher dardurch jrer vernunfft berauben vnd in färlichkait jrer seele, eren, leibs vnd guets begeben"*.[559] Trinken und Trunkenheit gefährdeten somit u. a. die Ehre. Diese Definition des strafbaren Alkoholgenusses wurde in den späteren Ordnungen und Mandaten kontinuierlich wiederholt.

Viele Kriminalvergehen, negative Verhaltensweisen und körperliche wie auch verbale Gewalt wurden nun mit dem Alkoholkonsum in Zusammenhang gebracht. Nach dem gesetzgeberischen Dafürhalten geriet nicht nur die Ehre des Betrunkenen in Gefahr, sondern auch die Ehre weiterer Personen und der gesamten Gemeinschaft. Deshalb sollte niemand einen anderen zum Trinken *„bewegen, raytzen oder halten"*.[560] Es ist hier anzumerken, dass ursprünglich die öffentliche Trunkenheit an sich nicht kriminalisiert wurde, sondern der Alkoholkonsum erst dann aktenkundig werden sollte, wenn eine Straftat vorlag. Aus

---

559 LO 1516, Fol. Fi v-Fii r und StadtA: SG 919 (1511), Fol. 9 v. Siehe auch BayHstA: KMS 1500/I/20 (1 und 2) und Pauli: Schimpf und Ernst 1522, 155.
In dem städtischen Polizeibuch aus dem Jahr 1587 wurde in ähnlicher Weise behauptet, dass *„aus trunkhenheit nit allein beraubung der vernunfft, rumoren, todschlag, sonnnder auch vill andrer geferligkheiten an seel, ehr, leib vnd guet eruolgen"*. (UBMünchen: 2 Cod.ms. 226 (1587), Fol. 18 v-19 v).
Ähnlich zeigen auch die zeitgenössischen Schimpfwörter, dass das Bild des Mannes durch übermäßiges Trinken ihn in ein unvernünftiges, schweineähnliches Tier zu verwandeln drohte. (Schreiner & Schwerhoff: Verletzte Ehre 1995, 18-20).

560 LO 1516, Fol. Fi v-Fii r.
Ähnlich wurde im Jahr 1587 festgelegt, dass niemand soll *„dem anderm einicherlaij getrankh, was, oder wie das genandt mag werden, zutrinckhen vnnd beschaidt zuthuen tringen vnnd nötten wöllen"*. (UBMünchen: 2 Cod.ms. 226 (1587), Fol. 18 v-19 v).

moralischer Begründung wandte sich die landesherrliche Gesetzgebung aber bald gegen jede Form von Trunkenheit. Demzufolge gerieten Trinker, Trinkangelegenheiten und Wirtshäuser unter besondere obrigkeitliche Aufsicht und im Lauf der Zeit wurde auch die soziale Kontrolle härter. Wurde unter Alkoholeinfluss ein Verbrechen begangen, durfte der Betrunkene allerdings erst dann verurteilt werden, wenn er wieder nüchtern geworden war. Deshalb wurde angeordnet, dass

„welher mensch in trunckhenhait auff der gassen mit offenntlicher vnzucht betretten oder täglich damit beladn wirdet, das der durch die schergen und pütln desselben orts vonstundan in die keychen gelegt vnd nit aufgelassen wird, biß er wol nuechter wirdet, ob er auch in solher trunckhenhait aynicherley fräul begieng. darumb sol er weytter nach gestallt seiner verhandlung gestrafft werden."[561]

Im Jahr 1530 klagte der Münchner Rat über die in Wirts- und Privathäusern unter Alkoholeinfluss entstandene Unordnung. Es ging um *„das vnzymlich nachtgeschray, gesang, juchitzen, plerren, poldern vnd andere vnzüchten vnd rumorn auff der gassen"*. Lautes Singen und besonders *„schanpare vnzüchtige lieder"* wurden verboten. Solche Personen sollten von den Polizeibeamten gleich *„in das narrenheüsel oder in die schergenstuben (nach gestallt seines verbrechens) gefüert"* werden.[562] Heydenreuter verweist darauf, dass auch Martin Luther über das Thema geschrieben hat. In seinem Schreiben konstatiert Luther, dass das ganze Deutschland *„mit dem laster von saufen geplagt ist. wir predigen und schreien und predigen da wieder. es hilft leider wenig."*. In der Literatur wird der damalige Alkoholkonsum oft als eine Reaktion auf wirtschaftliche Depression, Hunger und Seuchen interpretiert, aber nach Heydenreuter lassen die Quellen eher eine um sich greifende Wohlstandstrunksucht vermuten oder gar eine zunehmende Alkoholabhängigkeit weiterer Bevölkerungsschichten. Die Rechtsfälle, die in diesem Kapitel beschrieben werden, verstärken diesen Eindruck. Als Hauptverursacher für die Trunksucht wurde oft der Branntwein angesehen, der Mitte des 16. Jahrhunderts von einem Heilmittel zum allgemein konsumierten Getränk wurde. Auch Bier und Wein wurden reichlich konsumiert.[563]

---

561 LO 1516, Fol. Fi v-Fii r. Für ähnliche Formulierungen siehe beispielsweise StadtA: BR 60 A 1 Mandate und LPO 1616, 696. Die „öffentliche Unzucht" deutet hier auf allgemeine Gesetzwidrigkeiten, nicht nur auf sexuelle Verfehlungen hin.

562 StadtA: SG 920 (1530).

563 Heydenreuter: Kriminalitätsgeschichte Bayerns 2003, 142-143 und Heydenreuter: Herrschen durch Strafen 1996, 476-479.
Die Regelungen des Branntweinkonsums und -verkaufs wurden abwechselnd gelockert und wieder verschärft. Siehe beispielsweise StadtA: SG 919 (1511), Fol. 9 r und BR 60 A 1 Mandate (1526), Verbot des Brandweins, LO 1553, Fol. 96 r-96 v und RP 219 (1604), Fol. 153 r.

Die landesherrlichen Regelungen des frühen 16. Jahrhunderts stellten klar, dass die lokalen Obrigkeiten die Trunksucht zu kontrollieren und die dadurch entstandenen Verbrechen zu bestrafen hatten. Sonst würden vielerlei aus Zorn Gottes resultierende Missgeschicke das Herzogtum plagen. Die Strafbestimmungsgewalt wurde an die lokale Obrigkeit übergeben, die bei der Verurteilung weitgehend aus einer Menge von Schand-, Geld- und Freiheitsstrafen auswählen konnte.[564] Erst in dem auf November 1566 datierten Mandat wurde deutlich auf eine bestimmte Schandstrafe, das Stehen im Halseisen vor der Kirche, hingewiesen. In dem landesherrlichen Schreiben wurde Gott als der „gerechte Richter" vorgestellt, der den sündigen Menschen „blutgierige türkische Tyrannen, große Teuerung und schwere Siechen", sowie andere Belastungen auferlegt. Deshalb waren alle, die während des Gottesdienstes oder an den verbotenen Feier- und Sonntagen „beim Zechen" betroffen würden, mit einer Geldbuße oder *„mit den prechen, so wir hieuor solcher leut halben bey allen kirchen auffzurichten beuolhen*", zu bestrafen.[565] Die Regelungen betreffend Alkoholkonsum wurden nun detailreicher und in schnellerer Folge ausgegeben.

U. a. im Münchner Polizeibuch aus dem Jahr 1587 wurde Männern, die beim Trinken, im Spiel oder in sonstigen Belustigungen das Vermögen ihrer Familie verschwendeten, das Anwachsen des Bettelwesens mit angerechnet. Besonders wichtig wäre es also auf diejenigen zu achten, die *„jren weib vnnd khündern das jrig mit täglichen zechen, essen vnnd trinkchen verschwenden*" und ihre Kinder *„auf das pöttl (darzu sij selbst vrsach sindt) ausschickhen*".[566] Auch diesmal wurden allerdings keine genau formulierten Sanktionen vorgeschlagen. Musste der Vater bereits seine Kinder zum Betteln schicken, kam eine Geldbuße aber kaum mehr in Frage. Ebenso wenig hätte der Angeklagte die Kosten seiner Ge-

Gegen Ende des 16. Jahrhunderts war Bier im Vergleich zu Wein relativ billig und so nahm der Bierkonsum zu. (Schwab: Zeiten der Teuerung 1992, 184-185). Zwischen 1589-1592 wurde das berühmte Hofbräuhaus in München gebaut.

564 Der übermäßige Alkoholkonsum bewirkte ein übles Verhalten, woraus *„nichts anders zubesorgen, dann der zukünfftig zorn vnnd noch schwärer straff des allmächtigen, wie auch ein yedlichs verstenndigs christen mensch auß yetzt schwebenden beschwärlichen leüffen, so on zweyfel zu straff vnserer vnd sonderlichen yetzt gemellter sünden, von dem allmächtigen verhengt*" worden ist. (BayHstA: KMS 1524/VIII/10). U. a. in den Jahren 1542, 1546 und 1553 wurden „Zutrinken", Gotteslästerung, Fluchen und Schwören erneut verboten. (BayHstA: KMS 1542, Fol. Ciiii und 1546/V/5 und LO 1553, Fol. 179 v-180 r).

565 BayHstA: KMS 1566/XI/16.

Etwas genauere Regularien für den Alkoholkonsum waren schon skizziert worden, als verordnet wurde, wie lange die Stadteinwohner die Wirtshäuser besuchen dürften. Während des Gottesdienstes durften den Inwohnern keine Getränke serviert werden. (LO 1553, Fol. 93 r-93 v und LPO 1616, 553).

566 UBMünchen: 2 Cod.ms. 226 (1587), Fol. 18 v-19 v.

fängniskost bezahlen können und so schien letztlich nur die Möglichkeit einer öffentlichen Strafe zu bleiben.

Das Trinken hatte mehrere Namen. „Volltrinken" bzw. „Vollsaufen" bedeutete einen Alkoholkonsum, der zu einer wesentlichen Trunkenheit führte. Diese Verfehlungen wurden neben dem „Zutrinken" auf die Liste der ungünstigen Taten, die den Zorn Gottes provozierten, geschrieben. Das Büßen der straffälligen Trinker langte allein nicht, sondern es wurde erwartet, dass alle Untertanen im Gebet mithalfen: Man sollte am Morgen, am Mittag und am Abend auf beide Knie fallend beten.[567] Die Vierer hatten das „Setzen und Vollsaufen" der Bürger in den Wirts- und Bräuhäusern zu beenden. Außerdem dürfte niemand mehr während des Gottesdienstes *„auf denn blaz oder vnnder den pögen"* verkehren – angeblich beliebten Trinkorten. In den Jahren um 1600 wurde im Rat häufig über das „Setzen, Saufen und Schelten" der Bürger diskutiert und immer wieder betont, dass die Bußherren, Amtleute, Richterknechte und Bettelrichter besser dafür Aufsicht halten sollten.[568] Freilich zeigen aber die notierten Rechtsfälle, dass der Alkoholkonsum und ihre Folgen, u. a. Schmähungen, Gotteslästerung und Gewalttätigkeiten, keineswegs geringer wurden.

Was bedeutete denn eigentlich das „Setzen"? Im Jahr 1610 wurden die Bußherren getadelt, dass sie die ausschenkenden Brauer nicht unbesehen strafen sollten. Es heiße nämlich nicht „setzen", wenn einer sein Bier „im Flez oder an der Stiege" austrinke, aber *„wan man zusammen sizt, die zech ansezt, das bier aufsezt, pfeiffen vnd singen lassen, das heiß sezen vnd dise soll man straffen"*. Später wurde den Bierbrauer eigens noch erklärt, dass *„allein die versoffne pierpatscher vnd verthane liderliche gesellen nit sollen gesezt werden"*.[569] Wenn das Trinken also „liederlich" und laut war, verbrecherische Folgen hatte oder wenn sehr viel getrunken wurde, ja, die Ehre des Trinkers oder anderer Personen drohte, schien das Eingreifen der Obrigkeit erforderlich. Damit die Situation sich nicht derart entwickeln und der Kontrolle entgleiten würde, sollten die Wirte und Brauer der Gefahr schon vorausgehend begegnen können. „Zutrinken", „Volltrinken" und „Setzen" waren keine Tatbestände in dem Sinne, dass sie auf unterschiedlich strafbare Stufen des Trinkens deuteten. Es handelt sich dabei um Namen, mit denen unerwünschte Trinkgelage in den Gesetzestexten beschrieben wurden.

---

567 BayHstA: KMS 1541/X/3, 1595/I/15 und KMS 1596/IV/25.

568 StadtA: RP 215/1 (1600), Fol. 127 v-128 r & 130 v, RP 222 (1607), Fol. 89 r und RP 224 (1609), Fol. 20 v & 169 r.

569 StadtA: RP 225 (1610), Fol. 166 v, 169 r-169 v & 182 v.

Die Wirte wurden für die Trunkenheit ihrer Gäste und damit auch für die daraus entstandenen Delikte mitverantwortlich gemacht. Als Folge der einmal strengen, aber manchmal doch unpräzisen Regelungen des Landesherrn und des Stadtrats war es für die Wirte und Bierbrauer aber nicht immer klar, was die Obrigkeit eigentlich genau verbieten und strafen wollte. Im Jahr 1616 wurde formuliert: Der Wirt soll nicht „*vrsach zu dem trincken geben*".[570] War dies aber im Grunde genommen nicht gerade ihr Beruf? Es wurde behauptet, dass die „*gemeine vnuermögliche burger vnd handwercksleut, dem trunck vnd verschwendtlichen zehren vnd zechen zu vast nachhengen*". Deshalb wurde das Trinken dieser Menschen in den Wirtshäusern nur feiertags nach Mittag oder falls kein Feiertag in diese Woche fiele, am Montagnachmittag, erlaubt.[571] Es ist anzunehmen, dass solche Verbote das Trinken zunehmend in die Privathäuser verlagerte.

Dass der Mensch sein Geld „durch die Kehle jagte", wurde nicht nur moralisch getadelt, sondern dem wurde auch wegen der ökonomisch schwierigen Zeiten mit Verachtung begegnet. Das unbeherrschte Trinken wurde in den Mandaten und Ratsdekreten ständig mit vielen Verbrechen und Normenverstößen in Zusammenhang gebracht, so dass auch die bloße Trunkenheit im Laufe der Zeit einen verbrecherischen Charakter erwarb und Trinker als weniger ehrliche Leute empfunden wurden. In den Vorwürfen gegen verdächtige Personen kam der Vorwurf der Trunkenheit immer häufiger vor. Verfehlungen, die vorher weder bestraft noch protokolliert oder mit bloßer Geldbuße geahndet worden waren, gerieten unter strengere Sanktionierung. Die Delikte von Trunkenheit, Fluchen, Schmähungen von Mitmenschen, Gotteslästerung und geringfügige Gewalttaten sind allerdings oft schwer voneinander zu unterscheiden. Daraus folgt, dass man nicht immer mit Sicherheit sagen kann, welche Tatbestände eigentlich zu einer bestimmten Verurteilung führten.

Bei der katholischen Reform Bayerns ging es um eine umfassende, unter dem Banner der Sittlichkeit und Gottesfurcht vorangetriebene Disziplinierung. Ein strenges sittlich-religiöses Verhaltensmodell wurde zur allgemeinen Norm erho-

570 LPO 1616, 550.
In der Landesordnung von 1578 wurde festgelegt, dass der Wirt nach der genossenen Mahlzeit und ohne Erforderung des Gasts kein „*wein, confect oder lebzelten, wie das alles namen haben mag*" mehr anbieten dürfte, weil dies zum „*schedlichen vberfluß vnd verschwendtung, auch raitzung aines merern truncks*" führen könne. (LO 1578, Fol. 12 v).

571 Auch übermäßiges Essen wurde kriminalisiert. Es wurde behauptet, dass die Wirte ihren Gästen zu viele Speisevariationen und zu große Portionen böten oder die Gäste „*allain von prachts oder ander dergleichen vrsachen wegen sich an zimlichen essen vnd trincken nicht fettigen lassen*". Wein sollte nicht extra empfohlen werden, sondern der Wirt durfte nur die Menge einschenken, nach der der Gast gefragt hatte. (LPO 1616, 547 & 551-553).

ben und gesetzlich etabliert.[572] Da die Blasphemie unter den Zeitgenossen als Schmähung gegen Gott verstanden wurde, stand damit die Ehre des Schöpfers im Mittelpunkt. Wörter, mit denen Gotteslästerung bezeichnet wurde, konnten allerdings auch für die Beleidigung der Mitmenschen gebraucht werden. Mit dem Begriff „Lästerung" wurden häufig alle „böse, frevel und unchristliche Schwüre" zusammengestellt.[573] So gehen Gotteslästerung, Fluchen und Beleidigungen der Mitmenschen in vieler Hinsicht begrifflich und inhaltlich ineinander über. Dies bezeugen auch die Mandate, mit denen die Landesherren nicht nur die direkte Lästerung Gottes und seiner Heiligen, sondern jegliche Art von unsittlichem Reden und Tun disziplinieren wollten. Betroffen waren nicht nur mündliche, sondern auch schriftliche und bildliche sowie andere symbolische Schmähungen.

Es gab eine allgemein tief verankerte Besorgnis über den Unfrieden, der durch Schmähungen entstehen konnte. Neben Gotteslästerung mussten so auch die Ehrenangriffe gegen Mitmenschen bestraft werden.[574] Die meisten Rechtsquellen

---

572 Beck: Der Pfarrer 1988, 135-136. Siehe auch Hinckeldey: Geschichte der Verbrechen und Strafen 1980, 131.
Da Bestimmungen hinsichtlich Schwüre, Flüche und Gotteslästerung allerdings seit 1495 fester Bestandteil der Reichsgesetzgebung und Polizeiordnungen waren, kann die Verfolgung von Religionsvergehen ursächlich nicht mit der konfessionellen Lage des 16. Jahrhunderts verknüpft werden. Unstrittig brachte die Reformation aber eine neue Schubkraft in die normative Bekämpfung der Gotteslästerung. (Schwerhoff: Köln 1991, 246 & Schwerhoff: Blasphemare 1995, 261).

573 Schwerhoff: Köln 1991, 207-208 und Schwerhoff: Blasphemare 1995, 254 & 259. Siehe auch Fuchs: Um die Ehre 1999, 100-101und His: Geschichte des deutschen Strafrechts 1928, 107.
In vielen zeitgenössischen Texten wurde ein Bild von einem beleidigten Gott gemalt, als ob er ein mit Gefühlen ausgestatteter Mensch sei und seine persönliche Ehre durch menschliches Fluchen verletzt werden könne. Beispielsweise behaupteten die Herzöge Wilhelm und Ludwig, dass Gott von vielen Christen *„mit täglicher lessterung vnd in besonnder mit hyeuor vnerhörten erschrocklichen vnchristennlichen schelltwortten, fluechen vnnd schwueren"* immer häufiger *„zum hochsten belaydiget"* wird. Sie waren sicher, dass *„sein allmächtigkait dardurch bewegt wirdet"* und er seinen Zorn und seine Strafe mit *„vnaufhörlicher zueschickhung beschwärlicher kranckhaiten, jnn vnnd außlenndischen kriegen, auch mit vergiessung christenlichs pluets vnd andern belestigungen"* über die Menschen verhängen würde. (StadtA: BR 60 A 1 Mandate (1526), Mandat gegen Gotteslästerung und Trunkenheit).

574 U. a. war die Bestrafung von Schmähschriften von solcher Wichtigkeit, dass sie in der Reichsgesetzgebung als besondere Form der Auseinandersetzungen beachtet wurden. Diese Satzungen wurden dann durch zahllose landes- und stadtobrigkeitliche Edikte unterstützt. (Fuchs: Um die Ehre 1999, 153).
Bei der Bestrafung der Schmähschriften wurde oft das Prinzip „Auge um Auge" bevorzugt: Der Schmäher sollte demzufolge selber mit derjenigen Strafe, zu der er mit seiner *„böse vnwarhafftige lesterschrifft"* den anderen verurteilen wollte, selber bestraft werden.

des Mittelalters und der Frühen Neuzeit kannten mehrere Stufen der Ehrverletzung: Manche Schimpfwörter wogen schwerer als andere. Ehrenrührig war vor allem der Vorwurf unehrlicher Missetaten.[575] Im München des Untersuchungszeitraums wurden die Beleidigungsprozesse meistenteils in dem vom Oberrichter geführten Protokoll aufgeschrieben und es wurden Geldbußen verhängt. Verurteilungen zu öffentlichen Strafen finden sich in den Ratsprotokollen, in denen hauptsächlich die schwerwiegenderen Injuriefälle protokolliert wurden.[576]

Die zunehmende Anzahl von Injurienprozessen in den überlieferten Urteilsbüchern und Gerichtsprotokollen des 16. Jahrhunderts zeugt von der wachsenden Bedeutung der Ehre innerhalb von verschiedenen sozialen Gruppen in ganz Europa.[577] Im Hintergrund wirkten die gesellschaftliche Ausdifferenzierung, eine Vermehrung der Konfliktpunkte und dementsprechend eine zunehmende Fähigkeit und das wachsende Bedürfnis der Zeitgenossen, Streitigkeiten innerhalb des Rechtssystems auszutragen.[578] Wichtig scheint die Einsicht dafür, dass ebenso

---

(CCC §110 und Sauer: Strafbüchlein 1579, 22-23. Siehe auch Ylikangas: What happened to Violence 1998, 55 & 72). Auch Staupenschlag, Verweisung und Gefängnisstrafe werden erwähnt. (Sauer: Strafbüchlein 1579, 23 und Döpler: Theatrum 1693, 884).
In der Lex Salica und im Landrecht Kaiser Ludwig des Bayern wurden Geldbußen für die Verwendung verschiedener Schmähungen und Schimpfwörtern festgesetzt. Auch nach der bayerischen Gerichtsordnung des Jahres 1520 konnten Injurien mit Geldstrafen bestraft werden. (Fuchs: Um die Ehre 1999, 34-35, Schlosser: Juristischer Kommentar 2000, 230-232, Schwab: Edition 2000, 82-83, Oberbayerisches Landrecht Artikel 60, 61 & 62 und GO 1520, 7. Teil, §22). Siehe auch Rublack: Anschläge auf die Ehre 1995, 386-387.

575 Schwerhoff: Blasphemare 1995, 255 und His: Geschichte des deutschen Strafrechts 1928, 133-136.
Nach dem spätmittelalterlichen Landrecht Kaiser Ludwig des Bayern wurden „Sohn einer Kuh", „Hündin", „Stute" oder dergleichen an Tiergattungen ausgerichtete Beschimpfungen mit einer höheren Summe als etwa „Bösewicht" und „Ungetreu" bestraft. Eine noch höhere Buße folgte für Beschimpfungen wie „Lügner" und „Hurensohn". Sollte der Angeklagte aber leugnen, die Scheltwörter gesprochen zu haben, und der Kläger konnte dies mit zwei Zeugen beweisen, musste er dieser selber die Buße bezahlen. Wenn die Verfehlung nicht bewiesen wurde, war der Beklagte frei und der Kläger musste die Prozesskosten bezahlen. (Schlosser: Juristischer Kommentar 2000, 230-232, Schwab: Edition 2000, 82-83, Oberbayerisches Landrecht Artikel 60, 61 & 62).

576 Dass es unter den städtischen Protokollen eine eigene Serie für Injuriesachen gab, signalisiert die Wichtigkeit dieser Delikte. In den Gerichtsbüchern des Oberrichters wurden jährlich durchschnittlich 120 Seiten, jede mit Einträgen von zwei bis drei Beleidigungsfällen gefüllt. Es wurden allein in diesem Protokollband über 300 Fälle behandelt. Einige Beleidigungen wurden sogar im Malefizprotokoll geführt.

577 Dülmen: Der ehrlose Mensch 1999, 3-4 und Österberg & Lindström: Crime and Social Control 1988, 107-109.

578 Fuchs: Um die Ehre 1999, 51-52 & 73-75. Ralph-Peter Fuchs hat besonders die Westfälischen Injurieprozesse erforscht, aber zu Bayern gab es in dieser Hinsicht wohl keinen Unterschied.

wie in anderen Bereichen der Kriminalität, auch die wachsende Zahl der Gerichtsprozesse nicht primär von Verhaltensänderungen zeugt. Vielmehr lässt das zunehmende rechtliche Interesse darauf schließen, dass bestimmte Verfehlungen kriminalisiert wurden.

Die allgemeine religiös-moralisch geprägte Gemütslage und die disziplinierende Politik der Landesherren führten dahin, dass abweichendes Sprechen aller Art leicht als Gotteslästerung verstanden wurde. So wurde auch die Maxime „*hut dich vor fluchen vnd schweren, allein gottes namen soltu ehren*“ von dem zeitgenössischen Juristen Abraham Sauer nicht umsonst so betont. Diejenigen, die sich weigerten, wegen der „Türkengefahr“ täglich zu beten, waren in Bayern seit den 1560er Jahren als Gotteslästerer zu bestrafen.[579] Auch die unter Alkoholeinfluss geäußerten Flüche scheinen immer leichter mit dem Stempel der Gotteslästerung geprägt zu sein. Manche Trinker wurden folglich härter bestraft, weil die Gesetzgebung bei Delikten der Verbalgewalt strenger war als bei Verstößen gegen Alkoholregelungen.

Gotteslästerung, Fluchen und Schelten waren allen Untertanen auf gleiche Weise verboten, aber in der Realität wurden sie doch charakteristisch als Sünden des „gemeinen Mannes und Weibsbildes“ empfunden.[580] Dies ist wohl damit verbunden, dass die Kontrolle der Worte neben anderen Teilgebieten der Disziplinierungsmaßnahmen zu einer obrigkeitlichen und von oben organisierten politisch-religiösen Strategie gehörte. Die Neigung zum zügellosen Sprechen und Verhalten wurde dem Volk zugeschrieben, und eine sichere Existenz der Gesellschaft verlangte die Bestrafung von Normenverstößen. So behauptete Abraham Sauer, es sei kein Wunder, wenn „*deß vnerhörten grewlichen fluchens vnd schwerens halben das erdrich auffthet vnnd verschlunge einen mit dem andern*“. Mit vielen Juristen seiner Zeit teilte auch er die Meinung, Gott schicke

„schwere plage, als erdtbieden, vnzeittig wetter, frost, donner, hagel vnd plitz, krieg, blutvergiessen, pestlenz oder andere schwere vnd gefährliche kranckheiten, theuwrung vnd blöß in ein land, statt, flecke oder dorff, vnd dann muß einer mit dem andern herhalten. darumb man billich diß grewlich vnd hochsundlich laster nicht gering achten, sondern billich einen wie den andern straffen sol vnd muß, wollen wir anders in gemein von gott nicht gestraffet werden.“[581]

579 Sauer: Strafbüchlein 1579, 1 und BayHstA: KMS 1566/XI/16. Siehe auch Heydenreuter: Kriminalitätsgeschichte Bayerns 2003, 109.
Da es zu Gotteslästerung und Fluchen meistens ungeplant und spontan kam, gab es Schwierigkeiten das eigentliche Delikt mit einem kleinen Kern von Tatbeständen sinnvoll einzugrenzen. (Schwerhoff: Köln 1991, 248 & 252).

580 BayHstA: KMS 1524/VIII/10, 1546/V/5 & 1570/XII/16.

581 Sauer: Strafbüchlein 1579, 4.

Es gab sowohl allgemein ausgerichtete als auch persönliche Gründe, warum Flüche und Schwüre als gefährlich galten: Einerseits die Ungnade Gottes mit ihren kollektiven Folgen und andererseits die individuelle gerichtliche Bestrafung durch weltliche oder kirchliche Obrigkeit. Deshalb hatte jeder ein echtes persönliches Interesse, gefährliche Wörter und Ausdrücke zu vermeiden, aber auch daran mitzuwirken, dass die Verfehlungen Anderer verfolgt und bestraft würden. Der Obrigkeit wurde die Verantwortung auferlegt, den Zorn Gottes durch Disziplinierung und Strafe abzuwenden.[582] Im Jahr 1500 wurde von Herzog Albrecht eine drei Tage lange Gefängnisstrafe mit Wasser und Brot für Gotteslästerung ausgesprochen. In dem städtischen Bußbuch wurde für leichtere Fälle eine Geldbuße bestimmt, aber Verbrecher, die mehrmals rückfällig wurden oder die sich erheblich schwerer Gotteslästerungen schuldig machten, mussten vor dem Rat verurteilt werden.[583] Hier wurden keine deutlichen Strafmaßnahmen festgelegt, sondern der Rat musste in jedem individuellen Fall eine dafür passende Verurteilung aussprechen.

In der Landesordnung von 1516 wurde die Bestrafung bei Gotteslästerung und Fluchen nach dem sozialen Rang differenziert: Adelige hatten eine Geldbuße zugunsten der nächstgelegenen Kirche zu bezahlen. Wenn sie Gott aber besonders schwer lästerten, sollten sie von der lokalen Obrigkeit sogar am Leib bestraft werden. Diese Sanktion galt bei Angehörigen des gewöhnlichen Volkes auch für geringfügige Gotteslästerungen. Damit war in der Regel die öffentliche Prügelstrafe gemeint. Es hieß auch, dass Eltern *„on alle verhinderung“* wegen Gotteslästerung ihrer Kinder bestraft werden sollten, so als ob sie selbst Gott gelästert hätten.[584] Die Landesordnung von 1578 mobilisierte alle Untertanen gegen das Schwören und gegen Lästerungen: Familienväter hatten die Verfehlungen ihres Nachwuchses mit *„vätterlicher straff“* abzufertigen, Wirte hatten auf ihre Gäste und Meister auf ihre Lehrlinge zu achten.[585] So spielte auch die soziale Kontrolle eine bedeutende Rolle bei der obrigkeitlichen Disziplinierung.

---

582 Es sei nur *„recht vnnd wolgethan, daß man solche schwer sündliche vnnd hoch ärgerliche person* (Gotteslästerer), *beyde manns vnd weibsbilds zu reden stelt, sie an sihet vnnd ernstlich strafft“*. (Sauer: Strafbüchlein 1579, 2-3). Siehe auch Schwerhoff: Blasphemare 1995, 255 & 262.

583 BayHStA: KMS 1500/I/20 (1) und StadtA: SG 919 (1511), Fol. 8 v-9 r.
Nach der Carolina sollten die Gotteslästerer gefangengenommen und „am Leib, Leben oder Gliedern“ nach Schwere der Lästerung bestraft werden. (CCC § 106). Diese Bestimmung erlaubte den lokalen Obrigkeiten eine ziemlich freie Wahl bei der Urteilsfindung.

584 LO 1516, Fol. Fi r-Fiv. Im Jahr 1526 wurde der Inhalt der Landesordnung in einem Mandat im Wesentlichen überholt (StadtA: BR 60 A 1 Mandate (1526), Mandat gegen Gotteslästerung und Trunkenheit).

585 LO 1578, Fol. 30 v-32 r.

Es ist bekannt, dass die Beleidigung Gottes in vielen Fällen mit Entehrung des Täters beantwortet wurde und so spiegelte die Strafe das Vergehen. Ein Merkmal der Blasphemiesanktionen ist gerade ihr entehrender Charakter.[586] In den bayerischen Mandaten des frühen 16. Jahrhunderts wurde Gotteslästerung mit kurzfristigen Haftstrafen geahndet, aber gegen Ende der 1570er Jahre erfuhren die bisherigen rechtlichen Sanktionen eine deutliche Inflation. Es wurde behauptet, dass „*der gemain mann an vencklicher enthaltung kain abscheuchen, sorg, forcht noch entsetzen mer haben will*". Das Gefängnis wirkte nicht mehr sozial entehrend genug, die Strafskala wurde verschärft und somit traten auch die öffentlichen Schandstrafen zunehmend ins Bild. Die Landesordnung von 1578 ordnete an, dass die wegen Fluchen und Gotteslästerung bestraften Personen „*etwo in eysenen springern ain zeitlang heerumb geen*" sollten. Oder sie waren „*in körben, wölche zu bestraffung anderer vbel zue herab stellung ins wasser, etlicher orten auffgericht seind*" zu stellen und „*herab sprengen lassen*".[587] Hier handelt es sich um ein Strafinstrument, deutlich der Schnelle ähnelnd, wenn auch die Landesordnung keinen anderen Namen als „Korb" dafür anbietet. Es wurde auch eine andere, aus dem Bereich der Kirchenstrafen herstammende Strafalternative für Gotteslästerer empfohlen. Man konnte sie

> „mit halb entplößtem leib, offentlich für die kirchen stellen, denselben in die ain hannd ain prünnend liecht vnnd in die ander ain ruetten, zubedeuttung, das er offentlichen außstreichens wol würdig were, geben vnnd also drey sontag nacheinander vor der menig volcks, andern zum abscheuchen puessen lassen".[588]

Der Münchner Stadtrat schien die öffentliche Bestrafung nicht immer zu bevorzugen. Nach dem Polizeibuch des Jahres 1587 sollten die erste und zweite Gotteslästerung zunächst mit einer Geldbuße geahndet werden, jedoch ein Verbrecher, der zum dritten Mal straffällig wurde, sollte vom Rat „*ernnstlich vnnd nach notturfft*" verurteilt werden.[589] Die landesherrliche Gesetzgebung predigte ihrerseits überaus emotional, dass Gotteslästerung, Fluchen, Schwören und Schelten beendet werden sollten, und artikulierte bald wieder schärfere Strafen. Bei der Bestrafung mache es keinen Unterschied, ob die Verfehlung aus „*vbergehenden vnmenschlichen zorn, wie auch auß viechischer trunckheit oder verdambten gewonheit*" begangen worden sei. Auch die gegen die Mitmenschen gerichteten, „*auß haß vnd neidt oder dergleichen affection*" veranlassten üblen Reden und Schelten wurden sanktioniert. Bei der Bestrafung sollten nicht allein Geldbuße, Gefängnis, Stadt- oder Landesverweisung, Springer, Pranger, schändliche Zurschaustellung vor die Kirche oder Schnellen verwendet werden. Auch

586 Schwerhoff: Köln 1991, 246 und Schwerhoff: Blasphemare 1995, 263-265.

587 LO 1578, Fol. 30 v-32 r.

588 LO 1578, Fol. 30 v-32 r.

589 UBMünchen: 2 Cod.ms. 226 (1587), Fol. 19 v-20 r.

„abschneidung etlicher glider, außreissen vnd durchbrennen der zungen vnd dergleichen leib vnd schandstraffen“ und auch Todesstrafen kämen in Frage.[590] Als die Landespolizeiordnung von 1616 die Strafliste noch mit dem „Gassenkehren“ ergänzte, stand der Obrigkeit eine überaus umfangreiche, breite Strafpalette zur Verfügung.[591] Es ist allerdings wichtig, die Verschärfung der Strafnormen nicht mit der Strafpraxis zu verwechseln.

Wenn es um eine Anklage wegen Trunkenheit, Beleidigung, bestimmter Gewalttätigkeiten, Fluchen oder Gotteslästerung ging, war die endgültige Strafart von der lokalen Obrigkeit aufgrund der Tatbestände und Präzedenzfälle zu bestimmen. Wegen ihrer erhöhten Fluchgefährdung gerieten Wirtshäuser, nächtliche Gassen, Hochzeiten, Tänze und Spiele unter besondere obrigkeitliche Aufsicht. Außerdem wurden alle Untertanen, die Fluchen hörten, bei Strafandrohung verpflichtet, den Beamten darüber zu berichten.[592] Mit Fluchen wurde allerlei verdächtiges Verhandeln, übermäßiges Trinken, Ruhestörung usw. verknüpft. Demzufolge fanden die im Fluchverbot aufgeführten Sanktionen sowohl bei der Bestrafung von Gotteslästerung und Schelten wie auch bei vielen Alkohol- und Gewaltdelikten Verwendung.

Fuchs betont, dass Gewalttaten keineswegs Randerscheinungen der frühmodernen Gesellschaft waren, sondern vielmehr in allen Schichten Gewalt ausgeübt wurde. Häufig wird interpretiert, dass der damalige Mensch unfähig gewesen sei, sich in emotional aufgeladenen Situationen zu beherrschen, seine Wut unter Kontrolle zu bringen und eine friedliche Lösung des Konfliktes zu suchen. Schaut man sich die zeitgenössischen Gerichtsquellen der Zeit an, ergibt sich fast wie von selbst das Bild einer zänkischen Gesellschaft. Dieses wurde in älteren kulturgeschichtlichen Arbeiten gerne zur Beschreibung der Frühneuzeit verwendet, die dann als das „grobianische“ Zeitalter bezeichnet wurde. Bereits

590 Im Fluchverbot des Jahres 1589 wurde von Personen gesprochen, die den Namen Gottes und seine Heiligen *„uppiger vnd leichtfertiger weiß mit fluchen, schelten vnd schwören im maul vmbzeucht“* hatten. Da Gotteslästerung und Fuchen immer häufiger wurden, sollte *„dannenher sich niemands billich zuuerwundern, warumb wir von gott mit allerley plagen, krieg, tewrung vnd mancherley vnerhorten kranckheiten schier in der gantzen christenheit vnauffhorlich haimbgesuecht werden.“* (StadtA: BR 60 A 1 Mandate (1589), Fluchverbot).

591 Weil die Verfehlungen dieser Art allerdings nicht abnahmen, konzentrierte sich Herzog Maximilian unermüdlich auf die Besserung der Verwaltung und Polizeiaufsicht. So wurde beispielsweise geregelt, dass die wichtigsten Mandate viermal im Jahr öffentlich verlesen werden sollten. (BayHstA: KMS 1604/XII/2 und LPO 1616, 694-695).

592 StadtA: BR 60 A 1 Mandate (1589), Fluchverbot.
Da Gotteslästerung und Fluchen nicht beendet werden konnten, wurde häufig auf die früheren Mandate hingewiesen. Siehe beispielsweise BayHstA: KMS 1591/X/4, KMS 1595/I/15 und KMS 1598/III/13, Aii r-Aiii r und 1604/XII/1.

in den Schriften von Sebastian Brant und Thomas Murner war über „St. Grobian“ als den quasi neuen allgegenwärtigen Heiligen reflektiert worden. Wie weit entsprachen aber die vor Gericht geratenen und protokollierten Fällen der Wirklichkeit? War die Gesellschaft wirklich in diesem Maße brutal und affektbestimmt, wie man sie derart beschrieben findet?[593] Oder sind bestimmte Gewalttätigkeiten etwa damit zu erklären, dass noch kein Schamgefühl die öffentliche Ehrverteidigung verhinderte?[594]

Die Theorie des Zivilisationsprozesses ist ein gern gebrauchtes Modell in den Erklärungsversuchen der früheren Gewalttätigkeit. Nach dieser These von Elias ist die mangelnde Affektkontrolle als Strukturelement einer Gesellschaft vorauszusetzen, die sich in einem früheren Entwicklungsstadium der Zivilisation befand und in der alternative Handlungsmöglichkeiten zur Gewalt noch nicht zur Verfügung gestanden hätten. Fuchs unterstreicht aber deutlich, dass man weder den ritualisierten Charakter noch das alternative Konzept einer sozialen Logik der vormodernen Gewalt unterschätzen sollte. Jeder menschlichen Handlung kann ein „sozialer Sinn“ unterstellt werden. So lässt sich, wie bereits Schwerhoff im Kontrast zu Elias' Zivilisationstheorie betont hat, über Bourdieus Habituskonzept der Gegensatz zwischen Affekthandlungen und rationalen Aktivitäten dementsprechend abmildern.[595] Fuchs kritisiert daher die Thesen von Elias und seine Auffassung der Gewalttätigkeit des frühneuzeitlichen Menschen.

Eine Entscheidung treffen zu wollen, ob das Handeln des Menschen ausschließlich affektbestimmt oder rational bestimmt sei, ginge ohne Zweifel an der Realität vorbei. Gleichzeitig geben die rechtlichen Quellen ein vereinfachendes Bild von der Wirklichkeit, als ob sich die frühneuzeitlichen Menschen in Konfliktsituationen allein in dem ihnen eigenen Verhaltensmuster spontaner Gewalt bewegt hätten. Das Bild einer trunksüchtigen, gewalttätigen und stets streitbereiten Gesellschaft wird jedoch von mehreren zeitgenössischen Autoren bestärkt. Auch die in der vorliegenden Studie zu Rate gezogenen Arbeiten von Erasmus und von Dedekind lassen keine andere Perspektive erkennen. Bei ihnen handelt es sich aber um Schriften, denen es um die Besserung der Sitten ging: Im belehrenden Geist schilderten sie schrillste Missbräuche. Zweifellos wurden Ehre und Unehre in der ehrempfindlichen Gemütslage der Zeit sowohl in der Literatur als auch in der Recht-

---

593 Fuchs: Um die Ehre 1999, 46, 140-142, 152 & 188. Siehe auch Karonen: Pohjolan vaarallisimmat asuinpaikat 1996, 61.
Roper betont, dass besonders die ärmeren Handwerkerschichten dem Verdacht von Gewalttätigkeit ausgesetzt waren. (Roper: Das fromme Haus 1999, 161).

594 Siehe Österberg & Lindström: Crime and Social Control 1988, 55. Siehe auch Liliequist: Violence, Honour and Manliness 1999, 184-192 und Ylikangas: What happened to Violence 1998, 20-25.

595 Fuchs: Um die Ehre 1999, 142 & 190. Siehe auch Schwerhoff: Köln 1991, 313.

sprechung häufiger als vorher diskutiert. Diese neue Aufmerksamkeit gegenüber Ehrenangriffe bedeutete allerdings nicht, dass ihre eigentliche Zahl angewachsen wäre. Die Zahl der Rechtsprozesse nahm allerdings zu. Viele Konflikte können jedoch eine friedliche Lösung gefunden haben und kamen demzufolge nicht vor Gericht.

Es gilt auch daran zu erinnern, dass es zur Natur bestimmter Verbrechen gehört, wie etwa Familiengewalt, dass eine große Zahl dieser Delikte nicht öffentlich wird. Was weder verfolgt wurde noch kriminalisiert war, zeigt sich auch nicht in den Protokollen, oder Angst und Schandgefühl verhinderten eine Anklage. Demzufolge widersprechen die Statistiken der Wirklichkeit. Auch die Vergleichung unterschiedlicher Kulturen und Zeitperioden mit Hilfe der als Quellenmaterial zur Verfügung stehenden Akten scheint problematisch. Man kann keineswegs von der Hypothese ausgehen, dass beispielsweise die mittelalterliche Gesellschaft gewalttätiger gewesen sei als die moderne Gesellschaft. Hinzu kommt, dass Gewaltkriminalität ein sehr breites Feld von unterschiedlichsten Vergehen umfasst.[596] Mit Beginn der zweiten Hälfte des 16. Jahrhunderts lässt sich in der bayerischen Gesetzgebung zweifellos das Einsetzen einer zunehmenden Strafverschärfung feststellen. Derartige Regelungen führten im Volk zu einer immer tiefer sitzenden Furcht vor dem Zorn Gottes. Sie motivierten die Nachbarn nicht nur zu beobachten, sondern sein Tun und Handeln zu überwachen und unterstrichen den Unterschied zwischen ehrlichen und abweichenden Handlungen.

596 Überall bildete Eigentumskriminalität gewöhnlich die größte und Gewalttaten, angefangen von kleineren Misshandlungen bis zum Mord, bildeten die zweitgrößte Anklagegruppe. Verschiedene Deliktgruppen sind aber oft nicht klar von einander zu trennen: Unterschiedliche Delikte werden derselben Kategorie zugerechnet oder fallen unter mehrere Kategorien. (Österberg & Lindström: Crime and Social Control 1988, 39-48, 53-54 & 78-87). Man findet keinen Anhaltspunkt für die Annahme, dass München in dieser Hinsicht eine Ausnahme gewesen wäre.
Kleinere Gewaltfälle und Eigentumsdelikte, die sich in den Statistiken anderer europäischen Ländern häufig zeigen, kamen im spätmittelalterlichen Schweden deutlich weniger vor. Vielleicht lag dies am mangelnden obrigkeitlichen Eingreifen (Österberg & Lindström: Crime and Social Control 1988, 55-56) oder doch umgekehrt an der verschärften Strafpraxis (Ylikangas: What happened to Violence 1998, 94-95 & 105-106. Siehe auch Karonen: A Life for a Life, 144, 148-149 & 161-165). Es dürfte allerdings schwerfallen, überzeugende Belege dafür zu finden, dass die schwedische Obrigkeit bei der Disziplinierung besonders erfolgreich gewesen wäre.

1.2 Symbolische Gewalt

Beleidigende Handlungen

Schwerhoff deutet an, dass die moderne Kriminologie „verbale Gewalt", d. h. Beleidigung, üble Nachrede und Verleumdung, nicht mehr zur eigentlichen Gewaltkriminalität rechnet. Den Menschen des Mittelalters und der Frühen Neuzeit eignete gerade in diesen Bereichen aber ein völlig anderer Wertemaßstab. Dies ist als ein Zeichen hoher Sensibilität gegenüber „Vergehen gegen Personen" zu interpretieren. Nach Schwerhoff setzte auch Thomas von Aquin die *peccata verborum* vor allem in Verbindung mit Eigentumsvergehen, weil sie darauf abzielten, dem Gescholtenen seine Ehre zu rauben.[597] Die Verbalinjurie ließ sich noch in eine *iniuria oralis* und eine *iniuria scriptis* aufspalten. Sie konnte dem Gegner sowohl ins Gesicht geschleudert werden als auch hinter seinem Rücken erfolgen. Die tätlichen Kränkungen lassen sich von anderen Vergehensgruppen nicht immer scharf abgrenzen: Manche Handlungen können ebenso gut zu den Körperverletzungen wie auch zu den Sittlichkeitsvergehen gerechnet werden.[598] Für die vorliegende Untersuchung bietet die Einschätzung einer Beleidigung als Eigentumsvergehen im Sinne vom Rauben der Ehre und besonders ihre Natur als Gewaltvergehen eine geeignete Perspektive. Es ging um Verletzung der Integrität und der Ehre der Mitmenschen – oder um Gott bei Gotteslästerung. Dabei besaßen sowohl Worte als auch Taten Aussagekraft.

Da ein Angriff auf die Ehre deren Verteidigung erzwang, kommt dem Ehrbegriff in der Forschung von Gewaltkriminalität eine zentrale Bedeutung zu. Wenn auch zum Beispiel das Schlagen mit der flachen Hand und das Ausreißen der Haare alltäglich waren – sie bildeten ja keine Ausnahme in der Kindererziehung oder im Eheleben – wurden sie jedoch empfindlich empfunden. Liliequist deutet darauf hin, dass man Ehre mit körperlicher Integrität konnotierte, weshalb Unehre bzw. Schande oft konkret interpretiert wurden. Einen anderen öffentlich auf die Ohren zu schlagen entsprach einem verbalen Schelmvorwurf und wurde häufig als Beleidigung vor Gericht gebracht.[599] Da der Wortwahl eine große Bedeutung zukam, konnte auch eine schlagfertig aus der Situation heraus erfolgte spontane Erfindung eines Scheltwortes entkrampfend wirken. Die Grenze zwischen Spaß und

597 Schwerhoff: Köln 1991, 270-272.

598 His: Geschichte des deutschen Strafrechts 1928, 132-133. Siehe auch Fuchs: Um die Ehre 1999, 46 und Bourdieu: Entwurf einer Theorie der Praxis 1976, 26-27.

599 Liliequist: Violence, Honour and Manliness1999, 184-192.

Ernst, zwischen Spitz- und Schimpfnamen war fließend.[600] Auch Erasmus war sich dieser Ambivalenz des Scherzes bzw. der ehrverletzenden Wörter und Gesten bewusst:

„du würst gelopt, hab acht warumb, von wemm würst du gelopt vmb schantliche ding vnd dass von vnerlichen, schantlichen menschen so ist es warlich ein schmach vnnd falsch lob: würst aber gscholten vnd verspottet, hab acht von wemm vnd warumb gschicht es dir, vmb frommkeit, vmb tugend yetz ist es ein war reht lob."[601]

Bei „unanständigen" Worten, so zum Beispiel einem Schimpfwort wie Schinder, konnten die Buchstaben s. v. (lat. *salva venia* = mit Verlaub) mildernd vorangesetzt werden. Manchmal wurden andere, ehrbare Bezeichnungen benutzt. Da etwa die Erwähnung des Abdeckers besonders unter Angehörigen des Bürgertums als anrüchig galt, wurde gern die Äußerung „der ungenannte Mann" gebraucht.[602] Der Begriff Hundsfott war ein äußerst beleidigender Ausdruck, der unter den Zeitgenossen kaum ungeahnt bleiben konnte.[603] Wenn die Beleidigungen in den Münchner Protokollen gemildert werden sollten, hat der Schreiber sie in der Regel mit dem lateinischen Wort *reverendo* (verehrungswürdig) in eine scheinbare Höflichkeit verhüllt. Man wurde beispielsweise ein „*r. ehren dieb*" genannt.[604] Es

---

600 Fuchs hat schmähende Gesten und entsprechende symbolische Handlungen erforscht, die innerhalb der Injurienverfahren zur Sprache kamen. Allgemein wurde etwa das Darstellen von Hörnern mit den Fingern, das Herausstrecken der Zunge, das Schneiden von Grimassen, das Anspeien sowie die Ohrfeige und die Entfernung des Hutes vom Kopf eines anderen als eindeutige Schmähgeste betrachtet. Das unzüchtige Ansprechen, wie auch das Küssen einer Frau gegen deren Willen, konnte als besonders schwerwiegende Injurie betrachtet werden. (Fuchs: Um die Ehre 1999, 48, 105 & 119-120. Siehe auch Dülmen: Der ehrlose Mensch 1999, 6).
Erasmus belehrte die Kinder, dass sie die anderen mit der ausgestreckten Zunge nicht verspotten sollten, weil „*sollichs den spitzbuben, störckern vnd hippenbeckern zustehet, keinem erbarn knaben*". (Erasmus: De civilitate morum puerilium 1563, a vi v-vii r).

601 Erasmus: Ein nutzliche underwisung 1521, c I r-c I v.

602 Neben der Entsorgung von Tierkadavern gehörte zu den Aufgaben des Münchner Abdeckers – der nicht mit dem Henker zu verwechseln ist – auch die Straßen- und Kloakenreinigung. Die soziale Nähe zum Schweinehirten ist in den zeitgenössischen populären Bildern und Texten deutlich zu sehen. (Nowosadtko: Scharfrichter und Abdecker 1994, 118-121).

603 Liliequist weist auf eine interessante Beobachtung hin: Vor dem Name Hundsfott wurde zumindest in den schwedischen Protokollen nie der sonst so übliche Terminus salva venia benutzt. Hundsfott konnte also nicht gemildert werden. (Liliequist: Violence, Honour and Manliness 1999, 198).
Mehr zum Begriff Hundsfott und andere mit dem Hund gebundenen Beleidigungen im Abschnitt "Die Ehre der Handwerkergesellen" und in meiner Lizentiatsarbeit (Lidman: Zum spectacul und abscheu. Ehrverlust und Ehrminderung als Mittel der Disziplinierung im frühneuzeitlichen München, 2005).

604 StadtA: RP 219 (1604), Fol. 104 r.

kann allerdings nicht mit Sicherheit gesagt werden, ob solche Milderungen auch in der gesprochenen Sprache, dem Ort der eigentlichen Beleidigungen vorkamen, oder ob sie erst in Folge der Verschämtheit des Schreibers entstanden. Es ist auch zu fragen, ob Schimpfwörter, schmähende Gesten usw. bei ihrem Gebrach immer „erfolgreich" waren, ob sie wirklich ehrverletzend wirkten oder ob es nicht auch sein konnte, dass eine Beleidigung nicht den gewünschten Erfolg erbrachte, also „missglückte"?

Viele Wissenschaftler, die über den Aspekt der Ehrenkonflikte forschen, sind der Meinung, dass Angriffe gegen Ehre von den Menschen der Frühneuzeit als Herausforderung erfahren wurden. Ein einmal ausgesprochenes Scheltwort setzte demzufolge den Gescholtenen unter Zugzwang, in angemessener Weise zu reagieren. Es kam zu Gegenbeschimpfungen, die häufig mit körperlicher Gewaltanwendung verbunden waren. Daraus resultierten Schlägereien, die auf gerichtlicher Ebene als Raufhändel rubriziert wurden. Selbst nicht als ehrenrührig beabsichtigte Späße konnten eine Klage und damit ein Verfahren nach sich ziehen. Einige Rechtsgelehrte der Zeit gingen sogar davon aus, dass der verurteilte Injuriant unter bestimmten Bedingungen seine Ehre verlöre und zu den infamen Personen zu rechnen sei.[605] Zweifellos wurden Beleidigungen mit allem Ernst begegnet und über eine vermeintliche Ehrminderung konnte nicht einfach hinweggegangen werden. Auch die Gemeinschaft wünschte zu erfahren, wie man sich gegenüber solch einschlägigen Personen zu verhalten habe: Ob sie für „unredlich" zu halten seien oder nicht. Allerdings empfand nicht jeder Gescholtene ein und dieselbe Beleidigung als gleichermaßen drastisch.

---

605 Fuchs: Um die Ehre 1999, 55 & 102-103 und Schreiner & Schwerhoff: Verletzte Ehre 1995, 12.
Nach Waardt sind die beleidigten Personen liminell und der Status eines in seiner Ehre verletzten Menschen ambivalent. Eine Person, die Ehre gewinnt oder verliert, hat demzufolge eine Phase zu durchlaufen, während der noch nicht feststeht, welchen Status sie später erwerben wird. Nach der liminellen Phase konnte der Betreffende re-integriert werden und konnte entweder einen höheren, denselben oder einen niedrigeren Status als zuvor erwerben. Wenn der Beleidigte sich nicht gegen die Kränkung wehrte, lief er in Gefahr, in der Achtung seiner Mitmenschen zu sinken. Er riskierte also eine Reintegration auf einer niedrigeren Stufe innerhalb der soziokulturellen Rangordnung. Er musste seine Ehre öffentlich und vor allem vor den Augen der ihm im Status Gleichgestellten verteidigen. Infolge der Liminalität bewirkte die Ehrverletzung die Isolation des Beleidigten. Die Liminalität einer in ihrer Ehre undefinierbaren Person erforderte Handlung: Entweder musste die Ehre wiederhergestellt oder aber offiziell gemindert werden. Dieser krisenhafte Abbruch des sozialen Ansehens, Ambivalenz und Separierung in Folge der Strafe oder Entehrung, sowie die Reintegration nach der Rehabilitation sind auch in der Frühen Neuzeit erkennbar. (Waardt: Ehrenhändel, Gewalt und Liminalität 1995, 309-313). Siehe auch Bourdieu: Entwurf einer Theorie der Praxis 1976, 33-34 und Rublack: The Crimes of Women 1999, 2.

Pierre Bourdieu deutet an, dass eine Beleidigung erst dann angenommen zu werden verdient, wenn sie von einem an Ehre ebenbürtigen Partner ausgesprochen wird. Rogge schreibt, dass Schmähungen innerhalb von sozialen und politischen Eliten allerdings selten waren, weil sie ihre Konflikte nicht öffentlich werden lassen wollten. Fuchs stellt fest, dass die Zugehörigkeit zu unterschiedlichen sozialen Gruppen auch konfliktverschärfend wirken konnte.[606] Nach Ausweis der Münchner Protokolle haben gewöhnliche Handwerker oder Personen, die möglicherweise keine Bürger waren, sich nicht selten u. a. gegenüber Geistlichen, Ratsherren oder anderen Beamten schimpflich verhalten und wurden deshalb auch bestraft. So wurde der Ratsmann Hörl im Jahr 1606 *„ein huernman, düntenfresser, hundtsf*(ott) *vnnd pettlman gehaissen*". Einige Jahre später geriet das ganze Tischlerhandwerk in den Turm, weil sie mit „groben Wörtern und schmählichen Suplikationen" den fürstlichen Hofrat beleidigt hatten.[607]

Gleichermaßen wurde der Eisenkrämer Jakob Eisenpöck festgenommen, weil er die Kundschaftsherren „ehrenrührig angegriffen" und einen Ratsherrn „Pfeffersack" gescholten hatte. Als der Oberrichter *„grob mit wortten jniuriert*" wurde, musste die Beleidigung mit einer öffentlichen Abbitte entschädigt werden.[608] Im Jahr 1609 wurde ein Apotheker mit seinem Sohn *„zu red gehalten*", weil sie den Doktor Graf einen „Schalksnarr des Herzog Albrechts" genannt hatten. Der Apotheker behauptete allerdings, er hätte es nie gesagt, sondern sein Sohn wäre in seiner Anwesenheit von Doktor Graf übel beleidigt worden. Schließlich leisteten Vater und Sohn dem Doktor eine öffentliche Abbitte. In demselben Jahr wurde selbst die Herzogin von einem Hofgärtner *„ein geschwalne mörsch gescholten*". Vom Rat wurde er mit Haft bestraft, aber wahrscheinlich wurde der Fall vor dem Hofrat weiter behandelt.[609] Es ist zu bemerken, dass in diesen Fällen die Ehrbarkeit und die soziale Ehre des Beleidigten nie wirklich in Frage gestellt wurde, viel mehr geriet die Ehre des Täters in schlechtes Licht oder die Tat wurde als pure Ungehorsamkeit interpretiert. Die Ehre einer Person höheren Ranges scheint demzufolge meistens sicher vor Angriffen niederer Personen gewesen zu sein. Klagen gegen „Herren" aller Art endeten in der Regel mit Bestrafung des Klägers. Bourdieu scheint somit recht zu haben: Eine Beleidigung erforderte die Ebenbürtigkeit der beiden Parteien oder sie blieb andernfalls unwirksam.

---

606 Bourdieu: Entwurf einer Theorie der Praxis 1976, 15-17, Rogge: Ehrverletzungen und Entehrungen 1995, 137 und Fuchs: Um die Ehre 1999, 143.

607 StadtA: SG MP 866/5 (1605/1606), Fol. 159 v und RP 228 (1613), Fol. 199 r.

608 StadtA: RP 226 (1611), Fol. 91 r-91 v und RP 232 (1617), Fol. 169 r & 173 r. Pfeffersack galt als eine verächtliche Bezeichnung eines reichen Kaufmannes oder eines Emporkömmlings. (Siehe Schmeller: Bayerisches Wörterbuch, Stichwort "Pfeffer" und Grimm & Grimm: Deutsches Wörterbuch, Stichwort "Pfeffersack").

609 StadtA: RP 224 (1609), Fol. 154 v & 194 v.

Was für eine Rolle wird das Geschlecht bei den Beleidigungen gespielt haben? Sprichwörtlich wird immer noch behauptet, die Waffe der Frau sei ihre Zunge, und früher wurde in der Forschungsliteratur des Mittelalters und der Frühneuzeit das Bild des „zänkischen Weibs" betont.[610] Rublack deutet an, dass „Klatsch" letztlich nicht geschlechtsspezifisch zugeordnet wurde. Das Terminus „weibliches Geschwätz" (female gossip) diente allerdings als Stereotyp des unkontrollierten und sozial unbedachten Gerede.[611] Die vermeintliche Klatschsucht der Frau galt jedoch als ein fester Teil des vormodernen Frauenbildes. Vielleicht waren Frauen mehr geneigt, ihre Mitmenschen verbal zu beleidigen, während Männer eher körperliche Gewalt anwendeten. In der Mehrzahl der in der Münchner Überlieferung durchgesehenen Beleidigungsfälle werden allerdings Männer von anderen Männern gescholten. Es ist auch nicht ausgeschlossen, dass Injurien gegenüber und von Frauen ausgehend nicht im gleichen Maße protokolliert wurden, weil die Ehre der männlichen Familienhäupter und Zunftmitglieder eine besondere gesellschaftliche Dimension besaß.

Die Schmähungen, mit denen Frauen konfrontiert wurden, waren in den meisten Fällen auf Sexualität ausgerichtet.[612] Ob eine Frau von einer anderen Frau oder von einem Mann beschimpft wurde, scheint im Hinblick auf die gebrauchten Scheltwörter und damit auf die Schwere der Beleidigungen keine Bedeutung gehabt zu haben. Wie auch sonst üblich, wurden Münchner Männer meistens „Dieb" oder „Schelm" gescholten, während bei den Frauen die Bezeichnung „Hure" und entsprechende Variationen vorherrschten. Die Gleichsetzung der weiblichen Ehre mit sexueller Reinheit führte dazu, dass die Etikettierungen „unzüchtig" und „leichtfertig", sowie Bezeichnungen wie „Vettel" und „Priesterkonkubine" auch bei Frauen als Beleidigungen galten, die nicht eines Sexualvergehens beschuldigt wurden.

Neben Beleidigungen gilt auch das Fluchen als eine Form verbaler Gewalt. Mit Fluchworten konnte Gott beleidigt und seine Ehre verletzt werden. Heydenreuter weist darauf hin, dass der gängigste Fluch „hunderttausend Sakrament" gewesen sei[613]. Die eigentlichen Worte, mit denen in bestimmten Fällen Gott gelästert hätte werden können, lassen sich in den hier durchgesehenen Quellen allerdings kaum

610 Die oft als „mittelalterlich" bezeichnete Strafe von Geige bzw. Doppelgeige für streitsüchtige und zänkische Frauen wurde in München erst nach 1620 und in vielen anderen Orten noch später häufiger.

611 Rublack: The Crimes of Women 1999, 18-22 & 26.

612 Wenn eine Frau beleidigt wurde, ergab sich ein Ehrenschaden für die gesamte Familie, insbesondere für den Hausvorsteher. (Fuchs: Um die Ehre 1999, 230-231). Fälle, in denen die Ehre der Familie bzw. des Familienhauptes angesprochen worden wäre, lassen sich in den von mir durchgelesenen Quellen allerdings nicht nachweisen.

613 Heydenreuter: Herrschen durch Strafen 1996, 378.

nachweisen. Vielleicht wollte der Schreiber das Wiedergeben von kriminell betrachteten Äußerungen vermeiden, um dadurch nicht selbst wegen Gotteslästerung in Schwierigkeiten zu geraten. Außerdem war die Bedeutung der gotteslästerlichen Ausdrücke für die Zeitgenossen wahrscheinlich derart eindeutig, dass ihr Aufschreiben sich nicht als nötig erwies. Oft wurde nur notiert, dass der Angeklagte etwa ein „böser gotteslästerlicher Gesell" sei, der auch seine Eltern „schmählich traktiert" oder sonst ungebührlich handelt.[614] Bei Auseinandersetzungen und Streitigkeiten wurde nicht selten geflucht, weshalb solche Vorfälle häufig als Gotteslästerung interpretiert wurden. Fluchen, Gotteslästerung und andere Schmähungen, sowie verbale und körperliche Gewalt gehen so oft einander parallel.

Anders als Gotteslästerungen bzw. Fluchen, wurden die Scheltwörter in den Münchner Beleidigungsprozessen recht genau protokolliert. Dabei war nahezu jegliche Kombination möglich, auch wenn die so zur Sprache gebrachten Sachen nur wenig miteinander gemeinsam hatten und das eigentlich ehrverletzende Element ohne den Zusammenhang undeutlich geblieben wäre. Man konnte z. B. *„diebische huer"* oder *„huntsfut vnd leberwurst"* beschimpft werden.[615] Fuchs spricht die Fähigkeit der Zeitgenossen an, „spontan aus einem reichen Fundus an Bildern zu schöpfen". Durch den Gebrauch „einer kreativ-spielerischen Bildsprache" gelang es dem Diffamanten bei der Ehrminderung seine Kontrahenten oft zu überraschen.[616] Die in dieser Arbeit eingesehenen Quellen weisen deutlich darauf hin, dass die Menschen im frühneuzeitlichen München hinsichtlich der Schmachreden, Schelten und beleidigenden Gesten, Schriften und Bildern tatsächlich beachtenswert erfinderisch waren. Sowohl bei den mündlichen und schriftlichen wie auch bei den tätlichen Beleidigungen werden die allgemeine Furcht der Zeitgenossen vor Schande und ihre Verachtung aufgrund von Unehrlichkeit deutlich erkennbar.[617]

---

614 StadtA: RP 224 (1609), Fol. 265 r.

615 StadtA: SG 867/1 (1592), 155 und SG 867/5 (1596), 31 (August).

616 Fuchs: Um die Ehre 1999, 136.

617 Die für München feststellbaren Beleidigungen (hauptsächlich in den Protokollen des Oberrichters unter dem Titel „Injuriesachen" notierte Beleidigungsfälle) teilen sich ohne besondere Reihenfolge in folgende Gruppen auf:
1. Religion und Kultur (falsche Konfession, Jesuiten, Ketzer, Juden, Türken usw.).
2. Tiere (Hund, Esel, Wolf, Fuchs, Katze usw.).
3. Unehrlichkeit und Verbrechen (Dieb, Schelm, Verräter, Mörder, Henker usw.).
4. Sexualität bzw. Unsittlichkeit (Hure, Kuppler, Vettel, Priesterkonkubine usw.).
5. Magie (Zauberer, Hexe usw.).
6. Krankheit und Unsauberkeit (Pest, Geschlechtskrankheit, Fäkalien usw.).
7. Übermäßigkeit (unbeherrschtes Essen, Trinken, Reden usw.).
Dazu kommen noch einige schwerfassbare Einzelfälle. Die in München gebräuchlichen wörtlichen Beleidigungen wurden detaillierter in meiner Lizentiatsarbeit (Lidman: Zum

Die ehrverletzende Kraft der Beleidigungen bildet einen essenziellen und interessanten Teilbereich der frühneuzeitlichen Ehre. Inmitten des Interesses von dieser Studie ist aber primär das Schicksal der Bestraften, also der als Täter bezeichneten Personen, nicht der Diffamierten, auch weniger die Ehrenkonflikte selbst. In der landesherrlichen Gesetzgebung wurden Beleidigungen häufig schändliche öffentliche Strafen zugemessen, die das Vergehen widerspiegeln sollten. Es erscheint zunächst paradox, wenn eine Gesellschaft, die Schmähungen ernsthaft verfolgte, gleichzeitig den Delinquenten in der Strafvollziehung dem allgemeinen Hohn und Spott preisgab. Andererseits spricht die Praxis von Schand- und Ehrenstrafen gerade für die allgemeine Empfindlichkeit der Zeitgenossen hinsichtlich der Ehre. Handlungen, die in einer bestimmten Situation kriminalisiert wurden, konnten nach dem Gerichtsurteil als Strafe dienen und wurden dadurch akzeptiert. Die Strafe sollte dem Vergehen ähneln bzw. spiegeln, wenn schon nicht ganz konkret, dann zumindest im Sinne ihrer Ehrenrührigkeit.

Da Gegenbeschimpfungen eine wichtige Rolle innerhalb der verbalen Ehrenkonflikte spielten, wurden neben den verwendeten Scheltwörtern auch die Verteidigungstaktiken protokolliert. Fuchs betont hier zu recht die Notwendigkeit zur kritischen Distanz hinsichtlich der zur Verfügung stehenden Gerichtsprotokolle. Niedergeschrieben wurden häufig Schilderungen, die in erster Linie den Zweck hatten, die Richter zu beeindrucken und damit einen günstigen Prozessausgang zu bewirken.[618] Um eine öffentliche Strafe zu vermeiden, erklärten die vor Gericht geratenen Angeklagten oft, dass es gute Gründe für die Beleidigung gebe. Beleidigende Aktionen wurden u. a. dadurch gerechtfertigt, dass man seine eigene Ehre verteidigt habe. Im Jahr 1595 behauptete ein Mann, nur deswegen einem Mädchen einen Bierkrug auf den Kopf geworfen zu haben, weil sie ihn „*mit besen worten darzu verursacht, dann si ine ain schmarozer, fuchschwenzler vnd verrätter gehaissen*" hatte.[619] Als Retorsion konnten auch „zornige Reden" verwendet werden. So weist Pauli darauf hin, dass solche Worte einen nicht schuldig machen sollten. In einem von seinen Geschichtchen sagt eine Mutter ihrem weinenden Kind: „*nun schrei, das dich der tüffel holen muß*". Der Teufel aber nimmt das Kind nicht und erklärt: „*der muter ist nit ernst, sie ist zornig*".[620]

spectacul und abscheu. Ehrverlust und Ehrminderung als Mittel der Disziplinierung im frühneuzeitlichen München, 2005) behandelt.

618 Fuchs: Um die Ehre 1999, 91.

619 StadtA: SG 867/4 (1595), 69.

620 Pauli: Schimpf und Ernst 1522, 56-57.
Auch in dem spätmittelalterlichen Landrecht Kaiser Ludwig des Bayern konnte der Angeklagte ohne Strafe entlassen werden, wenn er zusicherte: „diu red han ich in zorn getan

Zu welcher Strafe man letztendlich verurteilt wurde, scheint sowohl vom sozialen Status beider Parteien, als auch von der Schwere der Beleidigungen und anderer Tatbestände abhängig gewesen zu sein. Nach den von mir eingesehenen Quellen kam es bei Beleidigungsfällen häufig zu kurzen Gefängnisaufenthalten. Es muss jedoch meist offen bleiben, ob die Haft überhaupt als Strafe galt oder als Untersuchungshaft diente. Im Jahr 1609 wurde ein Münchner Zimmermann mit seiner Frau in der Schergenstube festgehalten, weil sie einen Handelsmann injuriiert hatten. Ein Handwerker verbrachte zwei Nächte im Turm wegen Beleidigung und wurde bei der Erlassung mit härteren Strafen bedroht. Ein anderer Mann dagegen musste sechs Tage in der Schergenstube sitzen, weil er seinen Vormann in der Öffentlichkeit Schelm und Dieb genannt hatte. Es wurde ihm auch befohlen, Abbitte zu tun.[621] Die Strafwahl zwischen Turm und Schergenstube scheint in diesen Fällen keine besondere Bedeutung gehabt zu haben, weil die Haftzeiten kurz waren.

Im Sommer 1596 wurde ein älterer Viehhändler angeklagt, der einen Mann und dessen Sohn *„ein stuckh schelmen offentlich gehaissen"* hatte. Dabei wurde notiert: *„beclagter leugnet die jniurie nit"*. Dem Viehhändler wurde auch sein *„greilich gotteslöstern verbietten"* und ihm wurde deshalb mit der Leibesstrafe gedroht. Als Strafe für seine Scheltwörter musste er dem Betroffenen Abbitte leisten. Dabei versicherte er, dass alles aus bloßer *„hitzigkhait vnd zorn"* geschehen sei.[622] Die öffentliche Abbitte war eine logische Folge einer Tat, die eine Privatperson verletzte. Es handelte sich gleichsam um eine umgekehrte Schmähung. Der Angeklagte schwor die Beleidigung nicht derart gemeint zu haben und erklärte die Verleumdung für unwahr. Dadurch wurde die durch Beleidigung verletzte soziale Ehre des Gescholtenen rehabilitiert, die des Bestraften dagegen angetastet.

---

ungevaerlich und von dheiner warheit nicht". (Schlosser: Juristischer Kommentar 2000, 230-232, Schwab: Edition 2000, 82-83, Oberbayerisches Landrecht Artikel 60, 61 & 62). Die Protokollvermerke sind oft Zeugen von ehrenrührigen Handlungen, die spontan „im Zorn" oder „hitzig" vorgeführt wurden. Da diese Tatbestände mildernd auf das Urteil wirken konnten, lohnte es sich zu versuchen, seine „unkontrollierbaren Emotionen" während der Ereignisse zu unterstreichen – auch wenn der Angeklagte eigentlich gezielt gehandelt hatte. Demzufolge muss die von den Gerichtsquellen gebotene Hintergrundsinformation kritisch betrachtet werden.

621 StadtA: RP 215/2 (1600), Fol. 45 r & 51 r, RP 219 (1604), Fol. 108 v & 111 r und RP 224 (1609), Fol. 214 r.

622 StadtA: RP 211 (1596), Fol. 127 r-128 v & 132 v.
Ähnlich erklärte ein wegen des Scheltens und Trunkenheit angeklagter Nagelschmied vor dem Rat, dass seine in Verdacht geratenen Reden gegen die Vierer *„aus hitz geschehen"* waren: Die Vierer seien in Wirklichkeit *„guette redliche leüth"*. (StadtA: RP 215/1 (1600), Fol. 141 r & 146 v).

Bei den für diese Studie überprüften Beleidigungsfällen war diese Strafe nach den kurzfristigen Gefängnisaufenthalten die häufigste Gerichtsfolge. Jedoch wurde die öffentliche Abbitte weder in den landesherrlichen Gesetzen, noch unter den städtischen Sanktionen für Verbalgewalt erwähnt. Wie im Fall des Viehhändlers wurden Angeklagten häufig nicht nur wegen Beleidigungen der Mitmenschen, sondern gleichzeitig auch wegen Gotteslästerung angeschuldigt. Meistens bleibt es offen, ob sie absichtlich Gott gelästert hatten oder ob die Beleidigung als Gotteslästerung interpretiert wurde.

Im April 1609 geriet eine Schreinerfrau, Maria Pöckhin, wegen ihren beleidigenden Vorwürfen einem Ratsherrn und ihrem eigenen Ehemann gegenüber vor Gericht. Sie wurde befragt, ob sie nicht wisse, dass es strafbar sei, solche Sachen „*aus lautter boshayt*" zu sagen. Wenn sie ihre Worte nicht beweisen könne, wäre sie dafür gerichtlich verantwortlich. Weiter wurde Maria Pöckhin befragt, ob sie nicht selber schon wegen „Hurenhändel" bestraft worden sei und ob sie nicht einmal „*jr selbs ainen vnsauber hemmet genommen, zu den küchen herrumb geloffen vnnd fürgeben er* (ihr Mann) *hette mit anderen vnzucht getrieben*". Sie erzählte, dass ihr Mann an „*verdächtige ortt*" gehe und „*vnzeitig*" in der Nacht nach Hause komme. Sie behauptete auch, ihn tatsächlich einmal „*bei jrer diern jm pett erwüscht*" zu haben. Deshalb wolle sie nicht mehr in der Ehe bleiben. Maria Pöckhin bestritt allerdings standhaft, je über den Ratsherrn Schenck übel geredet zu haben und diesem unterstellt zu haben, dass dieser ihrem Mann in seinem „Hurenhändel" helfe. Es blieb bei der Feststellung, dass sie ihren Mann „*vor ehrlichen leuthen*" einen „*gelben dieb, schelmen, franzhosen vnnd mörder*" gescholten hätte und gesagt hätte: „*es lig ein bösserer ob dem rad alß er*".[623] Damit wollte sie ausdrücken, dass die geräderten Mörder, die durch die qualvollste und ehrenrührigste aller Todesstrafen, das Rad, ums Leben gekommen waren, bessere Menschen gewesen wären als ihr eigener Ehemann.

Nach zwei Tagen wurde Maria Pöckhin, die mit ihrem Mann „sehr übel haust", mit Verweis der Haft erlassen. Dem Schenck musste sie Abbitte leisten, weil sie ihn „*vnbillige schmachreden angesprengt*" hatte. Eine knappe Woche später findet sich die Notiz, dass beide Eheleute mit Stadtverweisung bestraft werden müssten, falls sie keine Ruhe in ihrem ehelichen Zusammenleben finden würden. Maria Pöckhin wurde als ein „Lästermaul" bezeichnet und es wurde behauptet, dass sie „tägliches Zanken" übt. Auch ihr Mann hatte seinen Alkoholkonsum nicht unter Kontrolle und seine Lebensweise wurde als „liederliches Wandel" bezeichnet.[624] Der Wunsch Maria Pöckhins, ihre Ehe nicht weiterführen zu müssen, und die Hurereivorwürfe gegen ihren Mann wurden nicht mehr erwähnt. Viel-

623 StadtA: SG MP 866/6 (1607-1609), Fol. 267 r-270 v.

624 StadtA: RP 224 (1609), Fol. 79 r & 82 v.

leicht hatte sie recht mit ihren Anschuldigungen, aber weil anscheinend ihr Leben in den Augen der Justizbeamten nicht tadellos schien, wurden diese missachtet. Ihr eigener schlechter Ruf beeinflusste so den für sie ungünstigen Ausgang des Ratsbeschlusses.

Maria Pöckhin hatte ihren Mann mit Schwerverbrechern verglichen und das Sinnbild der schändlichen Radstrafe benutzt. Ähnliches behauptete der Münchner Hannes Knob, der im März des Jahres 1600 vor der Haustür des Doktor Hannenman stand. Er nannte Hannenman „einen Diebs- und Hurenpfaffen" und sagte, man hätte Ursache „seine Glieder zu zerreißen". Weiter schrie er, der Herr Doktor „*sei wertt dass man jne vnd sein weib auf den scheitterhauffen*" stellen sollte und „*der henckher werde jn noch ausführen*". Nach dem Eintrag im Ratsprotokoll war Herr Hannenman wegen dieser Injurien „*in grosser furia*" gerieten. Als man Hannes Knob festnehmen wollte, bemerkte der dies allerdings rechtzeitig und ritt durch das Tor aus der Stadt. Nach drei Monate geriet er aber erneut vor den Rat, weil er Jesuitenscholare „*mit grobem fluchen*" und „*mit stainen vnd priglin durch das Neühauser thor herrein geiagt*" hatte. Seine Nachbarn, „die Kreuzgassner", baten für ihn und meinten, er würde sich künftig besser verhalten. Der Rat beschloss, er solle eine Obligation leisten, dass er alle Alkoholgetränke meide. Er wurde in Ketten nach Hause entlassen und es wurden ihm Rutenzüchtigung und Stadtverweisung angedroht.[625]

Im Fall des Hans Knob ist es schwierig, die Folgen von Trunksucht und Verbalinjurie voneinander zu trennen. Schließlich weist seine Verurteilung zur Obligation in Richtung von Alkoholverbrechen. Die Springerstrafe aber war im Fluchverbot von 1589 erwähnt worden. Hans Knob war anscheinend ein Mann, der im betrunkenen Zustand die in der sozialen Rangordnung ihm überlegene Personen zu beschimpfen pflegte. Die Ursachen hierfür zu erfahren, wäre sicherlich wertvoll, aber die Überlieferung lässt nur zu, seine Äußerungen und seine Sprache näher zu betrachten. In den von ihm ausgesprochenen Beleidigungen wurden klassische Variationen und Folgen der Ehrlosigkeit vor die Augen der Zuschauer gezaubert: Unehrlichkeit, Hurerei, Henker, Todesstrafe. Und doch wollten seine Nachbarn sich für ihn einsetzen. Es ist nicht auszuschließen, dass sie seinen Vorbehalt gegenüber höhergestellten Personen teilten. Uneingeschränkte Loyalität gegenüber den Mitmenschen ist aber eine seltene Tugend und zu schweren Beleidigungen kam es auch innerhalb des Familienkreises.

---

625 StadtA: RP 215/1 (1600), Fol. 138 v & 232 r-232 v. Doktor Hannenman war vermutlich ein Rechtsgelehrter, der am Hof, vielleicht im Hofrat arbeitete. Diese Stellung mag die Antipathien erklären, die gewöhnliche Münchner ihm gegenüber gehabt haben mögen. Auf Hannenman kommen wir in einem anderen Fall später im Jahr 1600 wieder zu sprechen (siehe Kapitel IV, Abschnitt 2.2).

Im Jahr 1596 behauptete ein Mann, dass ein von ihm gescholtener junger Mann *„ein täglicher offentlicher rumorer“* sei, dass er *„verschon so gar seiner eltern nit, wie sein vatter dan jne aines mals selber vmb hilff angerueffen wider sein son“*. Freilich baten die Eltern für ihren Sohn. Sicherlich kam nur ein Teil der Beleidigungen, die innerhalb der Familie formuliert wurden, vor Gericht, doch gelegentlich kam es dazu, dass Familienmitglieder einander beklagten. Im Jahr 1600 geriet ein Mann auf den Turm, weil er seine Tochter „vor öffentlichem Gericht injuriiert“ hatte.[626] Im Jahr 1604 wurden Verfehlungen der Frau eines wegen Betrunkenheit verhafteten Lederschmiedes behandelt. Sie hatte ihren Vater, einen Kürschner und Mitbürger namens Christoff Tensin, vor den Ratsmännern und dem Oberrichter gescholten. Die Ratsherren Hans und Christopf Hörl erzählten, dass diese Frau *„jren alten vatter gar greülich vnd erschröckhlich jniuriert vnd geschmächt“* hatte. Weiter behaupteten sie, der Kürschner wäre als Lügner und Meineidiger, sowie ein *„ehr vergessner mann“* gescholten worden.[627]

Die Tochter verleugnete ihre Tat nicht, aber rechtfertigte sie auch nicht. Wegen dieser Beleidigungsvorwürfe konnte der Rat sie nicht unbestraft gehen lassen. Allerdings musste man auf ihre Schwangerschaft Rücksicht nehmen: Sie sollte *„derowegen, wan sie des schwangeren leibs ledig werde, offentlich auff die schrägen gestelt werden“*. Am 24. November begehrte der Vater Christoff Tensin allerdings für seine Tochter ein „Extract“ aus dem Protokoll anzufertigen, welcher bewilligt wurde.[628] Vielleicht war es die elterliche Liebe, vielleicht die Angst vor öffentlicher Schande, die die Eltern zur Bitte zugunsten ihrer ungehorsamen und sich schlecht benehmenden Kinder antrieb. Zweifellos hätte man solche Auseinandersetzungen aber lieber innerhalb der Familie belassen. Allerdings standen die Eltern nicht immer auf der Seite ihrer Kinder.

Am 16. Juli 1604 wurde beschlossen, dass der Wannenmacher Christoff Rueßhamer wegen Injuriieren gegenüber seinem Vater auf die Schrägen gestellt und zusätzlich für zwei Jahre nach Ungarn geschickt werden sollte. Allerdings wurde dies nicht sofort vollzogen und nach dem Vermerk vom 27. Oktober wurde das Urteil ohne weitere Erklärung geändert: Christoff Rueßhamer sollte aus der Haft entlassen und für ein Jahr aus der Stadt und dem Burgfrieden geschafft werden. Nach zwei Tagen lautete es wieder anders: Man überführte Christoff Rueßhamer aus dem Falkenturm in die Schergenstube, auf Ratbefehl wurde er an den Pranger

---

626 StadtA: RP 211 (1596), Fol. 208 v-209 r und RP 215/2 (1600), Fol. 191 v.

627 StadtA: RP 219 (1604), Fol. 150 v.

628 StadtA: RP 219 (1604), Fol. 252 r-252 v.
Als Joseph Vrechtner, „Musicus bei U.L. Frau“ auf Fürbitte seines Vaters aus der Haft erlassen wurde, befahl ihm der Rat, er solle seinen Vater *„anderst respectieren“*. (StadtA: RP 228 (1613), Fol. 42 r). Weil der Vater selbst Fürbitte für seinen Sohn leistete, war der Sohn wahrscheinlich vom Rat, nicht von dem Beleidigten beklagt worden.

gestellt, es wurde ihm sein Verbrechen vorgelesen und dann wurde er mit Ruten ausgestrichen.[629]

Mit großer Wahrscheinlichkeit folgte dem Pranger die oben erwähnte Verweisung, allerdings wurde sie nicht erneut protokolliert. In diesem untypischen Fall wurde die Strafe während der langen Haftzeit verschärft. Aus der Schrägenstrafe wurde Pranger, kombiniert mit öffentlicher Züchtigung. Statt ehrlicher Verschickung an die Front kam es zu einer Stadtverweisung, die schändlich vollzogen wurde. Es werden weder die exakten beleidigenden Worte bzw. die Handlungen gegen den Vater noch die Gründe für die Urteilsänderung beschrieben. Der Fall deutet allerdings darauf hin, dass auch aus Beleidigungen gegenüber Menschen schwere Schandstrafen und Ehrenstrafen resultierten. Es ist anzunehmen, dass das Fluchverbot des Jahres 1589 mit seinen vielen, harten Strafvarianten einen Einfluss auf die Verurteilung hatte.

Nicht immer hörten die Streitigkeiten, die zu Ehrverletzungen führten, in Folge eines Rechtsprozesses auf. Im Jahr 1604 berichtete der Oberrichter dem Rat, dass zwei Angeklagte einander „*alsbald geschlagen* (hatten), *nach dem er bei jnen beschaid*" gegeben, also sein Urteil gesprochen hatte. Beide wurden zurück in die Schergenstube gebracht.[630] Sicherlich war es am besten, wenn der Beleidigungsfall zwischen den Parteien so verhandelt werden konnte, dass anschließend niemand bestraft werden musste. Im Jahr 1596 wurde von zwei Männern, die einander mit Schmäh- und Scheltwörter injuriiert und „gerumort" hatten, bei der Entlassung aus dem Gefängnis verlangt, einen Beichtzettel zu bringen. Sie haben dann „*einander beede alles von hertzen verzichen vnnd die hånd einander gegeben*".[631] Eine solch friedvolle Lösung des Ehrenkonfliktes war nur möglich, wenn es um Beleidigung von Personen ging. Beschimpfungen und Fluchen, die als Gotteslästerung interpretiert wurden, mussten ausnahmslos von der Obrigkeit bestraft oder mindestens ernstlich verboten werden.

Häufig wurden Delinquenten wegen Gotteslästerung und Fluchen vor die Kirche gestellt, wie die Landesordnung empfohlen hatte, aber nicht in jedem Fall entblößt oder mit Kerze und Rute in der Hand. Zumindest wurden solche Maßnahmen nicht notiert. Der ehrverletzende und abschreckende Charakter dieser Strafe ist jedoch nicht zu missverstehen: Der Verbrecher wurde sozial gebrandmarkt und seine Tat war damit öffentlich als gefährlich und unehrlich erklärt worden. Weil die endgültige Urteilsfindung in den Händen der Räte lag, versuchten die Angeklagten ebenso wie in den Beleidigungsfällen sich vor dem Rat zu verteidigen

629 StadtA: RP 219 (1604), Fol. 156 r, 233 v & 235 v.
630 StadtA: RP 219 (1604), Fol. 162 v-163 r & 166 r.
631 StadtA: RP 211 (1596), Fol. 15 v.

und, um sich zu entlasten, zu erklären, wie alles vorgegangen sei. Befragt, warum sie Gott gelästert und geflucht hatte, erzählte eine Münchnerin namens Ursula Ruedlin, ihre Magd Bärbl hätte sie *„vnfürstechner weiß an arm gestossen vnd jr die atem gesprengt, darauf sie bey den heiligen sacramenten vnd pestilenz geflucht*“ hatte. Sie sagte, es sei aus *„lauttem zorn*“ geschehen und bat *„mit waineten augen*“ um Verzeihung.[632] Sie war sich sicher bewusst, dass „Zorn“ als Strafmilderungsgrund angewendet werden konnte, wenn auch derartige Tatbestände einen nicht völlig vor Strafe bewahrten. Dieser Fall bestärkt die Annahme, dass Fluchen und Gotteslästerung spontan vorkamen.

Trunkenheit konnte in dem Sinne strafmildernd wirken, dass die unter Alkoholeinfluss begangenen Gotteslästerungen nicht selten als Alkoholverbrechen bewertet und demzufolge milder bestraft wurden. Im Jahr 1604 wurde der Fall des Münchners Hans Klamer behandelt. Man sollte ihn wegen seiner Gotteslästerung *„für die kirche stellen vnd an die prechen auf schreiben lassen, dass dise straff auf den gottslöstern*“ verhängt worden war. Allerdings vermerkt eine spätere Randnote, dass Hans Klamer wenigstens diesmal nicht vor der Kirche stehen musste: *„nota. jst geandert vnd alles wolmachende getranckh verbotten*“ worden.[633] Weil die gotteslästerlichen Reden im betrunkenen Zustand geäußert worden seien, wurde über Hans Klamer schließlich eine typische Strafe für Trunkenheit verhängt. Im Fall eines Soldaten Heinrich Kogler hat allerdings die behauptete Trunkenheit aber nicht geholfen. Kogler hatte die Richterknechte gewalttätig angegriffen und im Haus des Oberrichters Gott gelästert. Er gab vor, wegen seiner Betrunkenheit das alles nicht zu wissen, Gott sollte ihm das „heimlich verzeihen“. Kogler wurde in der Schergenstube *„ettliche tag auch mit wasser vnd prott ...gespeist*“ und danach angeblich noch weiter bestraft.[634] Bei seiner Haft folgte der Rat wohl den landesherrlichen Empfehlungen des frühen 16. Jahrhunderts, Gotteslästerern nur eingeschränkt Kost zu verabreichen.

Einem Vermerk von 1604 entsprechend beabsichtigte der Münchner Rat, den fürstlichen Befehlen gegen Gotteslästerung *„vleissig nachzegeben*“.[635] Der Rat

---

632 StadtA: SG MP 866/11 (1618), Fol. 37 r-37 v.

633 StadtA: RP 219 (1604), Fol. 160 v.

634 StadtA: SG MP 866/6 (1607-1609), Fol. 298 v und RP 224 (1609), Fol. 157 r. Für Heinrich Kogler war der Rechtsprozess nach der Schergenstube nicht vorbei, sondern die Sache wurde an den Oberrichter weitergeleitet. Der Fall Koglers wurde zuerst im Malefizprotokoll, danach im Ratsprotokoll und schließlich im Protokoll des Oberrichters behandelt. Vermutlich wurden die meisten Gotteslästerungs- und Fluchfällen vom Oberrichter verurteilt, aber sie wurden nicht zusammen mit den Beleidigungen in den Gerichtsbüchern des Oberrichters aufgeschrieben. Die überlieferten Oberrichteramtsprotokolle im Stadtarchiv München beginnen erst im Jahr 1634.

635 StadtA: RP 219 (1604), Fol. 268 v.

wollte nicht ungehorsam erscheinen, verhängte aber in der Praxis bei weitem mildere Strafen, als der Herzog in seinen Mandaten empfahl. Einige schwerere Fälle, die mit Leibes- oder Todesstrafe geahndet wurden, findet man in den Malefizprotokollen. Die in den Ratsprotokollen notierten milderen Gotteslästerungen wurden fast ausnahmslos mit Zurschaustellen vor der Kirche bestraft. Jedoch hätte der Rat entsprechend der landesherrlichen Gesetzgebung auch viele andere Strafen anwenden können. Es ist bemerkenswert, dass es sich bei den nur oder zumindest hauptsächlich wegen Gotteslästerung angeschuldigten Personen ausschließlich um Männer handelte. Die Zahl der für diese Arbeit zur Verfügung stehenden puren Gotteslästerungsfälle ist allerdings so niedrig, dass sie hinsichtlich der Realität dieses Verbrechenstypus wenig aussagekräftig scheint. Gotteslästerungsfällen kommen wohl hauptsächlich in anderen Gerichtsakten vor, aber auch Einzelfällen bieten erste Eindrücke über die städtische Strafpraxis.

Als Tatbestände vermengen sich Gotteslästerung und Alkoholverbrechen häufig, weil Fluchen eine häufige Folge der Trunkenheit war. So musste etwa im Jahr 1600 ein Müller seines „täglichen Saufens“ und „gräulichen Fluchens“ wegen vor der Kirche stehen. Der Mühlrichter berichtete, der Angeklagte hätte sich vorher schriftlich verpflichtet, alle Alkoholgetränke zu meiden. Er wurde nun erneut aufgefordert, „*ein verschreiben über sich*“ zu geben, das zwei Tage später im Rat verlesen wurde.[636] Als der Metzger Wilhelm Wagerfail im Jahr 1614 wegen seines Schelten und Fluchens vor die Kirche gestellt wurde, drohte man ihn bei Rückfall an den Pranger zu stellen und „*jme die zunge stutzen lassen*“.[637] Die Verstümmelung der Zunge spiegelt deutlich die Natur des Vergehens: Mit der Zunge wurden Lästerworte gesprochen. Aus einer solchen Strafe wären eindeutige und dauerhafte körperliche Schäden entstanden, die zusammen mit der Unehre des öffentlichen Prangerstehens den Delinquenten infamiert hätten.

---

636 StadtA: RP 215/1 (1600), Fol. 112 v, 117 v & 121 v. Auch wenn es noch ein Mühlgericht gab, konnte ein Müller anscheinend in einem schwerwiegenderen Fall zudem vom Rat verurteilt werden.
Ähnlich wurde Geörg Widman im Jahr 1604 wegen seines üblen Hausens und seiner Gotteslästerung vor die Kirche gestellt und es wurden ihm alle Alkoholgetränke „*in gegenwertts der ambtleüth*“ verboten. Fünf Jahre später wurde er wieder in der Stadt erwischt und wurde bald erneut hinausgeführt. (StadtA: RP 219 (1604), Fol. 165 v und RP 224 (1609), Fol. 50 r).
Im Dezember 1599 wurden zwei Handwerker, Michael Gründler und Caspar Asem, wegen „Rumor“, Gotteslästerung und ähnlicher Anklagen verurteilt. Michael Gründler wurde mit der Schergenstube und dreimaliger Zurschaustellung vor der Kirche bestraft. Caspar Asem dagegen wurde der Stadt verwiesen. Im Januar des nächsten Jahres wurde Michael Gründler, der die Haftzeit und die dreimalige Aufstellung vor der Kirche erlitten hatte, wieder zu seinem Dienst zugelassen. (StadtA: RP 215/1 (1600), Fol. 44 r & 61 r).

637 StadtA: RP 229 (1614), Fol. 210 v & 211 v.

Es scheint, dass Männer, die im Ruf standen, Gotteslästerer zu sein, wegen ähnlicher Vorwürfe häufiger wieder vor den Rat gerieten und bestraft wurden. Rückfälligen wurden in der Regel schwerere Strafen angedroht, aber diese Drohungen wurden kaum verwirklicht. Ein eigentlicher Vollzug der im Fluchverbot des Jahres 1589 erwähnten „Abschneidung der Gliedern" und „Ausreißen oder Durchbrennen der Zunge" wird in keinem Gotteslästerungsfall notiert. Verurteilungen zum Schnellen bzw. zur Korbstrafe wurden nicht notiert. Auch die Strafen von Rutenzüchtigung, Pranger und Verweisung wurden selten verhängt. Viele Verbrecher, die sowohl wegen Fluchens, Trunkenheit und Gotteslästerung, als auch wegen „Rumoren" angeklagt worden waren, wurden schließlich vor der Kirche ausgestellt. Deshalb bleibt der eigentliche Strafgrund meist offen, ebenso, worauf der Rat sich bei seiner Entscheidung letztendlich gestützt hatte. Die Hauptsache war allerdings, dass öffentliche Strafen vollzogen wurden. So wurde auf den vom Landesherrn ausgeübten Bestrafungsdruck und die Bestrebung um die „neue Moral" reagiert.

Schmähschriften und -bilder

Zur Zeit der Glaubensauseinandersetzungen waren Schmähschriften und -bilder nichts Neues, aber zweifellos beförderten die propagandistischen Bestrebungen des 16. Jahrhunderts ihre Verbreitung. Um den leseunkundigen „gemeinen Mann" zu erreichen, wurden die Pasquille zudem illustriert. In München wurde Luther rücklings auf einer Sau sitzend an einer öffentlichen Wand dargestellt. Private Schmähschriften stellten etwa die Glaubwürdigkeit des Vertragspartners in Frage, wenn das Petschaft in entehrenden Darstellungen in das Hinterteil von Tieren, vor allem Schweinen, gedrückt wurde. Geschmähte wurden auch mit Menschen gleichgestellt, die am Rande der Gesellschaft lebten. Manchmal wurden die Schmähschriften in Form eines spaßhaften Gedichts in den Wirtshäusern gelesen und gesungen, welches ihre Memorierbarkeit beförderte. Meist wurden sie aber nachts heimlich in Türschlösser geschoben und an Kirchentüren oder Rathauswände geklebt. Ehrlose Orte wie Pranger und Galgen dienten als symbolische Anspielung auf die verdiente Strafe des Adressaten. Die Anonymität ermöglichte eine nahezu gefahrlose Entehrung des Gegners.[638] Im Kriminalmuseum Rothen-

638 Fuchs: Um die Ehre 1999, 153-156 & 162, Schreiner & Schwerhoff: Verletzte Ehre 1995, 22-23 und Rublack: Anschläge auf die Ehre 1995, 381-385.
Mit ihrer Erfindung ermöglichte die Buchdruckerei auch das Drucken der Schmähschriften, die während der Glaubensauseinandersetzungen zum wichtigen Propagandamittel wurden. Im Zusammenhang von Verstümmelung der Hände betonte Döpler, dass die

burg ob der Tauber sind mehrere aussagekräftige frühneuzeitliche Exemplare von Schmähbriefen und -bildern ausgestellt.

Bei Schmähschriften und Schmähzeichen kam es letztendlich darauf an, dass die Öffentlichkeit die Entehrung überzeugend fand und sie damit auch unterstützte.[639] Sonst blieben sie wirkungslos. Wurde behauptet, dass jemand einem anderen „*ain schelmen brief nachgeschicken*" hätte[640] oder derartige Briefe und Bilder an einem öffentlichen Ort gefunden wurden, versuchte die Obrigkeit herauszufinden, wer dahinter stand. Manchmal wurde die Schrift des Verfassers erkannt oder die Obrigkeit wusste bereits von Streitigkeiten zwischen bestimmten Personen und konnte den Verdächtigen aufspüren. Manchmal verrieten Zeugen den Täter. München wurde ohne Zweifel in damaliger Zeit als Großstadt empfunden, aber sie war doch nicht groß genug, dass verdächtige Aktivitäten unbemerkt geblieben wären. Die Anonymität der Pasquille scheint so in der Praxis fraglich gewesen zu sein. Im Zusammenhang von Schmähschriften führt Döpler ein um Ende des 14. Jahrhunderts erschienenes Werk an, das antikes Brauchtum beschreibt. Dabei

---

„*buch-drucker nichts ohne vorhergehende censur drucken dürffen*". (Döpler: Theatrum 1693, 981).

In Ober-Italien waren die *pitture infamanti*, großflächige Schandgemälde, die von den Bürgergemeinden als Zwangs- und Propagandamittel angebracht wurden, seit dem Spätmittelalter sehr verbreitet. In diesen Bildern wurden u. a. schändliche Bestrafungen und Hinrichtungen von politischen Gegnern beschrieben. In den protestantischen Gebieten wurden seit den 1520er Jahren europaweit katholische Heiligenbildnisse aus den Kirchen entwendet, am Galgen oder Pranger aufgehängt, mit Eselsohren geschmückt oder in einer Spottprozession zum Brunnen auf den Marktplatz geführt. Es war auch nicht ungewöhnlich, dass plastische Nachbildungen eines politischen Gegners mit Hohn und Spott begleitet, öffentlich verbrannt, ihnen die Arme abgeschnitten oder andere Strafrituale mit den Statuen getrieben wurden. (Schnitzler: Geschmähte Symbole 1995, 280-282, 286-290 & 296-298).

In diesem Zusammenhang darf nicht unerwähnt bleiben, dass u. a. im heutigen Irak Bildnisse von politischen Gegnern in Schandprozessionen getragen und öffentlich verbrannt werden. Die Parallelen sind nicht zu übersehen: Diese Bräuche sind als Beispiele der langen Tradition volkstümlicher Meinungsäußerung zu bewerten.

639 Rublack: Anschläge auf die Ehre 1995, 407.

Schattenhofer berichtet, dass im Jahr 1517 ein Münchner hingerichtet wurde, weil er gegen den herzoglichen Münzmeister, der ihn auf dem Marktplatz einen Dieb gescholten hatte, einen hasserfüllten Schandbrief am Rathaus angeschlagen hatte. In dem wurde der Münzmeister seinerseits als Dieb und Galgenfutter bezeichnet. Im Jahr 1588 wurden Famoszettel an das Rathaus angeschlagenen, die Beleidigungen gegenüber den Bürgermeister beinhalteten. (Schattenhofer: Das alte Rathaus 1972, 262).

Rublack berichtet, dass im Jahr 1682 in Memmingen ein anonymes Libell an den Bürgermeister geschickt wurde. Mehrere Frauen klagten da wegen ihrer Ehemänner, die in den Gastwirtschaften ihr Geld verschwendeten, tranken und spielten. (Rublack: The Crimes of Women 1999, 4).

640 StadtA: SG 867/5 (1596), 2.

wird deutlich, dass man zu seiner Zeit an die ehrenrührige Wirkung der öffentlich gewordenen Schmähschriften und ehrlosen Orten glaubte. Döpler referiert:

„zu Athen stund ein grosser ahornbaum, der nicht viel ehrlicher als heute zu tage galgen und pranger geachtet war, an demselben hefftete man taflein und schriften zu schimpf und schaden des atheniensischen frauenzimmers, welches man auf öffentlicher gasse in schlammichter kleidung hatte angetroffen."[641]

Wie bei den mündlichen Beleidigungen lassen sich in München viele Fälle, in denen ein Pasquill erwähnt wird, nicht deutlich von Alkoholverbrechen unterscheiden. Als der Schmied Hans Pürlinger im September des Jahres 1604 für zwei Wochen zur Kettenstrafe verurteilt wurde, verbot der Rat ihm auch alle Wirtshausbesuche und überhaupt das Trinken. Pürlinger war ursprünglich deshalb angeklagt worden, weil er einen Kramer namens Bartholomeus Veit *„vor seinem hauß grobe jniurien angehengt"* hatte.[642] Er hatte somit vermutlich auf einem Zettel schriftliche oder bildliche ehrverletzende Behauptungen über den Kramer an dessen Haus angeklebt. Da der Rat den Alkoholkonsum Hans Pürlingers für die Ursache solchen Verhalten hielt, wurde er neben der Kettenstrafe auch zum Alkoholverbot verurteilt. Bei seiner Bestrafung wurde primär an Sicherung der allgemeinen Ordnung gedacht, und die Injurien gegen den Kramer schienen den Rat nicht besonders interessiert zu haben. Wurden Ratsmitglieder aber selbst zu Opfern der Schmähbriefe, wurde dies bei der Urteilsprechung schwerer bewertet als die gegen sie mündlich formulierten Beleidigungen.

Der fürstliche Diener Geörg Rottmair wurde im Jahr 1604 wegen Schmähungen und falscher Beschuldigungen eines Ratsmannes beschuldigt. In Folge des peinlichen Verhörs gestand er, dass die Handschrift in dem Schmähbrief von ihm stammte. Weil er ein Ratsmitglied injuriiert hatte, wurden ihm seine Bürgerrechte aufgesagt. Geörg Rottmair sollte zusätzlich die *„ausgestossne jniuries offentlich retorqiuren"*, wonach er *„für ein vnredlich vnwarhafftes mann gescholten"* werden müsste. Er solle so lange ein „unwahrhafter Mann" bleiben, bis er die Injurie *„außführen vnd warhafftig machen thüe"*.[643] Es handelt sich hier um eine modifizierte Abbitte, eine schwerere Sanktion, die sicherlich mit Stadt- oder Landes-

641 Döpler: Theatrum 1693, 815.

642 StadtA: RP 219 (1604), Fol. 202 r & 213 v.

643 StadtA: RP 219 (1604), Fol. 140 r & 145 v-147 v.
Als ein Münchner im Jahr 1609 schuldig befunden wurde, weil er *„ein ehr. rath jn schrifften so schmelich tractiert"* hatte, wurde er mit der Stadtverweisung bestraft. Diese wurde im fürstlichen Befehl bestätigt. Auch die Frau dieses Mannes wurde wegen *„schimpflichen Injurien gegen einen ehrbaren Rat und den Herrn Verspringer"* ausgewiesen. (StadtA: RP 224 (1609), Fol. 18 r & 19 v).

verweisung verknüpft wurde. Der Fall Geörg Rottmair dient als Beispiel für den spiegelnden Charakter der Beleidigungsbestrafung.

Geörg Rottmair wurde öffentlich und durch rechtliche Maßnahmen seine bürgerliche Ehre, sein *dignitas civilis* abgesagt. Er wurde solange für ehrlos erklärt, bis er seine Verleumdungen wahrhaftig beweisen könne – tatsächlich damit wohl sein ganzes Leben lang. Dieselbe Beleidigung, die offensichtlich sehr drastisch war, wurde gebraucht, um den Beleidiger zu verletzen. Es ist interessant, dass der Schmäher bei der Bestrafung offiziell „gescholten" wurde. Was er in seinem Schmähbrief gesagt hatte, wurde nun auch öffentlich über ihn gesagt. Nach dem Ratsvermerk durfte dies jedoch nicht „*animo iniuriandi*", sondern „*honoris defendi causa sanatus*" passieren[644]. Es war ein juristisches Vorgehen, welches nicht „im Geist der Beleidigung", sondern für die Verteidigung der Ehre des gescholtenen Ratsherrn vorgeführt wurde. Diese Anmerkung ist sehr wichtig, weil damit deutlich der Unterschied zwischen dem Verbrechen und der Rechtsprozedur gemacht wurde. Mit anderen Worten: Bei der Bestrafung wurden genau die Mittel verwendet, die die begangene Tat kriminell gemacht hatten. Sie wurden allerdings durch den Gedanken der Gerechtigkeit gerechtfertigt. Das Ziel dieser öffentlichen juristischen Maßnahmen war die Wiederherstellung der Ehre des Beleidigten und der rechtmäßige Ehrverlust des Verbrechers.

Im Sommer des Jahres 1606 wurde im Rat der Fall von Gastwirt Hans Dullinger behandelt. Er war am 26. Mai „*jn in die schergenstuben in ein gwelb gelegt* (worden) *wegen seiner grobhait*". Diese „Grobheit" war freilich viel gewichtiger, als es ansonsten bei derartigen Formulierungen gemeint war. Dullinger war nämlich vom Wasserturm durch die besetzte Wache herein im schnellen Galopp durch die Volksmenge geritten und hatte beinahe ein kleines Kind niedergeritten. Außerdem hatte er eine kriminelle Vergangenheit, weil er zumindest im Jahr 1598 bereits verurteilt worden war. Damals waren ihm alle alkoholischen Getränke außerhalb seines Hauses verboten worden, wobei auch seine Frau ihres bösen Mauls verwiesen wurde. Nun kam es aber zu einer Wende bei den Untersuchungen am 26. Mai 1606, als Dullinger in seiner Zelle unerwartet starb. Darüber berichtet die später hinzugefügte Randbemerkung „*mortuus in carcire*".[645]

Mit dem allgemein unbeliebten Gastwirt wurde während der Haft sicherlich nicht besonders zurückhaltend umgegangen, jedoch spricht nichts gegen einen natürlichen Tod, zumal die Vermerke keine Hinweise auf die Todesursache geben. Zweifellos war Dullinger aber bei gewissen Münchnern derart verhasst, dass eine Schmähschrift über ihn geschrieben wurde. Angeblich war sie verfertigt worden,

644 StadtA: RP 219 (1604), Fol. 145 v-147 v.
645 StadtA: RP 213/2 (1598), Fol. 191 r und RP 221 (1606), Fol. 131 r.

als Dullinger noch lebte. Zwei Bürger und der Stadtsöldner fanden die an dem Schönen Turm an der Ecke der Fechtschule angeschlagene Schrift und brachten sie zum Rat. Am 30. Juni 1606, also gut einen Monat nach seinem Tod, wurde das Pasquill über den Gastwirt Dullinger im Rat verlesen und diskutiert. Der Autor müsste herausgefunden werden und man sollte erfahren, *„wer den pasquill gelesen vnd die oberchaitt diß nit anzaiget"* habe.[646] Man erwartete, dass derartige Schriften und Bilder gleich an die Obrigkeit gebracht würden. Es ist aber leicht zu verstehen, dass die Leute lieber vorgaben, die Schmähschrift nicht gesehen zu haben, um nicht in diese Angelegenheit verwickelt zu werden. Der Fall Dullinger wurde allerdings vermutlich wegen seines Todes nicht mehr weitergeführt.

Leider wurden die Pasquille in den Ratsprotokollen weder niedergeschrieben noch sind bislang Originale zu ermitteln. Besser als über den Inhalt der Schmähschriften und -bilder sind wir über den von gewissen Spielkarten informiert, in denen *„schänttliche sachen, jtem vnzüchtige reimen"* zum Spott des Klerus gedruckt waren. Offensichtlich handelte es sich um protestantische Propaganda.[647] In der konfessionell aufgeheizten Gemütslage erregten die Spielkarten ein solches Ärgernis, dass der Fall im Malefizgericht behandelt wurde. Jedoch gibt es keine Vermerke über eine Folterung der Angeklagten. Am 27. November 1609 wurde der Illuminist und Bürger Hans Angerer zu den „verächtlichen Karten" befragt. Er erzählte, dass er von einem Mann aus Ulm namens Joseph Schreiber vor vier Wochen zwei Karten bekommen hätte, die der Kupferstecher Hans Zinsegger, mit Beinamen „Jani", in Kupfer gestochen hatte. Er und zwei andere Bürger, die Illuministen Conrad Lämpl und Hans Schweizer, wurden beauftragt, die Karten auszumalen. Hans Angerer beschrieb die Figuren, die sie angefertigt hatten. Es waren:

> „ain halber capuziner gewest, der ainen stockh darjnn ain khündskhopf, über die achsel tragen, in gestalt, wie sy pflegen das allmusen zu samblen, jtem ain saluo honore mit dem hüntern entplester narr, dann auch ain manns vnnd weibs person beisamen in claidern an ainem pöth ligend, die vnehr treibend."[648]

Nach Angerers Aussage waren die anderen Karten u. a. mit Tieren verziert worden, aber über das Geschriebene könne er nichts sagen, *„dan er khinde nit lesen"*. In seinem späteren Verhör gestand der Kupferstecher Hans Zinsegger,

646 StadtA: RP 221 (1606), Fol. 172 r.
Sauer stellt fest, nach den gemeinen Rechten solle derjenige, der einen Schmachbrief findet, diesen sofort zerreißen oder verbrennen und seinen Inhalt niemandem zu verraten. (Sauer: Strafbüchlein 1579, 26).

647 StadtA: RP 224 (1609), Fol. 255 v-256 r. Siehe auch Schattenhofer: Das alte Rathaus 1972, 314 & 326.

648 StadtA: SG MP 866/6 (1607-1609), Fol. 354 r.

dass er vier Karten von Joseph Schreiber in Kupfer gestochen hatte. Auf einer war ein Kapuziner Mönch zu sehen, der einen Kindskopf in seiner Kappe trug. Auf der zweiten Karte war ein Barfüßer Mönch zu erkennen, „*der ain sattel ob dem rüggen*“ hatte. Die dritte stellte ein Haus dar, in welches der Mönch „*durch den tach einstigen*“ versuchte. An die vierte erinnere er sich nicht mehr, aber er dachte diese „*sei auch wider die geistliche gewest*“.[649] Es klingt unwahrscheinlich, dass diejenigen, die die Karten erst kurz zuvor bearbeitet hatten, sich nicht an ihren Inhalt hätten erinnern können – zumal derartige Karten offensichtlich verboten waren. Die tatsächliche Zahl der Karten bleibt auch unklar. Es ist nicht auszuschließen, dass die widersprüchlichen Aussagen der Angeklagten auf Versuche hinweisen, sich vor den Ermittlungen der Beamten zu schützen.

Der Illuminist Hans Angerer erzählte dem Rat, dass Joseph Schreiber die Kupferstücke und die Karten bei sich hätte und behauptete, dieser hätte in Angerers Wohnung stark auf Jesuiten und Franziskaner geschimpft. U. a. hätte er gesagt, es „*wundere jn, daß man solche leüthen in der statt gedulden mag vnd nit daraus schaffe*“ und man sollte den Priestern kein „*wein opfferen, sy sauffen doch solchen nur vngenülichen weiß auß, sondern solchen darfür den armen geben*“.[650] Diese Kritik gegen katholische Geistliche entspricht der zeittypischen protestantischen Argumentation, wobei man nicht vergessen darf, dass zumindest die Jesuiten gelegentlich auch von den katholischen Münchnern beleidigt wurden. Anscheinend gab es Bürger, die an derartigen Schmähkarten tatsächlich Gefallen fanden. Allerdings waren die Schmähkarten besonders gegen „Kapuziner und Barfüßer“, also gegen Franziskaner gerichtet.

In einem Verhör am 1. Dezember behauptete Conrad Lämpl, dass er die Karten sofort „*fürgelegt vnnd die oberchaitt zugestelt*“ hätte. Hans Schweizer beharrte auf seiner Auffassung, er habe selber „nichts ärgerliches illuminiert“. Sein 14-jähriger Sohn dagegen hätte den Angerer „*ob der ergerlichen kharten arbeiten vnd dieselb jlluminieren sehen*“. Wenn Angerer zuvor nicht die Wahrheit erzählt hatte, so vielleicht in der Hoffnung, die beiden anderen Illuministen würden aus beruflicher Loyalität mit ihm die Schuld gemeinsam tragen. Lämpl und Schweizer wollten sich von Angerer und von den Karten aber lossagen. Jedenfalls blieben alle drei Illuministen und der Kupferstecher in Haft. Dem Ulmer Joseph Schreiber wurden seine in München und in Ingolstadt vorrätigen Waren beschlagnahmt und er musste dem Rat eine Bescheinung vorlegen, dass er katholisch sei. Er sollte auch examiniert werden, wie viele Karten und was er sonst noch gestochen habe und „woher er den schändlichen Papst genommen habe“. Angeblich bildete eine Karte den Papst in ungebührlicher Weise ab. Ohne dass

649 StadtA: SG MP 866/6 (1607-1609), Fol. 354 r-355 r, 363 v & 367 r.
650 StadtA: SG MP 866/6 (1607-1609), Fol. 354 r-355 r.

die Unterlagen weitere Erklärungen ermitteln, beschloss der Rat am 18. Dezember, dass man diese Männer „mit Gnaden handeln“ solle.[651] Der Prozess dauerte an, es wurden mehrere Personen verhört und die Untersuchungshaft der vier Männer zog sich in die Länge.

Am 10. März 1610, etwa dreieinhalb Monate nach dem ersten Verhör, findet man den Vermerk: „*Hannßen Zinsegg kupfferstecher vnd Hannsen Angerer ist starckh verwisen, was sie mit der schantlichen publicierten kharten verprochen, hetten poena gladij auf jr verbrechen gehörtt*“. Ihnen wurden nun die Schellen abgenommen und es wurde hinzugefügt, sie sollten sich bessern.[652] Schattenhofer gibt an, dass Hans Zinsegger und Hans Angerer im Jahr 1609 wegen der unzüchtigen Spielkarten vom Bußamtmann auf die Schrägen gestellt worden seien.[653] Leider konnte dafür kein Beleg gefunden werden, aber es ist doch möglich, dass die Schrägenstrafe verhängt wurde. Womöglich wurden Zinsegger und Angerer zunächst auf die Schrägen gestellt und mussten erst danach vier Wochen lang in Ketten bzw. in Schellen gehen. Die Protokollvermerke sind gerade auf diese Weise inakkurat. So wird auch die Strafe für den Conrad Lämpl, der gestanden hatte, die Mehrzahl der Karten illuminiert zu haben, nicht erwähnt. Wären die Kartenmacher nicht „mit Gnaden“ verhandelt worden, so hätte man sie statt zu Schellen und/oder Schrägen vielleicht zur Prangerstrafe und Verweisung, sogar zum Tode verurteilt. Die Bestrafung für das Anfertigen und das Verbreiten der Schmähschriften und -bilder folgte den Regelungen und der Strafpraxis für Fluchen, Gotteslästerung und Beleidigungen.

---

651 StadtA: SG MP 866/6 (1607-1609), Fol. 355 r-355 v und RP 224 (1609), Fol. 255 v-256 r, 262 r & 279 r.
Im Februar 1610 wusste der Kupferstecher nicht mehr, wie viele Exemplare er gedruckt hatte und behauptete, dass Joseph Schreiber ihm „nichts offentbart“ hatte, wohin die Karten geschickt werden sollten. Der Illuminist Conrad Lämpl gestand nun, dass er zwölf Karten illuminiert hätte, aber er wisse nicht, wo diese jetzt seien. Hans Schweizer dagegen, der seine Anteilnahme vorher völlig leugnete, gestand ebenso, vier Karten illuminiert zu haben. Diese vier Karten hatte Joseph Schreiber dann nach Stuttgart gebracht. Hans Angerer gab seinerseits auch zu, vier Karten gemalt zu haben, aber wusste nicht, wie viele oder mit welchen Bildern die anderen illuminiert hätten. Bei einem Botenknecht zog man Erkundigung ein, wohin und mit welchen Boten er die Karten geschickt hätte und besonders, ob er einige an demn Augsburger Boten gegeben hätte. Der Augsburger Bote Simon Widman behauptete „*von khainer kharten gar nichts*“ zu wissen. (StadtA: SG MP 866/7 (1610/1611), Fol. 15 r -17 r).

652 StadtA: RP 225 (1610), Fol. 60 r.

653 Schattenhofer: Das alte Rathaus 1972, 326.

1.3 „Vollsaufen", „Übelhausen" und „Rumoren"

Öffentliche Trunkenheit und ihre Folgen

Ungeachtet einiger Ausnahmen waren die meisten Personen, die in München wegen Trunkenheit und nachfolgender Schlägereien, Beleidigungen oder anderer Verfehlungen angeklagt wurden, Männer aus niederen und mittleren sozialen Schichten. Sie waren Tagwerker, Knechte, Metzger und Schmiede, entweder Bürger oder nur Inwohner, aber jedenfalls Leute, die andere mit ihrem Trinken belästigten. Oft gerieten Betrunkene auch mit Beamten in Streit, so wie ein Tagwerker, der im Sommer 1604 verhaftet wurde, weil er *„sich so doll vnd voll gehalten vnd gegen den ambtleüth"* gehandelt hatte.[654] Generell kamen die wegen Alkoholverbrechen angeklagten Personen wiederholt vor Gericht. Das Anhäufen von Delikten und Anklagen war typisch für diese Rechtsprozesse. Man wurde zunächst wegen Trunkenheit festgenommen, aber beim Fortgang des Prozesses kamen weitere Anklagen bzw. Folgetaten hinzu. Häufig wurde der Trinker schließlich auch wegen Fluchens, Gotteslästerung oder Gewalttaten verurteilt.

Weil die Betrunkenen erstmals ausgenüchtert werden mussten, wurden sie in die Schergentube oder in den Turm gebracht, so, wie es schon die Landesordnung von 1516 verordnet hatte. Im Fall eines längerfristigeren Prozesses wurde die Haft in eine Untersuchungshaft gewandelt oder sie wurde zur Bestrafung. Längere Freiheitsstrafen wurden immer in der Schergenstube vollstreckt, wenn auch die Haftdauer selten genau zu ermitteln ist. Die meisten derartigen Gefängnisaufenthalte scheinen allerdings von kurzer Dauer gewesen zu sein, wahrscheinlich handelte es sich nur um einige Nächte.[655] Die Haft zeigte allerdings keine erkennbare Wirkung bei der Disziplinierung der Trunksucht.

Die Selbstverpflichtung und das Alkoholverbot bildeten weitere Möglichkeiten bei der Kontrolle der Problemtrinker. Im Mai 1596 wurden einem Mitbürger wegen seines Trinkens, Raufhändel und Gotteslästerung alle Alkoholgetränke verboten, wozu er eine Obligation leisten sollte. Im Jahr 1600 geriet ein Töpfer

---

654 StadtA: RP 219 (1604), Fol. 166 v.

655 So wurde Anfang des 17. Jahrhunderts ein Verlader mit einem mit ihm befreundeten Barettmacher „auf den Turm geschafft", weil sie an Fronleichnamsprozession „in ihren Rüstungen voll gewesen waren". Einige andere Männer wurden aus der Haft mit Verweis auf ihr „täglichen Saufens" entlassen und ihnen bei Rückfall mit Dienstverlust gedroht. Ein Lederbearbeiter wurde aus der Schergenstube entlassen, in der er wegen seines „unbescheidenen, betrunkenen Verhaltens" lag. (StadtA: RP 221 (1606), Fol. 132 r, RP 222 (1607), Fol. 136 v und RP 224 (1609), Fol. 196 r).

unter besondere Beobachtung der Beamten: Sollte man ihn noch einmal betrunken antreffen, würde man ihn sofort festnehmen. Auf Fürbitte wurde ihm Selbstverpflichtung erlassen, aber der Alkohol blieb ihm verboten.[656] Das Alkoholverbot ohne Selbstverpflichtung scheint eine etwas mildere Strafform gewesen zu sein. Da auch das alleinige Alkoholverbot das Leben einer trunksüchtigen Person erheblich erschwerte, klagten einige Bestrafte über ihr Urteil. Ein im Jahr 1600 zur Obligation und zu Alkoholverbot verurteilter Nagelschmied beharrte entschlossen, dass er kein „*bier sauffer sei, khomb nie in khain birs haus, aber den wein müeß er trinckhen den er offt in zway tagen nit vmb ein das brott eß*". Der Rat änderte darauf sein Urteil und beschloss, dem Nagelschmied das Weintrinken zu bewilligen, forderte ihn aber auf, die Wirtshäuser und „*die villerey*" zu meiden.[657] Anscheinend wurde das Weintrinken für geringere Übel gehalten, sogar wenn er das Essen ersetzte. Der Angeklagte war demzufolge bemüht, nicht in den Ruf eines „Biertrinker" zu geraten.

Im Jahr 1600 wurde über das „verschwenderische Leben" des Salzverladers[658] Philipp Mantl im Rat diskutiert. Im März, nach kurzer Haft, unterzog er sich einer Selbstverpflichtung. Anfang September geriet er erneut vor den Rat, weil er einen Mann namens Hans Stöberle „*ohne alle vrsach schwerlich jniuriert, geschelmbt, gediebt*" und gedroht und über diesen gesprochen hatte, „*als hette er ainen vmbgebracht*". Der Salzverlader widersprach den Anschuldigungen nicht und wurde in ein Gewölbe in der Schergenstube gebracht. Nach dem Ratsbeschluss sollte Philipp Mantl drei Mal vor der Kirche stehen und dem Diffamierten Abbitte tun, damit dieser vor ihm gesichert sein könne. Es wurde betont, dass er neben

---

656 StadtA: RP 211 (1596), Fol. 63 r-63 v und RP 215/1 (1600), Fol. 142 v.
Im August 1618 wurde ein Metzger auf Fürbitte aus der Haft entlassen. Ihm wurden alle „vollmachende Getränke" verboten und die Schergen „auf die Seite gestellt", die ihn bei Rückfall gleich festnehmen und aus der Stadt weisen sollten. (StadtA: RP 233 (1618), Fol. 157 r & 161 v).
Zur Obligation siehe auch StadtA: RP 213/2 (1598), Fol. 55 r und RP 215/1 (1600), Fol. 146 v.

657 StadtA: RP 215/1 (1600), Fol. 141 r & 146 v.

658 Es ist schwierig, die alten Handwerksbegriffe mit modernen Berufsbezeichnungen zu versehen, weil manche Berufsgruppen nicht mehr existieren. In München gerieten viele Männer vor Gericht, die in den Quellen als "Lader" bezeichnet wurden. M. E. handelt es sich dabei um die Berufsbestimmung "Verlader". Dudens Universalwärterbuch bietet die folgende Erklärung: Der Verlader sei „derjenige, der einem Transportunternehmen Güter zur Beförderung übergibt". Siehe auch Fachinformation der deutschen Transportversicherer: www.tis-gdv.de/tis/taz/v/verlader.htm. Es ist möglich, dass die Quellen in manchen Fällen aber eher auf einen Auflader hindeuten, also jemandem, der „Ladegut auf Transportmittel lädt". Die Quellen erwähnen gelegentlich auch die Berufsbezeichnung „Truckenlader" (siehe Wasmansdorff & Gondorf: Alte deutsche Berufsnamen: Truckenlader = Verlader und Beförderer trockener Kaufmannsgüter). Der Klarheit halber wird in dieser Arbeit in allen derartigen Fällen die Bezeichnung „Verlader" benutzt.

Schelten und Gotteslästerung auch seine Selbstverpflichtung nicht hatte einhalten können, sondern sich täglich „vollgesoffen“ hätte. Nach knapp zwei Wochen wurde die Strafe allerdings moderiert: Statt dem Stehen vor der Kirche kam es zu Abbitte und Obligation. Bei Rückfall, wäre es dann Trinken, Fluchen, Gotteslästerung oder Unfriede mit Stöberle, würde ihn Mantl gleich durch die Stadt führen.[659] Dieser Fall verdeutlicht die Schwierigkeit, Anklagen wegen verbaler Gewalt und Trunkenheit voneinander zu trennen. Aus dem betrunkenen Beleidiger war ein Gotteslästerer geworden, der aber gleichwohl nicht vor die Kirche gestellt wurde.

Wenn Haft, Alkoholverbot, Selbstverpflichtung und öffentliche Abbitte sich unwirksam zeigten und derselbe Trinker immer wieder vor den Rat gebracht wurde, oder wenn das Trinken gravierend genug war, kam es zur Proskription. Ihr Vollzug benötigte weder die Präsenz des Verbrechers noch schändliche Maßnahmen gegen seinen Körper. Es ging allein um das öffentliche Schreiben seines Namens auf eine Tafel. Jedoch scheint diese Sanktion ziemlich gefürchtet gewesen zu sein. Auch Trinker, die sich immer wieder betrunken in der Öffentlichkeit gezeigt hatten, fürchteten den Verlust ihrer sozialen Ehre und wollten nicht, dass ihr Name in Verruf gerate. Nach der Proskription wurden dem Trinker gewöhnlich „die Schergen an die Seiten gestellt“. Damit war er unter besondere polizeiliche Aufsicht geraten, so z. B. ein Handschuhmacher im Frühsommer 1609. Das offizielle Überwachen des Trinkers sollte ihn auf die Bestrafungsmacht des Rates aufmerksam machen, allerdings funktionierte das System augenfällig schlecht. Den Beamten war es kaum möglich, alle trinksüchtigen Inwohner ausreichend zu bewachen und so dauerte es nur wenige Tage, bis der Handschuhmacher sich erneut trotz des jüngsten Verbotes betrank.[660] Im Jahr 1616 bat ein straffällig Gewordener ihn *„ab dem täfelein zethan“*, wobei protokolliert wurde:

> „conclusum. man woll jne abthan, doch mit der lauttern condition, wann er sich weitter werde jm trunckh lassen bedretten, so sollen jne die jne deswegen an die seitten gestelten ambtleüthen alsbald einführen, als dan er gar von der statt solte geschafft werden.“[661]

In der Regel wurde das Androhen härterer Strafen nicht sehr ernst genommen. Neben den besonders für Alkoholverbrechen bestimmten Sanktionen konnten

659 StadtA: RP 215/1 (1600), Fol. 135 r und RP 215/2 (1600), Fol. 110 v, 117 v & 132 v-133 r.
Zum Verhältnis von Alkohol und Beleidigungen bzw. Gewalt im frühneuzeitlichen Finnland siehe Ylikangas: What happened to Violence 1998, 88-93.

660 StadtA: RP 224 (1609), Fol. 103 v, 110 v & 117 r. Siehe auch StadtA: RP 224 (1609), Fol. 117 r und RP 230 (1615), Fol. 155 v.

661 StadtA: RP 231 (1616), Fol. 36 v.

Trinker dann auch zur Kettenstrafe verurteilt werden. Die Zeitspanne der Kettenstrafe konnte recht lange, von mehreren Monaten bis zu einem Jahr, reichen.[662] Die Kettenstrafe bedeutete nicht unbedingt Strafarbeit, sondern manchmal durfte der Bestrafte sein normales Leben in Ketten weiterführen – soweit es auf diese Weise möglich war. So wurde im Jahr 1608 ein Handelsmann aus dem Gefängnis mit einer Kette an den Schenkeln nach Hause entlassen. Er sollte sich künftig des Weins enthalten und bei keiner Mahlszeit mehr als eine Maß Bier trinken.[663] Da sich keine weiteren Hinweise auf ihn ermitteln lassen, ist es nicht ausgeschlossen, dass seine Bestrafung erfolgreich war und er sich an diese Beschränkungen gehalten hat. Bei der Mehrzahl der wegen Alkoholverbrechen angeklagten Personen handelte es sich um Trinker, die ihre Trunksucht nicht überwinden oder verheimlichen konnten. Ein Beispiel hierfür liefert der folgende Vorfall:

Anfang August 1604 klagte der Oberrichter gegen einen Weber namens Geörg Köckh, weil er *„ein dirndl jm haus bei jme geschlagen vnd sonst sich gar vnbeschaidenlich“* benommen hätte. Nach einer knappen Woche wurde Köckh aus der Schergenstube mit völligem Alkoholverbot entlassen und mit Stadtverweis bedroht. Im August 1607 taucht der Name Geörg Köckh wieder auf, als der „grobe Weber“ aus der Schergenstube entlassen wurde. Er hatte die Tochter eines Handwerkers *„so vbl tractiert“*, dass er die Stadtverweisung verdient hätte. Dank einer starken Fürbitte durfte er jetzt nach Hause zurückkehren, musste allerdings *„die eisen pandt oder kütten nach zu hauß biß auf negsten raths tag tragen“*. Er wurde erneut relativ milde mit Alkoholverbot und kurzer Kettenstrafe ohne Strafarbeit verurteilt. Nach zwei Jahren, Anfangs September 1609, bat Geörg Köckh vor dem Rat, dass *„er widerumben dörffte volmachende getranckhe trinckhen“* und behauptete *„das verbott 3 jar gehalten“* zu haben. Der Ratsbeschluss lautete: *„jm haus möge er die notturff trinckhen, aber die wirttshauser soll er meiden“*.[664]

Dass der mehrmals bestrafte und trunksüchtige Weber angeblich ein paar Jahre ohne Wirtshausbesuche, vielleicht sogar ohne Alkohol, gelebt hatte, könnte als

---

662 Im Oktober 1604 wurde der Schlosser Heinrich Zäch auf Fürbitte seiner Frau und einiger anderen Leute der Ketten erlassen, weil er seine Strafarbeit für den Herzog beendet hatte. Würde man ihn aber wieder *„bezechter weiß“* erwischen und wenn er sich nicht fleißig an der Arbeit halten würde, könne man ihm die Ketten auf ein ganzes Jahr anschlagen oder ihn aus der Stadt schaffen. (RP 219 (1604), Fol. 217 r & 225 v). Sicherlich war es kein Zufall, dass dieser Mann mit Beiname „Zäch“ hieß. Zur Kettenstrafe siehe auch StadtA: RP 215/2 (1600), Fol. 69 r & 155 r.

663 StadtA: RP 223 (1608), Fol. 41 r. Es handelt sich um einen guten Liter Bier.

664 StadtA: RP 219 (1604), Fol. 175 r & 176 r, RP 222 (1607), Fol. 207 v und RP 224 (1609), Fol. 179 v.

Gewinn des Sanktionssystems betrachtet werden. Vielleicht hatten die Drohungen und die Bestrafung tatsächlich Einfluss gehabt. Nach dem Ratsbeschluss von 1609 setzte er aber sein Trinken fort und konnte angeblich nicht die gesetzten Mengen einhalten, weil im August 1618 wieder von ihm geschrieben wurde. Bei der Gefängnisentlassung wurde Geörg Köckh ernstlich darauf verwiesen, dass er seine Kinder „*von pettl abhalten*" solle, oder man würde ihn aus der Stadt schaffen.[665] Seine Trinkgewohnheiten hatten sich letztlich nicht geändert.

Es lag in der Bestimmungsgewalt des Rats Trinker mit einem bestimmten Verhalten auszuweisen. Hauptsächlich wurde eine Verweisung aber nur in solchen Fällen verwirklicht, bei denen der Angeklagte primär wegen anderer Delikte angeschuldigt wurde.[666] In einigen Fällen führte das Verweisungsurteil in einer jahrelangen Auseinandersetzung. Am 11. März 1609 wurde der Verlader Wolf Gerbl auf Fürbitte seiner Frau und der Nachbarschaft aus der Haft unter Androhung des Stadtverweises entlassen. Dazu musste er einen Monat in Ketten gehen. Am 15. Mai befindet sich der Vermerk: „*Wolf Gerbl ist gar von der statt geschafft, weil er an sein versoffnen vnd verschwenderischen leben chain ende wolle machen*". Lange blieb er aber nicht weg, sondern wurde in eine Woche später wegen seines „*liderlichen sauffens vnd gefärlichen verhaltens*" erneut verhaftet und für immer ausgewiesen. Am Ende des Monats bat das Verladerhandwerk, Wolf Gerbl wieder in die Stadt zu lassen, er wurde jedoch erst Mitte August begnadigt. Dabei sollten sein Name auf die Tafel geschrieben und seine Stiefsöhne von ihm genommen werden. Am folgenden Tag wurde allerdings protokolliert: „*das tafelin ist die zeit eingestellt, der vertrag mit den sönen vnd vatter ist ratificiert, die söne sollen bei andern arbaitten*".[667]

Wolf Gerbl wurde angeblich als schlechtes Beispiel für die Söhne betrachtet, die deswegen eine Lehrstelle bei anderen Handwerkern übernehmen mussten. Warum wollte man ihn aber vor der schändlichen Tafel verschonen? Hatte er wo-

---

665 StadtA: RP 233 (1618), Fol. 162 r.
Nach Forschungen von Roper wurde das „Übertrinken" in den Augsburger Ratsvermerken als ein allgemeines Problem von Ehemännern unterer Schichten behandelt. Man war sicher, dass es dazu führe, dass der Mann nicht für seine Familie sorgen könne. Geselliges Trinken galt als zügellose Geldverschwendung aus Genusssucht. (Roper: Das fromme Haus 1999, 56-57).

666 Die Ausweisung konnte mit einer Schand- oder Ehrensstrafe verschärft werden. Im Mittsommer 1613 wurde ein Schreiner auf die Schrägen und zum Stadtverweis verurteilt, weil er „*bezechter weiß in die stifft khirchen für den altar gehofiret*" hatte. (StadtA: RP 228 (1613), Fol. 117 r). Wenngleich sein Alkoholkonsum die Ursache für seine Verfehlungen war, hätte man ihn sicher auch wegen Gotteslästerung anklagen können. Dies wird aber nicht erwähnt. Jedoch hätte er dieselbe Strafe auch wegen Gotteslästerung erleiden können.

667 StadtA: RP 224 (1609), Fol. 50 r, 88 r, 95 v, 101 r, 141 v-142 r, 161 r & 163 r.

möglich einflussreiche Unterstützer, die auch hinter der Fürbitte standen oder wollte der Rat noch barmherzig an seine Besserung glauben. Diese Hoffnungen scheinen sich allerdings nicht erfüllt zu haben, wurde der Verlader doch im Jahre 1611 wieder der Stadt verwiesen. Im Mai wurde ihm erlaubt, außerhalb der Stadt bei einem Verlader zu arbeiten. In die Stadt durfte er aber nicht mehr kommen oder man wollte ihn am Leib strafen. Anfangs Juli wurde allerdings der Wiedereinlass in die Stadt protokolliert und Ende August begehrte er ihn „*ab dem täfelein abzethan bei den statthoren*".[668] Zumindest zu diesem Zeitpunkt hing die Tafel also bei den Stadttoren, wo sie für alle in die Stadt kommenden und vorbeigehenden Leute wohl gut sichtbar war. Ob sein Name tatsächlich gestrichen wurde, lässt sich im Ratsprotokoll nicht feststellen.

Im Dezember des Jahres 1614 wurde Wolf Gerbl vor dem Malefizgericht angeklagt, weil er u. a. den Bürgermeister schwer beleidigt hatte. Befragt, warum er gegen das Verbot in die Bräuhäuser ginge, erklärte Gerbl, dass „*er müeß woll bißweillen in ain bierhauß gehen, weil er ein wittiber sei, dan solte er in die winckhl gehn vnd zechen, so wurde man jn böse sachen zeichen*".[669] Auch dieser mehrfach bestrafte notorischer Trinker scheint sich um seinen Ruf gesorgt zu haben, er wollte verhindern, dass andere über ihn reden würden, wenn er allein trank: Für einen Mann waren Wirtshausbesuche sozial notwendig. Heimliches Trinken wurde nach Quellen dieser Arbeit nicht akzeptiert und einem solchen Vorwurf wollte sich der Angeklagte nicht aussetzen. Nach diesem Eintrag wird Wolf Gerbl in den Quellen nicht mehr notiert, sehr wahrscheinlich wurde er aber nochmals der Stadt verwiesen.

Im August 1600 gerät der Fall des Christoff Kuefl vor den Rat. Der Gefangene „*suplicierte aus der schergenstube*", dass man ihm sowohl seine Verfehlungen als auch, dass er neulich betrunken im Rat geredet hatte, verzeihen solle. Er „*wolle sich bei seinen adelichen ehren gebürlich verhalten*". Als er gegen das Verbot wieder in die Stadt zurückkehrte, erklärte er, es sei „*in trunckh geschehen*" und sagte, dass man ihn künftig den Kopf abschlagen dürfe, wenn er erneut komme. Er wurde „aus Gnaden erlassen", ihm wurden jedoch die Schergen nachgeschickt, damit er wirklich aus der Stadt ginge.[670] Dass der Ange-

668 StadtA: RP 226 (1611), Fol. 71 v, 81 v, 132 r-132 v & 164 v.

669 StadtA: SG MP 866/9 (1615/1616), Fol. 26 r.

670 Nach einer Woche gingen die Ratsherren Vogelmayr und Schweindl mit dem Unterrichter persönlich in die Schergenstube, um dem Verhafteten mitzuteilen, er solle „geduldig warten". Christoff Kuefl hatte fünf Tage lang nichts gegessen und es wurde jetzt angedroht, dass man ihn in eine ärgere Zelle oder in Ketten einlegen würde, falls er sich weiter so verhalte. Da Kuefl noch über einen Monat gefangen gehalten wurde, verzichtete er offensichtlich auf die Nahrungsverweigerung. Christoff Kuefl scheint eine kriminelle Lebensgeschichte gehabt zu haben, da er früher wohl bei einer Bestrafung geblendet worden

klagte ein Adeliger war, wird nicht bestritten, im Weiteren aber auch nicht mehr erwähnt. Es scheint, dass es für ihn hinsichtlich des Haftorts keine Sonderbehandlung gab. Auch die relativ milde Bestrafung kann nicht mit Sicherheit mit seiner Geburt in Zusammenhang gebracht werden, da häufig geringere Strafen verhängt wurden, als es von Rechts wegen möglich gewesen wäre[671]. Aber nicht immer wollte man Geduld und Langmut zeigen.

Mit dem 18. September 1613 begann die traurige Geschichte des Viehhändlers Hans Haug, der *„erschröckhlich gottsgelöstert“* und gegen die Franziskaner gehandelt hatte. Die Fürbitten seiner Frau Elisabeth sowie der Nachbarschaft konnten ihn nicht vor der Strafe retten. Am 25. September stand er wegen seines *„schantlichen fluchens“* vor der Kirche mit der Kerze, *„daran ein zettl seines verbrechens halber begriffen“* hing. Bei Rückfall würde man ihn an den Pranger stellen, wobei ihm die Zunge *„durch den naggen ausgerissen“* werden sollte. Trotz dieser Drohung wiederholte er sein Verbrechen und so wurde am 16. Juli 1614 protokolliert: *„Hans Haug khüekhaüffls fürbitt angehörtt, hatt geflucht, darumben er in der schergenstube ligt“*. Nun wurde ihm die Stadt samt Burgfrieden verboten. Der Rat erklärte allerdings, dass man ihn wirklich strafen sollte, weil ihm dies schon ein Jahr zuvor angedroht worden sei.[672] Seine Zunge wurde jedoch nicht verstümmelt und am 17. Oktober wurde er wieder in die Stadt gelassen, denn: *„man woll es noch einmal versuchen“*. Der Viehhändler musste jedenfalls

„ein obligation über sich geben dass er alle vollmachende tranckhen maiden soll, vnd wan er mit seinem fluchen weitter werde bedretten, so soll jme die zunge ab dem pranger gestuzt vnd er ewig von der statt geschafft werden“.[673]

Der Fall Hans Haug nahm seinen Anfang mit Bestrafungen wegen Fluchens und Gotteslästerung, aber die späteren Vermerke lassen vermuten, dass er ein haltloser Trinker war. Zu Beginn des Jahres 1618 wurde Hans Haug wegen *„ein*

---

war. In dem Verhör im Oktober behauptete er, dass die Leute ihm *„guett willig“* Geld gegeben und ihm so geholfen hätten, wieder zu trinken. Man hätte ihm *„khain ruhe nie gelassen, als der Ludwig vnd Sebald Tebbich vnd andere mer“*. Ludwig Tebbich sagte, dass der Kuefl ihm nichts dinge, Sebald aber stellte fest, dass dieser ihm schuldig sei. Der Zeuge Sebald Tebbich war auch schon bestraft worden, nämlich im Jahr 1596 wegen Ehebruchs. Damals wurde er statt Kriegszugs gegen die Türken mit Bußgeld und Alkoholverbot bestraft. Vielleicht war er adeliger Abstammung, da in seinem Fall die „ehrlichen“ Strafen, Geldbuße und Kriegszug, in Betracht gekommen waren. (StadtA: SG MP 866/4 (1599-1602), Fol. 71 r, RP 211 (1596), Fol. 38 r, 49 r & 54 r und RP 215/2 (1600), Fol. 102 v, 109 v & 158 v).

671 Siehe beispielsweise StadtA: RP 228 (1613), Fol. 261 r.

672 StadtA: RP 228 (1613), Fol. 191 v-192 r & 197 v und RP 229 (1614), Fol. 128 v.

673 StadtA: RP 229 (1614), Fol. 190 v-191 v.

grossen muetwillen" für immer der Stadt verwiesen, *„so jme den 19 february anno 1616 schon anbethrowt worden*". In den nächsten zwei Monaten versuchten Hans Haug und seine Frau vergeblich den Wiedereinlass in die Stadt zu begehren. Diesmal hatte sein Verbrechen darin bestanden, dass er *„über das verbott sich aber mallen volgesoffen vnd den alten frauen löschin wittib ein pier ab offenem markht zwaimal frechers weiß vnnder die nasen gestossen*" hatte.[674] Fuchs schildert einen ähnlichen Fall, in dem ein Bierkrug ins Gesicht geschlagen wurde: Während die Scherben die Haut verletzten und den Körper des Angegriffenen tangierten, wurde der Akt insgesamt auf eine tiefere Weise als schmählich und ehrverletzend empfunden.[675] Die Grenze zwischen körperlicher Integrität und der Ehre war fließend.

Als Hans Haug im August 1618 erneut wegen unerlaubter Wiederkehr im Malefizgericht verhört wurde, wollten die Verhörsherren wissen, warum er nicht arbeite. Dabei wurde protokolliert, der Angeklagte *„khinde nichts arbeitten als schwein vnd khüe treiben, dieser wainet*". Er erklärte, zurückgekommen zu sein, weil er *„hab halt khain haller gelt gehabt*" und er seine Frau darum bitten wollte. Auf dem Weg zu ihr ging er aber ins Wirtshaus, weil der Metzger ihm *„ein zech*" bezahlen wollte. Da bekam er „eine Maultasche", also eine Ohrfeige von einem Handwerker und setzte sich zur Wehr. Haug schwur jedoch fest, dass er nicht geflucht hätte, *„gott soll von seiner seel weichen*". Nach ein paar Tagen wurde er wieder ausgeführt.[676] Hans Haug scheint einerseits ein hoffnungsloser Trinker gewesen zu sein, andererseits können die ersten Verurteilungen den Eindruck von seiner Schuld verstärkt haben. Obwohl die harten Bedrohungen und Schandstrafen am Ende deutlich wirkungslos blieben, wurde die angedrohte Leibesstrafe jedoch nicht vollstreckt.

Wenn der Alkoholkonsum einer Person das Leben von anderen wesentlich störte und andere Personen sogar in Gefahr brachte, sprechen die Quellen oft vom „Übelhausen". Diese Bezeichnung kommt häufig im Zusammenhang von Streitigkeiten zwischen Eheleuten vor, aber auch in Fällen, in denen die Ehefrau keine Rolle spielt oder es sich um einen unverheirateten Mann handelt.[677] Die Bestrafung des „Übelhausens" scheint oft härter gewesen zu sein als in den anderen Trunkenheitsfällen, und die Kettenstrafe war eine häufige Sanktion. Trunkenheit allein erklärt das „Übelhausen" aber nicht. Es ging um ein bestimmtes schlechtes Benehmen im eigenen Haushalt oder gegenüber der Nachbarschaft,

674 StadtA: RP 232 (1617), Fol. 265 r und RP 233 (1618), Fol. 2 r, 52 v & 77 r.

675 Fuchs: Um die Ehre 1999, 46 & 140-142.

676 StadtA: SG MP 866/11 (1618), Fol. 71 r und RP 233 (1618), Fol. 162 r.

677 So trägt ein Weber, der im Jahr 1604 *„vnruhe mit seinen nachbarn*" hatte und fünf Jahre später aus ähnlichen Gründen auf die Tafel geschrieben wurde, im Protokoll die Bezeichnung „Übelhauser". (StadtA: RP 219 (1604), Fol. 232 r und RP 224 (1609), Fol. 257 r).

an dem auch andere Anstoß nahmen, so etwa wie man es in den Reimen von Dedekind findet. Er riet dem Grobianer, der mitten in der Nacht aus dem Wirtshaus kommt, seine Heimkehr auf folgende Weise zu feiern:

„da plerr, rumor, sing, jauchts vnd schrey, durch alle gassen wo es sey, so müssen von dem gschrey vnd schall, die nachpaurn gleich erwachen all. fluch dem, heisch jhnen auß seim hauß, sag, bistu frisch, so tritt herauß... will er die scheltwort dann nit leiden vnd sucht herfür ein scharpffe schneiden, laufft rauß, vnd will dich da beston, so gib die flucht vnd laufft daruon... vnd thu vil grosser fluch darzu, so hat kein nachpaur vor dir rhu.“[678]

Ruhestören in der Nachbarschaft konnte als so schwerwiegend bewertet werden, dass man in der Folterkammer verhört wurde, so wie im Januar 1600 der Dachdecker und Mitbürger Matheus Zettmayr. Diesem „Übelhäusern“ wurde vorgeworfen, dass er in der Nacht „*die leüth angreifft vnd schlagt*“. Daneben hatte er sein Geld „*vnnuzlich verzertt, auch gar offt bei nachts vmb 10 vnd 11 vhr auf der gassen vmbgelauffen*“. Es wurde aber versöhnend notiert, dass er hatte soweit niemandem hatte richtig „*laidt gethan, es müeste nur in bezechter weiß zeschehen sein*“. Der Dachdecker wollte sich nicht mehr derart benehmen, „*sondern heflich sein*“. Nach sieben Tagen in der Schergenstube wurde Matheus Zettmayr in Ketten nach Hause geschickt. Er sollte sie eine Woche lang tragen.[679] Nicht ausgeschlossen, dass es ihm wirklich glückte, sich künftig „höflich“ zu benehmen, wie er es im Verhör versprochen hatte, denn in der Folgezeit berichten die Quellen nichts mehr über ihn. Es ist allerdings anzunehmen, dass derartige Zusicherungen der Delinquenten nicht unbedingt freiwillig waren, sondern dass der Rat stark darauf beeinflusste.

---

678 Dedekind: Grobianus 1551, 112-115.
Im Jahr 1596 wurde dem Münchner Hans Brüderle der Jüngere „*seiner grobhait vnd schwienerey halber*“ mit der Stadtverweisung gedroht. Im Jahr 1600 wurde ein Goldschmied wegen seines „*üblen und verschwenderischen Hausen, Trinken und Fressen*“ mit einer Woche Schergenstube und einer schriftlichen Obligation bestraft. (StadtA: RP 211 (1596), Fol. 113 r und RP 215/1 (1600), Fol. 113 v & 117 v).

679 StadtA: SG MP 866/4 (1599-1602), Fol. 37 r.
Das gemeine Recht zeigte Verständnis u. a. für die Unzurechnungsfähigkeit des Angeklagten. Wenn jemand „*ein entleibung auß trunckenheit begangen hette, dem soll auch etlicher massen verschonet vnd die todtstraff nachgelassen werden*“. (Sauer: Strafbüchlein 1579, 220). In München versuchten Alkohol- und Gewaltverbrecher allerdings oft vergebens, ihre Trunkenheit als Retorsion zu benutzten.
Als ein Kornmesser im Jahr 1613 auf seine „*grobe vnsinige versoffne weiß verwisen*“ wurde, drohte man, dass man ihm bei Rückfall „*an andern ortten burger lassen sein*“ wolle – ein beschönigter Ausdruck für die Ausweisung. Er wurde mit Ketten bestraft und es wurde ihm Dienstverlust angedroht. Nach zwei Monate wurde er freigesetzt und versprach sein Leben zu bessern. (StadtA: RP 228 (1613), Fol. 38 r, 166 r-166 v, 177 r & 205 r).

„Übelhäuser" wurden darauf hingewiesen, dass sie zu viel tränken, zu wenig arbeiteten, „guten Leuten ihre Sachen versetzen" oder sich sonst „ungehorsam" benähmen. Ihnen wurden die Wirtshausbesuche verboten, ihre Namen wurden auf die Tafel geschrieben und häufig wurden sie in Ketten nach Hause geschickt. Sie konnten auch mit Ankettung in der Schergenstube ohne Kost oder der Stadtverweisung bedroht werden. Als der vorbestrafte Kleinhändler Thomas Khäpler im Jahr 1617 *„wegen seines verschwentlichen lebens"* erneut vor den Rat geriet, versprach er *„das übrige trinckhen"* zu lassen. Dank der Fürbitte des Dechanten bei St. Peter wurden ihm nach 25 Tagen die Springer abgeschlagen. Sollte er aber wieder *„mit dergleichen versoffner weiß"* erwischt werden, würde man ihn eventuell *„die gassen lasse kheren"*.[680] Diese Drohung zeigt die Wirkung der Landespolizeiordnung des vergangenen Jahres, in der die Bestrafungsliste mit „Gassenkehren" ergänzt wurde.

Da Rückfälle bei den Alkoholverbrechen eher Regel als Ausnahme waren, wurden die Trinker im Zusammenhang mit der Urteilverkündung gewöhnlich mit härteren Strafen bedroht.[681] Bei der Strafpraxis bei Alkoholverbrechen hatte das Fluchverbot des Jahres 1589 zweifellos einen großen Einfluss. Dies ist nicht weiter verwunderlich, denn, viele Alkoholverbrechen beinhalteten auch grobes Reden. Für Trunkenheit allein war als öffentliche Strafe nur das Stehen vor der Kirche im Halseisen geregelt worden. Bei der Bestrafung der Trinker gab das Anwenden der Strafskala für Fluchen und Gotteslästerung allerdings Variationsmöglichkeiten. Sie führte aber auch zu einer schärferen Strafpraxis. Spätestens seit den 1590er Jahren wurden Trinker auch zu öffentlichen Schandstrafen verurteilt, die zum Teil bei keinem anderen Vergehen vorkamen und die keine schriftlichen Vorbilder kannten, u. a. das Täflein. Einerseits haben die Angeklagten sich vor den öffentlichen Schandstrafen gefürchtet, zumal wenn es um Beschränkung des Alkoholgenusses ging. Andererseits zeigten die Maßnahmen eine sehr geringe Wirkung auf die Trinker, fungierten aber vielleicht als Abschreckung für die restliche Gemeinschaft.

---

680 StadtA: RP 229 (1614), Fol. 227 v & 230 v, RP 232 (1617), Fol. 30 r, 49 r & Fol. 54 r und RP 233 (1618), Fol. 222 v-223 r. Zur Turmhaft wegen „Übelhausen" siehe auch StadtA: RP 232 (1617), Fol. 116 r.

681 Siehe beispielsweise StadtA: RP 215/1 (1600), Fol. 70 v, 80 r & 202 r, RP 224 (1609), Fol. 97 v & 263 r und RP 228 (1613), Fol. 81 v & 84 r.
Zu den vielen Rückfällen notorischer Trinker siehe beispielsweise StadtA: RP 224 (1609), Fol. 100 r, RP 232 (1617), Fol. 53 v-54 r & 74 r und RP 233 (1618), Fol. 57 v-58 r, 78 r & 173 v.

Alkohol und Familienstreit

Die Ehe bildete einen zentralen Faktor in der frühmodernen Gesellschaft. Gewalttätige und trunksüchtige Ehemänner gerieten in protestantischen wie auch in katholischen Gebieten zunehmend unter obrigkeitliche Kontrolle. Eine Frau konnte ihren Mann wegen dessen verschwenderischer Lebensweise anklagen, aber eine Scheidung wurde nur in den seltensten Fällen bewilligt. Im bayerischen Modell wurde besonders auf die stabilisierenden Eigenschaften des guten Haushalts gesetzt.[682] Allerdings gab es gerade in Ehen häufig Zank und Streit. Viele Auseinandersetzungen nahmen ihren Anfang, wenn der Mann aus dem Wirtshaus heimkam, wo er das Geld der Familie verschwendet hatte.[683] In diesem Kontext gebrauchen die Protokolle oft den Begriff „Übelhausen". Neben verschwenderischer und trunksüchtiger Lebensweise ging es auch um Ehestreitigkeiten und Familiengewalt. Alkoholverbrechen hatten nicht selten ihre Ursache in einem psychisch begründeten Unwohlsein der Familie.[684] Solche Probleme waren allerdings keine Privatsache, da Eheleute, die nicht angemessen miteinander umgingen, die sittlichmoralische Stellung der Gemeinschaft insgesamt gefährdeten.

Das von dem Münchner Hofsekretär Aegidius Albertinus ins Deutsch übersetzte, eindeutig propagandistische Buch *Haußpolicey* behandelt das „unfriedsame Zusammenleben in der Ehe": „*wo derwegen kein fried vnd einigkeit verhanden ist, da ist gott nicht, vnd wo gott nicht ist, da regiret der teufel*". Nach Einsichten von Albertinus sollte die Ehefrau „*discret vnd bescheiden*" sein. Ein „*nerrisch vnd geschwetzigs weib*" sei ein „*beschwerlicher, gefährlicher vnnd vnleidenlicher handel im hause*".[685] Nach der Auffassung der Zeit bestimmte die patriarchalische Ordnung das Verhältnis von Mann und Frau. Als Christin war die Frau dem Manne ebenbürtig, von Natur aus und nach dem göttlichen Schöp-

---

682 Rublack: The Crimes of Women 1999, 8 & 197-201 und Strasser: State of Virginity 2004, 9-11. Zur zentralen gesellschaftlichen und sozialen Rolle der Ehe siehe auch Roper: Das fromme Haus 1999, 33-34.

683 Roper: Das fromme Haus 1999, 141, 149-151 & 157-158. Siehe auch Rublack: The Crimes of Women 1999, 202-213.

684 Siehe auch Schwab: Zeiten der Teuerung 1992, 187-188.

685 Albertinus: Haußpolicey 1602, 3. Teil, 157 r und 4. Teil, 181 r.
Der Münchner Rat konnte eine Ehefrau darauf verweisen, dass „*sie solte sich auch heüslicher vnd beschaidenlicher gegen den mann halten*" (StadtA: RP 224 (1609), Fol. 221 v-222 r).
Frauen wurden zeittypisch mit dem Unrationalen, mit Natur und Triebkraft konnotiert. In den Verhörsprotokollen des 16. und 17. Jahrhunderts wurde die moralische Schwachheit und die Sexualität der Frau als Ursache vieler sozialen Unruhen interpretiert. (Rublack: The Crimes of Women 1999, 13-14).

ferwillen war sie ihm aber untergeordnet und deswegen von Gott körperlich schwächer erschaffen.[686] Mann und Frau kamen unterschiedliche Rollen zu, die freilich die Integrität der Frau nicht sonderlich förderten.

Nach Roper wurde Gewalt in der Ehe zwar bedauert, aber für unausweichlich gehalten. Die untergeordnete Stellung der Frau machte es unzulässig, Ehefrauen, die ihre betrunkenen Männer verspotteten, als „strafend" zu beschreiben. Die physische Gewalt des Mannes dagegen wurde als eine unausweichliche Folge der verbalen Gewalt der Frau interpretiert. So verteidigten viele Männer, die ihre Frauen geschlagen hatten, ihr Handeln als „Bestrafung" im Rahmen der Autorität des Ehemannes.[687] Das Schlagen der Frau im Sinne ihrer Züchtigung wurde in München nicht explizit empfohlen, aber es entsprach dem Bild eines für normal gehaltenen männlichen Verhaltens. Solche Fälle wurden seltener vor Gericht gebracht und wesentlich milder bestraft als die „richtige" Gewalt, wie sie sich in Schlägereien und Misshandlungen der Männer untereinander ausdrückte. Gewalttätiges Benehmen des Mannes wurde mit dem provozierenden Verhalten der Frau, ihrem „bösen Maul", erklärt und legitimiert. Albertinus stellt fest, es gäbe viele Männer, die unter dem Druck der familiären Auseinandersetzungen die Kunst der *patientia* nicht kennen, sondern sie schlagen

„mit feusten drein, oder aber sie legen ihren weibern ein maulkorb an, vnnd ein hartes gebiß, oder aber sie fassen das weib zwischen die sporen, vnnd schlagen waidlich hinder die ohren, vnnd an statt der süssen wort vnnd kämpels, strelen sie ihnen die haar mit den fingern, klopfen inen den staub von den achseln, vnd tantzen ihnen auf den rücken vnd armben, daß sie sich selber möchten erbarmen."[688]

686 Smolinsky: Ehespiegel 1995, 319-323.
Es herrschten Unterordnungsverhältnissen innerhalb des Haushalts: Unterordnung der Frau unter ihren Ehemann, der Kinder unter ihre Eltern, des Gesindes unter den Willen des Hausvaters und Meisters. So, wie der Hausherr in seinem Bereich strafen durfte, wachte der Stadtrat über die ihm untergegebenen Einwohner und züchtigte sie wie der Vater seine Kinder. (Roper: Das fromme Haus 1999, 30, 54-55 & 160 und Strasser: State of Virginity 2004, 47-50. Siehe auch: Dülmen: Der ehrlose Mensch 1999, 9).
Nach der Haußpolicey soll der Mann im Haus „das Amt des Bischofs" haben, also die Frau in Gottesfurcht, Disziplin und den guten Sitten unterweisen. Er muss die Frau und die Kinder strafen und die Sünde aus dem Haus treiben. (Smolinsky: Ehespiegel 1995, 319-323).

687 Roper: Das fromme Haus 1999, 161-164.
Ylikangas beschreibt einen Fall, in dem der Angeklagte, der seine Nachbarin geschlagen hatte, sich entschuldigte und behauptete, er hätte sie nicht geschlagen, wenn sie ihn nicht mit ihren Worten gereizt hätte. (Ylikangas: What happened to Violence 1998, 77).

688 Albertinus: Haußpolicey 1602, 3. Teil, 161 r.
Über schwere Misshandlungen der Ehefrauen durch den Ehemann siehe: Groebner: Das Gesicht wahren 1995, 374.

Sowohl die moralisierende, religiöse Einstellung von Albertinus, als auch die Satire Friedrich Dedekinds zeigen die traurigen Umstände eines derartigen Ehelebens. Immer wieder beginnt die Gewalt in derselben Situation: Ein betrunkener Ehemann kommt nach Hause zu seiner Frau. Als Grobianer schlägt er seine Frau und züchtigt sie mit groben Wörtern. Bei der Heimkehr nach mächtigem Trinken dient ihm der folgende Abschnitt als Rat:

„ob dann dein weib vom beth auffstünd, vnd meint die thür auffthon geschwind, vnd hieß dich lieblich wilkumm sein, so sie merckt daß du wärst voll wein, so schlag sie in das angesicht, ob sies schon hett verschuldet nicht, vnd gib jr manchen schweren streich, daß sie wird mürb, geschlacht, vnd weich, vnd jr erzitter leib vnd blut, so bald dein grobheit reden thut. dann du hörst ja gemeinklich sagen, drey ding die muß man allzeit schlagen, will man daß jren eins gut bleib, ein nußbaum, esel, vnd ein weib."[689]

Diesen „grobianischen" Rat scheint der Bierbrauer Abraham Eisenmann ernst genommen zu haben, denn er hatte seine Frau nach dem Ratsvermerk „*in bezechter weiß übl tractiert vnd schier auf den tod geschlagen*". Als ein Branntweinbrenner und seine Frau wegen ihres „Übelhausens" im Jahr 1600 verhört wurden, behaupteten ihre Hausgenossen sie „*hausen mit ein ander wie hund vnd katze, rauffen ein ander vnd were gar ein gefahrliches haushalten*". Der Angeklagte dagegen sagte, „*es seien seine jnleüthen gar versauffne verthore leüth.*" Personen, die im betrunkenen Zustand ihre Frauen schlugen und schmähten, und deshalb als ein „Übelhäuser" oder auch als „*ein lautterer falscher wohn*" bezeichnet wurden, wurden allerdings oft nur für ihr Verhalten getadelt oder sie wurden mit einer kurzen Haft bestraft. Manchmal hielt der Rat es für wichtig, dem Mann seinem Verhalten gegenüber die Ehefrau künftig zu verbieten. Die Männer sollten bei Drohung „*grosser straff*" ihre Frauen nicht mehr übel behandeln und beide Eheleute wurden ermahnt, sie sollten miteinander „*ehelich vnd fridlich*" leben. Da der Alkohol in diesen Auseinandersetzung eine zentrale Rolle spielte, gerieten die Namen der Männer gelegentlich auch auf die Tafel.[690]

Denkt man heutzutage an Familiengewalt, so scheint es üblich, dass Frauen sich in Streitsituationen eher verbal äußern, während Männer körperliche Gewalt anwenden.

689 Dedekind: Grobianus 1551, 112-115.
Die Sichtweise, mit welcher ein Grobianer seine Ehe betrachtet, gründet sich auch auf die Herrscherstellung des Mannes: Er sollte der Herr in seinem Haus sein und so seine Frau und die anderen Familienmitglieder disziplinieren und strafen. Das Hausgesinde sollte seinen Herrn fürchten und „*als jrm herren thon groß ehr: dann keiner je sunst grösser ist, jn deiner wonung dann du bist*". (Dedekind: Grobianus 1551, 115-116).

690 StadtA: RP 215/1 (1600), Fol. 60 v & 65 r, RP 219 (1604), Fol. 67 v & 165 v, RP 223 (1608), Fol. 134 v, RP 224 (1609), Fol. 92 r, 99 v & 221 v-222 r, RP 227 (1612), Fol. 2 v & 6 v und RP 228 (1613), Fol. 53 r. Im Jahr 1609 geriet ein Lebkuchenbäcker für ähnliche Ursachen in den Fischerturm. (StadtA: RP 224 (1609), Fol. 155 v).

Im Fall des Händlers Bernhard Hiendl im Februar 1608 beschließ der Rat, dass man *„seinen weib zuzesprechen* (müsse), *dass sie vnd er bösser miteinander hausen“* sollten. Deshalb solle man eine *„publica proclamata vber jne angeschlagen vnd maniglich vor jne mit contracten gewarnet sein, jtem er soll alle vollmachende getranckhe zuvermeiden“*. Bald wurde das Urteil allerdings zurückgenommen: Man wollte die *publica proclamata* doch nicht vollziehen, und nur das „Vollsaufen“ wurde verboten. Nach ein paar Wochen klagte die Frau des Hiendls allerdings gegen ihren Mann wegen dessen Grobheit. Die Behandlung dieser Klage dauerte fast einen Monat, so dass der Angeklagte insgesamt anderthalb bis zwei Monate im Gefängnis verbrachte. Anfang Mai 1608 wurde Bernhard Hiendl für *„publici pro prodigo erclärtt“* und in Ketten nach Hause geschickt.[691] Da jedermann nun durch eine öffentliche Bekanntmachung vor dem Verkehr mit ihm gewarnt wurde, war seine Vertrauenswürdigkeit ernstlich in Frage gestellt. Für sein Amt und seine Ehre als Händler hatte eine solche Strafe ohne Zweifel schwerwiegende Folgen. Der lateinische Begriff *prodigus* zielt u. a. ab auf „Verschwender“, wobei es sich vermutlich um die juristische Bezeichnung für „Übelhauser“ handelt. Der Begriff verweist zudem auf aus Alkoholmissbrauch entstandene Streitsucht.

Als dem vorbestraften Hofriemer Hans Welsch im Sommer 1609 nach anderthalb Monaten die Ketten erlassen wurden, wurde ihm Stadtverweis angedroht und darauf verwiesen, dass *„er sein alte weib so übl halte“*. Die letzte Anmerkung des Unterrichters zu diesem Fall weist darauf hin, dass alle Maßnahmen für dem Bestraften gegenüber fruchtlos geblieben waren: *„nota. jst in rath als voll erschinen, do er vmb erledigung hatt angehalten“*. Im Herbst 1613 wurden Hans Welsch und seine Frau wieder erwähnt: Die beide waren zu einem unbekannten Zeitpunkt aus der Stadt geschafft worden. Diesmal standen beide Eheleute vor Gericht. Nach dem Vermerk vom 4. Oktober erhielten sie die Erlaubnis, wieder in München zu wohnen. Einige Ratsherren und der Unterrichter wurden verpflichtet, der Frau zu sagen, dass sie mit ihrem Mann „ehelich hausen sollte“. Es zeigte sich aber, dass „die blinde Riemerin“ nicht mehr an der Ehe festhalten wollte. Sie wurde deshalb nach Freising verwiesen, damit sie *„ein talleranz bringen* (würde), *jr sei vergantt singularites zuwohnen“*.[692]

---

691 StadtA: RP 223 (1608), Fol. 49 r, 53 v, 67 r, 77 r, 83 v & 93 r.
Im Jahr 1611 wurde in ähnlicher Weise wegen eines „Übelhausers“ beschlossen, dass *„man solte seines verschwendlichen lebens halber über jne publica edicta anschlagen, dass er ein prodigus sei“*. (StadtA: RP 226 (1611), Fol. 109 r).

692 StadtA: RP 224 (1609), Fol. 112 v, 123 r & 144 v und RP 228 (1613), Fol. 202 r, 211 r & 238 v.
Der in den Münchner Protokollen nachzuweisende Begriff „Toleranz” meint eine Genehmigung, mit der von kirchlicher oder weltlicher Obrigkeit gewisse Rechte zugelassen wurden. Einer Frau konnte damit z. B. getrenntes eheliches Wohnen „toleriert“ werden,

Die ehelichen Auseinandersetzungen endeten mitunter in der buchstäblichen Auflösung des gemeinsamen Besitzes, wenn die Gatten ihre Wertsachen aus dem Haus schafften. Dabei handelte es sich u. a. um Gegenstände wie Betten, Bettwäsche, Töpfe, Geschirr und Pfannen, die die Frau als Mitgift in die Ehe mitgebracht hatte.[693] Im Jahr 1618 wurde ein ehemaliger Bote im Malefizgericht zur zweiwöchigen Kettenstrafe verurteilt und es wurde ihm angedroht, man wolle ihm bei Rückfall *„die zunge ab dem pranger stutzen"*. Man fragte ihn, warum er nicht mehr arbeite, seine Frau übel schlage, Gott lästere, übermäßig esse und trinke und neulich noch „Kissen und Polster durch das Fenster geworfen habe". Der Angeklagte erklärte, dass er betrunken und zornig gegen seine Frau und Töchter war, weil diese *„jme das andere aus dem haus hinwegg nemmen"* wollten. Deswegen hätte er geflucht und gedacht, sie sollten auch die Kissen haben. Er versprach, sich künftig besser zu verhalten und behauptete nahezu heuchlerisch, er ginge an allen Feiertagen in die Kirche. Außerdem schlage er seine Frau nicht so oft, sondern „nur wenn sie ihm Ursache gibt".[694] Es scheint auch die Sichtweise des Rats gewesen zu sein, dass gewisse Handlungen der Ehefrau es rechtfertigten, gegen sie Gewalt anzuwenden.

---

wenn sie *„bei jrem mann nit hausen"* wollte. Der Rat konnte der Ehefrau auch befehlen, sie sollte *„mit jren männern hausen, oder von der statt ziehen"*. Auch wenn eine Scheidung in der Realität unmöglich war, konnte die Frau über den Klageweg gegen den eigenen Mann das unerwünschte Zusammenleben beenden. Dabei wurden Trinksucht und Gewalttätigkeit als Vorwand benutzt, obwohl die eigentliche Ursache woanders lag. Manche Frauen waren mit ihren Bitten erfolgreich. Im Jahr 1618 behauptete die Ehefrau eines Kupferschmiedes, ihr Mann trinke zu viel und würde sie „übel traktieren". Er wurde daher der Stadt verwiesen, nach drei Monaten jedoch begnadigt. Dabei wurde ihm ewiger Stadtverweis angedroht, falls er *„nit alsbalden sich zu der arbaitt halten vnnd sein bueberey lassen"* würde. (StadtA: RP 219 (1604), Fol. 196 r, RP 228 (1613), Fol. 12 v und RP 233 (1618), Fol. 89 r, 145 r & 112 v).

Das katholische, kanonische Recht kannte keine wirkliche Ehescheidung, sondern nur die *separatio quoad thorum et mensam*, d. h. die Aufhebung der ehelichen Gemeinschaft, ohne dass einer der Gatten wieder heiraten darf. (Quanter: Die Sittlichkeitsverbrechen 1911, 79-80).

Perneder weist darauf hin, dass die Ehefrau kann gegen ihren ehebrecherischen Mann klagen und sie können durch Rechtsentscheidung *„zu bett vnd tisch von ainander geschyden"* werden. (Perneder: Von Straff unnd Peen 1544, X v).

693 Roper: Das fromme Haus 1999, 149.

Im Jahr 1600 geriet ein Ehemann in den Turm, weil er seine Frau aus dem Haus gestoßen und ihre Kleider genommen hatte. Im Verhör sagte er: *„er wolle sie nit haben, wan man jme jhr gellt nit wolle volgen lassen"*. (StadtA: RP 215/2 (1600), Fol. 106 v). Angeblich ging es um das Vermögen der Frau, das der Ehemann lieber im Wirtshaus hätte ausgeben wollen. Sonst wollte er nicht in der Ehe bleiben.

694 StadtA: RP 233 (1618), Fol. 157 r & 163 r und SG MP 866/11 (1618), Fol. 69 r-69 v.

Neben dem Begriff „Übelhausen“ findet man in den Protokollbüchern auch den Tatbestand des „übles Traktieren“.[695] Damit wird drohendes Benehmen und oft auch verbale Gewalt gegenüber Gatten, Familienmitgliedern oder anderen Mitmenschen bezeichnet. Da die Details der Vorkommnisse in den Vermerken oft unklar bleiben, kann man nicht mit Sicherheit sagen, eine wie große Rolle die körperliche Gewalt dabei spielte. Im Jahr 1600 wurde einem Wagner vorgeworfen, er hätte seine Schwester „so übel traktiert, dass diese vor ihm nicht sicher sein konnte”. Aus denselben Gründen hatte sein Schwager das Haus verlassen müssen. Angeblich wegen dieser Ereignisse hatte der Wagner gedroht, dass er *„jme die gürgl selber werde in der küchl mit dem prichl anschneiden, sich wolle selber henckhen“*. So weit kam es aber nicht. Nach vier Jahren wurde derselbe Wagner wieder aus der Schergenstube entlassen, *„darein er seiner unhauslichait wegen gelegt worden“* war, und es wurden ihm alle Alkoholgetränke verboten.[696]

In den meisten Fällen von Alkoholdelikte scheint es sich um alkoholabhängige Menschen gehandelt zu haben, um Individuen, die keinen Alkohol vertrugen, sondern infolge ihrer Trunkenheit tatsächlich ihren Verstand verloren. Sie wurden beispielsweise als „einen unhilfflichen Mann“ bezeichnet. Es fällt deshalb besonders schwer zu glauben, dass obrigkeitliche Strafmaßnahmen hätten häusliche Streitigkeiten oder andere aus übermäßigem Alkoholkonsum entstandenen Probleme beenden können. Es entsprach allerdings der Zeit, dass diese Menschen bestraft und nicht therapiert wurden.

Streitsüchtige Alkoholikerinnen

Bei der überwiegenden Mehrzahl der Münchner Alkohol- und Gewaltdelikte handelte es sich bei den Angeklagten um Männer, die unter einem chronischen Alkoholproblem zu leiden schienen. In den Vermerken ist ihre Anzahl so dominant, dass die Existenz weiblicher Kriminalität dieser Art leicht in Vergessenheit gerät. Roper deutet darauf hin, dass die Trunkenheit der Frauen als äußerst schwerwiegendes Vergehen galt und trunksüchtige Frauen sozial geächtet wurden. Bei den wenigen Fällen der weiblichen Alkoholkriminalität in Augsburg

695 Im Jahr 1596 wurde ein Münchner wegen „übles Traktieren“ seiner Frau für ein Jahr in den Krieg nach Ungarn geschickt. Seine schwangere Frau blieb in München und bekam eine Summe von 15 Gulden als Unterstützung von der Stadt. (StadtA: RP 211 (1596), Fol. 17 v, 23 r & 53 v).

696 StadtA: RP 215/2 (1600), Fol. 94 v, RP 219 (1604), Fol. 230 v und RP 228 (1613), Fol. 117 v.

wurde auch deutlich, dass die Frauen, anders als die Männer, nicht in Gesellschaft tranken.[697] Die von mir durchgesehenen Quellen erlauben kaum Aussagen darüber, wo und mit wem Frauen in München tranken.[698] Mir scheint es aber, dass ihre Alkoholverbrechen nicht in gleichem Maße ernst wie die der Männer genommen wurden. Längere Hinweise auf Rechtsprozesse fehlen und weibliches Trinken scheint bei den Ratsmännern keinen besonderen Ärger hervorgerufen zu haben. Jedoch gab es Frauen, die sich „männlich" benahmen: Sie betranken sich, sie sprachen Grobheiten und sie waren gewalttätig.

Oft ging es um die Ehefrauen der Trinker. Wenn eine solche Frau vor Gericht geriet, spielte sie in den Vermerken in der Regel nur eine Nebenrolle oder aber sie wurde primär wegen ihrer „bösen Zunge", nicht aber wegen ihres Alkoholkonsums getadelt. Die Ehre der Frau scheint wegen bloßen Trinkens nicht besonders in Gefahr geraten zu sein. Gerade weil weibliches Fehlverhalten dieser Art so selten vorkam bzw. verfolgt wurde, sind die wenigen Fälle, die man hat, wichtig – auch wenn die Frau darin nur kurz erwähnt wird. In vielen Fällen versuchte der Rat, die Trunksucht der Ehemänner mehrmals einzuschränken. Es wurde etwa notiert: „(es) *befündet sich, daß er alles wass er hab, versauff*". Weil Haft und Alkoholverbot keinen Erfolg brachten, wurden die Männer zur Kettenstrafe verurteilt. Es folgten das Schreiben auf die Tafel, die Stadtverweisung und bald auch die Begnadigung. Bei diesem Bündel an Strafen und Anklagen gegen die Männer wurden ihre Frauen oft nur ein Mal erwähnt. Man tadelte sie wegen ihres heftigen Fluchens und stellte fest, sie wären „*gar rösch jm maul*". Gewöhnlich wurden beide Eheleute aufgefordert, sie sollten künftig miteinander „*eerlich hausen*".[699]

Da diese Ehen ins Zentrum der Verdächtigungen geraten waren, ist es kein Zufall, dass das Benehmen der Frau eines Problemtrinkers von dem Rat sorgsamer beobachtet wurde. Die Frau hatte unter dem schlechten Namen des Mannes zu leiden, und sie blieb davon kaum unbeschadet. Man gewinnt auch den Eindruck, dass die Ehefrauen für die Verbrechen ihrer Männer tatsächlich mitverantwortlich gemacht wurden: Sie hätten sie mit ihrer Verbalgewalt provoziert. Vielleicht ähnelten die Gatten und ihre Lebensweisen einander wirklich. Manche Männer schienen ihre Stellung vor dem Rat zu verbessern zu suchen, indem sie vorgaben, das Benehmen ihrer Frauen zu verabscheuen. Im Jahr 1617 wurde ein

697 Roper: Das fromme Haus 1999, 158-159.

698 Im Bereich von Sexualdelikten lassen sich allerdings mehrere Fälle nachweisen, in denen Alkohol eine Rolle spielte. Da haben Frauen häufig in Privathäusern sowohl mit weiblichen als auch mit männlichen Bekannten getrunken.

699 StadtA: RP 215/2 (1600), Fol. 201 r, RP 224 (1609), Fol. 92 r, 95 v, 103 v, 105 r, 123 v, 124 r-124 v, 168 r, 236 v & 264 r und RP 227 (1612), Fol. 92 v, 104 v, 134 r-134 v, 162 v, 187 v & 188 v.

Schuster verhaftet, der die gegen ihn erhobene Klage keinesfalls gestehen wollte. Er beharrte, er ernähre sich mit seinem Handwerk und gelte deshalb nicht als ein „Übelhauser". Hingegen behauptete er, dass „*sein weib sey wol ein hefftiges weib*", die gräulich fluche und ihren Mann schlüge. Nur deswegen, erklärte der Schuster, hätte er sie am Kopf geschlagen.[700] Die Gewalt des Mannes gegenüber der Frau wurde bagatellisiert, besonders dann, wenn die Frau selbst wegen Trinkens, Gewalttätigkeit oder „böser Zunge" angeschuldigt wurde.

Manchmal klagten Ehemänner selbst gegen ihre eigene trunksüchtige Frau. Ganz ähnlich wie in den meisten Fällen bei den Männern, sagte man, dass die Frau sich „übel benimmt" oder „*lasse alles durch die gurgl lauffen*".[701] Kurz vor Weihnachten 1596 klagte der Ehemann der „versoffenen Ostermayrin" gegen seine Hausfrau. Er behauptete, dass sie „*mit jme nit mer hausen woll, sei täglich vol, zuckh wider jne alle waffen*" und Messer. Die Frau geriet in die Schergenstube. Es ist nicht auszuschließen, dass sie sich scheiden lassen oder ihren Mann verhöhnen wollte, weil sie behauptete: „*der mann sei impotent*".[702] Nach dem Protokoll wurde die Virilität des Ehemannes weder anerkannt noch bestritten. Es ist zu vermuten, dass die Frau ohne eine eigentliche Strafe erleiden zu müssen, später entlassen und die Ehe fortgesetzt wurde.

Im Oktober 1617 wurden der Brauer Dionysius Lamparter und seine Ehefrau auf ihr „*vnordenliches hauswesen*", ständiges Trinken und ihr „böses Maul" verwiesen. Beiden wurde mit der Schrägenstrafe gedroht. Dionysius Lamparter wurde später tatsächlich auf die Schrägen gestellt und musste danach die „*schöllen oder compedibus*" tragen. Es sind aber keine Hinweise auf die vollzogene Schrägenstrafe seiner Frau zu finden. Im darauf folgenden Herbst gerieten die Gatten erneut vor den Rat, weil der Brauer seine Frau „*so übl geschlagen, jtem das sie sich also voll gesoffen, jtem der alte Lamparter hatt sein schnur gehabt, das der son desto mehr schlagen khünde*". Der Vater von Dionysius wurde auf den Turm und die zwei Eheleute in die Schergenstube gebracht.[703] Die Quellen erzählen nicht, ob Dionysius Lamparter seine Frau wegen ihrer Trunkenheit zu züchtigen versuchte, vielleicht um Schwierigkeiten mit den Beamten zu vermeiden, oder ob es sich um andere Streitigkeiten handelte. Dass der alte Lamparter seinem Sohn ei-

700 StadtA: SG MP 866/10 (1616/1617), Fol. 183 v.

701 StadtA: RP 228 (1613), Fol. 100 r.

702 StadtA: RP 211 (1596), Fol. 243 v. Das spätmittelalterliche Oberbayerische Landerecht kannte eine Regelung hinsichtlich Scheidung wegen Impotenz. Wurde eine Ehefrau rechtmäßig von ihrem Ehemann geschieden, weil er ihr ehelich nicht beiwohnen konnte, sollte er ihr alles das zurückgeben, was er ihr zur Morgengabe gegeben und was sie als Mitgift in die Ehe eingebracht hatte. (Schlosser: Juristischer Kommentar 2000, 254, Schwab: Edition 2000, 93, Oberbayerisches Landrecht Artikel 105).

703 StadtA: RP 232 (1617), Fol. 225 r & 227 v und RP 233 (1618), Fol. 191 r.

nen Riemen reichte, um ihm beim Schlagen zu helfen, wurde vom Rat zumindest missbilligt, da auch er verhaftet wurde. Das Trinken und Fluchen von der Frau des Lamparter dagegen wurde nicht mehr erwähnt.

Wegen der geringen Anzahl der Vermerke über betrunkene Frauen ist es schwierig, genauere Hypothesen hinsichtlich ihrer Bestrafung aufzustellen. Oft wurden die Trinkerinnen nur auf ihr Fehlverhalten aufmerksam gemacht oder mit Strafen bedroht. Strafen, zu denen männliche Trinker häufig verurteilt wurden, waren bei den Frauen selten, aber nicht gänzlich unbekannt. Als die Frau des Schlegels im Jahr 1600 „*auf ein gwelb gelegt*" wurde, ordnete der Rat an, dass zusätzlich eine schriftliche Auskunft über ihr Trinken eingeholt werden solle. Sie sollte versprechen, jegliche Alkohol zu meiden. Im Jahr 1618 wurden der Hausfrau eines Dieners nach einer kurzen Haftzeit in der Schergenstube gleichfalls alle alkoholischen Getränke verboten und es wurde ihr mit der Stadtverweisung gedroht. Vermerkt wurde auch, dass sie alle wegen ihres Trinkens entstandenen Schulden zu bezahlen habe.[704] Derartige Alkoholverbote und Selbstverpflichtungen sind sonst nur bei den Männern nachweisbar. Tafel, öffentliche Abbitte und Schrägen wurden innerhalb des Untersuchungszeitraums bei Alkoholverbrechen von Frauen überhaupt nicht verhängt, die Kettenstrafe nur einmal. Da Frauen auch nicht in den Krieg geschickt werden konnten, blieb die Verweisung eine bevorzugte Strafmöglichkeit.

Im März 1600 klagte ein Mann gegen Margaretha Trapmanspergerin, die erst jüngst und wahrscheinlich wegen ihrer Trunksucht vor der Kirche gestanden hatte. Sein Verhältnis gegenüber der angeklagten Frau ist nicht klar ersichtlich. Er behauptete, dass „*die sauff so starckh als vor*" und dass sie ihm gesagt hätte, „*sie wolt dass sein haus verbrent were*". Er bat den Rat, diese Frau aus der Stadt zu schaffen, was auch geschah. Im Sommer 1604 wurde eine vorbestrafte Schreinerin der Stadt verwiesen. Dies passierte „*wegen jren versoffnen weiß vnd das sie ein junger mensch zur verschwendung vnd sauffen*" verführt hatte.[705] Bei diesen Frauen wurden, wie auch sonst, keine Fürbitten protokolliert und so blieb es bei dem Beschluss der Verweisung. Keine Vermerke zeugen davon, ob sie sich vor dem Rat entschuldigt oder verteidigt haben. Es bleibt jedoch unzweifelhaft, dass diese Frauen in gleicher Weise wie die Männer, die wegen ihrem Trinkens angeklagt wurden, tatsächlich häufig Alkohol konsumierten und sogar als alkoholsüchtig zu betrachten sind.

---

704 StadtA: RP 215/1 (1600), Fol. 141 v und RP 233 (1618), Fol. 213 r. So wurde z. B. Monica Zueberin im Jahr 1618 „*auf ihr tägliches Saufen ernstlich verwiesen*". (StadtA: RP 233 (1618), Fol. 85 v-86 r).

705 StadtA: RP 215/1 (1600), Fol. 135 v & 141 v und RP 219 (1604), Fol. 132 r.

Die Dosis des konsumierten Genussmittels wurde in der Regel nicht protokolliert. Es wurde auch nur selten notiert, ob es sich um Wein, Bier oder Branntwein handelte. Kurz vor Weihnachten im Jahr 1618 wurde allerdings ein besonderer Fall eines weiblichen Alkoholdelikts vermerkt: *„Regina Hueberin jres versoffnen wandels halben, die den tag 16 maß birs sauff, der khöttin erlassen“*.[706] Die Menge des getrunkenen Alkohols ist bemerkenswert. In den Kammerrechnungen wurde bei den Wein- und Biermaßen zunächst ausschließlich die „Kanne“ als Maß verwendet und als kleinerer Teil das „Trinken“. Ab 1540 herrscht in den Einträgen der Ausdruck „Maß“ vor. Eine Kanne entsprach zwei Maß bzw. vier Trinken. Wie auch heutzutage, konnte die bayerische Biermaß in 1,069 Liter umgerechnet werden.[707] So hätte die Regina Hueberin an einem Tag circa 17 Liter Bier getrunken. Wenn auch der Alkoholgehalt nicht sehr hoch war, ist dies eine erstaunliche Menge Flüssigkeit für einen Menschen. Außerdem ist dieser Vermerk wichtig, weil er beweist, dass auch Trinkerinnen mit Ketten bestraft werden konnten. Es wird nicht ersichtlich, ob es sich um die Ankettung in der Schergenstube oder um die öffentliche Kettenstrafe handelte, aber das Gehen in Ketten scheint wahrscheinlicher.

Dass man seit Mitte des 16. Jahrhunderts häufiger die größere Einheit für eine Portion Alkohol benutzte, also die „Maß“ statt des „Trinken“, könnte auch ein Hinweis auf eine Zunahme des Alkoholkonsums sein. Bei der Bestrafung der gesamten Alkoholkriminalität des späten 16. und des frühen 17. Jahrhunderts geht es einerseits um den tatsächlich zugenommenen Alkoholkonsum, andererseits auch um die steigende Verfolgung der Alkoholdelikte. Am Ende des 16. Jahrhunderts waren Selbstverpflichtung, Alkoholverbot und Proskription schon die Regel, Ausweisungen und verschiedene härtere Schandstrafen wurden häufiger vollzogen und man drohte mit immer schwereren Strafen. Auch Frauen wurden bestraft.

Bedrohliches Benehmen und Misshandlungen

Geringfügige Gewalttaten wie auch Unruhen waren häufig Folgen übermäßigen Trinkens bzw. sie wurden dann ausgelöst, wenn beide Parteien oder einer der Täter unter Alkoholeinfluss stand. Derartige Streitigkeiten wurden oft mit dem Begriff „Rumor“ beschrieben. Das lateinische Lehnwort *rumor* war schon im Spätmittelalter bekannt. Damit bezeichnete man Ereignisse, die Lärm, Tumult, Raufhändel, Schlägerei, Volksauflauf und Aufruhr beinhalteten. Demzufolge war der

706 StadtA: RP 233 (1618), Fol. 265 v.

707 Elsas: Umriss einer Geschichte der Preise und Löhne 1936, 139-140. Eimer = 60/64 Maß.

„Rumorer“ eine Person, der die öffentliche Ruhe störte, und „rumoren“ bedeutete eine Schlägerei usw. anzufangen.[708] In München standen die Rumorfälle eigentlich unter der Gerichtsbarkeit des Oberrichters, wurden aber zum Teil auch in der Unterrichterserie protokolliert.[709] In den Vermerken scheint es sich bei „Rumor“ um eine Gewalttat gehandelt zu haben, die nicht sehr drastisch war und keine schwere körperlichen Schäden verursachte. In solchen Schlägereien spielten die mündlichen Injurien häufig eine Nebenrolle.

In den Ratsvermerken zu den Rumordelikten scheinen kurze Haftstrafen im Turm oder in der Schergenstube am häufigsten gewesen zu sein.[710] In seinem satirischen Stil riet Dedekind dem wegen „Rumoren“ auf dem Turm geworfenen Grobianer, dass er seine Haftzeit unter dem Gesichtspunkt des Ausruhens betrachten solle. Die bescheidene Nahrung sei auch von Vorteil: „*vnd haltest drinn ein fein diet, darinn ein stück der gsundtheit steht*“. Dem Grobianer biete das Gefängnis Schutz vor Regen und Kälte. Wenn er eines Tages entlassen werde, sei er nur durstiger geworden: „*wo du dann kompst herauß ein mol, o wie schmackt dir der wein so wol: so sauff dich dann als bald voll wein, so legt man dich gleich wider ein*“.[711] Der Grobianer lerne nichts aus seinen Verfehlungen. Dedekind beschreibt so genau den Ablauf von Geschehnissen, die dem Leser aus den Protokollvermerken bekannt sind. Wurde die Trunkenheit als hauptsächlicher Grund des „Rumorens“ erkannt, so wurde der Verbrecher häufig mit

---

708 Siehe Grimm & Grimm: Deutsches Wörterbuch und Schmeller: Bayerisches Wörterbuch, Stichwort Rumor. Interessanterweise kann Rumor auch die Bedeutung von öffentlichem Geschrei, Gerücht tragen. Diese kommt in deutscher Sprache allerdings selten vor (vgl. das Englische „rumour“ und Französische „rumeur“).

709 Im Jahr 1596 wurde ein Mann aus dem Gefängnis erlassen und „*die weitere handlung an herrn stadtoberrichter demendiert, weil es eine rumorsache war*“. Im Jahr 1617 scheint sich der Rat wegen zwei „Rumorer“, die im Hof arbeiteten, verärgert zu haben. Beide waren Münchner Bürger, weshalb „*der handl nit zu hof sondern vor der burgerlichen oberkhaitt sollte ausgetragen werden*“. (StadtA: RP 211 (1596), Fol. 66 v und RP 232 (1617), Fol. 244 v).
Bei einem Rumorfall im Jahr 1600 wurde der Oberrichter von den übrigen Ratsmännern kritisiert, weil er die vorigen Verbrechen des Angeklagten nicht vor Gericht gebracht hatte. Der Rat hätte die Verfehlungen dieses Hausknechtes schon früher besprechen wollen. Der „grobe Knecht“ war von dem Oberrichter zu zehn Tagen Schergenstube verurteilt worden, weil dieser schon „*zuuor öffter gerumort*“ hatte. Der Oberrichter meinte, dass es „*helff khain straff ann jme*“. (StadtA: RP 215/1 (1600), Fol. 99 r).
Die kurzen Vermerke beinhalteten oft nur die Information, dass der Angeklagte aus dem Turm oder aus der Schergenstube entlassen wurde, wo er wegen „Rumor“ gelegen hatte. (StadtA: RP 215/1 (1600), Fol. 60 r und RP 219 (1604), Fol. 25 r & 232 r).

710 Als ein Mann namens Hans Albl im Jahr 1600 die Schergenstube verließ, wurde dabei notiert, er hätte da „wegen Rumoren lange innegelegt“. (StadtA: RP 215/1 (1600), Fol. 77 r). Dies meint wohl länger als eine Woche, womit es eher eine Ausnahme darstellt.

711 Dedekind: Grobianus 1551, 113-114.

Selbstverpflichtung oder Proskription, mit Alkoholverbot oder mit anderen für Trinker bestimmten Strafen bestraft.[712]

Während viele verschiedene Gewalttätigkeiten unter Alkoholeinfluss begangen wurden, war der Tatort entsprechend häufig in der Nähe von Schankwirtschaften. So auch im Fall eines Metzgers, der im Jahr 1604 einen Bauern vor der Trinkstube *„bezechter weiß mit blossem messer vnd erhebten stichen überlassen“* hatte.[713] Wirte oder andere Personen, die beruflich mit Alkohol zu tun hatten, waren häufig Ziel der unter Alkoholeinfluss angefangenen Gewalttätigkeiten. Im Mai 1600 wartete ein junger Mann, der den Stadtbräumeister „an Leibe und Leben“ bedroht hatte, im Gefängnis in Ketten auf sein Urteil. Im Rat wurde überlegt, ob man ihn in den Türkenkrieg schicken solle. Der Gefangene versprach, sich zu bessern und künftig zu arbeiten. Schließlich wurde der Vater aufgefordert, er solle selbst seinen Sohn fortschicken.[714] So wurde er nicht mit Ruten geschlagen und auch nicht öffentlich ausgeführt. Nicht nur in diesem Fall, auch allgemein scheinen die Schand- und Ehrenstrafen bei den bloßen Gewalturteilungen seltener gewesen, besonders dann, wenn der Tat der schändliche Charakter fehlte. Die Teilnahme am Türkenkrieg dagegen bildete eine relativ häufige Sanktion.

Neben den Schankwirten waren auch Leute, die sich beruflich nachts in der Stadt aufhalten mussten, diesen besonderen Gefährdungen ausgesetzt: Sie gerieten oft in Auseinandersetzungen mit Betrunkenen. Die Ratsprotokolle zeigen mehrere Fälle, in denen Stadtsperrer, Wächter und auch fürstliche Diener verspottet, geschlagen und schikaniert wurden. So wurden kurz nach Weihnachten 1615 der „Herr Weiler der Jüngere“ und ein ehemaliger Augustinermönch wegen „nächtliches Rumors“ in den Turm geschafft. Sie hatten einen Wächter geschädigt und sich auch sonst „gefährlich und übel verhalten“.[715] Auch andere Beamte hatten gelegentlich unter Wutanfällen von Bürgern zu leiden. Ein

---

712 Siehe beispielsweise StadtA: RP 228 (1613), Fol. 56 r & 74 r.

713 StadtA: RP 219 (1604), Fol. 40 v.
Liliequist weist darauf hin, dass das Trinken ein wichtiges Ritual voll symbolischer Bedeutungen war. Das Nichtbeachten der sozialen Trinkregeln konnte den Unkundigen in Schwierigkeiten bringen. Weigerte man sich etwa mit jemandem zu trinken oder entleerte man seinen Krug nicht richtig, wurde dies leicht als Beleidigung wahrgenommen. Viele Konflikte fanden also nicht nur deshalb in den Trinksituationen statt, weil sich Betrunkene hemmungslos oder gewalttätig benommen hätten. (Liliequist: Violence, Honour and Manliness1999, 196).

714 StadtA: RP 215/1 (1600), Fol. 213 v & 241 v.
Wenn eine „Rumorer“ zum ersten Mal vor dem Rat stand, konnte er statt Pranger zur öffentlichen Ausführung verurteilt werden. (StadtA: RP 215/1 (1600), Fol. 99 r).

715 StadtA: RP 230 (1615), Fol. 247 r. Siehe auch RP 219 (1604), Fol. 182 v, 247 v, 251 r & 258 v.

Brauer geriet in die Schergenstube wegen seiner *„bezechter weiß begangner grobhaitt“*. Er hatte sich gegen den Bürgermeister *„gar grob gehalten vnd sich gefärlich vnd widersessig erzaigt“*. Ein Jäger, den der Bettelrichter zwei Mal „als Faulenzer“ eingesperrt hatte, hatte ihn dabei *„übl khrazt“*. Deshalb wurde er auch peinlich verhört.[716]

Bei den hier durchgesehenen Ratsvermerken ist nur ein einziges Mal eine Frau nachzuweisen, die primär wegen ihrer Gewalttätigkeit vor den Rat geriet: Im Jahr 1604 wurde eine Schreinerin in die Schergenstube gebracht, weil sie *„hat jr stieffkhindl was 2 jareg verbarmlich geschlagen, soll auf die schrägen gestelt vnd volgents wider nach haus gelassen werden“*. Allerdings ergänzte der Schreiber später: *„jst hernach geandert, soll auff dem platz vnd nit auff die schragen gestellt werden“*.[717] Man wird diese Urteilsänderung als Strafmilderung zu betrachten haben – auch wenn keine Gründe bzw. Fürbitten erwähnt wurden. Sie stärkt den Eindruck, dass die Schrägenstrafe, wenngleich nicht infamierend, schändlicher empfunden wurde als bloßes „auf den Platz stellen“. Männer, die wegen geringfügigen Gewaltdelikten und „Rumoren“ angeklagt wurden, sind hauptsächlich zu den niederen und mittleren Gesellschaftsschichten zu zählen. Sie waren Diener, Knechte und Handwerker. Allerdings können auch andere Täterprofile konstruiert werden.

Im Spätsommer 1600 referierte der Bürgermeister, dass „ein Scholar sich rumorisch auf den Gassen verhalten hatte“. Er wurde aus der Schergenstube *„in die studentenfenckhnus“* eingeführt, in das man auch Bettler einsperrte, und nach einer Woche aus der Stadt geschafft. Bei der Diskussion fasste der Rat den Beschluss, dass man ein besonderes *„fenckhnus pro studiosis“* einrichten solle. Der Bau eines Studentenarrestes wurde für nötig erachtet, da die Studenten immer wieder Probleme verursachten. In einem fürstlichen Befehl aus dem Jahr 1607 wegen der *„rumorischen münchner söhne zu Ingolstadt“* wurden deren Eltern ermahnt, besser auf die Jugendlichen zu achten. Der Rat beschloss, ein Schreiben an den Universitätsrektor in Ingoldstadt zu richten, damit er einige Münchner Studenten exmatrikulieren lasse. Im Juli 1609 wurde der Studiosus Abraham Plank für eine Woche auf den Fischerturm geschafft, weil er sich so übel in In-

---

716 StadtA: RP 228 (1613), Fol. 229 r & 231 r und RP 232 (1617), Fol. 44 r. Der Jäger sollte entsprechend seiner durch Folter erzwungenen Aussage entweder mit Stadt- oder Landesverweisung bestraft werden. Mit der Folter wollte man in diesem Fall anscheinend nicht das Verbrechen an sich, sondern eher dessen Schwere herauszufinden.

717 StadtA: RP 219 (1604), Fol. 127 v.
Als Akteure in den Konflikten traten in der Regel Männer auf, die oftmals das Bild hitziger und nahezu tollwütiger Gestalten abgaben. Fuchs stellt fest, dass dieses Image analog der männlichen Geschlechterehre, zuweilen verstärkt durch Statusaspekte, wurde in der frühneuzeitlichen Gesellschaft geradezu gepflegt wurde. (Fuchs: Um die Ehre 1999, 152).

golstadt verhalten hatte.[718] Inzwischen war es noch nicht zum Bau des beabsichtigten Studentengefängnisses gekommen.

Interesse verdient eine eher seltene Gruppe von „Rumorern", nämlich junge Männer, die mit ihren Eltern oder mit anderen Familienmitgliedern gewalttätig stritten. Im Jahr 1613 klagte ein Verlader gegen seinen Sohn, den 21-jährigen „Altist bei U.L. Frau". Er behauptete, dass dieser „*tag vnd nacht voll vnd tholl sei, vnnd wann er heimb khomb, jne sein vatter vnd muetter schlag vnnd also ybel rumore*". Der Sohn versprach künftiges Wohlverhalten. Er wurde entlassen und ihm wurden Wein und Bier verboten. Das Schlagen der Eltern kam nicht mehr zur Sprache. Vor Weihnachten 1615 wurden ein Tischler, seine Frau und sein Sohn wegen ihres Benehmens ermahnt. Man behauptete, dass „*das weib solte das tantlen underlassen*" oder man würde beide Eheleute für immer aus der Stadt verweisen. Der Sohn dagegen musste „*bis auff den heilligen tag in den springern gehen, weil er seine eltern geschlagen vnd vor herrn burgermeister nur das gespött daraus getriben*" hatte.[719] Die Belege erlauben keinen Hinweis darauf, ob das Schlagen der Eltern oder das Verspotten des Bürgermeisters für belastender gehalten wurde. Beide Verfehlungen galten als Verstöße gegenüber Personen, denen eine „natürliche" Autoritätsstellung gegenüber dem jungen Mann zukam.

Gelegentlich glückte es den Verwiesenen, zurück in die Stadt zu kommen. Ein Leinwebergesell, der seine Mutter geschlagen und auch sonst ungebührlich gehandelt hatte, wurde auf Fürbitte einer ledigen Frau begnadigt. Sie versicherte, ihn heiraten zu wollen und konnte den Rat so überzeugen. Ein anderer Mann dagegen wurde wegen ähnlicher Verfehlungen, Raufhändel und „grober Unhöflichkeit" gegenüber seinen Eltern für ein Jahr in den Türkenkrieg geschickt. Ein Italiener, der einen „*schedlichen rumor angefangen vnd ettliche geschedigt vnd in die kirche beim h. gaist gelauffen*" hatte, musste sich auf eine Wallfahrt begeben.[720] Vielleicht waren die beiden letzten privilegierte Männer, da sie nicht in den Springer geschlagen oder mit anderen Schandstrafen bestraft wurden. Besonders Gewaltverbrechen, die nicht unter Alkoholeinfluss begangen wurden, lassen manchmal die adelige Herkunft der Täter vermuten. Weil Geburt bzw.

---

718 StadtA: RP 215/2 (1600), Fol. 81 r & 93 r, RP 222 (1607), Fol. 146 r und RP 224 (1609), Fol. 145 r & 151 r. Siehe auch Schattenhofer: Das alte Rathaus 1972, 316.
Die Studenten scheinen die meisten Unruhen während des Sommers verursacht zu haben, wenn sie wegen der Unterrichtspause nach Hause kamen.

719 StadtA: SG MP 866/8 (1612/1614), Fol. 124 r-124 v, RP 230 (1615), Fol. 230 r-230 v und RP 232 (1617), Fol. 2 r.

720 StadtA: RP 211 (1596), Fol. 18 v, 59 v & 212 r und RP 215/1 (1600), Fol. 134 v. Vermutlich entfloh der Italiener gleich nach dem Rumor in die Kirche, um dort Rechtsschutz zu finden.

Stand allerdings nur selten protokolliert wurde, spielte dies bei der Urteilsprechung vermutlich eine weniger wichtige Rolle, als man bis jetzt gedacht hat.

Am 14. August 1613 wurde im Rat ein herzoglicher Befehl wegen einem „Herrn" namens Niclaus Bodin abgelesen. Der Herzog befahl, Informationen besonders darüber zu sammeln, wer Bodins Diener die Ohren abgeschnitten habe. Es ging um einen „Rumor" zwischen Bodin und dem Grafen von Portia, worüber der Herzog jetzt alles erfahren wollte. Deswegen war auch die Nachbarschaft in dem Stadtviertel Graggenau am Hof vorzuführen. Über zwei Tagen wurde das Verhör von mehreren Personen in dem Malefizprotokoll geführt. Eine Witwe behauptete, gesehen zu haben, wie Bodin und der junge Graf sich samt ihren Dienern zwischen sechs und sieben Uhr am Abend einander „im Winkel", d. h. heimlich trafen. Leider hatte sie aber nichts darüber erfahren, was passierte. Eine andere Witwe erzählte, dass Bodin dem Graf gesagt habe, dieser solle „*forth gehen*", worauf der Graf „*des Podins ross geschlagen*" hätte. Danach sei Bodin von seinem Pferd gesprungen, habe „*sein rassier*" genommen und „*die haben gegen ein ander geschlagen darauf*". Zwei weitere Frauen erzählten, wie der Kappelmeister Niclaus Hungerhaus dann einen großen Stein aushob, auf Bodin warf und gleich danach davon lief. Der Stein traf Bodin nicht, hätte ihn sonst aber sicher verletzt.[721]

Es folgt eine Reihe von Verhörsvermerken, ähnliche Geschichten und Aussagen von Nachbarn, die behaupteten, nichts gesehen oder gehört zu haben. Das Verfahren zeigt allerdings die Bedeutung und die damit verbundene Schwierigkeit für die Nachbarschaft und die sonstigen Zeugen im Verhör. Ob ein so komplizierter Rumorfall, in den mehrere Personen verwickelt waren und die Motive unbekannt geblieben sind, mit den damaligen Verhörmethoden und den unsicheren Zeugenaussagen rechtsmäßig geklärt werden konnte, muss man offen lassen. In den Vermerken liest man allerdings auch Einzelheiten der zum Ausbruch gekommenen körperlichen Gewalt: Ohren wurden abgeschnitten und Steine geworfen. Angeblich wurde der Fall Bodin weiter im Hofrat behandelt, weil weder im Ratsprotokoll noch im Malefizprotokoll davon mehr die Rede ist. In weiteren Beispielen können jedoch noch mehr Details bei Rumorfällen beobachtet werden.

Anfangs Dezember 1615 wird der Handschuhmacher Albrecht Paumgartner, der inhaftiert worden war, weil er mit seiner Mutter „gerumort" hatte, erstmals notiert.[722] Das mögliche Urteil wurde aber nicht niedergeschrieben. Am 30. Januar

721 StadtA: RP 228 (1613), Fol. 166 v und SG MP 866/8 (1612/1614), Fol. 177 v - 184 r.
722 StadtA: RP 230 (1615), Fol. 228 r.

des übernächsten Jahres geriet Paumgartner wieder in rechtliche Schwierigkeiten. Diesmal wurde der Prozess im Malefizprotokoll geführt, wobei der Schreiber mehrere Zeugenaussagen notierte. Dem Angeklagten wurde vorgeworfen, dass er in betrunkenem Zustand zwischen acht und neun Uhr abends eine Handschuhmacherin namens Pröbstlin verwundet habe. Paumgartner wollte dies nicht gestehen, und so wurde er zurück *„an sein gehorsam geführt"*. Sein Kollege Caspar Erttman erzählte, dass Albrecht Paumgartner vor dem Haus der Pröbstlin wartete, als er mit seiner Frau und der Pröbstlin am Vortag auf dem Heimweg war. Sie hätte ihn gefragt: *„Albrecht waß thust da"*, worauf Paumgartner sie sofort angriff und sie am Kopf übel verwundete. Regina, Caspars Hausfrau, bestätigte die Aussage ihres Mannes.[723]

Am nächsten Tag erzählte Geörg Schwerdtl den Verhörsherren, dass die Pröbstlin, Caspar und Regina am Sonntag zuvor bei ihm zum Nachtessen gewesen seien und nach dem Essen gemeinsam nach Hause gegangen wären. Als Geörg Schwerdtl von dem Angriff hörte, sei er *„alsbald aufgestanden vnd nur in hosen vnnd wammes"* dorthin gelaufen. Dann wäre Paumgartner ihm auf der Gasse entgegengekommen und habe gesagt: *„du alter gehenckhter dieb"*. Schwerdtl meinte, dass Paumgartner der Pröbstlin *„jrer arbeit halber feindt"* sei. Eine Zeugin behauptete, Paumgartner habe die Pröbstlin angeschrieen: *„du huer gehe hie wegg, oder jch heu dir ainem sligl vom leib hinweckh vnd erwirg dich wie ain khinndt"*. Catharina, die Dienerin Pröbstlins, half ihre Herrin hineinzutragen. Sie behauptete, gehört zu haben, dass Paumgartner den Schwerdtl *„du alter schelm"* nannte.[724]

Vielleicht wurde Geörg Schwerdtl vom Paumgartner sowohl als „gehenkter Dieb" wie auch als „alter Schelm" gescholten, wie es bei den männlichen Beleidigungen üblich war. Auch die dramatische Zeugenaussage über die Beleidigung der Pröbstlin passt zum Bild der üblichen Injurien und hat demzufolge wahrscheinlich nichts mit dem sexuellen Ruf des Opfers zu tun. Die neben körperlicher Gewalt benutzten ehrenrührigen Verbalinjurien und Drohungen spielten jedoch keine bedeutende Rolle bei der Urteilsfindung. Die Zeugenaussagen scheinen eine logische Reihe der Geschehnisse zu beschreiben und es gibt keinen sichtbaren Grund, diese zu bezweifeln. Paumgartner wirkt emotional erheb-

---

Im Mai des Jahres 1596 befindet sich der Vermerk, dass Matheus Paumgartner aus dem Gefängnis entlassen wurde. Er war wegen seines Rumorens und wegen Gotteslästerung nachts eingesperrt worden. (StadtA: RP 211 (1596), Fol. 73 v). Ob er mit Albrecht Paumgartner verwandt war oder ob es sich trotz des unterschiedlichen Vornamens um dieselbe Person handelt, kann bislang nicht entschieden werden. Derartige Ungenauigkeiten in der Protokollführung waren nicht außergewöhnlich.

723 StadtA: SG MP 866/10 (1616/1617), Fol. 137 r-138 r.

724 StadtA: SG MP 866/10 (1616/1617), Fol. 142 v-145 r.

lich erregt gewesen zu sein, vermutlich durch Alkoholeinfluss verstärkt, und soll „geplant" gehandelt haben. Den Bewegungsgründen des gewalttätigen Handschuhmachers wird im Protokoll allerdings keine Aufmerksamkeit geschenkt. Womöglich spielte, wie Geörg Schwerdtl behauptete, Neid im Zusammenhang mit dem ausgeübten Handwerk eine Rolle in diesem Fall.

Am 17. März 1617, nach anderthalb Monaten Haft, wurde Albrecht Paumgartner für ein Jahr „in den Krieg in einem Katholischen Regiment" verurteilt. Es wurde protokolliert, dass er „mit einem abgebrochenen Messer" die Handschuhmacherin übel im Gesicht verletzt hatte. Anfang September wurde er allerdings dank herzoglicher Fürbitte begnadigt und zurück in die Stadt gelassen. Dabei wurde ihm gedroht, auch bei kleinster Verfehlung gegenüber die Geschädigten oder eine andere Person mit wesentlich härteren Strafen rechnen zu müssen.[725] Dieser Fall zeigt deutlich, dass auch Handwerker – und nicht nur Angehörige des Adels – statt einer öffentlichen Strafe in den Krieg geschickt wurden. Er verstärkt zudem den Eindruck, dass bloße Gewalt oft nicht öffentlich und erniedrigend bestraft wurde.

Während der Angriff gegen die Handschuhmacherin ohne Zweifel als Körperverletzungen zu bewerten ist, waren Frauen gelegentlich auch das Objekt von Lästerungen, die nicht primär gegen ihre physische, sondern mehr gegen ihre weibliche bzw. sexuelle Ehre gerichtet waren.[726] Am 18. September 1615 bat das gesamte Schreinerhandwerk vergeblich für das Mitglied Andre Högele, den man auch „*Popele ob der straß*" nannte. Er hatte „*ob offentlichen strassen die weiber angeplezt vnd mit rutten gestrichen*" und damit „*ein solchen schröckh vnnder die leüth ob der strassen gemacht, dass die weiber schier nit mehr auff den marckht*" zu gehen wagten. Die Leute meinten, dass Andre Högele unter dem Teufelsbann stehe und ein Zauberer sei, der sich unsichtbar machen könne.[727] Der Fall besitzt einen recht ungewöhnlichen, ja skandalösen Charak-

---

725 StadtA: RP 232 (1617), Fol. 31 r, 66 r & 192 r.
Im Jahr 1617 wurden insgesamt neun Wächter wegen „Schlagen eines französischen Doktors" bestraft. Einige wurden mit einer Geldbuße, einige mit Gefängnisstrafe und einige mit der Schrägenstrafe bestraft. (StadtA: RP 232 (1617), Fol. 66 v-67 r & 80 r). Die unterschiedliche Verurteilung wird nicht begründet.

726 Im Jahr 1609 findet sich der Vermerk, nach dem ein Metzgerknecht einer Handwerkerstochter einen Haarzopf abgeschnitten habe. Ihm wurde befohlen, ihr Ersatz zu leisten. Vielleicht war die Tat als jugendlicher Spaß gemeint, wenn auch das Haarabschneiden einer Frau traditionell als ehrverletzend und schändlich betrachtet wurde. (StadtA: RP 224 (1609), Fol. 280 v).

727 StadtA: RP 230 (1615), Fol. 174 r-174 v. Nach dem Malefizprotokoll hatte Högele „die weibs personen ob offentlichen strass geschmiert". (StadtA: SG MP 866/9 (1615/1616), Fol. 150 v-151 r). Für die Begriffe „Streichen" und „Schmieren" im Zusammenhang mit Rutenstrafe siehe Kapitel III.

ter, nicht nur, weil ehrbare Frauen öffentlich gelästert und angegriffen wurden, sondern auch weil die Aktionen des Angeklagten an die schändliche Rutenstrafe erinnerten.

Der Spitzname Högeles passt zur Beschreibung seines Verhaltens im Protokoll. Nach dem Lexer bedeutet „popelen" sprudeln oder bullern, „poppe" dagegen wäre ein Schwelger bzw. ein Großsprecher. Högele verfügte anscheinend zumindest über ein sprudelndes Temperament, welches dann möglicherweise in Stresssituationen gewalttätige Züge annahm. Auch ein eher schwachsinniges Verhalten ist nicht auszuschließen, aber sicherlich spielte der Alkohol keine Rolle in diesem Fall. Andre Högele wurde vorgeworfen, dass er *„aus lauttem mutwillen"* Frauen belästige. Nach Ratsbeschluss wurde er für drei Monate *„die gassen jn compedibus zu khören condemniert"*. Dazu sollte er *„auf die schrägen gestellt vnd jme ein berueff gemacht werden"*. Die Strafen wurden unmittelbar vollstreckt. Er hatte ursprünglich bis zum 23. Dezember im Springer *„zu biesen"*, wurde aber 12 Tage früher erlassen.[728] Das Malefizprotokoll kommentierte den Fall Högeles beschlussfassend:

„do man nit die für jhne beschechne fürbitt, auch sein erlernet handtwerck wollte ansechen, guet fueg vnd vrsach hette, jne mit einer offentlichen leib vnd schandstraff abzefertigen, es will aber ein edler vesster wol wegen herr bürgermaister vnd rath alhie gehortter vrsachen halber die barmherzigkhait der scherpffe für zeihen, vnd jne mit diser offentlichen fürstöllung vnd das er noch darzue drey monat zu springen offentlich arbaiten soll, jme Hegele selbs zu wol verdiender straff vnd andern dergleichen muettwilligen gesellen zum abscheichen abfertigen lassen".[729]

Die gravierendsten Argumente gegen Andre Högele waren, dass er seine gewaltige Tat in größtmöglicher Öffentlichkeit, zudem am heiligen Sonntag und gegen ehrbare Frauen richtete. Die Verurteilung auf die Schrägen und das folgende Straßenkehren im Springer wurden statt schwererer Körperstrafe gewählt, weil der Verbrecher auf diese Weise für andere Bürger zum abschreckenden Beispiel wurde. Nach seiner Erlassung bat er, ihm *„ein schein zugeben, dass die straff des schragen, darob er seines muettwillens gestanden, nit infamiere, noch weniger die springer darin er ein viertl jer gangen."* Dies wurde ihm bewilligt.[730] Dieser Vermerk unterstreicht die Angst der Zeitgenossen vor ehrenrühri-

728 StadtA: RP 230 (1615), Fol. 178 r & 234 v.

729 StadtA: SG MP 866/9 (1615/1616), Fol. 150 v-151 r. Edel vest = übliche Titulatur von Bürgermeister und Rat.

730 StadtA: SG MP 866/9 (1615/1616), Fol. 150 v-151 r und RP 230 (1615), Fol. 237 v. Ob das Straßenkehren für einen Mann besonders erniedrigend war, wurde in den Protokollen nicht diskutiert. In dieser Zeit war die Sanktion des Straßenkehrens eher selten, später wurde es eine für Prostituierte übliche Strafe. Insofern ist nicht auszuschließen, dass sie also noch nicht mit weiblicher Unehre konnotiert wurde.

gen Strafen. Auf der anderen Seite war man sich nicht sicher, welche Sanktionen tatsächlich Ehrverlust bewirken würden bzw. man fürchtete, dass auch Schandstrafen infamierende Wirkung haben könnten. Schließlich offenbart die Bitte des Andre Högele aber hinreichend, dass dies nicht der Fall war: Schrägen und Springer waren de jure nicht infamierend.

2. Unehrlicher Lebensunterhalt

2.1 Diskriminierung durch Disziplinierung

In diesem Kapitel wird die Disziplinierung von verschiedenen Gruppierungen diskutiert, die ihren Lebensunterhalt nicht mit ehrlicher Arbeit verdienten oder, die die Berufsehre der eigenen Gruppe durch unehrliches Vorgehen in Frage stellten. Oft wurde ihre gesamte Lebensweise von der Obrigkeit kritisiert und ihre Handlungen wurden verfolgt. Demzufolge geht es auch um Diskriminierung von diesen Menschen. Es geht sowohl um unsesshafte und vagierende Außenseiter und arme Mitglieder der Unterschichten, die jedoch innerhalb der städtischen Gesellschaft lebten, als auch um Menschen, die primär wegen materieller Not Diebstahl begangen. Mit der Armut und Unsesshaftigkeit wurden viele negative Qualitäten verbunden: Bettelei, Betrügerei, Schwindelei, Gewalt, Unehrlichkeit, unchristliches und unsittsames Leben sowie Kriminalität im Allgemeinen. Aus der Sicht der Zünfte und Berufsehre musste man sich vor diesen negativen Eigenschaften hüten. So trägt auch der letzte Abschnitt über Betrug und Handwerksvergehen zum Thema des unehrlichen Lebensunterhalts bei.

Wie in ganz Europa, machte man sich seit dem späten 15. Jahrhundert auch in Bayern große Sorgen um diejenigen Menschengruppen, die wegen ihrer Unsesshaftigkeit und Armut von Ort zu Ort wanderten. Elend und Schutzlosigkeit bereiteten den Boden für eine wachsende gesellschaftliche Spaltung und Vorurteile gegen Fremde. Im Jahr 1516 wurde von den herzoglichen Brüdern Ludwig und Wilhelm ein Landgebot erlassen, in dem die Obrigkeit beraten und verpflichtet wurde, gegen „verdächtige Leute", u. a. Bettler, Müßiggänger, Musikanten, Zigeuner und Krämer, vorzugehen. Im Laufe des Jahrhunderts wurde dieses Landgebot öfters von Mandaten und Verordnungen ergänzt, die die rechtlichen Maßnahmen gegen diese Zielgruppen detaillierter definierten.[731] Traditionell wurde vagierenden Personen von den sesshaften Leuten Misstrauen entgegengebracht, auch wenn sie keine Kriminelle waren. Es wurde behauptet, sie beschwerten die

731 In der Vorrede des Landgebots deuten die Herzöge die *„manigerley sittliche vnd rechtmässige, auch nützliche vnd ersprießliche statut, satzung, ordnung, vnd lanndpot„* an, die ihre Vorväter früher gegeben hatten, die aber *„nach gelegennhait vnd gestalt der leüff etlich zeit here wenig gehalten, vnd zum tail in vergessenhait komen„* waren. Weil in Bayern also Mängel in der Durchführung der gegebenen Ordnungen bestanden, entschieden sich die Bayerischen Herzöge auf dem Landtag zu Ingolstadt am 14. April 1516, diese zu erneuern und zu verbessern und *“darzu noch mer newe vnd sonndere nützliche statut, ordnung vnd lanndpot zu gemainem nutz„* in einem Buch drucken lassen. (LO 1516, Fol. B vi v).

ehrbaren Untertanen und begingen Raub, Vergewaltigung, Todschlag und Mord.[732] So wurden die landesherrlichen Klagen über diese

> „vmblauffenden herrnlosen gartenden knecht vnnd vnbekanndte verdechtige leut, nit weniger die starken betler, stationierer, landsterzer vnnd andere jnn: vnnd außlendische müssiggehende wercklose personen, so sich auß faulheit auff das betlen vnd hausieren legen"[733]

von Jahr zu Jahr immer lauter. Auch die *„losen hauffen der zigeiner"* und die *„sondersiechen"* wurden auf der Liste der „verdächtigen" Personen erfasst.[734] Während die Lebensbedingungen und Ursachen des Elends dieser Menschen unterschiedlich waren, konzentrierten sich in ihr soziale Probleme: Armut, Heimatlosigkeit und der allgemeine Verdacht u. a. auf Betrügerei.[735] Die mittelalterliche Kirche hatte in der Armut keinen Missstand gesehen, sondern die notwendige Voraussetzung zu Werken christlicher Barmherzigkeit. Gegen Ende des Mittelalters änderte sich allerdings die wirtschaftliche Situation Europas und die Armut nahm zu.[736] Das Bild des Bettlers transformierte sich nun konfessionsübergreifend zum Zerrbild des Müßiggängers und viele Randgruppenangehörige mussten die Position des Sündenbocks übernehmen.[737]

---

732 Radbruch & Gwinner: Geschichte des Verbrechens 1951, 89-91. Siehe auch Döpler: Theatrum 1693, 865.
Besonders den Landsknechten, aber auch den anderen vagierenden Personen, die nicht arbeiteten, wurde vorgeworfen, dass sie *„für vnd für hausiern, vnd die vnsern vergwöltigen, schätzen, beschedigen vnd in vil anndre wege gannz vngeschickt hallten"*. Auch wurden sie kollektiv beschuldigt, dass sie andere Menschen auf den Straßen und in ihren Wohnungen *„mit raub, zwang, schatzung vnd zum tail in vermainten schein dess gartens vnd angemaster bit vnd pettlerey frauenlich zubegwaltigen"*. (BayHstA: KMS 1526/II/18 & 1530/III/28).

733 BayHstA: KMS 1574/V/17.

734 Dieselben diskriminierenden Ausdrücke, die vereinfachende Brandmarkung der sozial und ökonomisch Benachteiligten sind beispielsweise in den folgenden Mandaten zu lesen: BayHstA: KMS 1540/IV/3, 1566/XI/29, 1568/V/1, 1572/IX/14, 1577/VI/22, 1584/IX/18, 1589/VI/10, 1594/III/1, 1610/V/10 sowie StadtA: BR 60 A 1 Mandate (1594), Bekämpfung des Bettelwesens und BR 60 B 14 (1598), Fol. 7.

735 Dülmen: Der ehrlose Mensch 1999, 26-28 und Schubert: Soziale Randgruppen 1989, 295. Für die Entstehung und Natur von Randgruppen siehe Hergemöller: Randgruppen 1994, 2-15, 42 & 45-46.

736 Geremek: Geschichte der Armut 1988, 25-29 & 68-75 und Radbruch & Gwinner: Geschichte des Verbrechens 1951, 86-88. Siehe auch Eisenhart: Grundsätze 1823, 95.
Nach Schuber bewirkten ökonomische Zwänge im Mittelalter soziale Marginalität: wer sehr arm war, konnte nicht heiraten und ohne Familie wurde man an den Rande der Gesellschaft gedrängt. (Schubert: Soziale Randgruppen 1989, 294-296).
Zur Kommunalisierung, Rationalisierung, Bürokratisierung und Pädagogisierung der Armenfürsorge siehe Hartinger: Zigeuner 1997, 846-847.

737 Bretschneider: Humanismus, Disziplinierung und Sozialpolitik 2003, 38-39 und Hergemöller: Randgruppen 1994, 30.

Die frühneuzeitliche Armut war zweideutig. Einerseits wurde sie als Folge von sündigem Leben und als Strafe Gottes verstanden, andererseits aber mit dem christlichen Fürsorgeideal verknüpft. Dieser Dualismus bildet etwas vereinfacht den Grund für die Zweiteilung zwischen fremden und einheimischen Bettlern: Die Fremden wurden zu Sündenbocke, die Einheimischen zum Objekt von Almosen. Um die vagierenden Fremden zu beschreiben, sprachen die Mandate auch von „leichtfertigen Personen", die sich betrügerisch, unehrlich und kriminell verhielten. Alle Untertanen wurden ermahnt, solche Individuen in Augen zu behalten und ihre Übertretungen sofort an die Obrigkeit zu melden. Ihr Aufenthalt im Herzogtum wurde streng geregelt. Da es gelegentlich zu gefährlichen Brandstiftungen, also „*groß prunst*" kam, gerieten alle „umlaufende" Personen unter Verdacht und die Obrigkeit wurde verpflichtet, diese Menschen zu verfolgen. Sie sollten „*in den klaydungen ersuecht vnd in annder weg zu erfarung der warhayt*" gebracht werden. Wälder, Wirtshäuser und ähnliche Versteckplätze sollten durchgesucht werden. Auch auf die „Sondersieche" war zu achten, „*ob nit dergleichen frembde leut, sich darinnen unter dem schein, als seyen sy mit der plag beladen, aufhalten*".[738]

Die im Land vagierenden fremden Bettler sind von den in München oder im Herzogtum gebürtigen einheimischen Bettlern zu unterscheiden. Dies ist aufgrund der Protokollvermerke allerdings oft nicht eindeutig möglich. Es ist auch zu bemerken, dass viele Betteleifälle im Hofrat behandelt oder in andere städtische Protokolle eingeführt wurden, so dass die in dieser Arbeit erwähnten Fälle nur einen Teil des Gesamtproblems repräsentieren. Spricht man über „Fremde", geht es um unter sich sehr unterschiedliche Gruppierungen von meistens armen und unsesshaften Personen. Alle diese Gruppen sind nicht deutlich von einander zu unterscheiden. Beispielsweise die Bezeichnungen Bettler und Streicher sowie Landsknechte und Stationierer gehen in der Regel in einander über, wurden aber jedoch oft gleichzeitig genannt. Es ist nicht zu übersehen, wie alle diese „verdächtige" Menschen in dem gesetzgeberischen Sprachgebrauch immer wieder

---

Für die Stigmatisierung der unehrlichen Gruppen durch sichtbare Kennzeichen siehe Hergemöller: Randgruppen 1994, 16-17, 30 & 41.
Für Liminalität der körperlich oder geistig Behinderte siehe Waardt: Ehrenhändel, Gewalt und Liminalität 1995, 312-313.

738 LO 1516, Fol. Ciiii v-Cv r und BayHstA: KMS 1540/III/18 & 1565/VIII/4.
Zum Thema Randgruppen siehe auch Lidman: Diskriminierung durch Strafe und Gesetz im Fürstentum Bayern am Beispiel des Landgebots 1516 in: Frontiers in the Middle Ages. Proceedings of the Third European Congress of Medieval Studies, edited by O. Merisalo, Louvain-la-Neuve 2006, Lidman: Kerjääminen ja kaupustelu kielletty! Syrjinnästä ja syrjäytymisestä Baijerin herttuakunnassa 1500-luvulla. Historiallinen aikakauskirja 3/2005 oder Lidman: Rikoshistorian lähteillä. "Toiseus" ja kunniattomuus 1500-luvun Baijerissa. Lähde – historiatieteellinen aikakauskirja 2/2004.

unter denselben Nenner gebracht und dadurch mit negativen Vorstellungen gebrandmarkt wurden.

Wenngleich in den Münchner Protokollbüchern nicht Anklagen gegen alle diese Gruppen notiert wurden, sondern es primär um Bettler ging, wurde ein Überblick über die Gesetzgebung hier an dieser Stelle angebracht. Im Laufe des 16. Jahrhunderts zeigen die Strafnormen nämlich gerade in diesem Bereich eine deutliche Verschärfung und es handelt sich häufig um exemplarische, öffentliche Strafen. Deshalb ist auch die bloße Normenentwicklung wichtig. In der folgenden Tabelle sind unterschiedliche unsesshafte Gruppen bezeichnet, die in den landesherrlichen Mandaten immer wieder vorkamen[739]. Von dieser schwerdefinierbaren Masse von „verdächtigen Personen" heben sich drei Gruppierungen ab, deren gesetzliche Diskriminierung hier näher betrachtet wird. Einerseits Bettler und Landsknechte, weil sie im Zusammenhang von Schand- und Ehrenstrafen so häufig vorkamen, und andererseits Zigeuner, weil sie eine eindeutig definierbare, aber seltene Zielgruppe der Disziplinierung bildeten und deutlich diskriminiert wurden.

---

739 In der Tabelle wurden die Gruppen nur dann aufgelistet, wenn sie substantivisch erwähnt wurden. Bemerkungen über „bettlerische" oder „landstreicherische" Personen im Allgemeinen wurden nicht mitgerechnet: Dadurch wäre die Information schwach begründet, weil mit diesen und ähnlichen Adjektiven so viele unterschiedliche Gruppierungen bezeichnet wurden.

Mandat	Landsknechte Stationierer	Bettler Streicher	Krämer Hausierer	Zigeuner	Sondersieche
18.2.1526	X	X			
20.4.1534	X	X			
17.4.1535	X	X	X		
18.3.1540	X	X			
3.4.1540	X	X		X	
9.3.1543	X	X	X		
6.4.1556	X				
25.2.1566	X				
14.2.1560	X				
4.8.1565	X	X	X		X
29.11.1566	X	X			X
1.5.1568	X	X			
20.9.1569	X				
28.11.1569		X	X		
7.4.1570	X			X	
16.12.1570	X	X			
20.12.1570	X	X			
14.4.1572	X	X			
17.5.1574	X	X	X		
22.6.1577	X	X		X	
7.5.1580	X				
6.5.1581	X	X			
20.6.1583	X				
18.9.1584	X	X			
13.10.1584	X			X	
30.12.1598	X	X			
10.6.1589	X	X			
16.3.1590	X				
8.12.1590		X			
1.3.1594	X	X	X	X	X
6.8.1595	X	X			
16.1.1597	X	X		X	
6.6.1597	X				
6.5.1598	X				
13.3.1598	X	X		X	
21.4.1599		X			
19.5.1601	X				
22.12.1601	X				
27.11.1606	X	X		X	
13.6.1608	X				
1.5.1609	X	X			
31.10.1609	X	X			
10.5.1610	X	X	X		
10.12.1610	X	X	X		X
12.1.1611	X	X			
1.3.1614	X	X			
insgesamt 46	43	32	8	8	4

Bei der Disziplinierung von vagierenden Menschen ging es bei vielen Fällen um allgemeine ökonomische Schwierigkeiten. Dadurch verdichtete sich aber die negative Gemütslage gegenüber Fremden, und es kam zu ihrer Diskriminierung. Die Mandate klagten häufig über „Teuerungen" und über den „erbärmlichen Mangel und Verhungerung", die wegen mehreren schlechten Getreidejahren entstanden und Armut verursachten. Nach herzoglicher Auffassung hatten die Untertanen genug damit zu tun, dass sie sich und ihre Familien *„vor hungers not erretten"* würden. Deshalb wurde die Bettelei im Landgebot von 1516 für alle arbeitsfähige Personen verboten. Im Jahr 1530 wurde erstmals darauf hingewiesen, dass verdächtige Bettler und Landstreicher *„zu strenger fragstat gefüert"* werden sollten, und das Volk wurde verpflichtet, dem Amtmann bei der Verhaftung zu helfen. Die an den Landesgrenzen angetroffenen unberechtigten Bettler waren zu verweisen. Die „gemeine", also die berechtigten Bettler dagegen konnten einen „Passport" erlangen, der die Bettelei allerdings nur in der Gegend, wo sie geboren waren, zugestand.[740]

In ganz Europa wurde nun zwischen erlaubter und strafwürdiger Bettelei, zwischen einheimischen, fremden und falschen Bettler streng unterschieden. Die nicht anerkannten Bettler besaßen keinen festen Platz im Rahmen der Gesellschaft, sondern galten als unnütze Leute.[741] Bettelei wurde nur denjenigen einheimischen Personen gestattet, denen jegliche andere Möglichkeit zum Überleben verwehrt war, und die in keiner Weise sich der Gesellschaft als nützlich erweisen konnten. Diese Almosenempfänger waren unter der lokalen Bevölkerung bekannt und sie wurden auch „Hausarmen" genannt. Da allerlei „Müßiggänger" trotz der Verordnungen im Herzogtum immer noch umliefen, wurde das „Garten" im Jahr 1566 *„bey henckhen verpoten"*. Die Tortur gegen diejenigen Bettler, die keine schriftliche Urkunde über ihren Bettelstand vorweisen konnten, wurde spätestens

740 LO 1516, Fol. Ciiii v - Cv r, BayHstA: KMS 1526/II/18, 1530/III/28, 1534/IV/20, 1535/IV/17, 1540/IV/3 und 1570/XII/20.
Es wurde angeordnet: *„man sol auch hinfür kainen pettler mer petlen lassenn, er hab dann nit des glaubwirdig urkund von seiner herrschafft. welhe vrkund von desselben obrigkait ausserhalb gnugsamer vnd grüntlicher besichtigung vnd erfarung nit gegeben sol werden. wo aber der pettler die hat, alßdann mag er jm lanndtgericht, oder der statt oder marckht daraus er geporen oder erzogen ist, vnd sonnst weytter nit pettlen. er sol auch in sonnderhait füran gar kainem auslender, auch den inwonern, die nit wieobstett von jrer herrschafft zaichen haben in vnserm hertzogthumb Bairn, bey swärer straff zu pettlen mer gestatt, sonder darauß gepotn werden."* (LO 1516: Fol. Cv v).

741 Hergemöller: Randgruppen 1994, 11 und LO 1516, Ciiii v-Cv r.
Die Notwendigkeit, unter den Armen zwischen den Bedürftigen und den Müßiggängern zu unterscheiden, war schon von den Kirchenvätern und von vielen mittelalterlichen Theologen betont worden. In Nürnberg kamen schon im 14. Jahrhundert Metallmarken im Gebrauch, die zur Bettelei berechtigten. (Geremek: Geschichte der Armut 1988, 7, 27 & 61).

im Jahr 1570 gestattet. Allerdings nennt erst das Mandat von 1584 genauere Strafformen. Abhängend von Straftat waren Verurteilte nun mit *„offentlicher furstellung auf den pranger, abschneidung vnd beschnitzung der ohren, ruetten außhawen vnnd in andere scharpffe weeg“* zu bestrafen.[742] In der Praxis waren diese Menschen wohl schon vorher zum Pranger verurteilt worden.

Einerseits ließ die landesherrliche Gesetzgebung der lokalen Obrigkeiten immer noch eine relativ freie Wahl bei ihrer Urteilsfindung, andererseits verschlechterte sich die rechtliche Stellung der auch sonst benachteiligten Gruppen gerade wegen dieser Unbestimmtheit der Regelungen. Die Verhaftung, Folter und Bestrafung von unsesshaften, armen Menschen wurde immer leichter gemacht. Im Jahr 1589 wurde sogar angeordnet, dass Untertanen, die bei der Verhaftung der Bettler zur Hilfe kamen und den Verdächtigen dabei verletzten oder töteten, dafür nicht bestraft, sondern mit *„einer zimlicher verehrung“* belohnt werden sollten. Schädliche „Müßiggänger“ müssten aus dem Herzogtum *„gar außgereuet vnd außtilget“* werden.[743]

Da Jahrzehnten von sich schärfender Gesetzgebung die Zahl der bettlerischen Vagabunden nicht minderte und ziemliche Kosten verursachte, wollten die Landesherren versuchen, aus den Landstreichern wirtschaftlichen Nutzen zu ziehen. Den arbeitsfähigen Armen müsste Arbeit gegeben werden, um sie vom Anspruch auf Almosen auszuschließen. Nach Herzog Maximilian wäre es *„ein sehr bequemes mittl“*, diese Leute zu ihren *„erlernten handwercken vnd andern ehrlichen handarbaiten zbringen“*. Dies erwies sich aber häufig unmöglich, und im Jahr 1595 wurde die öffentliche Strafarbeit als bevorzugte Sanktion der unerlaubten Bettelei erwähnt. Sie waren mit *„geringstem vncosten, vermittls der scharwerch, von einem gericht zum andern, an die ort, daran wir solche arbait oder gepaw anstellen“*, in Eisen zu führen. Die unberechtigten, aber doch arbeitsfähigen Bettler beider Geschlechter konnten, wenn sie nur über 10 und unter 70 Jahre alt waren, zu *opera publica* verurteilt werden. Sie wurden in Ketten u. a.

742 BayHstA: KMS 1566/II/25, 1566/XI/29, 1570/XII/20 und 1584/X/13.
Das Garten = auf der Gart sein, müßiggehen.
Im Jahr 1568 ordnete Herzog Albrecht an, dass die lokalen Obrigkeiten von nun an monatlich einen Bericht über die Situation hinsichtlich Bettler, Landstreicher und andere unerlaubte Personen in den jeweiligen Rechtsgebieten an die herzoglichen Beamten schicken sollten. (BayHstA: KMS 1568/V/1).
Seit dem Jahr 1574 wurden gesunde und kräftige vagierende „Müßiggänger“, aber auch Handwerker, die aus Faulheit nicht arbeiteten, mit der herzoglichen Galeerenstrafe bedroht. (BayHstA: KMS 1574/V/17. Siehe auch BayHstA: KMS 1581/V/6). Die Galeerenstrafe konnte nicht vom Stadtrat verhängt werden.

743 BayHstA: KMS 1589/VI/10 und 1590/XII/8.

nach Scherding oder nach Ingolstadt zum Festungsbau transportiert.[744] Durch diese Schandstrafe wollte man aus den straffällig Gewordenen ein moralisches Beispiel machen.

Fremden Bettlern wurde die Bettelei also unter keinen Umständen gestattet, sondern sie waren zu bestrafen – auch wenn sie *„alt vnnd prechhafft"* waren. In der im Jahr 1599 verfassten, umfassenden Bettelordnung wurde für den ersten Rückfall die Haft im Betteltum und beim zweiten Rückfall die Strafarbeit in Eisen angeordnet. Einheimische Bettler und ihre Kinder dagegen sollten mit dem Almosengeld unterstützt werden, wenn sie nicht arbeiten konnten. Alten, schwachen und kranken Bedürftigen wurde eine schriftliche Genehmigung für den Almosenempfang gegeben, aber die Bettelei wurde nur für bestimmte Gelegenheiten erlaubt. Alle „Hausarmen" sollten zwei Mal im Jahr zusammengerufen werden, damit die Bettelrichter die Zahl ihrer Kinder erfassen und ihre Not und ihren Bedarf überprüfen könnten. Hatte ihre wirtschaftliche oder gesundheitliche Situation sich gebessert, sollten sie aus dem Register gestrichen und zur Arbeit geschickt werden. Im Fall von Schwindelei konnte man sein Recht auf Almosen verlieren und ausgewiesen werden.[745]

Trotz dieser Regelungen und des Bedarfs an Arbeitskraft bei den Verteidigungsanlagen bildeten die armen Kinder ein moralisches Sonderproblem. Sie waren nicht selber an ihrem Notstand schuld und konnten nur mit Schwierigkeiten als Kriminelle behandelt werden. Diese Kinder mussten ihren Eltern weggenommen werden, damit der Kreislauf der Bettelei und Kriminalität unterbrochen wurde. Da schon kleine Kinder zur Bettelei fähig waren, hielt man sie auch für alt genug, um zu arbeiten.[746] Eine interessante Episode bei der Disziplinierung der armen Kinder

---

744 BayHstA: KMS 1595/VIII/6, 1608/VI/13 und 1609/V/1. Siehe auch KMS 1609/X/31 und 1614/III/1.
Die Wichtigkeit und moralische Überlegenheit von ehrlicher Arbeit wurde nicht nur durch allgemeinen Nutzen, sondern auch durch biblische Autorität begründet: Der Mensch müsste sein Brot „in dem schwaiß seines angesichts" verdienen. Deshalb waren vagierende und müßiggehende Personen nicht zu dulden, besonders da sie oft *„in grosse boßheit vnd allerley vbelthathen gerathen"*. (BayHstA: KMS 1610/XII/10).

745 StadtA: SG 951a (1599), Fol. 1 v-2 v und BayHstA: KMS 1599/IX/26, Fol. ai r - av v.
Die Obrigkeit sollte die schriftliche Urkunde zur Gestattung des Bettelstandes nur *„auff genugsame erfahrung wissentlicher armut, noth vnnd gebrechlichkeit geben"*. Dadurch war echte Armut vom „Müßiggang", verschwenderischem Leben, Spielen und Trinken zu unterschieden. (BayHstA: KMS 1599/IV/21).

746 Im Landgebot des Jahres 1516 hieß es, dass die Bettelkinder in die Obhut der lokalen Obrigkeiten genommen werden sollten und *„zu handtwerchen, oder sonst zymlichen diensten, oder paurß arbait geweist vnnd darzu gehallten werden, damit sy nit also für vnd für dem pettl anhangen"*. Die Bettelordnung von 1599 empfahl *„woll: vnnd*

war die Regelung des Gesangs. Die Landesordnung von 1553 behauptete, es gäbe viele „*mussiggeend knaben, etwo auß gehaiß vnd anlernung jrer eltern, vnder dem schein der schuler*", die tagsüber und nachts vor den Häusern singen und damit „*ob dem petl ligen vnd doch nit in die schul geen*". So wurde das mit der Bettelei verbundene „Ansingen" in der Stadt verboten.[747]

Im Jahr 1599 wurden die „herumsingenden Schulknaben" – beide Schüler der Lateinschule und arme Bürgerkinder aus der Deutschen Schule – wieder ein Thema. Es dürfte „*khainerley teütsche gesang*" mehr gestattet werden. Dafür müsste den Schulen wöchentlich Geld gegeben werden, damit die Knaben in den öffentlichen Plätzen nicht mehr „*mit vielfeltigen vmbher stürzen die leuth anzelauffen, zubetruben vnd zubeschweren*" würden. Dadurch würden sie nur „*ihre studia versaummen, zu faulheit vnnd anderen vntugenden vnnd allerhandt lastern vnnd vnuerschambten dingen*" kommen. Wurden solche Kinder von Bettelrichter oder Amtleuten in der Nacht auf den Gassen, in den Kellern oder „unter den Schrannen" gefunden, waren diese sofort nach Hause oder ins Gefängnis zu führen. Sie konnten auch in Eisen geschlagen werden.[748]

Neben Bettlern und Armen waren die „gartende Knechte" bzw. Landsknechte ein Dauerphänomen im Bayern des 16. und frühen 17. Jahrhunderts. Dies lässt sich mit den jeweiligen Kriegskonjunkturen in der Nachbarschaft, besonders mit der ungarischen Front gegen die Osmanen, in Verbindung bringen.[749] Erasmus schrieb, von den Landsknechten „*entspringt ein schad vnd verderbniß aller guten dingen vnd ein vnreiner fluß vnd wußt aller bösen dingen*". Deshalb war es die Pflicht des Herrschers „*solich samen vnd wurtzlen der lastren*" von seinem Land mit Strafen und Gesetzen völlig auszutreiben.[750] Nach dem Mandat des Jahres

---

garnspinnen, häfftel bugen, handschuch stricken". (LO 1516, Fol. Cv r-Cv v und BayHstA: KMS 1599/IX/26, Fol. ai r - av v).

747 LO 1553, Fol. 106 v & 174 r.

748 BayHstA: KMS 1599/IX/26, Fol. av v - avi v und StadtA: SG 951a (1599), Fol. 9 r - 10 v. Im August 1609 befindet sich ein Ratvermerk, nach dem die Amtleute, Richterknechte und Bettelrichter bessere Acht auf das „*saufen, fressen, zechen in den wirtshäusern, die unzucht der kinder*" geben sollen. (StadtA: RP 224 (1609), Fol. 169 r). Mit der „Unzucht der Kinder" wird hier wohl auf die armen Kinder hingedeutet, die um Almosen auf den Straßen musizierten, und es hat nicht mit sexuellen Handlungen zu tun.

749 Heydenreuter: Kriminalitätsgeschichte Bayerns 2003, 87 & 134-136.
Über vagabundierende Soldaten in Schweden siehe Liliequist: Violence, Honour and Manliness, 182-183.
Nowosadtko deutet an, dass Söldner nicht in die Gruppe der unehrlichen Personen gehörten, aber unter der Bevölkerung verhasst waren. (Nowosadtko: Scharfrichter und Abdecker 1994, 270).

750 Roterdamus: Ein nutzliche underwisung 1521, LV r.

1526 waren diese herumziehende abgedankte Soldaten sofort zu inhaftieren und „*etlich mal lär*" aufzuziehen.[751] Die Herzöge behaupteten, es gäbe viele Kriegsknechte, die

„aus pöser angenommener weis vnd lästerlichen gewohnhait, dem garten, lanndsterzen, hausiern, müssiggen vnd pettl obligen vnd nach eer vnd redlikheit gar nichts fragen vnd allein der faulhait, füllerey, dem spil vnd andern vnthaten außwarten".[752]

Im Laufe des Jahrhunderts wurden die Klagen gegenüber den Landsknechten immer lauter. In der Landesordnung von 1553 wurde „Garten" und „Hausieren" von Kriegsknechten bei Leibesstrafe verboten. Die ertappten rückfällig Gewordenen sollten „*alls mainaydigen*" behandelt werden. Es war nicht gestattet, solche Knechte zu beherbergen oder ihnen Geld und Proviant zu geben. Da die Knechte in Gruppen wanderten und häufig betrunken waren, kam es oft zu gewalttätigen Auseinandersetzungen zwischen ihnen und der Bevölkerung sowie den Beamten. Im Jahr 1554 wurde deshalb angeordnet: „*wo dann gleich ainer oder mer solcher fräueler dardurch enntleibt wurden, so soll doch niemandts nichts dardurch verworcht haben*".[753] Landsknechte wurden so erheblich früher rechtlos als Bettler, für die im Jahr 1589 ähnliche Regelungen getroffen wurden.

Im Jahr 1560 wurden „Garten" und „Hausieren" von Kriegsknechten bei Leibesstrafe und sechs Jahre später „*bey henckhen verpoten*". Seit dem Jahr 1570 konnten Landsknechte auch zur Galeerenstrafe verurteilt und spätestens seit dem Jahr 1597 zur Strafarbeit geschickt werden.[754] Im Jahr 1601 ordnete Herzog Ma-

---

Solange die Landsknechte im Krieg waren, gehörten sie zu einem mobilen Heere und wurden dadurch ernährt und in Zucht gehalten. War der Krieg aber vorüber, zogen sie in Gruppen über das Land. Sie waren bewaffnet und oft gewalttätig, herrenlos und erwerbslos und wurden so zum wahren Schrecken für die wehrlose Landesbevölkerung. In diesen Söldnerheeren tauchten vielerlei „Tunichtgute", „fragwürdige Elemente" und „böse Buben" vieler Nationen unter. Allgemein wurden sie als gewalttätig, trinksüchtig, unsittsam und genusslustig beschrieben. Sie waren nicht nur Männer, die ihren Lebensunterhalt im Krieg verdienen wollten, sondern auch richtige Kriminelle, die zum Teil vor einer Strafe flüchteten und mit verdächtigen und verbrecherischen Handlungen, wie Betrügerei im Spiel, Diebstahl, Drohungen und Kuppelei ihren Lebensunterhalt zu bestreiten suchten. (Radbruch & Gwinner: Geschichte des Verbrechens 1951, 93 & 230-233).

751 BayHstA: KMS 1526/II/18.

752 BayHstA: KMS 1530/III/28. Siehe auch KMS 1543/III/9.

753 LO 1553, Fol. 156 r-156 v & 169 v-171 v, BayHstA: KMS 1554/IV/6 und 1560/II/14. Siehe auch: BayHstA: KMS 1569/IX/20.

754 BayHstA: KMS 1560/II/14, 1566/II/25, 1570/XII/20 und 1597/I/16.
Herzog Wilhelm erinnerte allerdings die Obrigkeiten auch daran, dass viele Soldaten in den Wintermonaten wegen der Kälte aus Ungarn durch das Herzogtum nach Hause ziehen mussten. Wenn sie ihre „*redliche paßporten von ihren obristen vnd hauptleuten*" mit sich haben, nur die hauptsächlichen Landstraßen benutzen und in Gruppen von höchstens 12

ximilian, dass „gartende“ Landsknechte *„auff den musterplatz“* zugewiesen werden sollten, wo sie beispielhaft vor den Augen anderer Soldaten zu bestrafen waren, so dass *„sich andere daran stossen vnd abschew nemmen“* würden. Im Jahr 1614 wurde angeordnet, dass diejenigen Soldaten, die Büchsen mit sich tragen, mit der *„chorda, das ist mit recken vnd auffziehen ohne mittel procediert vnd verfahren“* waren.[755] Die Tendenz der Normenverschärfung, aber auch die zunehmende Zahl der Strafmöglichkeiten bei den Strafempfehlungen gegen „gartende Knechte“ ist nicht zu übersehen. Diese landesherrlichen Regelungen wurden auch im Stadtrat diskutiert, wobei das Bestrafungsbedürfnis nicht in Frage gestellt wurde.[756] Jedoch kommen verurteilte Landsknechte in den von mir gelesenen Protokollbüchern nicht vor.

Die Gesetzgebung betreffend der Zigeuner ist ein drittes Beispiel der Normenverschärfung und wird hier deshalb kursorisch beschrieben. Neben Bettlern waren auch Zigeuner in der Regel mittellos und ohne festen Wohnsitz. Zu Beginn des 15. Jahrhunderts hatten sie das Gebiet des deutschen Kaiserreichs erreicht, und spätestens seit Ende des Jahrhunderts wurde ihr Leben ein Kampf ums Überleben, beschattet von obrigkeitlicher Verfolgung.[757] Im Landgebot von 1516 wurde den Zigeuner als landschädlichen Leuten für das gesamte Fürstentum der Zutritt verboten. Wer auf irgendwelche Weise, womöglich gewalttätig, gegen die Zigeuner handeln würde, konnte nicht dafür bestraft werden. Damit wurden sie schon zu diesem Zeitpunkt recht- und schutzlos.[758]

Personen wandern, nicht länger als über eine Nacht an einem Ort bleiben und für Aufenthalt und Verpflegung bezahlen würden, so sollen sie nicht verhaftet werden. (BayHstA: KMS 1597/I/16).
Im nächsten Jahr betonte auch der junge Herzog Maximilian, dass viele „Müßiggänger“ im Herzogtum vagieren, die sich fälschlich für Soldaten angeben, aber nicht mit den „redlichen Kriegsleuten“ verwechselt werden sollten. (BayHstA: KMS 1598/XII/30).
Im Jahr 1611 warnte Maximilian die Untertanen vor betrügerischen Personen, die Passporte von verstorbenen Soldaten stehlen und sich unter falschem Namen vorstellen. (BayHstA: KMS 1611/I/12).

755 BayHstA: KMS 1601/V/19 und 1614/III/1.
Über Regelungen des Trinkens von Landsknechten siehe LPO 1616, 556.

756 Siehe beispielsweise StadtA: RP 215/1 (1600), Fol. 175 r-175 v und RP 224 (1609), Fol. 72 v.

757 Irsigler & Lassotta: Bettler und Gaukler 2001, 167-176. Siehe auch Hartinger: Zigeuner 1997, 839-845 & 857-858, Radbruch & Gwinner: Geschichte des Verbrechens 1951, 91-92 & 165-169 und Behringer: Mörder, Diebe, Ehebrecher 1990, 100-101.

758 LO 1516, Fol. Cii v - Ciii r.
Im Jahr 1570 bedrohte Herzog Albrecht nicht nur die Zigeuner selber, sondern auch Amtleute, die sie gegen alle Gebote über die Grenze ins Herzogtum lassen würden, auf die Galeere zu schicken. (BayHstA: KMS 1570/IV/7). Siehe auch BayHstA: KMS 1570/V/17 und 1594/III/1.

Im Jahr 1540 wurde erwähnt, dass „gartende“ und bettelnde Zigeuner *„in frischer that zu strennger fragstatt geführt“* werden sollten. Sie konnten angeblich ohne weiteres gefoltert werden. Ab dem Jahr 1577 konnten sie als Friedensbrecher zum Tode verurteilt werden. Nach der Auffassung von Herzog Maximilian gab es Anfang des 17. Jahrhunderts mehr Zigeuner im Land als je. Es wurde auch auf die Reichsgesetzgebung hingewiesen und die Zigeuner wurden mit Leibes- und Lebensstrafe bedroht.[759]

Im Jahr 1608 brachte Herzog Maximilian allerdings die Normenschärfe auf ein neues Niveau, als alle arbeitsscheue und müßiggehende Personen *„ohn alle gnad, ohne einigen langen vmbstendt, oder haltung vil malefiz rechtens vnnd zwar eben an dem orth, wo das verhandlen beschehen, mit dem strang, an den nechsten baumb“* gehenkt werden konnten. Im nächsten Jahr lautete die Formulierung *„an einem sichtbaren paumb“*, womit die öffentliche und belehrende Wirkung dieser Strafmaßnahme betont wurde. Zusätzlich sollte jeden Verbrechern seine Straftat *„auff ein pergamenten zetl geschrieben, an die brust geheфtet“* werden.[760]

Dieses Bild von einem ohne jeden Rechtprozess an einem Baum hingerichteten Bettler, Landsknecht, Zigeuner oder anderen Vagabunden zeigt deutlich, wie die gesellschaftlich Benachteiligten im Laufe des 16. Jahrhunderts diskriminiert und rechtlos gemacht wurden. Auf diese Weise wurden sie sehr konkret zum abschreckenden Beispiel. Die sich zuspitzende sittlich-moralische Atmosphäre bewirkte eine Stigmatisierung von Menschen, die außerhalb der bürgerlichen Gesellschaft lebten. In den obrigkeitlichen Formulierungen wurde ein negatives Täterbild geschaffen, auch wenn es sich oft um Menschen handelte, die keine eigentlichen Kriminalvergehen begangen hatten. Wenn die Anklage genauer artikuliert wurde, ging es oft um Diebstahl. Die Behauptungen der Zeugen über verdächtige Bettelleute basierten allerdings mehr auf Vorurteilen als auf Fakten. In einem Prozess wurde beispielsweise konstatiert: Der *„mit dem chlazeten khopff soll ein rechter dieb sein“*[761], obwohl die Dieberei nicht als wahr bewiesen werden konnte.

Viele Vorurteile und Ängste vor Unehrlichkeit und Kriminalität beherrschten das Bild der Außenseiter und unteren Schichten. Wenn die Möglichkeiten des Überlebens sehr beschränkt waren, resultierten aus Armut, Hunger und Not aber auch wirkliche illegale Handlungen. Die wegen Diebstahl angeklagten Personen,

759 BayHstA: KMS 1540/IV/3, 1577/VI/22 und 1606/XI/27.
Im Jahr 1576 wurden Zigeuner in Köln mit Aufstellung auf dem Pranger und ewiger Stadtverweisung bedroht. (Irsigler & Lassotta: Bettler und Gaukler 2001, 172-173).

760 BayHstA: KMS 1608/VI/13 und 1609/V/1. Siehe auch KMS 1609/X/31.

761 StadtA: SG MP 866/6 (1607-1609), Fol. 322 r-322 v.

deren Verhalten in dieser Arbeit behandelt wird, waren nicht nur Außenseiter, sondern zum Teil auch arme Stadtbewohner. Bei der Bestrafung von Diebstahl unterschied man traditionell zwischen leichten und schweren Fällen, zwischen „starke und kleine Angriffe". Der geringfügige Diebstahl wurde öfters niedergerichtlich durch Geldbuße bestraft – in der Annahme, dass der Verurteilte auch bezahlen konnte. Der starke bzw. schwere oder große Diebstahl dagegen wurde malefizisch, also u. a. mit Pranger, öffentlicher Rutenzüchtigung, Verstümmelungen, Ausweisung oder mit Todesstrafe abgestraft.[762] Im Schwerpunkt des Interesses sind hier allerdings die mittelschweren Fälle, die beim Mangel an Zahlungsfähigkeit oder aus anderen Gründen öffentlich bestraft wurden.

Neben der Ratsgerichtsbarkeit wollte und konnte auch die Zunftgemeinde ihre ungehorsamen oder verbrecherischen Mitglieder bestrafen und dadurch abweichendes Verhalten kontrollieren. Von gerichtlicher Autonomie der Zünfte kann jedoch keine Rede sein.[763] Der traditionelle Gedanke von Auswirkungen einer individuellen Tat auf die Gemeinschaft wirkte noch im Hintergrund, als sich die frühneuzeitliche Zunftgemeinde und Stadtgemeinschaft wegen Verfehlungen der Einzelperson bedroht fühlte. Die Vierer konnten betrügerische Zunftmitglieder zwar auch selber strafen, aber nicht so öffentlich und augenfällig wie der Rat. So zeigen die Ratsprotokolle, wie die Zünfte sich gelegentlich an den Rat wandten, um besonders schwierige bzw. schändliche Fälle verurteilen zu lassen. Nur Rat und Hofrat konnten eigentliche Schand- und Ehrenstrafen verhängen.

762 Aus der Sicht der Verurteilung war es nicht nur wichtig, wie viel gestohlen wurde, ob dadurch große Schaden entstanden und ob die Tat gewalttätig begangen wurde, sondern auch, ob der Angeklagte zum ersten Mal wegen Diebstahl vor Gericht stand und wie alt er oder sie war. (Siehe beispielsweise Heydenreuter: Kriminalitätsgeschichte Bayerns 2003, 85-86, Heydenreuter: Herrschen durch Strafen 1996, 326-327, Hinckeldey: Geschichte der Verbrechen und Strafen 1980, 107-109 sowie Sauer: Strafbüchlein 1579, BayStabi: Crim. 464 v, 244, 246, 253-254 & 267, StadtA: RP 211 (1596), Fol. 175 r und RP 215/2 (1600), Fol. 2001 v).

763 Schwerhoff: Köln 1991, 66-70.

2.2 Unehrlichkeit aus Mittellosigkeit?

„Lose" Leute im Land

Es war bekannt, dass arme Personen, die arbeitsunfähig waren, einen obrigkeitlichen „Passport" erhalten konnten, der die Bettelei in gewissem Rahmen erlaubte. Diese Regelungen verführten die Bettler dazu, Fälschungen anzufertigen. So wurde beispielsweise ein Schreiber für ein Jahr lang in den Kriegsdienst gezwungen, weil er das Siegel seiner Heimstadt Sebniz gefälscht und sich damit einen Bettelbrief mit falschem Name verschafft hatte. In ähnlicher Weise wurde ein junger Franzose aus München ausgewiesen, weil dieser „müßiggehende Kerl" den Beamten einen „verdächtigen Passport" gezeigt hatte.[764] Neben der eigentlichen Not wuchs so auch die Tätigkeit der „Bettelbetrüger", die Krankheit, Verstümmelung, Schwangerschaft und eigentliche Identität bzw. das Bettlererlaubnis vortäuschten. Die Betrügerei der falschen Bettler, die die Barmherzigkeit ihrer Mitmenschen auszunützen versuchten, wurde in vielen Satiren, Predigten und Schwankversen beschrieben.[765]

Die Quellen sprechen oft über „starke" Bettler, womit in der Regel auf die Arbeitsfähigkeit dieser Personen hingewiesen wird. Solche Menschen durften nicht mit Almosen unterstützt werden, sondern sie sollten zur Arbeit ermutigt oder aber bestraft werden. Die Vermerke berichten von dem Schicksal eines Mannes namens Michael Narholz. Der Name von diesem „jungen, starken Bettler von Haberskirchen" wird zwischen Herbst im Jahr 1608 und Frühjahr im Jahr 1613 immer wieder erwähnt.

Vor dem Rat erzählte der damals zirka 17-jährige Michael Narholz, wie er im Sommer 1608 in Schwabenhausen wegen Bettelei festgenommen und nach Ingolstadt gebracht wurde, wo er in Eisen arbeiten musste. Er behauptete allerdings, dass „*in die 5 wochen es aber anjezt sei, daß man jne sambt noch 16 freiwillig erlassen, also daß der zeyt khaine mehr aldo in eysen gehe*". Anscheinend ging es um größere Gruppen von Sträflingen, die zur nützlichen Arbeit angehalten worden waren. Michael Narholz versicherte, kein Verbrechen begangen zu haben und nur arbeiten zu wollen. Deshalb ersuchte er den Rat, Erkundigungen über ihn in Kaltenbach und Dachau einzuziehen, weil er dort fleißig gearbeitet und sich „*gethrew vnd erbar gehalten*" habe. Die Ratsherren verhielten

764 StadtA: RP 213/2 (1598), Fol. 175 v und RP 226 (1611), Fol. 25 r.

765 Geremek: Geschichte der Armut 1988, 56 & 63-64, Irsigler & Lassotta: Bettler und Gaukler 2001, 24 & 48-56, Hergemöller: Randgruppen 1994, 11-12 und Radbruch & Gwinner: Geschichte des Verbrechens 1951, 86-88.

sich verständnisvoll ihm gegenüber, und es wurde beschlossen, für diesen Bettlerbuben *„ein lodin claidl zemachen, damit er sich zur arbait khündte halten"*.[766] Dabei handelt es sich anscheinend um einen Lodenmantel, der das Arbeiten im Freien auch im Winter ermöglichen sollte. Man wollte die fähigen Bettler zur Arbeit ermutigen, um sie von der Bettelei fernzuhalten.

Nach einem Jahr, im September des Jahres 1609 wurde Narholz, in Zusammenhang eines völlig anderen Falles, erneut erwähnt. Ein Zeuge hatte beim Schweinehüten 13 Personen *„auf dem städlen gelegen"* gesehen. Einige von diesen waren Bettelleute, darunter ein Bube mit dem Spitzname „Bischoff", der zwei Mal die Kettenstrafe wegen Spielen in München erlitten hatte.[767] Ein späterer Vermerk bringt diesen jungen Mann und den Spitznamen „Bischoff" eindeutig zusammen. Im Verhör behauptete Michael Narholz nämlich, er *„wisß nit wer jme anderst den namen Bischoff hab aufgebracht, als die petler, dieweil er ein rottes käpl hab getragen"*. Er sicherte den Rat, dass er *„hab sein lebtag nie was vnredliches gethan"*. Von dem bisherigen Leben Michael Narholz erzählen ein paar kurze Ratsvermerke. Sein Vater sei ein Soldat gewesen. Er sei gestorben als der Bube nur 1 ½ Jahre alt war. Ferner wurde behauptet, der junge Mann *„khünde nichts, nere sich mit hüetten"*. Im Sommer 1610 hatte er allerdings nicht gearbeitet, sondern *„nur gebettlet"*. Als er deshalb in München festgenommen und in Eisen geschlagen wurde, hatte er sich nach sechs Wochen *„mit ainem stain"* befreit.[768] Wie war eine solche eigenhändige Befreiung überhaupt möglich?

Als Michael Narholz, *„sonsten von besen bueben Bischoff genant"*, im Februar des Jahres 1611 nochmals vor dem Rat stand, wurde seine bisherige Kriminalgeschichte wiederholt. Es wurde notiert, dass er wegen Bettelei in München schon öfters verhaftet und zwei Mal „ausgeführt" worden sei. Besonders beachtenswert war, dass er hatte er sich im vorigen Sommer *„im Pettlthurm mit einem hamer ledig gemacht, welches er beim wasserhauß von maurern genommen"* hatte. Danach war er zur Strafarbeit nach Ingolstadt geschickt worden.[769] Diese Geschichte verdeutlicht einige Einzelheiten der Kettenstrafe: Während des Tages arbeitete man „in Eisen", etwa als Hilfskraft für Maurer, und übernachtete dann eingekettet im Gefängnis. Von diesen Fesseln hatte Michael Narholz sich mit einem Hammer befreit. Wie er das gestohlene Werkzeug ins Gefängnis schmuggeln konnte, wird nicht erklärt.

766 StadtA: RP 223 (1608), Fol. 268 v und SG MP 866/6 (1607-1609), Fol. 229 r-229 v.
767 StadtA: SG MP 866/6 (1607-1609), Fol. 322 r-322 v.
768 StadtA: SG MP 866/7 (1610/1611), Fol. 17 v-18 r.
769 StadtA: SG MP 866/7 (1610/1611), Fol. 226 r -226 v.

In diesem Verhör bat der Angeklagte, ihn diesmal noch zu verschonen und schwur, dass *„man soll in henckhen, wann er widerumb herein khom"*. Er gestand *„ein sondersiechen rokh angetragen"* zu haben, der noch in Haidhausen liegen sollte. Er hatte sich also in der Hoffnung, Almosen zu bekommen, als ein „Sondersieche" vorgestellt. Nach zwei Jahren, im April des Jahres 1613, taucht der nun zirka 22-jährige Michael Narholz wieder auf, diesmal mit seinem „Anhang", einer Frau namens Anna Schmidin. Nach dem Malefizprotokoll hatten sie ein Kind zusammen, das allerdings in Aschau gestorben war, und jetzt war Anna Schmidin wieder schwanger. Beide wurden wegen mehrmaligen Rückfällen zur Bettelei aus der Stadt geführt.[770] Die Vermerke geben keine weitere Information über sie.

Der Fall Michael Narholz alias Bischoff dient als ein Beispiel für die Wirkungslosigkeit der Bestrafung. Er wurde mehrmals verhaftet und schändlich bestraft, kehrte aber immer wieder zurück. Die öffentliche Strafarbeit war wohl nützlich für die Stadt, aber den angeblich völlig arbeitsfähigen jungen Mann hat sie nicht arbeitswilliger gemacht. Man gewinnt auch den Eindruck, dass die Schändlichkeit der Bestrafung für ihn einerlei war – oder womöglich hat er gerade deshalb keine Arbeit gekriegt. Es hängt von der Interpretation ab, ob man die Quellen für oder gegen Michael Narholz sprechen lässt. Man kann ihn einerseits als einen aufrechten und unternehmungslustigen jungen Mann sehen, dem es trotz seiner Versuche missglückte, sich mit redlicher Arbeit zu ernähren, und der demzufolge auf den kriminellen Pfad getrieben wurde. Oder man sieht ihn als einen arbeitsscheuen Betrüger, der bereit war, wider das Gesetz zu handeln, wenn es ihm nur einfiel.

Anfang des Jahres 1617 wurde der Fall eines anderen „starken" Bettlers behandelt. Es handelte sich um einen „Schwaber Landstreicher und Störzer", einen verheirateten Mann mit einem Kind. Vom Beruf war er Schneider, aber der Vermerk stellte fest, er *„nörr sich vom almusen"*. In München wurde er nun zum dritten Mal wegen Bettelei verhaftet. Es folgte die Ausführung samt Androhen von Rutenzüchtigung. Er scheint ein typischer Wiederholungsfall gewesen zu sein. Für diese Studie ist eine Bemerkung aber von besonderem Interesse: Der Verurteilte hatte vor fünf Jahren in Ebersberg „neben anderen Bettlern im Narrenhaus gelegen".[771] In München wurden innerhalb des Untersuchungszeitraums keine Bettler ins Narrenhaus eingesperrt bzw. es wurden solche Maßnahmen nicht protokolliert. Es ist jedoch sehr wohl möglich, dass Bettler statt oder vor

770 StadtA: SG MP 866/7 (1610/1611), Fol. 226 r -226 v, SG MP 866/8 (1612/1614), Fol. 140 r-141 v und RP 228 (1613), Fol. 74 v.

771 StadtA: RP 232 (1617), Fol. 13 v und SG MP 866/10 (1616/1617), Fol. 129 v-130 r. Im Jahr 1617 wurde *„ein sterzer von Ingolstadt"* in die Eisen verurteilt. Ein anderer *„störzer"* dagegen sollte *„weitter ziehen"*. (StadtA: RP 232 (1617), Fol. 4 v).

der Schergenstube, bzw. vom Betteltum, ins Narrenhaus gebracht wurden. Die Natur des Narrenhauses als eine ungeplante Zurschaustellung ohne Rechtsprozess erklärt in diesem Sinn das Fehlen dieser Vermerke.

Unter Bettlern finden sich gelegentlich auch Frauen. Wie auch sonst bei den kriminell verdächtigten Frauen, wurden die „Bettlerinnen" oft neben Betteleivorwürfen wegen Sittlichkeitsdelikte angeklagt. Zumindest wurde in der Regel darauf hingewiesen, dass sie auf irgendwelche Weise auch sexuell verdächtigt waren. Bei der weiblichen Bettelei wurden unehrlicher Lebensunterhalt und Lebensweise so mit Unsittlichkeit verbunden. Bei der Ausführung einer Bettlerin konnte festgestellt werden, *„dass sie dem sagen nach soll ein lumppin sein"*. Oder ihr wurde angedroht, man wolle sie bei Rückfall öffentlich am Pranger durch die Backen brennen.[772] Öfters ist es schwierig, den Unterschied zwischen Bettlerinnen und den so genannten Vetteln zu machen. Einerseits wurden Vetteln oft wegen Bettelei angeklagt, andererseits wurden Bettlerinnen als Vetteln beschrieben. So gehen die Unehrlichkeits- und Unsittlichkeitsvorwürfe der Frauen ineinander über.

In den letzten Jahrzehnten des 16. Jahrhunderts ging die landesherrliche Gesetzgebung gegen die unberechtigten Bettler u. a. mit Pranger, Verstümmelung, Rutenstrafe und Strafarbeit vor. Wie auch der Fall von Michael Narholz zeigt, operierte der Stadtrat aber oft mit der Ausweisung, auch wenn es sich um Rückfälle handelte. In der Regel wurden Rückfällige mit härterer Strafe, wie etwa Rutenzüchtigung, bedroht. Im Gegensatz auch zu der Bettelordnung von 1599 wurden die meisten in den Ratsprotokollen erwähnten Bettler – außer Michael Narholz – selten zur Kettenstrafe verurteilt oder auch nicht damit bedroht. Die Ausweisung von Bettlern bedeutete aber allerdings in der Regel eine öffentliche Ausführung, also eine schändliche Prozession, in der Verurteilte bis zur Grenze des Burgfriedens gebracht wurden. Man wollte sie nicht nur aus der Stadt schaffen, sondern mittels der Bestrafung auch ihre unehrliche Lebensweise unterstreichen, um dadurch aus ihnen ein abschreckendes Beispiel zu machen.[773]

772 Siehe beispielsweise StadtA: RP 219 (1604), Fol. 30 r, RP 232 (1617), Fol. 265 r und RP 233 (1618), Fol. 1 v-2 r.

773 StadtA: RP 229 (1614), Fol. 77 r.
Beispielsweise wurde ein Verlader von Ingolstadt wegen seines täglichen Bettelns öffentlich „ausgeführt". Er war vorher schon einmal „ausgeschafft" worden. (StadtA: RP 215/1 (1600), Fol. 122 r). Ähnliche Fälle: StadtA: RP 224 (1609), Fol. 260 r, RP 226 (1611), Fol. 25 v, RP 232 (1617), Fol. 37 r und RP 233 (1618), Fol. 96 v.

Dieberei zum Lebensunterhalt

Es besteht kein Zweifel darin, dass Diebstahl sowie Bettelei und Vagantentum, in vielerlei Hinsicht die Folge von Hungerkrisen und Massenarmut war. Trotzdem wurde Diebstahl allgemein geächtet und für ehrlos gehalten. Dafür spricht auch die weite Verbreitung des Schimpfwortes „Dieb". Stand der Dieb nicht schon vor seiner Tat am Rande der Gesellschaft, so fand er sich spätestens nach der Strafe dort.[774] Auch die in dieser Arbeit vorkommenden Diebe waren ökonomisch und sozial benachteiligt und oft hatten sie einen unehrlichen Ruf. Sie waren Diener, Lehrjunge, Tagwerker, Arbeitslose und Bettler, aber auch Handwerker oder Angestellte des Hofs. Einige waren selber krank oder mussten für ein schwaches oder im Sterben liegendes Familienmitglied sorgen. Als ein Weber im Jahr 1600 der Tuchdieberei angeklagt wurde, versicherte er, nie zuvor gestohlen zu haben. Nun hatte ihn aber „*die groß überflissig nott laider bewagt*" und man hatte ihm als Entschädigung seiner unbezahlten Schulden „*alles vnd so gar das pett aus dem haus getragen*".[775]

Nach der Bestrafung besaßen die wegen Diebstahl beschuldigten Personen eine noch schwächere Stellung in der Gesellschaft, weil sie mit dem Vorwurf der unehrlichen Dieberei stigmatisiert wurden. So bildete die Verweisung die gewöhnliche Strafe für mittelschweren Diebstahl. Über die materielle Notlage der Angeklagten erzählen ihrerseits auch die gestohlenen Artikel. Es ging um Waren, die einen guten Kaufwert besaßen und leicht weiterverkauft werden konnten. Es wurden u. a. silberne und zinnene Pfannen, Schüssel und Becher oder Tuch gestohlen. Ein Diebstahlsopfer erzählte, wie ihm am Dreikönigstag zwischen zwei und drei Uhr aus der Truhe „*3 hemeter, 2 krägen, ein lidern leib, ein rott wullen paar strumpf vnd mantl*" gestohlen worden waren. Es wurde auch von den Trinkgenossen Geld „*beim zechen aus dem sackh entfrembdt*". Eine junge Diebin erzählte im Verhör, wie sie auf dem Jahrmarkt „*hab 4 vnderschidliche mall den pauren in die säckh griffen, aber nur einen peitl einmahl erwischt darin 30 kreuzer gewest*". Auch Lebensmittel, wie Brot, Korn und Hühner wurden gestohlen.[776]

---

774 Schwerhoff: Devianz 1992, 403 und Schwerhoff: Köln 1991, 357-358.
Das Sinnbild des unverbesserlich unehrlichen Diebes spiegelt sich auch in den heute noch üblichen Äußerungen: „Wer einmal stehlt, heißt allezeit ein Dieb" oder „die Krähe lässt das Hüpfen nicht". Wer also den schlechten Ruf der Unehrlichkeit besitzt, wird immer dafür verdächtigt. (Eisenhart: Grundsätze 1823, 603-604).

775 StadtA: SG MP 866/4 (1599-1602), Fol. 57 r-59 r.

776 StadtA: RP 219 (1604), Fol. 100 r-100 v, RP 228 (1613), Fol. 63 v, SG MP 866/8 (1612/1614), Fol. 175 r, SG MP 866/9 (1615/1616), Fol. 36 r-37 r und SG MP 866/11 (1618), Fol. 6 r-6 v.

Die Strafhöhe und die Schändlichkeit der Sanktion waren von der Schwere und Art des Diebstahls, aber auch von anderen Sachverhalten abhängig. U. a. spielten das Geschlecht, das Alter, die möglicherweise kriminelle Vergangenheit und die jetzige Lebenssituation des Täters eine Rolle bei der Verurteilung. Es ist allerdings häufig sehr schwierig zu sagen, warum bestimmte Strafen in den jeweiligen Fällen gewählt wurden. Fest steht jedoch, dass gerade bei Diebstahlsdelikten die Strafskala am weitesten war. Die öffentliche, beispielhafte Bestrafung war sehr wichtig, damit potentielle Diebe im Publikum sich abschrecken ließen und ihnen die Unehrlichkeit der Dieberei klargemacht werden konnte. Schon kleinere Diebstähle konnten mit der Verweisung bestraft werden, und gelegentlich wurden Diebe auch zum Kriegsdienst gezwungen. Die Prangerstrafe blieb keine bloße Drohung, sondern sie wurde oft verwirklicht. In den von mir gelesenen Quellen bildete die vom Henker vollzogene Ausführung die häufigste Strafe für Dieberei. Damit wurden verschiedene Variationen von Verweisungsstrafe und unterschiedliche schändliche Prozeduren verknüpft.[777]

Wo viele Menschen zusammenkamen, wo es Lärm und Leben auf den Straßen gab, hatten auch Taschendiebe Gelegenheit, Beute zu machen. Im Spätsommer des Jahres 1613 wurden ein Dieb und eine Diebin wegen „Beutelausziehen" ausgewiesen. Ein Schneider, der behauptete nie vorher gestohlen zu haben, wurde auch bestraft, weil er *„ein peittl jn der duld ausgezogen vnd mit bösen buben vmbgezogen*" war. Sein Ruf hatte so durch die falsche Wahl der Gesellschaft deutlich gelitten. Die Diebin dagegen, eine 24-jährige unverheiratete Tochter des ehemaligen Kellermeisters von Herzog Ferdinand, bewies „eine große Reue" und wurde deshalb und *„angesehen jrer iugent aus der statt geschafft*".[778] In ihrem Fall hat der Schreiber spezifisch den Begriff „Ausschaffen" benutzt.

Ab 1516 wird die Rechnungswährung in Bayern von Pfund auf Gulden umgestellt. Ein Gulden = 7 Schilling und 30 Pfennig = 60 Kreuzer und 3 ½ Pfennig. In der Praxis folgte man diesem System bis zur ersten Hälfte des 17. Jahrhunderts. (Elsas: Umriss einer Geschichte der Preise und Löhne 1936, 116).

777 Für Schergenstube siehe beispielsweise StadtA: RP 211 (1596), Fol. 249 r und RP 211 (1596), Fol. 75 r.
Für Ausführen siehe beispielsweise: StadtA: RP 211 (1596), Fol. 75 r, RP 219 (1604), Fol. 18 r, SG MP 866/6 (1607-1609), Fol. 311 v und RP 224 (1609), Fol. 196 v.
Im Jahr 1604 wurde ein mehrfacher Dieb für ein Jahr nach Ungarn geschickt. (StadtA: RP 219 (1604), Fol. 52 r).
Für schwerere Diebstähle konnte die Todesstrafe verhängt werden. Im Jahr 1611 wurde das Todesurteil eines Diebes aufgrund einer herzoglichen Begnadigung vom Hängen mit dem Strang in die Hinrichtung mit dem Schwert umgewandelt. (StadtA: RP 226 (1611), Fol. 26 r).

778 StadtA: SG MP 866/8 (1612/1614), Fol. 175 r-176 v und RP 228 (1613), Fol. 170 v & 174 v.

Sie wurde also nicht vom Henker „ausgeführt", sondern ohne schändliche Prozeduren aus der Stadt verwiesen.

Wenn man nur einen geringfügigen Diebstahl begangen hatte, konnte auf Fürbitte die Ausweisung aufgehoben werden.[779] Manchmal wurde das ursprüngliche Ratsurteil aber für zu mild gehalten. Im Frühjahr 1600 wurden zwei Leinweber und Mitbürger wegen einer Leinwand befragt, die vor einem Jahr gestohlen worden war. Während der drei Monate langen Untersuchungshaft wurden die Männer gefoltert, auch wenn der eine behauptete, alt und schwach zu sein. Mitte Juli entschied der Rat sich für eine öffentliche Rutenstrafe. Herzog Wilhelm und Doktor Hannenman, der anscheinend ein höfischer Rechtsgelehrter war, kritisierten allerdings die Strafwahl heftig. Man sollte unbedingt die Rutenzüchtigung „*in ein relegationes convertieren*". Die Leinweber warteten noch fast ein Monat im Gefängnis und wurden schließlich „ausgeführt" und nach der herzoglichen Anweisung für immer aus dem Land verwiesen.[780]

Es ist anzunehmen, dass der Rat sich für die mildere Strafvariante aus humanen Gründen aussprach. Ein paar Tage nach dem „endlichen" Urteilsspruch findet sich nämlich noch ein Vermerk, der etwas von den eigentlichen Wirkungen einer Verweisung enthüllt: Die Frau des einen Webers bat, ihr jüngstes Kind in die Kindstube aufzunehmen. Sie müsse arbeiten und könne deshalb nicht für das Kind sorgen.[781] So hatte die Strafe nicht nur den diebischen Vater weit von Zuhause weggeschickt und mit Unehrlichkeit gebrandmarkt, sondern demzufolge geriet auch die Familie in Schwierigkeiten. Die Strafe war deswegen ein fruchtbarer Boden für mögliche neue Diebstähle oder andere aus Not und Verzweiflung vorgenommene Illegalitäten.

Als ein Tagwerker aus der Au im Jahr 1600 wegen Diebstahl verhört wurde, gab er sofort zu, eine Kuh gestohlen zu haben, die er dann an den Metzger verkauft habe. Er hatte seiner Aussage nach die Kuh aus Armut gestohlen, weil sein Bruder ihm seinen Teil der Erbschaft nicht geben wollte. Andere Verdächtigungen gegen ihn wollte er nicht bejahen, „*man thue jme wie man wolle*". Er behauptete, sonst nichts getan zu haben, nicht mal „*wan man jne gar von ein ander reiß*".

779 Im Winter 1613 wurde ein junger Dieb nach nur einpaar Tage begnadigt und wieder in die Stadt gelassen, damit er in München an die Arbeit gehen konnte. (StadtA: RP 228 (1613), Fol. 234 r).
In einem anderen Fall, in dem der Rat einen herzoglichen Befehl erhalten hatte, durfte die Diebin aber erst nach einem Jahr und einem Tag wieder in die Stadt gelassen werden. (StadtA: RP 232 (1617), Fol. 1 v & 153 v).

780 StadtA: SG MP 866/4 (1599-1602), Fol. 57 r-59 r & 63 v-70 r, RP 215/1 (1600), Fol. 229 v, 233 v-234 r und RP 215/2 (1600), Fol. 51 v-52 r.

781 StadtA: RP 215/2 (1600), Fol. 59 v.

Diese Äußerungen hatten einen wahren Grund, weil er während seiner Untersuchungshaft tatsächlich gefoltert oder zumindest mit dem Aufziehen bedroht worden war. Da der Kuhdiebstahl „sein erster Angriff" war, wurde er nach einem Monat auf die Stiege, nicht an den Pranger, verurteilt. Danach folgte die schändliche Ausführung und ewiges Stadtverbot. Im Jahr 1608 wurde eine 21-jährige Handschuhstrickerin und Wäscherin aus der Au, Tochter eines verstorbenen Zimmermanns, zur selben Strafe verurteilt. Sie wurde auch einen Monat lang im Gefängnis gehalten und bekannte schließlich, nach Anwendung des Daumenstocks, insgesamt sieben kleine Diebstähle.[782]

In diesen Fällen repräsentierte die Stiegenstrafe die mildere Strafvariante. Personen, die wegen dem ersten oder wegen einem „kleinen" Diebstahl verurteilt wurden und Personen, die man mit besonderer Gnade behandeln wollte, wurden statt an den Pranger auf die Ratsstiege gestellt. Im Jahr 1604 wurde eine Diebin an dem Pranger gestellt und für immer aus der Stadt verwiesen, weil sie in München *„diebstal halber anno 1602 an der stigen gestanden vnd von der statt geschafft worden"* war. Die Stiegenstrafe bildete also eine Strafvariante, die hier eine Stufe milder war als der Pranger. Mehrfache Diebe und Diebinnen oder diejenigen, die schon beim ersten Mal viel gestohlen hatten, wurden vom Nachrichter an den Pranger gestellt und häufig auch mit Ruten gezüchtigt. Sie wurden *„3 mal wol geschmiert"*, *„ob der leitter geschmiert einmal"* usw. Schließlich wurden sie aus der Stadt und dem Burgfrieden geschafft oder „ausgeführt".[783] Dabei sollte allerdings nicht vergessen werden, dass die allerschwersten Diebstahlsfälle todeswürdig waren.

Im Frühsommer 1617 wurde eine 21-jährige Metzgertochter an den Pranger gestellt, weil sie mehrmals von ihrem Dienstherrn Geld gestohlen hatte. Ungeachtet ihres jungen Alters hatte sie schon elf Jahre lang in unterschiedlichen Haushalten gedient. Die vorigen Arbeitgeber konnten *„nichts vnerbars von jr"* sagen. Nun wurde sie aber *„vnthreüwe dirn"* genannt – und gefoltert. Vor ihrer Ausführung sollte der Züchtiger ihr die Rute zeigen. Das Zeigen der Rute war eine mildere Form der Rutenstrafe, obwohl Frauen auch sonst selten öffentlich gezüchtigt wurden. Es gibt aber keine Regel ohne Ausnahme. Im Jahr 1618 wurde eine „Vettel von Landshut" wegen ihrer Mithilfe bei Straßenräuberei gefoltert. Weil ihr das Land schon vier Mal verboten worden war, hatte man sie nun mit Ruten auspeitschen lassen und mit der Todesstrafe bedroht. Hier handelt es sich also um eine öfters bestrafte Frau, die anscheinend für einen hoffnungslosen Fall

782 StadtA: SG MP 866/4 (1599-1602), Fol. 70 r-70 v, 73 r-73 v, SG MP 866/6 (1607-1609), Fol. 77 r-78 v, 91 v-92 v, 99 r-101 v, RP 215/2 (1600), Fol. 179 v und RP 223 (1608), Fol. 77 v. Siehe auch StadtA: RP 211 (1596), Fol. 175 r.

783 StadtA: RP 211 (1596), Fol. 93 r, RP 213/1 (1598), Fol. 162 v, 167 v & 207 v, RP 219 (1604), Fol. 126 v und RP 224 (1609), Fol. 172 v.

gehalten wurde. Es gab auch einige Diebstahlsfälle, in denen weder eine Verurteilung an den Pranger noch eine Verweisung, sondern nur die Rutenzüchtigung erwähnt wurde.[784] In solchen Fällen durften die bestraften Personen wohl in der Stadt bleiben.

Von allen Verbrechensgruppen, die in dieser Arbeit behandelt werden, wurde bei den Diebstahlsprozessen am meisten die Folter angewendet. Weibliche Verbrecherinnen wurden in der Regel mit dem Daumenstock gefoltert und männliche Angeklagte mit oder ohne Stein aufgezogen oder „auf der Leiter abgeschmiert". In der Regel war die Folter erfolgreich bzw. dadurch wurden Bekenntnisse erzwungen. Im Herbst des Jahres 1598 wurde eine ledige 18-jährige Frau u. a. wegen Kirchendiebstählen verhört. Der Daumenstock wurde drei Mal „umgetrieben", aber sie wollte nichts Weiteres bekennen. Angesichts ihrer Jugend und dank der Fürbitte ihrer Eltern und Befreundeten wurde sie drei Mal durch die Frau des Bußamtmanns auf der Leiter gestrichen und dann der Stadt verwiesen.[785] Bei ihrer etwas ungewöhnlichen Bestrafung verzichtete man also auf die schändliche Ausführung und auch die körperliche Züchtigung wurde nicht öffentlich und nicht vom Henker vollzogen.

Im Spätsommer 1613 wurde eine „verdächtige Landkrämerin" wegen mehrerer Diebstähle befragt. Anders als die Frauen gewöhnlich wurde sie nicht mit dem Daumenstock gefoltert, sondern aufgezogen. Sie hat da *„zimblich lang gehangen, die hat aber nichts wollen bekhennen, derowegen sie herob gelasen"*. Sie hatte die „Indicia mit starker Tortur purgiert" und *„nil nisi confessio propria defuit"*. Sie wurde trotzdem wegen Diebstahlsverdacht aus der Stadt geführt und für immer verwiesen.[786] Selten haben die Angeklagten die Tortur ohne Geständnisse durchgehalten, und prinzipiell hätte der Rat in einem solchen Fall die Angeklagten ohne Strafe entlassen sollen. Weil es sich aber um eine schon im Voraus „verdächtige" Frau handelte, wurde sie behandelt wie eine Kriminelle. Sicherlich hatte sie nun mit ihrem kriminellen Ruf weiterzuleben.

---

784 StadtA: SG MP 866/10 (1616/1617), Fol. 207 v-209 v & 217 r-219 r, RP 232 (1617), Fol. 123 r, 138 r & 145 r und RP 233 (1618), Fol. 96 v & 98 r.
Für das Zeigen der Rute siehe auch StadtA: RP 219 (1604), Fol. 126 v, 188 r, 209 v & 211 v.
Für bloße Rutenstrafe siehe beispielsweise: StadtA: RP 219 (1604), Fol. 209 v & 211 v, RP 223 (1608), Fol. 67 r und RP 224 (1609), Fol. 228 v.

785 StadtA: SG MP 866/3 (1598/1599), Fol. 4 v-5 v, 103 r, 104 v 117 r & 119 r, SG MP 866/6 (1607-1609), Fol. 348 r-348 v & 349 r-350 r, RP 213/2 (1598), Fol. 122 r, RP 215/1 (1600), Fol. 96 r und RP 224 (1609), Fol. 228 v.

786 StadtA: SG MP 866/8 (1612/1614), Fol. 163 r-166 v, 167 v & 174 r-174 v und RP 228 (1613), Fol. 170 r.

In den für diese Arbeit ausgewerteten Ratsprotokollen wurde sehr selten über Verstümmelung gesprochen, noch seltener war ihr Vollzug. Wurde eine solche Strafe aber erwähnt, ging es meistens nur um Androhungen.[787] Eine von den Ausnahmen bildet der Fall von Hans Schlehüber, einem Korndieb aus Saulach. Nach dem Vermerk im Juni des Jahres 1600 war er in Starnberg wegen Diebstahl mit Ruten gezüchtigt worden, hatte aber danach „de novo vier Angriffe" in München gemacht. Ihm wurde deshalb am Pranger ein Ohr abgeschnitten. Nach 13 Jahren wurde dieser „*alter peürischer man*" erneut vor den Rat gebracht. Er erzählte, wie man ihn wegen Korndiebstahl „*ein ohr vor 10 jaren hab alhie abgeschnitten vnd das landt auf 2 jar verpotten*". Er behauptete seitdem „*nit vill gestollen* (zu haben), *allein neülich vor 8 tagen er einem ein helbs phäfel gersten*" genommen hatte.[788] Es kommt häufig vor, dass die Jahreszahlen in den Aussagen nicht mit der Wirklichkeit übereinstimmen. Hatte die vorherige Bestrafung vor 10 oder 13 Jahren stattgefunden, spielte für den Angeklagten wohl keine Rolle.

Nach seinen Worten war Hans Schlehüber zurückgekehrt, weil er dachte, man habe ihn damals nicht für immer, sondern auf zwei Jahre verwiesen. Der Ratsvermerk behauptete: „*der yberstett ein zimbliche starckhe tortur vnd bekhent doch ferner nichts*". Er wurde schließlich zur Rutenstrafe verurteilt und ihm wurde „*offentlich angezaigt*", dass der Rückfall „*ohne mittl heernach am leben*" bestraft werden sollte. Dies wurde allerdings später gestrichen und mit dem Vermerk „am Leib" ersetzt.[789] Wenngleich die Strafpraxis des Münchner Rats in der Regel milder war, als was die Gesetze erlaubt hätten, wurden Verstümmelungen also manchmal auch wirklich vollzogen. Der Fall Hans Schlehüber zeigt auch, dass die Information über vorige Vergehen in den Protokollbüchern nachgeprüft wurde, um Rückfälle rechtmäßig zu bestrafen. Ferner wird deutlich, wie Verurteilungen gelegentlich geändert werden konnten. Außerdem wurde nicht alles niedergeschrieben: Der Korndieb war im Jahr 1600 eindeutig ausgewiesen worden, wenn dies auch nicht notiert wurde. Zwischen den Zeilen ist auch zu lesen, dass eine Verstümmelung den Angeklagten stigmatisierte. Daher wurde er leichter gefoltert und bestraft.

In den von mir gelesenen Quellen wurde ein Dieb nur ein Mal zur Springerstrafe verurteilt. Im Jahr 1616 wurde notiert: „*Hans Lehner scholar so ein mantl*

---

787 Beispielsweise im Jahr 1618 wurde ein herzoglicher Befehl wegen eines „Mauskopfes" im Rat verlesen. Dieser Mann war wegen Diebstahls in den Falkenturm geraten und aus dem Land verwiesen worden, war aber zurückgekehrt und hatte wieder gestohlen. Er solle deshalb auf den Pranger gestellt und mit Ruten gezüchtigt werden, wobei er für den Wiederholungsfall mit Fingerabhauen bedroht wurde. (StadtA: RP 233 (1618), Fol. 62 v).

788 StadtA: RP 215/1 (1600), Fol. 229 v und SG MP 866/8 (1612/1614), Fol. 148 r-148 v.

789 StadtA: SG MP 866/8 (1612/1614), Fol. 150 r-151 v und RP 228 (1613), Fol. 94 v.

entfrembdt, ist in die springer auf ein monat condemniert". Einen anderen Sonderfall bildet die schändliche Zurschaustellung mit dem gestohlenen Objekt. Im Sommer 1600 wurde ein Hühnerdieb „*auf die stiegen gestellt, jme 2 hennen ann hals gehenckht*". Danach wurde er aus der Stadt geführt und ihm die Stadt verboten. Schattenhofer weist auf einen ähnlichen Fall im Jahr 1478.[790] Sicherlich wurden gestohlene Objekte gelegentlich um den Hals des Diebes gehängt oder um ihn auf den Boden gelegt, um das Publikum über die Schändlichkeit der Bestrafung und die Eigenart des Vergehens zu belehren. Solche Prozeduren wurden aber normalerweise nicht protokolliert. Sie sind eher als spontane Erfindungen der Strafvollzugsorgane und alte Bräuche denn als offizielle rechtliche Maßnahmen zu interpretieren.

Bei den Diebinnen erfährt man deutlich, wie die weibliche Ehre mit der Sexualität verknüpft war. So wie Bettlerinnen, wurden die wegen Diebstahl angeklagten Frauen auch leicht als sexuell verdächtig gehalten. In vielen Fällen von weiblichen Angeklagten erwuchs aus dem Diebstahlsvorwurf im Laufe des Prozesses auch eine Sittlichkeitsanklage, zumindest wurden die schlechten Qualitäten der Frau in diesem Sinne betont. So wurde eine im Jahr 1608 mit Daumenstock gefolterte junge Dienerin beschuldigt, dass sie neben ihrem Diebstahl auch verdächtiges Handeln mit ledigen Männern vorgenommen hatte. Sie antwortete mit der Behauptung sie „*seie khein hure*".[791]

Ungeachtet ob es um verheiratete Frauen ging, konnte die Schwangerschaft eine Diebin vor bestimmten Strafen schonen und ihre Verurteilung mildern. Dies bedeutete aber keineswegs, dass schwangere Frauen nicht hart bestraft wurden. Als eine schwangere Diebin vor Neujahr 1617 „ausgeführt" und für immer verwiesen wurde, musste ihr Mann nach dem Vermerk in der Stadt bleiben. Im Zusammenhang mit der Folter einer Diebin wurde notiert: „*die hat nit willen haylen vnd wainen, gebetten jrer zuuerschonen*". Diese Frau, die den Bürgermeister Alexander Ligsalz, den Ratsherrn Christopf Hörl sowie ihre eigene Mutter bestohlen hatte, wurde im Februar 1618 „ausgeführt". Ihr Mann lag im Siechhaus und es wurde geschrieben: „*nota erscheint am leib allem ansechen nach, dass sie mit jres mans khranckhhaitt behafft sej.*" Im Winter 1600 wurde eine Diebin namens Appalonia Dietrichin einen Monat lang „*wegen jres schwangeren leibs in der schergenstube verwartt*" vor man sie öffentlich „ausführte". Sie wurde dabei mit der Rutenstrafe bedroht und „*diß in ansehung jres*

790 StadtA: RP 215/1 (1600), Fol. 229 v-230 r, RP 231 (1616), Fol. 7 v und Schattenhofer: Das alte Rathaus 1972, 324 & 328.

791 StadtA: SG MP 866/6 (1607-1609), Fol. 99 r-101 v. Siehe auch: StadtA: SG MP 866/6 (1607-1609), Fol. 298 r.

schwangeren leibs".[792] Diese Frauen wurden also wegen ihrer Schwangerschaft von weiterer Bestrafung, wie Pranger oder Ruten, verschont. Für eine schwangere Frau war die Verweisung mitten im Winter und die daraus resultierende Trennung von Ehemann und Familie aber sicherlich eine harte Strafe.

Einige von den wegen Diebstahl angeklagten Personen waren so genannte „böse Buben" oder „Mausköpfe", also Menschen, die mehr oder weniger außerhalb der bürgerlichen Gesellschaft lebten, mit den Landsknechten und Kriminellen befreundet waren und allerlei Rechtswidrigkeiten begangen hatten. Über das Verhalten des zirka 20-jährigen Sebastian Tasch finden sich zwischen den Jahren 1611 und 1615 mehrmals Vermerke. Er wird als ein Bettelbube, Sohn eines Maurers und als ein Tagwerkerjunge tituliert. Die Ursachen für seine anhaltende Verhaftung und Bestrafung waren zahlreich. Er hatte u. a. seinen Vater Dieb und Schelm gescholten, unterschiedliche Schlägereien mitgemacht und sich überhaupt frech und unverschämt verhalten. Nach seiner unerlaubten Rückkehr wurde er gefoltert. Er bekannte mehrere Diebstähle, u. a., dass er „*des vnderrichters garten pflamben halber sei eingestigen*" und dass er Hennen auch von dem herzoglichen Garten gestohlen hatte. Der Ausführung folgte das ewige Landverbot.[793] Angesichts der langen Liste von Diebstählen und anderer Verbrechen wirkt seine Strafe relativ leicht. Da die Details nicht notiert wurden, kann man nicht sagen, wie schändlich und peinlich die Ausführung wirklich war.

Eine interessante Kategorie der Dieberei sind die Mittäter. Sie waren Menschen, die wegen Beihilfe der eigentlichen Kriminellen, wegen Vertuschen des von anderen Personen begangenen Diebstahls, oder aber wegen Verkaufsversuchen oder Kaufen der gestohlenen Güter bzw. Hehlerei angeklagt wurden. Im Jahr 1596 sah ein in Pfaffenhofen wegen Diebstahl vorbestrafter Metzgerknecht, wie einem Bauern 34 Silberkronen gestohlen wurden. Er hat daraus neun Silberkronen für sich genommen und „*also des gestolnen guetts sich thailhafftig gemacht*". Deshalb sollte man ihn mit Leibesstrafe strafen, die er „*sonderlich*

792 StadtA: RP 215/2 (1600), Fol. 179 v & 201 v, RP 232 (1617), Fol. 262 v-263 r, SG MP 866/11 (1618), Fol. 6 r-7 r & 9 r-10 r und RP 233 (1618), Fol. 50 v & 54 r.
Dieselbe Appalonia Dietrichin wurde nach 15 Jahren wegen Ermordung ihres eigenen Kindes in München mit dem Schwert hingerichtet. Einige Tage vor der Hinrichtung wurde sie außerdem auf die Stiege gestellt. (StadtA: SG MP 866/9 (1615/1616), Fol. 191 v-194 v und RP 230 (1615), Fol. 223 r-224 r).
Es scheint mir, dass die Stiegenstrafe exklusiv wegen der von ihr begangenen Kirchendiebstähle vollzogen wurde. Man wollte sie also zuerst öffentlich wegen Diebstahl schändlich bestrafen, auch wenn sie schließlich getötet wurde. Dies spricht für den abschreckenden und belehrenden Zweck der Schandstrafen.

793 StadtA: RP 226 (1611), Fol. 24 v, SG MP 866/7 (1610/1611), Fol. 255 v-257 r, SG MP 866/8 (1612-1614), Fol. 142 r, 143 r-144 r & 151 v-152 r, RP 228 (1613), Fol. 85 v und SG MP 866/9 (1615/1616), Fol. 36 r-37 r.

aber seines mainaydes halber wol verdiennt hette, dass man jme die finger stutzen thätt". Der Metzgerknecht wurde aber an den Pranger gestellt, mit Ruten gezüchtigt und erneut für immer aus dem Land verwiesen.[794]

Anders als die Diebe, wurden die Mittäter häufig zur Kettenstrafe verurteilt, in der Regel für zwei Wochen. So wurde ein Schneider, der von den Hingerichteten entwendete Sachen gekauft hatte, in den Turm gebracht und danach in Ketten geschlagen. Ein Goldschmied, der einen vom Hof gestohlenen silbernen Löffel verkauft hatte, wurde „*mit dem thurm vnd vmb 1000 stain gestrafft*". Er wurde also in Ketten auf den Festungsbau geschickt.[795] Im Jahr 1611 wurden insgesamt 19 Münchner Bürger auf ein Mal wegen Hehlerei bestraft. Vier Personen wurden vom Rat nur getadelt, andere wurden in den Turm gebracht und in Ketten geschlagen und danach mit einer Geldbuße oder mit dem Stadtverbot bestraft. Aus ähnlicher Ursache wurden Menschen an den Pranger oder auf die Ratsstiege gestellt, wobei ihnen ihr Verbrechen öffentlich vorgelesen wurde. Oft wurden sie dann durch den Züchtiger „ausgeführt", manchmal noch mit der Leibesstrafe bedroht. Beide Gatten konnten zur derselben Strafe verurteilt werden, wenn ein Partner das kriminelle Tun des anderen zu vertuschen versucht hatte.[796]

Bei der Bestrafung von Mittätern war die Strafhärte flexibel, aber sie wurden jedoch relativ schwer bestraft. Diebe wurden in der Regel in die Schergenstube eingesperrt, aber die Mittäter wurden gewöhnlich in den Turm gebracht. Dies ist aber kaum ein Beweis dafür, dass ihr Verbrechen geringer geschätzt und nicht auf dieselbe Weise als Dieberei geächtet wurde. Die Disziplinierung von aller Art Unehrlichkeit war wichtig. Wenn Minderjährige sich kriminell verhielten, konnten die Eltern statt ihrer Kinder bestraft werden. Einer Straftat musste eine entsprechende Strafe folgen, und außerdem waren die Eltern – in der Regel der Vater als Familienhaupt – dafür verantwortlich, dass sie ihre Töchter und Söhne nicht in Zucht halten konnten. Im Frühjahr 1600 wurde ein Einbruch von jungen Knaben im Rat behandelt. Der Unterrichter Michael Mändl notierte:

> „heüt bin ich alsbald jm anfang des raths in die fronuest neben herrn Vogelmayr vnd herrn oberrichter verordnet, aldo man ettliche claine bueben als den Jergen Naderer etc. wegen des einbruchs beim Sedhler am Rasenegg besprechen müessen".[797]

---

794 StadtA: RP 211 (1596), Fol. 211 v-212 r.

795 StadtA: RP 211 (1596), Fol. 249 r und RP 219 (1604), Fol. 214 v, 217 r & 230 r. Siehe auch: StadtA: RP 226 (1611), Fol. 28 v-29 r, RP 228 (1613), Fol. 46 r und SG MP 866/8 (1612/1614), Fol. 124 v-125 v.

796 StadtA: RP 211 (1596), Fol. 211 v, RP 213/2 (1598), Fol. 38 r und RP 226 (1611), Fol. 24 v-25 r, 27 r-30 v.

797 StadtA: RP 215/1 (1600), Fol. 147 r.

Der 12-jährige[798] Geörg Naderer war Sohn eines Tagwerkers namens Hans Naderer. Seine Mutter lag im Siechhaus und auch der Vater war zu diesem Zeitpunkt krank. Da man nicht genau wusste, welche andere Knaben sich am Einbruch beteiligt hatten, hat man den 12-jährigen in der Folterkammer mehrmals „auf der Leiter gestrichen". Infolgedessen gab er Namen von den anderen Personen preis und erzählte, wie sie das gestohlene Gut verkauft hatten. Einer von den Mitbeteiligten war der junge Martin Obermayr. Womöglich um die Ungehorsamkeit seines Sohnes zu unterstreichen und seine eigene Verantwortung für die Geschehnisse zu mindern, berichtete August Obermayr den Rat, dass sein Sohn Martin nicht mit ihm und mit der Stiefmutter wohnen wollte. Er war also gegen seines Vaters Willen mit Geörg Naderer gegangen und hatte einen Einbruch begangen. Nach dem Einbruch war Martin Obermayr allerdings „*vol vnd bezecht*" mit einem Freund von ihm zu seinem Vater gekommen. August Obermayr hatte dann die beiden jungen Männer in der Nacht aus dem Haus geschafft, damit die Wächter sie nicht bei ihm erwischten.[799]

Es befinden sich keine Vermerke über die Bestrafung der beteiligten Knaben, aber beide Väter wurden durch den Züchtiger „ausgeführt" und für immer des Landes verwiesen. Bei der schändlichen Zurschaustellung wurden ihnen ihre Verbrechen „berufen". Das Tun von Hans Naderer wurde für etwas schwerwiegender gehalten, weil man ihn an den Pranger stellte, während August Obermayr auf der Ratsstiege stehen musste. Hans Naderer wurde dabei auch die Rute gezeigt. Es gibt keine weiteren Vermerke über ihn. Nach ein paar Wochen baten aber alle sechs kleine Kinder von August Obermayr und seine Nachbarn, den Vater heimkehren zu lassen. Diese Bitten wurden abgelehnt, aber es wurde beschlossen, dass die Kinder Almosen kriegen sollten. Da das Familienhaupt jedoch „ein alter kranker Mann" war, wurde er schließlich zwei Monate nach dem Strafvollzug begnadigt.[800] Die Väter hatten ihre Söhne nicht disziplinieren können, weshalb der Rat seinerseits die misslungenen Erzieher züchtigen musste. Sie wurden mit derselben Härte bestraft, als ob sie selber den Diebstahl begangen hätten. So hatte man sowohl die mangelnde Kindererziehung bestraft als auch potentielle zukünftige Diebe auf den richtigen Pfad zurückgebracht.

---

798 Die Strafmündigkeit fiel in der Regel mit der privatrechtlichen Mündigkeit zusammen und tritt in älterer Zeit in der Regel mit der Vollendung des 12. Jahres ein. (His: Geschichte des deutschen Strafrechts 1928, 5). Angeblich war dies auch im damaligen München der Brauch.
Nach Perneder sollten junge Verbrecher keineswegs unbestraft bleiben, weil sie doch alt genug waren, die Straftat zu begehen. Sie sollten aber etwas milder verurteilt werden. (Perneder: Von Straff unnd Peen 1544, IIII r).

799 StadtA: SG MP 866/4 (1599-1602), Fol. 47 r-48 r & 49 v-50 v.

800 StadtA: RP 215/1 (1600), Fol. 170 r, 187 r & 222 v.

2.3 Die Berufsehre

Betrug

Traditionell gab es keine einheitliche Rechtsprechung für das Betrugsdelikt, weshalb auch die Bestrafung je nach Lage des Falles variierte. Zu den meist genannten Tatbeständen gehört u. a. die Anwendung falscher Maße und Gewichte.[801] Es gab aber keinen generellen Delikttatbestand, sondern betrügen konnte man auf viele Weisen in den unterschiedlichsten Angelegenheiten. Jedoch wurde Betrug immer für unehrlich gehalten. Insbesondere Kaufleute und Handwerker, die ihre Kunden beschwindelten, wurden allgemein missachtet. Man sollte auf die versprochene Qualität, Menge und Preis des angebotenen und gekauften Gutes vertrauen können. Döpler zitiert einige Ordnungen des frühen 16. Jahrhunderts, in denen Fuhrleute, die „*wein zu land oder wasser führen, wenn sie ohne wissen des herrn von den wein dieblich etwas heraus lassen und mit wasser wieder zufüllen*", für ehrlos erklärt wurden. Dabei verloren sie auch ihr Kaufgut und wurden häufig am Leib, beispielsweise mit Staupenschlag, bestraft. Die Staupenstrafe hatten auch „*zugewarten die materialisten, kramer und höcken welche specereyen, gewürze oder andere kaufmanschafft fälschen*".[802]

Während des Untersuchungszeitraums wurden Betrüger in München häufig der Stadt verwiesen und davor durch irgendeine schändliche Prozedur erniedrigt.[803] In den Protokollvermerken ist zwischen den Zeilen zu lesen, dass die Triebkraft der Betrüger wohl mehr die Habgier oder das Suchen von eigenem Vorteil, als die materielle Not empfunden wurde. Einen armen Dieb, der Brot für seine hungrigen Kinder stahl, konnte man wohl noch verstehen. Einem betrügerischen Händler oder Handwerker wurde aber kaum mit Mitleid begegnet.

801 Hinckeldey: Geschichte der Verbrechen und Strafen 1980, 109-111.

802 Döpler: Theatrum 1693, 872-882 & 887. Siehe auch His: Geschichte des deutschen Strafrechts 1928, 92-94, Dülmen: Theater des Schreckens 1988, 66 und Dülmen: Der ehrlose Mensch 1999, 68 & 73.

803 Im Jahr 1598 wurde ein Münchner für zwei Jahre in den Türkenkrieg geschickt, weil er einen falschen Passport mit „nachgemachter" fürstlichen Unterschrift gezeigt hatte. Ein Bote wurde im Jahr 1609 „*angesehen seines 70 järigen hohen alters*" der Stadt verwiesen, weil er einen Herrn Fillinger wissentlich einen falschen Brief getragen hatte. Wäre er jünger gewesen, hätte man ihn zusätzlich geschlagen oder aber in den Krieg geschickt. Die Frau des Schlegels geriet ins Gefängnis, weil sie an einen verhafteten Gefangenen hatte „*zugeschwätzt, sein weib lig tödlich kranckh*". Was sie gesagt hatte, war nicht wahr. (StadtA: RP 213/1 (1598), Fol. 64 v, RP 215/1 (1600), Fol. 206 v und RP 224 (1609), Fol. 40 v).

Als die Bitten eines ausgewiesenen Metzgers auf Wiedereinlass in die Stadt abgelehnt wurden, betonte man noch wie er doch *„die leüth schäntlich betrogen vnd angeführt“* hatte. Vor seiner Ausweisung wurde ein Schneider an einem Samstag auf die Stiege gestellt. Als Ursache wurde schlicht erwähnt, dass er betrogen hatte.[804] Die Vermerke geben keine genauere Information über die Natur des begangenen Betrugs. Öfters scheint es sich aber um berufliches Handeln der Angeklagten gehandelt zu haben, so wie in dem folgenden Fall. Nach dem Ratsvermerk hatten die Tuchmacher Hofman und Rechtaler „zu kleine Tücher gemacht“, weshalb die Vierer sie strafen wollten. Die Angeklagten baten um Gnade und behaupteten, zwar Unrecht begangen zu haben, aber behaupteten, es sei um ihrer Kinder willen geschehen. Sie wurden bedroht, dass man sie bei Rückfall mit ihren Familien verweisen würde.[805] Die Verweisung einer ganzen Familie wird sonst selten erwähnt. In diesem Fall wirkte eine solche Bedrohung anscheinend disziplinierend, weil es um keine harte Kriminelle ging, sondern um Männer, denen das Wohlsein ihrer Familien wichtig war.

Anders als bei vielen anderen Verbrechensgruppen, denkt man etwa an Alkoholverbrechen oder Gewalttätigkeiten, erwiesen die wegen Betrügerei angeklagten Personen sich nach den Ratsvermerken kaum als rückfällig. Die Ausgewiesenen wurden selten wieder in die Zunft aufgenommen und blieben deshalb auch außerhalb der Stadt. Diejenigen dagegen, die bei der Zunft blieben, lebten unter der sozialen Kontrolle ihrer Brüderschaft weiter und wagten nicht mehr sich gesetzwidrig zu verhalten. Es sieht so aus, als ob der Ruf der Unehrlichkeit innerhalb der Zunftgemeinde besonders langlebig war. Im Frühjahr 1596 wurde im Rat der Missbrauch eines Mannes diskutiert, der einmal vor 20 Jahren auf dem Rindermarkt ein falsches Maß gebraucht hatte. Die Vierer wollten seine Tat noch einmal untersuchen. Der Angeklagte bat um Gnade *„vmb gottes willen“* und meinte seitdem *„verhoffentlich redlich vnd erbar“* gewesen zu sein.[806]

Neben unehrlichen Handwerkern oder Händlern, die beispielsweise schlechtes Fleisch feilhielten, verfolgte die Obrigkeit an vielen Orten Europas besonders die Bäcker. Sie wurden häufig angeklagt, Brot, Teig oder Mehl falsch gewogen zu haben. Hentig berichtet von einem Trick Londoner Bäcker, die einen Teil des Teigs, den die Leute zum Backen brachten, durch Löcher im Ladentisch verschwinden ließen. So endeten manche englischen Bäcker an den Pranger mit

---

804 StadtA: RP 228 (1613), Fol. 50 r und RP 231 (1616), Fol. 200 v.

805 StadtA: RP 228 (1613), Fol. 131 r.

806 StadtA: RP 211 (1596), Fol. 53 r.
Nach der Malefizprozessordnung des Jahres 1616 verjährte ein gewöhnliches Verbrechen nach 20 Jahren, Ehebruch oder Vergewaltigung mit Blutschande, Ketzerei, Kindsmord, Abtreibung, Münzfälschung etc. verjährten nie. (MPO 1616, 801). Angeblich wurde diese Regelung auch vorher befolgt.

einem Stück um den Hals geschlungenen Teig. Richtiges Gewicht und ehrliches Brot sicherzustellen war auch der Zweck der deutschen Bäckerwippe, die von Hentig „eine nasse Prangerform" genannt wird.[807] Im Zusammenhang von Betrug und Staupenschlag weist auch Döpler auf Bäckern hin, die zu viele „*kleien unter das mehl lassen, schwarz brod und talckichte semmeln backen... und den backwerg nicht das rechte gewicht geben wie es von der obrigkeit verordnet ist*".[808]

Durch Forschungen u. a. von Ingo Schwab, ist bekannt, dass auch Bäcker in München ihre Probleme hatten. Seit Ende des 16. Jahrhunderts trieb der Rat Qualitätskontrolle wegen des minderwertigen Getreides, und die Arbeit der Brotwieger wurde peinlich untersucht. Da manche Bäcker sich direkt an den Fürsten wendeten, entstanden auch Spannungen zwischen Hof und Rat. Der Rat wurde verpflichtet, über seine Aktionen gegenüber den Bäckern an den Hof zu berichten.[809] Anfangs April im Jahr 1596 wurde im Rat beispielsweise über eine „Bäcker- und Bierprobe" diskutiert. Nach dem Vermerk von 7. Mai war die Bäckerprobe „*gar schön vnd guett*" gelaufen, und alles war wie es sein sollte. Im Januar 1604 wurde eine ähnliche, gut gelungene Kontrolle protokolliert. Den Bäckern wurde gemeldet, dass ihr Backen in der Bäckerprobe gut „*bei der tariffa*" gelaufen war. Es wurde jedoch hinzugefügt, dass sie auf ihr Handeln achten müssten.[810]

Die Tätigkeit der Bäcker wurde von der Obrigkeit mit Aufmerksamkeit beobachtet und gelegentlich wurden einige Bäcker wegen unehrlichen Handelsweisen angeklagt und bestraft. Wahrscheinlich wurden manche betrügerische Bäcker auch mit Geldbußen oder mit dem Staupenschlag bestraft, wenn auch solche Fälle in den von mir benutzten Quellen nicht vorkommen. Aus dem Standpunkt dieser Studie ist die seltene Strafmethode des Schnellens, die exklusiv bei Bäckern zur Anwendung kam, von größtem Interesse. Dabei wurde protokolliert, dass angeklagte Bäcker sollten „*geschneltt werden, das sie umb 22 lott zu gering becken*".[811]

---

807 Hentig: Die Strafe Bd. 1 1954-1955, 417-418. Ich möchte den Leser hier daran erinnern, dass Schnellen zu den Schandstrafen gehört. Pranger dagegen war eine Ehrenstrafe.

808 Döpler: Theatrum 1693, 881-882.

809 Der Rat warnte den Herzog vor den Konsequenzen der fürstlichen Einmischung in die städtische Jurisdiktion, weil das Volk schon ungeduldig war. Man erinnerte den Hof sogar an die Erhebungen der Jahre vor 1400, und schlug vor, der Herzog sollte es der Stadt lieber selbst überlassen, die zugespitzte Situation zu entschärfen. Schließlich gelang es der Stadt das Handwerk zu beruhigen, zwar gaben über 50 Jungbäcker ihr Gewerbe auf und tauschten die Zunftgehörigkeit gegen Lohnarbeit als Holzhacker und Taglöhner. (Schwab: Rinder aus dem Umland 1995, 26-27).

810 StadtA: RP 211 (1596), Fol. 6 v-7 v & 47 r und RP 219 (1604), Fol. 2 v.

811 StadtA: RP 219 (1604), Fol. 105 v.

Schon ein paar Tage nach der gut gelungenen „Bäckerprobe" im Jahr 1596 geriet der Bäcker Hans Täfinger, der früher schon öfters wegen ähnlichen Delikten bestraft worden war, vor Gericht. Er hatte auf 17 Lot zu wenig gebacken und wurde deshalb zum Schnellen verurteilt. Sein Kollege, der Bäcker Schinagl hätte nach dem Ratsvermerk dieselbe Strafe verdient, wurde aber wegen seines hohen Alters begnadigt. Bevor man ihn nach Hause entließ, wurde er jedoch zuerst dorthin geführt, wo Täfinger geschnellt wurde. Man wollte ihn damit erschrecken.[812] In diesem Fall zeigte das Straf- und Begnadigungssystem wieder seine Flexibilität: Ein älterer Verbrecher musste, statt selber bestraft zu werden, zuschauen, wie sein Kollege durch die öffentliche Schandstrafe erniedrigt wurde. Als er den schändlichen Strafvollzug auf diese Weise miterlebte, wurde er dabei natürlich auch selber beobachtet. Damit wurde dem übrigen Publikum sicherlich klar, dass auch der andere Bäcker betrogen hatte. Eine solche Variation der Bestrafung bzw. Begnadigung kommt in den von mir eingesehenen Quellen sonst nicht vor.

Sicherlich bildete die Strafe von Bäckerschnelle eine gefürchtete, schändliche Sanktion, die die Bäcker am liebsten nach Möglichkeit vermieden. Der zum Schnellen verurteilte Bäcker konnte tatsächlich gelegentlich „abgeschnellt" werden. So durften im Jahr 1604 zwei Bäcker, die zum dritten Mal erwischt worden waren, eine Summe in der Bußstube „abfertigen", und dadurch die öffentliche Bestrafung vermeiden. Es wurde ihnen jedoch gedroht, dass man sie bei Rückfall *„ohne mittel schnellen lassen wolle"*. Den im April 1616 in die Schergenstube gebrachten Bäcker Caspar Hörmann sollte man an dem nächsten Tag *„auff dem schnell in die Roßschwemmen schnellen"*. Nach fünf Tagen befindet sich aber der Vermerk: *„Caspar Hörmann, pöckh ist auf die schrägen condemniert, vnd daß schnöllen angesehen fürnemmer gaistlichen herrns jncession"* eingestellt worden.[813] Zumindest in diesem Fall fungierte der Schrägen also als Milderung für die Bäckerschnelle.

Andere Betrüger wurden u. a. mit Ruten gezüchtigt und der Stadt verwiesen, aber ungeachtet ihrer Schändlichkeit erforderte das Schnellen keine Verweisung. Der geschnellte Bäcker blieb in der Stadt und in seinem Beruf. Es muss festgestellt werden, dass diese große Aufmerksamkeit gegenüber dem Handeln der Bäcker und ihre augenfällig spezifische Bestrafung mit der Schnellenstrafe einen Sonderfall der Strafpraxis bildet. Ich finde keine andere Erklärung dafür, als dass hier die Ehrlichkeit von Personen in Frage stand, die mit Brot – einem von den wichtigsten Lebensmitteln – handelten.[814] Die wenigen Beispiele des Schnellens mindern

---

812 StadtA: RP 211 (1596), Fol. 53 v.

813 StadtA: RP 219 (1604), Fol. 108 v-109 r und RP 231 (1616), Fol. 72 v & 75 r.

814 Auch in anderen europäischen Gebieten, z. B. in England, gab es schändliche Strafformen, womit nur oder zumindest hauptsächlich Bäcker bestraft wurden. Siehe Kapitel III, Abschnitt 2.2.

meines Erachtens nicht die Bedeutung dieser Sanktion unter den Schandstrafen. Im Gegenteil besaß der Vollzug einer unüblichen Strafe sicherlich eine größere Wirkungskraft, als die Verwirklichung einer häufigen Sanktion. Die Praxis des Schnellens zeugt von der Vielseitigkeit der Schandstrafen.

Handwerksvergehen

Nicht nur schwere Verbrechen, sondern alles unehrliche Verhalten oder Injurien konnten die Ehre eines Handwerkers und dadurch zugleich auch die Ehre seiner Zunft gefährden. Es war schlimm genug, wenn man *„ein ehrnuergessnen man gehaissen"* wurde, aber die Behauptung, der Beleidigte sei *„nit wertt das er in handwerckh neben ainem redlichen mann seß"*, wurde als äußerst ehrverletzend empfunden.[815] In der Landespolizeiordnung wurde angeordnet, dass einzelne Handwerker oder Zünfte einander nicht *„schmähen, aufftreiben, vnredlich machen vnd jemenden die zunfft oder handwerch verbieten"* durften. Wenn ein Handwerker aber trotzdem etwas *„vnerbars begienge, darumben er auffzutreiben, oder sein handwerch jhme niderzulegen sein möchte"*, sollten die Zunftmeister diese Verfehlungen den städtischen oder fürstlichen Beamten melden.[816] So wurden Injuriefälle, in denen einzelne Handwerker oder Zünfte gegen andere Handwerker als Kläger vorkommen, gelegentlich vor den Rat gebracht.

Wurde ein Handwerker beleidigt, musste dieser nach der Landespolizeiordnung innerhalb von 14 Tagen *„gegen den schmäher anden, entweder jhme solche schmach widersprechen"* oder darüber vor der Obrigkeit klagen. Der Beleidigte, der also *„iniurirt, geschmächt, oder vnredlich gescholten worden"* war, sollte in der Zunft und *„bey seinen ehren vnd redlichkeit verbleiben"*, bis der Prozess durchgeführt war.[817] Die verletzte Ehre eines Handwerkers musste also möglichst bald entweder bestätigt oder kuriert werden. Blieb er zu lange in dem unklaren Zustand, in dem man nicht wusste, ob er „redlich" oder „unredlich" war, geriet der Ruf der ganzen Zunftgemeinschaft in Gefahr. Obwohl unter den Räten sicherlich auch selber Zunftmitglieder waren, bieten viele Protokollvermerke den Eindruck, dass diese Injuriefälle im Rat nicht so ernst genommen wurden oder Verdächtige nicht wirklich für unehrlich gehalten wurden. Die klagenden Zünfte dagegen scheinen bedingungslos bereit gewesen zu sein, wegen bloßem Verdacht und ohne längere Prozesse zu verurteilen.

---

815 StadtA: RP 211 (1596), Fol. 249 v.
816 LPO 1616, 609-610.
817 LPO 1616, 609-610.

Im Januar 1600 wurde der Fall des Schneidergesellen Andre Seemiller behandelt, der seinen Meister „mit ehrenrührigen Wörtern" injuriiert hatte. Der Rat sollte *„dahin mittlen domit er jnen* (Seemiller an den Meister) *ein abbitt thue, auf das er sein handwerckh noch weitter mecht triben*". Die Schneiderzunft verkündigte, dass der Angeklagte nach einer schriftlichen Abbitte sein Handwerk treiben dürfe – aber nicht mehr in München. Damit wollte man die Schmähreden *„ex officio aufheben, also dass dise khainem thail an seinen eltern solle verletzlich sein*". Andre Seemiller musste *„der zeit andere ortten hin wandern*" und durfte später zurückkommen, wenn er *„seines ehrlichen verhaltens schein vnd vhrkhund fürbringen*" würde. Bei seiner Abbitte versicherte Seemiller, dass die Injurien *„aus jugent vnd vnuerstand*" entstanden waren.[818] Der Fall Seemiller zeigt deutlich, dass Verfehlungen des Sohns auch seine Familie beschmutzen konnten. Wegen seiner Jugend wurde ihm allerdings eine zweite Möglichkeit gegeben, seine Redlichkeit zu beweisen. Er wurde nicht wirklich verwiesen, zumindest nicht im Sinne einer Verweisung, sondern eher nur weggeschickt, um besseres Verhalten zu erlernen.

Blieb der einst wegen Unehrlichkeiten angeklagte Geselle in der Stadt und in Arbeit, musste er für „redlich" erklärt werden, was die Zünfte oft nur ungern machten. Nach zahlreichen Vermerken wurde den Meistern deshalb vom Rat befohlen, einen bestimmten Gesellen wieder arbeiten zu lassen. Dies bedeutete, dass die juristische Ehre des Handwerkers keine Schäden erlitten hatte. Dem Messerschmiedhandwerk wurde im Jahr 1610 zusätzlich noch geboten, man solle das Zunftmitglied Klotz deshalb nicht bestrafen, weil seine Frau von ihm gewichen sei. Als der Maurer Andre Huetter der Ketten erlassen und nach Hause geschickt wurde, notierte der Unterrichter, dass die Handwerksmeister ihn *„für redlich mit der arbaitt passiren lassen* (sollten), *weil er gebürlich vnd sein verhandlen gestrafft sei*".[819]

Hier war der Rat der festen Meinung, die begangene Strafe sollte den Handwerker nicht mehr entehren, auch wenn es sich um eine Schandstrafe handelte. Dies spricht für die Einstellung, dass die Kettenstrafe nur die soziale Ehre verletzte und keine rechtlichen Folgen mit sich brachte. Wie die Menschen über den öffentlich mit Ketten bestraften Handwerker aber künftig urteilten, konnte der Rat nicht beeinflussen. Eine solche öffentliche Strafe stigmatisierte den Betroffenen zwangsläufig, auch wenn er de jure als „ein redlicher Geselle" in der Öffentlichkeit auftreten durfte.

---

818 StadtA: RP 215/1 (1600), Fol. 59 r & 61 r-61 v.

819 StadtA: RP 225 (1610), Fol. 22 r & 164 v und 230 (1615), Fol. 199 v-200 r.

Gelegentlich wurden diejenigen bestraft, die jemanden wahrheitswidrig für „unredlich" gehalten hatten. Im Sommer 1608 gerieten zehn „ungehorsame Zimmerleute" in den Turm und die Vierer in die Schergenstube, weil sie den Zimmerknecht Melchior Weige nicht für „redlich" halten wollten. Ihr Verhalten und ihre „Grobheit" gegen Melchior Weige, auch die Verleumdung der Obrigkeit durch ihre Frauen, wurden vom Rat stark getadelt. Beiden Männern wie auch den Frauen wurde angedroht, dass man sie auf die Schrägen stellen wolle. Auch ältere Verfehlungen hatten ihren Einfluss. Die Meister wollten den Gesellen Balthasar Kamel nicht für „redlich" halten, weil dieser *„jn seinen lernjahren seines maisters dochter geschwengert hab, die er doch ehelich*" wolle.[820] Balthasar Kamel hatte einen unehrlichen und unzuverlässigen Ruf. Dabei half es nicht, dass er bereit war, die von ihm geschwängerte Frau zu heiraten.

Neben Redlichkeit wurde von den Zünften auch eine gewisse Arbeitseffektivität erwartet. Hatte man etwa die böse Gewohnheit, zu lange zu schlafen, konnte man bald weggeschickt werden. Arbeitsscheue Handwerker und Lehrlinge wurden aber auch härter als mit dem Verlust der Arbeitsstelle bestraft. Außerdem wurden sie im Laufe des Prozesses schließlich auch oft wegen anderen Verfehlungen wie Ungehorsam und Diebstählen angeklagt. Ebenso wie bei den Betrügern ist die Zahl der rückfälligen „Faulenzer" sehr niedrig. Anscheinend lernten sie schon durch ihre erste Bestrafung bessere Arbeitsweisen, oder wenn sie ausgewiesen worden waren, kehrten sie nicht mehr zurück. Als Kläger kamen meistens die Vierer vor. Versprach man sich künftig „mit seinem Handwerk zu ernähren" und nicht mehr zu faulenzen, konnte man allerdings begnadigt und wieder in die Stadt gelassen werden.[821] Wurde man für einen „unhilflichen" und faulen Mann gehalten oder wenn gedacht wurde, dass man *„nit guett will than*", konnte man auch in die Springer geschlagen oder zumindest damit gedroht werden. Als Grund dafür wurde etwa nur festgestellt: *„der bueb hab khain lust mehr zum handwerch*".[822]

Ein Sonderproblem der innerzünftischen Ehrenkrisen bildeten Handwerker, die für die Tötung eines Hundes angeklagt und deshalb für „unredlich" gehalten wurden. Die Vermerke über „Hundeschlagen" in den Ratsprotokollen wundern den

---

820 StadtA: RP 215/1 (1600), Fol. 118 v, 223 (1608), Fol. 125 v & 128 v und 224 (1609), Fol. 220 r.

821 Siehe beispielsweise: StadtA: RP 224 (1609), Fol. 157 v & 220 r und SG MP 866/6 (1607-1609), Fol. 55 v-57 r.
Nicht nur in solchen Fällen, in denen die Zunft deutlich für die Arbeitseffektivität eines Handwerkers sorgte, sondern auch bei anderen „Faulenzer", schien die Ausweisung oft die Lösung gewesen zu sein. Man fürchtete auch, dass solche Personen ein schlechtes Beispiel abgaben, dass sie also andere mit sich „verführen" würden. (StadtA: RP 211 (1596), Fol. 73 r, RP 224 (1609), Fol. 159 v und RP 232 (1617), Fol. 53 v & 55 v).

822 StadtA: RP 223 (1608), Fol. 79 r, RP 228 (1613), Fol. 85 r und RP 232 (1617), Fol. 4 v.

Leser. Im Dezember 1600 wurde geschrieben: „*hundtschlagern ist verwilligt vor den feyrtägen die hundt hinwegg zubuzen*". Im Januar 1604 befindet sich der Vermerk: „*hundts schlagern ist das schlagen verwilligt doch mit gewisser maß*" und im September 1614: „*hundts schlagens halber ist ein rueff abgelesen vnd nach hof geschickht*".[823] Worauf wird wohl damit hingedeutet? Besonders die Forschungen von Jutta Nowosadtko erklären die Praktiken und Gewohnheiten des „Hundeschlagens".

Im 16. und 17. Jahrhundert wurde in München jährlich angeordnet, dass Abdeckerknechte in der zweiten Oktoberwoche die streunenden und herrenlosen Hunde einfangen und töten sollten. Es war ein Spektakel, das von der städtischen Jugend „mit begeisterter Anteilnahme und lautem Johlen" verfolgt wurde. Dieser Hundetag wurde jedes Mal vorher öffentlich bekannt gegeben, damit die Bewohner ihre eigenen Hunde in Sicherheit bringen konnten.[824] Es ist nicht auszuschließen, die Formulierung „mit gewisser Maß" in dem Ratsvermerk darauf verwies, dass Haustiere nicht getötet werden durften. Die Rolle des Hundes im Allgemeinen ist ambivalent. Entweder ist er gefährlich oder aber ein unschuldiges und nützliches Haustier. Was hat aber die Tötung eines Hundes mit der Redlichkeit der Handwerker zu tun? Es geht um die für unehrlich gehaltene Natur des herrenlosen Hundes einerseits und um die unehrliche Arbeit von Personen, die diese Tiere töteten und abdeckten andererseits. Es ist kein Zufall, dass „Hundschläger" auch ein populäres Schimpfwort[825] war.

Seit etwa 1500 wurde die Zunftfähigkeit von Personen bezweifelt, die in Notwehr oder auch aus Versehen einen Hund getötet hatten, eine Aktion, die als Abdeckerarbeit attributiert wurde. Die Wasenmeisterin Anna Peb (gestorben 1655) be-

---

823 StadtA: RP 215/2 (1600), Fol. 195 r, 219 (1604), Fol. 5 v und 229 (1614), Fol. 164 v. Nach Lexer bedeutete „butzen" „stoßen" (Lexer: Mittelhochdeutsches Taschenwörterbuch). Ähnlich gibt Grimm für das Wort „Butzbirne" die Bedeutungen Prügel und Ohrfeige, während „bützeln" „mordere" bedeutet. „Einen Hund zu butzen bzw. buzen" steht so deutlich im Zusammenhang mit „Hundeschlagen" (siehe Grimm & Grimm: Deutsches Wörterbuch).

824 Nowosadtko: Scharfrichter und Abdecker 1994, 124, 131-132 & 146-148.

825 Hund und diverse damit verwandte Namen waren gebräuchliche Beleidigungen. Der folgende Fall verdeutlicht seinerseits die Ernsthaftigkeit des Hundvorwurfes. Im Januar 1600 wurde ein Soldat wegen einer Tötung peinlich verhört. Er erzählte, dass der andere ihn „r. einen Hund gescholten" und ihn bedroht hatte. Er wusste, dass dieser Mann bewaffnet war und vorher zwei Männer umgebracht hatte. So hatte er ihn in der Notwehr erstochen. Der Angeklagte leugnete nicht betrunken gewesen zu sein. (StadtA: SG MP 866/4 (1599-1602), Fol. 39 v-40 r & 41 r-41 v).
Mehr zu Schimpfwörter, die mit Hund zu tun haben (u. a. Hundsfott, Hündin) siehe Lidman: Zum spectacul vnd abscheu. Ehrverlust und Ehrminderung als Mittel der Disziplinierung im frühneuzeitlichen München, Universität Joensuu 2005.

zeichnete den Hundefang als ehrenrührig sogar für eine Scharfrichterwitwe. Die gefährlichste Anklage in diesem Zusammenhang bestand allerdings darin, einem Handwerker des Totschlages eines Hundes vorzuwerfen. Ein solcher Vorwurf musste vor Gericht widerlegt werden, um die sofort erfolgende Stigmatisierung als unehrlich und das damit verbundene Arbeitsverbot rückgängig zu machen. Der Rat entschied meistens zugunsten desjenigen, der schuldlos in das Geschäft des Hundeschlägers eingegriffen hatte. Im Laufe des 17. Jahrhunderts wurde die Angst der Zünfte, u. a. gegenüber Hundeschlagen, auch unter zeitgenössischen Juristen als „Henker- und Schinderhysterie" betrachtet. Es ist wichtig anzumerken, dass die Einstellung, man würde dadurch unehrlich, vorwiegend zünftisch blieb.[826] Auch die hier durchgelesenen Ratsvermerke weisen darauf hin, dass die Ehrlichkeit der Angeklagten in den Hundtötungsfällen primär von den Vertretern der Zünfte in Frage gestellt wurde.

In den Ratssitzungen wurde gelegentlich über meistens junge Handwerker gesprochen, die Hunde geschlagen hatten. Es wurde überlegt, ob dies in jedem individuellen Fall ehrverletzend wirkte oder nicht. So berichtete der Oberrichter im April des Jahres 1600 über einen Gesellen, den die Zunft für „unredlich" halten wollte, weil dieser einen Hund totgeschlagen hatte.[827] Aus der zünftischen Perspektive machte ein absichtlicher Totschlag eines Hundes den Menschen unehrlich, weil es mit der für unehrlich gehaltenen Abdeckerei verknüpft wurde. Hundeschlagen an sich war aber kein Kriminalvergehen und besonders wenn es unabsichtlich geschah, konnte man einen nicht dafür verantwortlich machen. So wurde ein Wagnerlehrling, der einen Hund getötet hatte, im Sommer 1610 vom Rat für „redlich" erklärt, weil es *„ein vngefärlicher fall"* sei. Dies bedeutete, dass die Tötung zufällig und also unabsichtlich geschehen war. Er hatte den Hund getötet, weil dieser ihn gebissen hatte. Ihm sollte darüber eine Urkunde gegeben werden, damit er deshalb nicht an seiner Ehre leiden müsste.[828]

In dem Beispiel von Nowosadtko hatte ein Lehrjunge im Jahr 1633 einen aggressiven Hund in Notwehr mit dem Stein totgeschlagen. Die Leute versuchten, den Jungen dann zum Abdeckerhaus zu zwingen, weil er ihrer Meinung nach nun ein Abdeckerknecht werden solle. Schließlich bezahlte er eine Geldsumme für die Abdeckerin Anna Peb, weil er in ihr Handwerk eingegriffen hatte. Da die Sache öffentlich wurde, war es jedoch fraglich, ob der Junge bei seinem Handwerk blei-

826 Nowosadtko: Scharfrichter und Abdecker 1994, 148 & 297-299 und Gernhuber: Strafvollzug und Unehrlichkeit 1957, 130-131.
In dem Kupferstich von M. Merian über Nürnberg aus der ersten Hälfte des 17. Jahrhunderts sieht man ein kleines Gebäude außerhalb der Stadt, das Hundeschlagerhaus bezeichnet ist. Es handelt sich wohl um das Arbeits- und/oder Wohngebäude des Abdeckers.

827 StadtA: RP 215/1 (1600), Fol. 172 v.

828 StadtA: RP 225 (1610), Fol. 140 r.

ben konnte.[829] Im Oktober 1613 wurde das ganze Nestlerhandwerk wegen Ungehorsamkeit in den Turm eingesperrt. Es wurde befohlen, dass sie den wegen Hundeschlagens beschuldigten Nestelgesellen nicht für „unredlich" halten und diesen in die Zunft „*widerumben herrein treiben*" sollten. Der Hund war in einem Unfall gestorben, als der Nestel die „*kharen gezogen vnd der rad vngefarlich über den hund gangen vnd getödtet*" hatte. Ein Nestelgesell aus Rothenburg ob der Tauber behauptete allerdings, dass er den Angeschuldigten nicht für „unredlich" halte, weil dieser unschuldig und unabsichtlich den Hund getötet hatte.[830] Die „Ungefährlichkeit" spielte so die entscheidende Rolle bei der Redlichkeitserklärung eines „Hundeschlägers". In der Praxis blieb aber wohl auch an einem für „redlich" erklärten Gesellen ein gewisser Verdacht hängen.

829 Nowosadtko: Scharfrichter und Abdecker 1994, 297-298.

830 StadtA: RP 228 (1613), Fol. 203 v & 206 v.

3. Sexualdelikte

3.1 Die Sittlichkeitskontrolle

Seit Anfang des 16. Jahrhunderts sorgten sich die weltlichen Obrigkeiten vermehrt um den sittlichen Zustand ihrer Untertanen. „Unzucht" und „Leichtfertigkeit" wurden auch in Bayern als immer häufigere und schwerwiegendere Kriminalvergehen empfunden.[831] Im Laufe des Jahrhunderts bekam der Prozess von wachsender Sexualisierung und Kriminalisierung der Geschlechterbeziehungen einen heftigen Schub von Reformation und Konfessinalisierung. Diese Entwicklung lief in vielen europäischen Gebieten ab auf ähnliche Weise. Nach Burghartz wurden Zucht und „Unzucht" als eine grundlegende Grenzziehung für die ganze Gesellschaft und ihr Verhältnis zu Gott behandelt. Weil die Reinheit der Gesellschaft nun im Zentrum der Moralpolitik stand, musste auch der Tatbestand der Unzucht genauer definiert und bestraft werden. Der Kampf für Reinheit traf sowohl Männer als auch Frauen, wenn auch unterschiedlich, und brachte selbst neue Formen von „Unzucht" hervor.[832] Als die heilige Maria zum Vorbild der säkularen Mutterschaft wurde, war ihr Gegenstück die durch den Sündenverfall sexualisierte Eva. So stand die weibliche „Unzucht" im Mittelpunkt der Verdächtigungen.[833] Das Bild der Frau wurde zweidimensional begriffen und stark sexualisiert.

---

831 Heydenreuter: Der Magistrat als Befehlenempfänger 1992, 195-196 und Breit: Leichtfertigkeit 1991, 78. Siehe auch Behringer: Mörder, Diebe, Ehebrecher 1990, 100 und Lidman: Unzüchtige Weiber und Priesterkonkubinen vor dem Münchner Rat um 1600, Oberbayerisches Archiv, 128. Band, München 2004.
Der Zorn Gottes wurde als Antwort auf die mangelnde Frömmigkeit und Sittenverfall der Bevölkerung verstanden. In Bayern sollte besonders die Residenzstadt München als Vorbild dienen, als die landesherrliche Sexual- und Sozialdisziplinierung ihre geschlechtsspezifischen Neuformulierungen suchte. (Strasser: Vom Fall der Ehre zum Fall der Leichtfertigkeit 1999, 244 & 229 und Heydenreuter: Der Magistrat als Befehlenempfänger 1992, 195-196). Siehe auch BayHStA: KMS 1524/VIII/10, 1541/X/3, 1595/I/15, 1604/XII/2.

832 Burghartz: Zeiten der Reinheit – Orte der Unzucht 1999, 286-287 und Breit: Leichtfertigkeit 1991, 74 & 78-79. Siehe auch www.hist.net/debry/reinheit.html.
Ähnlich wurden auch in Schweden Sexualdelikte in Folge der Reformation von der Strafbarkeit der Kirche an die weltlichen Obrigkeiten übergeben. Sexuelle Abweichungen wurden einerseits aus fiskalischem Interesse abgestraft, andererseits ging es um die Befestigung der neuen sittlich-moralischen Ordnung. (Korpiola: Between Betrothal and Bedding 2004, 266-267).

833 Scribner: Religion and Culture 2001, 133-138 & 141-142. Hier weist Scribner auch darauf hin, wie der weibliche Körper in der Renaissancekunst nicht mehr explizit als sündig bezeichnet wurde: Auch ihre Schönheit und ihr erotischer Charakter wurden gepriesen.
Zweifellos ist das Wachstum der weiblichen Kriminalität bzw. die wachsende Zahl der angeklagten Frauen im Laufe des 16. Jahrhunderts in Zusammenhang mit der Sexualisierung von bestimmten Straftaten zu bringen. Wenn man das Gesamtbild der Kriminalität

Die weibliche Ehre war eng mit der sexuellen Reinheit verknüpft, und Frauen wurden primär dadurch definiert. Demzufolge schrieb die neue Grenzziehung für ein legitimes und ehrbares sexuelles Verhalten eine asymmetrische Geschlechterordnung fest. In der Praxis konnte die Ehre der Frau schon wegen eines Verdachts der „Unzucht" schwer verletzt werden.[834] Reinhard spricht von einem „überkonfessionellen Puritanismus", von einer bei allen Konfessionen parallelen Disziplinierung des Geschlechtstriebs, die sich ab Mitte des 16. Jahrhunderts beobachten lässt.[835] Sexualverbrechen wurden nun überall in Europa häufiger vor Gericht gebracht und bestraft.

Die neue Aufmerksamkeit gegenüber Sexualverhältnissen und die obrigkeitlichen Disziplinierungsbestrebungen führten bald zur scheinbaren Zunahme der allgemeinen Liederlichkeit und der Sittlichkeitsdelikte. Die Menschen waren wohl nicht unmoralischer geworden, sondern es ging um die konfessionelle Sexualmoral und die zunehmende Kriminalisierung der vor- und außerehelichen Beziehungen.[836] Je mehr Bereiche der Sexualität kriminalisiert und verdächtigt

---

betrachtet, war die Anzahl der verurteilten Frauen allerdings wesentlich geringer als die der Männer. (Roper: Das fromme Haus 1999, 75. Siehe auch Schwerhoff: Köln 1991, 178 und Behringer: Mörder, Diebe, Ehebrecher 1990, 99-102).

Auch in den für diese Studie durchgesehenen Quellen ist die weibliche Mehrzahl im Bereich der Sittlichkeitsdelikte nicht zu übersehen.

834 Schreiner & Schwerhoff: Verletzte Ehre 1995, 19, Breit: Leichtfertigkeit 1991, 5-6 und Burghartz: Geschlecht – Körper – Ehre 1995, 214-215, 218-219 & 232-234.
Nach Fuchs bildeten „die Unversehrtheit der Jungfräulichkeit und die sexuelle Fixierung ehefräulicher Sexualität auf den Ehemann, gekoppelt an ein Pflichterfüllungsethos im funktionalen Kontext der Familie", zweifellos die ausgeprägtesten Profilmerkmale der Frauenehre. (Fuchs: Um die Ehre 1999, 231).

835 Reinhard: Ausgewählte Abhandlungen 1997, 86.
Wenn auch die gute, fromme Hausfrau für die Protestanten und die heilige Jungfrau für die Katholiken das weibliche Idealbild bildete, war das Gegenteil auf den beiden Seiten die „unzüchtige", sexuell geprägte Frau. Für Unterschiede und Gleichheiten in den Sittlichkeits- und Moralvorstellungen zwischen Katholizismus und Protestantismus siehe Roper: Das fromme Haus 1999, 222-227, Burghartz: Geschlecht – Körper – Ehre 1995, 216, Schilling: Konfessionalisierung 1995, 15 und Fuchs: Um die Ehre 1999, 228-229.

836 Eine ähnliche Entwicklung ist auch in Skandinavien zu bemerken. Siehe beispielsweise Österberg & Lindström: Crime and Social Control 1988, 122-125.
Im Zusammenhang von Sexualitätsgeschichte schreibt Quanter erläuternd: „Errare humanum est. Es irrt der Mensch, so lange er strebt, und gerade bei dem Streben nach moralischer Vollkommenheit irrt er am meisten, besonders dann, wenn es sich darum handelt, nicht die eigene, sondern die Vollkommenheit Anderer auf dem Weg der Gesetzgebung herbeizuführen." (Quanter: Die Sittlichkeitsverbrechen 1911, 2).
Bei der Forschung von Sitten- und Sexualitätsgeschichte der Neuzeit und des Spätmittelalters wird immer wieder auf Norbert Elias hingewiesen. Seine Ideen werden zwar kritisiert, aber ein endgültiges Losbrechen von der Zivilisationstheorie scheint jedoch schwierig zu sein. Elias erklärte den vermeintlich unbefangenen und schamlosen Umgang mit

wurden, desto schneller schien die Gesellschaft in die Dekadenz zu sinken. Dies erforderte seinerseits wieder effektivere Verfolgung des Fehlverhaltens, so dass man von einem wahren Teufelskreis sprechen kann. Da die neuen Erwartungen in diesem Bereich rein obrigkeitlich gesteuert waren, konnte sich das eigentliche Sexualverhalten des Volkes nicht sehr schnell ändern: Unter Menschen wurde lange noch vieles geduldet, was die Obrigkeit zu disziplinieren und bestrafen versuchte. Soweit es also um die „neue Sexualmoral“ oder um die „für alle Konfessionen gemeinsame Disziplinierung des Sexuallebens“ geht, wird primär auf obrigkeitliche Impulse und Bestrebungen hingedeutet.

Durch die Begründung des bayerischen Hochzeitsamts am Ende des 16. Jahrhunderts wurde auch die Ehe ein Teil der zentralisierten Disziplinierungspolitik. Die Ehe bildete einen wichtigen Bestandteil der bürgerlichen Moralvorstellungen und war auch die Voraussetzung für Bürgerrechte. Demzufolge wurde die „Leichtfertigkeit“ ein Hinweis darauf, dass man nicht zur bürgerlichen Gesellschaft gehörte. Für die Ehe verlangte man auch eine finanzielle Einschätzung. Somit wurden Frauen aus unteren Schichten mit dem Stempel von „Leichtfertigkeit“ und sexueller Unreinheit stigmatisiert und häufig mit Prostituierten gleichgestellt. Die Berufsprostituierten konnten andererseits nicht mehr so deutlich erkannt werden, weil die Schließung des Münchner Frauenhauses im Jahr 1597 sie auf die Straße zwang.[837] Strasser betont hier stark die Konnotation zwi-

---

Sexualität im Spätmittelalter als Ergebnis einer noch schwach ausgebildeten Affektkontrolle. Da das Individuum sich selber nicht beherrschen konnte, kam es zur Entwicklung von zentralstaatlicher Kontrolle in der Neuzeit. Die Tabuisierung des Sexualverhaltens hätte schließlich zur „Schamhaftigkeit“ geführt. Zur Theorie von Elias in Geschichtsforschung siehe beispielsweise Lömker-Schlögell: Prostituierte 1994, 84.

837 Strasser: State of Virginity 2004, 12, 20-23, 29-30, 52-58 & 173-174 und Roper: Oedipus und Teufel 1993, 40-41.
„Whereas the prostitute began to embody the sexualized lower-class woman whose body threatened to pollute the Catholic community, the nun was destined to represent the upper-class virgin whose purity (and class) promised and symbolized the intactness of the same community and its immunity against social, sexual and spiritual pollution.“ (Strasser: State of Virginity 2004, 57). Siehe auch Roper: Das fromme Haus 1999, 7-9, 21 & 109-110, Rublack: The Crimes of Women 1999, 149-150 und Roper: Oedipus und Teufel 1993, 38-39.
Die Prostitution wurde sowohl in katholischen wie in protestantischen Gebieten durch Aufhebung der städtischen Bordelle bekämpft. Damit wurde die Prostitution kriminalisiert. (Lömker-Schlögell: Prostituierte 1994, 75-77 & 83-84, Schwerhoff: Devianz 1992, 392-393, Breit: Leichtfertigkeit 1991, 79, Bary: Herzogsdienst und Bürgerfreiheit 1997, 373-374, Stahleder: Konsolidierung und Ausbau 1992, 128, Bloch: Die Prostitution Bd. 2 1925, 3-5, 12-13 & 72 und Österberg & Lindström: Crime and Social Control 1988, 127. Siehe auch Hentig: Die Strafe Bd. 1 1954-1955, 99-100, Quanter: Das Liebesleben 1909, 294-302 und Sauer: Strafbüchlein 1579, 83-84.

schen unteren Schichten und sexuell verdächtigen Frauen. Die von mir eingesehenen Quellen stützen diese Einstellung durchaus.

Vorher war die Prostitution neutral als Gewerbe bezeichnet worden, ohne religiöse Konnotationen. Nun sprach man über „Unzucht" und über „unzüchtige" Frauen – ein Wort, welches sich auf die sittliche Ordnung der Stadt bezog. Da „Unzucht" das Gegenteil von Zucht war, konnte mit dem Wort „unzüchtig" sowohl auf Unordnung wie auf sexuelles Fehlverhalten hingedeutet werden.[838] Armut und Vagantentum spielten überall eine wichtige Rolle als begünstigende Faktoren der illegal gewordenen Prostitution. Die charakteristischen Vertreterinnen der Prostitution wurden die „Landstörzerinnen" und Vagabundendirnen, die die Söldnerheere begleiteten.[839] Als Außenseiterinnen der Gesellschaft waren die ortsfremden Prostituierten leichter zu bestrafen. Die Einstellungen zu weiblicher „Unzucht" und die betreffende Rhetorik waren in den katholischen und in den protestantischen Gebieten kaum unterschiedlich.

Die neuen Regelungen bedrohten nicht nur durchreisende Vaganten, sondern potentiell jedermann in der Gemeinschaft. Sowohl in protestantischen wie in katholischen Gebieten bedeutete die allgemeine Ordnung auch sittliche Ordnung. Obwohl vor- und außereheliche Beziehungen sowie Bordelle offiziel nicht gestattet wurden, bewirkten diese Regelungen nur beschränkt der neuen Moral entsprechende Verhaltensformen. Da die Kosten der Hochzeitsfeier und des eigenen Haushalts das durchschnittliche Alter der Eheschließung bis zum 25. Lebensjahr erhöhten, mögen außereheliche sexuelle Beziehungen eher die Regel als die Ausnahme gewesen sein.[840] Die „Leichtfertigkeit" kam oft erst dann vor Gericht, wenn sie nicht mehr zu vertuschen war, wie etwa im Fall der Schwangerschaft.[841]

838 Roper: Das fromme Haus 1999, 107-108.

839 Bloch: Die Prostitution Bd. 2 1925,1, 74-75, 78 & 222-223. Siehe auch Lömker-Schlögell: Prostituierte 1994, 58-59 & 65-66.

840 Rublack: The Crimes of Women 1999, 134-135 und Heydenreuter: Kriminalitätsgeschichte Bayerns 2003, 103.
Mehr zum Charakter frühneuzeitlicher Ehe, Traditionen der Eheschließung, der Hochzeitszeremonie und vorehelichem Geschlechtsverkehr siehe Dülmen: Fest der Liebe 1988, 67-90.

841 Behringer: Mörder, Diebe, Ehebrecher 1990, 100.
Bei der Tradition der Entschädigungssumme, die eine verführte Jungfrau für „ihre Ehre" erhalten konnte, wird es deutlich, dass die Ehre der Frau materielles Gut war, die die Frau verkaufen und weggeben konnte. Auch die Jungfräulichkeit der frischgebackenen Ehefrau wurde „verkauft" (konkret durch die Morgengabe), aber sie gewann eine neue Ehre als Ehefrau, die nunmehr auf ihrer ehelichen Treue beruhte. Als Prostituierte war die Frau „unehrlich", denn sie hatte das Band zwischen Geld und Treue zu einem Mann gelöst. (Roper: Das fromme Haus 1999, 110-111).

Auch wenn eine voreheliche Beziehung deutlich bewiesen wurde, konnte die Ehe die Ehre der Frau zumindest einigermaßen rehabilitieren. In wesentlich schlechterer Stellung waren Frauen, die als „unzüchtig" oder „leichtfertig" beschrieben wurden, ohne dass sie heiraten wollten oder konnten.

Mit tiefer Verachtung weist Albertinus darauf hin, wie närrisch es sei, „*der lieb der vettel*" nachzuhängen. Er ist entsetzt darüber, „*wie gottlos aber vnnd wie frech da seyen die sitten der vetteln*". Er vergleicht sie mit den "*ingeniis vnd art der wilden thier*": Sie bleiben dem Mann nicht treu, sondern werden bald anderen Männern nachlaufen.[842] Dieses negative Frauenbild wird auch von Döpler ergänzt, als er die Geistesschwachheit der weiblichen Gefangenen beschreibt. Allerdings ist zwischen den Zeilen auch eine Art Sympathie zu spüren. Döpler meinte, dass eine gefangene Frau aus Furcht vor dem Gefängnis oder weil sie „*niemanden hat, den sie drin um hülffe anschreyen kann, oder in hoffnung desto eher loßzukommen, oder doch nicht alzuhart gehalten zu werden*" sehr leicht von den Gefangenenwärtern, die häufig „*allein zu ihnen hinein gehen, zur unzucht, hurerey und ehebruch beredet und verführet werden könne*".[843] Im Gefängnis wurde die sexuelle Integrität der Frau sicherlich leicht gefährdet und ihre Ehre wurde leicht für fragwürdig gehalten.

Mittels des Münchner Rats wurde gelegentlich über eine Entschädigungssumme verhandelt. In den Ratsvermerken wird allerdings nicht über eine Entschädigung der Ehre gesprochen, sondern es geht konkret um die materiellen Kosten. Siehe beispielsweise: StadtA: RP 211 (1596), Fol. 81 r & 85 v-86 r.

Für die Tradition der Entschädigung für das Kindbett, manchmal auch für die Defloration der Frau siehe Breit: Leichtfertigkeit 1991, 142-143. Siehe auch Korpiola: Between Betrothal and Bedding 2004, 278.

842 Albertinus: Haußpolicey 1602, 2. Teil, 58 r-59 v & 61 r-61 v.

Im kanonischen Recht gab es drei erlaubte Stufen der Sexualität: Den Stand der Jungfrauen, der Ehe und des Zölibats. Das Geschlechtsleben wurde nur innerhalb des Ehestands erlaubt, und am liebsten nur, wenn es der Fortpflanzung diente. Prostitution, Konkubinat, Sodomie und voreheliche Sexualität waren alle „Unzucht", fornificatio. (Breit: Leichtfertigkeit 1991, 75-76 und Lömker-Schlögell: Prostituierte 1994, 56).

Albertinus stellt fest: „*jm jungfrewlichen wie auch im geistlichen standt ist billich, dass man sich der keuschheit vnd reinigkeit befleisse, vnd sich aller geilheit enthalte: vnd im ehestandt ist die fleischliche mischung gleichwol erlaubt, aber doch mit einer maß vnd bescheidenheit, daß es nemlich beschehe ohne alle geilheit vnd vnkeuschen vorhaben. dann wer mit prophanischer vnd selbst eigner erlaubnuß zu der vnkeuschheit schreitet vnd sich derselben ergibt, derselb wird billich gehalten für einen geilen vnd vnkeuschen vnd wo fern er sich nicht bekehret vnnd bueß thut, wird er ohn zweiffel verdampt.*" Er schrieb auch: „*der ehestandt dienet nur dem leib, vnnd lennger nit*", aber die Jungfräulichkeit „*bestehe in der integritet vnd vollkommenheit deß fleisches*". (Albertinus: Haußpolicey 1602, 1. Teil, 1 r - 4 r).

843 Döpler: Theatrum 1693, 517.

Vom rechtsobrigkeitlichen Standpunkt sollte derjenige, der sich der „Unkeuschheit“ bzw. „Unzucht“ hingibt, bestraft werden, um allgemeines Ärgernis und den Zorn Gottes zu vermeiden. Die Vorstellung, dass nicht nur die Einzelperson, sondern die ganze Gemeinschaft durch die unreine und nichteheliche Sexualität in Gefahr geraten könnte, war in beiden Konfessionen weit verbreitet.[844] Dieses Verhaltensklima unterstützte den Willen zur Denunziation und Bestrafung der sexuell verdächtigen Personen. Sehr oft ging es um Frauen, die als „unzüchtig“ oder „leichtfertig“ bezeichnet wurden oder als „gemeine Vetteln“ vor Gericht gerieten. Mit diesen Bezeichnungen wurden sie in die Kategorie „schlechte Frauen“ gezwungen, gleich ob es denn um voreheliche Liebesbeziehung oder prostitutionähnliches Sexualleben mit mehreren Partnern ging. Da der sexuelle Verruf leicht entstehen konnte, ist es in der Regel schwierig, zwischen diesen zwei Frauentypen zu unterscheiden. Außerdem gab es in der Stadt den Beruf der Prostituierten nicht mehr in legaler Form, weshalb Frauen, die sexuelle Dienste gegen Geld verkauften, nicht mehr unbedingt als Prostituierte, sondern als schlechte Frauen bezeichnet wurden. In den Gesetzestexten wurde demzufolge nicht wortwörtlich die Prostitution, sondern Tatbestände wie etwa „Unzucht“, „Leichtfertigkeit“, „Hurerei“ sowie Ehebruch, Kuppelei und Konkubinat geregelt.

In Bayern wurde das Delikt der Leichtfertigkeit erstmals in der Landesordnung von 1553 mit Strafe bedroht, wobei allerdings keine bestimmte Strafform genannt wurde. Das offensichtlich noch viel verbreitete und geduldete Zusammenleben unverheirateter Personen wurde bald eines der meist bestraften Delikte.[845] Nach Breit wurde sowohl in den Gesetznormen als auch in den Protokollen deutlich zwischen ehrlichen bzw. ehrbaren und „leichtfertigen“ Frauen und zwischen „geschwächten“ Jungfrauen und „gemeinen Huren“ differenziert. Häufig benutzten Männer das Eheversprechen nur als Vorwand, um zum Beischlaf mit der begehrten Frau zu gelangen. Vor Gericht behaupteten sie dann in der Regel, dass die Frau „liederlich“, also sexuell erfahren sei, und willig gewesen war.[846] So spielte

---

844 Burghartz: Geschlecht – Körper – Ehre 1995, 217.

845 LO 1553, Fol. 110 r-110 v, Heydenreuter: Herrschen durch Strafen 1996, 341-342 und Heydenreuter: Kriminalitätsgeschichte Bayerns 2003, 103-104.
Anders als der Mann, verlor die Frau durch das Delikt der „Leichtfertigkeit“ ihren Stand, nämlich den der „Jungfräulichkeit“, und damit ihre Ehre. (Breit: Leichtfertigkeit 1991, 5-6). Siehe auch Heydenreuter: Der Magistrat als Befehlenempfänger 1992, 195-196.

846 Breit: Leichtfertigkeit 1991, 79-80 & 109-110.
Ähnlich stellte die Landespolizeiordnung von 1616 fest, die Obrigkeit sollte Wert darauf liegen, ob die ledige Frau, die wegen ihrer Beziehung mit einem Ehemann beschuldigt wurde, „*zuuor leichtfertigen wandels gewesen, den eheman selbs anraitzt vnd gelegenheit geben*“ hatte. Die andere Möglichkeit war, dass sie „*zuuor ehrlichen wandels gewesen*“ und von dem Ehemann „*im trunck oder sonsten zur vnzucht beredt oder verführt*“ worden war. (LPO 1616, 706).

die sexuelle Vergangenheit der Frau eine entscheidende Rolle im Rechtsprozess. Am 29. November 1596 wurde der Ratsbeschluss hinsichtlich „des wachsenden Problems der Leichtfertigkeit und Unzucht“ von dem jungen Unterrichter Michael Mändl in dem von ihm geführten Ratssitzungsprotokoll auf folgende Weise notiert:

„so offt ein leichtfertige weibs person in fronuest der schergenstuben eingeführt würdet, so solle die selbige das erste mal zu einer wahrnung allein angeloben nit mer in die statt vnd burgfrid zekhommen. kombt eine aber zum andern mal, so solle die durch die ambtleüth ausgeführt vnd jr statt vnd burgfridt verbotten werden. were es aber die ain zum 3ten mal eingebracht wurde, so ist die selbige auf den pranger zestellen, vnd durch den züchtiger auszeführen, vnd neben betroung einer leibs straff jr das landt vnd statt zuerweigern. zum vierten mal soll man solliche auf den pranger stellen vnd ein sarten aushauwen.“[847]

In diesem Ratsbeschluss wurden die allgemeinen Grundsätze festgelegt, wie in Zukunft man mit „leichtfertigen Frauen“ umgehen sollte, die aber auf den gängigen Traditionen basierten. Es ist wichtig zu bemerken, dass in den Münchner Ratsbeschlüssen der Ausdruck „leichtfertige Frau“ auf vielerlei „Unzucht“, nicht nur auf voreheliche Beziehungen, hinzudeuten scheint.[848] Die Grenze zwischen vorehelicher Liebesbeziehung und zügellosem Sexualleben sowie Prostitution verwischte sich. So wurde diese Strafskala auch bei der Verurteilung der „Vettel“ benutzt. Wie bei der Bestrafung von verschiedenen Delikten üblich, wurde zwischen dem ersten Mal und dem Wiederholungsfall unterschieden. Jedes Mal wurde die Strafe härter und schändlicher. Zwei Mal sollte die Frau der Stadt verwiesen werden, zum dritten Mal aber schon des ganzen Herzogtums. Beim zweiten Wiederholungsfall wurde sie an den berüchtigten Pranger gestellt und öffentlich vom Henker ausgeführt, beim vierten Mal folgte noch eine Scharte, ein Einschnitt in die Haut bzw. andere Verstümmelungsstrafen.

Strasser weist darauf hin, dass die öffentliche Schande erst in dem berühmten maximilianischen Mandat von 1635 neben Geldbuße und Haft als Strafmaß-

---

Traditionell wurde die Frau für schlecht und sexuell verdächtig gehalten, wenn sie sich nicht mit allen Mitteln gegen Unzucht und sexuelle Angriffe wehrte. Siehe beispielsweise Pauli: Schimpf und Ernst 1522, 16.

847 StadtA: RP 211 (1596), Fol. 226 r-226 v. Auch im Mandat von 1595 wurde kurz auf die Strafbarkeit der Leichtfertigkeit hingedeutet. (BayHstA: KMS 1595/I/15).

848 Nach Breit wurden primär die vorehelichen Sexualverhältnissen als „Leichtfertigkeit“ verstanden, weil voreheliche Beziehungen „leichtfertigerweise“ aufgenommen und Kinder in die Welt gesetzt wurden, ohne dass ihre Eltern die finanziellen Mittel zur Familiengründung besaßen. (Breit: Leichtfertigkeit 1991, 5). Siehe auch Strasser: State of Virginity 2004, 47-50.

nahme für die „Leichtfertigkeit" erwähnt worden wäre.[849] Man sollte diesen Zeitpunkt allerdings ziemlich verschieben: Im Ratsbeschluss wurden Ausführung und Pranger schon im Jahr 1596 erwähnt. In dem zwei Jahre später geschriebenen Mandat ordnete auch der Landesherr, dass „*solche verruchte leichtfertige leut, nach besindung jhres öffter vnd gantz ärgerlichen verbrechens*" nicht allein aus dem Land verwiesen, sondern auch „*mit woluerschuldten leib- vnnd schandstraffen*" zu bestrafen waren.[850] Es geht hier deutlich um öffentliche schändliche Strafe. Da man in dem Mandat über die milderen Sanktionsstufen schwieg, könnte man davon ausgehen, dass auch erstmalige „Leichtfertigkeit" zur Landesverweisung und Schandstrafe führte. Es ist aber eher anzunehmen, dass es sich hier um die strengste mögliche Strafe, also die Bestrafung der rückfällig Gewordenen handelt. Jedenfalls wurden immer noch keine genaueren Strafformen definiert, womit den Rat eine relative Freiheit in der Strafbestimmung zugewiesen war.

Neben „Leichtfertigkeit" und „Unzucht" wurde auch Konkubinat zunehmend Ziel der Disziplinierungsmaßnamen. Damit wird hier primär auf die sexuelle Beziehungen zwischen katholischen Priestern und ledigen Frauen hingedeutet.[851] Gegenüber der Gemeinschaft spielte der Pfarrer eine wichtige Rolle: Er vermittelte dem Pfarrvolk die richtige christliche Moral. Alle waren verpflichtet, ihm ihre Verstöße gegen diese Moral regelmäßig zu beichten.[852] Der Priester dagegen hatte in seiner Ordination versprochen, sexuell enthaltsam zu leben und nicht zu heiraten.[853] Obwohl Geliebte der Priester früher auch von der Obrigkeit stillschweigend geduldet worden waren, konnten diese Beziehungen in der kon-

849 „The state for the first time stipulated public shaming as a form of punishment in addition to fines and imprisonment". (Strasser: State of Virginity 2004, 108).

850 BayHstA: KMS 1598/III/13, Biii r-Biii v und StadtA: BR 60 B 14 (1598), Fol. 8, Biii r-Biii v. Siehe auch Heydenreuter: Herrschen durch Strafen 1996, 343-344 und Heydenreuter: Kriminalitätsgeschichte Bayerns 2003, 104.
U. a. in sachsischen und hessischen Recht sind ähnliche Regelungen zu finden. (Sauer: Strafbüchlein 1579, 86-89 und Döpler: Theatrum 1693, 888). Nach Bloch beschloss der Rat von Frankfurt am Main im Jahr 1629 zur Besserung der Moralität und zur Bestrafung der „gemeinen Hurerei und Unzucht" ein Narrenhäuslein zu errichten. (Bloch: Die Prostitution Bd. 2 1925, 265). Wie auch immer unterschiedlich, hatten alle diese Strafvarianten etwas gemeinsam: Sie basierten auf öffentlicher Schande.

851 Für Konkubine im römischen Recht siehe Bloch: Die Prostitution Bd. 1 1912, 17. Siehe auch His: Geschichte des deutschen Strafrechts 1928, 142-143 und Breit: Leichtfertigkeit 1991, 161.

852 Breit: Leichtfertigkeit 1991, 249. Für unbeispielhafte Priester siehe Turchini: Bayern und Mailand 1995, 403 und Bloch: Die Prostitution Bd. 1 1912, 695.

853 Albertinus lehrt, dass der Begriff *coelibatus* aus dem Wort *coelo* herstammt. Nach seiner Auffassung wurde damit auf diejenigen hingedeutet, die „*deß himmels wirdig seind, welche vmb den himmlichen lieb willen, sich enthalten aller fleischlichen wollust*". (Albertinus: Haußpolicey 1602, 1. Teil, 47 v & 2. Teil, 56 v-57 r).

fessionellen Moralpolitik nicht mehr bagatellisiert werden. Sicherlich wurden aber aus alter Gewohnheit nicht alle Konkubinatsfälle vor Gericht gebracht. Mit dem Ausdruck „Priester“ werden in den für diese Studie erforschten Mandaten und Protokollvermerken in der Regel lokale Pfarrherren, also nicht Ordensgeistliche oder Klerikerscholare, gemeint.

Im Herzogtum Bayern wurde das Priesterkonkubinat erstmals in der Landespolizeiordnung von 1553 unter Strafe gestellt, wobei die Beschlüsse des Augsburger Reichsabschieds von 1530 in Landesrecht transformiert wurden. Die Beamten gingen aber nur zögerlich gegen Priester und ihre Konkubinen vor. In der Landespolizeiordnung von 1578 wurde konkreter angeordnet, dass die Geistlichen ihrem Bischof – die Münchner Geistlichen an das geistliche Gericht in Freising – zur Bestrafung ausgeliefert werden sollten. In der Regel wurden sie mit einer für die lokale Kirche adressierte Geldbuße bestraft.[854] In der Mitte des Interesses dieser Studie liegt aber die Bestrafung der Priesterkonkubinen. Im Jahr 1578 deutete Herzog Albrecht auf die Schreiben seiner Vorgänger hin. Es ging um Priester, die ungeachtet der geistlichen und weltlichen Gebote ihre Konkubinen *„ungescheut bey sich behalten“* und in dem *„schändlichen concubinat verwissentlich verharren“*. Der Rat wurde daran erinnert, dass *„die concubines und leichtfertige anhäng von den priestern“* sofort abzuschaffen waren.[855] Es lag in der Strafgewalt des Stadtrates die Konkubinen zu bestrafen, aber erst später wurden spezifische Strafformen dafür artikuliert.

Das Mandat des Jahres 1598 wollte die Konkubinen noch mit einer Geldbuße von 500 Gulden bestrafen. Nach sechs Jahren war die Stimme des Herzogs aufgeregter worden: Er beschrieb das *„ärgerliche laster solcher verdambten vnzucht“*, das *“ie länger ie mehr einreischen, vnd über landt nemmen“* hatte. Nun waren alle *„concubino oder beyschläfferinen, welche etwan einen priester beywohnen, oder einen stetten zuegangen zu ihme zuhaben“* zu verfolgen. Sie sollten *„anfangs dreymall, wie die ehebrecher, vor der kürchen gestellt“* und danach drei Meilen vom Ort des Vergehens verwiesen werden. Würden sie wiederholt erwischt, folgten Pranger und Landesverweisung. Wenn sie aber zum dritten Mal rückfällig würden, müssten sie zusätzlich noch mit Ruten gezüchtigt werden. Diese Strafordnung wurde im Wesentlichen im Jahr 1607 und 1617 bestätigt.[856] Verglichen mit der Bestrafung der „Leichtfertigkeit“ bzw. „Unzucht“ war diese Strafskala

854 LO 1578, Fol. 36 v-37 r, StadtA: BR (1606), Mandate 60 B 3, Fol. 3 r-3 v, Heydenreuter: Kriminalitätsgeschichte Bayerns 2003, 107-109 und Schattenhofer: Das alte Rathaus 1972, 301. Siehe auch Heydenreuter: Herrschen durch Strafen 1996, 354-355.

855 StadtA: BR 62 (1578), Fol. 189 r-190 r. Siehe auch BayHstA: KMS 1595/I/15.

856 StadtA: BR Mandate 60 B 14 (1598), Fol. 8, Aiii v, 60 B 3 (1604), Fol. 2 v, 60 B 8 (1607), Fol. 668 r-668 v und 60 B 2 (1617), Fol. 544 v-545 r.

härter. Schon bei der ersten Bestrafung kamen schwere Schandstrafen zum Gebrauch. Andererseits fehlte aber die Möglichkeit der Verstümmelung.

Im Jahr 1601 schrieb Herzog Wilhelm im Hinblick auf das Priesterkonkubinat, dass es „*sonst nirgends sovill mängl und unfleis erscheinet, als eben bey unserer haubtstadt München*". Die Jurisdiktion über die Konkubinatsfälle wurde erneut festgelegt: Die Priester müssten von der geistlichen Obrigkeit, ihre Konkubinen vom Stadtrat bestraft werden. Schwangere Priesterkonkubinen waren nach sechs Wochen vom Kindbett aus dem Land zu verweisen. Außerdem wollten die Herzöge auch selber eine aktivere Rolle spielen. Der Rat hatte folglich über sämtliche Konkubinatsfälle und deren Bestrafung an den Hofrat zu berichten. Das Priesterkonkubinat war nach Wissen des Herzogs in vielen Fällen so offenbar, dass „*die ganze stadt und jedes orts nachbarschaf*" darüber wusste. Jedoch hatten die Ratsherren nicht in der Sache unternommen und wegen dieser Ungehorsamkeit wurde der Stadt eine Geldbuße auferlegt.[857]

Ehebruch wurde in Bayern spätestens seit dem 15. Jahrhundert vor den weltlichen Gerichten abgestraft, aber im Vergleich zu anderen Territorien waren die Sanktionen relativ moderat.[858] Beziehungen, die den Haushalt nicht in Gefahr brachten, wie zwischen Hausherrn und seiner Magd, wurden traditionell nicht als ernste Angelegenheit bzw. wirklicher Ehebruch betrachtet. Nach der Reformation wurden allerdings sowohl in katholischen wie auch in protestantischen Gebieten alle außerehelichen Beziehungen häufiger bestraft. Der Ehebruch eines Mannes und einer Frau wurde nun prinzipiell für gleich schwerwiegend gehalten. In der Praxis wurden Frauen aber eher und härter bestraft, weil Bastardkinder die ganze Familie schändeten.[859] Die Frage „*warumben deß weybs ehebruch beschwärlicher dann des manns zeachten sey?*", klingt heute chauvinistisch, wurde aber von Perneder und Sauer und ihren Zeitgenossen ernstlich diskutiert. Durch den Ehebruch der Frau konnten unrechtmäßige Erben ins Haus kommen, welches „*bey dem ehemann, so derselb sein ehe mit ainer lödigen person bricht, nicht zubesorgen*" sei. Deshalb wurde der von der Ehefrau begangene Ehebruch „*viel schädlicher*"

---

857 StadtA: BR 62 (1601), fol. 190 r - 191 v.

858 Heydenreuter: Kriminalitätsgeschichte Bayerns 2003, 97-99. Nach Perneder war der Ehebruch allerdings todeswürdig. (Perneder: Von Straff unnd Peen 1544, X r & XI v).
In anderen Städten wurde Ehebruch u. a. mit Geldbußen, Gefängnis mit Wasser und Brot, mit Kerzen- und Steinetragen, Rutenzüchtigung oder Stadtverweisung, manchmal sogar mit Todesstrafe, bestraft. (Schwerhoff: Köln 1991, 55, 367 & 378 und Sauer: Strafbüchlein 1579, 92 & 110). Siehe auch Perneder: Von Straff unnd Peen 1544, X v und His: Geschichte des deutschen Strafrechts 1928, 142.

859 Roper: Das fromme Haus 1999, 168-173 und Rublack: The Crimes of Women 1999, 218.

als der des Mannes gehalten. Daraus folgte nach Sauer logisch, dass *„die weiber züchtiger als die männer sein sollen"*.[860]

Auch nach Döpler spielte es bei der Verurteilung des Mannes eine wichtige Rolle, ob er mit einer Ehefrau oder mit einer ledigen Frau seine Ehe gebrochen hatte. Wer mit einer Ehefrau „Unzucht" treibt, wird in der Regel zur Todesstrafe verurteilt, aber Geschlechtsverkehr mit einer „Hure" führt häufig nur zum Staupenschlag und Verweis, konstatiert Döpler.[861] Etwas überraschend gibt der sonst frauenfeindlich wirkende Albertinus allerdings zu, dass sich Männer in diesen Fragen unrecht zu verhalten pflegen. Nach ihm wollen die Richter die Klagen der Ehefrauen gegen ihre Männer nicht hören, weil *„nemlich der ein fuchs den andern nicht pflegt zu beissen"*. Deshalb wurden Frauen häufig härter bestraft. Ging es aber um ehebrecherische Männer, *„so schweigt man still wie ein meußl, man hilffts vertuschen wie man kann vnd mag, damit nur der mann nicht zu schanden gemacht werde"*.[862] Die Bestrafung und dadurch auch das Öffentlichmachen eines Ehebruchs waren eindeutig schändlich.

Allerdings stellte schon die Landesordnung des Jahres 1578 eindeutig fest, dass der Ehebruch der Frau nicht geringer oder schwerer zu gewichten war: Frauen und Männer sollten in gleichem Maße bestraft werden. Seitdem wurde die Strafbarkeit des Ehebruchs jedoch hinsichtlich des sozialen Status differenziert. Höhergestellte Personen sollten nicht mit öffentlichen Schandstrafen bestraft werden. Das gemeine Volk dagegen war beim ersten Mal für einen Monat *„zu hertter gefenckhnuß"* bei Wasser und Brot zu bringen. Innerhalb der Haftzeit musste der Ehebrecher oder die Ehebrecherin drei Sonntage nach einander mit Kerze und Ruten in den Händen und mit entblößten Armen vor der Kirche im Eisen ausge-

---

860 Perneder: Von Straff unnd Peen 1544, X r-v und Sauer: Strafbüchlein 1579, 93-94 & 109. Früher galt nur der Ehebruch der Ehefrau als strafwürdig. Der kirchliche Standpunkt, dass Mann und Frau in gleicher Weise einen strafbaren Ehebruch begehen konnten, fasste allmählich Fuß im späteren weltlichen Recht. (Hinckeldey: Geschichte der Verbrechen und Strafen 1980, 130-131. Siehe auch His: Geschichte des deutschen Strafrechts 1928, 150 und Quanter: Das Liebesleben 1909, 449-450).

861 Döpler: Theatrum 1693, 517-518.
Als die im Jahr 1599 wegen Ehebruch verwiesene Näherin fünf Jahre später nach München zurückkehrte, wurde sie ausgeführt und mit Rutenstrafe bedroht. (StadtA: RP 219 (1604), Fol. 123 v-124 r). Im Jahr 1608 wurde ein zweimaliger Ehebrecher mit Ruten ausgestrichen. (StadtA: RP 223 (1608), Fol. 150 r).

862 Albertinus: Haußpolicey 1602, 3. Teil, 137 r-139 r.
Nach Perneder war ein Ehebruch, der *„auß vngefährlichen jrrthumb"* geschah, nicht zu bestrafen. Damit war gemeint, dass der Ehemann erst nach der „Unkeuschheit" merkte, dass die in seinem Bett liegende Frau nicht seine eigene Ehefrau war. (Perneder: Von Straff unnd Peen 1544, XI r). Eine solche Erklärung kommt einem tatsächlich unglaubhaft vor.

stellt werden. Beim zweiten Mal folgte zusätzlich die ewige Verweisung und beim dritten Mal wurden die Angeklagten vor das Malefizgericht gestellt. Dies bedeutete, dass sie zur Todesstrafe verurteilt werden konnten.[863] Bei diesen weltlichen Strafformen, wie etwa der Ausstellung vor der Kirche, sind die religiösen Andeutungen nicht zu übersehen. Der Ehebruch verstieß ja nicht allein gegen die allgemeine Sittlichkeit, sondern auch gegen Gott.[864]

In einigen Klagen, die in den von mir eingesehenen Quellen vorkommen, geht es deutlich um Kuppelei, wenn auch dieser Strafbestand nicht immer wörtlich erwähnt wird. Dabei handelt es um Fälle, in denen die angeklagte Person primär nicht wegen eigenen unerlaubten Beziehungen beschuldigt wurde, sondern weil sie andere dazu anregte oder zwang: Es ging um Beihilfe zur „Unzucht".[865] Nach der Landesordnung von 1578 sollten Kuppler und Kupplerinnen zu Leibes- oder Schandstrafen und zur Landesverweisung verurteilt werden. Im Jahr 1616 wurde die Strafhöhe nicht angehoben, aber die Schandstrafe wurde differenziert: Diese Verbrecher sollten *„mit tragung deß lastersteins oder anderer offentlichen schandstraff"* bestraft werden.[866] Die eigentlichen Ratsurteile zeigen allerdings, dass die Anwendung des Lastersteins schon früher Praxis war.

---

863 LO 1578, Fol. 33 v-36 r. Siehe auch Heydenreuter: Kriminalitätsgeschichte Bayerns 2003, 97-98, BayHstA: KMS 1595/I/15, 1598/III/13, Biii r-Biii v und StadtA: BR 60 B 14 (1598), Fol. 8, Biii r-Biii v. Im Jahr 1616 wurden die Regelungen in der Regel bestätigt. (LPO 1616, 701-703).
Ehebrecherische Mitglieder der alten Geschlechter, wie etwa Ratsmänner, mussten beim ersten Mal 14 Tage im Gefängnis mit „geringer Atzung" verbringen und eine Geldbuße bezahlen. Ritter und Adelige wurden für vier Monate in den Krieg geschickt. Beim zweiten Mal wurden Mitglieder von allen diesen Gruppen *„alßbald jrer ehren entsetzt"* und für immer des Landes verwiesen. Beim dritten Mal gerieten auch sie vor das Malefizgericht. (LO 1578, Fol. 34 r-35 r und LPO 1616, 703-704).

864 *„so dann die heiden vnd barbarische völcker so vil gehalten haben von dem keuschen ehestandt, was vermeinstu, was die christen zu thun schuldig seyen, welche den wahren gott ehren, vnnd welche nit allein von frembden eheweibern, sondern auch von öffentlichen vnnd gemeinen vetteln sich enthalten sollen."* (Albertinus: Haußpolicey 1602, 3. Teil, 129 r).

865 Beispielsweise nach dem Vermerk im Jahr 1600 „verkuppelte" ein Schneider einen Schulhalter mit der einer Witwe. (StadtA: RP 215/1 (1600), Fol. 66 r).
Im Jahr 1604 wurde ein Ehepaar stark verwiesen, weil die Frau „ein Kuppelhaus" gehalten haben sollte. (StadtA: RP 219 (1604), Fol. 28 v).
Eine Witwe wurde verhaftet, weil sie nach dem Ratsbeschluss *„den türckhen jm stall zu Anna Schmidin verkuplet"* hatte. Sie wurde *„auf ein zeit von der statt"* geschafft, aber nach anderthalb Monate begnadigt. Nach dem Vermerk hatte Anna Schmidin *„bei dem ungetaufften türckhen ein khindt getragen"*. (StadtA: RP 219 (1604), Fol. 33 r, 39 v, 43 r, 53 v & 70 r).

866 LO 1578, Fol. 36 v und LPO 1616, 707.

Es genügt einen Blick in die Ratsprotokolle des ausgehenden 16. und frühen 17. Jahrhunderts werfen, um zu sehen, dass die Diskussion über Sittlichkeitskontrolle ein dauerndes Phänomen war.[867] Wesentlich häufiger als bei den anderen Verbrechenstypen erhielt der Stadtrat direkte landesherrliche Anweisungen betreffend bestimmte „unzüchtige Personen". So verlangte der Hofrat etwa, dass *„das böse huren nest mochte zu Freiman zerstörtt werden"*.[868] Wer waren aber diese Menschen, die in den Protokollvermerken als „unzüchtig" oder „leichtfertig" bezeichnet wurden? Sie waren Männer und Frauen, jung und alt, Bürger, Einwohner oder Fremde, Handwerker, Diener, städtische Beamte, Priester und Hofangestellte. Sie wurden wegen Tatbeständen wie Ehebruch, Unzucht, Leichtfertigkeit, Kuppelei, Konkubinat und Hurerei angeschuldigt. So ist die Großzahl von Sittlichkeitsverbrechen der Frühneuzeit in der westlichen Welt nicht mehr kriminalisiert.

3.2 Die zerbrechliche weibliche Ehre

„Leichtfertige" und „unzüchtige" Frauen

Im Juli des Jahres 1606 wurde der Fall eines „unverantwortlichen Brautbads" im Rat behandelt, das am Abend vor Heiligen Peter und Pauli bei einem Münchner namens Hans Hörtnit gehalten worden war. Da wurde *„getanzt vnd gesprungen biß jn mitte nacht hinein"*, nach einem anderen Vermerk bis 23 Uhr. U. a. der Prediger bei U. L. Frau wandte sich stark dagegen. Nach dem Ratsbeschluss wurden die Beteiligten unterschiedlich bestraft. Die zwei „Ratsfreunde" Hans Hörtnit und Jacob Pfundmayr wurden in den Ratsturm gebracht und mit einer Geldbuße von 12 Gulden, ihre Ehefrauen mit vier Gulden bestraft. Dabei wurde auf *„jr ergliches dantz"* verwiesen. Während die beteiligten Jungfrauen unbestraft blieben, wurden die Spielleute in die Schergenstube gebracht. Bei gleicher Gelegenheit wies der Rat die Familien Pfundmayr und Hörtnit auf „ihre über-

---

In der Carolina wurde die Kuppelei mit Verweisung, Pranger, Ruten oder Ohrenabschneiden bestraft. (CCC § 123). Perneder hält Kuppelei für todeswürdig. (Perneder: Von Straff unnd Peen 1544, XIII v). Sauer weist auf die alte Sitte des Nasenabschneidens hin. (Sauer: Strafbüchlein 1579, 134-135). Siehe auch Quanter: Das Liebesleben 1909, 198.

867 Es ist allerdings zu erinnern, dass die Sprache der Verhörsprotokolle von zeitgenössischen rechtlichen und moralischen Begriffen geprägt ist: Hätten die Angeklagten und die Rechtsobrigkeit frei über das Sexualleben gesprochen, so hätte man sicherlich andere Ausdrücke notiert. (Roper: Oedipus und Teufel 1993, 55-57).

868 RP 219 (1604), Fol. 176 v. Siehe auch StadtA: RP 211 (1596), Fol. 44 v und RP 219 (1604), Fol. 42 r.

mäßige Hofart" hin, d. h. dass sie sich bekleideten wie privilegierten Personen. Sie sollten diese Unmäßigkeit beenden, „*sonst jnen ein offentlicher spott mechte begegnen*".[869] Damit wurde wohl eine Schandstrafe gemeint.

Der Fall des Brautbads erzählt einerseits über die Disziplinierung der Freizeitunterhaltung, wie etwa Tanzen und Musizieren, andererseits über die „Unsitte" des zu luxuriösen und unstandesmäßigen Lebens. Diese Episode hängt aber auch mit den Sittlichkeitsforderungen zusammen, weil in solchen Angelegenheiten öfters „Unzucht" vorkommen schien.[870] Der Fall zeigt auch deutlich, wie die Verurteilungen je nach der sozialen Stellung des Angeklagten variierten: Während die auch sonst für verdächtig gehaltenen Spielleute in die Schergenstube eingesperrt wurden, konnten ehrbare Bürger sich mit Geld auslösen. Die jungfräulichen Bürgertöchter wurden in diesem Fall von der Schändlichkeit der Bestrafung völlig verschont, die ihrer zerbrechlichen Ehre hätte schaden können. Da es in diesem Fall um keine eigentliche Unzuchtsklage ging, konnte der Rat sich von seiner gnädigen Seite zeigen.

Manchmal wurden auch menschliche Not und Mangel als Ursache der eigentlichen kriminellen Intentionen berücksichtigt, so dass man die Verurteilung zugunsten der Bestraften und deren Familie modifizierte. Als der Nagelschmied Geörg Zäck sich im Jahr 1604 „ohne Erlaubnis" verheiratete, hätte der Rat ihm mit Stadtverweisung bestrafen können. Der Nagelschmied wurde aber mit seiner frischgebackenen Ehefrau nur mit kurzer Haft in der Schergenstube bestraft. Bei der Anklage ging es angeblich darum, dass das Nagelschmiedhandwerk in der Heiratssache nicht konsultiert worden war. Die Ursache für die milde Bestrafung war allerdings die schlechte Gesundheit des Geörg Zäck Senior, der ein „*gar alter schwacher man*" sei. Der Vater bat die Ratsherren, dass man ihn vor der Verweisung seines Sohnes verschonen möge, weil er sich allein „*khain suppen khünde machen*".[871]

---

869 StadtA: RP 221 (1606), Fol. 186 v, 189 r-189 v & 190 r.
Ähnlich wurde der Glasner Geörg Hebenstreitter im Jahr 1600 auf seine fragwürdige Lebensweise verwiesen: Wenn er „*mit der gleichen vngebür widerumben oder sein weib werde khommen, vnd ein sollich jubiliren vnd panggediren weitter lassen bei jne fürgehen*", wolle man ihnen die Stadt verbieten. (StadtA: RP 215/2 (1600), Fol. 154 v).
Im Jahr 1610 bekam der Rat einen herzoglichen Befehl betreffend „*tänzen vnd derley straffbahre beschaffenheit*". Solche „ärgerlichen Dinge" waren „exemplarisch" zu bestrafen. (StadtA: BR Mandate 60 B 3 (1610), Fol. 8 r-8 v). Damit wurde auf öffentliche Strafen hingedeutet.

870 Da alle sexuelle Beziehungen außerhalb der Ehe verdächtigt wurden, konnten nach dieser Einstellung auch alle Gelegenheiten, bei denen sich die beiden Geschlechter begegneten, wie Tanzvergnügen, zur Sünde führen. (Roper: Das fromme Haus 1999, 97).

871 StadtA: RP 219 (1604), Fol. 249 r-249 v.

Einen beachtlichen Teil der Sexualdelikte in München bilden „Leichtfertigkeit“ und/oder „Unzucht“. Diese oft mehrdeutigen Tatbestände wurden in den von mir erforschten Fällen fast ausnahmslos mit Schand- und Ehrenstrafen bzw. mit Verweisung oder Haft bestraft. Die von Ulrike Strasser studierten Fälle dagegen wurden oft mit Geldbuße belegt.[872] So war die eigentliche Bestrafung bei Sittlichkeitsvergehen relativ unterschiedlich. Ein Grund dafür war wohl die soziale Stellung der Angeklagten: Zumindest die in den Quellen dieser Arbeit vorkommenden Personen hätten meist keine Buße bezahlen können oder sie waren schon mit dem Stigma der Unehrlichkeit befleckt. Es geht aber auch um die allgemeine Strafentwicklung: Gegen Ende des 16. Jahrhunderts wurden viele Straftaten, die früher mit Geldbußen bestraft worden waren, in erster Linie mit öffentlichen Strafen geahndet. Man dachte, dass besonders die Sittlichkeitsdelikte den göttlichen Zorn wecken und demzufolge das ganze soziale System gefährden könnten. Die absolute Mehrzahl der für Sittlichkeitsdelikte angeklagten Personen, die in den von mir durchgelesenen Quellen erwähnt werden, waren Frauen, die aus den Unterschichten stammten und oft auch vorbestraft waren.

Die Anklagen und Prozessschilderungen bei Sittlichkeitsdelikten sind oft unbestimmt. Man gewinnt den Eindruck, wenn eine Frau z. B. allein in der Nacht in der Stadt umherlief, konnte sie bereits verdächtigt werden, eine schlechte Frau zu sein. So konnten Frauen, die als „*gemeine weibspersonen*“ bezeichnet oder „*bei nachts auf der gassen gefunden*“ wurden, aus der Stadt verwiesen werden, ohne dass man mehr über sie protokollierte. Stellte sich eine als „gemeine Vettel“ bezeichnete Frau vor den Rat, bat um Verzeihung und versprach, sie „*wolle anjezt sich ehrlich vnd wol verhalten*“, konnte sie auch „*mit ernstlicher ermanung*“ in die Stadt zurückgelassen werden.[873] Im Ratsprotokoll wurde oft nichts Genaueres über die Delikte der Frauen verzeichnet. Es ist jedoch anzunehmen, dass der Rat in der Wirklichkeit mehr Informationen hatte. Da aber eine „gemeine Vettel“ den Wiedereinlass in die Stadt erreichen konnte, geht es in derartigen Fällen nur unwahrscheinlich um Berufsprostituierten. Die mentale Brandmarkung, das Stigma

872 Die von Strasser studierten Fälle stammen zum größten Teil aus der anderen Serie der Ratsprotokolle und wurden deshalb vom Stadtoberrichter, nicht vom Unterrichter behandelt. Siehe Strasser: State of Virginity 2004.
In Schweden des späten 16. und frühen 17. Jahrhunderts wurden viele Sittlichkeitsverbrechen, wie etwa voreheliche Beziehungen mit dem künftigen Gatten, mit Geldbußen bestraft, wenn der Straffällige zahlungsfähig war. Ehebruch wurde allerdings mit Todesstrafe oder Verbannung mit Rutenzüchtigung bestraft, manchmal auch mit Lasterstein oder Zwangsarbeit. Die Verurteilung zur öffentlichen Strafen wurde häufiger. (Österberg & Lindström: Crime and Social Control 1988, 126-127, Korpiola: Between Betrothal and Bedding 2004, 272 und Naess & Österberg: Sanctions, Agreements, Sufferings 2000, 140-142).

873 StadtA: RP 211 (1596), Fol. 16 v & 221 r und 219 (1604), Fol. 76 r.

der „Unzucht“ konnte aber sicherlich nie ganz weggewaschen werden, und so wurden solche Frauen leicht erneut verdächtigt.

Viele Protokollvermerke scheinen von unschuldigen Verhältnissen zwischen jungen Frauen und Männern zu zeugen. In der Vorstellungswelt der damaligen Beamten, geprägt von der neuen Sittlichkeit und Sexualmoral, ging es allerdings um „Leichtfertigkeit“ und „Unzucht“, d. h. um Kriminalvergehen. Im Sommer 1609 wurde der Fall der Kunigund Stainmillerin, die im zweiten Stock bei der Kammerkanzlerwitwe Anna Hörlin wohnte, behandelt. Diese 19-jährige aus Augsburg stammende Dienerin wurde angeklagt, mit dem jungen Kanzlisten Weißinger „Unzucht“ getrieben zu haben. Im Malefizprotokoll bejahten beide, Kunigund selber und ihre Vermieterin, dass Weißinger oft unten bei Frau Hörlin zu Besuch und mehrmals auch oben zu Kunigund gekommen sei. Anna Hörlin behauptete, der Kanzlist hätte auch oft oben übernachtet, aber dass er in einem Sessel, Kunigund in einem anderen Kämmerlein geschlafen hätte. Nach Anna Hörlin hätte Weißinger das Mädchen öfters geküsst und *„alzeit ermeldt sie sei jhm lieb, wolle sie nit lassen“*. Über sonstige „Leichtfertigkeiten“ wüsste sie nichts, und meinte, dass Kunigund nicht in ihrem Haus hätte schwanger werden können. Kunigund erzählte den Ratsherren der Kanzlist hätte *„jr selber zur ehe begert“* und versicherte, dass *„vnehr hab er nit an sie begert noch mit jr gepflogen“*.[874]

Soweit scheinen die Vermerke das Bild einer Liebesgeschichte zwischen zwei jungen Leuten zu zeichnen. Es ist nicht auszuschließen, dass dies auch der Fall war. Das Ratsprotokoll berichtet allerdings, dass Anna Hörlin schließlich mit Festungsarbeit von 6000 Steinen bestraft wurde, weil sie *„vnzucht in jrem hauß gestattet“* hätte. Ihr wurde stark verwiesen, dass *„ein diern bei jr jm haus geschwengert worden“* war. Deshalb wolle man auch ihre eigenen Kinder in Obhut nehmen, wenn sie diese nicht *„in gebürender zucht“* erziehen würde. Als sie später um Nachlass der Strafe bat, wurde diese auf 3000 Steine gemildert. Die junge Kunigund Stainmillerin wurde der Stadt verwiesen.[875] Die fragmentarischen Bemerkungen scheinen die Einstellung zu verstärken, dass die eigentlichen Ergebnisse und Verhältnisse der betroffenen Personen oft undeutlich blieben oder sie wurden nicht protokolliert. Es wird nicht ersichtlich, ob Kunigund Stainmillerin wirklich schwanger war, aber die öffentliche Bestrafung wegen „Unzucht“ verletzte sicherlich zumindest ihre soziale Ehre und ihren Ruf. Als Person, die erstmals wegen eines Kriminaldelikts angeklagt worden war, wurde sie nach dem Ratsbeschluss von 1596 allerdings nicht schändlich bestraft.

---

874 StadtA: SG MP 866/6 (1607-1609), Fol. 272 r-277 r.

875 StadtA: RP 224 (1609), Fol. 124 v, 146 r, 151 v 6 192 r.

Vom Kanzlist Weißinger berichten die Protokolle nichts Weiteres. Es muss allerdings festgestellt werden, dass es trotz der weiblichen Überzahl bei der „Leichtfertigkeit" und „Unzucht" nicht ungewöhnlich war, auch Männer zu bestrafen. Genau wie der Kanzlist Weißinger wurden sie oft angeklagt, ihre Freundinnen – oder Frauen, mit denen sie sexuelle Beziehungen hatten – geschwängert zu haben. Wenn das Paar auch schon geheiratet hatte, minderte dies nicht das Bestrafungsbedürfnis. Nach den Protokollvermerken wurden diese Männer für eine gewisse Zeit zur Teilnahme an den Türkenkriegen oder zum Festungsbau verurteilt, aus der Stadt verwiesen oder in leichteren Fällen mit Geldbuße oder kurzer Gefängnisstrafe bestraft. Nicht selten wurden wegen Klagen des Handwerks Gesellen samt ihren Bräuten für einige Tage in den Turm oder in die Schergenstube gebracht, wenn sie also *„den eestandt mit der leuchtfertigkhait angefangen"* hatten. Schwangere Frauen konnten *„neben einer schwester"* inhaftiert werden.[876] Damit war wohl eine als eine Art Krankenschwester tätige Nonne oder Hebamme gemeint, die während der Schwangerschaft und beim Geburt zur Hilfe gerufen wurde. Die Verurteilung der vorehelichen Beziehungen folgte häufig nicht dem Ratbeschluss von 1596.

Es steht fest, dass die „Leichtfertigkeit" nicht selten erst wegen der Schwangerschaft öffentlich wurde. Nach Rublack deutet dies auf eine hohe Zahl von versteckter Delinquenz. Die sexuelle Reife der Frau wurde zu dieser Zeit durchschnittlich erst im Alter von 16 oder 17 erreicht, aber auch jüngere mögen sexuelle Verhältnisse gehabt haben, oder die Frau wurde nicht schwanger. Oft versuchten die angeklagten Männer, die Rechtsobrigkeit davon zu überzeugen, dass das ungeborene Kind von einem anderen Mann sei. Sie verwiesen auch auf ihre Trunkenheit, sagten, dass ihre Ehefrauen die ehelichen Verpflichtungen nicht erfüllt hätten oder dass sie verführt worden wären.[877] Ein angeklagter Mann konnte etwa behaupten, die Frau *„hett jme vrsach geben vnd selber zu jme jn garten chommen"* und also ihn *„zu der vnzucht genaigt"*. Einer erzählte, wie er der Frau *„ein daller vnd das ander mal ein halben gulden gegeben"* hätte, denn

876 Siehe beispielsweise: StadtA: RP 211 (1596), Fol. 130 v, 142 v & 145 v und RP 228 (1613), Fol. 73 v.
Im Jahr 1600 wurde formuliert, dass der wegen seiner „Leichtfertigkeit" verurteilte Maurer aus der Stadt *„hinwegg ziehen vnd seinen pfennig weitter zehen"* solle. Ein für ähnliche Ursache ausgeführter Tagwerker behauptete, er hätte die Frau heiraten wollen, aber sie wollte mit ihrem Kind von ihm ziehen. (StadtA: RP 215/1 (1600), Fol. 109 r & 112 v).
Dem herzoglichen Kochjungen wurden keine Bürgerrechte gegeben und er wurde ausgewiesen, weil er seine Braut geschwängert hatte. Einem anderen jungen Mann wurde mit derselben Strafe gedroht, wenn er die Ehe immer noch verschieben würde. (StadtA: RP 215/1 (1600), Fol. 63 r-63 v und RP 225 (1610), Fol. 221 v-222 r).

877 Rublack: The Crimes of Women 1999, 139 & 235, 238-241. Siehe auch Roper: Das fromme Haus 1999, 76-77.

sie *„sei zuuor ein gemaine hure gewest, mit vilen andern zethan gehabt"*. Deshalb fügte er abwertend dazu, er *„hab dise zallt wie ein gemaine"* und meinte wegen der Schwangerschaft nichts schuldig zu sein. Nach Aussage eines wegen „Unzucht" angeklagten Soldaten schämte sich die Frau für ihr uneheliches Kind, behauptete aber, dass kein Mann *„mit jr nichts zethan gehabt vnd sie denoch schwanger worden"*.[878] So gab es verschiedene Verteidigungsstrategien, die aber häufig einen eher schwachen Eindruck auf die Räte gemacht zu haben scheinen.

Da die Keuschheit der Frau zentrales Kriterium ihrer Tugendhaftigkeit war, sprachen ein mit Makel behafteter Ruf und sexuelle Erfahrenheit vor Gericht gegen sie. Traditionell wurde gedacht, dass eine Frau, die sich nicht mit allen Kräften gegen „unsittliche" Annäherungsversuche zur Wehr setzte, „unzüchtig" war und angeklagt werden müsste. Nur Kinder und Geisteskranke konnten für unzurechnungsfähig gehalten werden.[879] Über geisteskranke Sexualverbrecher gibt es in den dieser Studie zugrunde liegenden Quellen keine Belege, aber ein paar Mal wurden Fälle notiert, in denen entweder eine oder beide Beteiligte nicht nur jung, sondern auch minderjährig waren. Im Jahr 1596 wurde Balthasar Schwaben verurteilt, weil er mit einem neunjährigen Mädchen „Unzucht getrieben hatte". Nach dem Ratsvermerk wurde er wegen seiner Jugend *„in der still"* bestraft, womit vermutlich auf den Strafvollzug ohne öffentliche Schande hingedeutet wird. Er wurde für drei Jahre in den Krieg geschickt.[880] Die Tatsache, dass das Mädchen erst neunjährig war, scheint kein besonders Ärgernis geweckt zu haben, obwohl ihr Alter und auch die „Jugend" des Täters erwähnt wurden. Zu dieser Zeit war Kindesmissbrauch noch kein strafwürdiger Tatbestand.[881]

---

878 StadtA: RP 211 (1596), Fol. 81 r & 85 v-86 r und SG MP 866/4 (1599-1602), Fol. 33 r-33 v & 34 v.
Der Bettelrichter Ludwig Härtl wurde angeklagt, „Unzucht" mit einer 30-jährigen ledigen Mutter getrieben zu haben. Er bejahte einmal bei ihr übernachtet zu haben, behauptete aber, dass er *„nichts vnzichtiges mit jr khinden volbringen, dan er sei gar zu voll vnd bezecht gewest"*. Deshalb hatte die angeklagte Waltburga ihm auch gesagt *„er sei nichts wertt"*. Beide Angeklagten wurden ausgewiesen. (StadtA: SG MP 866/11 (1618), Fol. 71 v-72 v und RP 233 (1618), Fol. 168 v-169 r).

879 Rublack: The Crimes of Women 1999, 139 & 235, 238-241. Siehe auch Roper: Das fromme Haus 1999, 76-77.

880 StadtA: RP 211 (1596), Fol. 64 r.

881 Ein anderer, etwas späterer Fall von Kindesmissbrauch in München wurde detailreich in einem noch nicht erschienenen Artikel beschrieben. Da wurde ein ebenfalls neunjähriges Mädchen im Jahr 1617 von seinem Schulmeister brutal vergewaltigt. Der Täter wurde mit dem Schwert hingerichtet. Siehe Lidman: „Pikku Bärbl opettajan kammarissa. Esimerkkitapaus lapsen seksuaalisesta hyväksikäytöstä 1600-luvun alun Münchenissä" in: Eilola, Jari (edit.): Makaaberi ruumis. Mielikuvia kuolemasta ja kehosta. (Suomalaisen Kirjallisuuden Seura, im Druck).

Anders als die meisten Frauen hatten viele von den angeklagten Männern Freunde und Kollegen, die für sie vor dem Rat sprechen konnten. Aus dem Jahr 1596 findet sich der Vermerk, nach dem Hans Freysinger, „*sonst scherntätzl wegen seines leichtfertigen anscherzens mit den vnzüchtigen weibern*" genannt, aus dem Gefängnis entlassen wurde. Vier Jahre später wurde er erneut verhaftet. Damals sprach der Brotmeister Püttinger für seinen Freund Freysinger und bat seines „*vnrecht thun, dass nemblichen er mit einer gemeinen vettl vnzucht getriben, vatterlich zuuerzeihen*". Der Meister schlug vor Hans Freysinger "*des verhaffts gonstig zebegeben, domit er seinem dienst nach weitter magt nachkhommen*".[882] Der Verlust der Arbeit hätte für den betroffenen Mann ernste ökonomische Folgen gehabt. Auch seine soziale Ehre wäre schwer verletzt worden, was natürlich auch schon durch den Prozess und das Öffentlichwerden seiner Aktivitäten geschah. In diesem Fall schien der Brotmeister zwar nicht für die Ehre des Handwerks zu sorgen, aber seine Aussage deutet an, dass eine wegen Unsittlichkeiten angeklagte Person leicht die Arbeit verlieren konnte.

In der Ratssitzung berichtete der Bürgermeister Michael Barth, wie der 40-jährige Hans Freysinger durch den Brotmeister in flagranti ertappt worden war. Er hätte in betrunkenem Zustand „Unzucht" mit einer „leichtfertigen" Witwe getrieben. Nach dem Ratbeschluss sollte Hans Freysinger mit Entlassung aus seinem Dienstverhältnis bestraft, die Frau aber „hinweg geschafft" werden.[883] Der Angeklagte erhielt zwar keine öffentliche, schändliche Strafe, aber der Rat wollte ihm diesmal auch nicht „väterlich verzeihen", wie der Brotmeister erbeten hatte. Durch die Verweisung der Frau versuchte die Obrigkeit die Stadt moralisch zu bessern und die Kriminalität zu bekämpfen. Ob sie vorbestraft war und deshalb jetzt schändlich ausgeführt wurde, wird nicht gesagt. Weil man sie aber als „leichtfertig" und als eine „Vettel" bezeichnete, hatte sie zumindest einen sexuell verdächtigen Ruf.

Wie auch sonst üblich in den Leichtfertigkeitsfällen, in denen der Mann der hauptsächliche Angeklagte war, wurden auch im Fall des Hans Freysingers keine Aussagen von der „leichtfertigen" Witwe protokolliert. Manchmal scheinen die angeklagten Frauen aber in ihren Aussagen den Männern verdächtige Sachverhalte unterstellt zu haben, wahrscheinlich um sich selber zu retten oder zumindest um sicherzustellen, dass auch die Männer eine Strafe erhielten. Im Frühjahr 1598 wurde Anna Mayrin, Dienerin des Totengräbers Simon Sanfftmair, verhört. Sie gestand gleich, dass sie „*laider mit dem Simon ein, 2 oder 3 mal gesindiget vnd die leichtfertigchait getriben*" hätte. Sie erzählte weiter, der Totengräber hätte betrunken darüber mit seiner Frau gesprochen, die dazu ge-

882 StadtA: RP 211 (1596), Fol. 112 v und RP 215/1 (1600), Fol. 48 r.
883 StadtA: RP 215/1 (1600), Fol. 48 r.

sagt hätte, dass man darüber nicht sprechen sollte. Betrunken hätte Simon Sanfftmair auch oft grob gesprochen und geklagt, *„es well niemant sterben, vnd gewunschen das doch ein guetter reicher, 10 oder 20 sterben sollten"*. Einmal hätte er *„einen lanngen mann dessen grab zu khurz gewesen, mit fluchen vnd mit schelten hinein getretten"*. Nach diesen Geständnissen – oder besser vielleicht Enthüllungen – bat Anna, dass man ihr *„khain spott angethuen"* würde.[884] Deutlich wollte sie Simon Sanfftmair in ein schlechtes Licht stellen, fürchtete sich aber selbst vor einer öffentlichen Schand- oder Ehrenstrafe.

Simon Sanfftmair wurde auch bald „seines Mutwillens halber" befragt. Er berichtete, dass er, solange Anna seine Dienerin gewesen war, mit ihr „Unzucht" getrieben hätte. Ferner bekannte er auch bereitwillig, dass er oft betrunken gewesen sei, und dass er tatsächlich geflucht und gewünscht hätte, dass wohlhabende Leute bald sterben würden. Die Belege geben allerdings keine Hinweise dafür, welche Folgen diese Bekenntnisse für den ehebrecherischen Totengräber hatten. Die möglichen weiteren Untersuchungen betreffend Simon Sanfftmair wurden nicht notiert, zumindest nicht im Ratsprotokoll. Am nächsten Tag findet sich nur der Vermerk, dass Anna Mayrin für immer aus der Stadt verbannt worden sei. Zur Urteilsbegründung wird die Tatsache angeführt, sie habe *„mit dem todtengraber die leichtfertigkhait 3 jar getriben"*.[885] Es wirkt, als ob der Rat Annas Sicht der Dinge nur unzulänglich in Betracht gezogen hätte. Eine zusätzliche Schand- oder Ehrenstrafe scheint jedoch nicht verhängt worden zu sein – oder sie wurde nicht protokolliert.

U. a. der Fall des Totengräbers zeigt, dass bei den Unzuchtsanklagen die weibliche Seite meistens die Schuld tragen musste. Immer wieder wurden Männer wegen ihren Konkubinen bzw. Liebhaberinnen getadelt und bedroht, aber selten bestraft. Im Jahr 1604 wurde dem trunksüchtigen Goldschmied Alexander Volmann zum ersten Mal befohlen, er solle *„sein dirn von sich thun oder man wolle gegen jme vnd jr anderen ernst fürnemmen"*. Fünf Jahre später hatte sich seine Lebenssituation anscheinend nicht viel geändert, weil er erneut verhaftet wurde, diesmal angeblich primär wegen seines Trinkens. Nach zwei Monaten Haft wollte er immer noch keine Selbstverpflichtung, also keinen *„brief über sich geben"*. Die Schlegel wurden befohlen, auf Volmann gut aufzupassen und niemand hinunter ins Gefängnis zu ihm zu lassen. Schließlich wurde er auf Fürbitte eines Doktors und des Unterrichters selber aus Gnaden auf zwei Jahren der Stadt verwiesen. Im Jahr 1613 wurde er erneut getadelt, weil er mit einer „Dirne"

884 StadtA: SG MP 866/3 (1598/1599), Fol. 27 v-28 r.

885 StadtA: SG MP 866/3 (1598/1599), Fol. 27 v-28 r und RP 213/1 (1598), Fol. 133 v-134 r & 141 v.

wohne, die er sofort wegschicken solle *„oder man werde andere mittl an die hanndt nemmen"*. Er müsse entweder heiraten oder eine Geldbuße bezahlen.[886]

Geht es denn um Prostituierte oder um gewöhnliche Einwohnerinnen bzw. Einwohner, bildete die Stadtverweisung in den von mir durchgelesenen Quellen die häufigste Strafe bei „Leichtfertigkeit" und „Unzucht". Wenn auch die Verurteilung zur Schand- und Ehrenstrafen möglich gewesen wäre, wurde von einer schändlichen Strafprozedur oft abgesehen. Dies scheint besonders dann vorzukommen, wenn es um „normale" Sexualverhältnisse zwischen ledigen jungen Menschen ging. Die in den letzten Jahren des 16. Jahrhunderts entworfenen Strafbestimmungen wurden somit nur teilweise befolgt. Ob hinter „Leichtfertigkeit" und „Unzucht" Liebesbeziehungen, Missbrauch oder Prostitution steckten, die dadurch auf die Welt gekommenen Kinder blieben die unschuldigsten Opfer der obrigkeitlichen Moralpolitik. In den Quellen werden ihre Schicksale selten deutlich belegt. Sicherlich erhöhte aber ein derart ungünstiger Lebensanfang die Wahrscheinlichkeit, später im Leben selbst wegen „unzüchtigem" oder „unehrlichem" Handeln angeschuldigt zu werden.

Wenn ledige Frauen angeklagt wurden, etwa ein uneheliches Kind auf die Welt gebracht und heimlich im Haus der Hebamme mitten in der Nacht taufen lassen zu haben, spielte die zweite Generation die Nebenrolle in den Ratsvermerken. Wenngleich die Schwangerschaft oder ein neugeborenes Kind die Frau einigermaßen vor der Strafe schonen konnte, wurden immer wieder „unzüchtige" Frauen mitten im Winter hochschwanger oder mit kleinen Kindern der Stadt verwiesen. Gelegentlich brachten die Mütter ihre Kleinen ins Spital oder in die Kindstube in der Hoffnung, dass man da für sie sorgen würde. Diese Kinder wurden u. a. wegen *„der kallten zeit vnd khindts schwachhait"* hinein genommen. War das Kind aber *„durch vnzucht erworben"* und es wurde herausgefunden, dass es doch gesund war, wurde es *„auß die stuben genommen"* und die Mutter mit ihrem Säugling aus der Stadt geschafft. Hatte die Frau etwa mit *„jungen gesellen als ein wittib vnzucht"* getrieben und nach dem Sterben ihres Ehemannes Kinder mit anderen Männern bekommen, auch wenn sie *„halbe zeit schwanger"* war, konnte sie ebenfalls verwiesen werden.[887] Durch solche Straf-

886 StadtA: RP 219 (1604), Fol. 215 r, RP 224 (1609), Fol. 4 r, 47 v-48 r & 115 v-116 r und RP 228 (1613), Fol. 135 r. Für einen ähnlichen Fall siehe: StadtA: RP 224 (1609), Fol. 12 v.
Im September 1600 war Alexander Volmann wegen „Rumoren" und Trinken in die Schergenstube gebracht worden. Er wurde mit Alkoholverbot und Verbot des Waffentragens bestraft. Im Oktober bat er, dass er auf der *„baurn hochzeit mecht die wehr tregen"*. (StadtA: RP 215/2 (1600), Fol. 117 r, 139 v, 141 v & 161 v).

887 Siehe beispielsweise StadtA: RP 213/2 (1598), Fol. 140 r, 147 v - 148 r, RP 215/2 (1600), Fol. 80 v, 86 r & 151 r, RP 219 (1604), Fol. 82 r und RP 233 (1618), Fol. 96 v-97 r.

maßnahmen erwarben viele Frauen einen neuen Titel: Sie wurden künftig als „Vettel“ bezeichnet.

„Gemeine Vettel“

Schwerhoff weist auf den schlechten Leumund der Frau als eine sich selbst erfüllende Prophezeiung hin. Besonders gefährdet waren Frauen der Unterschicht, die durch sexuelles Fehlverhalten wie Ehebruch, voreheliche Schwangerschaft oder Vergewaltigung stigmatisiert und sexuell auffällig wurden. Öfters ging es um eine Spirale von sexueller Ausnutzung, materieller Not und wachsender Ehrlosigkeit. Mädchen vom Lande, die in die Stadt kamen, um als Dienstmädchen zu arbeiten und dadurch bessere Lebensbedingungen zu erreichen, konnten auch leicht in das Prostitutionsmilieu geraten.[888] In den Protokollvermerken wurden diese Frauen oft unter dem Titel „gemeine Vettel“ oder „Vettel“ notiert. Damit wurde primär eine Frau gemeint, die wegen unerlaubten sexuellen Beziehungen vorbestraft war oder aber einen schlechten Ruf hatte und daher als unzüchtig galt. „Vettel“ und „gemeine Vettel“, oder auch „gemeine Weibspersonen“ waren nicht unbedingt Berufsprostituierte, und öfters waren sie eher jung als alt.[889] Bei der Bestrafung dieser Frauen wurden die Regelungen hinsichtlich „Leichtfertigkeit“ und „Unzucht“ angewandt.

888 Schwerhoff: Köln 1991, 376 und Lömker-Schlögell: Prostituierte 1994, 71-72.
Anders als die mittelalterliche Dirne, die ihr sündiges Leben durch Buße und Reue hinter sich lassen konnte, galt die frühneuzeitliche Prostituierte ihr lebenslang stigmatisiert. (Schubert: Soziale Randgruppen 1989, 338. Siehe auch Lömker-Schlögell: Prostituierte 1994, 78).

889 Zur römischrechtlichen Definition der Prostituierte bei Ulpianus siehe Bloch: Die Prostitution Bd. 1 1912, 12-13 & 18-19 und Lömker-Schlögell: Prostituierte 1994, 56-57.
Bloch listet eine Menge von Ausdrücken, die in der deutschen Sprache für Prostituierte verwendet wurden, u. a. Hure, Dirne, Metze, Früne (von Freundin), Hübschlerin, Fräulein, Frau, Weib, Tochter. Diese kamen häufig mit Beiwörtern vor, wie etwa leichtfertig, öde (nichtsnutzig), töricht (unsittlich), gemein, böse, schön, hübsch, berüchtigt, irre, leicht, schwach, wild, falsch, feil, übel, unehrlich, offen. Nach der katholischen Lehre und im traditionellen deutschen Recht wurde keine strenge Unterscheidung zwischen Prostitution und anderen außerehelichen Formen der Unzucht gemacht. So bezeichnete das Wort Hure sowohl das gefallene Mädchen, wie auch die sexuell ausschweifende Frau, die Ehebrecherin, die Konkubine und die öffentliche Dirne. (Bloch: Die Prostitution Bd. 1 1912, 20 & 732-734).
Nach Roper wurde unter "gemeine Frau" oder "Gemeinerin" im 16. Jahrhundert eine Prostituierte verstanden. Sie waren für alle Männer vorhanden und in diesem Sinn "gemein". Während die Frau aufgrund ihres sexuellen Status definiert wurde, war der "ge-

Roper stellt fest, dass „der allgemeine Feldzug gegen die Prostitution" Misstrauen und Verdacht gegen alle Frauen schürte. „Hure" war keine Berufsbezeichnung mehr, sondern eine moralische Kategorie.[890] Die Münchner Belege geben einen ähnlichen Eindruck. Es ist in der Regel sehr schwierig zu sagen, ob die in diesen Quellen als „Vettel" bezeichneten Frauen Prostituierte waren oder nicht. Hier ist diese Frage allerdings nicht so wichtig, weil deutlich auch Nicht-Prostituierte für „unzüchtig" und „leichtfertig" gehalten und deshalb schändlich bestraft wurden. Nach der vierstufigen Strafskala von 1596 sollten Frauen „*das erste mal als ein vnzüchtige weibs person ausgeschafft*" werden. So musste eine „leichtfertige Gesellin", die im Jahr 1600 in der Nacht bei einem Herrn Lewl erwischt wurde, geloben, nicht mehr nach München zu kommen. Vier Jahre später wurde eine „gemeine Vettel von Freising" ausgeführt, weil sie zum zweiten Mal verhaftet und „auf den Gassen in der Nacht erwischt worden war"[891] Nach Strasser waren diese Regelungen hauptsächlich gegen fremde Frauen gerichtet: Bürgertöchter wurden nur selten verwiesen.[892] Die Quellen schweigen aber öfters darüber, ob die verwiesenen Personen vorbestraft waren und oft auch darüber, ob sie Bürgerinnen waren oder nicht. Die meisten der wegen Sittlich-

meine Mann" ein Bauer, Priester oder Handwerker, d. h. ein ehrenswerter Repräsentant der Gemeinschaft. (Roper: The Common Man 1987, 1-4).

Deutet „gemeine Frau" oder „gemeine Tochter" eher auf eine Prostituierte hin, ist die Bezeichnung „gemeine Vettel" schwieriger zu definieren. Nach Schmeller deutet vettel auf eine "unzüchtige Weibsperson" und „Hurengesind" hin – Ausdrücke, die sehr deutlich auf verwerfliches Lebenswandel, aber nicht unbedingt auf professionelle Prostitution hinweisen. (Schmeller: Bayerisches Wörterbuch).

890 Roper: Das fromme Haus 1999, 112-113.
Zur Randständigkeit der Prostituierten siehe Roper: Das fromme Haus 1999, 88-89 und Rublack: The Crimes of Women 1999, 8-10.

891 StadtA: RP 211 (1596), Fol. 225 v, RP 215/1 (1600), Fol. 80 r & 95 r und RP 219 (1604), Fol. 266 r.
Anna Spitzerin, sonst das „Zuckherndirndl" genannt, wurde im Jahr 1617 öffentlich ausgeführt, weil sie „mit einem Ehemann die Unzucht getrieben hatte". (StadtA: RP 232 (1617), Fol. 230 v-231 r).
Siehe auch den Fall von acht Frauen, die durch die Amtleute ausgeführt wurden, sowie den Fall einer gemeinen Vettel und „*des hingerichteten goldschmids anhang*", die aus der Stadt geführt wurde. (StadtA: RP 215/2 (1600), Fol. 46 v und RP 219 (1604), Fol. 202 v).

892 Für eine unverheiratete erwachsene Frau enthielt das Leben ohne Vormund eines Mannes nicht nur die Gefahr finanzieller Not, sondern auch des sozialen Stigmas. Die endgültige Entscheidung über ungültige Eheversprechen, Defloration etc. musste im kirchlichen Gericht in Freising getroffen werden. Da es aber auch um die allgemeine Ordnung ging, wurden derartige Fälle zusätzlich oft im Stadtgericht behandelt. (Strasser: State of Virginity 2004, 64-65 & 92).

keitsdelikten ausgewiesenen Frauen scheinen jedoch von anderen Städten gekommen zu sein.[893]

Die Aufstellung an den berüchtigten Pranger und die Ausführung durch den Züchtiger sollten bei der dritten Verurteilung folgen.[894] Bei der Verurteilung von vier Frauen im Jahr 1600 wurde hinzugefügt, dass sie zum dritten Mal verhaftet worden waren und deshalb *„auf den pranger gestellt, jne die ruett gezaigt vnd durch den zuchtiger ausgeführt werden“* sollen. Nach neun Jahren taucht eine von diesen Frauen, Anna Thomerin, im Ratsprotokoll wieder auf. Sie wird *„angesehen jres schwangeren leibs durch den züchtiger widerumben ausgeführt“*. Nach dem Vermerk war sie schon zwei Mal in München mit Ruten ausgehauen worden.[895] Hier, wie auch sonst in den für diese Studie erforschten Fällen, wurden Verstümmelungen nicht verwirklicht oder sie blieben eine bloße Drohung, wie etwa das Abschneiden der Ohren.[896] Im Fall der Anna Thomerin wirkte die Ausführung durch den Züchtiger als Strafmilderung, und die Delinquentin wurde wegen der Schwangerschaft nicht verstümmelt oder an den Pranger gestellt. Diese Episode verstärkt auch den Eindruck, dass eine Rutenzüchtigung schon bei der zweiten Wiederholung die Praxis war, wenn sie auch nicht jedes Mal notiert wurde.

Ungeachtet der inhaltlichen Ungenauigkeit, war die Sprache der Ratsvermerke um den Untersuchungszeitpunkt dieser Arbeit schon ziemlich routiniert, und die Formulierungen von Verurteilungen sind in der Regel variationsarm. Nach dem Vermerk im Mai 1596 wurde eine „leichtfertige“ Frau allerdings außergewöhn-

893 Siehe beispielsweise: StadtA: RP 211 (1596), Fol. 63 v, 76 r, 99 v & 111 v, 203 v, RP 215/2 (1600), Fol. 157 v, RP 219 (1604), Fol. 209 r und RP 224 (1609), Fol. 24 r & 197 r, RP 232 (1617), Fol. 174 v-175 r und SG MP 866/10 (1616/1617), Fol. 254 r-254 v & 260 v-261 r.

894 Siehe beispielsweise: StadtA: RP 211 (1596), Fol. 225 v.
Sowohl die Prangerstrafe als auch die Verweisung werden nicht immer gesondert erwähnt. Als eine Frau im Jahr 1613 auf den Pranger gestellt und mit Ruten ausgehauen wurde, wurde die Ursache ihrer Bestrafung nicht deutlich erwähnt. Sie hatte zwar einen Müller gewalttätig angegriffen und tödlich verwundet, war aber auch „eine Vettel“. Wahrscheinlich wurde sie sowohl sexuell verdächtigt als auch wegen dem Gewaltakt bestraft. Eine Verweisung wurde nicht notiert, aber sicherlich durfte eine solche Person nicht in der Stadt bleiben. (StadtA: RP 228 (1613), Fol. 186 r).

895 StadtA: RP 215/2 (1600), Fol. 158 r und RP 224 (1609), Fol. 6 v.
Siehe auch der Fall von zwei „Vettel“ von Landshut, die auf den Pranger gestellt, *„mit gartten ausgehauwen“* und ausgeführt wurden (StadtA: RP 215/1 (1600), Fol. 94 v) und der Fall von Maria Sprinzin, die vorher in München auf dem Pranger gestanden war und nun zur Rutenstrafe verurteilt wurde. (StadtA: RP 215/2, Fol. 46 r).

896 StadtA: RP 224 (1609), Fol. 260 r & 280 v.

lich *„durch die statt ausgefiert“*, wobei ihr die Stadt verboten wurde.[897] Womöglich deutet das Wort „durch” darauf hin, dass die Verweisung mit einer schändlichen Prozession verknüpft war, vielleicht sogar mit dem Lasterstein. Sonst wird nämlich fast immer eine bloße „Ausführung“ notiert. Es ist allerdings anzunehmen, dass auch diese Strafmaßnahme in der Praxis eine Prozession „durch die Stadt“ bedeutete. Die Häftlinge mussten jedenfalls aus der Schergenstube ans Tageslicht gebracht werden, und ein Teil der Bestrafung wurde oft gerade vor dem Rathaus vollzogen. Bei den Verweisungsurteilungen wird die Beteiligung des Züchtigers, eine Rutenstrafe oder die Benutzung vom Pranger aber nicht mal immer in jenen Fällen erwähnt, wenn es deutlich um Rückfälle ging und solche schändliche Maßnahmen zu erwarten wären.

Regelmäßig stoßt man auf Kriminalgeschichten, die von einer beachtenswerten Uneffektivität der öffentlichen Strafen zu zeugen scheinen. In diesen Fällen geht es um Personen, die so oft rückfällig und bestraft geworden waren, dass sie sich nicht mehr vor neuen Strafen fürchteten. Angeblich waren sie schon längst außerhalb der Gesellschaft geraten und waren völlig unmotiviert, ihren Ruf oder Ehre zu verteidigen. Man denkt beispielsweise an Frauen wie Anna Mayrin aus Landshut, die immer wieder vor den Rat geriet. Nach den Ratsvermerken wurde sie im Jahr 1609 „als Vettel“ durch den Züchtiger ausgeführt und aus dem Herzogtum Bayern verwiesen. Als sie nach einem Jahr gegen das Landverbot erneut erwischt wurde, erzählte sie, dass sie zum dritten Mal in der Münchner Schergenstube liege und dass man sie vor sechs oder sieben Jahren mit Ruten ausgestrichen hätte. Über diese Bestrafung, die entweder im Jahr 1604 oder 1603 stattgefunden haben muss, wurden keine Vermerke gefunden. Anna Mayrin hatte aber kaum Ursache, über ihre vorige Bestrafungsgeschichte zu lügen. Sie erzählte auch, neulich in Wolfratshausen zwei Wochen verhaftet gewesen zu sein. Da sie nach ihren Wörtern *„schon so gross leibs“* war, bat sie sie diesmal zu verschonen, weil sie wegen der winterlichen Kälte nicht barfuss laufen könne.[898]

Ungeachtet ihrer Schwangerschaft wurde Anna Mayrin erneut verwiesen. Das Kind wurde in Straubing geboren. Im Jahr 1611 wurde notiert, dass Anna Mayrin krankheitshalber im Land geblieben war. Anfangs des Jahres 1614 wurde sie wegen „Unzucht“ und Diebstahl bzw. Räuberei befragt, weil sie mit anderen verdächtigen Bettler unterwegs war. Sie leugnete beide Verdächtigungen, aber erzählte bereitwillig über ihre vorigen Bestrafungen, u. a. dass sie zwei Mal durch den Züchtiger ausgeführt worden war. Es wurde protokolliert: *„sie wolt gar ster-*

---

897 StadtA: RP 211 (1596), Fol. 49 v.

898 StadtA: RP 224 (1609), Fol. 260 r und SG MP 866/7 (1610/1611), Fol. 107 r. Schon im Jahr 1596 war ein Bettelmädchen namens Anna Mayrin der Stadt verwiesen worden, aber es wurde nichts Weiteres über sie notiert. Man kann somit nicht mit Sicherheit sagen, ob es um dieselbe Person handelt. (StadtA: RP 211 (1596), Fol. 225 v).

ben, erscheint schwangers vnd schwaches leibs sein".[899] Ihre schlechte Gesundheit und Schwangerschaft bildeten den Grund dafür, dass sie nicht härter bzw. mit dem Pranger bestraft wurde. Andererseits bleibt es dunkel, ob sie neben dem Landverbot auch etwas anderes verbrochen hatte. Sie wurde als eine „Vettel" bezeichnet und war auch in anderen Städten mehrmals vorbestraft worden. In ihren Verhören wurden primär diese Tatsachen wiederholt. Natürlich war sie auch mehrmals gegen das Verbot in die Stadt und ins Land gekommen, aber wegen anderer Verbrechen bzw. Unsittlichkeiten wurde sie nicht angeklagt. Angeblich waren ihre Kinder unehelich, aber darüber wurde sie auch nicht befragt. In ihrem Fall handelt es deutlich um eine „sich selbst erfüllende Prophezeiung" einer schlecht beleumundeten armen Frau.

Viele „hoffnungslose Vetteln" wurden relativ detailliert verhört. Im Zusammenhang von konfessioneller Auffassung von Sexualität, Verbrechen und Sünde weist Roper auf die Verhörspraktiken des Augsburger Rats hin. Man wollte Schuldgefühle in den Frauen wecken, wobei geschickt mit der religiösen Sprache operiert wurde. Die Methode war eine vollständige Enthüllung der sexuellen Lebensgeschichte, eine Art verbaler Entkleidung, die die angeklagte Frau dazu bringen sollte, selbst ihre Sündigkeit zu bekennen. Männliche Kunden der Prostituierten wurden aber in der Regel nicht so detailreich befragt. Sie konnten behaupten, die Verfehlung sei nur einmalig gewesen.[900] Man darf nicht vergessen, eine gewisse kritische Distanz gegenüber Schilderungen, die womöglich durch Folter entstanden und jedenfalls von einem Notar niedergeschrieben worden sind, zu halten. Auch die zwischen den Zeilen versteckten Blicke in die Lebenssituation der Angeklagten bieten aber die Möglichkeit, ein psychologisches Szenario über die Ursache der Ereignisse zu konstruieren. Die Verhörsprotokolle von Kunigund Wafflerin im Herbst 1609 erweitern das Lebensschicksal einer so genannten Vettel, einer Frau, die wegen diverser Delikte angeklagt und auch gefoltert wurde.

Vor dem Rat beharrte die angeklagte Kunigund Wafflerin nie in ihrem Leben gestohlen zu haben. Auf ihre vorige Bestrafungsgeschichte deutete sie aber mit den Worten hin, sie wäre vorher „*geschmecht worden mit dem aushawen*". Sie glaubte „*über 30 jar allt*" zu sein und wusste, dass ihr Vater ein Zimmermann gewesen war. Sie kenne aber „*jr recht heimat nit*" und hätte ihren „*vatter vnd muetter nie gesehen*". Vor zehn Jahren hätte ein Landsknecht sie mit sich nach Ungarn geführt und geheiratet. Mit diesem Mann habe sie vier Kinder bekommen, aus welchen „*zu Haydhaussen ligen 2 vnnd Augspurg 2 begraben*". Nun

899 StadtA: SG MP 866/7 (1610/1611), Fol. 244 v und SG MP 866/8 (1612/1614), Fol. 193 r & 203 r-203 v.

900 Roper: Das fromme Haus 1999, 107-109.

war sie mit dem Münchner Weißgerber Caspar Plattner unterwegs. Sie waren beide ledige Personen und hätten sich in der letzten Zeit zusammen *„mit cramerej vnd hausieren genert"*. Über sein Gewerbe erzählte sie, dass er *„richte ain lebzelten tisch auf vnnd lasse darein spilen"*. Ihr wurde vorgeworfen, dass alles ihre Schuld sei, Caspar Plattner habe sein ehrliches Handwerk aufgegeben als er sich an Kunigund Wafflerin, *„ain gemeine fettl gehenckht hab"*. Sie erzählte den Ratsherren, wie Caspar Plattner im Hopfengarten zu ihr gekommen sei und danach sie „nicht mehr in Frieden gelassen" habe.[901] Ihr Ehemann, der Landsknecht, musste inzwischen gestorben sein, weil sie nun als „ledig" bezeichnet wurde. Vermutlich weil auch die Kinder tot waren und weil sie also allein und vorbestraft war, hatte sie sich für das fahrende Leben als Caspar Plattners „Anhang" entschieden.

Kunigund Wafflerin wurde über die kriminelle Vergangenheit des Caspar Plattner befragt. Sie sollte bestätigen, was der Rat schon wusste, nämlich, dass Caspar *„bei den fettln offt die leüth vmb gellt beschezt"* habe. Kunigund, Caspar und zwei andere Frauen sollen in diversen Orten sexuelle Dienste an Bauern verkauft und das einkassierte Geld miteinander geteilt haben. Da sie eine harte Folterung durchhielt und erst am Ende etliche Diebstähle und „Schätzungen" bekannte, wurde sie als eine *„boshafftige weibspersohn"* angesehen. Schließlich erzählte sie über die zahlreichen Verhaftungen, Marterungen und Bestrafungen, die u. a. in München, Dachau, Augsburg, Regensburg, Deggendorf und Wolfratshausen an ihr und Caspar geschehen waren.[902]

Nach zwei Wochen Haft und Tortur wurde Kunigund Wafflerin *„gott und dem malefiz beuolhen"*.[903] Die hier durchgelesenen Quellen schweigen über ihre end-

---

901 StadtA: SG MP 866/6 (1607-1609), Fol. 316 r-316 v, 317 v, 318 v-319 r & 321 v - 323 r und RP 224 (1609), Fol. 192 r.
Der Hopfengarten, gleich vor der Stadtmauer Münchens, wird in zahlreichen Unzuchtsfällen als der Treffpunkt der Prostituierten und ihren Kunden, sowie von „unzüchtigen" Frauen und Männern überhaupt erwähnt.

902 StadtA: SG MP 866/6 (1607-1609), Fol. 318 v-321 v, 330 r- 334 v & 339 v-342 r.
Hinsichtlich der Hartnäckigkeit von Kunigund Wafflerin bei der Folter wurde notiert: *„jst jr der daumenstockh angelegt worden, darauf hebt sie an sehr fasst zuheilen vnnd zuschreyn"* und *„die schreüt über die massen sehr laut vnnd will noch nichts darumben wissen"*. Der Daumenstock wurde ihr dann *„einmal zimblich vmbgetriben"*, aber immer noch wollte sie nichts Weiteres bekennen. *„derowegen sie zum aufhieben gebunden, die laugnet sowol als zuuor, der teüffl soll sie halten"*. Sie wurde zwei Mal aufgehoben, leugnete aber *„mit greilichem geschray beharrlich"*. (StadtA: SG MP 866/6 (1607-1609), Fol. 318 v-321 v, 330 r- 334 v & 339 v-342 r).

903 StadtA: RP 224 (1609), Fol. 204 r.
Als Caspar Plattner mit dem „kleinen Stein" aufgezogen wurde, gestand er u. a. Spielen, Diebstähle und „Schätzungen", und gab Namen von anderen verdächtigten Personen. Am

gültige Verurteilung, die aber mit größter Wahrscheinlichkeit auf Pranger und Verweisung, womöglich sogar auf Tod lautete. Im Verhör erinnerte Kunigund Wafflerin sich nicht daran, wie oft sie in München verhaftet worden war, vermutete aber, *„die vrsach jres verhaffts sej gewess, daß sie jm bueben leben sej also vmbgangen"*. Sie bejahte, dass man sie vor einigen Jahren in München zwei Mal wegen „Unzucht" ausgestrichen und aus dem Land verwiesen habe, behauptete aber: *„jr ellend hab sie widerumben heergebracht"*.[904] Ihr Schicksal scheint eine typische Lebensgeschichte einer „gemeinen Vettel" zu repräsentieren. Es ging um einen Teufelskreis von Armut, Tod, Heimatlosigkeit und krimineller Tätigkeit, Erfahrungen von Folter und öffentlicher Bestrafung, vermutlich auch von sexueller Ausnutzung. Das Ergebnis: Der schlechte Ruf, neue Verhaftungen, Verbrechen und Bestrafungen.

Wenn eine Vettel verhaftet wurde, versuchte der Rat die Möglichkeit zu nutzen weitere kriminelle Verknüpfungen herausfinden. Das Anzeigen anderer Personen konnte die eigene Strafe mildern, aber öfters gaben die Häftlinge erst unter Folter die begehrten Namen preis. Die in München geborene Tochter eines Tagwerkers, Margret Friesin, wurde wegen ihren Enthüllungen peinlich befragt. Sie sagte: *„es seyen huren wol mehrer alhie"*, die also nicht nur junge Gesellen, sondern auch Ehemänner besuchen. Sie wurde selbst als eine „gemeine Vettel" bezeichnet und war in München mehrmals in der Schergenstube gewesen und auch verwiesen worden. Nun wurde sie *„am Anger in jres vattern hauß von dem pettlrichtern ausgehebt"*. Sie behauptete, es *„sein dergleichen leichtfertige persohnen wol mehr alhie, sonderlich in der Graggen Aw"* und erzählte über eine Frau namens Milchsuppe und einen Weber, Jacob Pauer, die die „Unzucht" miteinander in der Küche getrieben haben sollen. Im März 1618 wurde Margaretha Friesin zum dritten Mal ausgeführt und ihr die Stadt für immer verboten, mit Bedrohung der Prangerstrafe bei Rückfall. Sie kehrte nochmals zurück und erklärte, dass sie krank geworden sei und in das Bruderhaus wolle.[905] Folter und

---

Ende bat er *„vmb gottes willen... vmb ein begnadigs vrttl"*. (StadtA: SG MP 866/6 (1607-1609), Fol. 326 r-330 r, 334 v-336 v, 337 v-339 v & 342 r-342 v).
Nach zwei Jahren wurde Ursula Thomerin, eine „gemeine Vettel", die im Zusammenhang von Kunigund Wafflerin und Caspar Plattner erwähnt worden war, wieder vor den Rat gebracht. Es wurde notiert, dass sie vorher „vor dem öffentlichen Malefiz" gestanden habe. Sie bat um Gnade *„vmb gotts willen vnd vmb deß jungsten gerichts willen"* und weinte *„gar biterlich"*. Sie hatte ein 1 1/2jähriges Kind von einem im Krieg verstorbenen Landsknecht, ihrem Ehemann. Sie muss somit schwanger gewesen sein als der Prozess von Kunigund Wafflerin im Gang war und wurde vermutlich deshalb damals milder bestraft. (StadtA: SG MP 866/7 (1610/1611), Fol. 262 v-262 r).

904 StadtA: SG MP 866/6 (1607-1609), Fol. 315 v-316 r & 318 r.

905 StadtA: SG MP 866/10 (1616/1617), Fol. 140 r-140 v, RP 233 (1618), Fol. 83 v und SG MP 866/11 (1618), Fol. 13 r-14 v & Fol. 34 r. Über ihre Folterung wurde notiert: *„sagt sie mit truzigen wortten, man thüe jr, wie man welle, vnd marter sie gar zu todt, wiß sie keine*

mehrmalige öffentliche Strafen scheinen keine große Wirkung auf ihre Aktivitäten gehabt zu haben. Mit ihrer Hilfe konnte der Rat einige neue Namen von „unzüchtigen" Personen gewinnen, das Problem des mutmaßlichen Sittenverfalls wurde aber nicht gelöst.

Strasser stellt fest, dass Frauen schärfer und öfters bestraft wurden und unter härteren sozioökonomischen Folgen litten als die Männer.[906] Aufgrund der hier eingesehenen Quellen gewinnt man einen ähnlichen Eindruck. Schließlich schien öfters nur die eine Partei der begangenen „Unzucht" vor Gericht zu geraten. Als ein fremder Mann im Juni 1596 etliche Wochen bei einem Münchner zu übernachten begehrte, wurde dies bewilligt. Allerdings sollte er *„die am jm hangende leichtfertige weibs person... als bald von jme thun vnd aus der statt gehen lassen"*. Sonst würde man sie beide *„zu anderen ernst vrsach geben"*.[907] So durfte der Mann in der Stadt bleiben, und die Tatsache, dass er mit einer „leichtfertigen Frau" unterwegs war, machte ihn nicht besonders verdächtig. Es ist wohl nicht sehr übertrieben zu behaupten, man hätte eine Frau, die etwa mit einem „diebischen Mann" auf der Reise war, nicht so leicht in die Stadt gelassen. Trotz der zugunsten der Frauen oft ungünstigen disziplinierenden Tendenzen der Zeit sollte man allerdings vorsichtig sein, bevor man eine ganze Periode als Zeit einer „Bestrafungseuphorie" stempelt. Der Unterschied zwischen Normen und Strafpraxis ist deutlich festzustellen.

Die Protokollvermerke zeigen eindeutig, dass die städtische Strafpraxis milder war als die landesherrlichen Gesetze. Besonders Pranger und Rutenzüchtigung wurden nicht immer vollzogen, auch wenn sie rechtsgemäß gewesen wären. Die gesamte Bandbreite der Strafmaßnahmen konnte jedoch zu Drohzwecken benutzt werden. „Unzüchtige" und „leichtfertige" Personen, sogar „Vetteln" konnten auch nur auf ihr Verbrechen hingewiesen werden. Oder es wurde eine leichtere Schandstrafe verhängt, die nicht mit Verweisung verkoppelt wurde, und die zumindest theoretisch das Bleiben in der Gemeinschaft vermöglichte. Im April 1604 wurden fünf Frauen *„als gemeine vettlen in die springer geschlagen vnd damit zu die arbait den ganzen sommer gehalten"*.[908] Es ist nicht

---

mehr zu nennen". Weil sie sich so *„truzig vnd hartnekchig erzaigt, hat man jr den daumbstockh angelegt, vnd zimblich vmbgetrieben"*, aber es war *„weitter auß jr nichts zubringen"*.

906 Strasser: State of Virginity 2004, 92.

907 StadtA: RP 211 (1596), Fol. 79 r.

908 StadtA: RP 219 (1604), Fol. 77 r. Im Mai wurde eine von diesen Frauen durch Fürbitte erlassen, aber eine andere „Vettel" zur Springerstrafe verurteilt. (StadtA: RP 219 (1604), Fol. 81 r).
Zum Tadeln wegen schlechtem Benehmen siehe beispielsweise StadtA: RP 211 (1596), Fol. 42 v, RP 215/2 (1600), Fol. 133 v & 137 r und RP 219 (1604), Fol. 33 v.

auszuschließen, dass sie beim Festungsbau helfen mussten oder, um noch größerer Öffentlichkeit willen, die Straßen der Stadt kehrten. Dieserart öffentliche Strafarbeit wurde im Laufe des 17. Jahrhunderts eine häufig verhängte Prostituiertenstrafe. Dabei geht es sowohl um die abschreckende und belehrende Funktion der Schandstrafe als auch um die Verletzung der sozialen Ehre der Verurteilten. Es ist auch zu bemerken, dass nicht alle „Vetteln" verwiesen wurden.

Priesterkonkubine

Trotz der katholischen Zölibatsanforderungen lebten einige Priester in sexuellen Beziehungen, die gelegentlich der Ehe ähnelten. Traditionell wurde diese Situation in der Gemeinschaft akzeptiert bzw. stillschweigend toleriert. Die Bestrebungen nach neuer Sittlichkeit machten aber die Akzeptanz solchen Benehmens immer schwieriger. Nicht nur die Gesetzesnormen, sondern auch das Verhalten der Stadtgemeinschaft gegenüber solchem Sexualverhalten änderte sich und die soziale Kontrolle wurde schärfer.[909] Neben den Problemen der allgemeinen „Leichtfertigkeit" und „Unzucht" in ihren vielen Erscheinungsformen geriet der Stadtrat auch unter Zwang, die so genannten Priesterkonkubinen zu bestrafen. Betroffene Priester wurden vor das kirchliche Gericht nach Freising geschickt. Die wegen Konkubinatsanklage vor den Rat gebrachten Angeklagten waren meistens junge Frauen, die im Haushalt eines Priesters als Dienerinnen arbeite-

909 Nach der Reformation gehörte der müßige und lüsterne katholische Mönch zum Standardrepertoire der protestantischen Propaganda. In Bildern wurde er tonsuriert und wohlbeleibt dargestellt, öfters hatte er geselligen Umgang mit Prostituierten oder verführte ehrbare Frauen usw. In den Flugschriften wurden katholische Priester als Vertreter aller nur denkbaren Zügellosigkeiten und unzüchtigen Verhaltensweisen gebrandmarkt und wegen geschlechtlichen Sünden beschuldigt. Betroffene Frauen galten ihrerseits als keine passiven Opfer ihrer Beichtväter, sondern sie wurden als verführbare und willige „Pfaffenhuren" vorgestellt. (Roper: Das fromme Haus 1999, 21-23 & 92-93. Siehe auch Rublack: The Crimes of Women 1999, 151).
Zum Vergleich mit den skandinavischen Verhältnissen: Die schwedische Obrigkeit hatte noch am Anfang des 17. Jahrhunderts Schwierigkeiten, Deviante vor Gericht zu bringen, weil die Bevölkerung das Denunzieren der vor- oder außerehelichen Beziehungen in vielen Fällen für beleidigend hielt. Außerdem teilten die schwedischen Kleriker der Nachreformationszeit öfters noch die Werte und Bräuche der lokalen Bevölkerung, oder es mangelte ihnen die benötigte Ausbildung und Wille, die „neue Sittlichkeit" durchzuführen. (Korpiola: Between Betrothal and Bedding 2004, 202-203).
Sicherlich wurden auch in München nicht alle Verstöße gegen Sittlichkeit angezeigt, solange sie das Leben der Nachbarschaft nicht störten. Es lag aber mindestens gleich viel in den Händen der weltlichen Obrigkeit als der Kirche, die allgemeine Moral zu überwachen.

ten, so etwa wie die damals 25-jährige Maria Schuesterin, die im Jahr 1614 verhört wurde. Als Teil ihrer Lebensgeschichte erzählte sie, wie sie vorher nach zweijährigem Dienst ihre Stellung bei einem Pfarrer aufgegeben hatte, weil

„er so grob mit jr sey vmbgangen vnnd sie ser vast geschlagen, hab sie einmal in ein haissen offen geschoben vnnd widerumb herauß gezogen. so hefftig sey er jnner vnd ausser trunckhs".[910]

In ihrem Verhör gab Maria auch zu: *„wol hab dieser pfarrer sie zu der vnzucht bewegt vnnd gebraucht"*. Zum Schluss deutete sie an: *„diser pfarrer hab ein chöchin nach der ander"*. Die Geschichte von Maria Schuesterin dient als ein Beispiel für die oft tragischen Lebensschicksale dieser Frauen.[911] Viele der we-

---

910 StadtA: SG MP 866/9 (1615/1616), Fol. 14 v-15 r.
Nach dem Recht Ludwig des Bayerns hatten Mägde und Knechte das Recht ihren Dienstherrn vor Gericht zu verklagen, wenn dieser sie schlecht behandelte. (Schlosser: Juristischer Kommentar, 245 und Schwab: Edition, 90, Oberbayerisches Landrecht Artikel 88). In den für diese Studie eingesehenen Quellen kommen solche Anklagen allerdings nicht vor.

911 StadtA: SG MP 866/9 (1615/1616), Fol. 14 v-15 r.
Einige andere Beispiele: In ihrem Verhör erzählte die 30-jährige Catharina Hofmannin von Staindorf, dass sie ein Waisenkind war und seit junges Mädchen als Dienerin bei einem Pfarrer gearbeitet habe. Sie gestand *„leider...vnzucht mit disem, doch nicht offt getrieben"* zu haben. Vor einigen Wochen habe sie in der Au ein Kind von diesem Pfarrer auf die Welt gebracht. Der Pfarrer hatte ihr 10 Gulden für das Kindbett gegeben. (StadtA: SG MP 866/10 (1616/1617), Fol. 227 v-228 r).
Im April 1618 wurde die 20-jährige „Pfaffenköchin" Maria Beraldin aus Hebbach, die habe *„mit einem priester leichtfertigkeit getriben"*, aus der Stadt geschafft. Sie war als 17-jähriges Mädchen aus ihrem Elternhaus nach München gezogen und hatte seitdem in mehreren Haushalten gedient, zuletzt bei dem Priester Christof Neumair. Er wolle sie in Dienst nehmen und habe sie *„heimbgefürt vnnd bis dato stetts bej sich"* in seinem Haus behalten. Der Priester schwur, dass er sie *„zum stall gebracht"* habe und dass er sie selber *„zum ein redliche junkchfraw befünden"* habe. (StadtA: SG MP 866/11(1618), Fol. 23 r-23 v und RP 233 (1618), Fol. 98 v). Der Priester wollte mit seiner Aussage angeblich den Verdacht der „Unzucht" verwischen und den Rat davon zu überzeugen, dass sie nicht in demselben Gebäude übernachteten.
Im Jahr 1609 wurde eine 22-jährige Münchnerin verhört. Seit ihrem 12. Lebensjahr hatte sie sich als Dienstmädchen ernährt. Sie wurde verdächtigt, sexuelle Beziehungen mit ihren Dienstherren und anderen Männern, besonders mit einem Priester gehabt zu haben. Es wurde ihr auch vorgeworfen, dass sie diese Männer bestohlen habe. Sie gestand, dass ein Dienstherr *„jr die jungfrawschafft genommen"* hätte, und sie war vier Jahre lang sein „Schlafffbuel" gewesen. Sie hatte auch ein Kind bekommen, das allerdings nur ein halbes Jahr lebte. Sie betonte aber, dass diese Beziehung erst begonnen habe, als seine Frau schon gestorben war. Dieser alte Dienstherr hat *„jr allzeit verhaissen er wolle sie eelichen, sonderlich am todtspett, wie er jr dan ein wenig desshalben geben mit einem grinen stain"*. Diesen Stein (womöglich ein Schmuckstück) habe sie nach dem Tod ihres Liebhabers in München verkauft. Sie verneinte, auf Stadler den Henker Kot geworfen und ihren

gen Konkubinat angeklagten Frauen waren als Köchinnen bzw. Haushälterinnen tätig und wurden deshalb oft abwertend „Pfaffenköchinnen" genannt. Sie wurden beschuldigt „*immerdar toll und woll*" zu sein und die Priester „*so böse zu schelten*", dass „*darob sich die ganze nachbarschaft ärgert*". Man dachte – und freilich nicht ohne Grund – dass sie uneheliche Kinder mit den Priestern hatten und sie überhaupt „*ein ganz ärgerlich spöttliches, huren und buben leben*" mit ihnen führten. Die häufigen Injurienprozesse beweisen, dass auch gewöhnliche Ehefrauen als „Pfaffenhure" beschimpft wurden.[912] Dieser Begriff hatte so die Bedeutung einer schlechten Frau übernommen. Für redliche Bürger war es nicht günstig, mit solchen Frauen zu tun zu haben.

Am 27. Oktober 1598 wurde der Münchner Heinrich Fray zum Stadtverweis verurteilt. Sein Verbrechen war, dass er „eine schwangere Pfaffenköchin" bei sich beherbergt und sie nach dem Geburt ihres Kindes in seinem Haus im Kindbett liegen gelassen hatte. Nach zehn Tagen wurde eine „leichtfertige" Frau verwiesen, die ein Kind von dem Pfarrer Georg Sackhl bei St. Jobst zu Landshut hatte und in München heimlich geboren hatte.[913] Vermutlich geht es um dieselbe Frau, die im Haus von Heinrich Fray übernachtete. Es ist nicht nachweisbar, ob Fray die von einem anderen Mann geschwängerte Frau aus purer Nächstenliebe bei sich behielt oder ob er dafür bezahlt wurde. Um das Problem der „Unzucht" und des „Priesterkonkubinentum" zu bekräftigen war auch er zu bestrafen. In München scheint das Konkubinat allerdings ein Dauerphänomen gewesen zu sein, was auch aus dem folgenden lakonischen Vermerk ersichtlich wird. Als eine „Priesterkonkubine" darum bat, die Stadt wieder betreten zu dürfen, wurde sie abgewiesen, denn es „*seien vorhin der huren genug alhie*"[914]. Immer wieder erthielt der Rat landesherrliche Anweisungen, die die Bestrafung in individuellen Konkubinatsfällen regelten. Im November 1611 drängte Herzog Maximilian den Stadtrat auf folgende Weise:

> „uns komt berichtlichen vor, wie daß sich etliche von denen priestern aus dem land geschafte concubinen in unser stadt allhier heimlich einschleichen, ja etliche wohl gar die bürgerecht haben, und hausen sollen, welches dann zu nit geringer ärgernis, als auch den interessierten priestern zu bäser gelegenheit ursach und anleit giebt."[915]

---

seligen Dienstherr einen alten Dieb und Schelm gescholten zu haben. Dagegen erzählte sie, im Weinhaus mit einem Priester getrunken und für ihn zwei Briefe geschrieben zu haben. (StadtA: SG MP 866/6 (1607-1609), Fol. 233 r, 234 r - 238 r, 243 v & 244 v). Besonders bei diesem letzten Fall sieht man, wie die Anschuldigungen sich zu häufen pflegten und so führte eine Verdächtigung zur nächsten.

912 StadtA: BR 62 (1613), Fol. 188 v. Zur Beleidigungen siehe beispielsweise StadtA: SG 867/1 (1592), 153.

913 StadtA: RP 213/2 (1598), Fol. 140 r & 148 r.

914 StadtA: RP 227 (1612), Fol. 23 r.

915 StadtA: BR 62 (1611), Fol. 184 v.

Anfangs des Jahres 1612 befahl Herzog Maximilian, dass der Rat die Konkubine Barbara Ferchtlin während dreier nacheinander folgender Sonn- oder Feiertage *„für unser lieben frauen pfarrkirchen allhier offentlich fürstellen“* sollte. Danach wäre sie auf *„6 meillwegs bey hiesiger unser haubtstadt“* zu schaffen. Herzog Maximilian war erschüttert, dass der Rat Barbara Ferchtlin *„20 jahrlang allhier mit ihren verübten leichtfertigkeiten* (zu) *passieren“* gestattet und *„ihr noch darzu allhier das burgerrecht“* gegeben hatte. Er ließ dem Rat gegenüber diesmal jedoch Gnade walten und sah von einer Bestrafung ab.[916] Bei der Verfolgung von Priesterkonkubinen merkt man besonders deutlich, wie sich die Konkurrenz zwischen den Stadtrat und den Landesherrn in der Praxis auswirkte: Der Herzog gab Befehle, wie der Rat in einer prinzipiell in dessen eigene Gerichtsmacht gehörenden Sache verurteilen solle. Da im Fall der Barbara Ferchtlin keine Widersprüche protokolliert wurden, ist anzunehmen, dass sie nach herzoglicher Anweisung bestraft wurde. Schließlich lag die Vertreibung unruhiger Elemente zur Stabilisierung der Gesellschaft auch im Interesse der Räte.

Die Bestrafung von Priesterkonkubinen hatte so weit das Problem nicht gelöst und der Druck, den der Rat vom Hof aus erfahren musste, wurde immer stärker. Im März 1613 bekam der Stadtrat einen detaillierten herzoglichen Brief wegen diversen Unzuchtverdächtigungen. Es gäbe einen starken Verdacht, dass eine Frau namens Ursula Hebenstreitin mit dem Pfarrherrn „Unehre getrieben habe“, weil sie zu letzter Zeit bei dem Pfarrherrn *„fast immerdar in seinem haus gestekt, bey ihm in sesseln zu tisch gesessen, ja gar im haus gebadet und über nacht verblieben“* sei. Man wusste auch, dass sie *„vorher mit geistlichen sich zu weit vergessen“* habe. Außerdem hatte Herzog Maximilian gehört, dass drei Geistliche mit den Töchtern des Apothekers „die Leichtfertigkeit gepflogen hätten“. Man hatte den Herzog informiert, dass die Geschwister *„einsmahls neben dem pfarrherrn und hernach neben herrn Hansen, Angelo de Petra genannt, beysammen an einem bette gelegen“* hätten. Verständlicherweise dachte er nun, dass da *„eine grose vermuthung* (ist), *ob nit diese zween priester mit beeden schwestern in unehren zu schaffen“* haben.[917]

In demselben Brief sprach Herzog Maximilian auch seine Sorge über die Anna Metzgerin aus. Er behauptete, dass es viele Indizien gegen sie gäbe, u. a. weil sie sich einem Priester *„liederlich zugestellt, in mannskleidern verstellet und zu nachts hinundwieder in die winkl mit ihm geloffen“* habe. Noch fünf andere Frauen wurden im herzoglichen Schreiben des Priesterkonkubinats verdächtigt.

916 StadtA: BR 62 (1612), Fol. 185 r-185 v. In einem Mandat von 1604 war angeordnet worden, dass die Priesterkonkubine auf drei Meilen vom Tatort zu bringen wären. Diese Strecke wurde jetzt verdoppelt.

917 StadtA: BR 62 (1613), Fol. 186 r-186 v.

Bei einer von ihnen lautete die Formulierung, dass sie *„immerdar so tag als nachts in seinem* (des Priesters) *haus gewest; so ist auch offenbar, daß er sie gekiist habe, welches den verübten leichtfertigkeit um sowill grösren verdacht auf sich trägt*".[918] In der Vorstellungswelt der landesherrlichen Briefe führte also die Anwesenheit einer Frau im Priesterhaus zum Küssen, und das Küssen führte weiter zur „Leichtfertigkeit". Es wurde nie behauptet, dass der Priester diese Entwicklung hätte verhindern können.

Weiter wurde einer Münchnerin namens Barbara Grasspergerin vorgeworfen, dass sie sich benehme wie *„wäre sie der fromsten eine*", organisiere aber gleichzeitig *„laadschaften, zusammenkunften, abendtrunken etc. zwischen geistlichen und liederlichen weibern*" und dulde also „unehrliche Personen" in ihrem Haus. Damit wurde u. a. an den „leichtfertigen" Priester Hans Khammethüber, Anna Metzgerin und die Töchter des Apothekers gedeutet. Der Rat wurde nun *„zu schöpfung einer recht rechtmässigen straf*" verpflichtet. Nicht weniger war das Handeln des Benefitiats zu St. Peter, Wolfgang Sperr, zu untersuchen. Er stand im Ruf, eine schwangere Frau bei sich gehalten zu haben, die *„auf offentliche gasse für eine fettl ausgeschrien worden*" war. Da seine verdächtige Lebensweise dadurch allgemein bekannt worden war, sollte der Rat nach allen Einzelheiten fragen und den Hofrat daüber informieren. Der Herzog forderte, dass die Ratsherren das Beweismaterial in der Nachbarschaft wenn nötig *„mit betrohung ernstlicher marter, auch anlegung der daumstöckls*" sammeln würden.[919]

---

918 StadtA: BR 62 (1613), Fol. 186 v-187 r.
Im Jahr 1606 wurde auch die Anwendung von Männerkleidern im Zusammenhang von Kuppelei erwähnt, die einen Abt betraf. Die Angeklagte sagte allerdings, dass die Priesterkonkubine sich nicht abweichend gekleidet hatte. (StadtA: SG MP 866/5 (1605/1606), Fol. 243 r-244 r).
Unter dem Oberbegriff *contra naturam* wurden im Mittelalter in der Regel alle Sexualpraktiken zusammengefasst, die die Kirche für widernatürlich hielt und die daher als Sünde galten: U. a. Sodomie, Homosexualität, männliche Prostitution und Transvestismus. So wurden beispielsweise in Florenz weibliche Prostituierte bestraft, weil sie kurze Haare und männliche Kleidung trugen. Im Strafbuch der venezianischen Sittenpolizei wurden zwischen den Jahren 1441 und 1523 insgesamt 24 derartige Verurteilungen notiert. (Lömker-Schlögell: Prostituierte 1994, 68-69). Zum Thema Sodomie siehe: Hehenberger, Susanne: Unkeusch wider die Natur, Wien 2006.
In den von mir durchgelesenen Quellen wurde die männliche Kleidung einer Frau nur zwei Mal erwähnt. Außerdem scheint diese Tatsache nicht besonders belastend gewesen zu sein.

919 StadtA: BR 62 (1613), fol. 187 r-189 r und RP 228 (1613), Fol. 58 r.
Im September 1613 stellte Herzog Maximilian fest, dass auch der Benefikat auf dem Heiligen Peters Gottesacker, Johann Kreittmayr, *„ein köchin bey sich*" hatte. Man sagte, dass diese Frau vorher in Österreich von unterschiedlichen Priestern Kinder bekommen habe. (StadtA: BR 62 (1613), fol. 188 v).

Die Prozesse liefen langsam weiter. Der Rat erhielt den landesherrlichen Brief im März, aber erst im Oktober 1613 wurde „Erfahrung“ wegen Anna Metzgerin, Köchin des Priesters Hans Khammethüber, eingezogen. U. a. erzählte die Hausfrau eines Tagewerkers aus der Nachbarschaft, wie sie täglich hören müsse, wenn Anna Metzgerin *„greulich schelt vnd fluche, jn dollen vnnd vollen weiß, haiß den herrn Hansen nur ein hueren vnd schelmb pfaff“*. Von „Unzucht“ wüsste sie allerdings nichts zu berichten. Im Dezember wurde Anna Metzgerin der Stadt verwiesen. Als Begründung wurde angegeben, dass sie oft gescholten, geflucht und sich vollgesoffen habe. Ferner sei sie *„in öffentlich ein pfaffenköchin vnd concubin vil jar gewest, daselbsten 3 chinder erzeugt“*.[920] Es ist nicht auszuschließen, dass Anna Metzgerin vor ihrer Verweisung vor die Kirche oder an den Pranger gestellt oder mit Ruten züchtigt wurde. Möglicherweise wurde sie aber nur der Stadt verwiesen, weil sie angeblich nicht vorbestraft war.

Ob und wie der Priester Hans Khammethüeber seinen Teil der Verantwortung tragen musste, ist aufgrund der Quellen nicht feststellbar. Er scheint allerdings ein wahrer Casanova gewesen zu sein: Sein Name kommt im Zusammenhang mit den Prozessen gegen mindestens fünf Frauen vor, die wegen „Leichtfertigkeit“ oder Konkubinat angeklagt wurden. Auch sein vorige Köchin von ihm, Barbara, war aus der Stadt geschafft worden und im November 1613 hatte sie vergebens um Wiedereinlass gebeten. Die im Juni 1617 mehrmals verhörte Christina Pfaittschin dagegen hatte vier Kinder *„jn der vnzucht getragen, darunden einen bei dem pfarrer herrn Hansen“*. Sie wurde an die Stiege gestellt, ihr Verbrechen wurde öffentlich verlesen und sie wurde für immer des Landes verwiesen.[921]

Im Allgemeinen wurde das Priesterkonkubinat in der Ratsdiskussion erst dann problematisiert, wenn herzogliche Briefe bestimmte Fälle hervorhoben. In den von mir eingesehenen Vermerken wurden keine „Pfaffenköchinnen“ an den Pranger gestellt oder mit Ruten gezüchtigt: Entweder gab es keine Rückfälle oder der Rat ließ die Gnade walten. Die Priester wurden eher als passive und willenlose Männer begriffen, als ob sie nichts damit zu tun hätten, dass junge Damen in ihren Häusern badeten und über Nacht blieben, wie es in einem Verhörsprotokoll herausgefunden wurde. Auch wenn es nicht die Sache des weltlichen Gerichts war, Priester zu bestrafen, könnte man sich vorstellen, dass die Ehrbarkeit und Sittlichkeit der betroffenen Priester zumindest zwischen den Zeilen in Frage gestellt worden wäre. Womöglich weist die mangelnde Verfol-

920 StadtA: SG MP 866/8 (1612-1614), Fol. 155 v-156 r und RP 228 (1613), Fol. 257 v.
921 StadtA: RP 228 (1613), Fol. 249 r und 232 (1617), Fol. 147 r.

gungsmotivation der Räte in diesen Fällen darauf hin, dass sie bereit waren, diese Beziehungen zu tolerieren.[922]

3.3 Der kriminalisierte Geschlechtsverkehr

Ehebruch

Der Schneider Paulus Schöberl, der im Jahr 1617 verhört wurde, war ein typischer Angeklagter bei den in München vorkommenden Ehebruchsfällen: Ein Mann, der mit seiner Dienerin oder mit einer „Vettel" außereheliches Sexualverhältnis hatte. Als der Schneider befragt wurde, „*was er für lumppenhänndl mit Ursula, seiner gewesten diern hab*", lautete seine Antwort, er habe mit Ursula drei Mal „*die vnzucht an seinem guthen pettstättl getrüben*".[923] Der Tuchhändler Hans Walfisch, der wegen Ehebruchsverdacht mit seiner Dienerin Barbara verhört wurde, wollte zuerst nichts zugeben. Später, wahrscheinlich nach der Tortur oder zumindest nach Androhen der peinlichen Frage, erzählte er allerdings, er habe „*die vnzucht in den 2 jaren als lang sie jme gedient, so offt mit jhr getriben, dass er selber nit wisß wie offt*". Als Grund seines illegalen Sexuallebens wies er dahin, dass er „*lange ein elends weib*" gehabt habe. Hans Walfisch gab auch zu, dass es ihm bewusst war, die Barbara „*sey jm ein junckhfraw zuekhommen*".[924] Von den Vermerken gewinnt man den Eindruck, dass die Gefahr für eine Magd das Objekt der Begierde ihres Hausherrn zu werden, relativ hoch war.

In der Landesordnung von 1578 war für den ersten Ehebruch „des gemeinen Volkes" ein Monat „hartes Gefängnis mit Wasser und Brot" und die Zurschau-

922 Die Begründung der Anschuldigungen in den oben beschriebenen Fällen wirkt oft verhältnismäßig schwach. Man möchte sicherlich auch gerne wissen, ob es bei den Konkubinatsanschuldigungen um gegenseitige Liebesbeziehungen, Missbrauch der Frauen oder falsche Verdächtigungen gegen den Priester ging, aber dies ist schwer zu beurteilen. Gelegentlich begehrten die als Pfaffenköchinnen verwiesenen Frauen um Wiedereinlass in die Stadt. Vielleicht vermissten sie ihre Geliebten. In der Regel wurden ihre Bitten abgelehnt oder sie wurden in die Stadt gelassen, aber mussten schwören „*mit den priester weder alhie noch anderer ortten khain gemainschafft*" mehr zu begehren. Siehe beispielsweise: StadtA: RP 215/1 (1600), Fol. 184 v und RP 215/2 (1600), Fol. 185 v.

923 StadtA: SG MP 866/10 (1616/1617), Fol. 183 v und RP 232 (1617), Fol. 59 r.

924 StadtA: SG MP 866/9 (1615/1616), Fol. 67 v und RP 230 (1615), Fol. 105 r. In diesem Fall scheint die Schändung der Jungfräulichkeit keinen Unterschied bei der Verurteilung des Mannes gemacht zu haben.

stellung vor die Kirche mit Kerze und Ruten in den Händen samt Entblößung der Arme vorgeschrieben worden. In vielen Fällen wurde der Ehebrecher bzw. die Ehebrecherin aber zur bloßen Gefängnisstrafe verurteilt, die oft 14 Tage dauerte.[925] War der Verurteilte fähig, die vom Gericht gestellte Geldbuße zu bezahlen, konnte er die öffentliche Strafe vermeiden. Die Möglichkeit, sich durch Bezahlung des Strafgeldes vor öffentlichem Spektakel zu retten, kommt am deutlichsten in den Ehebruchfällen vor. In der Wirklichkeit handelte es nicht nur um adelige oder „höhergestellte" Personen, wie etwa Ratsmänner.

Im Frühjahr 1596 wurden mehrere Männer beschuldigt, mit derselben Frau, Susanna Pothin, geschlafen zu haben. Sie war mit einem Boten verheiratet und also auch selber eine Ehebrecherin. Nach dem Ratsvermerk müsste der ehebrecherische Schankwirt Heinrich Ostenberger bis zur Bezahlung von 50 Gulden Bußgeld verhaftet bleiben, „*er welle dan für die kirchen lieber gestellt werden*". Der Zimmermann Hans Brüederl wurde auch in die Schergenstube eingesperrt. In seinem Verhör verneinte er nicht den Ehebruch, behauptete aber, es sei nur einmal und „*jm trunckh*" geschehen. Außerdem hätte Susanna Pothin dazu „*vil vnd gar grosse vrsach mit khüssen vnd greiffen*" gegeben, als Hans Brüederl wegen Verschickung eines Briefes in das Haus von Clas Pothe kam und dessen Frau darin traf. Dank der Fürbitte der augustiner Mönche wurde seine Buße auf 25 Gulden moderiert. Auch der Schuster Hans Hienle durfte zwischen der Buße von 25 Gulden und der Zurschaustellung vor die Kirche wählen.[926] In diesem Fall haben alle Verurteilten die Buße bezahlt. Demzufolge wurden sie nicht öffentlich erniedrigt. Ihrer Mitverbrecherin, der dreifachen Ehebrecherin Susanna Pothin, wurde die Möglichkeit der Geldbuße allerdings nicht geboten.

Sie behauptete, schwanger zu sein, weshalb eine „geschworene Hebamme" zu ihr in die Schergenstube geschickt wurde. Die Apothekerin, die die Angeklagte

---

925 Beispielsweise wurde im August des Jahres 1617 ein Maler in den Turm gesperrt, weil er trotz seiner Münchner Ehefrau mit einer „Vettel von Augsburg" zwei Kinder gezeugt hatte. Als man den ehebrecherischen Buchbinder Balthasar Gram aus der Haft erließ, wurde ihm gedroht, dass man den Rückfall „*anderst vnd nach dem scherffe wolle abferttigen*". (StadtA: RP 232 (1617), Fol. 183 r und RP 233 (1618), Fol. 65 r). In diesen Fällen wird die Haftlänge zwar nicht erwähnt.

926 StadtA: RP 211 (1596), Fol. 1c r-1c v, 5 v, 6 r, 38 r, 45 r & 52 v.
Aus den Protokollvermerken wird deutlich, dass Susanna Pothin eine aktive Rolle in ihren außerehelichen Beziehungen zugeschrieben wurde. Nach Forschungen von Lyndal Roper über Augsburg wurden Frauen entweder als Jungfrauen oder als sexuell erfahrene Geschöpfe der Lust beschrieben, weshalb der Rat Schwierigkeiten hatte, an ehefräuliche Keuschheit zu glauben. Das Bild der sexuell unersättlichen, herrschsüchtigen Frau tauchte in den Aussagen der Männer vor dem Augsburger Rat häufig auf. Sie behaupteten, dass sie von der Frau verführt worden wären. (Roper: Das fromme Haus 1999, 77 & 112-113). Dies stimmt mit dem Bild der Münchner Protokolle überein.

untersuchte, sagte allerdings, dass ihr sei nur „*selzam vmb dem magen*“ und alles andere sei „*nichts als ein lautter buberey*“. Schwangerschaft hätte Susanna Pothin vor der Folter gerettet, aber da sie nicht schwanger war, wurde sie peinlich befragt. Schließlich wurde sie wegen ihrem mehrfachen Ehebruch mit dreimaliger Zurschaustellung vor die Kirche bestraft, sie wurde ausgeführt und ihr die Stadt für immer verboten. Vor ihrer Ausführung verbrachte sie insgesamt acht Wochen im Gefängnis, davon 14 Tage mit Wasser und Brot. Ihre Strafe basierte deutlich auf den in der Landesordnung erwähnten Sanktionen, folgte ihnen aber nicht in allen Einzelheiten. Nach drei Monaten begehrte Susanna Pothin den Wiedereinlass in die Stadt, aber wurde abgewiesen. Es half ihr ebenso wenig, wenn selbst der betrogene Ehemann Clas Pothe später in demselben Jahr bat: „*vmb gottes willen seinen weib die statt widerumben* (zu eröffnen), *da sie jr vnrecht than offt gebrauchte vnd geiebte eebruch bereuwt vnnd gebüst*“ habe.[927] Der Ehemann dachte, seine Frau hätte ihr Verbrechen gesühnt, aber der Rat wollte die übrigen Stadtbewohner vor ihrer Schändlichkeit und ihrem schlechten Beispiel verschonen. Ihre Handlungen und ihre Bestrafung hatten sie somit stigmatisiert.

Allerdings wurde das ewige Stadtverbot von Susanna Pothin zu einem unbekannten Zeitpunkt gelöst, da sie nach dreizehn Jahren, im Sommer 1609, wieder vor dem Rat stand. In diesem Prozess stellte der Rat fest, dass Clas Pothe „*ein versoffner gesell*“ sei, aber seine Frau dagegen „*sei wol zehausen*“. Sie solle deshalb aus der Haft entlassen und ihr Ehemann darin an ihrer Stelle festgehalten werden. Er wurde zusätzlich zum Alkoholverbot verurteilt.[928] Zwischen den Zeilen ist zu lesen, dass diese Ehe immer noch nicht glücklich war. Sicherlich hatte die vorige Bestrafung von Susanna Pothin auch ihren Einfluss dahingehend, dass sie erneut leicht verdächtigt wurde. Weil man sie diesmal aber nicht strafen, nicht mal richtig anklagen wollte oder konnte, muss man davon ausgehen, dass die schändliche Aufstellung vor die Kirche und die öffentliche Ausführung samt der Verurteilung zum ewigen Stadtverbot sie nicht endgültig infamierten.

Am 9. Januar 1609 wurde der Bäcker Bartholomeus Stotz wegen Ehebruchsverdacht verhaftet und in den Fischerturm gebracht. Seine Freunde und sein Vater baten für ihn. Der Angeklagte gab zu, „bezecht“ gewesen zu sein und am Galgenberg eine Frau getroffen zu haben, die ihn „zur Unzucht angereizt hatte“. Nach 12 Wochen war diese Frau wieder in die Stadt gekommen, und er hatte nach seinen Worten erneut mit ihr zwei Mal „Unzucht“ getrieben. Die Wiederholung des Verbrechens geschah im Haus einer „Vettel“ namens Maria. Maria

927 StadtA: RP 211 (1596), Fol. 38 r, 46 r, 49 v, 120 r & 186 r.
928 StadtA: RP 224 (1609), Fol. 154 v.

wurde folgend beschrieben: „*ein lanngs mensch, tregt ein pelz mit einem rotten prämb, ein schwarz willen mantele*“. Maria und ihr Bruder ließen den Bäcker nicht in Ruhe, sondern schickten zwei unbekannte Männer zu ihm, die ihn bedrohten, man würde ihn wegen Ehebruch an die Obrigkeit anzeigen. Wegen der Erpressung gab er ihnen 14 Gulden, aber sie verlangten mehr. Schließlich bezahlte er insgesamt 76 Gulden. So geriet er in erhebliche Schulden. Nun versprach er, künftig fleißiger zu arbeiten und sich zu bessern. Der Rat beschloss, den Bäcker 14 Tage bei schlechter Atzung ins Gefängnis zu sperren. Dazu müsse er 50 Pfund Buße bezahlen, wenn er nicht vor der Kirche stehen wollte. Er bezahlte die Buße.[929] Wieder verurteilte der Rat nach seinem eigenen Willen, die landesherrlichen Anweisungen wurden nur teilweise befolgt.

Im Fall des Bartholomeus Stotz ist die Bemerkung, nach der das Bäckerhandwerk den bestraften Ehebrecher „für redlich halten“ müsse, weil „*der erste eepruch nit jnfamiert*“, besonders interessant.[930] Nach drei Jahren wies man Bartholomeus Stotz zwar wegen zweimaligen Ehebruchs aus dem Land, aber er wurde dank herzoglicher Fürbitte begnadigt. Den dritten Ehebruch wolle man mit der Enthauptung bestrafen.[931] Einem mehrmals rückfälligen Ehebrecher hing also die Gefahr der Todesstrafe über dem Haupt, wie auch in den landesherrlichen Regelungen vorgeschrieben worden war. Ein Mal durfte man aber ehebrüchig werden, dann wurde nur die soziale Ehre verletzt. Diese Auffassung stimmt mit der Landesordnung in dem Sinne überein, dass sie für den ersten Ehebruch eine Schandstrafe ohne Verweisung zuschrieb.

Im Jahr 1591 wurde der Münchner Sigmund Hörl in den landesherrlichen Falkenturm gebracht und angeblich vor dem Hofrat verhört. Nach dem herzoglichen Befehl sollte sein Ehebruch allerdings im städtischen Gericht abgeurteilt werden. Der Herzog erinnerte die Räte, dass dieser Ehebrecher eigentlich „*mit leib und lebensstraf*“ geahndet werden solle, befahl aber ihm diesmal aus Gnaden milder zu verurteilen. Diese Begnadigung fand „*gar nit vor sein oder seines weibs, sondern allein seiner kinder weegen*“ statt. Sigmund Hörl wäre „*andern dergleichen zum abscheu und exempl*“ zu bestraften. Da herausgefunden wurde, die Frau Hörlin hatte vom Handeln ihres Mannes gewusst, seine „Leichtfertigkeit“ geduldet und sogar mit ihm und seiner Liebhaberin gemeinsam getrunken, musste auch sie bestraft werden. Ihre Passivität beim Delikt ihres Mannes stellte auch ihre Ehrbarkeit in Frage, und ihr Handeln wurde nahezu mit der Kuppelei verglichen. Der Rat wurde auch daran erinnert, dass die andere Partei, also Hörls

929 StadtA: RP 224 (1609), Fol. 6 r, 8 v & 11 r und SG MP 866/6 (1607-1609), Fol. 238 r-240 r.
930 StadtA: RP 224 (1609), Fol. 24 r.
931 StadtA: RP 227 (1612), Fol. 179 v & 185 r.

Magd, mit der er die Ehe gebrochen hatte, ihre „wohlverdiente öffentliche Strafe“ leiden müsse. Alle drei waren der Stadt zu verweisen. Schließlich wurde deutlich akzentuiert, dass der Rat diese Strafen wirklich zu vollziehen hatte.[932]

Der Fall von Sigmund Hörl verdeutlicht die allgemeinen Linien der Bestrafung beim Ehebruch, der nicht mit der Geldbuße zu büßen war. Die Strafe sollte exemplarisch und öffentlich sein, um potentielle künftige Ehebrecher abzuschrecken, aber aus menschlichem Verständnis konnte man den Ehebrecher jedoch vor härterer Bestrafung verschonen. Die Strafpraxis des Rats mag in Augen der Herzöge oft zu mild oder weichherzig gewesen zu sein, weil sie ausdrücklich über den tatsächlichen Vollzug der Bestrafung erinnern wollten. Mit der exemplarischen öffentlichen Bestrafung von Sigmund Hörl und seiner Magd wurde wohl an die Zurschaustellung vor die Kirche hingedeutet. Weder in den landesherrlichen Anweisungen für den Rat noch in den Ratsbeschlüssen werden das Halten von Kerze und Rute, auch nicht die Entblößung der Arme erwähnt. Es ist trotzdem durchaus möglich, dass diese schändlichen Maßnahmen bei den Aufstellungen verwirklicht wurden.

Wenn es um eine Beihilfe oder Nachlässigkeit ging, war die aus heutiger Sicht unschuldige Partei, wie die Frau des Sigmund Hörls, auch zu bestrafen. Damit versuchte man die „Unsitte“ des Ehebruchs beenden. Ähnlich wurden im Oktober 1609 der Schneider Christoff Goldmann und seine Frau wegen des Ehebruchs der Goldmännin zusammen vor die Kirche gestellt. Sein Verbrechen war, dass er den Ehebruch ermöglicht hatte. Goldmann hätte nämlich einen Schneidergesellen aus Augsburg namens Franz Mair *„neben jme in seinem eepett ligen lassen, dardurch er verursacht dass diser gesell jme sein weib an die seitten, als er geschlaffen, geschent hatt“*. Franz Mair wurde verwiesen, aber bei seiner Bestrafung wurden keine bestimmten schändlichen Maßnahmen notiert. Nach einer Woche wurde Goldmann und nach ein paar Tagen auch seine Frau aus der Haft nach Hause entlassen. Dabei wurde notiert, dass zumindest er *„lang jn gelegen“* war.[933]

Zahlreiche Ehebrecher und Ehebrecherinnen wurden in München tatsächlich vor die Kirche gestellt. In diesen Fällen wird in der Regel nicht notiert, ob es um Menschen ging, die die Geldbuße nicht bezahlen wollten bzw. konnten, oder ob sie keine andere Wahl als die Schandstrafe hatten. Hier scheint kein Unterschied zwischen Männern und Frauen gewesen zu sein: Nach den Vermerken wurden

932 StadtA: BR 62 (1591), Fol. 22 v - 23 v.
933 StadtA: RP 224 (1609), Fol. 215 v, 221 r-221 v & 223 r.

beide Geschlechter schlicht „vor die Kirche gestellt".[934] Für männliche Ehebrecher bildete allerdings auch der Zwang zum Kriegsdienst eine Strafmöglichkeit.[935]

Am 12. April 1600 wurde die ledige Anna Maria Guettschiltin angeklagt, „Unzucht" mit dem Buchbinder Hans Jacob Schneider getrieben zu haben, bei dem sie als Dienerin arbeitete. Am nächsten Tag wurde Hans Jacob Schneider auf drei Jahre in den Türkenkrieg verurteilt, weil er *„sein weib so hartt gehalten"* und Ehebruch begangen habe. Außerdem habe er seiner Dienerin versprochen, dass er diese heiraten und nach Ungarn ziehen würde, wenn seine Frau nur gestorben wäre. Er hatte auch die von ihm gegebene Selbstverpflichtung nicht gehalten. Ein Buchbindergesell und der Lehrjunge von Hans Jacob Schneider wurden wegen Beihilfe zur Gefängnisstrafe bei Wasser und Brot und Stadtverweisung verurteilt. Beide hatten gegen ihre Schweigepflicht Hans Jacob Schneider erzählt, was man wegen dessen Ehebruch im Rat gesprochen hatte. Außerdem habe der Lehrjunge seinem Meister aus der Kammer geholfen, als dieser da mit seiner Dienerin gewesen war und die Schneiderin das Liebespaar erwischte. Anna Maria Guettschiltin wurde zur Stiege verurteilt. Danach war sie aus der Stadt zu führen.[936]

So waren die weibliche Partei beim Ehebruch von Hans Jacob Schneider sowie zwei junge Männer wegen Beihilfe bestraft worden. Der Buchbinder selber aber wandte sich an den Herzog. Er erklärte, sein Verbrechen tue ihm leid und sei im betrunkenen Zustand geschehen. Infolgedessen wurde der Vollzug seiner Strafe verschoben. Einem Monat nach der ursprünglichen Urteilsprechung wurde eine Strafnachlassempfehlung im Namen des Herzog Wilhelms im Rat verlesen. In seinem Brief brachte der Herzog zum Ausdruck, dass er nur wisse, was der

934 Siehe beispielsweise: StadtA: RP 213/1 (1587/1598), Fol. 39 v, RP 227 (1612), Fol. 84 v, SG MP 866/9 (1615/1616), Fol. 67 v, RP 230 (1615), Fol. 105 r und RP 233 (1618), Fol. 142 r.
Im Jahr 1609 wurde ein Münchner *„vermög der policei aus dem land geschafft"*, da er seine Ehe mit einer „Vettel" gebrochen hätte. Er war früher *„dem gleichen laster halber zu Erding einmal vor der kirche gestanden"* und war vor zwei Jahren auch wegen Gotteslästerung aus dem Land verwiesen worden. (StadtA: RP 224 (1609), Fol. 166 v).

935 Siehe beispielsweise den Fall des Waffenschmieds Sebald Tebbich im Jahr 1596. Durch Zeugnisse der Nachbarschaft wurde herausgefunden, dass Sebald Tebbich mit zwei Dienerinnen geschlafen habe. Die eine war davon schwanger geworden. Dafür hätte man ihn für ein Jahr in den Türkenkrieg nach Ungarn schicken sollen. Er wurde allerdings milder bestraft, vielleicht dank der Fürbitte seines Handwerks. Zwischen 50 Gulden Strafgeld und der Stellung vor die Kirche entschied er sich für die Geldbuße. Ihm wurden zusätzlich auch alle alkoholischen Getränke verboten und er musste eine Obligation über sich geben. (StadtA: RP 211 (1596), Fol. 38 r, 49 r, 50 v & 54 r).

936 StadtA: RP 215/1 (1600), Fol. 161 v & 164 v - 165 r.

Buchbinder ihm selber erzählt habe, war aber bereit, ihm aufgrund dieses Wissens zu verzeihen. Der Rat sollte dem Buchbinder die vom Rat auferlegte Kriegsverweisung in eine Geldbuße ändern, „*damit er also widerumb zu seinen hausweesen kommen*" könne. Diese fürstliche Interzession und auch die Bitten des verwiesenen Buchbinders um Begnadigung wurden abgelehnt.[937] Somit blieb der Rat bei seiner eigenen Verurteilung gegen herzogliche Empfehlungen. Ob Hans Jacob Schneider aber je an der Front in Ungarn landete, ist eine andere Frage.

Kuppelei

Roper stellt fest, dass seit der Mitte des 16. Jahrhunderts die Schandbräuche, u. a. die öffentliche Zurschaustellung und Auspeitschung, eine wichtige Rolle bei den Ausweisungen von Kupplerinnen und Prostituierten spielten. Nach ihren Forschungen über Augsburg wurden Kupplerinnen in der Regel strenger bestraft und seltener begnadigt als die Prostituierten.[938] Die von mir eingesehenen Quellen weisen in dieselbe Richtung. In einer katholischen Musterstadt wie München war Kuppelei strengstens verboten. Wie bei vielen anderen Sittlichkeitsdelikten bildete die Stadt- und Landesverweisung die Regelstrafe bei der Kuppelei, weil man die betreffenden Personen gerne wegschicken wollte. Sonst war die Strafpraxis hier variationsreicher als beim Ehebruch oder bloßer „Unzucht". Als Tatbestände gehen Kuppelei und „Unzucht" oft ineinander über, so dass es sich manchmal auch um eigene unerlaubte Beziehungen des Kupplers oder Kupplerin handelte. Dies macht die Aussonderung der typischen Kuppeleistrafen schwierig. In den Verhören wegen Kuppelei spielte die Folter eine bedeutende Rolle: Durch die peinliche Frage wurden neben Geständnissen auch weitere Namen von verdächtigen Personen gewonnen.

Im Januar 1600 wurden zwei junge Männer wegen Verkupplung der Scharfrichterfrau peinlich befragt. Der eine Angeklagte wurde auf der Leiter „*zimblich geschmiert*", leugnete aber „*mit wainen er hab sein lebtag mit jr* (die Nachrichterin) *khain leichtfertigkhait nie getrieben, vil weniger hab er sie andern zugeführt oder verkuplet, den er wol nit recht wiß was kuplen sei*". Andere Jungen hätten ihm allerdings gesagt: „*die Nachrichterin sey ein feines weibs*". Möglicherweise um sich selber zu retten, deutete er darauf hin, dass ein anderer Bube, Melchior Zierer, jedoch mit der Scharfrichterfrau zu tun gehabt hätte. Auch Melchior Zierer wurde gefoltert. Er erzählte, gehört zu haben, die Nach-

937 StadtA: BR 62 (1600), Fol. 180 r-180 v und RP 215/1 (1600), Fol. 199 v, 203 r & 210 r.
938 Roper: Das fromme Haus 1999, 100-102 & 110.

richterin sei „eine böse Vettel", die führe nicht *„recht händl"*. Dabei meinte er, das in ihrem Haus viele Leute „aus und ein laufen".[939] Diese und ähnliche Äußerungen kommen häufig vor, wenn auf sexuell verdächtige Tätigkeiten bzw. Kuppelei hingedeutet wird. Es ist interessant, dass die Rolle der Scharfrichterfrau als begehrenswerte Partnerin nicht Frage gestellt wurde. Dies weist wohl darauf dahin, dass der Beischlaf mit ihr einen nicht infamierte.

Während des mehrere Wochen langen Prozesses wurden diverse Personen gütlich und peinlich verhört, u. a. wegen Kuppelei und Beherbergen der Scharfrichterfrau und eines am Hof angestellten Kochs. Viele bejahten schließlich, über verdächtige Händel von anderen Leuten zu wissen oder selber „Unzucht" getrieben zu haben, sogar so oft, wenn sie nur die Gelegenheit gehabt hatten. Ein Ehepaar wurde zur Stiegenstrafe verurteilt, weil es sogar in ihrem Ehebett „Unzucht" treiben ließ. Die Kuppelei des Ehepaars wurde „ausgerufen", und das Paar sollte für immer der Stadt verwiesen werden. Trotz der Folter beharrte ein Angeklagter darauf, nichts zu wissen oder *„der teiffl soll jne durch das fennster ausfiehren"*. Eine wegen Kuppelei zur Verweisung verurteilte Frau behauptete entschlossen, dass der Maurer, der bei ihr übernachtet hatte, ein *„frommer kherl"* sei.[940] Die mögliche Verurteilung der Scharfrichterfrau und der zwei Jungen ist unter den Vermerken nicht zu finden. Der Text ist zum Teil schwierig zu lesen, weil vieles gestrichen und später korrigiert oder verändert wurde. Dies ist ein Hinweis darauf, dass die durch Folter gewonnenen Aussagen nicht immer eine logische Einheit bildeten.

Nach dem Vermerk vom 23. Januar 1604 wurden die Aussagen von sieben Frauen und zwei Männern im Rat verlesen, deren Inhalt aber nicht notiert wurde. Die späteren Vermerke enthüllen allerdings, dass es sich um diverse Unzuchtanklagen handelte.[941] Die Strafe von vier Personen ist aus dem Standpunkt

939 StadtA: SG MP 866/4 (1599-1602), Fol. 37 v-38 v.

940 StadtA: SG MP 866/4 (1599-1602), Fol. 42 r -46 v und RP 215/1 (1600), Fol. 104 r-104 v & 108 v-109 r.
Eine Frau wurde wegen Ehebruch *„für die kirchen in die prechen condemniert"*. Sie sollte *„aber hernach widerumben eingefiert vnd weitter geschlossen werden, ob man sie lenger alhie woll gedulden, wegen jrer kuplerei"*. Schließlich stand sie drei Mal vor der Kirche und ihr wurde mit starkem Verweis auf ihren Ehebruch und ihre Kuppelei und Drohung die Leibesstrafe erlassen. Sie wurde zusätzlich zum Beichten befohlen. Nach ein paar Tagen wurde sie aber erneut verhaftet und ihr wurden alkoholische Getränke verboten. (StadtA: RP 215/1 (1600), Fol. 109 r, 129 r & 141 v).

941 Eine von diesen neun Angeklagten war die „gemeine Vettel" Appalonia Kotthoferin, die eine Woche später aus der Haft entlassen wurde. Da sie dem Rat von der „Unzucht" von anderen Personen erzählte, wurde sie statt weiterer Bestrafung mit einer Geldsumme belohnt. (StadtA: RP 219 (1604), Fol. 23 v).

dieser Studie her besonders wichtig. Im Ratsbeschluss hieß es, dass Ursula Fridin, Barbara Widmannin, Anna Kappin und Hans Edenackher *„morgen den lasterstain zu den 4 statt thoren tragen vnd von der statt und burgfriden geschafft werden auff ewig*" sollten.[942] Innerhalb des Untersuchungszeitraums der vorliegenden Arbeit wurde zur Strafe des Lastersteins selten verurteilt, und auch als Drohung war sie eher ungewöhnlich. Auch diesmal wurden nur drei von den vier Verurteilten, wie geplant, mit dem Lasterstein bestraft. Mit Barbara Widmannin musste man noch warten, weil der Herzog sich in ihre Sache einmischte.

Dieser Fall zeigt einerseits, dass der Lasterstein wegen seiner Schändlichkeit gefürchtet war. Andererseits infamierte diese Strafe nicht endgültig, weil eine mit dem Stein ausgewiesene Person begnadigt und wieder in die Stadt gelassen werden konnte. Dies unterstützt die Theorie von der Dichotomie der Schand- und Ehrenstrafen und erinnert an der Vielseitigkeit der Schande. Die Anwendung des Lastersteins als Strafe für Kuppelei wurde erst in der Landespolizeiordnung von 1616 deutlich artikuliert, aber auch dann wurde eine Verurteilung zur „anderen Schandstrafe" für gleich passend gehalten. Es steht allerdings fest, dass der Lasterstein schon früher, mit größter Wahrscheinlichkeit auch im 16. Jahrhundert, häufig verwendet wurde.

Zurück nach München im Jahr 1604. Der Herzog war damit nicht einverstanden, dass der Stadtrat die Frau eines herzoglichen Dieners *„mit dem lasterstain ausführen*" würde. Seine Meinung wurde aber ignoriert, und der Rat ordnete an: *„man soll der justitia jren lauff lassen*". Der Rat blieb jedoch nicht völlig beim vorigen Beschluss, sondern die Verurteilung von Barbara Widmannin wurde einigermaßen abgemildert. Sie war *„weitter nit dan zu den 4 jnneren thüren zuführen wegen der kalte*".[943] Dieser Satz muss wohl so entschlüsselt werden,

---

Über eine andere, am 23.1.1604 erwähnte Frau namens Maria Wascherin, sind keine weiteren Vermerke zu finden. Es könnte sich aber um die im Jahr 1598 erwähnte „Maria Vischerin von Diessen" handeln, die damals vermutlich wegen „Unzucht" ausgeführt und mit einer Leibesstrafe bedroht wurde. (StadtA: RP 213/1 (1598), Fol. 44 r).

Über einen von zwei am 23.1.1604 erwähnten Männern, Conrad Hebenstreitter, wurde nichts Weiteres notiert. Der Name der als „Holzzieherin" bekannten Maria Mayrin oder Maria Hüberin dagegen kommt wieder im Jahr 1606 im Zusammenhang einer Kuppeleianklage vor. Wenn auch alle Anklagen und Verurteilungen im Januar 1604 nicht gründlich notiert wurden, geht es zweifellos um eine Gruppe von Männern und Frauen, die von Kuppelei und Prostitution lebten und dadurch miteinander verknüpft waren.

942 StadtA: RP 219 (1604), Fol. 18 r.

943 StadtA: RP 219 (1604), Fol. 19 r.

Über zwei Monate nach dem Strafvollzug baten sowohl der herzoglicher Diener Leonhard Widmann, der Ehemann der ausgewiesenen Barbara Widmannin als auch der Herzog selber vergebens für die „Eröffnung der Stadt" für sie. Im September versuchte es Barbara

dass die schändliche Prozession den Verurteilten nicht nur mit dem Lasterstein, sondern auch in knapper Kleidung dem Hohn und Spott bloßstellte. Diesmal war das Wetter zu kalt für eine längere Prozession. Die endgültige Verweisung wurde jedoch normal vollzogen. Das Delikt von Barbara Widmannin wird nicht erwähnt, aber es ist anzunehmen, dass sie wegen Kuppelei bestraft wurde, wie auch die zwei andere, mit dem Stein verwiesenen Frauen. Anna Mayrin, auch „die Kuhmaulin" genannt, die ebenfalls zu dieser Gruppe von neun Verurteilten gehörte, wurde „ausgeführt", ohne dass sie den Lasterstein tragen musste, weil sie diesmal wegen Ehebruch bestraft wurde.[944] Sie wurde erst später im Zusammenhang mit Kuppelei erwähnt.

Die Begnadigungsbitten von Ursula Fridin, „*welche den lasterstain kupplerei halber den 23 januar negsthin getragen*" hatte, wurden zuerst abgelehnt. Im September wurde sie allerdings auf Fürbitte eines Priesters und dessen Vaters, der ihr Schwager war, in die Stadt gelassen. Die zwei Herren wurden verpflichtet, dass sie Ursula Fridin „*zu die zucht vnd erbarkhait wellen weisen*".[945] Ähnlich bat Anna Kappin, die ebenfalls wegen Kuppelei mit dem Lasterstein für immer ausgewiesen worden war, noch im Jahr 1604 zwei Mal vergebens um Wiedereinlass in die Stadt. Beim dritten Versuch, cirka neun Monate nach ihrer Ausweisung, wurde ihr erlaubt, „*dass sie herrein handlen vnd wandlen möge, doch sich weitter alhie nit aufhalten soll*".[946] Die Tatsache, dass die mit dem Lasterstein ausgewiesenen Frauen selber zurück in die Stadt wollten, beweist, dass die von einer solchen öffentlichen Strafe verursachte Schande die sozialen Lebensmöglichkeiten nicht völlig zerstörte. Damit die Bestrafung aber glaubwürdig blieb, konnten sie erst nach mehreren Begnadigungsbitten oder nur begrenzt in die Stadt gelassen werden.

Im Juni 1606 wurde die 30-jährige Münchnerin Maria Holzzieherin verhört. Sie war eine von den neun Personen, die der Vermerk von 23. Januar 1604 er-

---

Widmannin erneut selber, wurde aber wieder abgewiesen. (StadtA: RP 219 (1604), Fol. 63 r, 70 r & 196 v).

944 Die für immer verwiesene „Kuhmaulin" besuchte gegen das Verbot zwei Mal ihre in der Stadt lebende Mutter. Sie wurde verpflichtet, bei einem solchen Rückfall ihre Tochter gleich der Obrigkeit anzuzeigen. Im Mai wurde Anna Mayrin begrenzt begnadigt: Sie dürfe zwar „auf die Märkte" in die Stadt kommen, solle aber immer nur „*in offentlichen wirttshaus zeren*". Ein wenig später wurde Anna Mayrin erneut ausgeführt, weil sie trotz des Verbots bei ihrer Mutter übernachtet und „*in das Perlwöschers haus gezecht vnd in weerendem heiligen antlaß biß 11 uhr in die nacht mit jüngen pürsch gedanzt*" hatte. (StadtA: RP 219 (1604), Fol. 18 r, 91 r - 91 v, 131 r & 264 v - 265 r).

945 StadtA: RP 219 (1604), Fol. 119 v & 207 v.

946 StadtA: RP 219 (1604), Fol. 54 r, 200 r & 250 r. Im Jahr 1609 wurde eine Anna Kappin wieder erwähnt, wahrscheinlich nicht im Zusammenhang mit einem Verbrechen. (StadtA: RP 224 (1609), Fol. 88 r).

wähnte. Ihr wurde nun vorgeworfen „ein Kuppelhaus" in der Fischergasse oder Sendlingergasse zu haben. Diesen Vorwurf unterstützten die Behauptungen einer jungen Frau namens Euphrosina Glickhin. Sie erzählte, dass Maria Holzzieherin sie mehrmals gegen ihren Willen hatte verkuppeln wollen und auch andere Frauen, u. a. eine namens Bärbl, verkuppelte. Sie habe *„selber aus jhrem maul gehörtt"*, wie Maria Holzzieherin zu einem Lakai im Tanzhaus gesagt hätte: *„wann man ein schöne huer alhie well haben, so soll man zu jr khommen, sie wisß schon etwas schöns"*. Maria Holzzieherin meinte, dass sie die Bärbl nie *„disem hundt hab zuegefiert"*. Als Euphrosina Glickhin sie an einen Kuppeleiversuch vor drei Jahren erinnerte, behauptete sie, dass *„sie sey damaln selber noch ein huer gewest, warumben sie diß wolt gethan haben"*. Maria Holzzieherin war der Meinung, dass Euphrosina Glickhin sie nur aus Neid anschuldigte. Dagegen erzählte sie, wie ein Mann sie einmal bat, ihm *„die schön madel zubringen, darauf sie jhme vermeldt, er solls in der schergenstuben suechen"*.[947] Maria Holzzieherin gestand somit, selber eine Prostituierte gewesen zu sein, leugnete aber alle Kuppeleianklagen.

Als die Verhöre weitergeführt wurden und die Untersuchungshaft Monate dauerte, bejahte die Holzzieherin, dass sie vorher drei Mal wegen „Unzucht" verwiesen worden war und öfters „bei den Heiligen Sakramenten" geflucht hatte. Der Rat war sicher, dass sie *„ein ehrloses leben lannge zeit geführt"* hatte und ihr wurde vorgeworfen, dass *„beide geistliche und weltliche bei ihr tag und nacht hin und aus lauffen"*. Sie verneinte, einen Türken als „Anhang" zu haben und zwei Frauen, Maria und Brigitta in ihrem Haus Kuppelei halber zu beherbergen. Wichtig ist die Anmerkung über die Besuche der Scharfrichter in ihrem Haus. Maria Holzzieherin erzählte, dass *„die henckher seien beim hellen tag"* oben bei ihr gewesen und haben Wein getrunken, *„dieweil sonsten niemandt mit jr reden will, so müeß sie wol mit solchen leüthen reden"*. Schließlich sagte sie, dass man sie nun wegen ihren Enthüllungen belohnen solle, aber *„man hackh jr nur geschwindt des khopf gar ab, sie müeß doch von jederman verachtet sein, also dass die bueben mit stainen zu jr auf den gassen werfen"*.[948]

Diese Vermerke bieten Einblick in die Welt einer Frau, die wegen ihrer verdächtigen Handlungen sozial verachtet und gemieden wurde, aber jedoch in der Stadt wohnen durfte. Seitens der ehrbaren Bürger war sie das Objekt spöttischer und sogar hasserfüllter spontaner Schandrituale, aber andere am Rand der Ge-

947 StadtA: SG MP 866/5 (1605/1606), Fol. 131 r -132 r.

948 StadtA: SG MP 866/5 (1605/1606), Fol. 222 v-224 r (Fragstück 218 r-219 v). Maria Holzzieherin wurde auch wegen „eines liederlichen Bads in der Au" befragt. Über dieses Bad siehe Abschnitt „Leichtfertigkeit und Unzucht". (StadtA: SG MP 866/5 (1605/1606), Fol. 224 r-225 v).

sellschaft stehende Personen, wie etwa Henker, gingen mit ihr problemlos um. Sie hielt Kontakt mit dem Scharfrichter, weil andere dies nicht machen wollten.

Es folgte das peinliche Verhör von Brigitta Fromultin, die bei Maria Holzzieherin anderthalb Monate übernachtet hatte. Sie war vor zwei Jahren wegen „Leichtfertigkeit" vorbestraft worden. Brigitta Fromultin verriet „ein großes Hurenhaus" in der Au und erzählte von unerlaubtem Handeln von diversen anderen Frauen, u. a. ihrer Vermieterin. Sie sagte auch, dass der Pfarrer Vischer ein Kunde von einer Frau namens Kuhmaulin war. Einige von diesen Frauen wurden so mit „liederlichen" Priestern verknüpft. Um mehr darüber zu erfahren, wurde Maria Holzzieherin vom Rat befohlen *„in still vnd geheim auf der gaistlichen pfaffenköchin guete acht zegeben"*. Unter der Folter erzählte sie, einen Priester gewarnt zu haben, er solle seine Köchin wegschicken, wofür er ihr gedankt habe. Sie leugnete allerdings, mehrere Priesterkonkubinen zu kennen und je an Geistliche verkuppelt oder selber mit ihnen „Unzucht" getrieben zu haben.[949] Nach den von Nowosadtko gebrauchten Quellen wurde Maria Holzzieherin und „der harte Kern der Strafvollzugsorgane" „in ihrem Bordell" beim Trinken und Glücksspielen erwischt. Sie wurde ausgewiesen.[950] Diese und andere ähnliche Verhöre wurden ein Wettlauf zwischen den Angeklagten, die versuchten, ihre Gegenspielerinnen so zu verdächtigen, dass man sie selber milder strafen oder sogar belohnen würde. Gleichzeitig versuchte der Rat mehr Information über die „Kuppelhäuser" in der Stadt zu gewinnen, damit weitere Personen verhaftet und verhört werden könnten.

Da die obrigkeitliche Disziplinierung auf umfassende Sittlichkeitskontrolle zielte, wurden bei Kuppelei auch sekundäre Personen sowie Ehegatten oder Freunde wegen Beihilfe verurteilt. Eltern konnten wegen mangelnder „Kinderzucht" bestraft werden, wenn sie ihren ledigen Töchtern freies Sexualleben erlaubten.[951] Auch der Augsburger Rat tadelte die Eltern wegen der Prostitution

---

949 StadtA: SG MP 866/5 (1605/1606), Fol. 227 r - 232 v & 236 v.
Maria Holzzieherin behauptete, dass Brigitta Fromultin ihre eigene Schwester und Tochter verkupple. Brigitta erzählte, dass ihre 14-jährige Schwester krank, aber noch jungfräulich sei. Sie habe ihre Schwester nicht verkuppelt und diese habe auch nie „Unzucht" getrieben und könne also deshalb nicht krank sein. Sie gestand aber, die Magd von Maria Holzzieherin an einen Geistlichen und an einen Kaufmann verkuppelt zu haben. Die Kuhmaulin dagegen wäre an einen Pfarrer in Freising verkuppelt worden. (StadtA: SG MP 866/5 (1605/1606), Fol. 224 r-225 v, 233 v - 234 v, 236 r & 243 r - 244 r).

950 Nowosadtko: Scharfrichter und Abdecker 1994, 254-255.

951 Im Jahr 1596 wurde einem Münchner die Stadt wieder geöffnet. Er war seinem *„leichtfertigen händl halber, das er die gemaine weiber behaust vnd beherbergt"* und denen *„vnderschlaipff"* gibt zum dritten Mal ausgeschafft worden. Diesmal wurde ihm auch angedroht, dass man ihn künftig mit Ruten aushauen und an den Pranger stellen würde.

ihrer Töchter. Gute Eltern würden nachschauen, was die Töchter machen. Deshalb war die Prostitution einer Tochter teilweise die Schuld ihrer Eltern.[952] Im Jahr 1614 wurde der Bote Georg Strasser angeklagt, denn er hatte seine beiden Töchter *„mit seinem wissens lassen vnzucht treiben vnd darzu noch zwo andere fettl an dem herberg gehalten"*. Nach der Anklage habe er nur passiv zugesehen, wie *„allerlay iunge pursch"* diese Frauen in seinem Haus besuchten. Er solle nun den Lasterstein zu den vier Stadttoren tragen, wobei ihm sein Verbrechen öffentlich auf dem Marktplatz verlesen werden müsse. Dieser Schandstrafe folgte die ewige Stadtverweisung.[953] Der Vater wurde somit wie ein Kuppler bestraft, weil er das „unzüchtige" Leben in seinem Haus nicht verhindert hatte.

Ein Apotheker dagegen wurde nach landesherrlicher Anweisung statt Verweisung *„andern zum exempl, wie auch der burgerschaft und männiglich zur nachricht und gewahrnung, daß sie ihr kinder zur zucht und ehrbarkeit ziehen sollen"* auf die Schrägen gestellt. Dabei wurde auch ihm sein Verbrechen öffentlich verlesen. Der Rat wurde nun und auch später wegen der mangelhaften Effektivität bei der Verurteilung und Vollziehung der Strafen getadelt. Es wurde

---

Ein anderer Mann, der einer „leichtfertigen" Frau den Aufenthalt bei sich gestattete, wurde in den Fischerturm eingesperrt. (StadtA: RP 211 (1596), Fol. 17 r & 92 v).

952 Roper: Das fromme Haus 1999, 100-102.

953 StadtA: RP 229 (1614), Fol. 51 r.
Die Töchter des Münchner Boten, die 17jährige Maria Strasserin und ihre nur 12jährige Schwester Barbara, wurden im Jahr 1614 wegen Kuppelei, u. a. zu Priester, verhört. Maria Strasserin erzählte wie sie, ihre Schwester und andere junge Frauen in ihrem Vaters Bett „Unzucht" getrieben hatten und dafür bezahlt wurden. Die Lebensgeschichten der Geschwister Strasser scheinen von sexueller Ausnützung zu berichten. Als Maria Strasserin 15 Jahre alt war, habe ein Weber an sie *„die franzossen angehengt"*, weshalb sie für eine Zeit ins Spital geriet. Die jüngere Schwester erzählte, wie ein Mann sie vor einem halben Jahr zum *„meth gefiert, sie eingefilt vnd hernach an jres vattern stiegen sie zu seinem willen gebracht"* habe. Seitdem hatte die 12jährige „Unzucht" auch mit anderen Männern, u. a. mit Priestern gegen Geld getrieben. Im Verhör erzählten diverse junge Damen, wie sie Wein abgeholt, Karten gespielt und „Unzucht" getrieben hatten. Der Hausherr habe selber häufig mitgetrunken. Eine Angeklagte erzählte, Georg Strasser habe sicherlich gewusst, *„dass seine döchter fettln sein, dann er sei stetts daheimb gewest vnd den stattlichen leüthen vnd dienern verstattet, dass sie zu seinen dochtern hinauff gangen sein, mit denen er gessen vnd getrunckhen vnd also den zugang verstattet hab"*. Zuerst meinte der Vater, seine Töchter wären nur für die Getränke bezahlt worden. Später sagte er allerdings, dass er *„zwar auch wol etwaß vnzüchtiges an jnen gemerckht aber nit gar offt"*. Er behauptete, die Mädchen mehrmals bestraft und ihnen gesagt zu haben, *„sie sollen auffheren, man werde es merckhen"*. (StadtA: SG MP 866/8 (1612-1614), Fol. 219 v - 224 v, 226 r-226 v, 228 r - 230 r, 236 r - 243 r & 245 r - 246 r).
Nach den Vermerken waren gelegentlich auch andere wegen Sittlichkeitsdelikten angeklagte Frauen „voller Franzosen", also litten unter Syphilis. (Siehe beispielsweise StadtA: SG MP 866/7 (1610/1611), Fol. 262 r).

ausdrücklich befohlen: Die Schrägenstrafe *„wist ihr also wirklich zu vollziechen"*. Der Rat dürfe sich dabei *„den vermeinten hohn nit irren lassen"*.[954] Es geht hier um die Verwirrung der Zeitgenossen über die Schändlichkeit der Schrägenstrafe. In den Augen des Publikums wurde sie für schändlicher halten, als man ursprünglich gemeint hatte. Dementsprechend musste der Herzog den Rat immer wieder daran erinnern, dass die Schrägenstrafe nicht infamierte.

Im Spätsommer 1618 wurde der Fall von Geschwister Langin verhandelt. Es handelte sich um drei Töchter des Kleinschmiedes Michael Lang. Ein Kollege von Michael Lang behauptete, dass der Vater seine zwei Töchter gestraft habe, weil sie öffentlich ledige Gesellen geküsst hätten. Ein anderer Zeuge stellte fest, dass er viele Gesellen bei den Töchtern gesehen hätte, welches auch zu einem „Rumor" geführt hätte. Außerdem hätten die Töchter ihn einen Schelm und seine Frau eine Hure gescholten, weshalb er die jüngste geschlagen habe. Die 20-jährige Elisabeth bat *„vmb gottes willen, jr mit der offentlichen schandtstraf zuuerschenen"*, aber sie wurde als Kupplerin *„mit dem clainen stain ausgeführt"*. Der 18-jährigen Maria dagegen wurde wegen „Leichtfertigkeit" und „Hurerei" die Stadt verboten. Die 22-jährige Appalonia schickte man mit Verweis heim zu ihren Eltern. Dem Vater Michael Lang wurde angedroht, dass er und seine Frau aus der Stadt ziehen müssten, wenn sie ihre Töchter künftig „Unzucht und Hurerei" treiben ließen. Nach ein paar Monaten wurde Michael Lang allerdings selber wegen Ehebruch in den Turm gebracht. Später wurde notiert, dass er seine Töchter übel erzogen habe.[955] In dieser Familie war die „neue" Sittlichkeit angeblich nicht gut verinnerlicht worden, auch wenn die härtesten Strafen zum Schicksal der jungen Frauen wurden.

954 StadtA: BR 62 (1614), Fol. 57 v-58 v und BR 62 (1617), Fol. 58 v-59 r.

955 StadtA: SG MP 866/11 (1618), Fol. 50 v-51 v 6 66 v-67 v und RP 233 (1618), Fol. 162 v - 163 r & 236 r & 240 r.
Die angeklagten Geschwister erzählten, dass sie allein im Haus gewesen wären, weil ihre Eltern vermutlich in Salzburg waren. Alle drei leugneten alle Anschuldigungen und Maria Langin behauptete, eine redliche Jungfrau zu sein. Im peinlichen Verhör wurden sowohl Daumenstock wie auch Aufziehen benutzt. Danach gestanden sie die Besuche von diversen Männern, dass sie öfters zu viel Met getrunken und deshalb „Unzucht" getrieben hätten, u. a. mit einem Magister. Maria Langin erzählte, der Magister hätte ihr die Ehe nicht versprochen, aber dass sie selber am Morgen ihn *„wohl zuegesprochen, er weiß sie an jetzt wol haben, weil er jr, jhr jungkhfrawschafft habe genommen"*. Sie wollte von ihm sonst nichts, nur dass *„er sie soll ehelichen"*. Elisabeth Langin sagte, sie wisse nicht, wie oft Maria mit dem Magister „Unzucht" getrieben habe, weil diese die Kammer vor Elisabeth zugesperrt hätten. Magister Eberhaan gestand seinerseits mit Maria geschlafen zu haben, behauptete aber, dass sie keine Jungfrau mehr gewesen war. Schließlich bekannte Elisabeth, Maria hätte vorher mit einem anderen Mann geschlafen. (StadtA: SG MP 866/11 (1618), Fol. 54 v -57 v, 60 r-61 r, 62 r-64 v & 65 r-69 r und RP 233 (1618), Fol. 157 v).

Wegen der Verfolgung von Kuppelei war es gefährlich geworden, Freunde und Bekannte in das eigene Haus zum Besuch einzuladen und sie übernachten zu lassen. Man konnte dafür leicht bestraft werden. Im Jahr 1617 wurde den Zitherschlager Niclas Khopp und seiner Frau wegen Kuppelei das Bürgerrecht aufgesagt. Das Familienhaupt wurde *„sambt weib vnd khinder hinweg geschafft"*. Beide hatten unter Jahren mehrere Frauen in ihrem Haus übernachten lassen, die nach Ratsmeinung sexuell verdächtig waren.[956] Ähnlich wurden zwei Münchnerinnen „ausgepaukt" und der Stadt verwiesen, weil sie *„fettlen auffgehalten vnd vnzucht lassen fürgehen"* und Gott gelästert hatten. Im Verhör behaupteten sie vergebens, dass sie nur ihre Freundinnen, also keine „verdächtige" Leute, beherbergt hätten.[957]

Im Januar des Jahres 1616 wurde die Ehefrau Margaretha Grundtlerin wegen Kuppelei verurteilt, die vor 14 Jahren in ihrem Haus stattgefunden gewesen sei. Sie wurde *„für die kirche mit dem lasterstein condemniert, an statt das auß dem land schaffen, weil sie 80 järig"* war.[958] Das Verbrechen schien nicht veraltet zu

956 StadtA: RP 232 (1617), Fol. 21 v. & 60 r.
Im Zusammenhang von der Anklage des Niclas Khoppens wurden diverse Personen verhört, u. a. ein Tagwerker und seine Frau, die eine „Vettel" in ihrem Haus beherbergt haben sollten. Sie erzählten, dass sie vor zwei Jahren eine Köchin und einen Gast von ihnen in einer Kammer *„an einem schlechten pett beisammen ligen lassen"* hätten. Deshalb war der Tagwerker auf die Schrägen gestellt worden. Er behauptete aber nicht mit Sicherheit sagen zu können, er *„hette sehen oder hören die vnzucht volbringen"*. Seine Frau hätte der Köchin immer gesagt, sie solle bei ihr in ihrem Bett liegen und die Männer in einem anderen. Die Köchin hätte aber gemeint, dieser Mann sei ihr *„bluetts freund"* und es *„geschihe nichts böß"*. Die ledige Köchin, die im Verhörsprotokoll als eine „gemeine Vettel" beschrieben wurde, wurde peinlich verhört. Sie erzählte in unterschiedlichen Münchner Hausalten übernachtet und mit einem Geiger, der in der Au wohnte, und seinen Kollegen mehrmals die „Unehre" getrieben zu haben. Niclas Khoppen behauptete, dass die Köchin in seinem Haus in derselben Kammer mit seinen Kindern übernachtet hätte. Er habe nicht gewusst, dass die Angeklagte eine „leichtfertige" Person sei. Seine Frau erzählte, die Köchin habe während der vergangenen 20 Jahre immer wieder bei ihr übernachtet. Der Geiger behauptete eine ehrliche Ehefrau und Kinder zu haben und leugnete jeden unerlaubten Kontakt mit der Köchin. Zwei Männer wurden als Unschuldige aus der Haft entlassen. (StadtA: SG MP 866/10 (1616/1617), Fol. 130 v-134 r, 135 v-136 v & 151 v-153 v und RP 232 (1617), Fol. 18 v).

957 StadtA: RP 233 (1618), Fol. 122 v und SG MP 866/11 (1618), Fol. 36 v -37 v & 40 r.

958 StadtA: RP 231 (1616), Fol. 11 v.
Im Verhör leugnete Margaretha Grundtlerin zuerst alle Anschuldigungen: *„wan man sie henckhet oder khöppfet"*, würde sie nichts mehr erzählen. Schließlich gestand sie allerdings, dass sie vor 14 Jahren einer Frau erlaubt hätte, in derselben Kammer mit einem Priester zu übernachten. Nach ihrer Erinnerung waren alle sehr betrunken gewesen. Sie schwur *„bey jrer seelen seligkhait"*, dass nur ein Mal „Unzucht" getrieben wurde und fügte noch hinzu: *„man soll jr hendt vnf füesß abhawen, do sie sonsten jemand andere disen probst hab zu khuplet"*. Insgesamt zehn Nachbarn versicherten, die Margaretha

haben, aber ihr hohes Alter genügte als Milderungsgrund. Dieser Fall zeugt von der Flexibilität und Variationsmöglichkeiten der Schandstrafen: Die Strafe des Lastersteins funktionierte auch ohne eine schändliche Prozession bzw. Ausführung und die Aufstellung für die Kirche konnte ihrerseits auch mit dem Laster-stein verwirklicht werden.

Die Bestrafung der Kuppelei basierte deutlich auf der belehrenden und schändlichen Funktion der öffentlichen Strafe: Zuerst wurde die Delinquentin oder der Delinquent auf irgendeine schändliche Weise öffentlich aufgestellt und danach in der Regel verwiesen. Es konnte sich sowohl um eine Stadt- wie auch eine Landesverweisung handeln, die später aufgrund einer Fürbitte gelöst werden konnte. Da die Strafwahl in der Gesetzgebung weitgehend offen gelassen war und also nur über „Leibes- oder Schandstrafe" und Verweisung gesprochen wurde, konnten die unterschiedlichen exemplarischen und schändlichen Prozeduren bei der Urteilsprechung des Rats kreativ benutzt werden. Sowohl Ausführung, Auspauken, Lasterstein, Stiege, Schrägen als auch Springer[959] wurden verwendet. Anders als bei den anderen Sittlichkeitsvergehen wurde Kuppelei nicht mit Ehrenstrafen bzw. mit dem Pranger bestraft. Sie war jedoch ein schweres Vergehen. Es wurde kein Unterschied zwischen erstem Mal und dem Rückfall gemacht: Man konnte gleich des Landes verwiesen werden.

Grundtlerin sei eine gute Nachbarin und solle nicht für verdächtig gehalten werden. (StadtA: SG MP 866/9 (1615/1616), Fol. 250 v-260 v, 266 r-167 v & 274 r-274 v).
Perneder weist allerdings darauf hin, dass eine vor langer Zeit begangene Tat „etwas leichter" zu bestrafen sei, als ein neues Verbrechen. (Perneder: Von Straff unnd Peen 1544, IIII r). Vielleicht hatte auch dieser Satz seine Wirkung bei der Verurteilung der Margaretha Grundtlerin.

959 Im Jahr 1604 wurde einem Schüler dank der Fürbitte seiner Mutter die Schergenstube erlassen, wohin er wegen Kuppelei und „Unzucht" eingesperrt worden war. Bei Rückfall würde man ihn in die Springer schlagen. (StadtA: RP 219 (1604), Fol. 33 r).
Im Jahr 1606 wurde einer Frau der Springer erlassen, und ihr wurde mit der Ausweisung gedroht. (StadtA: RP 221 (1606), Fol. 162 v). Möglicherweise geht es hier um dieselbe Frau, die auch zehn Jahre zuvor wegen Kuppelei verhaftet worden war. (StadtA: RP 211 (1596), Fol. 93 r).

V. BESTRAFUNG UND DISZIPLINIERUNG: EIN SYSTEMATISIERUNGSVERSUCH

Die Hauptaufgabe dieser Arbeit war, die frühneuzeitliche Strafpraxis in München hinsichtlich der Schand- und Ehrenstrafen um 1600 zu erforschen. Dies geschah stichprobenartig aufgrund von Ratsprotokollen. Den notwendigen weiteren Hintergrund bildeten die landesherrliche Gesetzgebung, die herzoglichen Mandate und zeitgenössische juristische und literarische Werke sowie einige konkrete Rechtsaltertümer. Um die Ergebnisse dieser Arbeit zusammenzufassen, werden jetzt vier abschließende Thesen vorgestellt.

1. Die Angst vor Ehrminderung und Ehrverlust funktionierte als Grundbaustein der öffentlichen Disziplinierung. Hinsichtlich der Bestrafung ist eine Zweiteilung zwischen sozialer und juristischer Ehre nötig.

Zweifellos bildete Ehre ein komplexes und vieldeutiges Phänomen, das sowohl das Selbstbild der Menschen und ihre Auffassung von anderen Personen prägte und eine zentrale Rolle im Rechtsleben spielte. In vieler Hinsicht definierte Ehre die Stellung des Individuums in der Gesellschaft und vor Gericht. In der Forschung wird die Ehre unterschiedlich interpretiert. Mit Recht spricht man von Ehre u. a. als sozialem Code, symbolischem Kapital oder als Grundbaustein der Ständegesellschaft. Spricht man über weibliche Ehre, so geht es in der Regel um die sexuellen Ausprägungen dieses Begriffes. Meines Erachtens und hinsichtlich der Schand- und Ehrenstrafen muss die Ehre allerdings auch auf folgende Weise dichotomisch gesehen werden: Einerseits geht es um die soziale Ehre, also um den Ruf des einzelnen, andererseits um die juristische Ehre, also um die rechtliche Stellung des Individuums. Diese Zweiteilung von Ehre wurde in der Forschung bisher nicht genug betont.

Im Bayern des 16. Jahrhunderts ging es um Bestrebungen nach einer neuen Moral, um eine vollkommene Sittlichkeit. Die Vorstellungen von Ehre und Ehrlosigkeit sowie die Rolle der Ehre als eine Voraussetzung der rechtlichen Stellung und der sozialen Akzeptanz verstärkten sich. Die Ehre wurde als ein immer mehr an Gewicht gewinnender und entscheidender Wert im sozialen wie im rechtlichen Leben wahrgenommen. Die Obrigkeit fühlte sich verpflichtet, abweichendes Verhalten zu verfolgen und zu bestrafen. Dies geschah zunehmend durch spektakuläre öffentliche Strafrituale. Bei der Zunahme der Schand- und Ehrenstrafen ging es sowohl um die Bestrafung von Vermögenslosen wie um die erhofften generalpräventiven Wirkungen von schändlicher, öffentlicher Strafe.

Bei der Durchsetzung des Systems von Schand- und Ehrenstrafen wurden die Ängste der Untertanen einerseits vor Gottesstrafen und andererseits vor der weltlichen Bestrafung als Mittel der Disziplinierung eingesetzt. Der Verbrecher wurde zum warnenden Beispiel und Instrument größerer kriminalpolitischer Ziele. Man hoffte, dass die „Aufopferung" eines Individuums, etwa am Pranger oder in Ketten, der Gemeinschaft sittsames Weiterleben garantieren würde. Für den Betroffenen bedeutete dies Ehrverlust oder mindestens Ehrminderung. Die seitens der Obrigkeit aufgestellten sittlichen Anforderungen waren in der Praxis unerfüllbar und bewirkten so eo ipso eine unausweichliche Steigerung der kriminalisierten Verfehlungen. Rückfälle waren besonders häufig im Bereich von Sittlichkeits- und Alkoholverbrechen, ging es doch um eigentliche Handlungen oder um Vorurteile gegenüber einst straffällig gewordenen Personen.

Die öffentliche Bestrafung hatte keine Wiederherstellung der sozialen Stellung als Ziel. Vielmehr ging es um die Stigmatisierung des in Verdacht geratenen Personenkreises, damit zwischen normalen und ehrbaren Menschen auf der einen und verdächtigen und unehrlichen Personen auf der anderen Seite deutlich zu unterscheiden wäre. Womöglich fungierten die Schand- und Ehrenstrafen auch wirklich als Abschreckung – wir wissen ja nicht, wie viele sich kriminell verhalten hätten, wenn man anders bestraft hätte. Allerdings wurden Rückfälle dadurch nicht verhindert, weshalb man wohl mit Recht von der Geltungsschwäche dieser Sanktionen ausgehen kann. Besonders durch Ehrenstrafen und Verweisungen wurde mehr und dauerhaftere Kriminalität erzeugt. Durch Ehrverlust wurden die Betroffenen dem normalen gesellschaftlichen Leben ausgeschlossen und die Gesellschaft begegnete ihnen misstrauisch. Man kann also sagen, dass sowohl die Kriminalisierung neuer Tatbestände wie auch die eigentliche Bestrafung die Kriminalität vermehrten.

2. Schand- und Ehrenstrafen bildeten zwei verschiedene Straftypen, die unterschiedlich ehrmindernd waren.

Im Gegensatz zu der immer noch allgemein verbreiteten Vorstellung kam die Mehrzahl der eigentlichen Schand- und Ehrenstrafen erst seit Ende des 16. und im Laufe des 17. Jahrhunderts wirklich zur Geltung. Am Anfang des 17. Jahrhunderts war ihr Höhepunkt zwar noch nicht erreicht, aber in hundert Jahren hatte ihre Variationsskala und Vollzugshäufigkeit merklich zugenommen. Ohne Zweifel liegen die Wurzeln dieser Sanktionen im mittelalterlichen Strafsystem. In der

Literatur werden die Schand- und Ehrenstrafen häufig miteinander verwechselt oder als synonym beschrieben. Bei dem Vollzug dieser Sanktionen wurde die Ehre des Verurteilten durch rituelle, oft symbolische Bloßstellung, Beschädigung und Erniedrigung des Körpers verletzt. Sanktionen in den beiden Strafgruppen wurden öffentlich vollzogen, und sie erforderten auch die Anwesenheit des Publikums. Da ihre Zwecke und damit auch ihre Folgen aber unterschiedlich waren, müssen sie in zwei Strafkategorien geteilt werden. Ähnlich wie bei der Teilung von Ehre spielen die sozialen Aspekte der öffentlichen Strafe einerseits und ihre juristische Bedeutung andererseits hier die entscheidende Rolle.

Wenn auch die Begriffe Schand- und Ehrenstrafe in dem hier gemeinten Sinne nicht in die Rechtssprache des 16. und 17. Jahrhunderts gehören, ist eine Zweiteilung in dem frühneuzeitlichen Strafsystem nicht zu übersehen. Es gab Strafen, die den Verbrecher endgültig außerhalb der Gesellschaft stießen und seine bürgerliche Rechte schwer verletzten. Diese Sanktionen bewirkten im schlimmsten Fall den völligen Entzug der bürgerlichen Ehre, so dass sie sich nicht nur auf den Ruf, sondern auch auf die Rechtsstellung des Betroffenen negativ auswirkten und ihnen die juristische Ehre nahmen, ja Ehrverlust verursachten. Häufiger waren aber Sanktionen, die nur die soziale Ehre des Delinquenten schädigten. Sie zielten auf eine kurzfristige Ehrminderung und hatten einen schlechten Ruf zur Folge. Sie sollten Schandstrafen genannt werden. Obwohl beide Strafgruppen Öffentlichkeit erforderten, geht es primär um rechtliche Maßnahmen, nicht um „soziale" Sanktionen, wie in der Literatur oft behauptet wird.

Die subjektiven Wirkungen von Schand- und Ehrenstrafen waren hinsichtlich des Rechtsgebrauchs sekundär, weil die Bestrafung primär soziale und rechtliche bzw. abschreckende Ziele hatte. Hätte man die Ehre nur als subjektiven, inneren Wert empfunden, wären die Schand- und Ehrenstrafen auch wirkungslos gewesen. Inwiefern der schlechte Ruf das Leben der einmal mit einer Schand- oder Ehrenstrafe bestraften Person erschwerte, war in jedem einzelnen Fall anders zu beurteilen und hing von den sozialen Verhältnissen zwischen ihm und seinen Mitmenschen ab. In der Praxis hatte der schlechte Ruf einer vorbestraften Person bei einer möglichen weiteren Verurteilung nachteilige Wirkung, man wurde leichter erneut verhaftet, angeklagt und verurteilt. Dabei ist daran zu erinnern, dass Infamie nur durch juristische Maßnahmen entstehen konnte, aber nicht alle erniedrigenden Sanktionen hatten Ehrlosigkeit zur Folge. In der folgenden Tabelle sind die Unterschiede und Erkennungszeichen der Schand- und Ehrenstrafen aufgelistet.

Schandstrafe	**Ehrenstrafe**
Vollzug in der R. vom Gerichtsdiener	Vollzug in der R. vom Henker
Ehrminderung	Ehrverlust
Levis notae macula	Infamie
Schande	Unehre
Verletzung der sozialen Ehre	Verletzung der juristischen Ehre
Verletzung des guten Rufs, mala fama	Verletzung des dignitas civilis
Leben in der Gemeinschaft de jure möglich	In der Regel mit Verweisung verbunden
Zunftmitgliedschaft möglich	Zunftmitgliedschaft unwahrscheinlich
Rechtliche Stellung unverändert	Rechtliche Stellung deutlich schlechter
Soziale Marginalität möglich	Soziale Marginalität wahrscheinlich

3. Die Theorie widerspricht der Praxis: Eine Zusammenfassung von städtischer Strafpraxis in München hinsichtlich der Schand- und Ehrenstrafen.

Die Strafpraxis des Rats war einerseits milder, andererseits aber auch vielseitiger als die meist landesherrlichen Gesetzesnormen. Beachtenswert ist besonders, dass nicht nur einheimische Täter, sondern auch Fremde und Schwerverbrecher häufig zu relativ milden Strafen verurteilt wurden. Außerdem verfügten die Ratsherren und Richter des Untersuchungszeitraums über keine eingehenden Instruktionen, keinen Strafkatalog, woraus gewisse Strafen für gewisse Verbrechen ausgewählt werden konnten – eine praktische Tatsache, die bisher in der Literatur nicht genug beachtet worden ist. In äußerlich ähnlich wirkenden Kriminalfällen wurden nicht immer dieselben Strafen verhängt und gleichrangige Personen wurden unterschiedlich bestraft. Es konnten Strafen verhängt werden, die nicht in den Gesetzestexten vorkommen, es wurden mildere, manchmal auch härtere Sanktionen verhängt, oder man ließ Gnade walten. In manchen Fällen wurde die öffentliche Strafe in eine Geldbuße umgewandelt. Im Allgemeinen konnten die Schand- und Ehrenstrafen kreativ kombiniert und gelegentlich auf eine völlig neue Weise vollzogen werden.

Für die Herzöge war es sicherlich einfacher, ein strenges Vorgehen einzufordern, als für die Ratsherren, dieses zu verwirklichen. Der Herzog repräsentierte die staatliche und ideologische Ebene der Disziplinierung, aber der Rat musste den Angeklagten von Angesicht zu Angesicht begegnen – und ihre oft sehr tragischen Lebensgeschichten anhören. Unter den Angeklagten mögen auch Bekannte, wenn nicht gar Verwandte der Ratsherren gewesen zu sein, weshalb wohl gelegentlich mildere Strafvarianten gewählt wurden. Die Ratsvermerke verstärken den Eindruck, dass die Verfehlungen der von Gericht geratenen Personen seitens des Rats nicht im gleichen Maße ernst genommen wurden, wie die landesherrlichen Mandate und Berichte sich dies vorstellten. Demzufolge wurde der Bedarf an Bestrafung auch geringer empfunden. Außerdem wollte der Rat nicht eine bloße Marionette des Herzogs werden, sondern seine Rechtsprechung so selbstständig wie möglich ausüben. Anders als die landesherrlichen Mandate schenkten die Ratsvermerke den religiös-moralischen Aspekte und dem Sittlichkeitsideal der Zeit nur wenig Aufmerksamkeit.

In welchem Maß der Strafprozess die Ehre verletzte, war von verschiedenen Sachverhalten abhängig. Das begangene Verbrechen, das Verhör, das Urteil und die endgültige Strafe, aber auch der Ruf des Verurteilten hatten alle ihre Wirkung. Die inquisitorische Verhörspraxis, in der nicht auf Folterung verzichtet wurde, das Gewicht der Zeugenaussagen und die oft harte Untersuchungshaft wiesen den Angeklagten eine unterwürfige Rolle zu. Auch wenn man am Ende für unschuldig erklärt wurde, war man vom Rechtsprozess stigmatisiert und wurde künftig leichter vor Gericht gebracht. Wenn ein vorbestrafter Delinquent rückfällig wurde, baute die neue Verurteilung auf die vorige auf, da „eines mit dem anderen gemessen“ wurde.

Die hauptsächlichen Zielgruppen der Schand- und Ehrenstrafen waren die mittleren und unteren Schichten der Stadtbevölkerung sowie die schon am Rande oder außerhalb der Gesellschaft stehenden Gruppen. Die soziale Stellung bzw. der Rang des Angeklagten spielte eine nicht unbedeutende Rolle im Rechtsverfahren und bei der Verurteilung. Allerdings wird der Zwang zum Kriegsdienst oft als typische Adeligenstrafe beschrieben, aber auch gewöhnliche Bürger wurden in den Türkenkrieg geschickt. Die Strafpraxis Münchens war ein Teil einer allgemeineuropäischen Entwicklung, zeigte aber regionale Ausprägungen. U. a. das Zurschaustellen auf dem Hauptplatz, am Pranger und vor der Kirche oder das Tragen des Lastersteins waren europaweit in Gebrauch. Die Verwendung von Proskription in Form einer an der Stadtmauer hängenden Tafel, Schrägen und Knocker sowie das Stehen auf der Ratsstiege scheinen dagegen lokale Besonderheiten gewesen zu sein.

Frauen wurden seltener als Männer angeklagt und oft leichter bestraft. Die Ausnahme bilden die Anklagen und die Bestrafung von Frauen wegen Sittlichkeitsdelikten. In vieler Hinsicht folgte die Bestrafung der Frauen ihrer eigenen Logik, zum Teil, weil die weiblichen Delikte sich von den männlichen unterschieden. Da Frauen auch häufig keine Buße bezahlen konnten, wurden sie eher als die Männer zu Schand- oder Ehrenstrafen verurteilt. In der Regel verfügten die

Frauen nicht in demselben Maße wie die Männer über gute Kontakte zu wichtigen Personen oder Instanzen, weshalb ihre Verurteilungen selten durch Fürbitte geändert wurden. Dagegen spielten Schwangerschaft und kleine Kinder eine bedeutende Rolle bei der Urteilsentscheidung über die Frauen. Oft wurde die Strafe verschoben, bis das Kind geboren oder kein Säugling mehr war, oder es wurde eine mildere Strafe verhängt. Für Frauen wurden die Strafen von Abbitte, publica edicta und Proskription nicht verhängt. Sie wurden auch nicht geschnellt, in den Kriegsdienst geschickt oder in den Knocker gestellt. Die Haftzeiten der Frauen waren meist relativ kurz, öfters wurden sie nur getadelt.

4. Die Kategorisierung von Münchner Schand- und Ehrenstrafen: Eine pauschale Skala der Ehrenrührigkeit.

Die innerhalb des Untersuchungszeitraums ausgesprochenen und vollzogenen Strafen scheinen ein hierarchisches, aber keineswegs exaktes System gebildet zu haben. In der Wirklichkeit wurde die „Strafhierarchie" wohl immer wieder unterschiedlich interpretiert. Einzelne Strafen können deshalb nur pauschal nach ihrer Schändlichkeit und ihren ehrmindernden Wirkungen zugeordnet werden. Es ist allerdings nützlich, sie miteinander so weit wie möglich zu vergleichen. Die folgende Tabelle beschreibt die Ehrenrührigkeit von den in München innerhalb des Untersuchungszeitraums verurteilten Schand- und Ehrenstrafen mit Nummern von 1 bis 10. Diese pauschale Skala wurde entworfen, um die Fragen der vorliegenden Studie zu beantworten: Eine solche Abstufung kommt weder in den Quellen noch in der Literatur vor. Auch wenn die Strafe eigentlich nicht vollzogen oder später umgeändert wurde, zeigt die Tabelle, welche Sanktionen für welche Verbrechen verurteilt wurden. Es ist allerdings daran zu erinnern, dass eine Verurteilung in vielen Fällen mehrere Strafmaßnahmen beinhaltete. Viele Straftaten sind auch nicht deutlich voneinander zu unterscheiden, oder man wurde auf einmal wegen mehreren Delikten bestraft.

Verurteilungen, die den Aufenthalt in der Stadt ermöglichten	Verbrechen	Pauschale Skala der Ehrenrührigkeit: 1 = etwas ehrmindernd 10 = sehr ehrenrührig
Verweis	Trunkenheit Übelhausen Mittäter der Dieberei Leichtfertigkeit Unzucht	1
Selbstverpflichtung (Obligation)	Trunkenheit Rumoren	2
Kurzfristige Haft	Injurie Trunkenheit Übelhausen Rumoren Gotteslästerung Mittäter der Dieberei Leichtfertigkeit Unzucht	2
Öffentliche Abbitte	Injurie	2
Kundmachung (in vielen Fällen nebensträflich)	Trunkenheit Übelhausen Injurie Dieberei (inkl. Mittäter) Konkubinentum Kuppelei (inkl. Mittäter)	3
Narrenhaus	(keine Verurteilungen)	3
Alkoholverbot/Wirthausverbot	Trunkenheit Übelhausen Rumoren	3
Publica edicta/proclamata	Übelhausen	3-4
Längere Haft	Injurie Rumoren Gotteslästerung Bettelei Dieberei Ehebruch	3-5
Proskription (Tafel)	Trunkenheit Übelhausen Rumoren	4
Zurschaustellen auf dem Hauptplatz	Misshandlung	4-5

Kettenstrafe	Injurie Trunkenheit Übelhausen Misshandlung Bettelei Dieberei (inkl. Mittäter) Faulenzen Kuppelei	4-6
Rutenzüchtigung (manchmal nur „Rute zeigen“)	Dieberei Betrug	4-6
Zurschaustellen vor der Kirche	Trunkenheit Rumoren Gotteslästerung Fluchen Konkubinat Ehebruch (inkl. Mittäter)	5-6
Strafarbeit	Misshandlung Bettelei Mittäter der Dieberei Leichtfertigkeit Unzucht Kuppelei	5-6
Bäckerschnelle	Betrug	6
Schrägen	Injurie Übelhausen Misshandlung Betrug Mittäter wegen Unzucht	6
Lasterstein	Kuppelei (inkl. Mittäter)	6-7
Knocker	?	?

Verurteilungen, die das Verlassen der Stadt erforderten (nur teils infamierend)	**Verbrechen**	**Pauschale Skala der Ehrenrührigkeit** 1 = etwas ehrmindernd 10 = sehr ehrenrührig
Wallfahrt	Rumoren	?
Zwang zum Kriegsdienst	Injurie Rumoren Misshandlung Bettelei Betrug Dieberei Leichtfertigkeit Unzucht Ehebruch	?
Freiwillig die Stadt verlassen	Rumoren Injurie	2
Verweisung „ohne Schande" (Ausführung durch den Gerichtsdiener, oft mit Schandstrafen kombiniert)	Trunkenheit Übelhausen Rumoren Gotteslästerung Bettelei Betrug Dieberei (inkl. Mittäter) Faulenzen Leichtfertigkeit Unzucht Konkubinentum Ehebruch (inkl. Mittäter)	4-6
Stiege	Dieberei (inkl. Mittäter) Betrug Unzucht Konkubinat Kuppelei	6-7
Verweisung „mit Schande": *infamierend* (Ausführung durch den Henker, mit Schand- oder Ehrenstrafe kombiniert)	Injurie Dieberei (inkl. Mittäter) Leichtfertigkeit Unzucht Konkubinat Ehebruch Kuppelei (inkl. Mittäter)	8-10
Pranger: *infamierend*	Dieberei (inkl. Mittäter)	8-9
Pranger + Rute zeigen: *infamierend*	Dieberei (inkl. Mittäter) Leichtfertigkeit Unzucht	9
Pranger + Rutenzüchtigung: *infamierend*	Injurie Dieberei (inkl. Mittäter)	10
Verstümmelung/Brandmarkung: *infamierend*	Dieberei	10

Der Verweis bildet zweifellos die mildeste Stufe der Strafskala. Er wurde benutzt, wenn kein eigentliches Kriminalvergehen begangen worden war oder wenn der Rat an die Besserung des Täters glaubte. Zu den leichteren Schandstrafen gehören die Kundmachung, die schriftliche oder mündliche Selbstverpflichtung, das Alkohol- und Wirtshausverbot, die öffentliche Abbitte, die publica edicta bzw. proclamata und die Proskription, also die Tafel. Diese Sanktionen wurden zum Teil in beschränkter Öffentlichkeit vollzogen und sie waren kurzfristig. Diese Prozeduren hatten de jure keine Wirkung auf die Rechtsstellung des Verurteilten, eine zumindest vorübergehende Verletzung der sozialen Ehre war jedoch wahrscheinlich.

Im Bereich von Gefängnisstrafen kann festgestellt werden, dass eine kurzfristige Haft im Turm die geringste Wirkung auf die Ehre hatte. Die Schergenstube dagegen wurde meistens ehrmindernd empfunden, wohl weil die Folterstube daneben lag. Je länger die Haft dauerte, desto ehrmindernder waren ihre Folgen. Eine längere Haft in der Schergenstube konnte mit besonders geringer Atzung oder Ankettung an die Wand verschärft werden. Es ist oft schwierig, Untersuchungshaft von Gefängnisstrafe zu unterscheiden. Wenngleich es an eigentlichen Gefängnisanstalten mangelte, fungierte die Haft allerdings schon im 16. Jahrhundert als Strafe. Verurteilungen ins Narrenhaus dagegen wurden in den Quellen nicht notiert, wenngleich die Protokolle diese mildere Schandstrafe in anderen Zusammenhängen erwähnten.

Eine öffentliche Zurschaustellung war immer schändlich. Es war möglich den Delinquenten auf den Hauptplatz oder vor die Kirche zu stellen, wie auch in den Schrägen zu befestigen. Diese Sanktionen dauerten einige Stunden und wurden häufig an drei aufeinander folgenden Sonn- oder Feiertagen vollstreckt. In der Zeit dazwischen saß der Delinquent im Gefängnis. Oft musste er zwei bis vier Wochen in Ketten gehen oder arbeiten, manchmal auch länger. So brachte die Kettenstrafe eine langfristigere öffentliche Schande mit sich. Auch eine öffentliche Rutenzüchtigung ohne folgende Verweisung konnte als Schandstrafe dienen. Diese schwereren Schandstrafen schadeten der sozialen Ehre ernstlich, aber der Delinquent wurde nicht unbedingt ausgewiesen. Da die Schandstrafen vom Gerichtsdiener vollzogen wurden, war das weitere Leben in der Gemeinschaft de jure möglich. Wenngleich der Vollzug von Steinetragen und Schnellen nicht sehr lange dauerte, scheinen diese neben dem Schrägen die schwersten Sanktionen unter den Schandstrafen gebildet zu haben. Meist, aber nicht unbedingt, war das Tragen des Lastersteins mit der Verweisung gebunden, so dass es in die Nähe einer Ehrenstrafe kommt.

Eine Ehrenstrafe war die Kombination von Ratsstiege, Pranger, Rutenzüchtigung, Verweisung und möglichen anderen schändlichen Maßnahmen, die primär vom

Henker vollzogen wurden. Sie beinhaltete an sich unterschiedliche Grade der Entehrung. Im schlimmsten Fall wurde man am Pranger mit Ruten gezüchtigt, verstümmelt, für unehrlich erklärt, durch den Henker ausgeführt und für immer des Landes verwiesen. Weil die Beschädigung der Ehre bei den Ehrenstrafen sowohl im juristischen wie im sozialen Sinne so dramatisch war, wurde ein weiterer Verbleib in der Gemeinschaft unmöglich. Ehrenstrafen wurden demzufolge konsequent mit Ausweisung gekoppelt. Innerhalb des Untersuchungszeitraums wurde die Stiegenstrafe immer mit Verweisung verbunden, aber es ist möglich, dass diese Maßnahme manchmal auch das Bleiben in der Stadt ermöglichte. So kommt sie in die Nähe von Schandstrafen.

Die Verweisungsstrafe bildet deutlich die größte Strafgruppe, jedoch sind die Vermerke bei diesen Sanktionen besonders schwankend. Häufig wurde nicht geschrieben, ob der Delinquent nur verwiesen oder auch mit Ruten gezüchtigt, an die Ratsstiege oder an den Pranger gestellt wurde. Umgekehrt wird im Zusammenhang mit der Rutenstrafe und dem Pranger die Verweisung nicht immer notiert, obwohl sie sicherlich die Regel war. Häufig wurde auch nicht protokolliert, ob es sich um eine zeitlich beschränkte oder um eine ewige Verweisung handelte oder ob der Verurteilte der Stadt oder des Landes verwiesen wurde. Anders als meistens gedacht, scheint der Stadtrat auch Landesverweisungen ausgesprochen zu haben. Eine Verweisung ohne Pranger oder Rutenzüchtigung kann nicht zu den eigentlichen Ehrenstrafen gezählt werden, da man häufig auch mit Wiedereinlass in die Stadt begnadigt wurde. Über die Schändlichkeit der sehr selten auferlegten Strafe des Knockers, wie auch der Wallfahrt und Zwang zum Kriegsdienst kann im Hinblick auf die Ehrenrührigkeit nichts Eindeutiges gesagt werden.

Es bleibt noch die Frage der Häufigkeit von Schand- und Ehrenstrafen. Innerhalb des Untersuchungszeitraums waren sie in München deutlich keine Seltenheit. Die Auswahl der öffentlichen Strafmöglichkeiten, besonders unter den Schandstrafen, war beeindruckend groß. Jedoch wurden einige Strafen häufiger vollzogen als andere. In der folgenden Tabelle werden die Ratsverurteilungen in den Stichprobejahren nach ihrer Häufigkeit aufgelistet.

Stichprobejahre	**1596**	**1600**	**1604**	**1609**	**1613**	**1617**	**insgesamt**
Verweisung (Stadt/Land) (Wiedereinlass in die Stadt)	52 (4)	61 (6)	54 (7)	43 (10)	25 (4)	41 (9)	276 (40)
Rutenzüchtigung (mit oder ohne Verweisung)	2	8	14	7	14	2	47
Alkoholverbot (oft inkl. Selbstverpflichtung)	2	20	8	9	5	3	47
Kettenstrafe	1	12	11	3	3	3	33
Pranger	2	7	3		2	1	15
Schrägen		1	2		1	9	13
Öffentliche Abbitte	2	3	1	5		1	12
Zurschaustellen vor der Kirche		4	2	2	1		9
Proskription (Tafel)				7	1	1	9
Ratsstiege	1	6				1	8
Strafarbeit	4	2		1			7
Kundmachung		1	1		3	1	6
Zurschaustellen auf dem Platz			2	1	2		5
Lasterstein		4					4
Bäckerschnelle	1		2				3
Knocker	1						1

Epilog: Norm und Praxis in der Rechtspflege

Das primäre Ziel der obrigkeitlichen Disziplinierungsmaßnahmen der Nachreformationszeit war es, die allgemeine Ruhe im eigenen Territorium zu bewahren und die Kriminalität zu bekämpfen. Dabei wurden die religiös-moralischen Ideale der Zeit zunehmend berücksichtigt und betont. Besonders in den landesherrlichen Mandaten wurde den Untertanen durch dauerhafte Beschwörung der Folgen von Gottes Zorn sowohl ein persönliches Sündenbewusstsein als auch eine kollektive Verantwortung bei abweichendem Verhalten vermittelt. Im gesetzgeberischen Bereich bewirkte das Bestreben nach moralischer und sittlicher Vollkommenheit eine Kriminalisierung vieler Taten, die vorher unbestraft geblieben waren. Das Bewusstsein um die Sündhaftigkeit, das nun zum allgemein geförderten Zustand wurde, hat ohne Zweifel seine prägende Wirkung auf die gesellschaftliche Gemütslage nicht verfehlt.

Die sozialdisziplinierenden Gesetze des frühneuzeitlichen Einheitsstaates waren Verkörperungen des frühabsolutistischen Herrschens, ein Ausdruck der Souveränität.[960] Der Herzog wurde nicht nur der oberste Hüter des Gesellschaftsfriedens, sondern auch der Moral und der Sitten. Abweichendes Verhalten und Straftaten, die vorher kirchlich bestraft worden waren, kamen nun vor weltliche Gerichte. Die im Laufe des 16. Jahrhunderts in wachsendem Tempo herausgegebenen landesherrlichen Regelungen beinhalten eine deutliche Verschärfung gegenüber früheren Zuständen. Lässt sich die zunehmende Verfolgungsintensität des abweichenden Verhaltens aber nur mit den gehobenen sittlichen Anforderungen, oder aber auch mit einem eigentlichen Niedergang der Sitten, sogar mit dem Anwachsen der Kriminalität in Zusammenhang bringen?

Die Geschichtsforschung hat bis in die jüngste Zeit immer wieder betont, dass die Bedrohung der öffentlichen Ordnung im 16. Jahrhundert durch die ständig steigende Zahl von Gewohnheitsverbrechen zu erklären sei. Die strafrechtlichen Innovationen des Spätmittelalters und der Frühneuzeit sind als Reaktionen auf die Zunahme gefährlicher Schwerkriminalität gesehen worden. Das Wechselspiel zwischen Verordnungen und Verhalten ist allerdings komplexer zu zu verstehen.[961] Will man die Quellen einsichtig interpretieren, so können sie den Ein-

---

960 Schlosser: Rechtsetzung 1987, 49-50.

961 Schwerhoff: Köln 1991, 177 & 362-363. Siehe auch Behringer: Mörder, Diebe, Ehebrecher 1990, 118.
Nach Forschungen von Behringer war die Gesamtkriminalität im Rentamt München in der ersten Hälfte des 17. Jahrhunderts in folgender Weise konstruiert: Sittlichkeit 30,6 %, Eigentum 25,5 %, Gewalt 20, 4 %, Status 7,1 %, Religion 6,1 %, sonstiges 4,1 %, Staat 3,1 % und Verfahren 3,1 %. (Behringer: Mörder, Diebe, Ehebrecher 1990, 129).

druck verstärken, dass die Lage der Kriminalität im Laufe des 16. Jahrhunderts bedeutend schlechter wurde. Unstrittig sind die steigenden Zahlen bei Urteilen und Strafen, sowie die sich verschärfenden Sanktionen aber in vielem mit Veränderungen in der Rechtspflege zu erklären. Die Zunahme von Devianz war eher eine Folge der Kriminalisierung, effektiver Täterverfolgung, des Inquisitionsprinzips und des Bestrafungsdrucks seitens der lokalen Obrigkeiten sowie sozialer Kontrolle, als das Resultat eigentlicher Verhaltensänderungen. Wie nicht selten auch infolge der Kriminalpolitik in unseren Tagen, wurde eigentlich neue Kriminalität „produziert".

Es ist nicht zu übersehen, dass obrigkeitliche Disziplinierung und Kriminalisierung sich in vieler Hinsicht gegen bestimmte unerwünschte Gruppen und Individuen richteten. In zahlreichen Mandaten und Ordnungen, die überall im Land an die Rathäuser und an den Kirchentüren angeschlagen und öffentlich verlesen wurden, wurden immer wieder dieselben Gruppen genannt. Man kann sich leicht vorstellen, wie alle verdächtigen Menschen nebeneinander kategorisiert wurden. Bald konnte das Volk das Bild eines bettelnden, trinksüchtigen, gewalttätigen, verräterischen und leichtfertigen Menschen vor sich sehen. Dabei wurde zunächst an Fremde, Bettler, Zigeuner, Landsknechte und an die mit diesen Leuten reisenden Frauen gedacht. Es ging aber auch um sesshafte Personen, die in ihrem Leben nicht die moralischen Anforderungen erfüllten. Sie sahen sich zunehmend Verdächtigungen ausgesetzt und wurden in der allgemeinen Vorstellungswelt immer häufiger mit negativen und bedrohlichen Eigenschaften versehen. Die psychologische Trennungslinie zwischen "normalen" und verdächtigen Menschen wurde umso breiter, je mehr eben jene an den Rand der Gesellschaft gedrückt wurden. Es kam zu einer immer tiefer gehenden Spaltung der Gesellschaft in "wir hier" und "die da". Die Disziplinierung dieser Gruppen war ein Zusammenspiel von Verurteilung und Stigma.

Auf der anderen Seite kann aber auch mit Recht behauptet werden, dass bei der Kriminalisierung des Alltags fast jedermann in Gefahr lief, straffällig zu werden. Man beschwerte sich schon bald über zu viele Gesetze und Verordnungen, über die geringe Effektivität der Behörden und über zu viele Beamte. Je intensiver der Staat als Macht- und Entscheidungszentrum den einzelnen Menschen bedrückte, desto unverständlicher wurde er den Menschen.[962] In vielen Fällen ging

---

Im frühneuzeitlichen Finnland war die Zahl der protokollierten Sittlichkeitsverbrechen sehr niedrig, manchmal nur einpaar Prozenten. (Karonen: A Life for a Life 1998, 144, 148-149 & 161-165 und Karonen: Pohjolan vaarallisimmat asuinpaikat 1996, 65-68 & 73). Dies deutet aber kaum an den Erfolg obrigkeitlicher Kontrolle, sondern eher an die Schwachheit des Rechtssystems.

962 Heydenreuter: Recht, Verfassung und Verwaltung 1981, 7-8 & 44 und Heydenreuter: Kriminalitätsgeschichte Bayerns 2003, 57 & 64.

es um Verhalten und Taten, die heute nicht mehr kriminalisiert sind, die akzeptiert oder zumindest toleriert werden. Trotz der Motivierung der Polizeigesetzgebung durch die neue Morallehre und Angstbilder von Zorn Gottes haben die vormodernen Menschen aber kaum alles, was kriminalisiert war, für kriminell gehalten. Bei der Disziplinierung der Untertanen geht es so um obrigkeitliche Ordnungspolitik, die in vieler Hinsicht der Verstärkung obrigkeitlicher Macht diente. Inwieweit gelang es der Obrigkeit aber damit, die Kriminalität, Unsittlichkeit und abweichendes Verhalten wirklich zu entwurzeln?

Schlosser deutet an, dass die Forschung dazu neigt, dem frühneuzeitlichen Gebotsrecht Geltungsschwäche zu attestieren. Es wird gelegentlich nur für eine Form symbolischer Gesetzgebung gehalten. Angesichts der teilweise kurzlebigen Polizeigesetze stellt sich in der Tat die Frage ihrer Vollzugseffizienz.[963] In der Vorrede der Landesordnung von 1516 behaupteten die fürstlichen Brüder Ludwig und Wilhelm, dass die von ihren Vorvätern gegebenen Ordnungen „*nach gelegennhait vnd gestalt der leüff etlich zeit here wenig gehalten vnd zum tail in vergessenhait*" geraten waren.[964] Mit ähnlichen bedauernden Worten sollte die Mehrheit der landesherrlichen Ordnungen und Mandaten des Jahrhunderts beginnen, so dass der Leser ihre Wirkung auf die eigentliche Rechtspflege wirklich bezweifeln muss. Auch die Vermerke über eigentliche Urteile in Ratsprotokollen vermitteln denselben Eindruck. Zum besseren Verständnis der Anstrengungen der Räte und der Herzöge bei der „wachsenden Unzucht" trägt die folgende exemplarische Episode bei.

Im April 1611 wurde Maria Gränzingerin, „eine gemeine Vettel", verhört. Sie hatte bereits mehrfach in der Schergenstube eingesessen. In ihrem Verhör sagte sie, dass sie mit einem Landsknecht weggezogen war, aber dieser hatte ihr „*alles genommen vnd* (sie) *widerumben von jhme hiwegg geiagt*". Im Juli 1612 wurde Maria befragt, warum sie das Verbot nochmals missachtet habe und in die Stadt gekommen sei. Sie antwortete, dass die Landsknechte sie nach München geführt hätten „*mit dem zuesagen sie auß dem liederlichen leben vnd auß disem spott zebringen*". Sie gestand auch, „*daß sie 6 mal in eisen sey gangen*" und bat um Gnade. Dies bestärkte den Stadtrat jedoch nur in seiner Auffassung, dass es sich bei Maria um eine hoffnungslos liederliche Person handelte. Im September 1613 wurde sie als „*incorrigibilis pudana*" an den Pranger gestellt und mit einer ewigen Landesverweisung bestraft.[965] Während der nächsten drei Jahre sind zwar

963 Schlosser: Rechtsetzung 1987, 59-60.
964 BayStabi: LO 1516, Bvi-v.
965 StadtA: SG MP 866/7 (1610/1611), Fol. 244 r, 866/8 (1612-1614), Fol. 29 r-29 v und RP 228 (1613), Fol. 186 r.
Pudendus = schimpflich, schädlich, pudeo = sich schämen, mit Scham erfüllen, pudibundus = schamhaft, schimpflich, putana = Dirne, Hure.

keinerlei Vermerke über Maria Gränzingerin zu finden, aber im Juli 1616 wurde sie in einem weiteren Prozess zur öffentlichen Rutenstrafe verurteilt. Damals war die erst 29-jährige Maria

„5 mal in eisin gangen, fünffmal ausgeführt, 2 mal mit rueten ausgehauen vnd durch die packhen gebrennt worden, vnd danach über jr schwern auß dem land, sich darüber nochmals bedretten lassen hereingekommen".[966]

Nun wurde ihr bedroht, wenn sie erneut im Land erwischt würde, *„so soll jr der khopff abgehackht werden"*.[967] In dem Fall der Maria Gränzingerin wurden ihre Verbrechen, geschweige denn die Tatbestände eigentlich gar nicht geklärt. Es scheint sich um eine Frau zu handeln, die schon lange einen schlechten Ruf hatte und demzufolge immer wieder verurteilt wurde. Trotz des ständigen Eingreifens und der einschlägigen Forderungen der Herzöge in ihren zahlreichen Mandaten, den vielen Verweisungen und anderer vollzogenen Strafen wie auch des Androhen härterer Strafen, gelang es dem Stadtrat nicht, in der Bekämpfung der Unzucht oder der Kriminalität im Allgemeinen einen nennenswerten Erfolg zu erzielen. Immer wieder wurden Verurteilte durch Strafe öffentlich erniedrigt und immer wieder gerieten dieselben Personen – und aber auch erstmals Straffällige – vor Gericht. Durch die meisten in dieser Arbeit zitierten Kriminalfälle verstärkt sich der Eindruck, dass die große Anzahl an Androhungen und vollzogenen Strafen in der Praxis nur minimal Wirkung zeigte.

Härter stellt fest, dass eine Gesellschaft, die jede Verhaltensabweichung ihrer Mitglieder bestraft, selbst die Geltung ihrer Normen ruiniert. Wird die Norm zu selten sanktioniert, verliert sie ihre Kraft. Wird sie zu oft sanktioniert, verliert sie ihre Wirkungsfähigkeit und ihr moralisches Gewicht.[968] Die Verurteilungen konnten in der Praxis zwar abgemildert werden, aber die oft vermögenslosen Verurteilten hatten kaum die Möglichkeit, Geldbuße statt öffentlicher Strafe zu bezahlen oder einen mächtigen Fürsprecher für sich zu besorgen. Die Erforschung der normativen Quellen zeigt deutlich die Verschärfung der bayerischen Gesetze im Laufe des 16. Jahrhunderts. Normsetzung und Wirklichkeit bzw. Rechtstheorie

966 StadtA: RP 231 (1616), Fol. 145 r.
Nach herzoglicher Einsicht stellten die vielen Rückfälle, nicht zuletzt von den des Landes verwiesenen Personen, „die fürstliche Reputation in Verachtung". (BayHstA: KMS 1605/III/10).

967 StadtA: RP 231 (1616), Fol. 145 r.
Zum Vergleich: Nach den mittelalterlichen Rechten hatte eine durch die Zähne gebrannte Person die Todesstrafe erwirkt, wenn er erneut wegen Diebstahl erwischt wurde. So besaß eine vorbestrafte Person eine schlechtere Rechtsstellung. (Schlosser: Juristischer Kommentar 2000, 217-218, Schwab: Edition 2000, 77, Oberbayerisches Landrecht Artikel 39.).

968 Härter: Soziale Disziplinierung 1999, 378.

und Strafpraxis müssen allerdings voneinander getrennt werden, damit man die Strafandrohungen nicht mit der tagtäglichen Praxis gewechselt. Die Quellen der Strafpraxis deuten darauf hin, dass in der Realität nicht so streng bestraft wurde, wie es die landesherrlichen Gesetze empfohlen.

Heydenreuter behauptet, dass sich der Unterschied zwischen nicht infamierenden und infamierenden Bestrafung wegen der großen Zahl der Bestrafungen im Bewusstsein der Untertanen gegen Ende des 16. Jahrhunderts verwischte. So gewann etwa der Schrägen trotz seines an sich nicht infamierenden Charakters in Verbindung mit der Ausweisung mit der Zeit das Ansehen einer entehrenden Strafe. Für den Landesherrn war es jedoch wichtig, diesen Unterschied nach außen zu verdeutlichen, insbesondere weil seine Beamten ihn zunehmend vernachlässigten.[969] Dieser Wandel förderte nicht die strafrechtlichen Bestrebungen der Landesherren, die sich für eine härtere Strafpraxis einsetzten. Nach Erachten des Herzogs konnte und sollte die Schrägenstrafe öfters ausgesprochen werden, als der Rat wollte, weil sie die juristische Ehre nicht schädigte und also nicht zum Ehrverlust führte. Im Oktober des Jahres 1614 wurde im Rat ein

„herzoglicher befehl die schrägenstraff betrefflich abgelesen, darin beuolchen wirdt, man soll die schrägenstraff gegen den verbrecherischen burgern jeder zeit wirkhlich fürnemmen, vnd soll ein ehrsamer rath dem wahn nit jrren lassen, dass dise straff soll infamieren."[970]

Trotz der sich verstärkenden Rolle der landesherrlichen Gesetzgebung blieb die eigentliche Strafgewalt in den meisten Bagatelldelikten in der Hand von lokalen Obrigkeiten. Nach Aufsicht der Herzöge zeigte der Rat eine ungeheuere Ineffektivität und Nachlässigkeit in dieser Sache. Die städtischen Beamten sollten besser Ordnung halten oder man wolle *„von hof aus eingreifen"*. Die Obrigkeit wurde u. a. bei Geldstrafe und Dienstverlust zu ihren Pflichten ermahnt. Sie sollte mit allem Fleiß gegen die vom Landesherrn definierte Kriminalität vorgehen. Außerdem war jedermann nun verpflichtet, bei der Verfolgung und Festsetzung von unerwünschten Personen mitzuhelfen. Wer Mittäter oder Sympathisanten der Kriminellen anzeigte, dem *„solle ain guter trinckpfennig gegeben"* werden.[971] Durch Gebets- und Denunziationsvorschriften wurde der Kampf gegen allerlei Unsitten allgemeinverbindlich gemacht und in abschreckenden Bildern der himmlischen Strafe verhüllt. Kein Wunder, wenn die Nachbarn gegen-

---

969 Heydenreuter: Kriminalitätsgeschichte Bayerns 2003, 224 & 230-231.

970 StadtA: RP 229 (1614), Fol. 195 r.

971 BayHstA: KMS 1524/VIII/10, 1526/II/18, 1530/III/28, 1540/IV/3, 1546/V/5, 1561/IX/1, 1570/XII/16, 1570/XII/20, 1572/IX/14, 1577/VI/22, 1584/IX/18, 1584/X/13, 1589/VI/10, 1590/XII/8, 1601/XII/22, 1614/III/1 und StadtA: RP 233 (1618), Fol. 61 r. Siehe auch BStB, Res. 2., Bavar. 244 (1516), ff. Ciii v-Ciiii r & Lv r-Lv v und BayHstA: KMS 1610/XII/10-2, Aiii v-Aiv r.

über einander misstrauisch wurden: Der Andere war ja ein potentieller Verbrecher, der dadurch sogar für Krankheiten und Kriege verantwortlich gemacht werden könnte. Die Disziplinierung des 16. Jahrhunderts zielte nicht primär auf die Besserung des Täters, sondern auf die Erhöhung der allgemeinen Moral durch Abschreckung.

Anhang:

1. Quellen und Abkürzungen

Quellen der Strafpraxis

Handschriften:

Ratssitzungsprotokolle 1596-1618, die sog. Unterrichterserie (StadtA: RP):

211 (1596), 213/1-2 (1598), 215/1-2 (1600), 219 (1604), 221 (1606),
222 (1607), 223 (1608), 224 (1609), 225 (1610), 226 (1611), 227 (1612),
228 (1613), 229 (1614), 230 (1615), 231 (1616), 232 (1617), 233 (1618).

Malefizprotokolle des Unterrichters 1598-1618 (StadtA: SG MP 866):

866/3 (1598/1599), 866/4 (1599-1602), 866/5 (1605/1606), 866/6 (1607-1609),
866/7 (1610/1611), 866/8 (1612-1614), 866/9 (1615/1616), 866/10 (1616/1617),
866/11 (1618).

Gerichtsbücher des Oberrichters, Injurien- und Rumorsachen (StadtA: SG 867):

867/1 (1592), 867/2 (1593), 867/3 (1594), 867/4 (1595), 867/5 (1596),
867/6 (1597), 867/7 (1598), 867/8 (1599), 867/15 (1605), 867/16 (1605/1606),
867/17 (1606), 867/18 (1607), 867/19 (1607/1608), 867/20 (1608/1609),
867/21 (1609).

Die Stadtfronveste der Schergenstuben 1556-1802, Inventarlisten (StadtA: SG 893):

1556, 1566, 1583, 1591 und eine ohne Datierung.

Quellen der normativen Ebene

Handschriften:

Chur-Baÿrische Thesaurus Generalium 1606-1618 (StadtA: BR Mandate 60 B): 1,2,3,8.

Polizeibuch von München 1587 (UB: 2 Cod.ms. 226).

„Puesspuech" 1511, Nachträge von 1531 und 1532 (StadtA: SG 919).

Ordnungen und Mandate der Herzöge (StadtA: BR Mandate 60 A 1):
1517, 1526.

Bettel- und Almosenordnung der Stadt München 1599 (StadtA: SG 951a).

Originaldrucke:

Kurbayern Mandatsammlung 1500-1614 (BayHstA: KMS).

Landesherrliche Spezialmandate an die Stadt München 1578-1618 (StadtA: BR 62).

Ratsmandat gegen nächtliche Ruhestörung 1530 (StadtA: SG 920).

Ordnungen und Mandate der Herzöge 1519-1606 (StadtA: BR Mandate 60 A 1): 1519/1518, 1526, 1589, 1593, 1594, 1597, 1606.

Sammlung landesherrlicher Mandate 1562-1698 (StadtA: BR 60 B 14): 1598, 1599.

Bayerische Landesordnung 1516, BayStB: Res 2/Bavar. 244 (LO 1516).

Bayerische Gerichtsordnung 1520, BayStB: Res 2/Bavar. 244 (GO 1520).

Bayerische Landesordnung 1553, Baystabi: ESgl/2 Bavar. 509 a (LO 1553).

Bayerische Landesordnung 1578, BayStabi: Bibl.Mont. 4482 b (LO 1578).

Bayerische Gerichtsordnung 1616, BayStabi: Res 2, Bavar. 518 (GO 1616).

Bayerische Malefizprozessordnung 1616, BayStabi: Res 2, Bavar. 518 (MPO 1616).

Bayerische Landespoliceyordnung 1616, BayStabi: Res 2, Bavar. 518 (LPO 1616).

Primärliteratur und Editionen

Albertinus, Aegidius: *Haußpolicey*. München 1602.

Carpzov, Benedict: *Peinlicher sächsischer Inquisition- und Achtsproceß*. Frankfurt am Main und Leipzig 1638.

Dedekind, Friedrich: *De morum simplicitate. Grobianus. Von groben sitten vnd vnhöflichen geberden*. Abdruck der ersten Wormser Ausgabe aus dem Jahr 1551 (Neudrucke deutscher Literaturwerke des XVI. und XVII. Jahrhunderts, No. 34 und 35). Halle 1882.

Döpler, Jakob: *Theatrum poenarum, suppliciorum et executionum criminalium oder Schauplatz der Leibes- und Lebensstrafen*. Sondershausen 1693.

Pauli, Johannes: *Schimpf und Ernst*. I Teil der ältesten Ausgabe von 1522 (Bolte, Johannes (hg.) in: Alte Erzähler. Herbert Stubenrauch, Berlin 1924).

Perneder, Andreas: *Von straff unnd Peen aller unnd yeder Malefitz handlungen*. Ingolstadt 1544.

Rotterdam, Erasmus von: *De civilitate morum puerilium. Höfische und züchtige Sitten*. 1563.

Rotterdam, Erasmus von: *Ein nutzliche underwisung eines Christllichen fürsten wol zu regieren*. Zürich 1521.

Sauer, Abraham: *Straffbüchlein von Abraham Sauer*. Frankfurt am Main 1579.

Schlosser, Hans & Schwab, Ingo: *Oberbayerisches Landrecht Kaiser Ludwigs des Bayern von 1346. Edition, Übersetzung und juristischer Kommentar*. (1. Teil: Edition von Ingo Schwab, S. 3-54, 2. Teil: Juristischer Kommentar und Übersetzung von Hans Schlosser, S. 153-192). Köln 2000.

Schroeder, Friedrich-Christian (hg.): *Constitutio Criminalis Carolina. Die Peinliche Gerichtsordnung Kaiser Karls V. und des Heiligen Römischen Reichs von 1532*. Stuttgart 2000.

Weber, Matthias: *Die Reichspolizeiordnungen von 1530, 1548 und 1577. Historische Einführung und Edition*. Frankfurt am Main 2002.

Bilder und Rechtsaltertümer

Das hölzerne Stadtmodell von Jakob Sandtner (1570), Bayerisches Nationalmuseum.

Münchner Stadtplan, Kupferstich von Tobias Volckmer (1613), Bayerische Staatsbibliothek.

Das Rathaus sambt dem Kreutl Marcth zu München, Kupferstich von Michael Wening (1701) in: München vor zweihundert Jahren.

Münchner Ratstiege und Pranger, zeichnet von O.L. Rickerl (1850) in: Schattenhofer, Michael: Das alte Rathaus in München. Original im Stadtmuseum München.

Bäckerschnelle, Gemälde im Soester Nequambuch aus dem 14 Jahrhundert in: Schild, Wolfgang: Alte Gerichtsbarkeit. Original im Stadtarchiv Soest.

Das Rathaus in Regensburg: Gefangenenzelle und Folterraum mit Verhörsgeräte.

Das Rathaus in Nördlingen: Gefangenenzelle, Folterraum mit Gewichtstein und Narrenhaus.

Der Auftrittspranger mit Halseisen, Schwäbisch Hall.

Der Wandpranger, Wasserburg.

Der Wandpranger, Weiden.

Die Burgfriedensäule, München.

Die Sammlungen von Rechtsaltertümer im Bayerischen Nationalmuseum, im Kriminalmuseum Rothenburg ob der Tauber, im Stadtmuseum Regensburg und im Strafrechtsmuseum Ludwigsburg.

Abkürzungen

BayHstA	=	Bayerisches Hauptstaatsarchiv.
BayNatMus	=	Bayerisches Nationalmuseum.
BayStB	=	Bayerische Staatsbibliothek.
BR	=	Bürgermeister und Rat.
CCC	=	Constitutio Criminalis Carolina.
Fol.	=	Folie.
GO	=	Gerichtsordnung.
HRG	=	Handwörterbuch zur deutschen Rechtsgeschichte
KMS	=	Kurbayern Mandatsammlung.
LO	=	Landesordnung.
LPO	=	Landespolizeiordnung.
MPO	=	Malefizprozessordnung.
MP	=	Malefizprotokolle.
r	=	recto.
RP	=	Ratssitzungsprotokolle.
SG	=	Stadtgericht.
St.R	=	Rechtsaltertümer im Bayerischen Nationalmuseum (Strafrecht).
StadtA	=	Stadtarchiv München.
UB	=	Ludwig Maximilians Universitätsbibliothek.
v	=	verso.

2. Literaturverzeichnis

Literatur, erschienen nach 1970

Ackermann, Konrad, Schmid, Alois & Volkert, Wilhelm (hg.): *Bayern vom Stamm zum Staat; Festschrift für Andreas Kraus zum 80. Geburtstag*. München 2002.

Ammerer, Gerhard, Bretschneider, Falk & Weiß, Alfred Stefan (hg.): *Gefängnis und Gesellschaft. Zur (Vor-)Geschichte der strafenden Einsperrung*. Leipzig 2003.

Ammerer, Gerhard, Bretschneider, Falk & Weiß, Alfred Stefan: *„Gefängnis und Gesellschaft. Zur (Vor-)Geschichte der strafenden Einsperrung"* in: Ammerer, Gerhard, Bretschneider, Falk & Weiß, Alfred Stefan (hg.): Gefängnis und Gesellschaft. Zur (Vor-)Geschichte der strafenden Einsperrung. Leipzig 2003. S. 9-17.

Bary, Roswitha von: *Herzogsdienst und Bürgerfreiheit. Verfassung und Verwaltung der Stadt München im Mittelalter*. München 1997.

Bauer, Ingolf: *„Rechtsaltertümer im Bayerischen Nationalmuseum"* in: Ackermann, Konrad, Schmid, Alois & Volkert, Wilhelm (hg.): Bayern vom Stamm zum Staat; Festschrift für Andreas Kraus zum 80. Geburtstag. München 2002. S. 1-25.

Bauer, Karl: *Regensburg. Kunst-, Kultur- und Alltagsgeschichte*. Regensburg 1997.

Bauer, Richard (hg.): *Geschichte der Stadt München*. München 1992.

Bauer, Richard: *Geschichte Münchens*. München 2003.

Beck, Rainer: *„Der Pfarrer und das Dorf. Konformismus und Eigensinn im katholischen Bayern des 17./18. Jahrhunderts"* in: Dülmen, Richard van (hg.): Armut, Liebe, Ehre. Studien zur historischen Kulturforschung. Frankfurt am Main 1988. S. 107-143.

Behringer, Wolfgang: *"Mörder, Diebe, Ehebrecher. Verbrechen und Strafen in Kurbayern vom 16. bis 18. Jahrhundert"* in: Dülmen, Richard van (hg.): Verbrechen, Strafen und soziale Kontrolle. Frankfurt am Main 1990. S. 85-293.

Behringer, Wolfgang: *Rundgang durch das mittelalterliche München* (hg. vom Museumspädagogischen Zentrum München in Verbindung mit dem Münchner Stadtarchiv). München 1987.

Behringer, Wolfgang & Roeck, Bernd: *Das Bild der Stadt in der Neuzeit*. München 1999.

Bezold, Gustav von, Hager, Georg & Riehl, Berthold (hg.): *Die Kunstdenkmale des Regierungsbezirkes Oberbayern*. München 1982.

Blauert, Andreas & Schwerhoff, Gerd (hg.): *Mit den Waffen der Justiz. Zur Kriminalitätsgeschichte des späten Mittelalters und der frühen Neuzeit*. Frankfurt am Main 1993.

Borst, Arno: *Lebensformen im Mittelalter*. Frankfurt am Main 1983.

Bourdieu, Pierre: *Entwurf einer Theorie der Praxis auf der ethnologischen Grundlage der kabylischen Gesellschaft*. Frankfurt am Main 1976.

Breit, Stefan: *„Leichtfertigkeit" und ländliche Gesellschaft. Voreheliche Sexualität in der frühen Neuzeit*. München 1991.

Breit, Stefan: *Verbrechen und Strafe. Strafgerichtsbarkeit in der Herrschaft Hohenaschau* (Chronik Aschau i.Ch., Quellenband X). Aschau i. Ch. 2000.

Bretschneider, Falk: *„Humanismus, Disziplinierung und Sozialpolitik. Theorien und Geschichten des Gefängnisses in Westeuropa, den USA und in Deutschland*" in: Ammerer, Gerhard, Bretschneider, Falk & Weiß, Alfred Stefan (hg.): Gefängnis und Gesellschaft. Zur (Vor-)Geschichte der strafenden Einsperrung. Leipzig 2003. S. 18-49.

Burghartz, Susanna: *„Geschlecht – Körper – Ehre. Überlegungen zur weiblichen Ehre in der frühen Neuzeit am Beispiel der Basler Ehegerichtsprotokolle*" in: Schreiner, Klaus und Schwerhoff, Gerd (hg.): Verletzte Ehre. Ehrenkonflikte in Gesellschaften des Mittelalters und der frühen Neuzeit. Köln 1995. S. 214-234.

Burghartz, Susanna: *Zeiten der Reinheit – Orte der Unzucht. Ehe und Sexualität in Basel während der Frühen Neuzeit*, Paderborn 1999.

Deutsch, Andreas: *Richter, Henker und Folterknechte. Strafjustiz im alten Hall* in: Fehle, Isabella (hg.): Begleitheft zur Foyer-Austellung im Hällisch-Fränkischen Museum. Schwäbisch Hall 1993.

Dinges, Martin: *„Die Ehre als Thema der historischen Anthropologie. Bemerkungen zur Wissenschaftsgeschichte und zur Konzeptualisierung*" in: Schreiner, Klaus und Schwerhoff, Gerd (hg.): Verletzte Ehre. Ehrenkonflikte in Gesellschaften des Mittelalters und der frühen Neuzeit. Köln 1995. S. 29-62.

Dinges, Martin: *„Die Ehre als Thema der Stadtgeschichte. Eine Semantik im Übergang vom Ancien Régime zur Moderne*" in: Zeitschrift für historische Forschung, Bd. 16. Berlin 1989. S. 409-440.

Dülmen, Richard van (hg.): *Armut, Liebe, Ehre. Studien zur historischen Kulturforschung*. Frankfurt am Main 1988.

Dülmen, Richard van: *„Fest der Liebe. Heirat und Ehe in der Frühen Neuzeit*" in: Dülmen, Richard van (hg.): Armut, Liebe, Ehre. Studien zur historischen Kulturforschung. Frankfurt am Main 1988. S. 67-106.

Dülmen, Richard van: *Der ehrlose Mensch. Unehrlichkeit und soziale Ausgrenzung in der Frühen Neuzeit*. Köln 1999.

Dülmen, Richard van: *Theater des Schreckens. Gerichtspraxis und Strafrituale in der Frühen Neuzeit*. München 1988.

Forsström, Sari (edit.): *Laittomuuden laitateillä. Rikos Suomessa 1500-luvulta nykypäiviin*. Helsinki 1996.

Foucault, Michel: *Überwachen und Strafen. Die Geburt des Gefängnisses*. Frankfurt am Main 1976.

Frieß, Peer & Kießling, Rolf (hg.): *Konfessionalisierung und Region*. Konstanz 1999.

Fuchs, Ralf-Peter: *Um die Ehre. Westfälische Beleidigungsprozesse vor dem Reichskammergericht 1525-1805*. Paderborn 1999.

Geremek, B.: *Geschichte der Armut*. München 1988.

Groebner, Valentin: *„Das Gesicht wahren. Abgeschnittene Nasen, abgeschnittene Ehre in der spätmittelalterlichen Stadt“* in: Schreiner, Klaus und Schwerhoff, Gerd (hg.): Verletzte Ehre. Ehrenkonflikte in Gesellschaften des Mittelalters und der frühen Neuzeit. Köln 1995. S. 361-380.

Harington, Joel F.: *„Bad parents, the state and the early modern civilizing process“* in: German History 16/1, 1998. Pp. 16-28.

Hartinger, Walter: *Zigeuner – Ein Jahrtausend Fremde in Ostbayern?* in: Zeitgeschrift für Bayerische Landesgeschichte 60 (1997). S. 837-860.

Hattenhauer, Hans: *Zur Geschichte der deutschen Rechts- und Gesetzsprache*. Hamburg 1987.

Hehenberger, Susanne: *Unkeusch wider die Natur. Sodomieprozesse im frühneuzeitlichen Österreich*. Wien 2006.

Heckel, Martin: *„Die katholische Konfessionalisierung im Spiegel des Reichskirchenrechts“* in: Reinhard, Wolfgang & Schilling, Heinz (hg.): Die Katholische Konfessionalisierung. Reformationsgeschichtliche Studien und Texte, Band 135. Münster 1995. S. 184-227.

Hecker, Hans-Joachim: *„Um Glaube und Recht – die fürstliche Stadt 1505 bis 1561“* in: Bauer, Richard van (hg.): Geschichte der Stadt München. München 1992. S. 148-165.

Hergemöller, Bernd-Ulrich (hg.): *Randgruppen der spätmittelalterlichen Gesellschaft. Ein Hand- und Studienbuch*. Warendorf 1994.

Hergemöller, Bernd-Ulrich: *„Randgruppen der spätmittelalterlichen Gesellschaft – Wege und Ziele der Forschung„* in (hg.): Randgruppen der spätmittelalterlichen Gesellschaft. Ein Hand- und Studienbuch. Warendorf 1994. S. 1-55.

Herzog, K.-P.: *Das Strafsystem der Stadt Rothenburg ob der Tauber in Spätmittelalter*. Würzburg 1975.

Heydenreuter, Reinhard: *„Der Magistrat als Befehlsempfänger – Die Disziplinierung der Stadtobrigkeit 1579 bis 1651“* in: Bauer, Richard van (hg.): Geschichte der Stadt München. München 1992. S. 189-210.

Heydenreuter, Reinhard: *„Rechtspflege im Herzogtum Bayern in der Mitte des 16. Jahrhunderts“* in: Mohnhaupt, Heinz (hg.): Rechtsgeschichte in den beiden deutschen Staaten. Frankfurt am Main 1991. S. 262-286.

Heydenreuter, Reinhard: *„Reichsstädtisches Recht“* in: Müller, Rainer A. (hg.): Reichsstädte in Franken, Aufsätze 1. Verfassung und Verwaltung. München 1987. S. 191-204.

Heydenreuter, Reinhard: *Herrschen durch Strafen. Zur Entwicklung des frühneuzeitlichen Staates in Herzogtum und Kurfürstentum Bayern 1550-1650.* Ungedruckte Habilitationsschrift 1996.

Heydenreuter, Reinhard: *Kriminalitätsgeschichte Bayerns von Anfängen bis ins 20. Jahrhundert.* Regensburg 2003.

Heydenreuter, Reinhard: *„Recht, Verfassung und Verwaltung in Bayern 1505-1946“*. Ausstellungskataloge der staatlichen Archive Bayerns Nr. 13. München 1981.

Heydenreuter, Reinhard: *Vom Dingplatz zum Justizpalast. Kleine bayerische Rechtsgeschichte.* Hefte zur Bayerischen Geschichte und Kultur, Band 16. Augsburg 1993.

Hinckeldey, Ch. (hrg): *Strafjustiz in alter Zeit.* Veröffentlichungen des Mittelalterlichen Kriminalmuseums Rothenburg ob der Tauber. Heilsbronn 1980.

Hinckeldey, Ch.: *„Geschichte der Verbrechen und Strafen“* in: Hinckeldey, Ch. (hrg): Strafjustiz in alter Zeit. Heilsbronn 1980. S. 103-180.

Härter, Karl: *„Freiheitsentziehende Sanktionen in der Strafjustiz des frühneuzeitlichen Alten Reiches“* in: Ammerer, Gerhard, Bretschneider, Falk & Weiß, Alfred Stefan (hg.): Gefängnis und Gesellschaft. Zur (Vor-)Geschichte der strafenden Einsperrung. Leipzig 2003. S. 67-99.

Härter, Karl: *„Soziale Disziplinierung durch Strafe? Intentionen frühneuzeitlicher Policeyordnungen und staatliche Sanktionspraxis“* in: Zeitschrift für historische Forschung, Bd. 26. Berlin 1999. S. 365-379.

Irsigler, F. & Lassotta, A.: *Bettler und Gaukler, Dirnen und Henker. Außenseiter in einer mittelalterlichen Stadt.* München 2001.

Jütte, Robert: *„Ehre und Ehrverlust in spätmittelalterlichen und frühneuzeitlichen Judentum“* in: Schreiner, Klaus und Schwerhoff, Gerd (hg.): Verletzte Ehre. Ehrenkonflikte in Gesellschaften des Mittelalters und der frühen Neuzeit. Köln 1995. S. 144-165.

Jütte, Robert: *„Stigma-Symbole. Kleidung als identitätsstiftendes Merkmal bei spätmittelalterlichen und frühneuzeitlichen Randgruppen“* in: Saeculum; Jahrbuch für Universalgeschichte. Freiburg/München 1993. S. 65-89.

Karonen, Petri: *“A life for a life versus Christian reconciliation: violence and the process of civilization in the towns of the kingdom of Sweden during the years 1540-1700”* in: Lappalainen, Mirkka (edit): Five Centuries of Violence in Finland and the Baltic Area. Helsinki 1998. Pp. 129-195.

Karonen, Petri: "*Pohjolan vaarallisimmat asuinpaikat. Rikollisuus, pelko ja turvattomuus Suomen uuden ajan alun kaupungeissa (noin 1540-1660)*" in: Forsström, Sari (edit.): Laittomuuden laitateillä. Rikos Suomessa 1500-luvulta nykypäiviin. Helsinki 1996. S. 61-86.

Klemettilä, Hannele: *The Executioner in Late Medieval French Culture*. Annales Universitatis Turkuensis B 268. Turku 2003.

Koch, Tankred: *Die Geschichte des Henkers. Scharfrichter-Schicksale aus acht Jahrhunderten*. Heidelberg 1988.

Korpiola, Mia: *Between Betrothal and Bedding: The Making of Marriage in Sweden, ca. 1200-1610*. Saarijärvi 2004.

Krause, Thomas: „*Opera publica*" in: Ammerer, Gerhard, Bretschneider, Falk & Weiß, Alfred Stefan (hg.): Gefängnis und Gesellschaft. Zur (Vor-)Geschichte der strafenden Einsperrung. Leipzig 2003. S. 117-130.

Kraus, A. & Pfeiffer, W. (hg.): *Regensburg. Geschichte in Bilddokumenten*. München 1979.

Kroeschell, Karl (hg.): *Festschrift für Hans Thieme zu seinem 80. Geburtstag*. Sigmaringen 1986.

Lappalainen, Mirkka (edit): *Five Centuries of Violence in Finland and the Baltic Area*. Helsinki 1998.

Lappalainen, Mirkka & Hirvonen, Pekka (edit.): *Crime and Control in Europe from the Past to the Present*. Helsinki 1999.

Lidman, Satu: "*Rikoshistorian lähteillä. "Toiseus" ja kunniattomuus 1500-luvun Baijerissa*". Lähde – historiatieteellinen aikakauskirja 2/2004. S. 93-111.

Lidman, Satu: "*The importance of honour: Differences based on having or losing honour in Early Modern German society and law*" in: Practices of Inclusion and Exclusion in Premodern Culture (Cultural History – Kulttuurihistoria 5). Turku 2005. S. 201-228.

Lidman, Satu: "*Unzüchtige Weiber" und Priesterkonkubinen vor dem Münchner Rat um 1600*" in: Oberbayerisches Archiv, 128. Band. München 2004. S. 65-77.

Lidman, Satu: „*Diskriminierung durch Strafe und Gesetz im Fürstentum Bayern am Beispiel des Landgebots 1516*" in: Merisalo, O. (edit.): Frontiers in the Middle Ages. Proceedings of the Third European Congress of Medieval Studies. Louvain-la-Neuve 2006. S. 133-146.

Lidman, Satu: "*Kerjääminen ja kaupustelu kielletty! Syrjinnästä ja syrjäytymisestä Baijerin herttuakunnassa 1500-luvulla*". Historiallinen aikakauskirja 3/2005. S. 298-307.

Lidman, Satu: "*Zum spectacul vnd abscheu. Ehrverlust und Ehrminderung als Mittel der Disziplinierung im frühneuzeitlichen München*". Ungedruckte Lizentiatsarbeit, Universität Joensuu 2005.

Lidman, Satu: „*Pikku Bärbl opettajan kammarissa. Esimerkkitapaus lapsen seksuaalisesta hyväksikäytöstä 1600-luvun alun Münchenissä*“ in: Eilola, Jari (edit.): Makaaberi ruumis. Mielikuvia kuolemasta ja kehosta. (Suomalaisen Kirjallisuuden Seura, im Druck).

Liliequist, Jonas: “*Violence, Honour and Manliness in Early Modern Northern Sweden*” in: Lappalainen, Mirka & Hirvonen, Pekka (edit.): Crime and Control in Europe from the Past to the Present. Helsinki 1999. Pp. 174-207.

Ludwig, Ulrike: „*Von „beschwerlich gefengnis“ und „milder hafft“. Ansichten zur Haft im Inquisitionsprozess von der Mitte des 16. bis zum Anfang des 17. Jahrhunderts*“ in: Ammerer, Gerhard, Bretschneider, Falk & Weiß, Alfred Stefan (hg.): Gefängnis und Gesellschaft. Zur (Vor-)Geschichte der strafenden Einsperrung. Leipzig 2003. S. 100-116.

Lömker-Schlögell, Annette: „*Prostituierte – um vermeydung willen merers übels in der christenhait*“ in: Hergemöller, Bernd-Ulrich (hg.): Randgruppen der spätmittelalterlichen Gesellschaft. Ein Hand- und Studienbuch. Warendorf 1994. S. 56-88.

Maisel, Witold: *Rechtsarchäologie Europas*. Köln/Wien/Weimar 1992.

Malettke, Klaus & Voss, Jürgen (hg.): *Humanismus und höfisch-städtische Eliten im 16. Jahrhundert*. Bonn 1989.

Merisalo, O. (edit.): *Frontiers in the Middle Ages. Proceedings of the Third European Congress of Medieval Studies*. Louvain-la-Neuve 2006.

Merzbacher, Friedrich: „*Geschichte der deutschen Gesetzgebung*“ in: Hinckeldey, Ch. (hrg): Strafjustiz in alter Zeit. Heilsbronn 1980. S. 7-30.

Mohnhaupt, Heinz (hg.): *Rechtsgeschichte in den beiden deutschen Staaten*. Frankfurt am Main 1991.

Müller, Rainer A. (hg.): *Reichsstädte in Franken, Aufsätze 1. Verfassung und Verwaltung*. München 1987.

Naess, Hans Eyvind & Österberg, Eva: “*Sanctions, Agreements, Sufferings*” in: Österberg, Eva & Sogner, Solvi (edit.): People meet the Law. Control and conflict-handling in the courts. The Nordic countries in the post-Reformation and pre-industrial period. Otta 2000. Pp. 140-166.

Neumann, Friederike: „*Von Kirchenbuße zu öffentlicher Strafe. Öffentliche Sanktionsformen aus der Sendgerichtsbarkeit in städtischen und landesherrlichen Recht*“ in: Schlosser, Hans (hg.): Herrschaftliches Strafen seit dem Hochmittelalter: Formen und Entwicklungsstufen. Köln/Weimar/Wien 2002. S. 159-187.

Nowosadtko, Jutta: *Scharfrichter und Abdecker. Der Alltag zweier „unehrlicher Berufe“ in der Frühen Neuzeit*. Paderborn 1994.

Nowosadtko, Jutta: „*Umstrittene Standesgrenzen: Ehre und Unehrlichkeit der bayerischen Schergen*“ in: Schreiner, Klaus und Schwerhoff, Gerd (hg.): Verletzte Ehre. Ehrenkonflikte in Gesellschaften des Mittelalters und der frühen Neuzeit. Köln 1995. S. 166-182.

Ozment, Steven: *Die Tochter des Bürgermeisters. Die Rebellion einer jungen Frau im 16. Jahrhundert*. Hamburg 1999.

Prosperi, Adriano: „*Beichtväter und Inquisition im 16. Jahrhundert*“ in: Reinhard, Wolfgang & Schilling, Heinz (hg.): Die Katholische Konfessionalisierung. Reformationsgeschichtliche Studien und Texte, Band 135. Münster 1995. S. 125-134.

Reinhard, Wolfgang: *Ausgewählte Abhandlungen*. Berlin 1997.

Reinhard, Wolfgang & Schilling, Heinz (hg.): *Die Katholische Konfessionalisierung*. Reformationsgeschichtliche Studien und Texte, Band 135. Münster 1995.

Rogge, Jörg: „*Ehrverletzungen und Entehrungen in politischen Konflikten in spätmittelalterlichen Städten*“ in: Schreiner, Klaus und Schwerhoff, Gerd (hg.): Verletzte Ehre. Ehrenkonflikte in Gesellschaften des Mittelalters und der Frühen Neuzeit. Köln 1995. S. 110-143.

Roper, Lyndal: „*The common man, the common good, common women: gender and meaning in the German Reformation commune*“ in: Social History, Bd. 12 1/1987. Cambridge 1987. S. 1-21.

Roper, Lyndal: *Oedipus and Devil. Witchcraft, sexuality and religion in early modern Europe*. London 1997.

Roper, Lyndal: *Das Fromme Haus. Frauen und Moral in der Reformation*. Frankfurt am Main 1999.

Rublack, Ulinka: „*Anschläge auf die Ehre. Schmähschriften und -zeichen in der städtischen Kultur des Ancien Régime*“ in: Schreiner, Klaus und Schwerhoff, Gerd (hg.): Verletzte Ehre. Ehrenkonflikte in Gesellschaften des Mittelalters und der Frühen Neuzeit. Köln 1995. S. 381-412.

Rublack, Ulinka: *The Crimes of Women in Early Modern Germany*. Oxford 1999.

Rummel, Walter: „*Verletzung von Körper, Ehre und Eigentum*“ in: Blauert, Andreas & Schwerhoff, Gerd (hg): Mit den Waffen der Justiz. Zur Kriminalitätsgeschichte des späten Mittelalters und der frühen Neuzeit. Frankfurt am Main 1993. S. 86-114.

Sagstetter, Maria Rita: „*Hoch- und Niedergerichtsbarkeit im spätmittelalterlichen Herzogtum Bayern*“. Schriftenreihe zur bayerischen Landesgeschichte, Bd. 120. München 2000.

Schattenhofer, Michael: *Das alte Rathaus. Seine bauliche Entwicklung und seine stadtgeschichtliche Bedeutung*. München 1972.

Scheutz, Martin: *„Ist mein schwalben wieder ausbliben." Selbstzeugnisse von Gefangenen in der Frühen Neuzeit"* in: Ammerer, Gerhard, Bretschneider, Falk & Weiß, Alfred Stefan (hg.): Gefängnis und Gesellschaft. Zur (Vor-)Geschichte der strafenden Einsperrung. Leipzig 2003. S. 189-210.

Schild, Wolfgang: *„Strafrecht als Phänomen der Geistesgeschichte"* in: Hinckeldey, Ch. (hg): Strafjustiz in alter Zeit. Heilsbronn 1980. S. 31-48.

Schild, Wolfgang: *Alte Gerichtsbarkeit. Vom Gottesurteil bis zum Beginn der modernen Rechtsprechung.* München 1980.

Schlosser, Hans (hg.): *Herrschaftliches Strafen seit dem Hochmittelalter: Formen und Entwicklungsstufen.* Köln/Weimar/Wien 2002.

Schilling, Heinz: *„Die Konfessionalisierung von Kirche, Staat und Gesellschaft – Profil, Leistung, Defizite und Perspektiven eines geschichtswissenschaftlichen Paradigmas"* in: Reinhard, Wolfgang & Schilling, Heinz (hrsg.): Die Katholische Konfessionalisierung. Reformationsgeschichtliche Studien und Texte, Band 135. Münster 1995. S. 1-49.

Schilling, Heinz: Die Stadt in der Frühen Neuzeit. Enzyklopädie deutscher Geschichte, Bd. 24. München 1993.

Schlosser, Hans: „Der Mensch als Ware: Die Galeerenstrafe in Süddeutschland als Reaktion auf Preisrevolution und Großmachtpolitik (16. - 18. Jahrhundert)" in: Aktuelle Probleme der Marktwirtschaft in gesamt- und einzelwirtschaftlicher Sicht, Festgabe für Louis Perridon. Berlin 1984. S. 87 ff.

Schlosser, Hans: *„Die infamierende Strafe der Galeere"* in: Kroeschell, Karl (hrsg.): Festschrift für Hans Thieme zu seinem 80. Geburtstag. Sigmaringen 1986. S. 253 ff.

Schlosser, Hans: *„Rechtsetzung und Gesetzgebungsverständnis im Territorialstaat Bayern im 16. Jahrhundert"*. Zeitschrift für bayerische Landesgeschichte, Bd. 50. München 1987. S. 41-61.

Schmid, Alois: *„Stadt und Humanismus. Die Bayerische Haupt- und Residenzstadt München"* in: Malettke, Klaus & Voss, Jürgen (hrsg.): Humanismus und höfisch-städtische Eliten im 16. Jahrhundert. Bonn 1989. S. 239-275.

Schnitzler, Norbert: *„Geschmähte Symbole"* in: Schreiner, Klaus und Schwerhoff, Gerd (hg.): Verletzte Ehre. Ehrenkonflikte in Gesellschaften des Mittelalters und der Frühen Neuzeit. Köln 1995. S. 279-302.

Schreiner, Klaus & Schwerhoff, Gerd: *„Verletzte Ehre – Überlegungen zu einem Forschungskonzept"* in: Schreiner, Klaus und Schwerhoff, Gerd (hg.): Verletzte Ehre. Ehrenkonflikte in Gesellschaften des Mittelalters und der frühen Neuzeit. Köln 1995. S. 1-28.

Schreiner, Klaus und Schwerhoff, Gerd (hg.): *Verletzte Ehre. Ehrenkonflikte in Gesellschaften des Mittelalters und der frühen Neuzeit.* Norm und Struktur, Studien zum sozialen Wandel in Mittelalter und früher Neuzeit. Köln 1995.

Schubert, Ernst: *„Soziale Randgruppen und Bevölkerungsentwicklung im Mittelalter“* in: Saeculum; Jarhbuch für Universalgeschichte. Freiburg/München 1989. S. 294-339.

Schulze, Winfried: *„Gerhard Oestreichs Begriff Sozialdisziplinierung in der Frühen Neuzeit“*. Zeitschrift für historische Forschung, Bd. 14. Berlin 1987. S. 265-302.

Schwab, Ingo: *„Rinder aus dem Umland – Ochsen aus Ungarn. Entwicklungsprobleme des städtischen Ernährungsgewerbes in der frühen Neuzeit am Beispiel einer oberdeutschen Residenzstadt“*. Scripta Mercaturae, Zeitschrift für Wirtschafts- und Sozialgeschichte, Jahrgang 29, Heft 1. St. Katharinen 1995. S. 20-79.

Schwab, Ingo: *„Zeiten der Teuerung – Versorgungsprobleme in der zweiten Hälfte des 16. Jahrhunderts“* in: Bauer, Richard van (hg.): Geschichte der Stadt München. München 1992. S. 166-188.

Schwerhoff, Gerd: *„Blasphemare, dehonestare et maledicere Deum. Über die Verletzung der göttlichen Ehre im Spätmittelalter“* in: Schreiner, Klaus und Schwerhoff, Gerd (hg.): Verletzte Ehre. Ehrenkonflikte in Gesellschaften des Mittelalters und der frühen Neuzeit. Köln 1995. S. 252-278.

Schwerhoff, Gerd: *„Devianz in der alteuropäischen Gesellschaft. Umrisse einer historischen Kriminalitätsforschung“*. Zeitschrift für historische Forschung, Bd. 19. Berlin 1992. S. 385-414.

Schwerhoff, Gerd: *„Verordnete Schande? Spätmittelalterliche und frühneuzeitliche Ehrenstrafen zwischen Rechtsakt und sozialer Sanktion“* in: Blauert, Andreas & Schwerhoff, Gerd (hrg): Mit den Waffen der Justiz. Zur Kriminalitätsgeschichte des späten Mittelalters und der frühen Neuzeit. Frankfurt am Main 1993. S. 158-188.

Schwerhoff, Gerd: *Aktenkundig und gerichtsnotorisch: Einführung in die historische Kriminalitätsforschung*. Tübingen 1999.

Schwerhoff, Gerd: *Köln im Kreuzverhör. Kriminalität, Herrschaft und Gesellschaft in einer frühneuzeitlichen Stadt*. Bonn/Berlin 1991.

Scribner, R. W.: *Religion and Culture in Germany (1400-1800)*. Studies in Medieval and Reformation Thought, vol. 81. Köln 2001.

Smolinsky, Heribert: *„Ehespiegel im Konfessionalisierungsprozess“* in: Reinhard, Wolfgang & Schilling, Heinz (hg.): Die Katholische Konfessionalisierung. Reformationsgeschichtliche Studien und Texte, Band 135. Münster 1995. S. 311-331.

Stahleder, Helmuth: *„Konsolidierung und Ausbau der bürgerlichen Stadt. München im 15. Jahrhundert“* in: Bauer, Richard van (hg.): Geschichte der Stadt München. München 1992. S. 120-147.

Strasser, Ulrike: *State of Virginity. Gender, Religion and Politics in an Early Modern Catholic State*. The University of Michigan Press 2004.

Strasser, Ulrike: „*Vom Fall der Ehre zum Fall der Leichtfertigkeit: Geschlechtsspezifische Aspekte der Konfessionalisierung am Beispiel Münchner Eheversprechens- und Alimentationsklagen (1592-1649)*“ in: Frieß, Peer & Kießling, Rolf (hg.): Konfessionalisierung und Region. Konstanz 1999. S. 227-246.

Turchini, Angelo: „*Bayern und Mailand im Zeichen der konfessionellen Bürokratisierung*“ in: Reinhard, Wolfgang & Schilling, Heinz (hg.): Die Katholische Konfessionalisierung. Reformationsgeschichtliche Studien und Texte, Band 135. Münster 1995. S. 394-404.

Waardt, Hans de: „*Ehrenhändel, Gewalt und Liminalität: ein Konzeptualisierungsvorschlag*“ in: Schreiner, Klaus und Schwerhoff, Gerd (hg.): Verletzte Ehre. Ehrenkonflikte in Gesellschaften des Mittelalters und der Frühen Neuzeit. Köln 1995. S. 303- 319.

Wilbertz, Gisela: „*Scharfrichter und Abdecker – Aspekte ihrer Sozialgeschichte vom 13. bis zum 16. Jahrhundert*“ in: Hergemöller, Bernd-Ulrich (hg.): Randgruppen der spätmittelalterlichen Gesellschaft. Ein Hand- und Studienbuch. Warendorf 1994. S. 121-156.

Willoweit, Dietmar: „*Katholischer Konfessionalismus als politisches und rechtliches Ordnungssystem*“ in: Reinhard, Wolfgang & Schilling, Heinz (hg.): Die Katholische Konfessionalisierung. Reformationsgeschichtliche Studien und Texte, Band 135. Münster 1995. S. 228-241.

Volkert, W.: *Geschichte Bayerns*. München 2001.

Vollmar, B., Paula, G. & Kociumala, C.: *Denkmäler in Bayern*. Stadt Nördlingen, Bd. VII. 90/2. München 1998.

Ylikangas, Heikki: "*What happened to violence? An analysis of the development of violence from medieval times to the early modern era based on Finnish source material*" in: Lappalainen, Mirkka (edit): Five Centuries of Violence in Finland and the Baltic Area. Helsinki 1998. Pp. 7-128.

Österberg, Eva & Lindström, Dag: *Crime and Social Control in Medieval and Early Modern Swedish Towns*. Studia Historica Upsaliensia 152. Uppsala 1988.

Literatur, erschienen vor 1970

Aboud-Zeid, Ahmed: "*Honour and Shame among the Bedouins of Egypt*" in: Peristiany, J. G. (edit.): Honour and Shame. The Values of Mediterranean Society. London 1965. S. 243-260.

Baroja, Julio Caro: "*Honour and Shame: a Historical Account of Several Conflicts*" in: Peristiany, J. G. (edit.): Honour and Shame. The Values of Mediterranean Society. London 1965. S. 79-138.

Bloch, Iwan: *Die Prostitution.* Handbuch der gesamten Sexualwissenschaft in Einzeldarstellungen, Bd. 1. Berlin 1912.

Boll, Walter: *Reichstagsmuseum.* Sammlungen der Stadt Regensburg 9. Regensburg 1963.

Breithaupt, Wilhelm: *Die Strafe des Staupenschlags und ihre Abschaffung im gemeinen Recht. Zugleich ein Beitrag zur Geschichte des Zuchthauses.* Jena 1938.

Fuchs, Irene: *Die Ehrenstrafen der Vergangenheit und Gegenwart.* Köln 1928.

Funke, Wilhelm: *Alte deutsche Rechtsdenkmale. Sinnbilder und Zeugen deutscher Geschichte.* Bremen 1940.

Dransfeld, Caspar: *Die Folterkammer in Regensburg.* Regensburg 1913.

Eisenhart, Johann Friedrich: *Grundsätze der deutschen Rechte in Sprüchwörtern.* Leipzig 1823.

Elias, Norbert: *Über den Prozess der Zivilisation.* I und II Band. Basel 1939.

Esser, Albert: *Die Ehrenstrafe.* Schriftenreihe des Instituts für Vergleichung und Annäherung des europäischen Rechts an der Universität des Saarlandes. Stuttgart 1956.

Fischer, Anton: *Die Verwaltungsorganisation Münchens im 16. und 17. Jahrhundert.* Universität München 1951.

Gernhuber, Joachim: „*Strafvollzug und Unehrlichkeit*". Zeitschrift für Rechtsgeschichte 74. Weimar 1957. S. 119-177.

Hentig, Hans von: *Die Strafe.* Bd. 1-2. Berlin 1954-1955.

His, Rudolf: „*Geschichte des deutschen Strafrechts bis zur Karolina*" in: Below, G. von, Meinecke F. & Brackmann A. (hg.): Handbuch der mittelalterlichen und neueren Geschichte. München und Berlin 1928.

Hübner, Christian Gottfried: *Über Ehre, Ehrloßigkeit, Ehrenstrafen und Iniurien. Ein Beytrag zur Berichtigung der positiven Rechtswissenschaft.* Leipzig 1800.

Landau, Peter: *Die Entstehung des kanonischen Infamiebegriffs von Gratian bis zur Glossa Ordinaria.* Forschungen zur kirchlichen Rechtsgeschichte und zum Kirchenrecht; 5. Köln 1966.

Löbmann, Benno: *Der kanonische Infamiebegriff in seiner geschichtlichen Entwicklung: unter besonderer Berücksichtigung der Infamielehre des Franz Suarez*. Erfurter theologische Studien; 1. Leipzig 1956.

München vor zweihundert Jahren. Aus der Beschreibung deß Churfürsten und Herzogthumbs Ober- und Nider-Bayrn von Michael Wening, München 1922.

Peristiany, J. G. (edit.): *Honour and Shame. The Values of Mediterranean Society*. London 1965.

Pitt-Rivers, Julian: "*Honour and Social Status*" in Peristiany, J. G. (edit.): Honour and Shame. The Values of Mediterranean Society. London 1965. S. 19-78.

Quanter, Rudolf: *Die Schand- und Ehrenstrafen in der deutschen Rechtspflege. Eine kriminalistische Studie*. Dresden 1901.

Quanter, Rudolf: *Die Sittlichkeitsverbrechen im Laufe der Jahrhunderte und ihre strafrechtliche Beurteilung*. Berlin 1911.

Quanter; Rudolf: *Das Liebesleben aller Zeiten und Völker*. I Band. Leipzig 1909.

Radbruch, Gustav & Gwinner, Heinrich: *Geschichte des Verbrechens. Versuch einer historischen Kriminologie*. Stuttgart 1951.

Schmid, W. M.: *Altertümer des bürgerlichen und Strafrechts, insbesondere Folter- und Strafwerkzeuge, des Bayerischen Nationalmuseums*. München 1908.

Trusen, Winfried: *Anfänge des gelehrten Rechts in Deutschland: ein Beitrag zur Geschichte der Frührezeption*. Recht und Geschichte 1. Wiesbaden 1962.

Wulz, Gustav: „*Ein recht luftiges Gefängnis. Das Narrenhäuslein an der Nördlinger Rathaustreppe*„. Rieser Nachrichten Nr. 60, 1949.

Zipperer, Gustav Adolf: „*Sie kritzelten Galgen und Rad an die Kerkerwand. Im mittelalterlichen Gefängnis der Stadt Nördlingen*". Der Heimatfreund (Beilage der Rieser Nachrichten), 4/1957, S. 4.

Hilfsmittel

Elsas, M. J.: *Umriss einer Geschichte der Preise und Löhne in Deutschland. Vom ausgehenden Mittelalter bis zum Beginn des 19. Jahrhunderts.* I Band. Leiden 1936.

Erler, Adalbert & Kaufmann, Ekkehard: *Handwörterbuch zur deutschen Rechtsgeschichte.* Berlin 1971–.

Grimm, Jacob & Grimm, Wilhelm: *Deutsches Wörterbuch.* Leipzig 1854-1954.

Grotefend, Hermann: *Taschenbuch der Zeitrechnung des deutschen Mittelalters und der Neuzeit* (13. Auflage). Hannover 1991.

Kramer, Karl & Moser, Hans: *Kartei, beinhaltet u. a. Rechtsfällen,* Institut der Volkskunde, München.

Lexer, Matthias: *Mittelhochdeutsches Taschenwörterbuch* (38. Auflage). Stuttgart 1992.

Schmeller, Andreas: *Bayerisches Wörterbuch.* München 1877.

Wasmansdorff, Erich & Gondorf, Bernhard: *Alte deutsche Berufsnamen und ihre Bedeutung* (2. Auflage). Limburg 1988.

3. Abbildungen

Abb. 1: Die Schrift von Michael Mändl in einem Urteil zur Strafe des Lastersteins. Stadtarchiv München: RP 219 (1604), Fol. 18r.

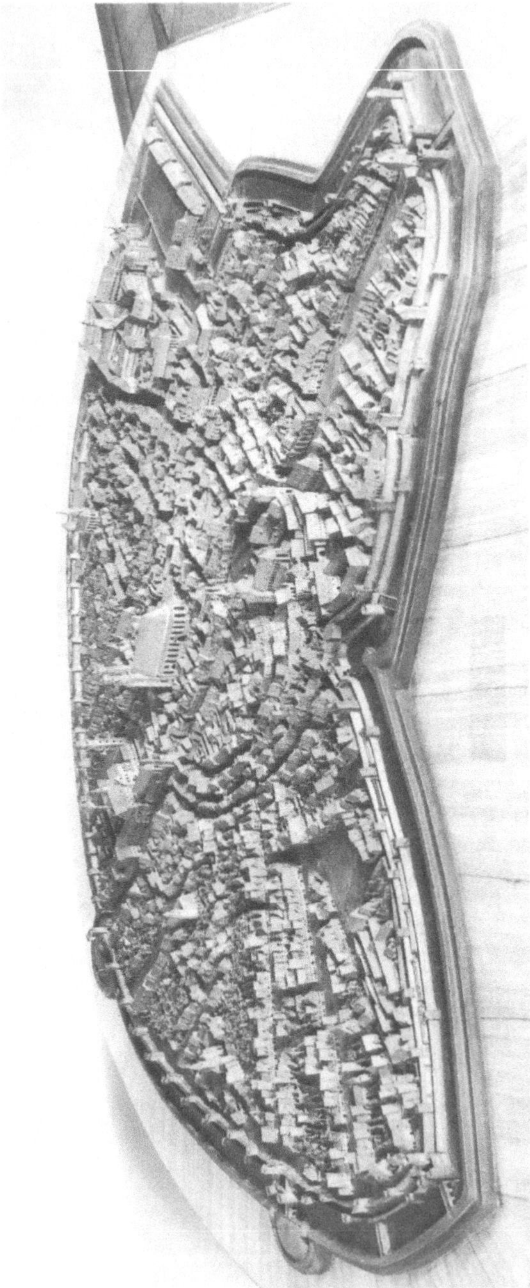

Abb. 2: Das hölzerne Stadtmodell (Jakob Sandtner 1570). Bayerisches Nationalmuseum.

Abb. 3: Das Alte Rathaus von München (Michael Wening 1701).

Abb. 4: Der Gewichtstein im Folterraum des Nördlinger Rathauses
(Photo Lidman).

Abb. 5: Der Folterraum, also die „Fragstatt“ im Rathauskeller in Regensburg (Photo Lidman).

Abb. 6: Die Treppe hinter dieser Tür neben dem Narrenhaus führt hinunter in den Keller und zu den Gefangenenzellen des Nördlinger Rathauses (Photo Lidman).

Abb. 7: Eiserne Handschelle mit Kette, Schloss und Schlüssel (Photo Lidman).
Bayerisches Nationalmuseum: St.R. 75.

Abb. 8: Das Narrenhaus in Nördlingen (Photo Lidman).

Abb. 9: Ein Lasterstein mit Kette und Halseisen (Photo Lidman). Kriminalmuseum Rothenburg ob der Tauber.

Abb. 10: Eine Bäckerschnelle im Gemälde des 14. Jahrhunderts (Original im Stadtarchiv Soest).

Abb. 11: Münchner Ratstiege und Balkonpranger (O.L. Rickerl 1850).

Abb. 12: Das bei der Prangerstrafe verwendete, infamierende Halseisen in Schwäbisch Hall (Photo Lidman).

Abb. 13: Der Auftrittspranger in Schwäbisch Hall (Photo Lidman).

Abb. 14: Der Wandpranger in Wasserburg (Photo Lidman).

Abb. 15: Der Balkonpranger am Münchner Rathaus mit zwei Halseisen (Michael Wening 1701, Detail).

Abb. 16: Die Burgfriedensäule mit dem bayerischen Wappen im Elisabethpark, München (Photo Lidman).

Strafrecht und Rechtsphilosophie in Geschichte und Gegenwart

Herausgegeben von Wolfgang Schild

Band 1 Michael Prüßner: Die von mehreren versuchte Tat. Gefährdung und Risiko bei versuchter mittelbarer Täterschaft und versuchter Mittäterschaft. 2004.

Band 2 Yi-fen Shaw: Entwicklung und Reform zur *Vergewaltigung in der Ehe* gemäß § 177 StGB. Der *Kampf um Anerkennung* aus rechtshistorischer und rechtsphilosophischer Sicht. 2005.

Band 3 Lutz Hähle: Die strafrechtliche Relevanz von Sportverletzungen. Zur Problematik des Schutzes der körperlichen Unversehrtheit, insbesondere im Fußballsport. 2008.

Band 4 Satu Lidman: Zum Spektakel und Abscheu. Schand- und Ehrenstrafen als Mittel öffentlicher Disziplinierung in München um 1600. 2008.

www.peterlang.de

FSC
www.fsc.org
MIX
Papier | Fördert gute Waldnutzung
FSC® C083411

Kolibri 360 GmbH
Ferdinand-Jühlke-Straße 7
99095 Erfurt, Deutschland
produktsicherheit@kolibri360.de

Druck:
CPI Druckdienstleistungen GmbH
im Auftrag der
Kolibri 360 GmbH
Ferdinand-Jühlke-Str. 7
99095 Erfurt